O Dia de Glória Chegou

O Dia de Glória Chegou

REVOLUÇÃO, OPINIÃO E LIBERDADE EM TOCQUEVILLE E ARENDT

2022

Rosângela Chaves

O DIA DE GLÓRIA CHEGOU
REVOLUÇÃO, OPINIÃO E LIBERDADE EM TOCQUEVILLE E ARENDT
© Almedina, 2022
AUTOR: Rosângela Chaves

DIRETOR DA ALMEDINA BRASIL: Rodrigo Mentz
EDITOR DE CIÊNCIAS SOCIAIS E HUMANAS: Marco Pace
ASSISTENTES EDITORIAIS: Isabela Leite e Larissa Nogueira

DIAGRAMAÇÃO: Almedina
DESIGN DE CAPA: Roberta Bassanetto

ISBN: 9786586618945
Março, 2022

Dados Internacionais de Catalogação na Publicação (CIP)
(Câmara Brasileira do Livro, SP, Brasil)

Chaves, Rosângela
O dia de glória chegou : revolução, opinião e liberdade em Tocqueville e Arendt / Rosângela Chaves. – São Paulo, SP : Edições 70, 2022.

ISBN 978-65-86618-94-5

1. Arendt, Hannah, 1906-1975 - Crítica e interpretação 2. Democracia 3. Filosofia 4. Filosofia política 5. Liberdade (Filosofia) 6. Tocqueville, Alexis de, 1805-1859 - Crítica e interpretação I. Título.

21-95690 CDD-320.01

Índices para catálogo sistemático:

1. Filosofia política 320.01

Eliete Marques da Silva - Bibliotecária - CRB-8/9380

Este livro segue as regras do novo Acordo Ortográfico da Língua Portuguesa (1990).

Todos os direitos reservados. Nenhuma parte deste livro, protegido por copyright, pode ser reproduzida, armazenada ou transmitida de alguma forma ou por algum meio, seja eletrônico ou mecânico, inclusive fotocópia, gravação ou qualquer sistema de armazenagem de informações, sem a permissão expressa e por escrito da editora.

EDITORA: Almedina Brasil
Rua José Maria Lisboa, 860, Conj.131 e 132, Jardim Paulista I 01423-001 São Paulo I Brasil
editora@almedina.com.br
www.almedina.com.br

Allons enfants de la Patrie,
Le jour de gloire est arrivé!
(Trecho da *Marseillaise*)

Virtude e conformismo para os que gostam,
tranquilidade e obesidade e submissão
para os que gostam:

eu sou aquele que com espírito crítico
incita homens e mulheres e nações
gritando: – Pulem fora dos assentos
e lutem por si mesmos!

[...]

Ó terras – querem ser livres
mais do que antes já foram todas?
Se quiserem ser livres,
mais do que antes já foram todas,
venham me ouvir!

(Trechos do poema "À margem do Ontário Azul", do livro *Folhas das folhas da relva*, de Walt Whitman)

Ao Luís,
toujours

À dona Penha, minha mãe,
com amor

AGRADECIMENTOS

Este livro é uma adaptação da minha tese de doutorado, defendida em novembro de 2018 no Programa de Pós-Graduação em Filosofia da Faculdade de Filosofia da Universidade Federal de Goiás. Para que este projeto pudesse se consolidar, foi necessário o concurso de várias pessoas e instituições. Por essa razão, externo os meus agradecimentos àqueles que tornaram possível a concretização deste trabalho.

Em primeiro lugar, agradeço à Associação Nacional de Pós-Graduação em Filosofia (Anpof), que, por meio da parceria com a Edições 70/Editora Almedina, possibilitou a publicação deste livro.

Manifesto profunda gratidão à minha orientadora, a professora doutora Helena Esser dos Reis, acima de tudo uma grande amiga, que, ao longo da pesquisa, com generosidade e disposição, manteve comigo um diálogo muito profícuo, com as suas sugestões e os seus comentários sempre acurados e precisos. Também agradeço ao professor doutor Alexandre Franco de Sá, da Universidade de Coimbra, que gentilmente concordou em ser meu co-orientador, no período do doutorado-sanduíche em Portugal, de abril a julho de 2017. O professor Alexandre integrou ainda a banca julgadora na defesa da minha tese de doutorado, ao lado dos professores doutores Helton Adverse (UFMG), Adriano Correia e Renato Moscatelli (UFG), a quem expresso os agradecimentos pela contribuição inestimável para o resultado final deste livro.

Também não poderia deixar de citar a Coordenação de Aperfeiçoamento de Pessoal de Nível Superior (Capes), do Ministério da Educação, pelo financiamento do projeto de doutorado, por meio da bolsa de estudos que me foi concedida no período de maio de 2015 a abril de 2018, incluindo a temporada de quatro meses na Europa. E ainda a Fundação de Apoio à Pesquisa do Estado de Goiás (Fapeg), pela concessão de bolsa de estudos de maio de 2014 a março de 2015. Agradeço também ao quadro de professores do Programa de Pós-Graduação da Faculdade de Filosofia da UFG. E deixo registrado um muito obrigada especial à querida Marlene, secretária da PPGFIL-UFG, pelo carinho e pela dedicação em atender às demandas cotidianas.

Externo ainda a minha gratidão à professora Olga Pombo, da Universidade de Lisboa, que de forma carinhosa me acomodou em seu apartamento, no aprazível bairro lisboeta de Campo de Ourique. E também o meu débito, irresgatável, com os queridos amigos Claudine Schalk e Gérard Emmanuel da Silva, pela hospitalidade tão calorosa e gentil no seu apartamento em Paris, durante o período de um mês em que lá estive em 2017 para a realização de pesquisas bibliográficas. Ainda em Paris, recebi o apoio fundamental do professor doutor Gilles Bataillon, do Centre d'Études Sociologiques et Politiques Raymond Aron (Cespra), que me possibilitou o acesso ao acervo Tocqueville do Cespra e me forneceu uma carta de apresentação para que eu pudesse frequentar a ala reservada a pesquisadores da Biblioteca Nacional da França (BNF).

Do meu círculo mais íntimo, este livro não se concretizaria sem o precioso auxílio de pessoas fundamentais. Em primeiro lugar, o meu marido, Luís Araujo Pereira, pelas conversas sobre a pesquisa e os seus *insights* que me iluminaram em várias ocasiões; por sua paciência em suportar os meus momentos de desânimo e aflição; por sua leitura tão atenta do texto, implacável com clichês e vícios de escrita. Agradeço imensamente ainda à minha mãe, Maria da Penha Almeida Chaves, e a meus cunhados-irmãos Letícia e Laerte Araújo Pereira, pelo apoio generoso que me prestaram para que eu pudesse realizar o estágio de doutorado-sanduíche em Portugal. Um muito obrigada também a meus irmãos Rosemeire e Rogério.

Por fim, gostaria de evocar a companhia terna e apaziguadora, nas longas jornadas de escrita e revisão deste livro, de Tom-Tom, esse gatinho tricolor que adora passear sobre o teclado do notebook e, nas tardes quentes da primavera goiana, saltar sobre a bancada de trabalho da biblioteca de casa com uma cigarra aflita na boca.

APRESENTAÇÃO

A Associação Nacional de Pós-graduação em Filosofia (Anpof) surgiu em 1983 com o objetivo de defender e representar os programas de pós-graduação em filosofia do Brasil junto aos órgãos governamentais competentes, estimular o ensino e a pesquisa em filosofia em todos os seus níveis e também assegurar a presença da filosofia na cena cultural e formativa. Estes objetivos vêm sendo perseguidos por meio da realização de encontros bianuais que acolhem a maior parte dos pesquisadores e professores da área no Brasil e também por uma atuação permanente em defesa do ensino e da pesquisa em filosofia, do ensino básico à pós-graduação.

Além dos encontros nacionais, a Anpof vem promovendo regularmente a publicação de textos resultantes das apresentações no encontro e também promovido parcerias com vistas a ampliﬁcar a presença da filosofia no debate acadêmico e cultural contemporâneo. Em vista disto celebramos uma parceria com a Ed. Almedina/Ed. 70, editora portuguesa de notável prestígio na área de filosofia, com suas edições e traduções prolíficas e muito bem cuidadas bastante conhecidas do público brasileiro. Esta é a primeira parceria desta natureza da Anpof com uma editora.

Nesta primeira edição da parceria puderam ser submetidos para publicação dissertações e teses indicadas ao Prêmio Anpof 2020 e ao Prêmio Filósofas 2020 (este em sua primeira edição), além de textos de professores e pesquisadores vinculados a programas de pós-graduação em filosofia brasileiros. Foram qualificados 18 trabalhos de reconhecida excelência, sendo que ao final 03 foram selecionados pela editora. A edição não representa qualquer custo para a Anpof ou para os autores, que receberão os respectivos direitos autorais referentes à comercialização dos livros.

Saudamos a todos que submeteram seus textos e especialmente a autora e os autores dos textos selecionados. Esperamos que esta edição da parceria seja a primeira de muitas da Anpof com a Ed. Almedina/Ed. 70.

Adriano Correia (UFG)
Coordenador desta edição da parceria Anpof/Ed. Almedina/Ed. 70

SUMÁRIO

Introdução – Um diálogo além do tempo 17

Capítulo 1 – Revolução, ruptura e liberdade 25
   Introdução – Uma tarefa de compreensão histórica 25
   1. Tocqueville: democracia e revolução 31
      1.1. Paixões democráticas e paixões revolucionárias 31
      1.2 Reformista ou revolucionário? 51
   2. Arendt: revolução, um novo começo 74
      2.1. Uma fenomenologia da revolução 74
      2.2 Poder *versus* violência 94
   3. Tocqueville e Arendt: revolução, poder e liberdade 119

Capítulo 2 – Opinião, massificação e pluralidade 135
   Introdução – As revoluções e a emergência da opinião pública . . 135
   1. Tocqueville: democracia, opinião pública e despotismo 138
      1.1 As várias facetas da democracia 138
      1.2 Opinião pública e tirania da maioria 151
      1.3 A apatia da massa e o Estado tutelar 170
   2. Arendt: a dignidade da *doxa* 188
      2.1. Opinião e filosofia 188
      2.2. Opinião pública e vontade geral 202
      2.3 Isolamento e humor da massa 223
   3. Tocqueville e Arendt: as ameaças à democracia 240

Capítulo 3 – Igualdade, liberdade, fraternidade – e felicidade . . 251
   Introdução – Os lemas revolucionários 251
   1. Igualdade 254
      1.1 Tocqueville e o potencial transformador da igualdade . . . 254
      1.2 Arendt: isonomia, pluralidade e visibilidade 276

2. Liberdade 294
   2.1 Tocqueville: independência, cidadania e justiça. 294
   2.2 Arendt: ação livre e espontânea. 320
3. Fraternidade. 346
   3.1 Tocqueville: pauperismo e direito à propriedade 346
   3.2 Arendt: compaixão, piedade e solidariedade 365
4. Felicidade 386
   4.1 Arendt: a felicidade pública e o "vinho da ação". 386
   4.2 Tocqueville: o homem de ação 401
5. Tocqueville e Arendt: a valorização do espaço público. . . . 415

Capítulo 4 – Instituições da liberdade 425
   Introdução – A arte de viver em conjunto 425
   1. O poder local 427
      1.1 Tocqueville e a defesa da liberdade comunal 427
      1.2 Arendt e o sistema de conselhos populares 441
   2. O poder da associação 458
      2.1 Tocqueville e o associativismo político e civil 458
      2.2 Arendt: desobediência civil e associativismo voluntário. . 471
   3. O poder da imprensa. 483
      3.1 Tocqueville: imprensa livre e não monopolista 483
      3.2 Arendt: verdade factual e direito à informação 496
   4. Tocqueville e Arendt: opinião e liberdade 512

Considerações finais 527
   Vivere civile e *vita activa*:
   o republicanismo de Tocqueville e Arendt 527

Referências 537
   1. Obras de Alexis de Tocqueville 537
   2. Obras de Hannah Arendt 538
   3. Obras de outros autores 540

INTRODUÇÃO
UM DIÁLOGO ALÉM DO TEMPO

Tocqueville dizia "detestar" as mulheres que eram escritoras.

O reconhecimento dessa aversão aparece, sem meias palavras, no *Souvenirs*, no trecho em que ele narra o encontro com George Sand, célebre e polêmica romancista francesa, durante um jantar com expoentes da literatura, na Paris incendiária do ano de 1848. Apesar da resistência inicial àquela legítima representante das *femmes de lettres*, "que dissimulam sistematicamente as fraquezas do seu sexo", Tocqueville acabou por se render à inteligência sedutora de Madame Sand. Confessa ter ficado impressionado com a "verdadeira simplicidade" das maneiras e do modo de se expressar da escritora, destituídos de qualquer afetação, e com o fato de haver encontrado nela "alguma coisa da atitude natural dos grandes espíritos".

Mas o que o fascinou, acima de tudo, foi o "olhar admirável" de George Sand. "Todo o espírito parece ter se refugiado nos seus olhos, abandonando o restante da face à matéria", descreve, embevecido.[1]

A despeito da declarada antipatia de Tocqueville às mulheres que arriscavam escrever e publicar, a verdade é que ele apreciava uma boa conversa, *tête-à-tête* ou epistolar, com integrantes do "belo sexo" que procuravam pensar por suas próprias cabeças. Prova disso é a copiosa correspondência que manteve com Madame de Swetchine, escritora russa radicada na França, a quem era ligado por fortes laços de amizade. E foi, sem dúvida, o caráter

---

[1] TOCQUEVILLE. Souvenirs, in *Oeuvre III*, 2004, p. 841.

altivo e independente de Mary Mottley, mais do que a beleza ou os dotes financeiros, que o levou a se casar com essa inglesa de origem burguesa e convicções liberais, afrontando as rígidas convenções do seu círculo familiar aristocrático e a sua tradição das uniões conjugais com membros da mesma estirpe.

Portanto, em um exercício de imaginação, se fosse possível ultrapassar as barreiras do tempo para colocar frente a frente o aristocrata francês do século XIX e uma certa autora de origem judaica nascida na Alemanha no século XX, não seria de se espantar que Tocqueville se deixasse cativar pelo gênio impetuoso e visionário de Hannah Arendt. Talvez, ele também ver-se-ia fascinado pelos seus olhos – "tão brilhantes e chamejantes, [...] mas também profundos, escuros, distantes, poços de interioridade", como os descreve a romancista e ensaísta Mary McCarthy, uma das mais próximas amigas da filósofa.[2]

Do lado de Arendt, certamente não seria desproposito supor que ela se sentiria atraída pela eloquência espirituosa daquele homem franzino e de semblante pálido. E cujo vigor parecia concentrar-se inteiramente nos olhos também escuros, os quais revelavam "uma grande alma enérgica", conforme o perfil de Tocqueville traçado por um contemporâneo dele.[3]

Da minha parte, *feminini generis*, para usar a expressão latina que Arendt vez ou outra empregava quando falava de si própria, também não deixo de ocupar um tímido lugar nessa categoria de "mulheres que escrevem", vista com tanta desconfiança pelo autor de *A democracia na América*. É desse lugar que me arrisco, neste livro, a propor um diálogo imaginário entre esses dois pensadores, que, em meio às brumas do presente em que viviam, procuraram enxergar e compreender a realidade fixando o olhar na clareira, aberta pelo pensamento, entre o passado e o futuro.

A herança intelectual de Hannah Arendt é normalmente relacionada a pensadores como Husserl, Heidegger e Jaspers. Ela própria

---

[2] ARENDT; MACCARTHY. *Entre amigas – A correspondência de Hannah Arendt e Mary McCarthy*, 1995, p. 364.
[3] Apud JARDIM, 1984, p. 364.

reconhecia que a sua proveniência vinha da filosofia alemã, embora fizesse questão de ressaltar que não pertencia ao círculo dos filósofos e que o seu campo era o da teoria política. Alexis de Tocqueville ancora-se na filosofia francesa, no legado de Pascal, Montesquieu e Rousseau, apesar de também não fazer parte estritamente do "círculo dos filósofos". Sociólogo, historiador, teórico da política – são várias as classificações já feitas desse autor que, como Arendt, transitou por várias áreas do conhecimento.

É bem verdade que Arendt admitia ser admiradora da obra de Tocqueville. O autor parisiense figura entre os seus "heróis" do pensamento ocidental – aqueles que, como Maquiavel e Montesquieu, e a exemplo dela mesma, conduziram as suas reflexões sem se desviar do real, da concretude do mundo público. A autora também o cita profusamente em vários de seus textos – apenas no ensaio *Sobre a revolução*, Tocqueville é mencionado mais de 20 vezes.

Mas é curioso como Tocqueville aparece no conjunto da obra arendtiana – o seu pensamento não merece uma análise mais detida como Arendt faz sobre Maquiavel, Montesquieu ou Rousseau. Arendt reproduz trechos de Tocqueville às vezes para abonar um raciocínio, outras para discordar de algum ponto de vista. Todavia, são referências rápidas, que não se detêm detalhadamente no pensamento tocquevilliano.

Apesar dessa pequena visibilidade que Arendt concede a Tocqueville nos seus textos e da distância temporal, das realidades completamente distintas que vivenciaram e das diferentes correntes filosóficas a que eventualmente possam ser filiados, os dois autores legaram cada qual uma obra em que apresentam estreitas confluências na forma como abordam a política e as potencialidades da ação coletiva. Não se deve olvidar, evidentemente, que Tocqueville escreve tendo diante dos olhos o turbulento cenário da França da primeira metade do século XIX, sempre sujeito a novas revoluções, enquanto o olhar de Arendt volta-se para os transes do século XX e a traumática experiência dos regimes totalitários. Porém, ambos concordam no diagnóstico de que a liberdade é a própria razão de ser da política e que a preservação da pluralidade inerente ao espaço público – uma pluralidade de seres singulares e, ao mesmo tempo, iguais em direitos e dignidade – é essencial para a preservação da democracia.

Por caminhos diferentes, Tocqueville e Arendt também se revelaram dois pensadores da ruptura, no esforço de enfrentar a realidade do mundo em que viveram sem o suporte de categorias filosóficas preestabelecidas ou dos "universais fugidios", para usar uma expressão de Celso Lafer.[4] Assim, voltaram-se para a análise da política com os olhos depurados de qualquer filosofia, como costumava dizer Arendt, deixando que a ação política inspirasse e fosse o principal ponto de apoio do seu pensar.

***

As afinidades entre Tocqueville e Arendt já foram apontadas, em maior ou menor grau, por vários intérpretes da obra tocquevilliana e arendtiana, como Margareth Canovan, Margie Lhoyd, Mark Reinhardt, Sheila Benhabib e Dana Villa. No entanto, a relação intelectual que pode ser estabelecida entre ambos é ainda um vasto campo a ser explorado. Sendo assim, o objetivo deste livro é proporcionar uma contribuição nesse sentido, por meio de uma análise comparativa e crítica dos conceitos de revolução, opinião/opinião pública e liberdade, além de outros correlatos, no pensamento dos dois autores.

O percurso que será realizado ao longo das próximas páginas começa pelas análises de Tocqueville e Arendt sobre as revoluções modernas; passa por suas reflexões sobre a opinião pública; detém-se sobre a compreensão de ambos a respeito do conceito de liberdade, sobretudo, como participação política, abarcando ainda as noções de igualdade, fraternidade e felicidade, e aponta os caminhos institucionais que, para eles, podem assegurar a ação coletiva e a pluralidade de opiniões dos cidadãos. Nessa trajetória, o intento não será apenas o de mostrar as fortes con-

---

[4] LAFER, 2018, p. 289.

fluências entre as reflexões de Tocqueville e Arendt acerca dessas questões, em que pesem algumas divergências, que não são intransponíveis. Mas, tendo como objeto uma questão fundamental na obra dos dois autores – as ameaças à democracia representadas pelo conformismo e pela uniformização do pensamento e do comportamento nas sociedades modernas, abrindo espaço aos despotismos que podem emergir do seio da própria democracia –, argumentar que ambos compartilham o entendimento comum de que o enfrentamento desses desafios implica uma práxis republicano-democrática.

A tese que se sustenta aqui, portanto, é a de que é possível extrair da reflexões de Tocqueville e Arendt uma versão convergente de republicanismo, no empenho de cada um desses autores em recuperar os ideais de espírito público e de participação ativa na vida pública como remédios republicanos que podem combater os novos despotismos surgidos na modernidade. No entanto, o republicanismo tocquevilliano e o republicanismo arendtiano, atentos às complexidades das sociedades democráticas modernas e, por isso, longe de proporem um modelo utópico de organização política calcado na formação de cidadãos patrióticos imbuídos de uma mesma vontade, realçam a pluralidade inerente à esfera pública. A República e o novo tempo de liberdade que ela anuncia – seria esta a promessa desse "dia de glória" que o hino francês proclama aos "filhos da Pátria"? – materializam-se e encontram sustentáculo, na obra de Tocqueville e Arendt, no exercício cotidiano da cidadania, por meio do diálogo e da ação conjunta entre homens e mulheres que desfrutam de uma condição de igualdade no espaço público, onde têm a chance de manifestar a multiplicidade de suas opiniões e estabelecer entre si os pactos e os acordos sempre renegociáveis da política.

Esse exercício da cidadania requer, por sua vez, um quadro de instituições legais e políticas estáveis – o grande desafio das revoluções modernas, na sua tarefa de fundação e refundação de corpos políticos –, sem prescindir de outras formas de associação política surgidas espontaneamente da ação coletiva. Nesse cenário de intensa interação entre os cidadãos, a virtude cívica, traduzida pelo espírito público e pelo comprometimento com a *res publica*, alimenta e incentiva uma práxis republicana de valorização da política, ao mesmo tempo em que é alimentada e renovada por essa prática, resultando em uma cultura republicano-democrática que proporciona aos indivíduos a experiência compartilhada da liberdade e da felicidade.

Um dos pontos centrais da discussão é a crítica que Tocqueville e Arendt fazem à opinião pública, compreendida como expressão de uma maioria tirânica, que oprime as minorias e os indivíduos em particular. A hipótese apresentada é a de que essa visão negativa que emerge da obra de ambos em relação à opinião pública está relacionada às tensões existentes, tanto em Tocqueville quanto em Arendt, entre igualdade e liberdade.

O conflito que emerge entre igualdade e liberdade, para os dois pensadores, é decorrente de uma espécie de desvirtuamento desses ideais na modernidade: a igualdade é degenerada na uniformidade de pensamento e comportamento e no conformismo da massa de indivíduos ocupados apenas em garantir o bem-estar material, ameaçando a pluralidade que é constitutiva da política e a sua razão de ser, que é a liberdade. Por sua vez, a liberdade restringe-se à esfera privada, como sinônimo de livre-iniciativa.

Por conseguinte, conforme procurar-se-á demonstrar, as críticas de Tocqueville e Arendt à opinião pública não decorrem de uma desconfiança em relação ao público, que corresponderia aos temores da tradição liberal a uma potencial ameaça do coletivo sobre a independência dos indivíduos. Uma opinião pública pensada como a expressão tirânica da maioria dominante indica, pelo contrário, o deterioramento da esfera pública, porque ataca justamente a pluralidade que é característica dessa esfera.

***

O livro está dividido em quatro capítulos. No primeiro, o tema discutido é o fenômeno da revolução moderna. Optou-se por dedicar o capítulo inicial à revolução porque esse tema, da maneira como é tratado pelos dois autores, já anuncia muitas das questões que serão desenvolvidas nos demais capítulos, as quais, por sua vez, remetem às análises de Tocqueville e Arendt sobre as Revoluções Americana e Francesa. Outro aspecto relevante é o fato de a noção de soberania popular, da qual a opinião pública se eleva como a sua expressão, ganhar força e se concretizar no cenário das revoluções nos EUA e na França. E ainda, mas não menos importante, porque há uma visível afinidade no modo como Tocqueville e Arendt interpretam as revoluções setecentistas, privilegiando o aspecto político, com ênfase no primado da liberdade.

No segundo capítulo, o enfoque é o lugar que a opinião pública ocupa na obra tocquevilliana e arendtiana. O critério que ambos adotam para analisar a opinião pública é discutido com base em duas perspectivas: primeiramente, dentro da crítica à tirania da maioria, seja na forma da onipotência da soberania popular, seja na forma da mentalidade homogênea da maioria. Em um segundo momento, a discussão detém-se sobre o fenômeno da atomização e do conformismo nas sociedades modernas, deixando os indivíduos vulneráveis aos despotismos que podem emergir da própria democracia.

No terceiro capítulo, enverreda-se pelos lemas das revoluções setecentistas (igualdade, liberdade, fraternidade e felicidade) para abordar esses ideais em Tocqueville e Arendt, os quais se vinculam às questões debatidas nos capítulos anteriores. Por fim, o quarto capítulo trata dos caminhos institucionais que surgem na obra de ambos – as comunas, os conselhos populares, as associações políticas e civis e a imprensa –, pelos quais é possível assegurar as bases republicanas para a manifestação da pluralidade de opiniões no âmbito político e o exercício de uma cidadania ativa.

Ao final de cada capítulo, há uma seção conclusiva que se propõe a apresentar os pontos de aproximação e de discordância entre Tocqueville e Arendt, incluindo ainda algumas considerações críticas dos tópicos abordados. Por conta da forma como foi concebida a estrutura do livro, nas "Considerações finais", optou-se por fazer uma incursão, com base no que foi reiteradamente discutido ao longo de todo o texto sobre as concepções republicanas de Tocqueville e Arendt, pelo que se pode chamar de "projeto republicano" nos dois autores.

CAPÍTULO 1
REVOLUÇÃO, RUPTURA E LIBERDADE

INTRODUÇÃO – UMA TAREFA DE COMPREENSÃO HISTÓRICA

"Como o passado não mais ilumina o futuro, o espírito caminha nas trevas" ("Le passé n'éclairant plus l'avenir, l'esprit marche dans les ténèbres") – a célebre sentença de Tocqueville, que aparece no capítulo final do segundo volume de *A democracia na América,* é mencionada com frequência por Hannah Arendt em sua obra. Uma referência em especial a essa frase chama particularmente a atenção: no ensaio "O conceito de história – antigo e moderno", incluído no livro *Entre o passado e o futuro,* Arendt comenta que a afirmação do autor francês só poderia ter como inspiração o "desespero" diante do novo cenário político e social que o mundo moderno descortinava aos olhos dele. "Eu remonto de século em século até a mais remota Antiguidade: não percebo nada que se assemelhe ao que está diante dos meus olhos" – as palavras de Tocqueville que precedem a citação tantas vezes evocada por Arendt parecem reforçar a interpretação da filósofa.[5]

"Desespero", todavia, talvez seja um termo um tanto quanto excessivo para qualificar o sentimento de Tocqueville em face de sua época, sempre alternando-se entre uma perspectiva otimista e um ceticismo resignado, embora sem nunca abdicar da crença na potencialidade da liberdade humana. Mas se ele demanda a

---

[5] TOCQUEVILLE. De la démocracie en Amérique II, in *Oeuvres II,* 1992, p. 850. Doravante, nas notas, serão usadas as siglas DA1 e DA2 para indicar os dois volumes da obra. Sobre a referência a Arendt, ver *Entre o passado e o futuro,* 2002, p. 111-112.

necessidade do surgimento de uma nova ciência política para compreender um mundo também totalmente novo é porque – assim como Arendt, que mobilizaria a divisa tocquevilliana mais de um século depois para pensar a modernidade e o advento do totalitarismo – estava plenamente consciente da ruptura do fio da tradição: o passado já não mais poderia iluminar o futuro porque as experiências pretéritas e as categorias tradicionais do pensamento político haviam se tornado insuficientes para explicar o presente.

O que vislumbrava Tocqueville no seu tempo presente – a primeira metade do século XIX – que lhe causava tanto assombro? A democracia: um estado social e político que ele julgava já consolidado nos Estados Unidos da América e um processo ainda em desenvolvimento em solo europeu, mas que o autor considerava irreversível. O destino das velhas estruturas da sociedade aristocrática, baseadas na desigualdade, na hierarquia e no privilégio, era o de serem definitivamente sepultadas. Entre essas antigas e cada vez mais ultrapassadas estruturas aristocráticas e a democracia moderna, que assumia formas diversas e se erigia com base em fundamentos muito mais complexos do que a noção corrente de governo democrático herdada dos Antigos, situava-se o fenômeno da revolução moderna.

Neste primeiro capítulo, o esforço será o de apontar, a despeito de algumas diferenças substanciais, as afinidades dos dois pensadores nas suas reflexões sobre o fenômeno das revoluções modernas e mostrar como a concepção de ambos sobre a revolução privilegia o aspecto político, com ênfase no primado da liberdade.

Antes de discutir o conceito de revolução na obra de Tocqueville e Arendt, é importante discorrer – ainda que sumariamente – sobre a noção de história na obra de ambos, que também apresenta muitas aproximações. A partir dos acontecimentos da Revolução Francesa, tanto Tocqueville quanto Arendt identificam o momento em que uma filosofia da história passou a se sobrepor a uma teoria política da ação humana. Como consequência desse movimento, o pensamento político revolucionário relegou a liberdade a um segundo plano para realçar a necessidade proveniente das forças processuais históricas, ancorado na convicção de que estas conduzem os indivíduos independentemente de sua vontade.

Ao estabelecer algumas diferenças básicas no método empregado pelos historiadores dos tempos aristocráticos, em comparação ao usado pelos historiadores das eras democráticas, Tocqueville observa que os primeiros enfatizam a ação dos grandes protagonistas, ao passo que a preocupação dos segundos é apontar as causas gerais dos acontecimentos históricos. Esse modo de proceder dos historiadores "democráticos" encontra explicação na dificuldade deles em eleger grandes personagens em um mundo cada vez mais caracterizado pela ideia de igualdade entre os indivíduos.

Tocqueville censura os historiadores aristocráticos por superestimar a influência que alguns poucos luminares possam ter no decorrer da história, em prejuízo da ação da multidão. No entanto, os historiadores democráticos cometem o erro, ainda mais grave, de retirar dos próprios povos a faculdade de comandar o seu destino, porque extraem do seu método um sistema que acaba por obliterar a ação humana e por conduzir a uma visão fatalista que praticamente suprime a liberdade. Nessa crítica à historiografia "democrática", Tocqueville tinha em mira justamente o método historiográfico que surgira após a Revolução Francesa, desenvolvido por nomes como Thiers e Michelet.

Deve-se admitir que Tocqueville também pode ser inserido na mesma categoria dos historiadores democráticos que foram alvo de sua crítica, quando inscreve a Revolução Francesa no movimento mais geral, "providencial" e inexorável da igualdade de condições, como será discutido na primeira seção deste capítulo. Entretanto, para o autor, torna-se necessário que o discurso histórico se mostre capaz de revelar aos homens que eles não são meros agentes passivos do processo histórico, em um esforço de realçar a capacidade humana de intervenção voluntária pela via da ação, como bem salienta Marcelo Jasmin.[6] Ceder ao fatalismo

---

[6] JASMIN, 1997, p. 103. Sobre a crítica de Tocqueville aos historiadores democráticos, ver DA2, in *Oeuvre II*, 1992, p. 597-601.

histórico significa engessar-se em uma postura acrítica que acaba por conduzir à desvalorização da potencialidade humana para a ação e, consequentemente, da responsabilidade política dos indivíduos pelo mundo.

Por conseguinte, na análise dos fatos históricos, cabe ao historiador, na visão de Tocqueville, exercer a sua faculdade de julgamento: não basta narrar os acontecimentos como "um profeta voltado para trás", tentando explicá-los por meio de uma corrente inescapável de nexos causais – para lançar mão da crítica de Arendt, no ensaio "Compreensão e política", a esse método historiográfico determinista que despreza a contingência e o significado que cada evento histórico carrega em si mesmo. O empenho tocquevilliano centra-se em procurar mostrar que o curso dos acontecimentos poderia ser diverso se outras ações tivessem sido tomadas, em vislumbrar outras potencialidades de ação. Como o próprio autor diz no prefácio de *O Antigo Regime e a Revolução*, empregando uma analogia com a prática da medicina: "Não quis ver apenas qual o mal de que o doente sucumbira, mas também como este poderia não ter morrido. Fiz como esses médicos que, em cada órgão morto, tentam surpreender as leis da vida".[7]

Já Arendt valoriza a contingência histórica – e recusa radicalmente qualquer tipo de determinismo – porque está interessada em iluminar a novidade que cada evento histórico traz em si mesmo. Pois o historiador que se contenta em inserir um acontecimento histórico em particular em um processo mais geral já determinado de antemão termina por negar o que esse acontecimento introduz de novo no mundo e, em consequência, a possibilidade de qualquer ação política – esta, para Arendt, é fundamentalmente o começo de algo novo, a essência mesma da liberdade humana. "[...] os eventos na história revelam, cada um, uma paisagem inusitada de feitos, sofrimentos e novas possibilidades humanas que, juntos, transcendem a soma total de todas as intenções voluntárias e a significância de todas as origens".[8] Ao se avaliar os

---

[7] TOCQUEVILLE. L'Ancien Régime et la Révolution, in *Oeuvre III*, 2004, p. 47.
[8] ARENDT. *A dignidade da política*, 2002, p. 50.

CAPÍTULO 1 – REVOLUÇÃO, RUPTURA E LIBERDADE

eventos históricos em sua particularidade, é possível detectar essa paisagem inusitada que invariavelmente é obscurecida pelo determinismo histórico, jogando luz sobre as novas possibilidades humanas que ela evidencia e o significado que carrega.

A história para a qual Arendt se volta é composta de feitos e eventos únicos e extraordinários, que interrompem o movimento circular da vida diária. E esse pensar – que sonda as profundezas do passado como o caçador de pérolas que mergulha no mar em busca "do raro e do estranho" – assim procede não para ressuscitar o passado, mas para recuperá-lo de forma seletiva e criativa. A negação do determinismo histórico por parte de Tocqueville impulsiona-o a apontar alternativas que poderiam ter mudado o curso dos acontecimentos, reafirmando a sua aposta na liberdade humana. Em Arendt, por sua vez, o exercício de desconstrução do processo histórico revela outras possibilidades surgidas em meio a esses eventos extraordinários – como o sistema de conselhos populares durante as revoluções modernas –, as quais, embora tenham sido sufocadas, ainda perduram como inspiração para a ação política.

Comungando essa postura crítica com relação ao determinismo histórico, também não interessa aos dois autores investigar o passado com um olhar equidistante e neutro. Na verdade, o que ambos empreendem é uma tarefa de "compreensão" histórica, no sentido que Arendt dá ao termo. Arendt define a compreensão como "uma atividade interminável, por meio da qual, em constante mudança e variação, aprendemos a lidar com nossa realidade, reconciliamo-nos com ela, isto é, tentamos nos sentir em casa no mundo". Segundo a autora, a compreensão permite "aos homens de ação (e não aos que se engajam na contemplação de um curso progressivo ou amaldiçoado da história), no final das contas, aprender a lidar com o que irrevogavelmente passou e reconciliar-se com o que inevitavelmente existe".[9] Ao Tocqueville teórico, mas também ao homem de ação que ingressou na carreira

---

[9] ARENDT. *A dignidade da política*, 2002, p. 39; 52.

política, a nostalgia do passado à moda de um Chateaubriand parece mais apropriada "às sociedades ociosas e eruditas". "No fundo, só as coisas de nosso tempo interessam ao público e a mim mesmo", assevera o autor.[10]

Portanto, o olhar retrospectivo que Tocqueville e Arendt lançam ao passado é para descortinar questões que digam respeito ao presente. E a questão primordial para ambos, com relação ao movimento histórico das revoluções modernas, é a liberdade.

***

A primeira parte do capítulo será destinada a percorrer as análises de Tocqueville sobre a revolução em dois momentos: primeiramente, considerada no seu aspecto de ordenamento social e não circunscrita, obrigatoriamente, aos eventos históricos tidos como revolucionários, tendo em vista que a "revolução democrática" surge como sinônimo de um movimento histórico e processual de transformação das relações sociais que já datava de séculos. Em segundo lugar, quando o autor centra a sua interpretação dos eventos revolucionários dentro de uma abordagem mais abrangente acerca da natureza do absolutismo, a revolução – e aqui o objeto é, sobretudo, a Revolução Francesa – é vista como um movimento simultâneo de ruptura e continuidade com a ordem do Antigo Regime e o seu projeto de centralização estatal.

Na segunda parte, as reflexões de Arendt sobre as revoluções modernas também serão abordadas sob duas perspectivas: inicialmente, o destaque será a tese arendtiana segundo a qual as revoluções autênticas visam, acima de tudo, à liberdade política e à constituição de novos corpos políticos capazes de preservar esse mesmo tipo de liberdade. Em seguida, outros temas que Arendt julga essenciais na análise das revoluções modernas também merecerão uma discussão mais aprofundada: a relação entre poder e violência, a questão da fundação e da autoridade, e os paradoxos

---

[10] Em carta a seu primo Louis de Kergolay. In: TOCQUEVILLE. *Oeuvres complètes XIII*, 1977, p. 230-231.

CAPÍTULO 1 – REVOLUÇÃO, RUPTURA E LIBERDADE

envolvendo a ideia de universalização dos direitos humanos. Ao final do capítulo, serão apresentadas algumas considerações críticas acerca da noção de revolução no pensamento dos dois autores e, ainda, sobre os pontos de confluência e discordância entre eles sobre o tema.

1. TOCQUEVILLE: DEMOCRACIA E REVOLUÇÃO

1.1. PAIXÕES DEMOCRÁTICAS E PAIXÕES REVOLUCIONÁRIAS

Alexis de Tocqueville (1805-1859) descendia de um ramo da aristocracia francesa cujos membros podiam se gabar da antiquíssima linhagem: os seus ancestrais provinham de uma honorável nobreza normanda que datava do século XII. Filho do conde Hervé de Tocqueville, dedicado servidor da Restauração, sob a qual ocupou cargos públicos e chegou a ser nomeado par de França, e bisneto, pelo lado materno, de Malesherbes, estadista e ministro do rei Luís XVI, Tocqueville cresceu e foi educado em um exclusivo ambiente aristocrático. Mas que, nas três primeiras décadas do século XIX – período que marca o nascimento do autor até a chegada à idade adulta –, vivia sob o fantasma da memória recente dos sofrimentos e das perseguições sofridos por seus integrantes, incluindo familiares próximos, durante a Revolução Francesa.

O seu bisavô Malesherbes, o célebre amigo dos enciclopedistas e advogado de Luís XVI diante do Tribunal Revolucionário, teve igual destino ao do monarca que defendera e foi condenado, aos 73 anos, à guilhotina em 1794. Outros membros do clã familiar de Malesherbes (Madame de Sénozan, irmã do patriarca; Antoniette e Louis Le Pelletier de Rosambo, avós maternos de Tocqueville, e Aline Thérèse e Jean-Baptiste Chateaubriand, tios do autor) receberam também a mesma sentença. O golpe de IX Termidor (27 de julho de 1794), que marcou a queda de Robespierre e pôs fim ao Terror, salvou Hervé e Louise, pais de Tocqueville, da execução marcada para três dias depois – eles, no entanto, só foram libertados do cárcere no dia 20 de outubro do mesmo ano, amargando, no total, dez meses de prisão.

Traumatizada pela tragédia que a atingiu e a sua família, Louise, ao mesmo tempo em que reverenciava a lembrança do rei decapitado, alimentava uma verdadeira ojeriza às ideias iluministas pelas quais o seu avô Malesherbes mostrara tanto entusiasmo. Apesar da rejeição às teorias que impulsionaram os revolucionários de 1789 demonstrada pela mãe e pelos demais membros do seu círculo familiar, uma maioria composta de ultras (monarquistas radicais) e ferrenhos contrarrevolucionários, a curiosidade adolescente de Tocqueville levou-o a descobrir Descartes e os *philosophes* do século XVIII na biblioteca que o pai, Hervé, um legitimista com ideias liberais, mantinha em Metz, onde ocupou por três anos o cargo de *préfet*.

Essas leituras despertariam em Tocqueville o interesse pelo pensamento iluminista que havia seduzido Malesherbes, cuja personalidade ele venerava.[11] Porém, contrabalançado pelas reminiscências dos infortúnios familiares durante a revolução e pela influência do fechado meio aristocrático com o qual convivia, esse ideário liberal do jovem Tocqueville, a que ele permaneceria fiel vida afora, revestir-se-ia de um caráter ambíguo em relação ao grande acontecimento histórico que marcara tão profundamente a França. Ao mesmo tempo em que cultivava os valores de 1789,

---

[11] Na biografia que escreveu sobre Tocqueville (*Alexis de Tocqueville – O profeta da democracia*), Hugh Brogan apresenta um rápido, mas instrutivo, perfil de Malesherbes. Durante o reinado de Luís XV, Malesherbes obteve o cargo de censor e aproveitou-se desse posto para, inversamente ao que seria esperado, combater a censura, lutando pela liberdade de expressão: ele assegurou a publicação da *Encyclopédie* e foi um dos protetores de Rousseau. Ficaram famosos os memorandos que enviou ao rei recomendando a abolição das temíveis *lettres de cachet* (as quais ordenavam prisões arbitrárias, sem fundamento legal) e os privilégios da nobreza; defendendo a tolerância para com os protestantes e a cidadania para os judeus; pedindo um corte radical nos gastos fabulosos da corte e exigindo a convocação de uma Assembleia Nacional (cf. BROGAN, 2012, p. 23). Sobre o núcleo familiar e a admiração de Tocqueville pelo bisavô, conferir ainda BENOÎT (2013, p. 23-109) e JARDIN (1984, p. 9-72).

CAPÍTULO 1 – REVOLUÇÃO, RUPTURA E LIBERDADE

Tocqueville manifestaria, com igual ardor, uma aversão visceral ao "espírito revolucionário".

Como conciliar essas duas atitudes diante da Revolução Francesa, à primeira vista tão contraditórias? É fato que o ato de enaltecer a Revolução Francesa pelos posicionamentos liberais dos constituintes de 1789 e de deplorá-la pela fúria igualitária e pelo ódio entre as classes, que culminariam na carnificina do Terror, era praticamente um lugar-comum entre os autores afinados com o liberalismo que, ainda no calor da revolução e durante a Restauração, escreveram sobre o período revolucionário, como Benjamin Constant e Madame de Stäel. Porém, a interpretação tocquevilliana da revolução difere-se dessa corrente de pensamento por duas razões primordiais.

Em primeiro lugar, porque, apesar de ter realçado em sua obra o conflito entre liberdade e igualdade inerente à democracia, Tocqueville sempre acreditou que esses dois valores essenciais de 1789 são indissociáveis nos tempos democráticos, tema que será tratado no capítulo 3. Em segundo, em virtude de sua análise dos eventos revolucionários estruturar-se sobre uma reflexão mais abrangente acerca da natureza do absolutismo, acentuando, de maneira original, o caráter paradoxal, em particular, da Revolução Francesa: ao mesmo tempo de ruptura com uma ordem política e social e de continuidade do projeto centralizador do Estado absolutista do Antigo Regime.

Esse segundo aspecto da análise tocquevilliana já aponta para algumas das conclusões desta primeira parte do capítulo, mas é importante tê-lo em mente para acompanhar o esforço do autor no sentido de entender a França de sua época e o próprio significado da revolução, expresso desde o primeiro volume de *A democracia na América*, publicado em 1835 (o segundo volume seria lançado em 1840). Como o próprio Tocqueville admitiria, a missão oficial, a serviço do governo francês, a fim de conhecer o sistema penitenciário dos Estados Unidos, foi apenas um pretexto para que ele examinasse de perto como funcionavam o regime político e as instituições democráticas norte-americanas, além de ter contato com os costumes da população local.¹² Ao lado do amigo Gustave de Beaumont, ele percorreu o país durante nove meses, de maio de 1831 a fevereiro de 1832.

Em oposição ao credo comum à sua casta (um termo que o autor empregava em sentido muito específico para designar a sociedade aristocrática francesa), Tocqueville não partilhava das ilusões contrarrevolucionárias de que seria possível retomar os antigos privilégios da nobreza. E tampouco que fosse possível deter ou controlar, como era desejo da burguesia, o processo crescente de diminuição das desigualdades sociais.

Na sua abordagem inicial sobre a revolução, Tocqueville se preocupa principalmente em realçar o aspecto de mudança do ordenamento social – apesar de não desconsiderar as implicações no terreno político, que passarão ao primeiro plano em seu livro *O Antigo Regime e a Revolução*. Também não circunscreve a revolução aos eventos históricos assim conhecidos – a "revolução democrática" por ele denominada não era um fenômeno recente, mas um movimento contínuo que paulatinamente vinha transformando as relações sociais no continente europeu há pelo menos 700 anos.

Tocqueville não aponta um acontecimento ou um momento preciso de quando tal revolução teria iniciado. Porém, elenca diversos fatores de ordem social, política, cultural e econômica que a fomentaram. Entre eles, a abertura do clero a todas as classes sociais; a introdução crescente de leis civis para regular as relações entre os súditos; o desenvolvimento do comércio, da indús-

---

[12] É o que ele confessa, por exemplo, em carta ao amigo Charles Stoffels, datada de agosto de 1830, portanto, meses antes de embarcar para o continente americano. "Há muito tempo que eu tenho um grande desejo de visitar a América do Norte. Eu verei o que é uma grande república" (apud JARDIN, 1984, p. 89). De todo modo, Tocqueville e Beaumont desempenharam com rigor a missão da qual se incumbiram perante o governo francês e visitaram diversas prisões nos EUA. De volta à França, dando continuidade ao trabalho, também verificaram as condições das cadeias francesas, e Tocqueville chegou a viajar para a Suíça, a fim de conhecer o sistema penitenciário local. O trabalho dos dois resultou no livro *Système pénitentiaire*, publicado em 1832, e que rendeu aos autores o Prix Monthyon da Académie des Sciences Morales et Politiques.

tria e das finanças, da ciência, das letras e das artes; o surgimento da imprensa; o contínuo esgotamento do modelo de domínio imobiliário feudal, tornando a propriedade da terra acessível à burguesia e ao campesinato. Somados à possibilidade de um plebeu poder comprar um título de nobreza, já a partir do século XIII, esses fatores surgiram como oportunidades para que as desigualdades fossem sendo superadas entre as várias camadas da sociedade. E a aristocracia de nascimento, em contrapartida, perdesse poder e prestígio.

Esse progresso da igualdade de condições é um "fato providencial", "universal" e "duradouro", portanto, irreversível. "Seria razoável acreditar que um movimento social que vem de tão longe possa ser suspenso pelos esforços de uma geração? Pode-se conceber que, após ter destruído o feudalismo e vencido os reis, a democracia recuará diante dos burgueses e dos ricos?" A democracia já constituía o presente da Europa, em especial o da França, e seria o seu futuro.[13]

Se o porvir é democrático, os Estados Unidos antecipavam o destino da Europa. Ao oferecer essa perspectiva com relação à grande república do Novo Mundo, Tocqueville inovava, entre os seus contemporâneos, a forma de interpretar a realidade norte-americana. A visão comum era a de que a América representava um retrato dos primórdios do Velho Mundo – um mundo selvagem que, aos poucos, foi sendo civilizado. Na França da Revolução de 1830, entre os liberais, o consenso era o de que um regime democrático tal como o que vigorava nos EUA representava

---

[13] TOCQUEVILLE. DA1, in *Oeuvre II*, 1992, p. 7. Conforme Jean-Louis Benoît (2013, p. 211), a argumentação dos dois grandes teóricos da Restauração, Bonald e De Maistre, repousava justamente sobre uma leitura "providencialista" da história, como realização dos desígnios divinos. Por essa concepção, a Revolução Francesa seria apenas um desvio de percurso, ao fim do qual a ordem monárquica e aristocrática, a única adequada ao ordenamento divino, retomaria o seu lugar. Tocqueville inverte o argumento dos legitimistas para desmascarar o que, na sua opinião, constituía apenas uma ilusão dos integrantes da sua casta. Assim, não era a volta do Antigo Regime, mas a democracia que se conformava à vontade da Providência, revelada ao longo da história. Sobre os fatores mencionados que impulsionaram a revolução democrática, ver TOCQUEVILLE, op. cit., p. 4-6.

algo excepcional e só convinha a um país ainda muito rústico, remetendo a uma era de ouro do passado da Europa que jamais voltaria. Já os legitimistas contentavam-se em afirmar que a estabilidade das instituições democráticas norte-americanas devia-se a circunstâncias excepcionais, e estas não durariam para sempre.

Com a publicação do primeiro volume do seu livro sobre a democracia, Tocqueville empenhava-se em convencer os leitores de que os Estados Unidos, longe de constituírem uma espécie de infância perdida da Europa, prenunciavam o futuro do continente europeu. Como diz Furet, era lá que desabrochava, "livre das restrições de um passado aristocrático, a Democracia, que ser[ia] também o futuro político e social da velha Europa". André Jardin pondera, no entanto, que essa representação dos Estados Unidos como sendo o destino dos povos europeus não era estranha à geração anterior de Tocqueville, justamente a dos revolucionários de 1789. Lafayette e Condorcet, por exemplo, partilhavam a convicção de que o povo norte-americano poderia ser considerado como uma prefiguração das sociedades futuras, convicção também disseminada entre os chamados ideólogos, como Destutt de Tracy.[14]

Portanto, ao jovem Tocqueville, preocupado com o turvado ambiente político da terra natal – que acabara de passar por mais uma reviravolta (a Revolução de Julho de 1830, que depusera o reinado de Carlos X e alçara ao poder a monarquia constitucionalista de Luís Filipe) –, e cujas ambições não eram apenas intelectuais, mas também políticas, a viagem aos EUA proporcionava-lhe uma chance de encontrar ali ensinamentos que pudessem de alguma forma lhe servir de farol. O maior ensinamento que a democracia norte-americana lhe ofertou foi a capacidade de, tanto no plano social quanto no político, promover a igualdade sem sacrificar a liberdade – o grande desafio que a França revolucionária de 1789 se impusera e que fora incapaz de concretizar.

---

[14] FURET, 1983, p. 28; JARDIN, 1984, p. 101-102.

A especificidade norte-americana consistia no fato de que lá se desenvolveu um sistema democrático que não tivera de se livrar de uma herança aristocrática para se instalar. Essa constatação é essencial para entender a oposição que Tocqueville, dentro do seu método comparativo, estabelece entre a democracia dos EUA e a situação revolucionária da França. Na introdução da *Democracia...* de 1835, ele faz questão de frisar que a América "vê os resultados da revolução democrática que se opera entre nós sem ter tido, ela mesma, uma revolução"[15] – a ideia de que os EUA não experimentaram uma "revolução democrática" é uma constante na sua obra. Mas o que significa dizer que aquele país do Novo Mundo não viveu uma revolução democrática? A Revolução Americana não seria, então, uma revolução, propriamente falando?

***

A terminologia de Tocqueville nem sempre é muito precisa. Em relação ao termo "revolução", ao longo dos dois volumes de *A democracia na América*, é possível destacar, no entanto, o seu emprego em dois sentidos bem distintos. O primeiro, estritamente político, encaixa-se no uso que lhe era mais corrente, o qual designa uma violenta crise política que desemboca em uma mutação do regime de governo. O segundo, de natureza sociopolítica, refere-se ao movimento histórico e "providencial" ao qual ele faz referência já na introdução da *Democracia...* de 1835, que representa a passagem de uma sociedade do tipo aristocrático para uma de características democráticas. As explosões revolucionárias seriam, assim, apenas os momentos de maior radicalização dessa marcha histórica e providencial em direção à democracia.

A Revolução Americana, seguindo esse raciocínio, poderia ser enquadrada na primeira definição tocquevilliana, mas não na segunda. O estado social dos Estados Unidos já era democrático desde as suas origens, no período colonial, porque assentado

---

[15] TOCQUEVILLE. DA1, in *Oeuvres II*, 1992, p. 14.

sobre a igualdade de condições – muito antes, portanto, da guerra contra a Inglaterra que culminou na Declaração da Independência de 1776 e na fundação da república norte-americana. Em um fragmento dos manuscritos do primeiro volume da *Democracia...* não incorporado ao texto final da obra, Tocqueville observa que, porquanto a sociedade norte-americana já era democrática "por natureza", o papel político da Revolução Americana foi transportar os princípios democráticos que a regiam para as leis.[16]

Discorrendo sobre o caráter dos colonos ingleses que se estabeleceram inicialmente na América, Tocqueville comenta como, desde os primórdios do processo de colonização, eles se mostraram refratários a qualquer tipo de ordem hierárquica – os EUA se erigiram sob o signo da negação da nobreza, em que a sua mera possibilidade havia sido de antemão excluída. Os imigrantes ingleses que formaram as primeiras colônias partilhavam a mesma língua, os mesmos costumes e as mesmas crenças, exibindo condições econômicas não muito díspares, pois a maioria era proveniente das classes médias de seu país natal, fortemente influenciadas pelo puritanismo protestante.

As colônias inglesas, quando do seu nascimento, mantinham entre si um clima de família e apresentavam-se cada vez mais como uma sociedade homogênea em todas as suas partes. Além do mais, mesmo quando alguns grandes senhores da Inglaterra transferiram-se para a América do Norte, em virtude de conflitos políticos e religiosos, a dificuldade de encontrar mão de obra para desbravar o imenso território norte-americano – combinada posteriormente às leis sucessórias, as quais implementaram a partilha equânime dos bens entre os herdeiros – levou à divisão do país em pequenas propriedades cultivadas por seus próprios donos. Tudo isso impediu a formação de uma aristocracia fundiária, cuja fortuna fosse formada por grandes extensões territoriais.[17]

---

[16] TOCQUEVILLE. Sur la Démocratie en Amérique (Fragments inédits), in *NRF*, 1959, p. 8. Nesse sentido, ver também LAMBERTI, 1983, p. 250.
[17] Tocqueville reconhece, todavia, que a colonização no Sul dos Estados Unidos ocorreu de forma diferente, caracterizada pelo uso intenso do trabalho escravo e

CAPÍTULO 1 – REVOLUÇÃO, RUPTURA E LIBERDADE

Somente a Revolução Francesa, na concepção tocquevilliana, poderia unir os dois sentidos que ele empresta ao termo "revolução": uma crise política violenta e a substituição de um princípio regulador da sociedade por outro – no caso, da aristocracia para a democracia. No entanto, apesar dessas diferenças que estabelece entre os dois movimentos revolucionários no novo e no velho continentes, Tocqueville prefere não fazer uma comparação sistemática entre eles. A Revolução Americana, aos olhos dele, não representou uma mudança radical na sociedade dos EUA, diferente do movimento revolucionário que varreu o seu país. Tocqueville destaca ainda o fato de a Revolução Americana ter custado muito menos sangue e sofrimento ao seu povo, se comparada ao embate revolucionário levado a cabo na França.

> Exageraram-se muito, aliás, os esforços que os americanos fizeram para se subtrair ao jugo dos ingleses. Separados por 1.300 léguas de mar dos seus inimigos, socorridos por um poderoso aliado [a França], os Estados Unidos deveram a vitória muito mais à sua posição do que ao valor de seus exércitos ou ao patriotismo de seus cidadãos. Quem ousaria comparar a guerra da América às guerras da Revolução Francesa, e os esforços dos americanos com os nossos, quando a França, sujeita aos ataques da Europa inteira, sem dinheiro, sem crédito, sem aliados, lançava um vigésimo da sua população diante de seus inimigos, sufocando com uma mão o incêndio que devorava as suas entranhas e, com a outra, passeando a tocha à sua volta?[18]

---

pela concentração de terras nas mãos de poucos e poderosos proprietários, que formavam uma classe à parte. No entanto, a influência desses ricos proprietários não era "precisamente aristocrática, como se entende na Europa, porque eles não tinham nenhum privilégio e, uma vez que o cultivo com escravos não lhes dava vassalos, por conseguinte não lhes dava a patronagem" (DA1, in *Oeuvre II*, 1992, p. 51).

[18] TOCQUEVILLE. DA1, in *Oeuvre II*, 1992, p. 125.

Na visão de Tocqueville, para o bem e para o mal, a Revolução Francesa seria sempre a "grande revolução", porque só ela – diferente da Americana – ambicionou uma transformação radical, tanto no âmbito político quanto no social. No entanto, se reconhece a grandeza incomparável desse momento histórico da França, Tocqueville, em compensação, realça o seu caráter trágico. Para evocar novamente os dois sentidos do termo "revolução" no pensamento tocquevilliano, se somente a Revolução Francesa teve condições de reuni-los, sendo, portanto, a "verdadeira" revolução, ela também foi a mais malograda: diferente, sobretudo, da experiência norte-americana, a irrupção revolucionária na França foi incapaz de deixar como legado instituições políticas estáveis que assegurassem a liberdade. É por essa razão que Tocqueville se esforça em contrapor à França revolucionária (que, na sua opinião, ainda continuava nesse estado na época em que escreveu a primeira *Democracia...*, em meados da década de 1830, sempre sujeita a mudanças bruscas na sua constituição política e social) não a América revolucionária, mas a estabilidade da democracia norte-americana pós-revolução.

Quando frisa não haver medida de comparação entre a guerra de independência americana e a Revolução Francesa, Tocqueville ressalta, todavia, que o mais admirável na história dos Estados Unidos, e que se compara em grandeza com a Revolução Francesa, foi o processo de elaboração e ratificação da Constituição Federal do país. A promulgação da Constituição norte-americana – que revogou os Artigos da Confederação, documento aprovado em 1776, em um primeiro esforço de estabelecer um governo constitucional republicano norte-americano após a Declaração da Independência – ocorreu após dois anos de intensos debates, mobilizando o país: primeiramente na convenção nacional sediada na Filadélfia, integrada por delegados dos estados, que elaborou e aprovou o documento, e depois nas convenções estaduais, que o ratificaram. Tanto os membros da convenção nacional quanto os das estaduais foram eleitos pela população especialmente para essa tarefa.

CAPÍTULO 1 – REVOLUÇÃO, RUPTURA E LIBERDADE

A Constituição Federal tornou-se a lei fundamental dos EUA em junho de 1788, após a chancela de 9 dos 13 estados que compunham a União. Na perspectiva de Tocqueville, esse período de debates em torno da Constituição americana representou algo jamais visto na história mundial – é com palavras grandiloquentes que ele descreve a atitude inusitada de um grande povo que, diante da constatação da "insuficiência da primeira constituição federal" (referência aos Artigos da Confederação), volta "sem precipitação e sem medo seus olhares para si mesmo", a fim de "sondar a profundidade do mal" e descobrir qual o melhor remédio, submetendo-se "voluntariamente a ele sem que isso custe uma só lágrima e nem uma só gota de sangue à humanidade".[19]

Antes da Revolução Americana, o vocábulo "constituição" era comumente usado para se referir aos principais fundamentos sobre os quais o governo se assentava. Depois do longo processo de debate, aprovação e promulgação da Constituição dos Estados Unidos, o texto constitucional alcançava um novo status – o de um documento escrito originário do povo, que, por meio desse instrumento, autorizava o estabelecimento de um governo com poderes limitados. A Constituição passava a ser vista como distinta e superior aos estatutos aprovados pelas assembleias legislativas. Dessa forma, a Constituição elevava-se ao patamar de lei

---

[19] TOCQUEVILLE. DA1, in *Oeuvre II*, 1992, p. 125. Se é verdade, como diz Tocqueville, que os debates em torno da Constituição norte-americana não custaram uma "só gota de sangue", é importante também destacar que essa discussão dividiu profundamente o país. A favor da nova Constituição estavam os federalistas que, apesar do nome, defendiam um governo nacional mais centralizado. Contra eles – e por consequência contra a ratificação da Constituição – postavam-se os antifederalistas, os quais, contrariamente à denominação que receberam, defendiam uma maior autonomia dos estados e dos legislativos populares estaduais, autonomia que já era assegurada pelos Artigos da Confederação. Conforme Isaac Kramnick, o consenso que se formou em torno da Constituição americana como o "produto de um congresso olímpico de homens sábios e virtuosos" acabou por obscurecer essa dura disputa interna nos Estados Unidos. "Em 1787 e 1788, este futuro símbolo da unidade americana [referência à Constituição] dividiu ele próprio os americanos como raras vezes estes se dividiram depois", comenta Kramnick (1993, p. 5). Esse debate sobre a Constituição Federal norte-americana será retomado no capítulo 4.

suprema porque brotava do povo, por intermédio das convenções constitucionais criadas para elaborá-la e ratificá-la, cujos componentes eram escolhidos livremente em meio à população pelo voto direto especialmente para essa missão.[20]

Como lei suprema, se, por um lado, a Constituição norte-americana erigia-se como uma salvaguarda dos cidadãos contra as investidas dos poderes governamentais sobre os seus direitos, por outro, impunha-se como uma barreira à onipotência da vontade popular. Todas essas inovações representadas pelo constitucionalismo norte-americano não escaparam a Tocqueville, que, ciente do marco representado pela Constituição dos EUA, equiparou o momento de sua elaboração e sua aprovação, em termos de importância histórica, à Revolução de 1789.

Não era o caso de simplesmente reproduzir a experiência norte-americana na França. A Constituição Federal norte-americana, com a sua limitação e o seu equilíbrio dos poderes, lhe surgia, acima de tudo, como um exemplo inspirador de legitimação do processo revolucionário, por meio da criação de instituições sólidas e duradouras, as quais funcionassem como obstáculos a novas crises revolucionárias. Ela é ainda a base que sustenta a engrenagem do sistema político norte-americano, tão louvado por Tocqueville: a república implementada como uma federação, que permite a partilha da soberania entre a União e os estados; a divisão do Legislativo em duas câmaras; um Poder Judiciário independente, em que se destacam a forte atuação do júri formado pelos cidadãos para decidir causas cíveis e criminais, e o papel da Suprema Corte como guardiã da Constituição.

Em *Sobre a revolução*, obra que será discutida na segunda parte deste capítulo, Hannah Arendt manifesta estranhamento com o fato de, na sua percepção, Tocqueville ter se mostrado indiferente à Revolução Americana e às teorias de seus fundadores. Entretanto, se Tocqueville resiste realmente em colocar no mesmo plano a Revolução Americana e a Revolução Francesa,

---

[20] Cf. CAREY; MCCLELLAN, 2001, p. XVII-LV.

é improcedente afirmar, como o faz Arendt, que ele não tenha se interessado pelas ideias dos homens que lançaram as bases para a fundação dos Estados Unidos.

Tocqueville foi um leitor atento e entusiasta, por exemplo, de *O federalista*, a coletânea composta pela série de artigos publicados por Alexander Hamilton, John Jay e James Madison com argumentos em favor da ratificação da Constituição norte-americana e que também é largamente citada por Arendt em seu livro sobre as revoluções modernas. Jean-Louis Benoît conta nove referências a *O federalista* no primeiro tomo da *Democracia...*, incluindo as notas, um volume considerável, tendo em vista a parcimônia com que Tocqueville costuma citar as suas fontes. Outro grande líder e teórico da Revolução Americana cuja obra mereceu uma leitura cuidadosa de Tocqueville foi Thomas Jefferson – os dois volumes que compõem a edição de *Mélanges politiques et philosophiques. Extrais de mémoires et de la correspondence de Thomas Jefferson*, publicada em 1833 e usada como referência para a *A democracia na América*, ainda são conservados na biblioteca do castelo do autor na França.[21]

Arendt deplora o aparente desinteresse de Tocqueville pela Revolução Americana, porém, por outros caminhos, chega às mesmas conclusões dele acerca dos destinos das Revoluções Americana e Francesa: a experiência norte-americana teve mais êxito porque fundou uma nova ordem política ancorada na estabilidade de sua Constituição Federal, enquanto a francesa foi incapaz de criar instituições duradouras que resguardassem a liberdade. E poder-se-ia afirmar que Tocqueville concordaria com as palavras de Arendt, quando ela lamenta a pouca influência que a Revolução Americana, com a sua preocupação em instaurar um novo corpo político com fundamentos sólidos, teve sobre o pensamento revolucionário europeu.

Apesar de concordarem em pontos essenciais, Tocqueville e Arendt seguem percursos diferentes ao avaliar o legado deixado

---

[21] Cf. BENOIT, 2013, p. 202; 655, nota 46.

pelo que ambos chamam, com conotações diversas, de "espírito revolucionário". Como será examinado na segunda parte deste capítulo, Arendt considera que a preocupação com a estabilidade do novo corpo político que nasce com as revoluções, ao lado da premência em instaurar um novo tempo, também é uma característica do espírito revolucionário moderno, o qual, em alguma medida, se preservou nas instituições políticas norte-americanas. Entretanto, a filósofa faz a ressalva que essas mesmas instituições falharam na tarefa de assegurar a participação política dos cidadãos.

Sempre tendo o exemplo francês em mente, Tocqueville, por sua vez, é menos entusiasta: o espírito revolucionário, para ele, é o exato oposto do desejo por estabilidade. Embora louve a ação dos revolucionários americanos, o autor reitera que a grande obra deles, as instituições políticas do país, atuariam doravante como um freio a qualquer tentativa de uma nova revolução – a preocupação com a estabilidade que Arendt aponta como sendo uma das características do espírito revolucionário é, no entendimento de Tocqueville, a negação desse espírito, o qual ele sempre associa a um ímpeto por mudanças radicais.[22] Aliadas aos costumes democráticos norte-americanos, as instituições políticas dos Estados Unidos constituiriam, portanto, na sua percepção, uma espécie de antídoto àquele espírito revolucionário que considerava tão deletério na França e que mergulhava o país em uma

---

[22] Seymour Brescher define a noção de "espírito revolucionário" em Tocqueville como equivalente "a um gosto por mudanças rápidas, uma atitude tirânica, um desprezo por direitos estabelecidos, uma indiferença aos costumes e uma urgência para satisfazer apetites brutais" (BRESCHER, 1992, p. 438). Em uma passagem da série de cartas enviadas ao redator-chefe do *Le Siècle*, publicadas entre 1º de janeiro e 14 de fevereiro de 1843 e que abordam o tema da revolução, Tocqueville comenta que, para atender ao objetivo da Revolução Francesa de estender os direitos de cidadania não apenas a uma classe privilegiada, mas a todos, foi necessária uma luta prolongada e violenta que deu origem a hábitos, paixões e ideias que ainda se conservavam àquela altura e dos quais brotaram o que ele chama de "espírito revolucionário". O ódio à religião, às classes superiores, um clima de intolerância, uma impaciência contra toda oposição e um hábito de vencer tudo por meio da força – este, para Tocqueville, é o espírito nascido da revolução, mas que se opõe a ela, porque confronta a ideia de direito que ela representa (cf. TOCQUEVILLE, *Oeuvres complètes II*, 1985, p. 105-106).

instabilidade política e social sem fim. Em suma, para Tocqueville, mesmo que seja fruto de uma revolução, a verdadeira democracia, uma vez consolidada, torna-se antirrevolucionária.

***

Também no que diz respeito à democracia, Tocqueville se posiciona na contracorrente do pensamento conservador dominante da época. Para este último, a democracia era sinônimo de intempéries revolucionárias contínuas. Como aponta Lamberti, a oposição do autor à tradição contrarrevolucionária é dupla: em primeiro lugar, porque o modelo da contrarrevolução não deve ser procurado no passado e, em segundo, porque esse modelo, longe de ser reacionário, é a própria democracia. Em carta a Stoffels, de 21 de fevereiro de 1835, Tocqueville deixa clara a sua intenção nesse sentido com a publicação de *A democracia na América*: "Aos homens para quem a palavra democracia é sinônimo de desordens, anarquia, espoliação, assassinatos, tentei mostrar que a democracia poderia governar a sociedade respeitando as fortunas, reconhecendo os direitos, poupando a liberdade, honrando as crenças".[23]

Tal entendimento fica mais explícito no segundo volume da *Democracia...*. No capítulo "Por que as grandes revoluções serão raras", Tocqueville destaca o caráter mais conservador, porque preocupado com a estabilidade das instituições, do que revolucionário das democracias modernas. Estas se diferem bastante das democracias clássicas da Antiguidade, cujos povos das pequenas nações que gozavam desse regime de governo podiam reunir-se em praça pública e ser influenciados pelo poder de retórica de um bom orador. Realçando mais uma vez o aspecto social das grandes democracias modernas, caracterizadas por um movimento contínuo de intensificação da igualdade de condições, Tocqueville comenta que a tendência é de elas serem compostas

---

[23] Apud LAMBERTI, 1983, p. 134. Sobre a oposição de Tocqueville à tradição contrarrevolucionária, ver também ibidem, p. 270.

de uma multidão de indivíduos muito ocupados com o próprio bem-estar e em adquirir e manter as suas propriedades. Da parte dessas pessoas, portanto, haveria pouca disposição a se arriscar em uma temerária aventura revolucionária.

> Quase todas as revoluções que mudaram a face dos povos foram feitas para consagrar ou destruir a igualdade. Afastem-se as causas secundárias que produziram as grandes agitações dos homens e chegar-se-á quase sempre à desigualdade. São os pobres que quiseram tomar os bens dos ricos, ou os ricos que tentaram acorrentar os pobres. Portanto, se podeis fundar um estado de sociedade em que cada um tenha alguma coisa a guardar e pouco a tomar, tereis feito muito pela paz do mundo.[24]

Em meio a uma sociedade democrática, pode haver indivíduos em situação de pobreza e outros muito ricos. Porém, ambos integram os extremos de uma grande massa que se situa em uma posição intermediária e se sente mais confortável com a manutenção do *status quo* – esta é, na verdade, a faceta conservadora da classe média que, entre todas as classes sociais, é a que tem mais razões de temer uma explosão revolucionária, por não se situar assim tão longe da condição de pobreza.

Nos EUA, a população era majoritariamente formada pelas classes médias, e a riqueza circulava com enorme rapidez, auxiliada pelo imenso e em muitos pontos inexplorado território do país, abrindo grandes possibilidades para uma espetacular movimentação do capital. Essa extrema mobilidade econômica e social que o autor testemunhara não contradizia, mas, ao contrário, endossava a sua constatação acerca da postura conservadora da classe média, cuja maior ambição era a acumulação de bens e que se mostrava fortemente refratária às teorias que contestavam o sistema econômico e social que tinha por base a propriedade.

---

[24] TOCQUEVILLE. DA2, in *Oeuvre II*, 1992, p. 769.

CAPÍTULO 1 – REVOLUÇÃO, RUPTURA E LIBERDADE

Não obstante, Tocqueville admite que existia, sim, um risco de revolução nos Estados Unidos, o qual provinha não da classe média anglo-americana que colonizara o território e de seus descendentes, mas dos negros escravos. O que só reforça o seu argumento de que "não será a igualdade de condições, mas, ao contrário, sua desigualdade que as fará [as grandes revoluções] nascerem".[25]

Como ocorria no campo social, Tocqueville também constatou uma enorme mobilidade na vida política dos Estados Unidos, com uma frequente alternância dos ocupantes dos cargos públicos e mandatos eletivos, e marcada, ainda, pelo frenesi com que os representantes eleitos pelo povo no Congresso e nas assembleias estaduais mudavam constantemente a legislação ordinária, conforme as oscilações da vontade dos governados. O fenômeno o fez chegar à conclusão de que as leis da democracia são quase sempre defeituosas ou intempestivas. Todavia, a instabilidade das leis secundárias não representava uma ameaça às leis fundamentais – a Constituição Federal permanecia estável e respeitada em meio ao furor legislativo, resguardada pelo Poder Judiciário, o qual sempre mantinha a prerrogativa de declarar as leis inconstitucionais. Um cenário que em tudo se diferia da situação da França, com suas sucessivas constituições[26] – fenômeno que

---

[25] TOCQUEVILLE. DA2, in *Oeuvre II*, 1992, p. 774.
[26] A longa instabilidade política da França desde a Revolução de 1789 levou o país a ter diversas constituições. Até 1835, quando Tocqueville publica o primeiro volume da *Democracia...*, a França já tinha aprovado e abolido as constituições de 1791, na tentativa frustrada de implementação de uma monarquia constitucional sob Luís XVI; de 1793, na Primeira República; de 1795, sob o Diretório; de 1799 e de 1802, sob o Consulado; de 1804, no Primeiro Império; de 1814, na Restauração, e de 1830, na Monarquia de Julho. Até a sua morte, em 1859, Tocqueville vai testemunhar a discussão e a promulgação de outras duas constituições: a de 1848, na Segunda República, e a de 1852, após o golpe de Luís Napoleão, em 1851. Cf. CONSEIL CONSTITUTIONNEL. *Les Constitutions de la France*. [s.d.]. Disponível em: <http://www.conseil-constitutionnel.fr/conseil-constitutionnel/francais/la-constitution/les-constitutions-de-la-france/les-constitutions-de-la-france.5080.html>. Acesso em: 6 jul. 2015.

Tocqueville considerava tipicamente revolucionário, no sentido de alteração do ordenamento político, e não democrático.

Jean-Louis Benoît comenta que Tocqueville escreveu esse capítulo da *Democracia...* de 1840, sobre a raridade das revoluções nas democracias modernas, tendo em vista também o próprio exemplo da França que lhe era contemporânea – embora a França da Monarquia de Julho fosse um país ainda fortemente marcado pela hierarquia social. Nesse aspecto antecipando Marx, para Tocqueville, a burguesia era a verdadeira classe dominante sob o reinado constitucionalista de Luís Filipe.[27] Ora, essa mesma burguesia, que se associara ao povo nas Revoluções de 1789 e 1830, com a sua ideologia mercantil, voltada para o enriquecimento imediato, tinha, naquele momento, sólidas razões para se tornar ferozmente contrarrevolucionária.

Essa interpretação do argumento de Tocqueville, todavia, pode ser refutada quando se constata que a burguesia que detinha o poder na França não correspondia exatamente à multidão de indivíduos de classe média nas sociedades democráticas a que ele se refere quando aborda a realidade norte-americana. Na França de 1840, a categoria "classe média" designava uma minoria – na verdade, uma oligarquia que estava longe de se assemelhar à ampla quantidade de pequenos proprietários que constituíam a população majoritária dos Estados Unidos. "[...] na América não há proletários. Cada um, tendo um bem particular a defender,

---

[27] A esse respeito, escreve Marx no *18 Brumário de Luís Bonaparte*: "A Monarquia Legitimista foi apenas a expressão política do domínio hereditário dos senhores da terra, como a Monarquia de Julho fora apenas a expressão política do usurpado domínio dos burgueses *arrivistas*. O que separava as duas facções, portanto, não era nenhuma questão de princípios, eram suas condições materiais de existência, duas diferentes espécies de propriedade, era o velho contraste entre a cidade e o campo, a rivalidade entre o capital e o latifúndio" (MARX, 1978, p. 348, grifos do autor). No *Souvenirs*, Tocqueville salienta que 1830 – ano que sepultara definitivamente as possibilidades de retorno da ordem do Antigo Regime na França, com a queda da Restauração e a ascensão de um regime de monarquia constitucional – marcava também "o triunfo da classe média" (in *Oeuvre III*, 2004, p. 728).

reconhece em princípio o direito de propriedade", sublinha Tocqueville no primeiro volume da *Democracia...* .[28]

Além do mais, as "pequenas minorias" a que Tocqueville faz alusão na *Democracia...* de 1840 como sendo as únicas que poderiam desejar uma revolução em uma sociedade democrática, na França da época não eram tão diminutas assim: tanto a classe operária quanto o partido republicano não haviam desistido da possibilidade de uma nova revolução, como ocorreria não muito tempo depois, no levante de 1848. Em outro trecho da mencionada série de cartas ao *Le Siècle*, publicadas em janeiro de 1843, Tocqueville postula que a Revolução de 1789 aniquilara o espírito revolucionário no povo francês porque este havia melhorado as suas condições de vida em virtude da distribuição de terras, tendo como consequência a formação de um grande quantitativo de pequenos proprietários rurais que, a partir de então, estavam mais interessados em conservar as suas posses. Todavia, ele admite que a situação de penúria do operariado, com seus salários escandalosamente desproporcionais aos imensos lucros dos proprietários da indústria, poderia conduzir a novas explosões revolucionárias.[29]

Lamberti levanta a hipótese de que a tese tocquevilliana sobre o caráter antirrevolucionário das democracias tenha sido exposta não apenas dentro de uma visão estritamente teórica, mas apresenta, subentendidas, outras motivações mais pragmáticas: Tocqueville também visava combater a política conservadora de Guizot, ministro de Luís Filipe. Brescher contesta Lamberti nesse ponto, acusando-o de imputar um "anacrônico motivo político" a Tocqueville na argumentação sobre o caráter antirrevolucionário das democracias, tendo em vista que Guizot, além de não fazer parte do governo de Luís Filipe entre 1837 e 1840, estava

---

[28] TOCQUEVILLE. DA1, in *Oeuvre II*, 1992, p. 273. Anos depois, voltado exclusivamente para o cenário da França, o autor muda sua definição de classe média um pouco antes da Revolução de 1848. Não é mais a imensa maioria a que se refere em DA2, mas uma minoria, monopolizando o poder e os fundos públicos, e isolada do povo. O autor também não se refere mais às classes médias, mas à classe média (cf. BRESCHER, 1992, p. 449), como pode-se ler na nota anterior.
[29] Idem. *Oeuvres complètes III*, 1985, p. 105.

na oposição. De fato, à frente do Ministério da Instrução Pública de 1833 a 1837, Guizot acumulou poderes de um superministro, mas, em 1837, por conta dos desentendimentos com Molé, chefe do gabinete ministerial do rei, saiu do governo e foi para a oposição, voltando a ocupar um cargo na Monarquia de Julho em 1840, quando foi nomeado embaixador em Londres.[30]

Se o alvo de Tocqueville era especificamente Guizot ou não, é indiscutível que a política conservadora da Monarquia de Julho, apoiada ostensivamente por Guizot enquanto permaneceu no governo na década de 1830 e depois quando retornou ao poder, insistia na manutenção de leis repressivas como as que impunham a censura à imprensa e proibiam as associações. O intuito de Tocqueville, nesse sentido, seria o de provar que o aprimoramento da democracia na França, com o desenvolvimento gradual das liberdades políticas e o respeito aos direitos individuais, dentro dos ideais de 1789, além da incorporação das classes populares na vida pública do país, não só livraria a sociedade francesa dos riscos de novas crises revolucionárias, mas a conduziria em direção à estabilidade e ao progresso.

É importante destacar aqui o adjetivo "gradual" usado no parágrafo anterior, o qual Tocqueville emprega para se referir ao desenvolvimento das instituições e dos costumes democráticos na França – a democracia, destaque-se novamente, é inelutável, na sua opinião. Indaga o autor no primeiro volume da *Democracia...*:

> Não seria necessário então considerar o desenvolvimento *gradual* das instituições e dos costumes democráticos não como o melhor, mas como o único meio que nos resta de ser livres; e sem amar o governo da democracia, não se estaria disposto a adotá-lo como o remédio mais aplicável e honesto que se possa opor aos males presentes da sociedade?[31]

---

[30] Ver LAMBERTI, 1983 e BRESCHER, 1992. As informações acerca da trajetória de Guizot foram retiradas do site François Guizot – Une vie dans le siècle (1787-1874), [s.d.]. Disponível em: <http://www.guizot.com/fr/>. Acesso em: 2 ago. 2018.
[31] TOCQUEVILLE. DA1, in *Oeuvre II*, 1992, p. 370, grifo nosso.

CAPÍTULO 1 — REVOLUÇÃO, RUPTURA E LIBERDADE

A Revolução de 1789 tinha sido conduzida para destruir o estado social aristocrático e a ideologia da desigualdade inerente a ele, a fim de instaurar um regime democrático. Todavia, desse monumental esforço, os franceses haviam conservado uma disposição de espírito pouco afeita à estabilidade das instituições políticas. Por isso, Tocqueville escreve que, nos EUA, as ideias e as paixões são democráticas, ao passo que, na França, elas são revolucionárias. Sem se deixar levar pela crença algo ingênua de que seria possível simplesmente replicar as instituições políticas norte-americanas em outras sociedades, pois o modelo democrático nos EUA desenvolvera-se de acordo com condições históricas, geográficas, sociais, econômicas, políticas e culturais muito específicas, o que propunha Tocqueville era a disposição de inspirar-se no exemplo do país do Novo Mundo para uma transformação progressiva do ordenamento social e político da França. Assim, ter-se-ia uma chance de evitar as explosões revolucionárias que haviam se tornado uma ameaça constante à estabilidade política de sua terra natal.

No entanto, se é possível chegar à democracia por meio de um "desenvolvimento gradual", isso implica uma postura reformista, descartando-se a via revolucionária. Tocqueville, o admirador do espírito de 1789, seria, no fim das contas, um antirrevolucionário? E partilharia da crença de que a França poderia ter alcançado um estado democrático sem passar necessariamente pela experiência histórica da Revolução Francesa?

1.2 REFORMISTA OU REVOLUCIONÁRIO?

No rascunho que deixou para o que seria o segundo volume da sua grande obra sobre a Revolução Francesa – cujo primeiro tomo, *O Antigo Regime e a Revolução*, veio a público em 1856 – e que a morte precoce, em 1859, impediu-o de concluir, Tocqueville escreve que a Revolução de 1789 era "inevitável", mas considera que ela poderia ter tomado outros rumos. Em um texto anterior, *Souvenirs* (publicado postumamente), após testemunhar mais um levante popular na França – as jornadas revolucionárias de 1848, cuja frágil república a que deu nascimento sobreviveu apenas três anos até ser sepultada pelo golpe de Luís Napoleão, em dezembro de 1851 –, o autor afirma, em tom de desencanto, que "se uma grande revolução pode fundar a liberdade de um país, várias revoluções que se sucedem tornam, por muito tempo, toda liberdade regular impossível".[32]

Tocqueville não se cansa de exaltar os ideais que moveram os revolucionários de 1789. Estes se esforçaram em fundar instituições igualitárias e livres e procuraram não apenas destruir privilégios, mas, acima de tudo, reconhecer e consagrar direitos. O momento inicial da Revolução Francesa, antes que ela mergulhasse no Terror, foi um "tempo de inexperiência sem dúvida, mas de generosidade, de entusiasmo, de virilidade e de orgulho", que fez os franceses acreditarem que poderiam ser "iguais na liberdade".[33] No entanto, após ser agitada por tantas crises revolucionárias e ver os sonhos republicanos substituídos pela crueza da realidade do Segundo Império, a França da década de 1850 descortinava um cenário bem peculiar. Mostrava mais semelhanças com o modelo de um país regido sob a égide do Estado absolutista, tão ao gosto dos economistas fisiocratas do Antigo Regime, cujas teorias fizeram algum sucesso em meados do século anterior para depois cair no esquecimento, do que conforme o ideário democrático-liberal dos que inauguraram o movimento revolucionário francês em 1789.

Foi um longo percurso para que Tocqueville chegasse às conclusões que apresenta em *O Antigo Regime e a Revolução*. Um primeiro passo foi o ensaio "État social et politique de la France avant et depuis 1789", que, a pedido do filósofo inglês John Stuart Mill, amigo e admirador da sua obra – alguns meses antes, Mill havia escrito uma análise elogiosa sobre a primeira *Democracia...* –, ele publicou em 1836, na *London and Westminster Review*.

---

[32] TOCQUEVILLE. Souvenirs, in *Oeuvre III*, 2004, p. 779. Cf. Considérations sur la Révolution, op. cit., p. 570.
[33] Idem. L'Ancien Régime et la Révolution, in *Oeuvre III*, 2004, p. 229.

O texto, na realidade, só cumpre em parte o que está enunciado no título: limita-se a fazer uma análise da situação da França no período pré-1789 e anuncia, na conclusão, a continuidade do trabalho, com um próximo ensaio sobre a revolução propriamente dita. Essa promessa, entretanto, jamais foi cumprida.

Nesse artigo, ele retoma algumas das ideias que já haviam aparecido na *Democracia...* de 1835 e apresenta outras que serão aprimoradas no *Antigo Regime...*, inscrevendo a Revolução Francesa naquela longa evolução que, desde a Idade Média, já vinha caminhando no sentido da igualdade de condições, com o empobrecimento e a perda de poder por parte da aristocracia e os consequentes enriquecimento e fortalecimento do Terceiro Estado. Sob essa perspectiva, Tocqueville considera que os efeitos comumente atribuídos à revolução eram exagerados.

> Não houve jamais sem dúvida uma revolução mais poderosa, mais rápida, mais destrutiva e mais criativa que a Revolução Francesa. Todavia, seria se enganar estranhamente acreditar que dela saiu um povo francês inteiramente novo, e que ela construiu um edifício cujas bases não existiam antes. A Revolução Francesa criou uma multidão de coisas acessórias e secundárias, mas apenas desenvolveu o germe das coisas principais; estas existiam antes dela. Ela dirigiu, coordenou e legalizou os efeitos de uma grande causa antes de ser, ela mesma, essa causa.[34]

A França de 1789 já apresentava uma realidade muito mais igualitária que as outras nações europeias. Por exemplo, um dos maiores fatores de desigualdade social e econômica – a concentração de terras – já há muito vinha sendo combatido, com a crescente divisão da propriedade imobiliária em algumas regiões do país. O motivo dessa divisão residia no fato de os nobres, cada vez mais empobrecidos e para fazer face às suas grandes despesas,

---

[34] TOCQUEVILLE. État social et politique de la France, in *Oeuvre III*, 2004, p. 39.

virem-se obrigados a se desfazer dos seus domínios, que, por sua vez, eram adquiridos por pequenos proprietários.

Enfraquecida financeiramente ao se desfazer da sua fortuna imobiliária, e deixando à burguesia a oportunidade de investir na indústria e no comércio, a aristocracia francesa também via o seu poder político diminuir. Isolada das outras classes sociais e aferrada aos seus ainda imensos privilégios (como a isenção de tributos), ela abdicava da condição de "aristocracia" – no sentido que Tocqueville vai explorar com mais profundidade em *O Antigo Regime...*, definindo "aristocracia" como a elite dirigente da nação –, rebaixando-se ao papel de uma mera casta, odiada pelo resto da população. Como consequência, se, em épocas anteriores, a nobreza francesa tinha se unido ao povo para afrontar o poder real, ela agora encarnava o adversário tanto do povo quanto da monarquia, o inimigo a ser combatido.

Composto tanto de camponeses, pequenos proprietários de terra e pequenos comerciantes das cidades quanto de banqueiros, industriais e homens de letras, o Terceiro Estado formava, por sua vez, uma nação à parte, com a sua própria elite, a sua "aristocracia", se pode ser assim denominada. Essa elite que se aproveitara da redistribuição das riquezas da nobreza de nascimento, mas era desprezada por esta, afirmava a sua identidade, paradoxalmente, pela rejeição de qualquer princípio aristocrático. Tal divisão existente na França entre os diferentes elementos aristocráticos estabelecia no seio da aristocracia uma espécie de guerra civil, "da qual só a democracia iria se aproveitar". "O Terceiro Estado era uma parcela da aristocracia revoltada contra a outra, e obrigada a professar a ideia geral da igualdade para combater a ideia particular da desigualdade oposta a ela."[35]

Dessa descrição do estado social da França, Tocqueville passa, então, às consequências políticas, desenvolvendo uma ideia já apresentada na primeira *Democracia...* e que ele aprofundará no segundo volume da obra: assim como as sociedades aristocráticas

---

[35] TOCQUEVILLE. État social..., in *Oeuvre III*, 2004, p. 18.

são caracterizadas pelo governo local, as democracias (aqui entendidas, principalmente, no sentido de um estado social marcado pela igualdade de condições) apresentam a tendência de serem administradas por um regime centralizador. Na França do Antigo Regime, aproveitando-se do enfraquecimento da nobreza, o poder real foi paulatinamente estendendo o seu domínio pelo reino, uniformizando a legislação, tirando a autonomia dos poderes locais e submetendo-os a uma administração centralizada, em que os agentes do governo apoderavam-se das prerrogativas que antes pertenciam aos nobres da região e às assembleias provinciais.

Todavia, essa perda das liberdades políticas locais em nome do fortalecimento do poder central era contraposta por uma mudança que vinha se operando nas mentalidades: os costumes e as ideias se tornavam mais livres, e a concepção que cada indivíduo tem o direito de dirigir os seus atos, tão cara às Luzes, foi introduzindo-se na forma de uma "teoria" nas classes superiores e como uma espécie de "instinto" entre o povo. "[...] no século XVIII ocorre uma substituição da noção aristocrática da liberdade (a defesa dos privilégios, em todos os níveis) por uma concepção democrática; a ideia do direito comum substitui a ideia de privilégio", comenta François Furet.[36]

Tocqueville apresenta, então, o seguinte retrato da França às vésperas da revolução:

> Uma nação que abriga comparativamente menos pobres e menos ricos, menos fracos e menos poderosos que nenhuma nação então existente no mundo; um povo no qual, a despeito do estado político, a teoria da igualdade se apoderou dos espíritos, o gosto da igualdade, dos corações; um país já melhor unificado em todas as suas partes que qualquer outro, submetido a um poder central, mais hábil e mais forte, no qual, no entanto, o espírito de liberdade

---

[36] FURET, 1989, p. 148.

sempre vivaz tomou após uma época recente um caráter mais geral, mais sistemático, mais democrático e mais inquieto; tais são os principais traços que marcam a fisionomia da França no final do século XVIII.[37]

Por todas essas características, a França seria, já nessa época, o país mais democrático da Europa. A conclusão de Tocqueville é a de que tudo o que foi desencadeado pela revolução teria sido feito, mais cedo ou mais tarde, sem o seu concurso. Ela havia sido apenas uma forma mais violenta e acelerada de adaptar o regime político e o ordenamento jurídico a um estado social preexistente.

Com esse raciocínio, Tocqueville parece acreditar em um "fim da História" e em um curso uniforme da civilização ocidental em direção à democracia, como, aliás, já tinha deixado expresso na primeira *Democracia...*. A revolução fora apenas um acidente – tudo já estava determinado antes de 1789. Dentro dessa perspectiva, ele não se difere muito de Guizot, de quem fora aluno no curso de História da França na Sorbonne. Guizot, a exemplo de outros historiadores liberais, como Mignet e Thierry, privilegiavam o aspecto social e econômico da revolução nas suas análises, compreendendo a história moderna da França como sendo norteada pela ascensão das classes médias produtoras. Para Guizot, a grande revolução tinha chegado ao fim com a Monarquia de Julho e seu governo representativo; assim, o fim da revolução significava o fim da História (segundo Lefort, Guizot tinha algum conhecimento de Hegel). "[...] a gestação da França que [Guizot] descreveu seguindo as peripécias da luta de classes depois da Idade Média encontrava seu termo no estado social e político presente, com a paz civil e a reconciliação das liberdades e do poder", sintetiza Lefort.[38]

---

[37] TOCQUEVILLE. État social..., in *Oeuvre III*, 2004, p. 38.
[38] LEFORT, 1987, p. 7. Sobre Guizot e Tocqueville, ver também OLIVEIRA, 2013, p. 235.

CAPÍTULO 1 – REVOLUÇÃO, RUPTURA E LIBERDADE

Tocqueville também segue a mesma linha de interpretação que marcaria os escritos de Marx sobre o movimento revolucionário francês, realçando o primado das determinações sociais e reduzindo a política a um papel coadjuvante. "Aos olhos do jovem Tocqueville [...] é ainda manifestamente a estrutura social que define a estrutura política", sublinha, por sua vez, Serge Audier.[39]

Vinte anos depois, em *O Antigo Regime e a Revolução*, publicado em 1856, Tocqueville retoma muitas das ideias expostas no ensaio de 1836, mas reflete acerca desse grande acontecimento histórico sob uma perspectiva diversa. Nesse intervalo, o Tocqueville teórico também havia se tornado um homem de ação – elegera-se deputado e envolvera-se ativamente na vida política da França, o que incluiu um breve período como ministro das Relações Exteriores no governo de Luís Napoleão, antes do golpe de dezembro de 1851. Inicialmente partidário da monarquia constitucionalista, que considerava ser o melhor caminho para a França – embora lamentasse a mediocridade da Monarquia de Julho –, Tocqueville abraçou a causa do republicanismo, após a Revolução de 1848 e a proclamação da Segunda República. A nova ditadura bonapartista pôs fim à sua carreira parlamentar – ele se negou a prestar juramento àquele que se proclamaria, um ano mais tarde, o imperador Napoleão III.

É necessário levar em conta essa experiência política de Tocqueville para compreender a evolução conceitual acerca da revolução no pensamento do autor e as motivações que o levaram a escrever *O Antigo Regime e a Revolução*. Se o seu estudo sobre a democracia norte-americana havia lhe permitido refletir sobre o sistema democrático que seria o destino inexorável da Europa, o olhar que lança sobre o Antigo Regime nessa nova obra, na tentativa de compreender o que levou a França a passar pela experiência da revolução, também continha uma crítica expressa ao regime despótico que Luís Napoleão impusera ao país.

---

[39] AUDIER, 2004, p. 135.

Amargando o exílio político dentro da própria pátria após o golpe de Luís Napoleão, mais do que nunca Tocqueville se agarrou ao ideal que defendera durante toda a vida: a liberdade, que para ele jamais poderia ser restrita ao âmbito da vida privada. A liberdade como o direito de falar e publicar; o direito à livre associação; o direito de participar do governo e da política do país; o direito de exigir que o poder preste contas; a proteção contra as detenções e prisões arbitrárias – enfim, a liberdade, na sua ampla acepção política, englobando todos aqueles princípios que ele expusera nos dois volumes da *Democracia na América*. A mesma liberdade que, naquele momento de sua trajetória, estava sufocada de forma tão brutal na França. Daí o tom, entre amargo e irônico, com que ele faz, no prefácio do livro, a defesa da liberdade.

> Muitos me acusarão talvez de mostrar neste livro um gosto bastante intempestivo pela liberdade, com a qual, assegura-se, ninguém mais se preocupa na França. Pedirei apenas àqueles que me endereçam essa censura que tenham a bondade de considerar que essa tendência é muito antiga em mim.[40]

Tocqueville esperava com essa obra esclarecer os leitores sobre os males do despotismo oriundo de uma máquina administrativa centralizada. Contrariando a convicção corrente entre a historiografia tradicional, segundo a qual a centralização administrativa passara a dominar a França a partir da Revolução Francesa, consolidando-se com o Império de Napoleão,[41] o autor esforça-se em demonstrar que as origens desse processo provinham do Es-

---

[40] TOCQUEVILLE. L'Ancien Régime..., in *Oeuvre III*, 2004, p. 48.
[41] A historiografia tradicional atribuía à Revolução Francesa uma série de inovações, entre elas a introdução, pelo governo jacobino, da centralização administrativa e da unidade nacional a fim de concentrar as forças públicas contra as ameaças dos inimigos. Sendo assim, o governo revolucionário teria sido o implementador histórico dessa centralização, o que significou uma ruptura na história do país (cf. OLIVEIRA, 2013, p. 236). Ora, como será visto, é justamente essa tese que Tocqueville refuta.

CAPÍTULO 1 – REVOLUÇÃO, RUPTURA E LIBERDADE

tado absolutista do Antigo Regime, um tema que já havia explorado no ensaio de 1836. Entretanto, agora a sua ênfase desloca-se para os efeitos dessa centralização sobre a sociedade, pois a centralização administrativa (que ele distingue da centralização governamental[42]) provocara uma reformulação das estruturas da sociedade pré-revolucionária. Portanto, o estado social democrático que vai tomando forma na França, com todas as suas contradições, surge mais como uma consequência do próprio Estado absolutista.

Na análise das causas profundas que engendraram a Revolução Francesa, Tocqueville privilegia, em resumo, as relações dos franceses com o poder. Por conseguinte, a política, do papel coadjuvante no ensaio de 1836, passa a ser levada em conta como fator de primeira grandeza na resposta à pergunta que mobiliza o pensamento tocquevilliano acerca do tema: por que apenas na França, dentro desse processo de evolução da igualdade de condições que já vinha de séculos no continente europeu e que ele apontara na primeira *Democracia...*, explodiu uma crise revolucionária tão violenta? Na tentativa de chegar a uma conclusão, e sem descuidar das implicações sociológicas desse grande acontecimento, Tocqueville também abordará um outro aspecto quase ou tão importante quanto a política: o imaginário, naquilo que a Revolução Francesa representou no campo ideológico e cultural.

***

O Antigo Regime e a Revolução demandou mais de cinco anos de uma ampla e minuciosa pesquisa nos arquivos da administração pública, o que incluiu uma leitura atenta dos cadernos de queixas (*carnets de doléance*) escritos pelas três ordens da

---

[42] Ao poder central governamental, cabe cuidar dos interesses que sejam comuns a todo o corpo político, como as leis gerais e as relações com os estrangeiros. Já um poder administrativo centralizado se ocupa também em coordenar os interesses específicos das localidades, o que é criticado pelo autor, porque "debilita" os povos e enfraquece o espírito da cidadania (cf. DA1, *Oeuvre II*, 1992, p. 96).

França – clero, nobreza e Terceiro Estado – em 1788, antes da reunião dos Estados Gerais, além das correspondências guardadas no Ministério do Interior. Também exigiu do autor uma viagem à Alemanha e o aprendizado do alemão, para que ele pudesse consultar os arquivos públicos germânicos e assim poder comparar a história daquela região com a da França. O objetivo era somar esse conhecimento sobre a Alemanha ao que ele havia acumulado nas viagens à Inglaterra e por meio das leituras sobre a nação inglesa para que pudesse entender melhor a situação particular da França nos anos pré-revolução, dentro do contexto mais geral da Europa.

Nesse exercício de recorrer ao passado da França para jogar luz sobre o presente do país, Tocqueville distanciava-se do modelo da história-narrativa, composta de descrições dos eventos e dos testemunhos dos atores, à moda de um Thiers, historiador e uma das lideranças políticas mais influentes à época, e também da epopeia ao estilo romanesco e passional de Michelet. No prefácio do *Antigo Regime...*, tem o cuidado de esclarecer o leitor que a obra em questão não é mais uma história da revolução, mas um estudo sobre ela. E refutando a visão corrente de que a Revolução Francesa cavara um abismo entre a França pré e pós-revolucionária, apresenta uma crítica da ideologia revolucionária e daquilo que representou uma ilusão da revolução sobre si própria.

A visão tradicional era a de que 1789 fora uma espécie de ano zero de uma nova história, a inauguração de um novo mundo calcado na igualdade e nos direitos naturais do Homem – a ponto de os líderes da revolução se preocuparem em criar um novo calendário, em que o tempo passou a ser contado a partir da fundação da república. Para Tocqueville, esse monumental esforço de toda uma nação em romper com o seu passado – chegando ao cúmulo de levar "ao espetáculo inédito de um povo detestando coletivamente sua própria história"[43] – não passou de uma autoilusão. Por uma dessas ironias da História, a Revolução Francesa, no afã de

---

[43] FURET; MÉLONIO, 2004, p. XXV.

repudiar a herança monárquica, acabou por concluir o projeto da monarquia absolutista: o domínio de todo o corpo social por uma administração estatal burocrática e centralizada.

E fizera isso não ao eliminar os privilégios da nobreza francesa, mas quando passou a reprimir qualquer possibilidade de que, do seio da sociedade, pudessem surgir corpos intermediários – no passado, representados pela aristocracia – que servissem de anteparo a um Estado forte e centralizador. Opondo-se a Burke, de quem leu com cuidado as *Reflexões sobre a Revolução Francesa* – o ácido manifesto do escritor inglês contra a Revolução Francesa – e um dos autores com quem mais dialoga na obra, Tocqueville comenta que a revolução não teve como objetivo "*metodizar* a anarquia", como havia afirmado o escritor inglês, mas "aumentar o poder e os direitos da autoridade pública".[44] Repetindo o que expressara no artigo de 1836, volta a frisar que a revolução, ao suprimir de forma brusca e radical aquilo que restava de feudal e aristocrático na sociedade, precipitou a queda de uma estrutura social que, mais cedo ou mais tarde, desmoronaria. Porém, preservou as instituições mais recentemente criadas pelo Antigo Regime, que colocavam em xeque o velho modelo da Idade Média.

Dentro desse raciocínio, Tocqueville, mais uma vez, oferece uma interpretação original da história: divergindo novamente de Burke, ele demonstra que o Antigo Regime já não era mais caracterizado por uma sociedade feudal e aristocrática organizada de maneira estável e rígida, cujas estruturas a Revolução Francesa de súbito sepultou, mas como a crise desse modelo. O Antigo Regime, portanto, pavimentou o caminho para a eclosão de 1789, em um movimento errático que, ao mesmo tempo em que suprimia as diferenças entre os súditos, ao retirar os poderes da aristocracia, alimentava, por um lado, o ódio entre as classes, e, por outro, o ímpeto da população pela liberdade política e pela chance de decidir sobre os destinos do país.

---

[44] TOCQUEVILLE. L'Ancien Régime..., in *Oeuvre III*, 2004, p. 68, grifo no original.

Se o Antigo Regime já configura, portanto, uma espécie de preâmbulo do que viria a ser radicalizado pela Revolução Francesa, Tocqueville, por seu turno, não diminui a importância histórica desse evento. Ao contrário, enfatiza a grandeza e a novidade representadas por ele.

À semelhança de Burke, para quem a "Revolução Francesa é a mais espantosa que aconteceu até agora no mundo",[45] e de outros historiadores e pensadores, tanto à esquerda (como Michelet) quanto à direita (como De Maistre), Tocqueville também realça o caráter extraordinário e perturbador desse grande acontecimento. Para ele, o elemento novo introduzido pela revolução, o que a tornou um acontecimento único na história, foi a sua pretensão de ser universal. Nesse aspecto, a Revolução Francesa, apesar de ter sido política e social, adotou o *modus operandi* das revoluções religiosas.

Com base nas suas leituras da *História da Guerra dos Trinta Anos*, de Schiller, Tocqueville tem em vista especialmente, nessa comparação da Revolução Francesa com as revoluções religiosas, o movimento da Reforma. Para tanto, aponta algumas semelhanças entre elas: tanto a Revolução Francesa quanto a Reforma aproximaram povos e classes que mal se conheciam (e ele dá o exemplo dos vários estrangeiros que se engajaram na Revolução Francesa); a repercussão do movimento revolucionário não se limitou às fronteiras da França, assim como a Reforma não se circunscreveu a um único país, e, talvez o aspecto em comum mais marcante, ambas consideraram o homem em abstrato, apartado das leis, dos costumes e das tradições de uma determinada nação, buscando os seus fundamentos na natureza humana. Daí a universalização dos princípios da revolução (liberdade, igualdade e fraternidade), aplicados indistintamente a todos os seres humanos, onde quer que estejam.[46]

---

[45] BURKE, 2014, p. 32.
[46] Apesar de discordar de Burke em outros aspectos, Tocqueville é influenciado pelo autor inglês nas suas considerações sobre o "homem abstrato" da Revolução Francesa, embora não teça as mesmas ásperas críticas que Burke faz aos direitos

CAPÍTULO 1 — REVOLUÇÃO, RUPTURA E LIBERDADE

Com a sua promessa de regeneração do ser humano, a revolução inspirou o proselitismo e deu origem à propaganda. Tornou-se assim uma nova espécie de religião. Como frisam Furet e Mélonio, se a Revolução Francesa não inovou propriamente naquilo que terminou por concluir, ou seja, o modelo centralizador do Estado pairando sobre o corpo social, em contrapartida, ela inventou uma maneira extraordinária de fazê-lo. Daí, para Tocqueville, o caráter único e original desse evento, com a sua ambição de ser universal e de propagar uma ficção coletiva, tentando abolir um passado do qual se é, apesar da profunda rejeição a ele, o seu mais legítimo herdeiro.

O que havia ocorrido, entretanto, para que a ruptura simbolizada pela Revolução Francesa ocorresse mais no plano das consciências do que dos fatos?[47] É por meio de uma análise privilegiadamente política – a relação dos franceses com o poder – que Tocqueville busca uma resposta para esse fenômeno e também para aquela pergunta já formulada anteriormente: por que só a França, dentro do movimento de democratização da sociedade europeia, foi palco de uma revolução tão drástica e radical?

***

O descompasso que Tocqueville enxerga na sociedade francesa pré-revolução, o que a tornava potencialmente revolucionária, é o fato de ela já desfrutar, à época, de uma situação crescente de diminuição das desigualdades sociais e econômicas, embora a desigualdade civil permanecesse naquilo que restava de feudal e dos privilégios aristocráticos. E ainda de intensificação de uma bizarra igualdade política (no sentido do nivelamento por baixo de todos os súditos diante do poder central), mas sem usufruir

---

universais do homem, opondo a estes os direitos dos cidadãos ingleses. Mais de cem anos depois, as análises de Burke sobre a universalização dos direitos do homem seriam retomadas por Arendt, como será discutido na segunda parte deste capítulo.
[47] FURET, 1989, p. 29. Ver também FURET; MÉLONIO, 2004.

da liberdade política. O curioso é que esse corpo social tão perigosamente revolucionário era o resultado de um longo trabalho da monarquia: fora o poder real que criara as condições para a formação de uma sociedade civil exterior ao mundo político.

O poder havia sido subtraído da sociedade – em face do rei, só existiam súditos, não cidadãos. Em um país cujas condições sociais tornavam-se mais igualitárias, o poder político, em compensação, concentrava-se na figura do monarca, assumindo uma faceta cada vez mais centralizadora e intrusiva. Não à toa, as camadas da população que mais prosperavam – como a burguesia e uma parcela do campesinato que alcançara a condição de pequena proprietária – tornaram-se as forças mais hostis a essa organização estatal central e que ainda sustentava um sistema ancorado em privilégios e taxações injustas, os quais sobrecarregavam os setores mais produtivos da sociedade.

Em sua análise, Tocqueville insiste na crítica rigorosa de sua própria classe social nos anos pré-revolução. Comparando a nobreza francesa à aristocracia inglesa, ele demonstra como a primeira abriu mão do papel que lhe cabia, de ser verdadeiramente uma aristocracia – no sentido de ser a "primeira" do país, uma elite dirigente que dispõe de prerrogativas próprias, mas assume responsabilidades para com a nação, servindo também de anteparo às tendências despóticas e centralizadoras do poder real. Diferentemente da aristocracia inglesa, que conservou as suas antigas instituições e as suas liberdades locais, mantendo, dessa forma, a aliança com as classes médias e os camponeses, os nobres franceses abdicaram desse protagonismo e se contentaram com o figurino coadjuvante de integrantes de uma casta.

A nobreza degenerara-se em casta não apenas pelo fato de gozar de privilégios exclusivos. Outras partes do corpo social francês, como o clero e mesmo alguns componentes do Terceiro Estado, também os detinham – aliás, a disputa por exceções e vantagens era uma espécie de esporte nacional da França do Antigo Regime. Entretanto, essa degeneração ocorrera sobretudo quando a nobreza passou a se aferrar a esses privilégios como se eles fossem a sua própria razão de ser, com o intuito de reafirmar a sua diferença com relação às demais classes.

Paradoxalmente, essa mesma nobreza, na tentativa de conservar desesperadamente a própria identidade, isolando-se das demais classes sociais, nunca se vira antes em uma tão acentuada condição de igualdade com o resto da população, pela ausência de poder político. Até o fim da Idade Média, nobres e burgueses participavam da administração dos assuntos do reino, mas o advento do Absolutismo com Luís XIV mudou esse cenário, concentrando a gestão da nação nas mãos do monarca e de seus agentes. Transformada em uma nobreza de corte, a aristocracia se iludia com o esplendor de Versalhes, o prestígio de estar em contato com o rei e a exclusividade do comando das Forças Armadas do país. Ao mesmo tempo, no entanto, perdia sua influência nas localidades para os intendentes e os seus subdelegados que, a serviço da Coroa, eram de fato quem dirigia os assuntos do reino. Esses funcionários públicos, por sua vez, foram formando um grupo à parte, uma espécie de nova aristocracia que ganharia um protagonismo ainda maior depois da revolução e manifestaria a sua franca hostilidade a qualquer cidadão, burguês ou nobre, que se arriscasse, por si próprio, a se ocupar dos assuntos públicos.

Fechadas as vias de comunicação entre ambas pelo poder central, burguesia e nobreza foram se afastando, tornando-se estranhas uma à outra e não tardou para se transformarem em inimigas. Apesar da perda progressiva do seu poderio político e econômico, a nobreza, como se fosse uma espécie de prêmio de consolação por parte da monarquia, não parava de acumular prerrogativas exclusivas junto ao trono – Tocqueville comenta que era mais fácil para um burguês alcançar o posto de oficial do rei no regime de Luís XIV do que sob o reinado de Luís XVI – e sua imunidade tributária só se tornava mais revoltante à medida que aumentava a já absurda e desproporcional carga de impostos que recaía sobre o Terceiro Estado.

Nem a prática de enobrecimentos pagos, que se multiplicavam na França para socorrer a necessidade infinita de recursos da realeza, foi capaz de aproximar essas duas classes. Embora a barreira que separava a aristocracia da burguesia fosse muito fácil de ser cruzada, ela era sempre fixa e visível para quem estava de fora. Desprezados pelos nobres de nascimento, os *nouveaux nobles* tornavam-se, assim, também alvo da ira e do rancor dos membros do Terceiro Estado.

Para escapar da vizinhança de uma nobreza rural tornada hostil e da cobrança da talha (o odiado imposto sobre as propriedades) – e, o que era pior, da incumbência de se tornarem coletores desse tributo em nome do rei (algo que consideravam ainda mais oneroso que o pagamento desse imposto) –, os plebeus, da sua parte, passaram a se concentrar em número crescente nos centros urbanos. Entre os mais abastados, tornara-se praticamente uma obsessão comprar um cargo público – fonte certa para obter privilégios, como a isenção de impostos, além de usufruir das várias prerrogativas que o ofício permitia (Tocqueville calcula que, só entre 1693 e 1709, foram criados 40 mil cargos na França, outro instrumento de que a monarquia lançava mão com frequência para socorrer a insaciável necessidade de cobrir seus imensos gastos).

"Reclama-se com muita justiça do privilégio dos nobres em matéria de impostos; mas o que dizer daqueles dos burgueses? Contam-se aos milhares os ofícios que os isentam da totalidade ou de parte dos encargos públicos", comenta o autor.[48] Não por acaso, a monarquia volta e meia se via obrigada a abolir os ofícios destinados aos burgueses para estancar a sangria de seus cofres representada pelas isenções de impostos concedidas em decorrência deles – tal prática sempre causava revolta na burguesia e alimentava os seus rancores contra o poder real.

Mantido à parte tanto dos nobres quanto dos burgueses, o povo – em especial, os camponeses, que representavam a população majoritária da França – era, por seu turno, a classe mais isolada, desprotegida e oprimida. Tocqueville denuncia como um erro

---

[48] TOCQUEVILLE. L'Ancien Régime..., 2004, p. 130-131.

comum entre os seus contemporâneos considerar que a divisão da propriedade no país começou com a Revolução Francesa, por ter distribuído as terras do clero e de grande parte das pertencentes aos nobres. Retomando um tópico do ensaio de 1836, o da divisão da propriedade rural, Tocqueville aponta que esse já era um processo de longa data, motivado sobretudo pela intensa partilha do solo, como resultado da divisão das heranças (um fenômeno que, como ele demonstrara anos antes, também ocorrera nos Estados Unidos) e da necessidade dos nobres de disporem de seus bens para bancar as suas enormes despesas. Assim, gerações de trabalhadores do campo puderam se tornar proprietárias, adquirindo pequenas parcelas dos domínios da aristocracia.

Ainda que a condição da classe camponesa fosse mais dura em outros países da Europa, o status de proprietários rurais recém-adquirido pelos camponeses franceses tornava mais difícil de suportar o peso das velhas estruturas do sistema feudal. Ser dono de um pequeno pedaço de terra significava arcar com os inúmeros tributos e outras taxas cobrados pela nobreza e pela monarquia. O camponês via-se sujeito também à odiosa corveia, o serviço gratuito devido aos nobres e à realeza. Diversamente dos pequenos proprietários norte-americanos, cuja prosperidade Tocqueville testemunhou quando da sua visita aos EUA, os agricultores franceses, sobrecarregados de impostos, pouco proveito tiravam do fruto do seu trabalho de forma a garantir a independência.

E se, nos tempos feudais, o jugo da senhoria fora muito mais duro do que nos anos pré-revolução, os camponeses ao menos contavam com a proteção de uma aristocracia que ainda detinha poder político: era ela que assegurava a ordem pública, distribuía a justiça, executava a lei, socorria os mais fracos, enfim, cuidava dos assuntos comuns da sua localidade. Na nobreza do Antigo Regime – seja a grande nobreza que se aglomerava na corte, seja a pequena nobreza rural, empobrecida e avara, cujos membros eram chamados pejorativamente de *hobereaux* –, os camponeses só enxergavam a faceta odiosa de suas prerrogativas.

A feudalidade permanecia como a maior de todas as nossas instituições civis, cessando de ser uma instituição política. Assim reduzida, ela excitava muito mais ódios ainda, e é com razão que se pode dizer que, ao se destruir uma parte das instituições da Idade Média, tornou-se cem vezes mais odioso o que dela restava.[49]

Explorados pela nobreza, sem que esta lhes oferecesse mais nenhuma contrapartida, os camponeses também não podiam contar com a burguesia como aliada. Adversária da nobreza, a burguesia não escondia o desprezo pelo povo e tinha pavor de ser confundida com ele (um pavor que só era superado diante da mera suposição de que ela poderia ser algum dia controlada pelo *menu peuple*). Por várias vezes, Tocqueville consultou memorandos de representantes dos burgueses dirigidos aos agentes do rei, nos quais eles solicitavam uma restrição ainda maior aos direitos políticos das classes inferiores. Além do mais, os ricos burgueses que conseguiam comprar um cargo público atraíam o ódio popular, ao propor o estabelecimento de encargos e taxas que recaíam sobre os mais pobres e dos quais eles próprios ficavam isentos.

Por fim, com relação à Igreja, o anticlericalismo disseminado pelos *philosophes* contaminou tanto a aristocracia quanto a burguesia, isolando o clero, e esse sentimento também atingiu o povo. Tocqueville, contudo, tem o cuidado de esclarecer que a hostilidade contra a Igreja tinha muito mais um fundo político que religioso, propriamente falando. Os rancores se voltaram contra os sacerdotes da Igreja no papel de proprietários e administradores.

Essa estrutura social fragmentada provocou o surgimento de um fenômeno que o autor define como "individualismo coletivo", no qual as pessoas isolavam-se em grupos sociais que não se comunicavam e, não raramente, se hostilizavam – e todos se

---

[49] TOCQUEVILLE. L'Ancien Régime..., in *Oeuvre III*, 2004, p. 79.

sujeitavam aos caprichos do poder central. Acima dessa sociedade, o Estado começou a tomar as feições daquele Leviatã que Tocqueville descrevera no segundo volume da *Democracia...*, o qual será analisado mais detidamente no capítulo 2. Para além do Estado arbitrário e autoritário, que se colocava acima das leis, marca do absolutismo do Antigo Regime, o que importa a Tocqueville ressaltar é a faceta dessa imensa máquina estatal centralizada em Paris e Versalhes, burocrática e racionalizada. E que, às vésperas de 1789, já se imiscuía nos detalhes da vida civil, deixando um espaço cada vez mais rarefeito para as iniciativas individuais que não estivessem nela ancoradas.

"Não é a *lettre de cachet*, não é a autoridade arbitrária que caracteriza [para Tocqueville] o Antigo Regime francês. É, ao contrário, esta vontade cotidiana, organizada, racional de interferir em tudo e tudo colocar sob seu controle", salientam Furet e Mélonio.[50] Apesar de ainda não ter alcançado o nível de organização que atingiria no século XIX, esse aparato burocrático central que conseguira eliminar todos os poderes intermediários, e impusera entre ele e a população um imenso espaço vazio, já aparece, no século XVIII, como o único agente da vida pública.

O governo que tomara o lugar da Providência, segundo Tocqueville, era objeto, ao mesmo tempo, de uma grande reverência e de um grande ressentimento – dele tudo se esperava e tudo se temia, mas também a ele se atribuía a culpa de todos os infortúnios da nação. Essa administração abria, mesmo que inadvertidamente, o caminho para as paixões revolucionárias, baseadas na crença comum de que bastava mudar a cabeça desse Leviatã para garantir a felicidade da nação – paixões estas que Tocqueville ainda via muito acesas na França de 1850.

Abordando rapidamente o aspecto econômico, Tocqueville também contesta o consenso então disseminado que o Antigo Regime fora um período de decadência da França. Ele defende que os últimos 20 anos do país antes da revolução

---

[50] FURET; MÉLONIO, 2004, p. XXXVII.

foram, ao contrário, de prosperidade econômica – essa melhora, todavia, na economia nacional e nas condições sociais teve por consequência fazer aflorar uma sensibilidade mais aguda diante de injustiças que, até pouco tempo antes, seriam consideradas "normais".

Por fim, sobre o caráter abstrato dos princípios revolucionários de 1789, Tocqueville observa que eles foram resultado da transformação das mentalidades e dos espíritos, acarretada pelo longo processo de centralização administrativa e desagregação social, que havia atingido principalmente a elite do país, ou seja, os nobres e os burgueses ricos. Estes passaram a partilhar os ideais de uma filosofia mais preocupada em discutir os "valores últimos" do que a realidade concreta.

Marcada pela ausência de liberdade política e na falta de representantes que falassem por ela, essa elite elege os homens de letras como os seus porta-vozes. Mas eles, como os demais súditos, não tinham experiência prática da política, daí o conteúdo por demais abstrato e generalizante do seu discurso, ancorado na elementaridade da razão e da lei natural e desconectado da realidade mais complexa dos costumes e das tradições da sociedade. Nesses homens de letras, Tocqueville já enxerga uma antecipação do "despotismo democrático", que tomará conta da revolução a partir de 1793.

> Quando se estuda a história de nossa Revolução, vê-se que ela foi conduzida precisamente dentro do mesmo espírito que levou a escrever tantos livros abstratos sobre o governo. A mesma atração pelas teorias gerais, pelos sistemas completos de legislação e pela exata simetria nas leis; o mesmo desprezo pelos fatos existentes; a mesma confiança na teoria; o mesmo gosto pelo original, pelo engenhoso e pelo novo nas instituições; o mesmo desejo de refazer de uma só vez a Constituição inteira, seguindo as regras da lógica e de acordo com um plano único, em vez de procurar modificá-la em suas partes. Espetáculo assustador! Pois o que é qualidade no escritor é às vezes vício no estadista,

CAPÍTULO 1 – REVOLUÇÃO, RUPTURA E LIBERDADE

e as mesmas coisas que frequentemente levaram a escrever belos livros podem conduzir a grandes revoluções.[51]

No mundo ideal concebido por esses homens de letras, surgia, assim, uma sociedade utópica, na qual tudo parecia simples, coordenado e uniforme – enfim, o terreno perfeito para ter como único regente um aparelho estatal centralizado que funcionasse consoante as regras da razão.

***

Ao retraçar todos esses elementos, parece quase uma fatalidade que a Revolução Francesa fosse coroada com a ascensão de Napoleão Bonaparte – e que, meio século depois, o sobrinho do imperador novamente tomasse o poder na França, tornando-se a face e a encarnação do Estado todo-poderoso. Mas como explicar, dentro desse processo, o primeiro ato da revolução, em 1789, quando, apesar dos intensos conflitos entre os representantes eleitos das três ordens, conseguiu-se avançar na luta contra o despotismo e a favor do estabelecimento de uma ordem constitucional, com a instauração da Assembleia Constituinte, a promulgação da Declaração dos Direitos do Homem e do Cidadão e a revogação dos privilégios injustificáveis da nobreza e do clero? Porque foi a revolução que permitiu que o conjunto da sociedade francesa – que antes não passava, nas suas relações com o poder central, de uma aglomeração de interesses privados – se constituísse em *corpo político* e reivindicasse a sua participação no poder.

Esse período curto e belo configura, para Tocqueville, o "enigma" da revolução. Porque foi nesse instante que o país teve a chance de lançar as bases de instituições políticas duradouras

---

[51] TOCQUEVILLE. L'Ancien Regime..., in *Oeuvre III*, 2004, p. 177. Lawrence Guellec aponta a influência de Madame de Stäel na crítica de Tocqueville aos *hommes de lettres*. Para a autora, na ficção tem-se o direito de ser original, mas, quando instituições reais estão envolvidas, não se pode abrir mão da experiência (cf. GUELLEC, 2006, p. 172).

que, ancoradas na igualdade política e civil, com o fim da antiga sociedade estamental e a abolição de toda sorte de privilégios hierárquicos, assegurassem a liberdade política.

> Então os franceses ficaram suficientemente orgulhosos de sua causa e de si mesmos para acreditar que eles poderiam ser iguais na liberdade. No meio das instituições democráticas, eles colocaram, então, em toda parte instituições livres. Não apenas reduziram a pó aquela legislação antiquada que dividia os homens em castas, corporações, em classes e tornava seus direitos mais desiguais ainda que suas condições, mas desmantelaram de um só golpe aquelas outras leis, obras mais recentes do poder régio, que haviam tirado da nação a livre disposição de si mesma e colocado ao lado de cada francês o governo, para ser seu preceptor, seu tutor e, se necessário, seu opressor. Junto com o governo absoluto, caía a centralização.[52]

O regime democrático-liberal idealizado por Tocqueville que poderia se instaurar em decorrência dos acontecimentos daquela primeira fase da revolução foi, como se sabe, inviabilizado por uma sucessão de ocorrências que desembocaram na oligarquia reinante na França em 1793, como o autor denomina o governo revolucionário comandado pelos jacobinos. E depois no império de Napoleão, o qual fez ressuscitar dos escombros do Antigo Regime o conjunto de instituições que já tinham dado um enorme passo para igualar os cidadãos na sua impotência política e que, de todo modo, também já fazia parte da cultura e dos hábitos da população. Assim, "das entranhas mesmas de uma nação que acabava de derrubar a realeza viu-se sair de repente um poder mais extenso, mais detalhado, mais absoluto do que aquele que fora exercido por qualquer de nossos reis".[53]

---

[52] TOCQUEVILLE. L'Ancien Régime..., in *Oeuvre III*, 2004, p. 229.
[53] Ibidem, p. 230.

CAPÍTULO 1 – REVOLUÇÃO, RUPTURA E LIBERDADE

Os acontecimentos de 1789 haviam sido, então, apenas um curto desvio dessa trajetória de centralização do poder, que surgia como destino inexorável da França, ao mesmo tempo causa e consequência do movimento histórico de aprofundamento da igualdade de condições? Qual a possibilidade de surgir um contraponto a essa tendência de fortalecimento do Estado em meio a sujeitos cada vez mais iguais, sem dúvida, mas também igualmente fracos e impotentes politicamente e isolados uns dos outros?

Tocqueville já apresentara uma longa reflexão, principalmente no segundo tomo da *Democracia...*, sobre essa ameaça que pesa sobre as sociedades modernas. Mas a desafiá-la havia o exemplo concreto da república norte-americana, para onde os seus olhos se voltaram em busca de um princípio a ser estudado, modelo de governo democrático amparado por fortes instituições, pelas leis e pelos costumes e consolidado o bastante para não sucumbir à tirania. Enfim, o caso único no mundo, pelo menos naquele momento, de uma república que conseguia combinar o estado democrático social com uma democracia política.

E a desafiá-la também pairava o exemplo de 1789, no seu clamor por liberdade política.

Esse herdeiro da aristocracia que fora a grande derrotada na Revolução Francesa também era, à sua maneira, um partidário dos revolucionários. A experiência da Revolução Francesa fora fundamental porque ofereceu aos franceses, sem distinção de classes, a oportunidade de finalmente alcançar a emancipação política e ter a chance de influir nos destinos do seu país, criando instituições políticas democráticas e estáveis que correspondessem a um estado social e a um imaginário cada vez mais democráticos.

Só uma democracia fortemente consolidada poderia levar o país a gozar de estabilidade política e social, colocando-se a salvo das crises revolucionárias. E fiando-se nessa suposição, o Tocqueville revolucionário, admirador de 1789, dá lugar ao Tocqueville reformador. Aquele que, no *Souvenirs*, escreve que "se uma grande revolução pode fundar a liberdade de um país, a sucessão de várias impossibilita por muito tempo toda liberdade regular"[54] – embora tenha apoiado a república, de curta existência, instaurada pela Revolução de 1848. Porque este era o grande paradoxo, na visão do autor, do espírito revolucionário francês que se perpetuaria depois de 1793, no seu culto ao Estado centralizador e no seu pouco apreço pelos princípios democrático-liberais: a negação da liberdade democrática em nome da igualdade democrática.

Para encontrar uma resposta a esses temores, é necessário retornar à sua grande obra sobre a democracia nos Estados Unidos. Nela, o autor insiste em dizer que, para um regime democrático ter a chance de conciliar os ideais da igualdade e da liberdade, um esforço essencial é manter ativo o espírito da cidadania. Esta questão será abordada mais adiante. A seguir, é a vez de explorar as reflexões de Arendt sobre a revolução, as suas afinidades e as suas discordâncias com Tocqueville a respeito do tema.

2. ARENDT: REVOLUÇÃO, UM NOVO COMEÇO

2.1. UMA FENOMENOLOGIA DA REVOLUÇÃO

Pouco mais de um século após o famoso périplo de Tocqueville pelos Estados Unidos, Hannah Arendt (1906-1975) também deixava o território do Velho Mundo em direção ao país que já não era mais apenas aquela terra distante e quase desconhecida, cujas instituições democráticas despertavam a curiosidade dos europeus, como na época do autor de *A democracia na América*, mas uma potência mundial. As circunstâncias também eram bem diferentes e muito mais dramáticas.

Ao embarcar no navio Le Havre no litoral da França em 2 de abril de 1831, o aristocrata francês estava tomado pelo entusiasmo diante da perspectiva de conhecer o Novo Mundo, embora sempre tendo em mente as conturbações políticas da terra natal com as quais fatalmente iria se defrontar na volta. Já a pensadora

---

[54] TOCQUEVILLE. Souvenirs, in *Oeuvre III*, 2004, p. 779.

judia partia para uma viagem, naquele maio de 1941, sem ter muita certeza se algum dia teria a chance de retornar. Acompanhada do marido, Heinrich Blücher, ao entrar na embarcação que saía do porto de Lisboa com destino a Nova York, ela disse adeus à velha Europa cuja cultura e cujas tradições estavam sob o risco de ruir, esmagadas pelo totalitarismo.

A despedida, felizmente, não foi tão irrevogável como ameaçara ser no momento da fuga. Terminada a Segunda Guerra Mundial, Arendt teve a oportunidade, por diversas vezes, de voltar à Europa, sobretudo a seu país de nascimento, a Alemanha. Todavia, os Estados Unidos haviam se tornado a sua morada definitiva, e ela acabou adotando a cidadania norte-americana. No Novo Mundo, a exemplo de outros refugiados de guerra, Arendt encontrou a chance de recomeçar a vida. E de dar continuidade à obra cujos contornos iniciais ela havia esboçado ainda durante o período em que residiu na França – onde se refugiara após sair clandestinamente da Alemanha, em 1933, assim que Hitler subiu ao poder, e permanecera, incluindo uma temporada mais desesperadora no campo de internação de Gurs, até as vésperas do embarque para os EUA. O livro em questão era *Origens do totalitarismo*, publicado em 1951, e que lhe rendeu imediatamente fama internacional.[55]

Arendt retomou a composição de *Origens...* nos EUA sob o impacto das primeiras informações que foram divulgadas no país acerca do extermínio dos judeus. Na biografia que escreveu sobre a autora, Elizabeth Young-Bruehl conta que as notícias sobre o que ocorria nos campos de concentração nazistas foram recebidas inicialmente por ela com um misto de incredulidade e horror. "Era como se um abismo tivesse se escancarado. Porque sempre temos a esperança de que tudo algum dia será retificado, politica-

---

[55] Sobre a trajetória de Arendt, conferir as biografias *Hannah Arendt – For love of the world*, de Elizabeth Young-Bruehl (1982), *Nos passos de Hannah Arendt*, de Laure Adler (2005), e *Arendt – Entre o amor e o mal: uma biografia*, de Ann Heberlein (2020).

mente – que tudo pode entrar nos eixos novamente. Aquilo não podia", disse anos depois em entrevista a uma revista francesa.[56]

No prefácio de *A democracia na América*, Tocqueville confessa que escreveu o livro "sob a impressão de uma espécie de terror religioso", perante o avanço democrático que vinha transformando a ordem política e social da Europa. Arendt, por sua vez, concebeu o livro sobre o totalitarismo dividida entre um "temerário otimismo" e um "temerário desespero",[57] na tentativa de compreender um fenômeno novo na história, mas cuja "novidade", uma vez manifesta na concretude do mundo real, ameaçava uma das mais altas capacidades do ser humano: a espontaneidade, traduzida na potencialidade, que cada pessoa carrega desde o seu nascimento, de dar início a algo novo. Foi esse esforço em capturar essa paradoxal novidade representada pelo totalitarismo que a fez perceber o seu caráter único, de radical ruptura com as tradições políticas do mundo ocidental.

Como mostra na obra – na qual também analisa outros dois elementos que se cristalizaram nos sistemas totalitários do século XX, o antissemistimo e o imperialismo –, o totalitarismo não poderia ser identificado com os regimes tirânicos e ditatoriais conhecidos até então pela teoria política. Diversamente dos vários governos despóticos que oprimiram diferentes povos no decorrer da história, o totalitarismo não se limitava a dominar a esfera pública, permitindo uma margem de liberdade na vida privada dos cidadãos. O seu objetivo era o controle total da existência humana, por meio dos instrumentos da ideologia e do terror.

Dentro dessa lógica de dominação integral, os campos de concentração, essas "fábricas de cadáveres", como os denomina Arendt, funcionavam como o laboratório ideal para a ambição do totalitarismo de transformar a própria natureza humana, destruindo o seu caráter de individualidade, pluralidade e espontaneidade. Ao atentar contra a singularidade das pessoas, como se

---

[56] Apud YOUNG-BRUEHL, 1982, p. 184-185.
[57] ARENDT. *The origins of totalitarianism*, 1973, p. VI; TOCQUEVILLE. DA1, in *Oeuvre II*, 1992, p. 7.

CAPÍTULO 1 – REVOLUÇÃO, RUPTURA E LIBERDADE

elas apenas compusessem uma massa amorfa que poderia ser manipulada por outros indivíduos que viam a si mesmos como meros agentes das forças sobre-humanas da ideologia e da história, o totalitarismo decretava que os seres humanos tinham se tornado supérfluos. E fazia assim surgir no mundo um mal absoluto, que Arendt designou como "mal radical".[58]

Apesar de concluir *Origens...* exaltando especialmente a capacidade humana ameaçada de destruição pelo totalitarismo – a capacidade de começar algo novo (e para tanto Arendt cita Santo Agostinho: "para que houvesse um começo, o homem foi criado") –, o tom da obra é em geral de um diagnóstico sombrio sobre o presente e de ceticismo quanto ao futuro. "Nunca antes o nosso futuro foi mais imprevisível, nunca dependemos tanto de forças políticas que não podem ser confiáveis para seguir as regras do bom senso e do interesse próprio – forças que pareceriam pura insanidade se fossem julgadas pelos padrões de outros séculos", escreve a autora no prefácio da primeira edição do livro. E uma de suas conclusões é a de que as soluções totalitárias – apesar da derrota da versão nazista do totalitarismo (o stalinismo ainda se mantinha à época da publicação do livro) – tinham, uma vez aparecido na história, se tornado a partir de então "fortes tentações que surgirão sempre que parecer impossível aliviar a miséria política, social ou econômica de maneira digna do homem".[59]

Doze anos depois, *Sobre a revolução* aparentava exalar uma nota de esperança, se colocado em contraponto a *Origens do totalitarismo*. No livro de 1951, Arendt havia mostrado como o totalitarismo, ao eliminar as possibilidades da ação humana,

---

[58] ARENDT. *The origins...*, 1973, p. 459. Para a análise do totalitarismo e da noção de mal radical em Arendt, conferir a 3ª parte do livro, "O totalitarismo". Sob o impacto do julgamento do ex-oficial nazista Adolf Eichmann em Jerusalém na década de 1960, Arendt mudaria o enfoque de suas reflexões sobre a natureza do mal diante do fenômeno totalitário, privilegiando não mais a radicalidade do mal, mas a sua "banalidade". Sobre esse tema, devem-se conferir os seus livros *Eichmann em Jerusalém*, o inacabado *A vida do espírito* e o volume de ensaios, lançado postumamente, *Responsabilidade e julgamento*.

[59] Ibidem, p. VI e p. 459.

representava a negação da política. Na obra que veio a público em 1963, ela defende a tese segundo a qual as revoluções autênticas visam, acima de tudo, à liberdade política e à constituição de novos corpos políticos capazes de preservar a liberdade, exaltando uma nova de forma de governo surgida, ainda que passageiramente, em vários movimentos revolucionários dos séculos XVIII ao XX: o sistema de conselhos populares. Como observa Jonathan Schell, em prefácio a uma edição de *Sobre a revolução* lançada em 2006, os conselhos, na análise arendtiana, podiam ser vistos como a contraparte positiva aos regimes totalitários: neles o que prevalecia era a ação espontânea no lugar do automatismo; a participação plural de muitos no lugar da vontade do *Führer* ou do partido único; a lei humana no lugar da lei da História.[60]

A exemplo de *A condição humana*, lançado cinco anos antes, *Sobre a revolução* também é fruto do intenso diálogo de Arendt com a teoria de Marx. E ainda das suas leituras dos textos de Rosa Luxemburgo, a revolucionária socialista alemã que fora uma crítica ferrenha das tendências despóticas do bolchevismo russo, identificadas prematuramente por ela desde as origens desse movimento. Também é notável a confluência com as ideias de Tocqueville no livro. Mas o impulso decisivo para a redação do texto foi dado por um acontecimento: a Revolução Húngara de 1956.

No contexto da Guerra Fria, em que o mundo se via dividido entre os blocos dominados pelos EUA e pela União Soviética, a insurreição de 1956 foi, para Arendt, uma verdadeira revelação política. A revolta iniciada pelos estudantes e que recebeu a adesão do resto do povo húngaro contra a opressão soviética foi precedida pelo XX Congresso do Partido Comunista na URSS, em que Kruschev fez o célebre discurso reconhecendo os crimes do stalinismo e despertando esperanças de liberdade no bloco comunista. Um protesto de operários poloneses foi a primeira reação de rebelião nos países-satélites. No entanto, a revolta na Hungria tomou uma proporção muito maior: em 12 dias, o povo

---

[60] SCHELL, 2009, p. 22.

derrubou o governo local e deu início à instalação de um novo regime, sustentado em conselhos populares, mas logo sufocado pelo exército soviético.

A curta duração da revolta e sua rápida derrota não minaram o ânimo de Arendt diante desse evento. Como Tocqueville, ela escrevia motivada pela urgência dos acontecimentos e, com respeito a esse fato específico, o que importava era a simbologia dele para o resto do mundo: a resistência dos húngaros, a luta pela liberdade política. Arendt dizia que a Revolução Húngara lhe dera uma lição: a única alternativa ao totalitarismo que o mundo moderno havia produzido era o sistema de conselhos. Conforme escreveu no ensaio "Imperialismo totalitário: reflexões sobre a Revolução Húngara" (que saiu como epílogo à segunda edição de *Origens do totalitarismo* em 1958 e foi retirado das edições posteriores):

> Se já existiu algo como "a revolução espontânea" de Rosa Luxemburgo, então tivemos o privilégio de testemunhá-lo – esse levante repentino de um povo oprimido, em nome da liberdade, e não de outra coisa, que não foi precedido pelo caos desmoralizante da derrota militar, sem técnicas de golpe de estado, sem um aparato coeso de organizadores e conspiradores, sem a propaganda debilitante de um partido revolucionário, isto é, algo que todo mundo, seja conservador ou liberal, radical ou revolucionário, tinha descartado como um sonho nobre.[61]

Além da influência mais visível da Revolução Húngara, houve também quem enxergasse em *Sobre a revolução* – em virtude do grande elogio que pode ser lido em suas páginas à Revolução Americana e à obra dos Pais Fundadores – um ato de gratidão de Arendt aos EUA. Ela tinha, sim, motivos sólidos para demonstrar agradecimento a seu país de adoção. Reconhecia o valor de ter

---

[61] ARENDT. *Ação e busca da felicidade*, 2018, p. 30.

sido acolhida por um corpo político que, na sua perspectiva, não condicionava a cidadania a fatores como etnia, memória e língua em comum, mas a um simples ato de consentimento à Constituição. Como "governo de leis e não de homens", os Estados Unidos se diferenciavam do modelo de Estado-nação europeu, ao qual Arendt já dirigira duras críticas em *Origens do totalitarismo,* quando discute o fenômeno dos apátridas e os processos de desnaturalização em massa ocorridos na Europa.

No entanto, é preciso relativizar esse entusiasmo da autora pelos EUA, caso contrário, correr-se-ia o risco de atribuir-lhe uma ingenuidade política pouco crível. Em face da história recente norte-americana – os anos sombrios do macarthismo, a desastrosa participação na Guerra do Vietnã, a atitude imperialista do país perante outros povos – e do conformismo que permeava a sociedade local – que Arendt, assim como ocorrera no século anterior com Tocqueville, identificara tão logo lá aportou –, *Sobre a revolução* estava longe de ser uma mera exaltação dos Estados Unidos da América. A obra soava principalmente como uma advertência às graves consequências da perda dos ideais revolucionários que presidiram a sua fundação.[62]

É necessário relativizar também o aparente "otimismo" do livro. Mais do que celebratório, o olhar de Arendt sobre os movimentos revolucionários no mundo moderno é, sobretudo, trágico. Trágico, mas não desesperado – uma disposição de espírito, portanto, diferente do "temerário desespero", temperado pelo "temerário otimismo", que marcou a redação de *Origens do totalitarismo.*

Tocqueville já realçara o caráter trágico da Revolução Francesa. Apesar de considerá-la a "verdadeira" revolução, em comparação com a Americana e a Inglesa, para ele, a insurreição revolucionária francesa também tinha sido a que mais fracassara, por não ter

---

[62] Neste sentido, conferir um dos últimos textos da autora, "Tiro pela culatra", discurso proferido no dia 20 de maio de 1975, em Boston (EUA), por ocasião das comemorações do bicentenário da república norte-americana (in *Responsabilidade e julgamento,* 2004, p. 327-345).

conseguido conjugar os ideais da igualdade e da liberdade. Por sua vez, a visão trágica de Arendt sobre esses acontecimentos históricos consistia em enfatizar o precioso e fugaz espaço de liberdade aberto pelas primeiras revoluções modernas – o qual se conservou somente de forma muito limitada nos EUA e acabou sufocado pelas forças da necessidade histórica e biológica que levaram a Revolução Francesa, na sua opinião, ao desastre. No prefácio de *Entre o passado e o futuro*, Arendt escreve que a história das revoluções modernas pode ser narrada alegoricamente como uma parábola, em que um antigo tesouro – a felicidade e a liberdade públicas – surge de modo abrupto e inesperado para desaparecer logo em seguida, "qual fogo-fátuo".[63]

Contudo, o que poderia haver em comum entre acontecimentos que ocorreram em condições históricas, políticas, econômicas, sociais e geográficas tão díspares como a Revolução Americana de 1776, a Revolução Francesa de 1789 e a Revolução Húngara de 1956? E ainda entre outros movimentos revolucionários citados em *Sobre a revolução*, como a Comuna de Paris de 1871 e a Revolução Bolchevique de 1917?

Os liames que estabelece entre esses eventos, a oposição que surge, em uma leitura mais apressada do livro, entre o "sucesso" da Revolução Americana e o "fracasso" da Francesa, o realce aos atores de ambas em detrimento de uma análise mais detida das situações históricas em que se desenrolaram motivaram, entre outros aspectos, uma enxurrada de críticas negativas ao trabalho da autora. Poucos perceberam, logo de início, que não interessava a Arendt escrever mais uma história da revolução, com o seu passado, as suas origens e o curso de seu desenvolvimento (e também, nesse aspecto, a autora aproxima-se de Tocqueville), mas *extrair* o seu significado.

Em suma, o que motivava Arendt era refletir sobre o *sentido* da revolução – "suas implicações gerais para o homem como ser político, sua significação política para o mundo em que vivemos,

---

[63] ARENDT. *Entre o passado e o futuro*, 2002, p. 30-31.

seu papel na história moderna".[64] Esse sentido, na sua visão, é a liberdade política – entendida aqui, em consonância com a concepção tocquevilliana, como a liberdade de participar da tomada de decisões que envolvem os assuntos públicos, exigindo a edificação de um mundo comum. E, estreitamente relacionada a essa ideia de liberdade, está também a compreensão da revolução não como uma mera mudança, mas como a experiência de um novo início – uma ruptura que implica a fundação de um novo corpo político, assentado em instituições livres.

***

Para tornar mais clara a análise que desenvolve acerca das revoluções modernas, Hannah Arendt se dedica, inicialmente, a fazer uma investigação sobre a origem da palavra "revolução".

Em seus textos, ela costumava adotar uma abordagem fenomenológica, embora raramente fizesse referência ao termo "fenomenologia", por resistir a ter de explicitar algum tipo de método (uma resistência que, diga-se de passagem, não raro contribuía para confundir os seus críticos). Para a autora, os fenômenos políticos exibiam algumas características que lhes eram essenciais. Daí o esforço, retomado em *Sobre a revolução*, de se voltar para a etimologia das palavras, a sua origem e a sua evolução, "não porque a linguagem conceitual revela o fenômeno em algum sentido pleno, mas porque, como Heidegger afirmava, palavras carregam a memória de percepções passadas, verdadeiras ou falsas, reveladoras ou desvirtuantes".[65]

Como Arendt salienta no ensaio sobre Walter Benjamin, em *Homens em tempos sombrios*, o passado está contido de forma irrevogável no fenômeno da linguagem, e todas as tentativas de se livrar desse passado são vãs. "A *pólis* grega continuará a exis-

---

[64] ARENDT. *On revolution*, 1990, p. 43-44. Sobre as críticas a *Sobre a revolução*, ver YOUNG-BRUEHL, 1982, p. 403.
[65] YOUNG-BRUEHL, op. cit., p. 405.

tir na base de nossa existência política [...] enquanto usarmos a palavra 'política'."[66]

Para sustentar a hipótese de que o conceito moderno de revolução só surgiu com as Revoluções Americana e Francesa, e lançando mão da abordagem fenomenológica, Arendt observa que não se trata de um mero "interesse antiquarista" apontar que a palavra "revolução" estava ausente do que, a princípio, poderia parecer um grande movimento revolucionário: o turbilhão político que tomou conta das cidades-estado italianas durante o Renascimento. A autora identifica em Maquiavel uma preocupação central dentre os revolucionários – a fundação de corpos políticos estáveis – e reconhece que o pensador florentino foi uma espécie de "pai espiritual da revolução", pela enorme influência que exerceu, sobretudo entre os revolucionários franceses de 1789, e pela admiração que ambos, e também os norte-americanos, devotavam às instituições da Antiguidade romana. Todavia, assinala que o *páthos* revolucionário moderno do absolutamente novo, no sentido de um início que implicasse até mesmo a contagem do tempo pelo ano do evento revolucionário, como ocorrera na Revolução Francesa, era estranho ao pensamento do autor.

De acordo com Arendt, longe de inaugurar um novo tempo – o emblema dos movimentos revolucionários modernos –, o Renascimento deve ser interpretado mais como o fim de uma época, que terminou no século XVI. Politicamente, a grande efervescência das cidades-estado nos séculos XV e XVI também representa o final de uma era, marcada pelo predomínio das comunidades medievais autogovernadas.

> O fato é que, por mais que estejamos inclinados em ler nossas próprias experiências naquelas inspiradas pela luta civil que grassava nas cidades-estado italianas, estas nunca foram radicais o suficiente para sugerir a necessidade de uma nova palavra ou a reinterpretação de uma pala-

---

[66] ARENDT. *Homens em tempos sombrios*, 1998, p. 174.

vra mais antiga àqueles que nelas atuaram ou foram suas testemunhas.[67]

Se não tem precedentes antes da época moderna, a revolução tampouco pode ser confundida com uma característica bem típica da modernidade: a celebração da novidade por ela mesma. Esse tópico merecerá adiante uma discussão mais detalhada, mas o que importa reter inicialmente é que, na concepção arendtiana, um dos aspectos fundamentais das revoluções modernas – sua preocupação em dar início a um novo tempo, relacionada à fundação de novos corpos políticos – está intimamente ligado a um desejo de estabilidade, de preservação do que foi levado a cabo pela revolução. Portanto, retomando mais uma vez a análise fenomenológica do termo "revolução", é sintomático que essa palavra tenha como significado original não uma ruptura radical, dando início a algo inusitado, mas um movimento cíclico e recorrente.

Na acepção original, a palavra "revolução" surgiu como um termo astronômico, que ganhou destaque nas ciências naturais a partir da obra *De revolutionibus orbium coeslestium*, de Copérnico. Nesse sentido, designava o movimento regular e necessário dos astros em suas órbitas, "o qual, uma vez que sabia-se estar além do alcance do homem, sendo por isso irresistível, não era certamente caracterizado pela novidade nem pela violência".[68] Empregado de forma metafórica na política, o termo significou, inicialmente, que os assuntos humanos estavam sujeitos a um movimento eterno, irresistível e sempre recorrente – a noção comum, aliás, que datava desde a Antiguidade, segundo a qual não há nada de novo sob o Sol, que os corpos políticos estão sujeitos ao mesmo ciclo natural de nascimento, desenvolvimento e decadência.

Quando retraça o uso da palavra pela primeira vez como um termo político, no século XVII, Arendt salienta que ele ainda está muito próximo de sua significação original, indicando um

---

[67] ARENDT. *On revolution*, 1990, p. 39.
[68] Ibidem, p. 42.

movimento de retorno a algum ponto preestabelecido. Em 1660, na Inglaterra, o termo "revolução" aparece no vocabulário político para indicar a restauração da monarquia depois da derrubada do Parlamento Residual. Em 1688, torna a ser empregado no mesmo sentido, quando os Stuart são expulsos do reino inglês, e Guilherme e Maria assumem a Coroa. Paradoxalmente, a Revolução Gloriosa – o acontecimento que levou o termo "revolução" a ser adotado definitivamente na linguagem política e histórica e que é associado, pela historiografia tradicional, como a primeira das revoluções da Idade Moderna – não foi considerada por seus próprios atores como uma "revolução", compreendendo-se o significado moderno do termo, mas como um movimento de restauração do poder monárquico.

Em uma conferência que ministrou em 1961, denominada "Revolução e liberdade", Arendt observa que o fato de a palavra "revolução" apresentar nas suas origens a acepção de "restauração" é "mais do que uma mera peculiaridade semântica". "Não se entende o significado de revolução a não ser que se note que as primeiras revoluções eclodiram quando se almejava a restauração", explicita.[69] Esse fato costuma passar despercebido porque esses eventos históricos habitualmente são vistos à luz da novidade absoluta. Entretanto, em suas fases iniciais, a Revolução Americana e a Revolução Francesa foram movidas, principalmente, por esse ideal de "restauração", pois as suas lideranças acreditavam que a sua missão era retomar a antiga ordem, que havia sido violada, seja pelo regime despótico da monarquia absolutista, no caso da França, seja pelos abusos cometidos pelo governo colonial, no caso dos Estados Unidos.

Thomas Paine, o escritor político inglês que teve ampla participação nas Revoluções Americana e Francesa, traduz bem essa preocupação no seu libelo sobre os Direitos do Homem – uma resposta à crítica de Burke à Revolução Francesa – ao se referir às insurreições nos EUA e na França como "contrarrevoluções".

---

[69] ARENDT. *Ação e a busca da felicidade*, 2018, p. 178.

Quando ainda atuava como advogado em Arras, Robespierre, ao final de uma petição escrita nas primeiras semanas de 1789 – poucos meses, portanto, antes da Queda da Bastilha em julho daquele ano –, conclui o texto proclamando por uma revolução que levasse "à *restauração* das leis e, por uma sequência necessária, à reforma dos costumes".[70]

Segundo Arendt, a própria distinção entre "conservadores" e "revolucionários", fora do contexto histórico, não se aplica aos agentes das revoluções setecentistas, pois o conservadorismo como ideologia surgiu como reação à Revolução Francesa e só emerge de fato nos séculos XIX e XX. A fundação de uma *novus ordo saeclorum* não foi, portanto, uma intenção manifesta desde o início dos movimentos revolucionários nos EUA e na França. E, sim, algo que se impôs pelo rumo dos acontecimentos.

Arendt também tem o cuidado de distinguir as revoluções modernas do fenômeno muito mais antigo da guerra. Conquanto reconheça que as revoluções da era moderna são ou precedidas (como é o caso da Americana) ou sucedidas (a exemplo da Francesa) por guerras, internas ou externas, ela aponta que a modernidade revolucionária consiste justamente no fato de relacionar a violência à ideia de liberdade. Não que a noção de liberdade estivesse ausente dos conflitos bélicos ao longo da história – por exemplo, nos casos em que se tratava das revoltas contra um invasor estrangeiro. Contudo, a liberdade almejada estava relacionada antes a um esforço de libertação do que à fundação de instituições livres.

Sobre esse último ponto, é fundamental destacar ainda outra distinção essencial que a autora empreende, entre o simples desejo de libertação e o esforço pela fundação da liberdade, ambos presentes nas revoluções modernas. Se é fato que o impulso revolucionário foi movido inicialmente pelo primeiro – a premência de se ver livre da opressão, seja ela representada pelo domínio colonial, seja ela personificada pela monarquia absolutista –, o

---

[70] Apud LEUWERS, 2014, p. 101, grifo nosso. A referência de Thomas Paine às "contrarrevoluções" pode ser conferida em PAINE, 2005, p. 140-141.

CAPÍTULO 1 – REVOLUÇÃO, RUPTURA E LIBERDADE

seu objetivo primordial é o que Arendt chama de o *conteúdo concreto da liberdade*.

Esse conteúdo não se limitava à garantia das liberdades civis, mas implicava a participação política e a admissão na esfera pública de todos os cidadãos. E exigia a constituição de um novo corpo político, que só podia adquirir a forma de uma república.

> O cerne da questão é que, enquanto o primeiro, o desejo de estar livre da opressão, podia ser satisfeito sob um domínio monárquico – mas não tirânico e muito menos despótico –, o segundo [o conteúdo concreto da liberdade] necessitava da formação de uma nova, ou pelo menos redescoberta, forma de governo; ele exigia a constituição de uma república.[71]

Em resumo, para Arendt, o que as revoluções modernas trouxeram ao primeiro plano da política foi uma experiência inédita (pelo menos para os séculos que separam a queda do Império Romano e o surgimento da era moderna, uma vez que ela já era conhecida pelos povos livres da Antiguidade grega e romana): a experiência de ser livre. Essa experiência estava estreitamente relacionada à capacidade humana de dar início a algo novo. Assim, só se pode falar de revolução quando se combina esse *páthos* da novidade com a ideia de liberdade.

> Isso significa, é claro, que as revoluções são mais do que insurreições bem-sucedidas e que não somos justos ao chamar todo golpe de Estado de revolução ou ainda detectá-la em toda guerra civil. [...] Todos esses fenômenos têm em comum com a revolução terem vindo à tona por meio da violência, e esta é a razão por que eles são tão frequentemente identificados com ela. Mas a violência não é mais adequada para descrever o fenômeno da revolução que a mudança; apenas quando a mudança ocorre no sentido de um novo

---

[71] ARENDT. *On revolution*, 1990, p. 31.

início, quando a violência é usada para constituir uma forma de governo totalmente diferente, para resultar na formação de um novo corpo político, quando a libertação da opressão visa pelo menos à constituição da liberdade, podemos falar em revolução.[72]

Retomando o sentido original de "revolução" como um termo astronômico, há outra conotação da palavra que se tornou emblemática, principalmente diante dos eventos da Revolução Francesa. Trata-se da ideia de "irresistibilidade", derivada da constatação de que o movimento cíclico dos astros encontra-se fora da alçada da ação humana e segue uma trajetória imutável. No plano da história, essa noção de irresistibilidade do vocábulo ganhou outra ênfase, no famoso diálogo entre o duque de La Rochefoucauld-Liancourt e o rei Luís XVI, na noite de 14 de julho de 1789, quando o primeiro alertou o segundo sobre a queda da Bastilha. "É uma revolta!", exclamou o rei, ao que Liancourt retorquiu: "Não, *Sire*, é uma revolução!".

Arendt observa que Liancourt ainda usa o termo na acepção da antiga metáfora que transferia o seu significado do movimento dos astros no universo para os assuntos humanos na Terra. Entretanto, há, nesse momento, um deslocamento: a ênfase não é mais na obediência do movimento cíclico a leis, indicando o retorno a um ponto preestabelecido, como ocorreu com relação à restauração da Coroa inglesa empreendida pela Revolução Gloriosa, mas na sua natureza irresistível. No momento em que pergunta se o ataque à Bastilha era uma revolta, Luís XVI ainda se exprime sob o ponto de vista de quem controla o poder e tem à sua disposição os meios para debelar a conspiração e a afronta à sua autoridade. De sua parte, ao esclarecer ao rei que o assalto à Bastilha – quando o povo de Paris confrontou as tropas reais e libertou os prisioneiros – era um ato revolucionário, Liancourt contrapõe que aquele acontecimento escapava ao

---

[72] ARENDT. *On revolution*, 1990, p. 34-35.

controle do regime e era irreversível. Ou seja, era movido por suas próprias leis.

A ideia de irresistibilidade da revolução, como um movimento sem retorno que foge ao domínio da ação humana – e cuja primeira alusão conhecida é feita por um membro da corte, partidário do Antigo Regime –, tornar-se-ia um lugar-comum entre os revolucionários de 1789. "Torrente revolucionária", "tempestade revolucionária" e a frase "A revolução devorando seus próprios filhos", entre outros ditos e expressões, eram recorrentes na boca e na pena de lideranças como Desmoulins, Vegniaud e Robespierre. Não se tratava de mera retórica – diante da espantosa velocidade dos acontecimentos naqueles anos turbulentos, com as suas não menos espantosas reviravoltas, essas metáforas traduziam a sensação daqueles homens que, estupefatos perante esse cenário de mudanças tão radicais que pareciam fora do controle humano, já não se viam mais como agentes livres.

O conteúdo metafórico da irresistibilidade da revolução, que surgiu da vivência dos atores da Revolução Francesa, configurava-se ainda mais plausível para quem apenas acompanhava, sem envolvimento e como espectador, o desenrolar do conflito. A impressão era a de que ninguém tinha como controlar os acontecimentos, os quais seguiam uma rota independente dos desejos e dos objetivos dos agentes neles envolvidos. A consequência foi o aparecimento de um sentimento de reverência e assombro diante da História. "[...] uma força muito mais poderosa subitamente havia surgido que compelia os homens à sua vontade, e da qual não havia libertação, nem revolta nem escapatória, a força da história e da necessidade histórica".[73]

O efeito mais importante da interpretação da revolução nesses moldes, no campo da teoria, não foi o surgimento de uma nova ciência política, como demandava Tocqueville, mas uma filosofia da história, tal como formulada por Hegel. Com a enorme influência que exerceu nos movimentos revolucionários que

---

[73] ARENDT. *On revolution*, 1990, p. 51.

se sucederam a ela, a Revolução Francesa deixou como um dos seus maiores legados a imagem poderosa da impotência humana diante do curso inexorável do processo histórico. Paradoxalmente, a própria razão de ser das revoluções na concepção arendtiana – a liberdade – viu-se relegada a segundo plano. Amplamente influenciado pelas categorias hegelianas, o pensamento revolucionário elegeu como a sua principal categoria, a partir de então, não mais a liberdade, mas a necessidade.

Entretanto, não foi apenas no campo retrospectivo da história que a categoria da necessidade passou a permear as análises interpretativas da revolução. Ainda sobre o diálogo entre Liancourt e o rei Luís XVI, Hannah Arendt sugere que a impressão de irresistibilidade e irreversibilidade que tomou conta do primeiro, quando lançou mão do termo "revolução" para qualificar a queda da Bastilha, certamente deve ter se originado da imagem inusitada da multidão de pobres e oprimidos que tomou as ruas de Paris. A força dessa multidão parecia irresistível, escapando a qualquer tipo de controle. E o que se tornara irreversível era a abertura da esfera pública àquela categoria de pessoas que até então estavam condenadas à obscuridade da pobreza e da miséria.

A visibilidade adquirida pelos pobres trouxe para o primeiro plano da Revolução Francesa, no lugar do anseio pela liberdade, a urgência da libertação da miséria. Assim, ao lado da necessidade dos processos históricos, impunha-se uma necessidade ainda mais implacável: a relacionada à própria sobrevivência da vida humana.

***

A imagem simbólica dos acontecimentos da Revolução Francesa diante dos seus atores e espectadores, como uma torrente que as forças humanas eram incapazes de controlar, colocou em segundo plano a experiência revolucionária que ocorrera alguns anos antes do outro lado do oceano e que parecia o seu exato oposto. Pois, como ressalta Arendt, os agentes da Revolução

CAPÍTULO 1 – REVOLUÇÃO, RUPTURA E LIBERDADE

Americana estavam profundamente convictos de que os homens são donos do seu destino, pelo menos no campo da política.

Na realidade, a Revolução Americana e os seus desdobramentos – como o debate sobre a divisão dos poderes no interior do corpo político, tendo como ponto de partida a teoria de Montesquieu – pouco influenciaram os revolucionários europeus, inclusive os de 1789. Inspirados pelas teorias do Velho Mundo, os próprios EUA passaram a interpretar a sua revolução à luz dos acontecimentos revolucionários na França. No capítulo final de *Sobre a revolução*, Arendt lamenta que a omissão dos EUA em cultivar a memória de suas origens revolucionárias contribuiu para inculcar em seu povo um sentimento de medo às revoluções, que ela via como um *leitmotiv* oculto da política externa antirrevolucionária norte-americana do pós-guerra. E aqui esse antirrevolucionarismo não deve ser lido em um sentido tocquevilliano, derivado do estágio de estabilidade das instituições democráticas que obsta novas revoluções. Mas como um temor da revolução que levava o país ao equívoco de apoiar governos corruptos e opressores mundo afora, negando a outros povos a chance de alcançar a liberdade política que fora o principal objetivo da Revolução Americana.

Em um manuscrito sobre a revolução escrito entre 1967 e 1968, Arendt é mais explícita ainda na censura que dirige a essa postura antirrevolucionária norte-americana: "[...] não seria apenas mais sábio, mas mais relevante se, em vez de nos orgulharmos de ser o poder mais forte da Terra, disséssemos que desfrutamos de uma estabilidade extraordinária desde a fundação da república, e que essa estabilidade foi o resultado direto da revolução".[74]

---

[74] ARENDT. Revolution and freedom, [2016], p. 66. Em seu livro *A era das revoluções*, o historiador Eric J. Hobsbawn reconhece, em sintonia com Arendt, que a Revolução Americana deixou poucos traços relevantes em outras partes, em comparação com a Francesa. No entanto, ele observa que a experiência revolucionária americana "forneceu modelos constitucionais [...] para vários Estados latino-americanos e a inspiração para movimentos democráticos radicais de tempos em tempos" (2001, p. 73, nota). A propósito, em outro texto, "Hannah Arendt e a revolução", Hobsbawn tece duras críticas a Arendt por excluir, no seu

A atitude dos EUA reforçava ainda mais a ideia da revolução tendo como referência a Revolução Francesa, e não a experiência norte-americana.

Se a Revolução Americana não exerceu influência no pensamento revolucionário europeu, a imagem da prosperidade e da igualdade da antiga colônia inglesa, que fora disseminada pela Europa muito antes da guerra da independência, serviu, em contrapartida, de combustível para o impulso revolucionário no Velho Mundo. Conforme Arendt, a questão social assumiu um papel revolucionário somente quando a mentalidade europeia, na era moderna, passou a duvidar de que a miséria fosse um atributo inerente à condição humana, como fora encarada até então. "Essa dúvida, ou melhor, a convicção de que a vida na terra podia ser abençoada com a abundância, em vez de ser amaldiçoada pela escassez, era pré-revolucionária e americana em sua origem; ela nasceu diretamente da experiência colonial americana."[75] Em termos teóricos, Arendt aponta que Locke, provavelmente influenciado pelas notícias da prosperidade das colônias norte-americanas, formulou a tese – depois seguida por Adam Smith – de que o trabalho era a fonte de todas as demais riquezas e não uma atividade a que estavam condenados os despossuídos e os miseráveis, como até então se supunha.

---

estudo das revoluções modernas, "tudo que não esteja situado na zona clássica da Europa Ocidental e do Atlântico Norte, pois seu livro não contém nem mesmo uma referência superficial – os exemplos surgem à mente – à China ou [a] Cuba" (2015, p. 261). Deve-se frisar, no entanto, que, na sua mencionada conferência "Revolução e liberdade", Arendt cita Cuba, cuja revolução ainda estava em curso, e mostra uma visão cética com relação ao movimento revolucionário local, que para ela estava seguindo o exemplo da Revolução Francesa, ao priorizar a questão social e deixar a liberdade em segundo plano (cf. *Ação e busca da felicidade*, 2018, p. 204-206). Já no artigo "Hannah Arendt e a revolução: ressonâncias da Revolução Americana no Império brasileiro", a historiadora Izabel Andrade Marson mostra como a Revolução Americana influenciou os atores de vários episódios políticos no Brasil a partir da Independência, como a convocação da Constituinte em 1823, a revolta de Pernambuco de 1824, a revolta de 7 de abril, que culminou na abdicação de dom Pedro I, e as várias rebeliões que ocorreram durante a regência (cf. MARSON, 2004, p. 227-243).

[75] ARENDT. *On revolution*, 1990, p. 22.

CAPÍTULO 1 – REVOLUÇÃO, RUPTURA E LIBERDADE

É certo que a "encantadora igualdade" das colônias norte-americanas – para usar as palavras de Jefferson, um dos líderes da Revolução Americana; já Paine qualifica os Estados Unidos como "a terra que flui leite e mel"[76] – era uma meia-verdade. Tal imagem idílica escamoteava o fato de que essa riqueza se assentava também na miséria e nas condições degradantes da população negra e escrava, um tema que Arendt trata de forma rápida no livro, e no extermínio dos povos indígenas, ao qual sequer faz referência, diferente de Tocqueville, que escreveu páginas memoráveis sobre esses crimes no primeiro volume da *Democracia na América*. Contudo, ainda que seja idealizado, o retrato dessa terra igualitária teria influenciado a atitude dos revolucionários europeus de se preocupar mais com a transformação do ordenamento da sociedade do que com a mudança da estrutura da esfera política.

E como também os Estados Unidos, aos olhos do planeta, já gozavam de uma estrutura igualitária antes da sua independência e da promulgação da Constituição, passou a ser consenso, entre uma certa ala da historiografia moderna, que aquele país nunca tinha passado por uma revolução – Arendt não menciona diretamente Tocqueville entre esses historiadores, embora pareça claro que o inclui entre eles, quando deplora o "desinteresse" do autor francês pela Revolução Americana. No entanto, se é verdade que Tocqueville reitera diversas vezes que os EUA não passaram por uma "revolução democrática", no sentido de uma alteração do seu ordenamento social, ele em momento algum desconsidera a relevância política da Revolução Americana, cuja principal realização, na sua perspectiva (assim como na de Arendt), foi a criação, por meio do pacto celebrado pelo povo norte-americano, de uma sólida estrutura política assentada na Constituição Federal do país.

O fato de lamentar, contudo, que a experiência revolucionária norte-americana – que culminou na fundação de um novo corpo

---

[76] PAINE, 2005, p. 65.

político, ancorado na estabilidade de suas instituições e na Constituição Federal – tenha se restringido a um fenômeno local, ao passo que a experiência francesa – que degringolou no regime do Terror e na guerra civil – se tornou o próprio "paradigma" da revolução, não significa que Arendt considere a primeira um exemplo de sucesso e a segunda, de fracasso. "Nada poderia ser mais injusto do que tomar o sucesso da Revolução Americana como algo indiscutível e julgar o fracasso dos homens da Revolução Francesa", adverte a autora.[77]

A responsabilidade pelos eventos históricos não é unicamente imputável à sabedoria dos homens políticos, mas deve-se levar em conta igualmente as condições materiais nas quais esses eventos ocorreram. O primado das questões socioeconômicas sobre a política – responsável, no entendimento de Arendt, pela perda dos rumos da Revolução Francesa – também teve consequências deletérias nos Estados Unidos, cuja noção revolucionária de "felicidade pública" deixou de priorizar a liberdade política para perseguir a prosperidade econômica.

Todas essas questões serão discutidas com mais profundidade no capítulo 3. A seguir, serão tratados outros temas que Arendt julga fundamentais para entender as revoluções modernas: a relação entre poder e violência, a questão da fundação e da autoridade e os paradoxos envolvendo a ideia de universalização dos direitos humanos.

2.2 *PODER* VERSUS *VIOLÊNCIA*

As revoluções modernas diferenciam-se das guerras tradicionais, conforme Arendt, por relacionar a ideia de liberdade com a de violência. Porém, essa associação não constitui um paradoxo? Como os homens podem invocar a liberdade e, ao mesmo tempo, recorrer à violência? Tal perplexidade, comum aos revolucioná-

---

[77] ARENDT. *On revolution*, 1990, p. 62.

rios do século XVIII, já está presente em Maquiavel, diante do fato de que toda mudança radical, todo novo começo, parece exigir algum tipo de violência e violação.

Os inícios lendários de nossa história – tanto na Antiguidade clássica quanto na tradição bíblica – parecem comprovar essa íntima ligação entre começo e violência. Na origem sempre aparece um crime: o assassinato de Abel por Caim; a morte de Remo pelas mãos de Rômulo. Para citar um exemplo das revoluções modernas, uma observação de Michelet é evocativa nesse sentido: "O cimento da união devia ser o sangue", escreve o historiador, em alusão à insistência de Saint-Just, durante a Convenção, de que só a morte do rei Luís XVI poderia assegurar a união da França.[78]

Entretanto, se fossem limitadas à violência, as revoluções seriam fenômenos marginais da política, pois a pura violência é muda, ao passo que o homem, como ser político, é dotado de fala. Em *A condição humana*, lançado em 1958, Arendt já havia se apropriado das definições aristotélicas do homem como animal político (*zóon politikon*) e como "um ser vivo dotado de fala" (*zóon logon ekhon*), as quais não tinham a pretensão de caracterizar a natureza humana, porém apenas indicar o que era o entendimento comum na *pólis* grega acerca do homem e do modo de vida político. Mas voltando à questão entre revolução e violência, e o apelo da primeira pela liberdade, como lidar com o paradoxo representado pela relação entre violência e liberdade, tendo em vista a dificuldade de dissociar o fenômeno da violência do fenômeno da revolução?

Um dos aspectos marcantes da filosofia arendtiana é a distinção entre poder e violência. No entanto, essa diferenciação entre os dois fenômenos nem sempre esteve muito clara. Em *Origens do totalitarismo*, poder e violência aparecem associados, quando Arendt discorre sobre o pensamento de Hobbes e o denomina como o "filósofo do poder". Nessa obra, Arendt ainda reflete

---

[78] MICHELET, 2007, p. 78, v. II, tomo 1.

sobre o poder em termos de domínio e como uma força que, assim como a riqueza material, pode ser acumulada.[79] A partir das leituras da obra de Montesquieu, nos anos 1950, ela redireciona as suas análises sobre o poder. Este não é mais visto como domínio, nem algo que um indivíduo sozinho pode possuir e tampouco a soma de forças individuais isoladas. E, sim, como a ação conjunta dos cidadãos, em busca de um objetivo comum.

Em *A condição humana*, Arendt escreve que o poder é o responsável pela manutenção do domínio público, o espaço da aparência que surge quando os homens se reúnem na modalidade do discurso e da ação. Remetendo-se à origem grega da palavra, *dynamis*, e ao equivalente latino, *potentia*, Arendt reforça o caráter de "potencialidade" do poder – este é sempre um "potencial de poder", não algo que se pode medir e mensurar como a força ou o vigor. Portanto, diversamente do que ela havia afirmado em *Origens do totalitarismo*, não é possível armazenar ou manter o poder em reserva, como os instrumentos da violência. O poder só existe em sua efetivação.

> O poder é atualizado somente onde palavras e ações não se separaram, onde as palavras não são vazias e os atos não são brutais, onde as palavras não são usadas para velar intenções, mas para revelar realidades, e as ações não são empregadas para violar e destruir, mas para estabelecer relações e criar novas realidades.[80]

Em *Sobre a revolução* e, sobretudo, no ensaio "Sobre a violência", escrito entre os anos de 1968 e 1969, e inserido no livro *Crises da república*, Arendt formula melhor as ideias sobre poder e violência. "Sobre a violência", assim como o livro de 1963, também tivera como inspiração um acontecimento contemporâneo – as rebeliões estudantis que eclodiram em vários países em 1968 –, além da defesa radical, por parte da chamada Nova Esquerda,

---

[79] ARENDT. *The origins of totalitarianism*, 1973, p. 135-147.
[80] Idem. *The human condition*, 1998, p. 200.

CAPÍTULO 1 – REVOLUÇÃO, RUPTURA E LIBERDADE

da legitimidade do uso de meios violentos no campo da política. Ecoa no texto ainda a preocupação com outras questões relevantes da época: o temor de uma hecatombe nuclear (que Arendt também havia comentado no prefácio de *Sobre a revolução*), a guerra do Vietnã e os confrontos raciais nos EUA. Dirigindo uma crítica ao que Sartre escrevera no prefácio a *Os condenados da terra*, de Frantz Fanon, no qual faz uma glorificação da violência e afirma que ela "recria" o Homem,[81] Arendt se opõe a uma espécie de consenso na teoria política que via na violência a manifestação do poder, compreendendo o poder como instrumento de dominação.

A associação entre poder e domínio tem sólidas raízes na tradição do pensamento político. Ela deriva não só da noção de poder absoluto, que surgiu com o Estado-nação e teve em Bodin e em Hobbes os seus principais teóricos, mas também está enraizada na divisão das formas de governo que data da Antiguidade grega, as quais são definidas tendo como ponto de partida a dominação dos governados pelos governantes – seja o domínio da

---

[81] Publicado em 1961, *Os condenados da terra* é de autoria do psiquiatra e filósofo Frantz Fanon, que testemunhou os horrores da guerra da Argélia. Um trecho do prefácio de Sartre que certamente embasa a crítica de Arendt é o seguinte: "O colonizado se cura da neurose colonial passando o colono pelas armas. Quando sua raiva explode, ele reencontra sua transparência perdida e se conhece na medida mesma em que se faz" (1968, p. 14). Para Arendt, essa noção sartriana do homem "que se faz", embora dentro da tradição hegeliana e marxista, mostra em relação a ela um desacordo "básico" quando exalta a potência "criativa" da violência, tendo em vista que, para Hegel, o homem produz-se a si mesmo pelo pensamento e, para Marx, pelo trabalho (in *Crisis of the republic*, 1972, p. 114-115). No entanto, em pelo menos um aspecto pode-se notar uma aproximação entre suas ideias e as do pensador francês. Por exemplo, quando Sartre escreve que "A arma do combatente é sua humanidade", essa frase pode ser interpretada à luz do que diz Arendt quando afirma: "Nem a violência nem o poder são fenômenos naturais [...]; eles pertencem ao âmbito político dos negócios humanos, cuja qualidade essencialmente humana é garantida pela faculdade de ação [...]" (p. 179). Ao se unir a outros combatentes e pegar em armas, aquele que havia sido desumanizado pelo colonialismo recupera a sua humanidade porque retoma a sua capacidade de ação. A questão é que, para Arendt, a violência sozinha é incapaz de criar algo. Ela pode contribuir para se libertar da opressão e aniquilar o opressor, mas não constrói nada a partir dela mesma.

minoria (na monarquia e na oligarquia), dos melhores (na aristocracia), seja o da maioria (na democracia). A esse entendimento do poder como dominação, junta-se a compreensão da lei como mandamento, originária da tradição judaico-cristã, que transpôs para as leis humanas a concepção imperativa dos mandamentos divinos, baseada em uma relação de comando e obediência.

Porém, opondo-se a essa tradição, Arendt evoca outra. Trata-se da isonomia da *pólis* grega, retomada pela *civitas* romana e estruturada em torno de um conceito de poder e lei que não se sustenta na relação de mando e obediência e na divisão entre governantes e governados. Por essa concepção, o poder "corresponde à habilidade humana não apenas para agir, mas para agir em concerto. O poder nunca é propriedade de um indivíduo; pertence a um grupo e permanece em existência somente enquanto o grupo se conserva unido". Já a lei, ao invés de ser encarada como um mandamento a que se deve obediência, vigora sustentada no consentimento dos cidadãos, que pactuaram entre si o compromisso em acatá-la. Em nota ao fim do ensaio "Sobre a violência", a autora explica melhor a sua concepção de lei baseada na tradição greco-romana, fazendo uma analogia com as regras do jogo. "Todas as leis são antes 'diretivas' do que 'imperativas'. Elas dirigem o relacionamento humano como as regras dirigem o jogo. E a garantia final da sua validade está contida na velha máxima: *Pacta sunt servanda*"[82] (em *Sobre a revolução*, Arendt também apresenta um raciocínio semelhante, porém baseado na concepção de Montesquieu das leis como *rapport*).

As instituições de um país revestem-se do poder porque estão sustentadas no apoio popular. Esse apoio, por sua vez, é derivado do consentimento pactuado entre os cidadãos de acatar as leis – daí a máxima "todo poder emana do povo".

Em suma, o poder assenta-se no apoio – e a consistência deste último se mede em números: quanto mais pessoas derem o seu consentimento, maior será o poder. Arendt vale-se bem a

---

[82] ARENDT. *Crisis of the republic*, 1972, p. 143; 193-194.

CAPÍTULO 1 – REVOLUÇÃO, RUPTURA E LIBERDADE

propósito das leituras de Montesquieu para ressaltar que a tirania é, por essa ótica, uma forma de governo impotente, apesar de extremamente violenta. Para Montesquieu, a principal característica da tirania é o fato de ela se basear no isolamento – do tirano em relação aos súditos e destes entre si –, em consequência do medo e da suspeita generalizados que vigoram nesse tipo de regime. Justamente por ter essa configuração, a tirania não é uma forma de governo como outra qualquer, uma vez que ela confronta a própria condição de constituição de uma organização política, seja ela qual for: a condição humana essencial da pluralidade.

Enquanto o poder manifesta-se por meio da ação conjunta e dialógica, envolvendo a pluralidade dos cidadãos, a violência, o principal recurso de que se valem as tiranias, dispersa e isola os indivíduos, rompendo os laços que os unem no plano político. Diversamente do poder, que se sustenta no respaldo popular, a violência é desencadeada por meio de instrumentos, tendo em vista um determinado fim. Por isso, ela não é essência de nada, em oposição ao poder, que é a própria essência de todo governo. Evidentemente, a violência sempre pode ameaçar o poder e mesmo destruí-lo, porém, jamais terá condições de criá-lo. Como lembra Arendt, o comando derivado do cano de uma arma resulta, geralmente, numa obediência instantânea, mas é incapaz de gerar um poder autêntico.

Se colocados em lados opostos, a forma mais extrema do poder seria o "Todos contra Um" e a mais extrema da violência, o "Um contra Todos" – e pode-se visualizar nessa oposição radical estabelecida por Arendt as situações-limite paradigmáticas das revoluções, no primeiro caso, e do totalitarismo, no segundo. No entanto, cabe observar que, embora essas distinções não sejam arbitrárias, porque retiradas do mundo real, dificilmente encontrar-se-ão totalmente isoladas na vida concreta. Se poder e violência não se confundem, isso não significa que não possam ser combinados. Mesmo os regimes totalitários, apesar de toda a violência desencadeada por meio do terror, necessitam de alguma base de poder, sustentada no apoio dos seus agentes.

E tampouco as revoluções, fruto da ação conjunta espontânea, abdicam da prática da violência.[83]

Todavia, o que deve ser enfatizado é o fato de a violência, por si só, impor o silêncio e destruir a pluralidade, enquanto o poder se exerce por meio de pactos e alianças que precisam ser constantemente renovados – os quais não eliminam a possibilidade de conflitos, inclusive os violentos. Em suma, se deixada a seu próprio curso, a violência leva à extinção do poder.

Quando busca uma concepção de poder sustentada no exemplo da *pólis* grega e da *civitas* romana, Arendt não ignora que o conceito de governo que se impôs tanto na teoria quanto na práxis política – o qual reduz o poder a uma relação de governantes e governados e, portanto, acaba equacionando poder e violência – é uma realidade inescapável. Seu esforço, contudo, é mostrar que o "poder de governo", em outras palavras, o poder concebido em termos de comando e obediência e estruturado sobre o domínio dos instrumentos da violência, é apenas um dos casos especiais do poder e está longe de esgotar todas as vias em que o poder pode se manifestar. E o fenômeno das revoluções é uma prova do que acaba de ser exposto.

As insurreições revolucionárias já indicam a desintegração do governo no poder, o qual, somente enquanto conta com a obediência das forças do exército e da polícia, ainda pode ostentar a sua superioridade. Porém, essa situação só perdura na medida em que essa sustentação permanece – se os comandos derivados do governo não são mais acatados, a consequência é a sua dissolução. A chave para compreender esse fenômeno, tão recorrente

---

[83] André Duarte observa que não há que se falar em uma recusa absoluta da violência por parte de Arendt e muito menos em uma demonização de sua prática (1994, p. 93). A própria autora faz questão de frisar que a violência não é bestial nem irracional. Contudo, se a violência, às vezes, é o "único modo de equilibrar novamente as balanças da justiça" (in *Crisis of the republic*, 1972, p. 61), ela jamais poderá ser legítima – a legitimidade é um atributo do poder. Ter em mente essas ressalvas de Arendt é importante para entender as suas críticas com relação à violência desencadeada na Revolução Francesa, motivo de muitas incompreensões em torno das suas reflexões sobre os movimentos revolucionários.

na história, é a constatação de que a manutenção de um determinado governo depende muito mais do apoio dos governados do que de uma relação estrita de mando e obediência entre um e outro.

Nesse sentido, é interessante remeter a um comentário de Arendt em *Origens do totalitarismo,* a despeito de suas distinções entre poder, violência e domínio ainda não estarem formuladas nessa obra. Apoiando-se nas reflexões de Tocqueville em *O Antigo Regime e a Revolução,* ela observa que o povo francês passou a odiar os aristocratas quando estes, apesar de ainda conservarem as suas fortunas, perderam o poder político. A partir desse momento, os nobres começaram a ser vistos como uma casta parasita, com bem apontou Tocqueville. O que aconteceu com a nobreza francesa é um bom exemplo para reforçar o argumento de que o ódio violento ou a rebelião não são necessariamente decorrentes do exercício de um forte poder e dos abusos cometidos por parte dele. A riqueza impotente, como era a dos nobres franceses às vésperas da revolução, é odiosa porque não tem função no corpo político, não contribuindo, nem que seja pela via da opressão, para manter laços entre os homens[84] – um fenômeno que décadas mais tarde, conforme Arendt analisa no primeiro livro de *Origens...,* "Antissemitismo", também ocorreria com os judeus na Europa.

Em resumo, onde o poder desintegrou-se, as revoluções são possíveis, o que não significa que sejam necessárias – e a história também é farta de exemplos de governos completamente impotentes que perduraram por muito tempo, na ausência de um movimento organizado ou de lideranças surgidas em meio à população que pudessem contestá-los e encabeçar uma insurreição contra eles.

***

---

[84] ARENDT. *The origins...,* 1973, p. 4-5.

Sob essa ótica da relação entre poder e violência, a análise arendtiana sobre as revoluções leva em conta dois estágios dos eventos revolucionários: em primeiro lugar, o da insurreição popular, que pode ser ou não violenta e acarreta a dissolução do poder estabelecido (já em vias de desintegração), rompendo com a antiga ordem. O segundo é o da fundação de um novo corpo político, com a criação de instituições livres. Ambos podem ser ou não simultâneos, mas se diferenciam conceitualmente.

Para retomar a distinção entre libertação e liberdade, o primeiro momento é o da libertação e o segundo, o da liberdade. E se os dois requerem, para ter êxito, o poder surgido entre seres humanos agindo em concerto, a violência geralmente desencadeada pelo esforço da libertação, caso deixada a seu livre curso, pode colocar em xeque a tarefa de instituição da liberdade – justamente a nota trágica da Revolução Francesa.

Na França, as demandas pela libertação (da opressão do *Ancien Régime*, da ameaça das guerras interna e externa, da miséria que afligia grande parte da população francesa) acabaram por adiar e depois por comprometer seriamente a tarefa de fundação da liberdade, que exigia a segurança de um regime estável. Já a Revolução Americana, após a vitória da guerra com a Inglaterra, pôde culminar "na calma da construção e da deliberação" – o período dedicado aos debates em torno da Constituição Federal do país que Tocqueville considerava tão grandioso quanto a Revolução Francesa e do qual, assim como Arendt, destacou o seu caráter de novidade.[85]

---

[85] Cf. AMIEL, 2003, p. 58. Ressalte-se que Tocqueville dá a entender que compreende também como fazendo parte da Revolução Americana esse período de discussão e promulgação da Constituição Federal e não apenas a guerra da independência. É o que se pode deduzir da conclusão da seção sobre a Constituição norte-americana, no capítulo VIII da primeira parte de DA1, em que comenta o fato de o novo governo federal norte-americano, encabeçado por George Washington, só ter assumido suas funções em 1789, após o período de dois anos em que o texto constitucional foi debatido e elaborado e depois submetido à aprovação dos estados da federação. "A revolução da América terminou, pois, precisamente no momento em que começava a nossa", afirma (in *Oeuvre II*, 1992, p. 126).

CAPÍTULO 1 – REVOLUÇÃO, RUPTURA E LIBERDADE

Os homens das revoluções dos dois lados do Atlântico foram movidos, de início, por um desejo de "restauração", no sentido de recuperar as antigas liberdades que haviam sido usurpadas. Segundo Arendt, foi a experiência da felicidade pública, nos EUA, e da liberdade pública, na França, que os levou, no curso desses movimentos, a desejar mais do que uma simples "restauração" – esta agora transfigurava-se em "revolução", no sentido moderno que iria adquirir, tendo como objetivo supremo a fundação da liberdade e, como tarefa concreta, a instauração da república.

E se, ao lado do ímpeto para fundar um novo corpo político, aliava-se um desejo de estabilidade, tal desejo não correspondia a qualquer recaída "conservadora". A estabilidade – no caso americano, assegurada pela Constituição e pelas instituições – era uma salvaguarda contra a ameaça de "restauração" à situação anterior à revolução.[86]

Maquiavel é considerado por Arendt o "pai espiritual da revolução" pelo fato de ter sido precursor em realçar a importância da fundação de corpos políticos duradouros e estáveis. Em outro ponto essencial para as revoluções modernas, Maquiavel também mostrou-se pioneiro: no mundo cristão, foi o primeiro a se preocupar com o estabelecimento de uma esfera política exclusivamente secular, independente, de um lado, das leis e dos princípios da Igreja e, de outro, de critérios morais.

No entanto, a tarefa da fundação de um corpo político estável e secular, separado da Igreja, trazia uma dupla perplexidade: além da própria violência que todo novo começo parece demandar, o corpo político recém-fundado envolvia um dilema quanto à sua legitimidade. Se a separação entre Igreja e Estado livrava este

---

[86] Lembre-se do caráter "antirrevolucionário" da democracia apontado por Tocqueville, em contraponto ao espírito revolucionário da França, o qual era responsável, na sua visão, pela instabilidade política de seu país. Ressalte-se novamente que, em Tocqueville, a faceta antirrevolucionária da democracia não é reacionária – ela é, ao contrário, uma forma de preservar a democracia, correspondendo ao esforço de manter a estabilidade que Arendt aponta como uma preocupação central dos revolucionários modernos, mas que, no entendimento da autora, ao invés de contrariar o espírito revolucionário, consolida-o.

último da sanção religiosa, onde instaurar a fonte de legitimação para a nova ordem secular estabelecida, sem apelar para uma instância transcendental, um absoluto? Esta última questão em particular envolvia a relação entre poder e autoridade.

À primeira vista, os líderes das revoluções dos dois lados do Atlântico parecem ter seguido o mesmo caminho de Maquiavel, no seu apelo à onipotência divina – movidos nem tanto pela fé religiosa, mas por conveniência política –, para legitimar o ato de fundação. Pois se, por um lado, Robespierre instituiu o culto um tanto quanto patético do "Ser Supremo", na ânsia de encontrar uma fonte transcendente de autoridade, não faltaram invocações a Deus na Declaração da Independência dos Estados Unidos. Contudo, os norte-americanos, por mais forte que tenha sido a influência da religião no ordenamento político do país, como o demonstra o exemplo dos Peregrinos, acabaram se enveredando por uma trilha diversa, que os livrou da dificuldade quando se trata de procurar uma fonte absoluta para legitimar o poder, uma vez que "o poder sob a condição da pluralidade humana nunca pode chegar à onipotência, e as leis baseadas no poder humano nunca podem ser absolutas".[87]

Nesse sentido, Arendt cita as palavras empregadas por Jefferson, no preâmbulo da Declaração da Independência, "Consideramos essas verdades autoevidentes...", como uma fórmula engenhosa que indica o caráter persuasivo do que vem enunciado, com base no consentimento dos atores envolvidos na discussão e na aprovação do documento, dispensando a chancela de uma autoridade que estivesse acima deles.[88] Todavia, além desse do-

---

[87] ARENDT. *On revolution*, 1990, p. 39.
[88] Essa frase de abertura do preâmbulo não saiu inteiramente da pena de Jefferson: ela teve uma contribuição fundamental de Benjamin Franklin. Segundo Walter Isaacson, autor de uma biografia sobre Franklin, foi ele quem modificou a frase inicial de Jefferson, cuja redação original era "Consideramos essas verdades sagradas e inegáveis" para "Consideramos essas verdades evidentes por si mesmas [ou autoevidentes, a depender da tradução]...". Cientista autor de inúmeros inventos, como o para-raios e os óculos bifocais, Franklin usou a expressão "evidentes por si mesmas" influenciado pelo determinismo científico

cumento histórico, a autora sugere que a autoridade na qual repousava a constituição política da república norte-americana derivava do seu próprio ato histórico de fundação. Para tanto, os revolucionários norte-americanos tinham outro exemplo histórico no qual se inspirar: a fundação de Roma.

Para retomar as lendas que marcam começos históricos antes mencionadas, as quais sempre associam a violência do crime a esse momento inaugural (o assassinato de Remo, na tradição romana; o homicídio de Abel, na tradição bíblica), é importante citar duas outras clássicas narrativas lendárias, novamente extraídas das tradições de Roma e da Bíblia, rememoradas por Arendt em *Sobre a revolução*: a primeira, o êxodo das tribos de Israel, após a fuga do Egito; a segunda, a peregrinação de Eneias depois de escapar da aniquilação de Troia pelos gregos, descrita na epopeia de Virgílio. A aproximar essas duas histórias está a característica de que ambas são lendas de libertação, cuja mensagem é uma promessa de liberdade – seja a conquista da Terra Prometida, seja a fundação de uma nova cidade. Relacionando-as ao tema da revolução, importa destacar que elas realçam um hiato entre os dois momentos da libertação e da liberdade, o fim de uma ordem antiga e o começo de uma nova. Esse hiato é simbolizado pelas perambulações dos hebreus no deserto e pela odisseia de Eneias.

Esses mitos lendários nos ensinam que a liberdade não é a consequência automática do ato de libertação, nem tampouco que o fim dá sequência imediata a um novo começo. Assim, para os revolucionários setecentistas, a revolução também deve ter lhes parecido exatamente como "esse hiato lendário entre fim e começo, entre um não-mais e um ainda-não". É como se a revolução provocasse uma ruptura no tempo linear, surgindo como "uma atualização da natalidade, ou seja, do potencial humano para romper a ordem do tempo cotidiano".[89]

---

de Isaac Newton e pelo empirismo analítico de David Hume, de quem se tornara grande amigo quando morou na Inglaterra (cf. ISAACSON, 2015, p. 314).
[89] DRUCKER, 2001, p. 210; cf. ARENDT. *On revolution*, 1990, p. 205.

Após a vitória contra as tropas da Coroa inglesa, esse hiato, nos Estados Unidos, foi o momento dos debates e das discussões que deram origem ao pacto do qual, por meio de promessas mútuas, originou-se a fundação da república norte-americana. Apesar da influência da experiência colonial, por intermédio das comunas, nas instituições políticas norte-americanas, começava, com esse ato de fundação, a trajetória dos EUA como uma entidade política independente.

Esse momento de fundação significou ainda uma ruptura com a lógica do começo necessariamente associado à violência – o evento inaugural da história norte-americana é o pacto (embora esse pacto seja celebrado carregando a nódoa do "crime original" dos Estados Unidos, a escravidão e o extermínio da população indígena). Também significou uma ruptura com a ideia de um "absoluto", uma fonte transcendente e acima das leis humanas, de onde estas últimas pudessem derivar a sua legitimidade. A Constituição, o documento que chancelou o pacto da fundação, passou a ser venerada, logo após a promulgação, com a "força da religião" – a religião compreendida aqui em seu sentido romano e original, *religare*, em se ligar de volta a um início.

Conforme salienta André Duarte, a transmissão do momento da fundação pelo documento constitucional foi a alternativa moderna apontada por Arendt "para o desenvolvimento de uma política capaz de resguardar sua autoridade sem ter de apelar às instâncias tradicionais e religiosas que haviam sido minadas pelo próprio ato revolucionário".[90] A noção romana segundo a qual a fundação assenta as bases para a preservação e o aumento do corpo político foi atualizada pelos revolucionários norte-americanos no sentido de que é a Constituição que conserva e transmite a autoridade política. Assim, sem recorrer a uma norma exterior ao campo da condição humana da pluralidade, fizeram com que o ato de fundação tornasse visível o princípio – no seu duplo sentido do grego *arché* e do latim *principium*, o princípio que inspira

---

[90] DUARTE, 2000, p. 297.

os atos que se seguirão e continua a aparecer enquanto dura a ação – da deliberação e das promessas mútuas, sacramentadas na Constituição.

Essa "sacralidade" da Constituição Federal americana não resultou numa espécie de petrificação do documento, tornando-o imune a qualquer tipo de alteração. Hannah Arendt salienta o caráter aberto da Constituição dos EUA e a possibilidade de sua constante atualização, por meio de emendas. Outro aspecto importante a ser ressaltado é a diferença entre a discussão e a promulgação da Carta Magna norte-americana e o movimento constitucionalista europeu. Diversamente desse último, que tinha o sentido de um governo legítimo limitado, protetor dos direitos civis, e não exigia necessariamente uma forma de governo diversa da monarquia, a Constituição dos EUA não era decorrente de um mero ato de governo, imposto de cima para baixo. Porém, conforme as palavras de Thomas Paine, foi a concretização da ação de "um povo que constitui um governo"[91] e só podia se materializar em um regime republicano.

Contudo, se os paradoxos que envolvem as revoluções modernas – o rompimento do fio da tradição, com a instauração de um novo corpo político, reinscrevendo-se esse ato fundador em uma nova tradição – foram enfrentados e contornados com certo êxito nos Estados Unidos, o mesmo não ocorreu em território francês. Seguindo um caminho diverso do de seus colegas do outro lado do Atlântico – que driblaram o problema de encontrar uma fonte absoluta e transcendente para o corpo político que inauguravam, elegendo o próprio pacto que resultou no ato de fundação, sacramentado pela Constituição, como a sua referência primordial –, os revolucionários franceses não escaparam da armadilha de recorrer a um substituto para colocá-lo no lugar do rei, cuja soberania tinha alicerce no direito divino. Esse novo soberano passava agora a ser a nação, que se colocava, como o monarca, acima das leis.

---

[91] PAINE, 2005, p. 162. Em *Direitos do Homem*, Thomas Paine refere-se à Constituição norte-americana como "a bíblia política do Estado". "Raramente uma família não a tinha" (ibidem, p. 164).

Não se trata aqui de destacar a superioridade dos revolucionários norte-americanos em relação aos franceses – embora Arendt não se canse de louvar a sabedoria política dos Pais Fundadores, leitores atentos de Montesquieu. Mais uma vez, é preciso levar em conta as condições políticas e históricas de cada país. Na França – como bem havia apontado Tocqueville –, o povo não estava nem organizado nem constituído politicamente. Os parlamentos, as ordens e os estamentos do Antigo Regime, baseados no privilégio, no nascimento e na profissão, representavam os interesses privados de grupos. Quem falava pelo público, de maneira geral, era o rei, que monopolizava a capacidade de ação política da nação.

Nos Estados Unidos, a situação era bem diversa. Novamente em consonância com Tocqueville, Arendt reforça a tradição de liberdade política de que as colônias norte-americanas já gozavam antes de sua independência da Coroa inglesa. Quando o conflito com a Inglaterra foi deflagrado, os colonos norte-americanos se viram privados por um momento do governo central, mas não de seus corpos políticos já instituídos. Há um longo tempo, já contavam com assembleias legislativas locais, além de exercerem uma intensa atividade política no interior das comunas. Foi essa longa experiência política que permitiu a eles, ao se desobrigarem da lealdade para com a Coroa, permanecerem, assim mesmo, unidos, por meio dos pactos, dos acordos e das promessas mútuas já celebrados desde o Pacto de Mayflower, firmado pelos Peregrinos ainda no navio antes de aportar na costa do Novo Mundo no século XVII.

Em resumo, nos Estados Unidos, o primeiro estágio da revolução foi caracterizado pela libertação da monarquia inglesa, que acarretou a violência da guerra de independência, e o segundo pelo esforço de deliberação, discussão e persuasão, que resultou na promulgação da Constituição Federal. Na França, a primeira fase da revolução foi marcada antes pela desintegração do corpo político, monopolizado pela figura do rei, do que propriamente pela liberação da opressão e pela violência que essa liberação acarreta. Já o segundo estágio, a fundação do corpo político, foi alcançado quando a Convenção Nacional, instaurada em 20 de setembro de 1792, declarou o fim da monarquia e a proclamação da República.[92] Entretanto, esse novo começo na história francesa, marcado inclusive pela mudança de calendário, diferente do exemplo norte-americano, não pôde ser dissociado simbolicamente da lógica da violência dos inícios lendários citados.

Premidos pelas circunstâncias a buscar uma solução para a miséria das massas, os revolucionários franceses deixaram de privilegiar o esforço para a criação de instituições estáveis – aliás, é justamente a recusa a qualquer institucionalização da república que marca a postura de Robespierre, com o seu apelo à "revolução permanente". A visão do sofrimento da maioria da população levou-os a cultivar e a enaltecer não as virtudes do cidadão, mas o sentimento de compaixão e piedade em relação à multidão dos despossuídos. Esse sentimento, tão ilimitado quanto o era a miséria que o inspirara, despertou um outro correlato – o ódio à hipocrisia, o furor para desmascarar os "traidores" que se escondiam por detrás das máscaras sociais e políticas.

O resultado foi um desprezo pelas formas legais e jurídicas e a reintrodução da violência no campo político. O "cimento da união" francesa não foi, como nos Estados Unidos, a Constituição. "O cimento devia ser o sangue" – para evocar outra vez a afirmação do historiador Michelet, fazendo eco a um dos mais radicais líderes jacobinos, Saint-Just, segundo quem só a morte do rei Luís XVI, visto não mais como tirano, mas como "traidor", e dos demais adversários da causa revolucionária, poderia assegurar a unidade nacional.

A instauração da liberdade na França também malogrou porque a mesma massa popular submetida ao jugo da necessidade e

---

[92] ARENDT. Revolution and freedom, [2016], p. 176. Sobre essa questão, é marcante a distância que Arendt toma de Tocqueville, uma vez que o autor francês vislumbrava a instauração da Assembleia Constituinte de 1789 como o momento em que a nação francesa, até então dispersa politicamente, se organizou em um corpo político. Arendt de fato analisa um tanto quanto superficialmente esse primeiro momento da Revolução Francesa, para privilegiar o período do Terror e do domínio jacobino em *Sobre a revolução*. Essa discordância entre os dois autores será discutida ao final deste capítulo.

da miséria – e que nunca fora organizada politicamente – se viu elevada como o novo soberano, no lugar do rei. Diferentemente dos americanos – para quem a origem do poder derivava dos pactos e das alianças celebrados entre o povo e a fonte do poder da Constituição –, os franceses foram incapazes de estabelecer essa distinção. *Le peuple*, ou a nação, para usar a expressão do abade Sieyès, foi identificado como a origem e a fonte do poder. Uma força onipotente que, como o direito divino que moldara a monarquia absoluta, se encontrava fora do corpo político, pois este dependia da vontade popular para se legitimar.

É importante frisar, de novo, as condições históricas da França para que esse fenômeno ocorresse: a queda da monarquia representou o desmoronamento da estrutura política do país, pois a população não estava organizada em corpos constituídos, como os norte-americanos. O povo se viu lançado a uma espécie de "estado de natureza", portanto, a um estado pré-político, e foi assim celebrizado e endeusado pelos líderes da Revolução Francesa, que o colocaram acima das leis, da mesma maneira que o monarca havia reinado antes. "E desde que a pessoa do rei tinha sido não apenas fonte de todo o poder na terra, mas sua vontade a origem de toda a lei terrena, a vontade da nação, obviamente, a partir de agora teria de ser a própria lei."[93]

O governo secular instituído pela república francesa, que destituíra uma monarquia cujas bases sustentavam-se na imagem do rei como um deus onipotente e cuja vontade é lei, elegera uma nova divindade: a nação.

Nesse ponto, saltam aos olhos as diferenças de concepção sobre o poder para os revolucionários norte-americanos e para os revolucionários franceses. Para os primeiros, o poder é fruto da ação conjunta, realçando a pluralidade humana e a sua capacidade de gerar poder por meio de promessas, pactos e compromissos mútuos. Já

---

[93] ARENDT. *On revolution*, 1990, p. 156. Sobre a vontade da nação, o abade Sieyès escreve em *Qu'est-ce que le tiers*-état?: "A nação existe antes de tudo, ela é a origem de tudo. Sua vontade é sempre legal, ela é a lei. Antes dela e acima dela, só há o direito *natural*" (1988, p. 127, grifo do autor).

os segundos, ao associar o poder à onipotência de uma vontade popular que se põe acima das leis do país, continuaram equacionando poder e domínio, consequentemente, poder e violência.

***

Dentro do contexto de sua análise das revoluções setecentistas, faz-se necessário situar ainda a crítica de Arendt aos direitos humanos, tal como declarados pelos revolucionários franceses. Mas, antes, vale a pena retomar uma observação de Tocqueville em *O Antigo Regime e a Revolução*.

Tocqueville destacou o fato de a Revolução Francesa, ao buscar os seus fundamentos na natureza humana, ter considerado o cidadão em abstrato, separado das leis, dos costumes e das tradições. Essa observação sem dúvida remete ao que havia escrito o inglês Edmund Burke, no panfleto publicado ainda sob o calor do movimento revolucionário francês, a respeito da Declaração dos Direitos do Homem e do Cidadão proclamada pela Assembleia Nacional Constituinte em 1789. À "abstração metafísica" da Declaração de Direitos francesa, Burke reitera que preferia a positividade dos direitos dos ingleses.

> Da Magna Carta à Declaração dos Direitos [referência ao documento aprovado pelo Parlamento inglês durante a Revolução Gloriosa de 1688, assegurando a liberdade, a vida e a propriedade privada dos súditos contra possíveis abusos da realeza], a política constante de nossa Constituição sempre foi a de reivindicar e afirmar nossas liberdades como uma *herança inalienável*, deixada para nós por nossos antepassados e a ser transmitida à nossa posteridade, como uma propriedade que pertence especialmente ao povo deste reino sem nenhuma referência que seja a algum direito mais geral ou anterior.[94]

---

[94] BURKE, 2014, p. 55, grifos no original.

Na resposta dirigida à crítica de Burke, Thomas Paine refuta os argumentos do conservador inglês, defendendo a tese segundo a qual os direitos naturais são o fundamento dos direitos civis. De acordo com Paine, os direitos naturais são aqueles que concernem ao homem pela mera força da sua existência. "Desse tipo são todos os direitos intelectuais, ou direitos da mente, e também aqueles direitos de agir como indivíduo em função de seu próprio conforto e felicidade, que não sejam ofensivos aos direitos naturais dos outros", conceitua. Já os direitos civis englobam o homem como membro da sociedade. Sendo assim, conforme o raciocínio de Paine, todo direito civil "tem por fundamento algum direito natural preexistente no indivíduo, mas para cujo gozo seu poder individual, em todos os casos, não é suficientemente competente. Deste tipo são todos os que se relacionam com a segurança e a proteção".

À tradição dos direitos ingleses, sustentada na herança dos antepassados, como enaltece Burke, Paine opõe a ainda mais antiga igualdade dos homens, proclamada na Declaração dos Direitos francesa e já expressa na narrativa bíblica, a qual afirma que Deus criou o Homem à sua própria imagem. "Se não se trata de autoridade divina, trata-se, ao menos, de autoridade histórica, e mostra que a igualdade do homem, longe de ser uma doutrina moderna, é a mais antiga de que se tem registro", argumenta.[95]

Entre Burke e Paine, Arendt se posiciona ao lado do primeiro, ressaltando que a argumentação do conservador inglês não era obsoleta nem reacionária. Mesmo que concorde com Paine no sentido de que a igualdade dos homens perante Deus é uma tradição muito antiga – embora ela reitere que essa tradição não é de origem cristã, mas romana, pois, na Roma antiga, os escravos eram admitidos nas corporações religiosas tal como os cidadãos livres –, Arendt contrapõe que a ideia de direitos políticos inalienáveis e universais, devidos aos homens em virtude do nascimento, era desconhecida até as revoluções modernas. Essa noção,

---

[95] PAINE, 2005, p. 53-55.

conforme a autora, certamente soaria para as eras anteriores o que certamente deve ter parecido a Burke: uma contradição em termos. "E é interessante notar que a palavra latina *homo*, equivalente a 'homem', significava originalmente alguém que não era nada a não ser um homem, uma pessoa sem direitos, em consequência, um escravo", observa Arendt.[96]

Para compreender melhor a crítica arendtiana, é preciso retornar mais uma vez ao que a autora escreve em *Origens do totalitarismo*. Ao final da parte dedicada ao imperialismo, ela desenvolve a sua famosa análise do conceito dos direitos humanos. Referindo-se indistintamente à Declaração da Independência americana e à Déclaration des Droits de l'Homme et du Citoyen francesa, a autora aponta que, em ambos os documentos, os direitos do homem – concebidos como "inalienáveis", "recebidos por nascimento" e como "verdades evidentes por si mesmas" – foram proclamados como independentes da história e decorrentes da própria natureza humana.

Como não podiam ser deduzidos ou derivados de outras fontes jurídicas ou legais, os direitos humanos tinham como origem o próprio Homem. De acordo com Celso Lafer, essa concepção dos direitos humanos era calcada nas teorias jusnaturalistas a partir de Grotius e seu apelo à razão como fundamento do Direito. "Os direitos do homem eram vistos como direitos inatos e tidos como verdade evidente, a compelir a mente. Por isso, dispensavam tanto a violência quanto a persuasão e o argumento."[97]

Arendt reconhece o marco representado pela proclamação dos Direitos do Homem. Independentemente dos privilégios que historicamente certas camadas da sociedade haviam monopolizado, os direitos humanos indicavam que o homem se libertava de toda espécie de tutela. Também significavam uma proteção aos indivíduos em uma sociedade secularizada, não mais regida por uma ordem estamental e religiosa.

---

[96] ARENDT. *On revolution*, 1990, p. 45-46.
[97] LAFER, 2001, p. 123.

Todavia, à medida que o Homem era elevado como o único soberano no que diz respeito à lei, o povo se via alçado como o detentor da soberania em relação ao governo. A soberania do povo era proclamada em nome do Homem, "de modo que parecia natural que os direitos 'inalienáveis' do homem encontrassem sua garantia e se tornassem uma parte inalienável do direito do povo ao autogoverno soberano".[98] Ou seja, mal havia sido emancipado, esse Homem isolado, cuja dignidade independia de qualquer ordem superior que a chancelasse, se diluía novamente como integrante do povo. Assim como Burke – e Tocqueville, apesar de não citá-lo –,[99] Arendt aponta o paradoxo envolvendo a proclamação dos Direitos do Homem, porque estes se referiam a um ser humano abstrato, que não existe em parte alguma, uma vez que até os povos considerados primitivos conservam algum tipo de ordem social.

Em *Origens do totalitarismo*, as reflexões de Arendt sobre os direitos humanos visavam, acima de tudo, ao problema envolvendo a estrutura dos Estados-nações europeus e à situação dos apátridas após a Primeira Guerra Mundial e no decorrer da Segunda Guerra. Em *Sobre a revolução*, no entanto, ela tem o cuidado de explicitar o modo distinto como o tema dos direitos humanos foi tratado nos Estados Unidos e na França – apesar da influência das teorias jusnaturalistas nas revoluções dos dois países.

Com efeito, as declarações norte-americana e francesa, a segunda inspirada também na primeira, proclamavam da mesma forma os direitos como iguais e inalienáveis, expressavam que as limitações e as restrições ao gozo desses direitos deveriam ser introduzidas por meio de leis elaboradas por representantes de-

---

[98] ARENDT. *The origins...*, 1973, p. 291.
[99] Embora a autora tenha se dedicado à leitura da obra de Tocqueville enquanto refletia sobre a questão dos direitos humanos no período de redação de *Origens do totalitarismo*, conforme conta em carta a Heinrich Blücher, de 8 de julho de 1946, quando estava de férias em Hanover (New Hampshire): "Eu leio Tocqueville e Shakespeare e 'mexo' enormemente com os direitos do homem", escreve, acrescentando que pretendia "tirar essa história a limpo" (in *Correspondance – 1939-1968*, 1996, p. 129).

mocraticamente eleitos e protegiam direitos como o de expressão, de credo religioso, de propriedade, do devido processo legal e da presunção de inocência. Porém, elas foram introduzidas nos textos constitucionais de ambos os países de maneira diversa: na França, a Declaração dos Direitos, colocada como preâmbulo, configurava a base e a legitimação da Constituição, ao passo que, nos Estados Unidos, a Bill of Rigths foi adicionada como uma série de emendas à carta constitucional.

Ora, para Arendt, essa diferença de tratamento não é um mero detalhe, mas essencial na forma como os direitos humanos se situariam dentro dos sistemas político-legais nos dois países. Nos Estados Unidos, o papel da Bill of Rigths no texto constitucional era o de instituir formas de controle permanentes a todo poder político – por conseguinte, baseava-se na pressuposição da existência de um corpo político e de um poder político. Na França, introduzida como sustentáculo da Constituição de 1791 e das demais promulgadas durante a revolução, a Declaração dos Direitos do Homem enunciava os direitos positivos fundamentais como inerentes à natureza do homem e distintos de seu estatuto político – e assim de fato reduzia a política à natureza. Ela não era mais uma forma de controle do poder político, como no exemplo norte-americano, mas a sua própria fonte, a sua pedra fundamental. Como bem resume André Duarte, entre os revolucionários franceses,

> perdeu-se assim a consciência de que todo direito implica uma comunidade política que o reconheça e defenda institucionalmente, bem como se perdeu de vista que tais direitos não constituem, propriamente, uma política, mas apenas as condições sob as quais uma política republicana pode vir a ser instituída.[100]

Arendt não exime a Constituição norte-americana de críticas. Mesmo tendo incluído a Bill of Rigths, a lei fundamental norte-ame-

---

[100] DUARTE, 2000, p. 301.

ricana não previu mecanismos para assegurar a liberdade pública dos cidadãos, por meio da participação política, reduzindo a "busca da felicidade" prevista no texto constitucional à vida privada. Todavia, a fórmula francesa acarretava dificuldades bem maiores.

Ao equiparar os direitos do homem aos direitos do cidadão, como se eles existissem fora e independentemente do corpo político, a Declaração dos Direitos do Homem, na França, não conseguiu solucionar o problema intrínseco à questão dos direitos humanos: estes só podem se materializar se forem incorporados à lei positiva, caso contrário, não passam de uma declaração de boas intenções, sem muita eficácia. Voltando ao que Arendt escreveu em *Origens do totalitarismo*, o ser abstrato da Declaração de Direitos não existia em parte alguma.

Por isso, desde o início, a questão dos direitos humanos foi associada à questão da emancipação nacional – somente a soberania do povo a que o indivíduo isolado pertencia era capaz de assegurá-los. "Como a humanidade, desde a Revolução Francesa, foi concebida à imagem de uma família de nações, tornou-se gradualmente autoevidente que o povo, e não o indivíduo, representa a imagem do homem"[101] – é importante lembrar aqui que os Estados Unidos, segundo Arendt, seguiram um modelo diverso do Estado-nação europeu.

A constatação de que esses direitos só podiam ser assegurados aos nacionais já ficou evidente ainda durante o curso da Revolução Francesa, quando, depois das primeiras derrotas das guerras revolucionárias e da ascensão dos jacobinos, os estrangeiros residentes na França – que dentro do espírito cosmopolita prevalecente na primeira fase do movimento revolucionário puderam adquirir a cidadania francesa – subitamente passaram a ser perseguidos e excluídos dos direitos políticos. Entre eles, Thomas Paine que, mesmo tendo sido eleito para a Assembleia Legislativa, foi condenado à guilhotina por ter se manifestado contra a execução de Luís XVI e só escapou da morte em razão da queda

---

[101] ARENDT. *The origins...*, 1973, p. 291.

de Robespierre e graças à intervenção do então embaixador norte-americano na França.[102]

As perplexidades envolvendo o conceito dos direitos humanos, porém, se revelariam de forma muito mais brutal quando houve a explosão da grande crise humanitária envolvendo os apátridas, os refugiados e as minorias destituídas de direitos, após a Primeira Guerra Mundial. Sem contar com a proteção dos Estados e de qualquer outra estrutura legal, expulsos de seus lares e rechaçados para onde quer que se dirigissem, esses grupos de pessoas se viram despojados das garantias da cidadania.

A condição deles expunha o paradoxo dos direitos humanos: apesar da proteção que anunciavam ao homem em abstrato, eram incapazes, por si só, de representar alguma salvaguarda àquela multidão de seres humanos reais e concretos, completamente desamparados e sujeitos à arbitrariedade dos poderes vigentes. Em um de seus textos mais pungentes, "Nós, refugiados", publicado durante a guerra, em 1943, Arendt reflete sobre a própria condição de refugiada e diz que a história contemporânea havia criado um novo tipo de seres humanos: "o tipo que é colocado em campos de concentração por seus inimigos e em campos de internamento por seus amigos".[103]

A experiência das pessoas confinadas em campos de concentração e internação constitui a prova, para Arendt, de que a nudez abstrata de ser unicamente humano – como foi reduzida a condição dos apátridas e refugiados por ela analisada – é incapaz de ser fundamento para qualquer direito ou política. A natureza humana não pode substituir o caráter artificial de todo ordenamento legal criado e mantido pelos pactos e pelas alianças celebrados entre os homens. Trazendo à tona novamente as palavras do preâmbulo da Declaração de Independência, "Consi-

---

[102] É verdade também que a perseguição aos estrangeiros durante o período da Convenção na Revolução Francesa se deu em razão da frágil situação da república diante das várias guerras externas que travava, o que fez aumentar a desconfiança com relação à atuação de espiões estrangeiros infiltrados na França. Neste sentido, conferir LEUWERS, 2016, p. 306-307.

[103] ARENDT. *Escritos judaicos*, 2016, p. 479.

deramos estas verdades autoevidentes....", apesar de a expressão "verdades autoevidentes" remeter à ideia de algo transcendente, acima de qualquer discussão ou argumentação, o fato de a frase empregar o verbo "Consideramos" indica que, de fato, essas "verdades" não eram, na realidade, evidências ou um absoluto transcendental, porém, uma conquista histórica e política que pressupunha o pacto entre seres humanos que se organizavam em uma comunidade política.

Conforme sublinha Starling, a força do preâmbulo da Declaração estava no fato de que ele procurava responder à urgência dos rebeldes de "encontrar um fundamento de legitimidade capaz de sustentar a ideia de que os colonos norte-americanos podiam considerar-se membros de uma comunidade de iguais, criar seus próprios governos e governar a si mesmos".[104] Lafer, por sua vez, observa que a recusa do jusnaturalismo por parte de Arendt está calcada na convicção de que a ordem igualitária entre os homens só pode ser proporcionada pela *pólis*, por meio da lei, ou seja, do *nomos* – na sua ampla acepção de norma, costume e opinião – que ela opõe à natureza, à *physis*. Portanto, a igualdade em Arendt não é algo dado pela natureza – o pressuposto básico da Declaração de Direitos francesa –, mas um construto convencional, como se deduz das palavras do preâmbulo da Declaração da Independência.[105]

A vertente liberal clássica norte-americana, fundada na convicção de que os direitos humanos se atualizam à medida que a própria sociedade se desenvolve e de que o Estado deve restringir sua atuação ao mínimo essencial, mostrou-se muito limitada para resolver o problema social e político da desigualdade. Já a tradição jacobina da vertente francesa resultou em um poder onipotente e ativo, o Estado centralizador denunciado por Tocqueville, e propiciou o advento do conceito de soberania derivada da vontade geral popular, refutado duramente por Arendt. Essa vontade homogênea e unitária do corpo político, idealizada pelos

---

[104] STARLING, 2013, p. 163.
[105] Cf. LAFER, 2001, p. 123-124.

revolucionários franceses nos moldes da vontade geral rousseauísta, é a base da crítica arendtiana à opinião pública, que encontra muitas correspondências com a ideia de "tirania da maioria" em Tocqueville e que será discutida no próximo capítulo.

Mas antes de terminar este capítulo, serão feitas a seguir algumas considerações críticas a respeito da noção de revolução em ambos os autores.

3. TOCQUEVILLE E ARENDT: REVOLUÇÃO, PODER E LIBERDADE

Para Arendt, as revoluções modernas representam a experiência de um novo início – uma ruptura que implica a fundação de um novo corpo político, sustentado em instituições livres –, enquanto a análise de Tocqueville reforça, principalmente, a inserção dos levantes revolucionários em uma continuidade histórica. Mas as diferenças de interpretação de ambos sobre o tema são menos acentuadas do que se poderia supor à primeira vista, e as suas reflexões acabam convergindo em vários aspectos.

No seu estudo sobre a democracia norte-americana e no artigo de 1836 a respeito da Revolução Francesa, Tocqueville enxerga as revoluções modernas mais como um epifenômeno da marcha processual da grande "revolução democrática" – o movimento de aprofundamento da igualdade de condições que já datava de séculos –, ao passo que é justamente a recusa de submergir os eventos revolucionários em um processo histórico necessário e inexorável, ressaltando o significado desses eventos por si mesmos, a marca da investigação arendtiana. Já em *O Antigo Regime e a Revolução*, Tocqueville volta a insistir que a Revolução Francesa, apesar do afã em negar o passado e representar uma tábula rasa, de onde se iniciaria um novo tempo, constituiu na realidade a sequência da ação, ainda mais aprofundada, de centralização estatal iniciada pelo Antigo Regime.

No entanto, a consciência da ruptura e, por consequência, da novidade trazida pelas revoluções modernas – um aspecto tão caro à filosofia arendtiana – também está muito presente em

Tocqueville. No que tange à experiência norte-americana, é certo que Tocqueville refuta o caráter revolucionário – como uma alteração brusca do ordenamento sociopolítico – do movimento de independência dos Estados Unidos, quando comparado com o que ocorreu na França, que precisou derrubar um estado social aristocrático. Porém, a interpretação de Tocqueville caminha por essa via quando a experiência revolucionária norte-americana é limitada à guerra contra a Inglaterra – e, nesse aspecto, a afinidade das ideias de Arendt com as dele é evidente. A guerra pela independência norte-americana não representou para ambos os autores uma mudança radical, tendo em vista que o estado social democrático dos EUA não é consequência desse evento em particular, mas nasceu com a própria colonização.

Não escapou a Tocqueville, entretanto, o profundo significado histórico desse segundo momento da Revolução Americana demarcado por Arendt e que ela exalta com tanto vigor – o momento da deliberação em torno da Constituição Federal e da sua promulgação, que Tocqueville, embora não se detenha mais longamente sobre esse ponto, julga ainda fazer parte dos eventos relacionados à Revolução Americana. Se não emprega o adjetivo "revolucionário" para qualificar esse acontecimento, é certamente porque, para o autor, esse termo está impregnado das conotações de mudança radical do ordenamento social, e a violência que essa mudança acarreta, tal como ocorrido na França. Contudo, se pensada no sentido arendtiano, a palavra "revolução" não soaria estranha ao léxico tocquevilliano para tratar desse tema em particular.

Mais de um século antes de Arendt, Tocqueville percebeu e destacou a absoluta novidade representada pelo pacto celebrado em torno da Constituição Federal dos EUA, um feito inusitado na história, simbolizando a marca de um novo tempo. Com a Constituição norte-americana, o texto constitucional alcançava um novo status – o de uma lei suprema originária do povo, que, por meio desse instrumento legal, autorizava o estabelecimento de um governo com poderes limitados. Ao mesmo tempo em que a Constituição configurava-se como uma salvaguarda para a proteção dos direitos dos cidadãos, ela também servia como obstáculo a possíveis abusos em nome da soberania popular, como ocorrera durante a república revolucionária na França.

Percepção semelhante norteia as reflexões de Arendt sobre a Constituição norte-americana. Bignotto assinala que a análise arendtiana sobre a questão se limitaria a um constitucionalismo conservador, ficando próxima a um certo consenso entre o constitucionalismo liberal e o positivismo jurídico, se se satisfizesse com a tarefa de indicar a importância do texto constitucional na construção das sociedades democráticas. No entanto, Arendt foi além, ao enfatizar o papel determinante da Constituição no plano simbólico e imaginário da fundação de um novo corpo político.

Assim, ao destacar a grande relevância histórica do pacto em torno da Constituição Federal dos EUA, ela notou que a "grande virada da modernidade" ocorreu a partir do instante em que "os homens perceberam que só uma obra humana, produto de ações livres e por vezes contingentes, seria capaz de dar forma ao sonho de viver em liberdade no interior de formas políticas que eram o produto de um artifício"[106] – os norte-americanos fizeram de sua Constituição o marco inicial e o sustentáculo da república. Por esse pacto em torno da Constituição, e a garantia de estabilidade por ele representado, conseguiram escapar à espiral revolucionária, à revolução permanente de Robespierre que resultou nos descaminhos do movimento revolucionário francês.

É claro que a estabilidade política garantida pela Constituição norte-americana era assegurada também pela estabilidade social assentada na igualdade de condições, como bem apontou Tocqueville no capítulo "Por que as grandes revoluções serão raras", no segundo volume da *Democracia na América*. É nesse sentido que se deve compreender a tendência antirrevolucionária da democracia norte-americana – e das democracias em geral – vislumbrada por ele. Tendência que, se é "conservadora" – porque se esforça em conservar um estado social, baseado na igualdade,

---

[106] BIGNOTTO, 2011, p. 54.

e um estado político, baseado na liberdade –, não é reacionária, pois representa um obstáculo às tentativas de retorno a um estado social e político marcado pela desigualdade.

Arendt, por seu turno, seguramente não empregaria o vocábulo "antirrevolucionário" – embora o próprio Tocqueville também não o utilize – para caracterizar o sistema democrático nascido a partir das revoluções, uma vez estas terminadas. Mas, sem dúvida, o seu pensamento converge com Tocqueville ao enfatizar o caráter conservador (na significação anteriormente expressa) desse novo corpo político, na sua tarefa de permanecer estável e preservar as suas instituições, como porto seguro para as próximas gerações.[107]

Segundo François Furet e Françoise Mélonio, na visão de Tocqueville, o que os americanos chamam de sua revolução foi, na realidade, o desdobramento da escolha original desse povo: o rompimento dos laços com a realeza inglesa estava inscrito na experiência anterior, nascida com a colonização, de liberdade e igualdade social, experimentada nas comunas. "A fundação contratual dos Estados Unidos foi o nascimento de uma nação nova saída da vontade de seus cidadãos associados. Estes não tiveram de maldizer o seu passado, exorcizar sua história, entrar na ficção revolucionária da tábula rasa [diversamente do que ocorreu na Revolução Francesa]. Foi suficiente consultar sua tradição e mesmo suas lembranças", sublinham.[108]

---

[107] Não se deve, contudo, omitir a ênfase conferida por Arendt, no último capítulo de *Sobre a revolução*, ao ideal de Jefferson, um dos líderes da Revolução Americana, de incluir entre os direitos inalienáveis do homem os de rebelião e revolução, entusiasmando-se com a possibilidade de que a sua própria pátria pudesse, a cada 20 anos, experimentar uma nova rebelião, porque "a árvore da liberdade precisa ser regada, de tempos em tempos, com o sangue dos patriotas e tiranos" (apud ARENDT. *On revolution*, 1990, p. 233). Arendt usa esse exemplo para ilustrar o dilema em torno das revoluções: a experiência de liberdade que elas proporcionam, no sentido de dar início a algo novo, passaria então a ser uma ameaça ao resultado da ação revolucionária, um novo corpo político sólido e permanente? Este tópico será retomado no capítulo 4.

[108] FURET; MÉLONIO, 2004, p. XXV.

CAPÍTULO 1 – REVOLUÇÃO, RUPTURA E LIBERDADE

Ora, é justamente esse "desdobramento da escolha original" feita pela Revolução Americana que Arendt enfatiza ao referir-se, em *Sobre a revolução*, ao Pacto de Mayflower – o documento redigido ainda a bordo do navio Mayflower pelo grupo de Peregrinos ingleses que se aventurara pelas águas do Atlântico em direção às terras do Novo Mundo, o qual foi assinado assim que desembarcaram, no dia 11 de novembro de 1620, em Plymouth, estabelecendo entre si um pacto político fundado na liberdade e na igualdade. E também aos demais pactos políticos firmados pelos colonizadores antes do levante contra a Inglaterra. Arendt reitera que, nas colônias norte-americanas antes da revolução, a ação levou à formação do poder, e a existência desse poder foi preservada pelos meios recém-descobertos da promessa e do pacto. "A força desse poder, gerado pela ação e mantido pelas promessas, veio a se demonstrar quando [...] as colônias, nomeadamente, as comunas e as províncias, os condados e as cidades, não obstante suas inúmeras diferenças entre si, venceram a guerra contra a Inglaterra."[109]

Ainda sobre a experiência da Revolução Americana e da fundação da república norte-americana, na perspectiva arendtiana e tocquevilliana, cabe fazer uma última observação: quando Arendt e Tocqueville exaltam com tanto entusiasmo o período da discussão e da promulgação da Constituição Federal dos EUA – Tocqueville alude às "longas e maduras deliberações" para delinear o clima de tranquilidade em que transcorreu esse processo, o que não foi exatamente o caso[110] –, em contraposição à fúria revolucionária que varreu a França, ambos não estariam subestimando a violência ocorrida em solo norte-americano pré e pós-revolução?

A favor de Tocqueville, saliente-se novamente que ele não deixou de enfrentar a questão, desnudando a brutal violência escondida sob a enganosa placidez da paisagem democrática norte-americana. As suas considerações sobre o genocídio das tribos indígenas no país – cujos métodos de extermínio, apoiados em

---

[109] ARENDT. *On revolution*, 1990, p. 176.
[110] Ver nota 19.

uma fachada de legalidade, foram muito mais "eficientes" do que as monstruosidades levadas a cabo pelos espanhóis – e sobre a terrível condição dos negros escravos renderam páginas de um impressionante diagnóstico sobre a situação desses povos, que até hoje surpreendem pelo que conservam de atual.

Arendt também não deixa de reconhecer, em *Sobre a revolução*, "o crime primordial" sobre o qual se fundou a sociedade norte-americana, ou seja, a escravidão, embora não se aprofunde sobre o tema e sequer mencione o extermínio indígena. A respeito da situação dos negros escravos, Seyla Benhabib faz uma crítica pertinente a Arendt: ao não dar a devida relevância ao problema da escravidão em solo norte-americano, ela acabou perdendo de vista que a Revolução Americana também teve, como a Francesa, a sua cota de violência e terror, mas durante a Guerra Civil, de 1861 a 1865. "Dessa perspectiva, o contraste entre a civilidade da Revolução Americana e a carnificina e a violência da Francesa parece discutível, porque podemos argumentar que a violência da Revolução Americana eclodiu um século depois, na Guerra Civil."[111]

Aos negros e índios excluídos dos princípios revolucionários norte-americanos de liberdade e igualdade somam-se outros povos do continente americano, como bem aponta Cancelli, ao lembrar que a Doutrina Monroe surgida em 1823, 47 anos depois da Declaração da Independência dos EUA, promovia o "destino manifesto" dos EUA para a expansão de suas fronteiras. Sob o signo desse "destino manifesto", o país se apropriou, com todo o peso

---

[111] BENHABIB, 1996, p. 160. Tocqueville, por seu turno, escreveu quase três décadas antes da eclosão da Guerra Civil americana palavras proféticas sobre a sua possibilidade iminente: "Quaisquer que sejam, de resto, os esforços dos americanos do Sul para conservar a escravidão, eles nem sempre o conseguirão. A escravidão, confinada num único ponto do globo, atacada pelo cristianismo como injusta, pela economia política como funesta; a escravidão, no meio da liberdade democrática e das luzes de nossa era, não é uma instituição que possa durar. Ela cessará por obra do escravo ou por obra do senhor. Nos dois casos, podem-se esperar grandes infortúnios" (DAI, in *Oeuvre II*, 1992, p. 421).

da violência de suas Forças Armadas oficiais e mercenárias, de terras que pertenciam ao México.[112]

***

Na tradição histórica, a Revolução Francesa se projeta como uma ruptura brusca e profunda na trajetória da França: o Antigo Regime, o reino da monarquia absoluta e da nobreza, foi substituído por um novo tempo, o da liberdade burguesa. Tocqueville desconstrói essa narrativa da revolução sobre si mesma. Inicialmente, nos dois volumes de *A democracia na América* e no artigo de 1836, ele vislumbra a revolução mais como um acidente no percurso inexorável do curso da igualdade de condições, enquanto em *O Antigo Regime e a Revolução*, a sua análise ganha mais complexidade: a Revolução Francesa terminou, com o Consulado, por concluir a tarefa iniciada no Antigo Regime, fortalecendo o centralismo estatal e o processo de atomização do corpo político.

No entanto, se Tocqueville também enxerga a Revolução Francesa como uma ruptura, é porque ele situa essa fratura em outro lugar: enquanto a democracia norte-americana transformou a noção herdada dos Antigos da democracia, instaurando a democracia moderna, a Revolução Francesa transfigurou o sentido da revolução, com a sua pretensão de universalidade, alimentada pelo ideal de alcançar toda a humanidade. A democracia moderna tem o seu nascimento nos EUA, mas é a França que, com a sua revolução, inventa e dissemina um imaginário democrático-revolucionário, fundado, sobretudo, em uma promessa indefinida de igualdade, como bem notou Arendt.

Retomando o tema do papel do texto constitucional nas democracias, as análises de Tocqueville e Arendt demonstram que a perda de rumo da Revolução Francesa ocorreu a partir do momento em que os seus líderes e o resto da nação não conseguiram estabelecer um pacto em torno de uma constituição que

---

[112] CANCELLI, 2004, p. 224.

colocasse fim ao movimento revolucionário e legitimasse as instituições políticas do país, assentadas na liberdade e na igualdade. No entanto, apesar de concordar em vários aspectos, Tocqueville e Arendt mantêm algumas diferenças na forma como avaliam os eventos da Revolução Francesa.

No que se refere à interpretação arendtiana, é importante destacar, conforme bem apontou Bignotto, que, ao privilegiar o período jacobino na análise sobre a Revolução Francesa, Arendt acabou por não dar a devida relevância ao fato de que o esforço, embora malogrado, de pôr um ponto final na revolução, por meio de uma constituição que assegurasse os marcos da liberdade, também caracterizou a ação de grandes personagens do movimento revolucionário francês. Entre eles, Mirabeau, ainda na primeira fase da revolução, e, já na república revolucionária, Condorcet, Thomas Paine e outros membros da ala girondina, mais moderada.

Por outro lado, deve-se levar em conta, como aponta o historiador Albert Soboul, que a Gironda estava atrelada à grande burguesia das finanças, e os seus integrantes experimentavam diante do povo "um recuo instintivo", procurando reservar o monopólio governamental à sua classe. Entretanto, a atuação de um girondino como Condorcet, por exemplo, demonstrava uma forte influência do federalismo norte-americano, propugnando pelo fortalecimento das instituições do Direito e pelo incremento da participação popular nas deliberações sobre os assuntos públicos.[113]

A primeira fase da revolução, quando foi instaurada a Assembleia Constituinte, é justamente a que Tocqueville enaltece, ao destacar que, nesse momento de eclosão de um espírito público nacional, o conjunto da sociedade francesa se formou como corpo político e passou a reivindicar a sua participação no poder, proclamando o fim da tirania absolutista. Para Tocqueville, não foi a igualdade de direitos, mas o desejo de liberdade política que

---

[113] SOBOUL, 2014, p. 62; ver também BIGNOTTO, 2013.

se impôs nesse primeiro momento da Revolução Francesa. Um desejo que inicialmente atingiu a elite do país, para depois contagiar o povo.

Da parte de Arendt, a falta de entusiasmo por essa primeira fase da Revolução Francesa talvez se justifique exatamente porque, na sua interpretação, o povo ficou ausente dessa mobilização por liberdade política. O resultado dos longos e exaustivos debates da Assembleia Nacional Constituinte francesa – a Constituição proclamada em 1791 – não foi amplamente discutido e depois ratificado pela nação como um todo nem teve a sua autoridade derivada dos corpos políticos locais, diferentemente do que ocorreu nos Estados Unidos. O destino da primeira Constituição da França anunciou o futuro das outras que se seguiram ao longo da revolução: um documento sem legitimidade nem autoridade, porque lhe faltava o suporte de um verdadeiro *pouvoir constituant* e, por conta disso, logo caía em descrédito.

Suponha-se, por outro lado, que, mesmo carecendo de uma base popular que a legitimasse, a Assembleia Constituinte de 1789 tivesse logrado êxito e, com a promulgação da Constituição em 1791, colocasse fim ao movimento revolucionário. Na definição arendtiana, se a Revolução Francesa fosse limitada a esses primeiros acontecimentos – o que se conformaria ao realismo político de Tocqueville –, ela nem mesmo poderia ser classificada como uma "verdadeira" revolução. A maioria dos deputados representantes da burguesia da Assembleia Nacional ter-se-ia contentado em estabelecer uma monarquia constitucionalista, o que, na visão de Arendt, satisfazeria apenas o esforço nacional de libertação da opressão da tirania absolutista, com a garantia dos direitos individuais, mas não representaria uma mobilização para alcançar o verdadeiro objetivo da revolução: a instauração da liberdade.

Tal objetivo só se concretiza com a constituição de uma república, a única forma de regime que pode proporcionar a liberdade política para a população, compreendida por Arendt – e também por Tocqueville – como o direito de participar do governo. Por essa interpretação, a Revolução Francesa, mesmo fracassada nesse intento, só faria jus ao nome quando, a partir da prisão do rei em 1791, ocorreu a queda da monarquia e a instauração do regime republicano – a república foi efetivamente proclamada em 1792, aspirando a inaugurar um novo começo na história da França, a ponto de criar um novo calendário e estabelecer a contagem do tempo a partir desse marco inicial.[114]

Em Tocqueville, por sua vez, é notável a ausência de uma reflexão sobre os eventos da Revolução Francesa que se seguiram a esse primeiro momento que ele destaca – a reunião dos Estados Gerais, ainda em 1788, e a instauração da Assembleia Constituinte em 1789 – e especialmente sobre o período republicano do movimento revolucionário no país. Pode-se argumentar que a morte o impediu de escrever o segundo tomo de *O Antigo Regime e a Revolução*, no qual ele trataria desses temas, mas, segundo aponta François Furet, as suas notas para o que seria a continuação desse trabalho demonstram que a sua preocupação dirige-se já para um estudo do Consulado, dando prosseguimento à questão do centralismo estatal iniciado no Antigo Regime.

Não é o caso de especular aqui a respeito do que teria levado Tocqueville a seguir esse viés, ele que havia analisado com tanta acuidade o dinamismo da ideologia igualitária (a marca do período jacobino) na sua investigação sobre a democracia norte-americana. Porém, é importante acentuar que o autor, ao evitar

---

[114] Lança-se mão dessa hipótese histórica apenas para demarcar a diferença de interpretação entre Arendt e Tocqueville sobre a fase inicial da Revolução Francesa, já que Arendt só equaciona a revolução moderna com a busca pela liberdade porque os exemplos históricos concretos das Revoluções Americana e Francesa lhes serviram de paradigma. É importante ter isso em mente para não acusar a autora de resvalar em um viés metafísico e normativo, a exemplo de uma das mais ácidas críticas que lhe foram feitas, proveniente do historiador Eric J. Hobsbawn (2015). É certo que a noção de "revolução" em Arendt é polêmica, principalmente na abordagem da questão social, mas Hobsbawn por certo exagera nos ataques à autora. Arendt não constrói um modelo ideal de "revolução", descolado da realidade, para aplicar a situações reais. Pelo contrário, como é característico do seu pensamento, é a experiência histórica concreta que norteia as suas reflexões. Sobre o consenso em torno da monarquia constitucionalista na primeira fase da Revolução Francesa, ver VOVELLES, 2012, p. 32.

CAPÍTULO 1 – REVOLUÇÃO, RUPTURA E LIBERDADE

tratar justamente dos momentos mais turbulentos do levante revolucionário, acabou por não dispensar muita atenção à grande mobilização popular que caracterizou a Revolução Francesa. Desconfiança das massas populares por parte de um aristocrata?[115] O certo é que ele e também Arendt – na ênfase que a autora confere à "questão social", creditando-lhe a responsabilidade pelos descaminhos da Revolução Francesa – não deram a devida consideração à dimensão política do processo emancipatório das massas urbanas e rurais na revolução, embora Tocqueville ressalte o fato de que a distribuição de terras levada a cabo pelo governo revolucionário impediu a proletarização do campo na França (este tema será retomado no capítulo 3).

***

Para concluir este capítulo, resta discorrer sobre um último aspecto, também comum a Tocqueville e Arendt: ambos os autores se distanciam, na sua compreensão da revolução, das interpretações correntes do marxismo e do liberalismo. Na análise sobre Tocqueville no livro *Pensando a Revolução Francesa*, François Furet comenta que a "vulgata marxista" situa a ruptura revolucionária no nível econômico e social, quando nada se parece mais com a sociedade francesa sob Luís XVI do que a sociedade francesa de Luís Filipe, sob a Monarquia de Julho. "Nem o capitalismo nem a burguesia tiveram necessidade de revoluções para aparecer e dominar a história dos principais países europeus do século

---

[115] O próprio Tocqueville já admitira certa vez: "Eu tenho pelas instituições democráticas um gosto racional, mas sou aristocrata por instinto, o que quer dizer que eu desprezo e temo a multidão" (in *Oeuvres Complètes III*, 1985, p. 87). Em *O Antigo Regime e a Revolução*, ele também não deixa de se referir à participação popular na Revolução Francesa com um certo desdém, afirmando que o povo se juntou ao movimento revolucionário movido muito mais por cobiça do que por um ideal político (in *Oeuvre III*, 2004, p. 211). Sobre os possíveis motivos que teriam levado o autor a deixar de lado os acontecimentos posteriores à primeira fase da Revolução Francesa nas suas investigações, conferir FURET, 1989, p. 172-175 e AUDIERS, 2004, p. 144-147.

XIX."[116] Não que Tocqueville ignore as divisões sociais e os embates no plano econômico que marcaram a França pré-revolucionária, mas as suas reflexões em *O Antigo Regime e a Revolução*. privilegiam o aspecto político.

É o poder político que constitui a centralidade da sua reflexão. Interessa a Tocqueville investigar o estatuto do poder – a posição e a representação do poder político são constitutivas do espaço social. Para o autor, o estado social democrático que vai tomando forma na França, com todas as suas contradições, surge como consequência da ação do Estado absolutista. A revolução eclode quando esse estado social democrático entra em confronto com o modelo político que o permitiu nascer.

Em uma França administrada a partir do centro, a sociedade encontrava-se esfacelada. Conforme observa Aron, os franceses não tinham condições de discutir os assuntos de interesse público, porque lhes faltava a condição essencial para a formação do corpo político: a liberdade política. Assim, a concepção de Tocqueville das revoluções é essencialmente política porque ele as compreende como "a resistência das instituições políticas do passado ao movimento democrático moderno".[117]

Da mesma forma como se difere da vertente marxista por privilegiar o aspecto político, a análise tocquevilliana também se distancia da interpretação da historiografia liberal da Revolução

---

[116] FURET, 1989, p. 39. O curioso é que Marx escreve algo muito semelhante em *O 18 Brumário de Luís Bonaparte*: "A primeira Revolução Francesa, em sua tarefa de quebrar todos os poderes independentes – locais, territoriais, urbanos e provinciais – a fim de estabelecer a unificação civil da nação, tinha forçosamente que desenvolver o que a monarquia absoluta começara: a centralização, mas ao mesmo tempo o âmbito, os atributos e os agentes do poder governamental. Napoleão aperfeiçoara essa máquina estatal. A monarquia legitimista e a Monarquia de Julho nada mais fizeram do que acrescentar maior divisão do trabalho, que crescia na mesma proporção em que a divisão do trabalho dentro da sociedade burguesa criava novos grupos de interesse e, por conseguinte, novo material para a administração do Estado. [...] Todas as revoluções aperfeiçoaram essa máquina, ao invés de destroçá-la. Os partidos que disputavam o poder encaravam a posse dessa imensa estrutura do Estado como o principal espólio do vencedor" (MARX, 1978, p. 396).

[117] ARON, 2011, p. 350.

Francesa. Para os historiadores liberais sob a Restauração, a revolução é o palco da luta de classes, no qual a burguesia derrota a nobreza como classe dirigente e, nessa batalha, alia-se provisoriamente às classes populares, estas mais preocupadas com a igualdade do que com a liberdade. Todavia, na visão de Tocqueville, o caráter contraditório dos eventos revolucionários é de outra natureza.

O estado social democrático (democrático entendido aqui como "igualitário") penetra na França, sobretudo, pelo canal do absolutismo, que foi nivelando as classes sociais no mesmo patamar e concentrando todos os poderes nas mãos da monarquia e de sua burocracia. "A igualdade entra na história da França imposta do alto [...] à medida que a sociedade encontrava-se atomizada em grupos rivais sob o efeito de um espírito de casta alimentado [...] pela monarquia. Daí uma herança funesta, [...] igualitária e despótica."[118] Daí também a rejeição de Tocqueville ao espírito revolucionário francês que se fortalece a partir da ascensão dos jacobinos ao poder, o qual sufoca a liberdade democrática em nome da igualdade democrática, na sua tarefa de implementar um Estado centralizado que monopolize toda a ação política.

Já as reflexões de Arendt sobre o fenômeno da revolução moderna afastam-se das narrativas tradicionais da historiografia liberal e marxista sobre o tema porque também o que move o pensamento da autora nesse terreno é uma investigação, no final das contas, sobre o poder político – a sua geração, a sua legitimação e a sua preservação. "Para além dos debates historiográficos, *Sobre a revolução* revela-se, efetivamente, ser o lugar de uma reflexão aprofundada sobre a noção de *poder*, que nos leva ao coração do pensamento de Arendt", salienta Jean-Claude Poizat.[119] Poder, é claro, entendido da maneira como ela o recupera da tradição da *pólis* grega e da *civitas* romana: como produto da ação conjunta e espontânea de muitos, opondo-se à visão tradicional do poder como domínio, sustentado sobre os instrumentos da violência.

---

[118] FURET; MÉLONIO, 2004, p. LI.
[119] POIZAT, 2013, p. 146, grifo do autor.

O objetivo das revoluções modernas, na análise arendtiana, é justamente a constituição de um poder secular que emana do pacto resultante da ação política e seja legitimado por ele, institucionalizando-se com a criação de um novo corpo político. A exemplo do que ela escreve em *Sobre a revolução*, o poder só é gerado quando os homens se unem com a finalidade de agir – dessa forma, prometer e obrigar, unir e pactuar são os meios de manter a existência do poder. Em outro trecho do livro, ela define o que seria a "gramática" da ação e a "sintaxe" do poder:

> A gramática da ação: a ação é a única faculdade humana que requer uma pluralidade de homens; a sintaxe do poder: o poder é o único atributo humano que se aplica unicamente ao espaço-entre mundano onde os homens mutuamente relacionam-se entre si, unindo-se no ato de fundação em virtude de fazer e manter promessas, o que, no domínio da política, é provavelmente a mais elevada faculdade humana.[120]

Como bem nota Bignotto, nesse esforço, Arendt levou para o centro de sua obra a consciência da importância dos momentos iniciais de fundação de novos regimes. "Ela abriu assim a via para pensarmos os regimes livres e seus valores, à distância dos que negam a importância da política diante da análise econômica dos fenômenos sociais e dos que veem nela apenas o fruto de decisões e escolhas comandadas pela razão."[121]

Na análise que ambos desenvolvem sobre o poder, no âmbito da sua investigação sobre o fenômeno revolucionário, importa a Tocqueville e Arendt realçar o primado da liberdade. Se, para Arendt, as revoluções autênticas são aquelas cujo objetivo é instaurar a liberdade, para Tocqueville, interessa exatamente entender por que, "entre todas as ideias e todos os sentimentos que prepararam a Revolução, a ideia e o gosto da liberdade pública

---

[120] ARENDT. *On revolution*, 1990, p. 175.
[121] BIGNOTTO, 2011, p. 57.

propriamente dita tenham sido os últimos a se apresentar, como foram os primeiros a desaparecer".[122]

Como visto, a resposta para essa questão nos dois autores é coincidente: faltava aos franceses uma tradição de liberdade política que os norte-americanos gozavam desde a experiência colonial e que só foi reforçada pela Revolução Americana. Justamente por lhes faltarem essa tradição, como o mostra Arendt, os líderes revolucionários não puderam escapar à tentação de eleger um novo absoluto para colocar no lugar do rei, no caso o povo, como a fonte e a origem do poder. Mas esse mesmo povo, que não estava organizado politicamente, se viu reduzido à ideia abstrata de "nação", sobre a qual pairava a imensa máquina do Estado. A consequência foi o "despotismo democrático", que Tocqueville denuncia.

As revoluções setecentistas levaram para o centro do palco político o povo, a cuja voz convencionou-se chamar de "opinião pública". No entanto, a noção de opinião pública, que se eleva como a fonte legitimadora dos regimes democráticos, não deixa de apresentar algumas ambiguidades. Ela é sempre o vetor da consciência crítica e veículo de autoaperfeiçoamento democrático ou pode ser sinônimo da vontade unificada e opressora da maioria, que acaba por sufocar a liberdade dos indivíduos, considerados isoladamente, e das minorias? Essa questão perpassa as reflexões de Tocqueville e Arendt, ambos tendo em mira as sociedades norte-americana e francesa que emergiram das revoluções modernas, e que serão objeto de discussão no próximo capítulo.

---

[122] TOCQUEVILLE. L'Ancien Régime et la Révolution, in *Oeuvre III*, 2004, p. 186.

CAPÍTULO 2
OPINIÃO, MASSIFICAÇÃO E PLURALIDADE

INTRODUÇÃO – AS REVOLUÇÕES E A EMERGÊNCIA DA OPINIÃO PÚBLICA

As Revoluções Americana e Francesa permitiram a emergência, tanto nos Estados Unidos quanto na França, de um regime de governo republicano-democrático, que fincaria raízes em solo norte-americano desde a proclamação da independência, em julho de 1776. Em território francês – após as experiências breves e fracassadas da Primeira República, proclamada em 1792, durante a revolução, e da Segunda República, fruto do levante de 1848 –, o regime republicano-democrático só se tornaria a forma definitiva de organização política, apesar das muitas turbulências que ainda iria enfrentar pela frente, a partir da Terceira República, instalada em 1870, em meio à Guerra Franco-Prussiana. A despeito das diferenças entre as formas institucionais que a democracia representativa moderna assumiria nos Estados Unidos e na França – e em outros países que depois trilhariam o mesmo caminho –, esse novo tipo de governo surgido no âmbito das revoluções setecentistas vinculava-se estreitamente à noção de soberania popular. Esta, por sua vez, tampouco poderia ser dissociada do que se configurava como a sua emanação: a opinião pública.

A ascensão da opinião pública como protagonista no palco político proporcionou, por seu turno, o surgimento de dois fenômenos que, desde o início, criaram uma tensão no seio das sociedades democráticas. De um lado, ela significa a participação da cidadania no debate, na direção e no controle da vida pública, os quais constituem critérios importantes para caracterizar um sistema democrático. No entanto, se não se pode falar em democracia sem levar em conta o papel preponderante da opinião pública em uma sociedade democrática, tal não significa dizer que a própria opinião pública seja sempre democrática.

Dominada pela uniformidade de uma mentalidade que se imponha como majoritária, a opinião pública também pode ser reduzida à tirania da maioria, restringindo os limites da esfera pública e criando obstáculos ao dissenso e ao debate. Em outras palavras, impedindo a pluralidade de opiniões, sem a qual é impossível estabelecer uma convivência realmente democrática entre os cidadãos. Essa preocupação com uma opinião pública que acabe por sufocar o livre debate e a troca de opiniões no espaço público, tornando-se um instrumento de uniformização do pensamento, é comum a Tocqueville e Arendt.

É necessário, contudo, fazer algumas breves considerações sobre como a noção de opinião pública foi tratada entre os revolucionários norte-americanos e franceses. Em *Sobre a revolução*, Arendt faz referência às objeções dos Pais Fundadores da república norte-americana ao governo democrático, não tanto pelo caráter igualitário normalmente associado a ele, mas porque identificavam a democracia à instabilidade de um regime cuja tendência era se curvar às oscilações da opinião pública e aos sentimentos da massa. Deve-se levar em conta que as advertências de Madison, em *O federalista* (nº 10), à "imprudência" da democracia aparecem em um contexto em que defende a forma representativa do governo no lugar de uma democracia direta – um ponto de vista ao qual a própria Arendt faz muitas reservas.

No entanto, o que merece ser destacado é que, desde o início de sua república, os líderes da Revolução Americana preocuparam-se em criar instituições e mecanismos que resultaram em um modelo inovador de divisão da soberania, "com a suprema soberania política residindo no povo e a soberania legal dividida entre os estados e o governo nacional".[123] É importante ressaltar que essa configuração política norte-americana, baseada na representação, acabou tendo por consequência a redução da participação popular nos assuntos públicos.

Com essas medidas, eles tentaram barrar uma possível onipotência da soberania popular, e de sua correlata, a opinião pública – traço característico das democracias, como indicara Madison –, evitando, assim, os males decorrentes dessa onipotência, conforme alerta Tocqueville. Na sua discussão em torno da tirania da maioria, o autor tinha em mira não mais os EUA dos Pais Fundadores, mas o da década de 1830, sob a presidência do general Andrew Jackson, um político "demagogo" na visão de liberais como o próprio autor da *Democracia na América*.

Já na França, o padrão de um poder único e soberano, antes associado à Coroa, permaneceu com a Revolução Francesa, porém, agora personificado pela nação, da qual a opinião pública emerge como a sua mais legítima porta-voz. A nação se encarna soberanamente na opinião pública. Nos discursos de vários parlamentares da Assembleia Nacional, como Volney, Pétion, Target, Thouret e Malouet, sem contar Robespierre, ela é identificada à vontade geral do povo soberano.

O historiador Phillipe Münch cita um discurso do deputado girondino Brissot em 1792, durante o acalorado debate sobre a destituição do rei Luís XVI, que expressa bem essa imbricação entre opinião pública e soberania absoluta da nação:

> Quem sois vós, Senhores? Os representantes de um grande povo. Onde está vossa força? No povo. Quando vós sustentais essa força? Quando vós proclamais decretos sábios e justos. Como vós podeis estar certos acerca desses decretos? Quando vós consultais a opinião pública, quando vós se limitais, por assim dizer, a enunciá-la.[124]

---

[123] CAREY; MCCLELLAN, 2001, p. XXXIX. Ver ainda HAMILTON; JAY; MADISON, 2001, p. 42-49.
[124] Apud MUNCH, 2011, p. 3.

É exatamente essa identificação da opinião pública com a vontade geral do povo soberano – e a ideia decorrente dessa noção, segundo a qual a vontade do povo é sempre una e indivisível – que norteia as críticas de Hannah Arendt sobre a opinião pública e a soberania popular, as quais ela vê como uma ameaça à pluralidade no espaço público.

Além das críticas de Tocqueville e Arendt à tirania da opinião pública, outro aspecto análogo, inerente às sociedades democráticas modernas que emergem com as revoluções setecentistas, é explorado neste capítulo: a apatia e o conformismo das massas, que também representam um obstáculo à expressão da pluralidade humana.

Em Tocqueville, essa preocupação surge a partir das suas reflexões sobre o individualismo moderno e a possibilidade de ascensão do que ele denomina uma outra forma de despotismo democrático, ao lado da tirania da maioria: o Estado tutelar. Em Arendt, essa questão é discutida no âmbito de suas considerações sobre a prevalência da mentalidade do *animal laborans* na sociedade moderna de massas – os seres humanos tendo as potencialidades reduzidas ao trabalho pela sobrevivência e ao consumo – e do isolamento e da solidão que caracterizam homens e mulheres nessa condição, tornando-os suscetíveis ao apelo das ideologias totalitárias.

Para melhor situar as questões anunciadas nesta introdução e que serão discutidas ao longo do capítulo, julgou-se ainda essencial destacar os conceitos de democracia na obra de Tocqueville e de *doxa* no pensamento de Arendt, os quais serão examinados na primeira seção das duas partes a seguir, respectivas a cada autor.

1. TOCQUEVILLE: DEMOCRACIA, OPINIÃO PÚBLICA E DESPOTISMO

1.1 AS VÁRIAS FACETAS DA DEMOCRACIA

No prefácio de *O Antigo Regime e a Revolução*, Tocqueville enfatiza que, "em meio às trevas do futuro" – não mais ilumina-

CAPÍTULO 2 – OPINIÃO, MASSIFICAÇÃO E PLURALIDADE

das pelo passado, o que expunha a urgência de uma nova ciência política, como já havia alertado antes –, era possível, no entanto, naquele momento presente de meados do século XIX, "divisar três verdades muito claras": a) a humanidade era arrastada por uma força irresistível rumo à destruição da aristocracia, força esta que podia ser regulada ou retardada, mas não derrotada; b) as sociedades mais vulneráveis ao governo absoluto eram aquelas em que a aristocracia havia deixado de existir; e c) essas mesmas sociedades também seriam as mais sujeitas às piores consequências do despotismo.[125]

Um panorama, sem dúvida, sombrio e preocupante, ainda mais quando se constata que fora traçado por alguém que antes parecera tão entusiasta da democracia. Teria Tocqueville, em seu último livro, cedido à nostalgia do mundo aristocrático? Pelas ácidas críticas que desfere contra a sua própria classe social na obra, nada estava mais distante da realidade do que qualquer idealização de uma época que definitivamente havia ficado para trás. Se alguém, porventura, o questionasse por ser tão duro no diagnóstico sobre o porvir dos regimes democráticos, ele poderia oferecer uma resposta idêntica à que escreveu na "Advertência" do segundo volume de *A democracia na América*: "Responderei simplesmente que é por não ser absolutamente um adversário da democracia que quis ser sincero com ela".[126]

O futuro, indubitavelmente, era democrático. A pergunta a ser feita era: que faceta essa democracia deveria assumir?

Deve-se buscar compreender, primeiramente, o que Tocqueville entende por "democracia". Esse termo apresenta várias significações na obra do autor. Antes de descrevê-las, é importante fazer algumas considerações para situar a sua terminologia.

Em *The strange liberalism of Alexis de Tocqueville*, Roger Boesche assinala que Tocqueville escreveu antes que as principais categorias de nosso pensamento político fossem formadas. "[...] palavras tão integradas ao nosso vocabulário político – por

---

[125] TOCQUEVILLE. Ancien Régime et la Révolution, in *Oeuvre III*, 2004, p. 48-49.
[126] Idem. DA2, in *Oeuvre II*, 1992, p. 510.

exemplo, *burocracia, socialismo, individualismo, ideologia, cultura* ou *atomização* – estavam apenas começando a circular na época de Tocqueville, não raro com notáveis conotações diferentes", pondera. Livia Franco reitera que a linguagem política e filosófica de meados do século XIX passava por profundas mutações – "era uma linguagem de transição e é nesse sentido que ela deve ser lida". Por isso, se expressões que o autor emprega, como "despotismo democrático" e "liberdade feudal", podem parecer hoje uma contradição em termos, não se deve olvidar que o próprio Tocqueville estava em busca de um léxico que desse conta das profundas transformações sociais e políticas que testemunhava.[127]

Não é menos arriscado, também, procurar compreender o pensamento tocquevilliano à luz das obras do século XVIII. Já foi visto, no primeiro capítulo, que Tocqueville não economizava críticas aos *philosophes*. No entanto, além da influência do jansenismo de Pascal, herança da educação católica a cargo do abade Lesueur, Tocqueville foi profundamente marcado pela leitura de dois grandes pensadores políticos setecentistas: Montesquieu e Rousseau.

Do primeiro, Tocqueville extrai principalmente o modelo para construir o próprio método, lançando mão de várias das categorias que aparecem em *O espírito das leis* para descrever o funcionamento das sociedades democráticas, como as causas físicas, as leis, os costumes, a educação, a religião, o que pode ser observado nas suas anotações de viagem pelos Estados Unidos. "Examinei primeiro os homens, e achei que nesta infinita diversidade de leis e costumes eles não eram conduzidos somente por suas fantasias" – esta afirmação de Montesquieu no prefácio de *O espírito das leis*[128] traduz com precisão o esforço de Tocqueville no seu estudo sobre a democracia. Outra marca de Montesquieu que ressurge na

---

[127] BOESCHE, 1987, p. 18, grifos no original; FRANCO, 2012, p. 35. Boesche comenta que Tocqueville foi um dos primeiros autores a empregar a palavra "individualismo" e pode ter cunhado o termo "burocracia". O *Oxford English Dictionary* cita uma passagem do primeiro volume de *A democracia na América* como o primeiro exemplo do uso da palavra "individualismo" (BOESCHE, 1987, p. 187, nota 7).
[128] MONTESQUIEU, 2005, p. 5.

metodologia de Tocqueville é a recorrência às comparações – é por meio de pares comparativos, como democracia *versus* aristocracia, Revolução Americana *versus* Revolução Francesa, igualdade *versus* desigualdade, que ele vai construindo os seus argumentos.

Montesquieu enriqueceu a teoria clássica dos regimes políticos ao distinguir a natureza e o princípio de cada governo. Ainda fiel à tradição no que diz respeito à conceituação da natureza dos diferentes tipos de governo, ele inovou ao destacar o princípio que os faz agir. De acordo com a sua célebre definição, a natureza da república é caracterizada pelo fato de o poder soberano pertencer ao povo; a natureza da monarquia, por esse mesmo poder soberano concentrar-se nas mãos do príncipe, mas limitado pelas leis, e a natureza do despotismo, em função de o poder estar à disposição do tirano, que governa conforme a sua vontade e os seus caprichos. Os princípios correspondentes a cada um desses governos são, por seu turno, respectivamente, a virtude, a honra e o medo. Assim, Montesquieu estabelece uma relação entre um tipo de governo e uma sociedade que é definida com base nas paixões nela dominantes.

Discípulo de Montesquieu, Tocqueville também não se contenta em definir a democracia apenas como uma forma de governo – é a sua intenção compreender o que faz agir os homens de uma sociedade determinada, qual é o princípio dominante sobre o regime político e as suas leis. Em suma, conforme sintetiza Raymond Aron, ele recorre ao "estudo da sociedade para compreender as instituições da política".[129]

Entretanto, se toma o método de Montesquieu como modelo, Tocqueville não se satisfaz em adotá-lo pura e simplesmente. Antes, reformula e redefine o instrumental do autor de *O espírito das leis* para os seus próprios propósitos, adicionando, inclusive, novas categorias. Por exemplo, se a noção moral de virtude (concebida, acima de tudo, como virtude cívica, à maneira de Montesquieu) continua sendo fundamental na concepção do

---

[129] ARON, 2011, p. 324.

ideal de democracia – conquanto o sentimento dominante da democracia moderna, na visão de Tocqueville, não seja a virtude, mas o interesse, ainda que na forma do "interesse bem compreendido" –, por meio da análise sociológica da sociedade democrática ele chega ao princípio social predominante que a caracteriza: a igualdade de condições. E, por contraste, fiel ao método comparativo, apontará a desigualdade como a característica social primordial da sociedade aristocrática.

No que diz respeito à influência de Rousseau, além de outros aspectos que serão explorados no capítulo 3, é importante apontar a ascendência da teoria rousseauísta em duas vertentes da obra tocquevilliana. Primeiramente, assim como Montesquieu, o autor do *Contrato social* é uma referência fundamental na análise sociológica e política que Tocqueville faz da democracia, destacando a importância dos usos e costumes e – outro aspecto essencial e que será destacado mais à frente – da opinião para entender os mecanismos da sociedade democrática.

Em segundo lugar, pode-se dizer que a teoria política de Rousseau funciona como uma espécie de contraponto para o autor. Por um lado, Tocqueville percebe o potencial da igualdade para transformar as relações humanas (ao passo que o elemento transformador da sociedade, segundo Rousseau, é a desigualdade, conforme o *Discurso sobre a origem e os fundamentos da desigualdade entre os homens*). Por outro lado, apesar de não abdicar da ativa participação política dos cidadãos no seu ideal de governo democrático, Tocqueville inaugura a reflexão teórica sobre a democracia representativa moderna, não mais se limitando, como Rousseau, ao modelo clássico de democracia direta, ainda calcado no exemplo das repúblicas gregas e romanas. Esse pioneirismo, aliás, foi apontado por John Stuart Mill na resenha que escreveu, em 1840, sobre o segundo volume de *A democracia na América*, ao classificar a obra como a primeira análise filosófica da democracia representativa.[130]

---

[130] Cf. MILL, 1994, p. 145-146; LAMBERTI, 1983, p. 136.

CAPÍTULO 2 – OPINIÃO, MASSIFICAÇÃO E PLURALIDADE

Para além das influências de Montesquieu e Rousseau, Tocqueville, evidentemente, não era indiferente também ao debate político travado por seus contemporâneos, especialmente em torno do sentido da democracia. Na hesitante linguagem política das primeiras décadas do século XIX, o termo "democracia" poderia adquirir significados até conflitantes. De um lado, a democracia aparecia como sinônimo da igualdade civil e política e de soberania popular, ilustrada pelo exemplo dos Estados Unidos da América governados pelo general Andrew Jackson, o presidente norte-americano eleito em 1828, e encarado como demagogo em demasia pelos liberais franceses. De outro, a França da Restauração e da Monarquia de Julho também podia ser considerada, para alguns, como "democrática". No entanto, essa democracia à francesa era restringida à igualdade civil (ainda muitíssimo limitada), conferida pelo Código Civil, e à ascensão da burguesia, sobretudo no reinado de Luís Filipe.

Por essa razão, não é de se estranhar que um nome como Royer-Collard – ex-girondino que se tornou posteriormente uma das vozes mais influentes do liberalismo moderado no país, partidário da monarquia constitucionalista, e que por muitos anos foi uma referência seminal para o jovem Tocqueville – poderia falar que o "cálice da democracia" transbordava na França. A palavra "democracia" era usada, nesse sentido, para indicar o desenvolvimento econômico, social e político das classes médias (que na França compreendiam, na verdade, a burguesia).[131] Ainda devem-se mencionar aqueles que, na Monarquia de Julho, identificavam a democracia como sinônimo de anarquia.

Retomando o significado conceitual que a democracia adquire no pensamento de Tocqueville, é consenso entre os vários intérpretes da obra do autor que esse termo, apesar de central nos seus escritos, jamais recebeu por parte dele uma definição rigorosa e acabada. James T. Schleifer, em uma pesquisa sobre o processo de elaboração de *A democracia na América*, elenca onze sentidos

---

[131] Cf. JAUME, 2013, p. 16; CAPDEVILA, 2007, p. 40.

diferentes da palavra "democracia" ao longo dos dois volumes que compõem esse grande clássico.[132]

Essa multiplicidade de sentidos do conceito de democracia, sem dúvida, não deixa de ser marcada pela própria multiplicidade de significações relacionadas à ideia de democracia compartilhada à sua época. Contudo, essa polissemia de significados alcança na teoria do autor uma profundidade e uma riqueza que excedem em muito a concepção de democracia em outros pensadores contemporâneos seus (como o já citado Royer-Collard, Guizot, Constant e mesmo Mill). Dentro dessa perspectiva, o que pode parecer uma hesitação de Tocqueville, uma debilidade conceitual em sua obra, revela, na verdade, uma visão mais ampla e complexa do objeto em estudo: a democracia não é um sistema fechado e comporta, para o bem e para o mal, várias possibilidades.

Por isso, para empregar a feliz expressão de Mark Reinhardt, a democracia, na forma como é desvelada por Tocqueville, é tão "perturbadora".[133]

Não obstante, também é consenso entre vários dos intérpretes do pensamento do autor que é possível reagrupar os diversos sentidos do termo democracia ao longo de sua obra em dois significados predominantes: em primeiro lugar, um estado social caracterizado pela igualdade de condições – ou tendendo para ela – e, em segundo, um regime político regido pela soberania popular. É da primeira significação, principalmente, que Tocqueville retira um conjunto maior de consequências da transformação da sociedade aristocrática em uma sociedade democrática. Para tanto, é necessário centrar-se na dicotomia, exposta por ele, entre sociedade aristocrática e sociedade democrática.

---

[132] Lamberti resume as onze designações do termo "democracia" apontadas por Schleifer, da seguinte forma: 1) um fato; 2) uma tendência irresistível; 3) uma revolução social; 4) um estado social; 5) a soberania do povo; 6) a realização prática da ideia de soberania popular; 7) o povo; 8) a mobilidade; 9) as classes médias; 10) a igualdade de condições; 11) o sentimento de igualdade (cf. LAMBERTI, 1983, p. 28, nota 14; SCHLEIFER, 1984, cap. XIX).
[133] REINHARDT, 1997, p. 21.

CAPÍTULO 2 – OPINIÃO, MASSIFICAÇÃO E PLURALIDADE

***

O termo "aristocracia", assim como "democracia", também adquire vários significados em Tocqueville. No ensaio "État social et politique de la France", depois de classificar a aristocracia como o conjunto das classes superiores, o autor observa que, na França, ela apresenta uma significação mais restrita, porque também tem como elemento constitutivo, além da riqueza (concentrada na propriedade fundiária), o nascimento (embora, por privilegiar o nascimento, se assemelhe mais a uma casta).

Tocqueville também emprega a palavra "aristocracia" diversas vezes para designar as minorias que, numa sociedade democrática, gozam de privilégios. Nessa acepção, conforme levantamento feito por Capdevila, ele usa o vocábulo ora para se referir aos grandes proprietários escravagistas do Sul dos Estados Unidos e para aludir à superioridade intelectual e moral, ou aos ricos; ora para indicar os legistas (aqui entendidos como os membros do Judiciário); ora para denominar os industriais; ora para apontar os funcionários públicos, ou até as classes médias que detinham o poder na Monarquia de Julho, "uma pequena aristocracia corrompida e vulgar".[134]

Todavia, em uma conceituação mais ampla e geral, principalmente nos dois volumes da *Democracia na América*, a base distintiva da sociedade aristocrática, em relação à democrática, repousa na desigualdade. Tal não significa dizer que, na sociedade democrática, estejam ausentes situações de desigualdade. Entretanto, a desigualdade na aristocracia exibe duas características próprias: é fixa e é hierárquica. Há o mundo dos servos e o mundo dos senhores, e estes, apesar de se relacionarem, não são intercambiáveis. Descreve o autor:

> Nas aristocracias, o servidor ocupa uma posição subordinada, da qual não pode sair; perto dele, encontra-se um outro

---

[134] TOCQUEVILLE. État social et politique de la France avant et depuis 1789, in *Oeuvre III*, 2004, p. 7; CAPDEVILA, 2007, p. 30, nota 2.

homem, que detém um nível superior que não pode perder. De um lado, a obscuridade, a pobreza, a obediência perpétuas; de outro, a glória, a riqueza, o mando perpétuos.[135]

Senhores e servos encontravam-se vinculados a uma cadeia de mando e obediência percebida como uma ordem natural e irrevogável, que transcendia as suas vontades, e não como uma condição histórica passível de transformações. Separados por barreiras intransponíveis, mestres e serviçais tinham uma percepção tão diferente um do outro que é como se fossem integrantes de humanidades distintas.

> [...] cada casta tem suas opiniões, seus sentimentos, seus direitos, seus costumes, sua existência à parte. Assim, os homens que as compõem não se assemelham absolutamente a todos os outros; eles não têm a mesma maneira de pensar nem de sentir, e mal creem fazer parte da mesma humanidade.[136]

Tocqueville cita o exemplo de uma aristocrata francesa que viveu no século XVII, Madame de Sevigné, cuja correspondência com a filha, Françoise, publicada posteriormente, era bastante admirada pela alta qualidade literária. Em uma das cartas, a marquesa expressa aprovação à brutal repressão a uma revolta popular contra um novo imposto na Bretanha, que não poupou sequer mulheres e crianças. O autor alerta que é um erro acusar Madame de Sevigné de ser uma pessoa bárbara e egoísta por ter manifestado tão francamente uma opinião que, entre os contemporâneos dele, causaria sérios embaraços. A marquesa era conhecida por ser extremamente amorosa com os familiares e amigos e benevolente com os serviçais. Todavia, porque enxergava uma natureza diferente da sua naqueles que não integravam a classe

---

[135] TOCQUEVILLE. DA2, in *Oeuvre II*, 1992, p. 693.
[136] Ibidem, p. 677.

social a que pertencia, era incapaz de partilhar os sentimentos dessa gente considerada subalterna e inferior.

Contrapondo-se a esse episódio envolvendo Madame de Sevigné, outro exemplo do qual Tocqueville lança mão na primeira *Democracia*... – este não histórico, mas apenas ilustrativo, embora inspirado nas situações cotidianas que pôde testemunhar nos Estados Unidos da primeira metade do século XIX – é bem eloquente da mudança radical trazida pela democracia. Um cidadão opulento norte-americano, que desfruta no interior de sua casa dos luxos mais exclusivos, como um nobre na Europa, ao sair para trabalhar, encontra por acaso com o seu sapateiro no caminho. Ambos travam uma conversa animada sobre os assuntos públicos e, ao se despedirem, apertam-se a mãos, como duas pessoas absolutamente iguais. Embora o estado social democrático continue comportando desigualdades – entre ricos e pobres, entre patrões e empregados, entre pessoas com diferentes níveis de educação –, a percepção que cada um tem de si e de sua classe social muda.[137]

Não há lugares fixos na sociedade, nem uma cadeia hierárquica rígida que não possa ser quebrada. Se há relações de subserviência entre quem emprega e quem é empregado, entre quem é mestre e quem é servidor, elas são circunstanciais e se restringem aos limites do trabalho prestado. Fora dos limites do contrato estabelecido entre patrão e empregado, em que pode haver gradações de posições superiores e inferiores, os contratantes são ambos inteiramente livres e iguais como cidadãos.

Em ambas as sociedades, há obediência, o que se altera são as condições dessa obediência. Na sociedade aristocrática, as relações são ordenadas pela subserviência, dentro de uma organização política fundada no sentimento de honra e no dever de fidelidade ao senhor. Já na sociedade democrática, "obedecer é consequência da liberdade humana, pois as relações entre os

---

[137] TOCQUEVILLE. DA2, in *Oeuvre II*, 1992, p. 677; DA1, op. cit., p. 201.

homens fundam-se num 'direito absoluto' que cada um tem sobre si mesmo".[138]

Por essas características da sociedade democrática, a mobilidade torna-se um dos seus traços mais marcantes. Nela, todos os lugares parecem duvidosos porque inexistem condições sociais e econômicas cuja hereditariedade esteja garantida de antemão pelo ordenamento social. Isso implica a ideia de uma sociedade aberta, em que as ocupações, profissões, dignidades e honrarias a princípio estão acessíveis a todos, sem nenhuma exigência prévia de algum privilégio concedido pelo nascimento ou pela classe social da qual se faz parte, até porque essa situação, em particular, pode ser alterada a qualquer tempo. Foi o que a experiência norte-americana de Tocqueville lhe demonstrou – nos Estados Unidos, ele percebeu que a riqueza circulava com enorme rapidez e, por isso, dificilmente duas gerações da mesma família poderiam dela desfrutar.

Se a essência da democracia, portanto, é um estado social caracterizado pela igualdade de condições, depreende-se daí que o regime político mais apropriado a esse tipo de sociedade seja aquele regido pela soberania popular, no qual prevaleçam as decisões tomadas pela maioria da população, a segunda característica primordial de um governo democrático. Tocqueville, mostrando mais uma vez estreita afinidade com Montesquieu, é enfático neste ponto:

> O estado social é ordinariamente o produto de um fato, às vezes das leis, mais frequentemente dessas duas causas reunidas; porém, uma vez que existe, podemos considerá-lo como a causa primeira da maioria das leis, dos costumes e das ideias que regem a conduta das nações; o que ele não produz, ele modifica.[139]

---

[138] REIS, 2002, p. 25.
[139] TOCQUEVILLE. DA1, in *Oeuvre II*, 1992, p. 50.

CAPÍTULO 2 – OPINIÃO, MASSIFICAÇÃO E PLURALIDADE

Resumindo, a democracia, por um lado, é um estado social marcado pela mobilidade e pelo avanço da igualdade. Por outro, ela implica um determinado modelo político que se adequa a esse estado social – caracterizado pelo sufrágio universal, pela liberdade de associação e por outras liberdades civis, além de outras instituições políticas e sociais que deem expressão e oportunidade ao exercício da cidadania.

Contudo, o estado social democrático não traz necessariamente como consequência o estado político democrático.[140] O primeiro é o fato providencial, inevitável, ao qual mais cedo ou mais tarde chegarão todos os povos, supondo-se a ideia da revolução democrática como um processo histórico marcado pela inexorabilidade do vir-a-ser da igualdade de condições, que data pelo menos desde o século XI. O segundo aspecto da democracia – uma estrutura política democrática que corresponda ao processo de igualdade democrática – depende da ação coletiva dos cidadãos.

Na distinção que estabelece entre aristocracia e democracia, Tocqueville tinha plena consciência de que o seu método comparativo pressupunha um alto grau de idealização. Usando os termos de Max Weber, Lamberti observa que o autor constrói dois tipos sociais – ou ideais – puros, o homem das sociedades aristocráticas e o homem das sociedades democráticas, realçando os traços essenciais de cada um.

O próprio Tocqueville admite que foi obrigado a usar dois tipos extremos, que define como oriundos de uma aristocracia sem mistura de democracia e de uma democracia sem mistura de aristocracia. "Aconteceu de eu atribuir a um ou outro dos dois princípios efeitos mais completos do que aqueles que se produzem em geral, porque em geral eles não estão sozinhos", escreveu em um esboço para o prefácio da *Democracia...* de 1840 e que

---

[140] Para lembrar o que foi discutido no primeiro capítulo, Tocqueville, no seu estudo sobre a Revolução Francesa, publicado já ao final da sua vida, vai mudar esse entendimento, de que é a estrutura social que invariavelmente define a estrutura política, mostrando que o estado social democrático que surge na França também foi obra do Estado absolutista.

não foi aproveitado.[141] Apesar de reconhecer que poderia haver sociedades extremamente próximas do que seria o modelo ideal por ele desenhado – como os EUA da década de 1830, uma sociedade democrática que guardava poucos resquícios da hierarquia aristocrática –, sabia que o que prevalecia na realidade eram modelos mistos, em que elementos democráticos se combinavam com aristocráticos.

Além do mais, embora as sociedades democráticas apresentassem características em comum, disso não se poderia inferir que as consequências políticas fossem idênticas. É importante lembrar que a ideia do fenômeno democrático em Tocqueville é marcada pela multiplicidade das suas formas – as sociedades democráticas tanto podem ser republicanas quanto monárquicas, liberais quanto despóticas.[142]

O tipo aristocrático descrito por Tocqueville está preso a uma ordem rígida de afiliações e dependências, e o próprio entendimento que o homem aristocrático tem de si mesmo não pode ser dissociado dessa intrincada rede da qual não pode se libertar – sua personalidade é definida pelos laços que mantém com outros e o lugar que ocupa nessa cadeia hierárquica. O tipo democrático é muito mais maleável – liberto das amarras da sociedade aristocrática, não está preso a uma posição fixa nem às relações que estabelece com os demais, estas também sendo flexíveis, elásticas.

O *homo democraticus*, portanto, é alguém que sempre pode se reinventar, pelo menos potencialmente.

---

[141] Apud LAMBERTI, 1983, p. 40-41.
[142] Em um dos seus últimos textos, todavia, as notas que deixou para o que seria o segundo volume do seu estudo sobre a Revolução Francesa, Tocqueville dissocia por completo a ideia de democracia da de despotismo. "Ora, as palavras *democracia, monarquia, governo democrático* só podem dizer alguma coisa conforme o sentido verdadeiro das palavras: um governo em que o povo toma uma parte mais ou menos grande no governo. Seu sentido é intimamente ligado à ideia de liberdade política. Dar o epíteto de governo democrático a um governo em que não há liberdade política é um absurdo palpável, de acordo com o significado natural das palavras" (Considérations sur la Révolution II, in *Oeuvres III*, 2004, p. 611-612, grifos no original).

Contudo, aos olhos de Tocqueville, a liberação do indivíduo na modernidade não deixa de ser ambivalente. Não é a anarquia que ele teme, mas o surgimento de novas formas de opressão. Se o homem na democracia goza de uma independência muito maior, corre o risco de perder os laços que o unem a seus semelhantes. Esse isolamento torna-o vulnerável aos dois tipos de despotismo que o autor vislumbra como uma ameaça à democracia: a tirania da maioria e o Estado tutelar.

Essas duas formas de despotismo estão estreitamente relacionadas a outro perigo que Tocqueville também enxerga nas sociedades democráticas: o perigo da uniformização do pensamento por meio do predomínio de uma opinião pública que se apresente como expressão da maioria dominante, no primeiro caso, ou da mentalidade conformista de uma massa apática de indivíduos que abdicaram da cidadania, no segundo. A primeira forma será objeto da discussão a seguir.

1.2 OPINIÃO PÚBLICA E TIRANIA DA MAIORIA

Em sentido político, a democracia é classificada por Tocqueville como o regime de governo no qual impera a soberania popular. Sendo assim, o modelo que apresenta como o paradigma da democracia à sua época, os Estados Unidos, o "dogma" (aqui entendido não com conotação pejorativa, mas como um princípio) no qual se baseia toda a estrutura política do país só poderia ser o da soberania do povo.

Nos EUA do início da década de 1830, que ele percorreu de ponta a ponta, esse princípio não era "oculto ou estéril", uma expressão pomposa para esconder o silêncio de uma multidão passiva e obediente. Em solo norte-americano, o dogma da soberania popular "é reconhecido pelos costumes, proclamado pelas leis; ele se estende com liberdade e atinge sem obstáculos suas últimas consequências".[143]

---

[143] TOCQUEVILLE. DA1, in *Oeuvre II*, 1992, p. 60.

No nível das comunas, era o próprio povo quem se encarregava de colocar as leis em execução; em nível estadual e nacional, elegia pelo voto direto os seus representantes, os quais mantinha sob vigilância. O poder político não se situava fora do corpo social, mas brotava de seu interior – a sociedade agia por si mesma e sobre si mesma. Em suma, nos EUA, era o povo quem governava.

> Na América, o povo nomeia aquele que faz a lei e aquele que a executa; ele mesmo forma o júri que pune as infrações à lei. Não somente as instituições são democráticas em seu princípio, mas ainda em todos os seus desdobramentos; assim, o povo nomeia *diretamente* seus representantes e os escolhe em geral *todos os anos*, a fim de mantê-los mais completamente em sua dependência. É, pois, realmente o povo que dirige, e, apesar de a forma de governo ser representativa, é evidente que as opiniões, os preconceitos, os interesses e mesmo as paixões do povo não podem encontrar obstáculos duradouros que os impeçam de produzir-se na direção cotidiana da sociedade.[144]

Porém, assim como o sentido das palavras "democracia" e "aristocracia" ganha contornos específicos no pensamento tocquevilliano, a noção de "povo" também deve ser objeto de algumas observações. Se o "povo" pode ser compreendido, pelo menos no estudo do autor sobre a democracia norte-americana, como o conjunto de cidadãos do país, de todas as classes sociais, em suma, a comunidade política, de acordo com a herança romana do termo *populus*,[145] deve-se levar em conta que dessa comunidade política

---

[144] TOCQUEVILLE. DA1, in *Oeuvre II*, 1992, p. 193-194, grifos no original.
[145] Conforme Margaret Canovan observa em seu livro *The people*, "o *populus Romanus* [é] uma entidade coletiva que transcende indivíduos específicos, classes e gerações. Este *populus*, em outras palavras, significa a comunidade política como um todo" (CANOVAN, 2005, p. 12). Nas suas anotações de trabalho para a composição de DA1, Tocqueville propõe uma definição de "povo" exatamente neste sentido: "O povo: [entendo] esta palavra no sentido, não de uma classe, mas de todas as classes de cidadãos, o povo" (apud SCHLEIFER, 1984, p. 291).

CAPÍTULO 2 – OPINIÃO, MASSIFICAÇÃO E PLURALIDADE

estão excluídos as mulheres, os negros e os índios – o "demo" ao qual Tocqueville se refere é majoritariamente masculino, branco e anglo-americano.

Stuart Mill percebeu pioneiramente essa delimitação, no seu celebrado artigo sobre o primeiro volume da *Democracia na América*, publicado na *London and Westminster Review*, ao enfatizar que na América democrática havia uma aristocracia de pele e uma aristocracia de sexo. É de se ressaltar, contudo, que a forma como Tocqueville apresenta o demo norte-americano se coaduna com a maneira como as instituições do país assim o consideravam. Margaret Canovan cita uma sentença da Suprema Corte de 1857 que declara expressamente que os negros escravos não pertenciam ao "povo" e lembra que a Declaração de Independência dos EUA, ao proclamar a autodeterminação do povo como um direito natural, compreende como pertencendo ao "povo" apenas os homens.[146]

No decorrer da *Democracia na América*, Tocqueville não utiliza a palavra "povo" apenas para se referir aos cidadãos livres, independentemente da classe social, mas também emprega o termo para indicar as classes inferiores da sociedade, em oposição às superiores. Em outros textos como *Souvenirs* e *O Antigo Regime e a Revolução*, o termo "povo", aliás, é mencionado frequentemente nessa segunda acepção, como uma classe social distinta da aristocracia e da burguesia. Conformando-se a esse último sentido, a democracia, como governo do povo, ganha também a conotação de governo dos mais pobres, adequando-se à definição aristotélica de democracia, expressa na *Política*, como o regime político comandado pelos pobres ou por "pessoas pouco favorecidas".

Tocqueville manifesta claramente esse entendimento na primeira *Democracia...*, na passagem na qual escreve que o voto universal, um dos pilares do sistema político democrático, "entrega, pois, realmente o governo da sociedade aos pobres"– até porque, como os pobres compõem, na maioria dos países, a maior

---

[146] Cf. MILL, 1994, p. 50-51; CANOVAN, 2005, p. 143, nota 10.

parte da população, um regime regido pela regra da maioria, como é o da democracia, só poderia ser comandado por eles. Vale dizer que à classe de "pobres", como Tocqueville explica nesse mesmo trecho, pertencem aqueles que não têm propriedade ou cuja propriedade é tão modesta que lhes obriga a trabalhar para garantir o sustento. Em outras palavras, o povo da democracia, nessa concepção, é a classe trabalhadora, que não desfruta de rendas ou de outros privilégios e depende de seu esforço pessoal para sobreviver.[147]

Também nesse sentido de governo das classes inferiores – ou de trabalhadores – a imagem da democracia que Tocqueville oferece corresponde a uma visão muito disseminada nos Estados Unidos da década de 1830 de seu governo democrático.

Os EUA foram vistos como um modelo de liberalismo na França até 1828, ano em que venceu as eleições presidenciais o general Andrew Jackson, um *self-made man* que colocava fim à série de presidentes de educação aristocrática, desde George Washington, que haviam governado o país. Acusado de demagogo pelos adversários, Jackson, que seria reeleito em 1832, deu início à era da *"Jacksonian democracy"*, na qual não se cansava de insistir que o governo dos EUA era efetivamente o governo do povo – o povo norte-americano identificava-se, em suas palavras, com o "plantador, o fazendeiro, o mecânico e o trabalhador", representando, com efeito, a grande maioria da população masculina branca e adulta. Ao povo, segundo Jackson, se opunha uma elite de financistas e especuladores, que formavam um "conclave secreto" do "poder organizado do dinheiro". Tocqueville, por sua vez, admite que os ricos, desde a ascensão do "partido democrático" nos EUA, estavam praticamente fora dos negócios públicos e que as classes abastadas, ao mesmo tempo em que temiam e desprezavam o

---

[147] TOCQUEVILLE. DA1, in *Oeuvre II*, 1992, p. 239. Aristóteles também usa a palavra "povo" para designar os que sobrevivem do próprio trabalho, como neste trecho da *Política*: "[...] entre aqueles que chamamos de povo uns são lavradores, outros mercadores, outros ainda artesãos e trabalhadores manuais". Ver também ARISTÓTELES, 2002, p. 108.

povo, nutriam um grande "desgosto" pelas instituições democráticas de seu país.[148]

Como se disse anteriormente, a característica do *homo democraticus* é o fato de não estar fixado a uma cadeia rígida de hierarquias e subordinações. A sua posição na sociedade é fluida, maleável. Esse indivíduo independente que se enxerga como igual aos outros que o cercam – ainda que essa igualdade se dê mais no plano do imaginário do que propriamente material – partilha com os demais certos valores, sentimentos e opiniões, justamente por conta dessa condição.

Esse entendimento sobre o homem democrático correlaciona-se, em Tocqueville, com a forma como descreve um traço essencial de qualquer tipo de sociedade: para que um corpo social possa subsistir e permanecer coeso é necessário um compartilhamento, sobre um grande número de temas, de crenças e opiniões em comum. A ideia de que a base da sociedade assenta-se no compartilhamento de sentimentos e opiniões remete à concepção de opinião pública de Rousseau no *Contrato social*, como o conjunto de tradições, usos e costumes de um povo.[149] No plano coletivo, nenhuma sociedade pode ser fundada e perdurar sem esse substrato comum de afetos, valores e opiniões. Em uma democracia, o papel da opinião pública, entendida nesse sentido, como o cimento do corpo social, ainda é mais essencial porque, onde os homens se libertaram das amarras hierárquicas da aristocracia, tornando-se independentes, é a opinião pública que os aproxima.

Todavia, há outro aspecto que é preciso explorar acerca dessa ideia da necessidade de uma opinião comum – ainda que na forma de um acordo instintivo de opiniões e sentimentos – como a "liga" que une a sociedade, a base consensual mínima sem a qual seria impossível manter uma comunidade política, independentemente do seu regime político. Roland Grossmann salienta que é possível demarcar, em Tocqueville, uma distinção entre a opinião

---

[148] Cf. CANOVAN, 2005, p. 29; TOCQUEVILLE. DA1, in *Oeuvre II*, 1992, p. 201.
[149] Cf. TOCQUEVILLE. Op. cit., p. 433-434; ROUSSEAU, 1987, p. 69.

comum, o substrato ideológico que é a base da sociedade, e a opinião pública como ator político.

Ora, a opinião comum só se torna pública quando pode confrontar as instâncias dirigentes. Em um regime tirânico, no qual prevaleça apenas a vontade do déspota diante da multidão dos súditos subjugados, embora estes últimos possam compartilhar valores, afetos e opiniões em comum, não há propriamente opinião pública porque não há espaço público no qual ela possa se manifestar.[150] As opiniões privadas dos súditos permanecem privadas e não constituem um elemento da opinião pública, tendo em vista que não exercem influência nos negócios públicos. Por isso, a passagem de um estado social democrático para um regime político autenticamente democrático, no qual predomina a soberania popular, abre à opinião pública um papel de relevância sem precedentes no espaço público.

A noção de democracia em Tocqueville como governo do povo, nos dois sentidos já apontados – como o conjunto dos cidadãos, abarcando todas as classes sociais, ou as classes inferiores –, envolve, evidentemente, a ideia de que um sistema democrático, no sentido político, é sempre aquele em que prevalecem as decisões da maioria do corpo político. O autor manifesta esse entendimento de forma cristalina: "É da essência mesma dos governos democráticos que o império da maioria seja neles absoluto; porque, fora da maioria, nas democracias, não há nada que resista."[151] E complementa que a opinião pública é quem forma a maioria.

Como a soberania popular, em um regime democrático, manifesta-se pelas tomadas de decisão da maioria do corpo político (lembrando-se que esse corpo político não compreende necessariamente toda a população, mas apenas os considerados cidadãos; no caso dos EUA da década de 1830, os anglo-americanos de sexo masculino), a opinião pública, em consequência, é compreendida pelo autor como a expressão da maioria. É por isso

---

[150] GROSSMANN, 2013, p. 198-201.
[151] TOCQUEVILLE. DA1, in *Oeuvre II*, 1992, p. 282.

CAPÍTULO 2 – OPINIÃO, MASSIFICAÇÃO E PLURALIDADE

que Tocqueville enfatiza que a opinião pública, na democracia, converte-se no poder dominante.

A princípio, a fórmula democrática do predomínio da maioria é a que lhe parece mais justa, uma vez que a grande vantagem da democracia consiste em favorer o bem-estar do maior número de pessoas. Na sua visão, a maioria, ainda que esteja sujeita a cometer enganos, não pode ter um interesse contrário a si mesma. No entanto, ele não se exime de apontar um grave perigo que envolve esse poder dominante da opinião pública, ancorado no império "absoluto" da maioria: esse perigo reside na própria onipotência de tal poderio.

Como todo poder que não conhece limites, que se eleva acima dos outros poderes e não é contrabalançado por eles, o poder da opinião pública pode se revelar extremamente opressor. Dessa constatação, no primeiro volume da *Democracia...*, no qual se debruça primordialmente sobre a experiência democrática norte-americana, Tocqueville expõe os riscos que ameaçam a democracia, quando esta sucumbe a um tipo de despotismo que emerge do seu próprio seio: a tirania da maioria.

***

Nos Estados Unidos, Tocqueville observou que a maioria exercia de fato o poder de dois modos distintos: o primeiro, pela via do controle legal e político, sobretudo nos legislativos, decorrente da soberania popular, e o segundo, pela autoridade mesma que a opinião pública impunha aos indivíduos em particular ou às minorias. Sobre esses dois modos de exercício do poder da opinião pública, mais uma vez é relevante salientar a proximidade do autor com as ideias de Rousseau.

Além de sinônimo dos costumes e das tradições de um povo, a opinião pública é tratada por Rousseau como instrumento de controle social e político. Na *Carta a D'Alembert*, em que manifesta uma veemente discordância com a proposta de D'Alembert de abrir um teatro em Genebra, a sua terra natal, o filósofo afirma que uma forma de o governo agir sobre os costumes é através da "opinião pública" – nesse texto, aliás, Rousseau usa pela primeira vez, e de forma precursora, o termo "opinião pública". Esta surge como a lei que rege o homem social, e lhe cabe aprovar ou desaprovar a conduta dos indivíduos em sociedade. "Quando não se vive em si mesmo, mas nos outros, são os julgamentos deles que ordenam tudo, nada parece bom ou desejável aos particulares além do que o público aprovou."

Já nas *Considerações sobre o governo da Polônia*, quando se ocupa da educação das crianças, Rousseau afirma que elas devem ser habituadas "a viver sob os olhos de seus concidadãos e a desejar a aprovação pública".[152] Passando do plano social para o político, o genebrino, nesse mesmo texto, assevera que o olhar do público é a melhor garantia para assegurar que os responsáveis pelo governo coloquem os interesses da pátria acima dos interesses particulares. A opinião pública é considerada, assim, como instrumento de transparência e de controle dos assuntos públicos.

A diferença de Tocqueville para com Rousseau, no que se refere a esses dois aspectos da opinião pública, concerne ao fato de que o primeiro enxergou também os riscos inerentes à exacerbação desse poder de controle social e político. Sob o plano legal e político, ele destaca a enorme influência da maioria nos Estados Unidos sobre os diversos poderes do Estado e como essa influência podia se transformar em uma tirania.

> Quando um homem ou um partido sofre uma injustiça nos Estados Unidos, a quem quereis que ele se dirija? À opinião pública? É ela que forma a maioria. Ao corpo legislativo? Ele representa a maioria e obedece-lhe cegamente. Ao poder executivo? Ele é nomeado pela maioria e lhe serve de instrumento passivo. À força pública? A força pública não é outra coisa do que a maioria sob as armas. Ao júri? O júri é a maioria investida do direito de pronunciar sentenças: os próprios juízes, em certos estados, são eleitos pela maioria.

---

[152] ROUSSEAU, 1964, p. 968. Sobre o trecho citado da *Carta a D'Alembert*, ver ROUSSEAU, 1993, p. 81.

CAPÍTULO 2 – OPINIÃO, MASSIFICAÇÃO E PLURALIDADE

Por mais iníqua e irracional que seja a medida a vos atingir, tendes de se submeter a ela.[153]

De todos os poderes do Estado, Tocqueville percebeu, pela sua experiência norte-americana, que o mais vulnerável à onipotência da maioria era o Legislativo, por ser aquele cujo poder emanava mais diretamente do povo. Sobretudo nos legislativos estaduais, nos quais os mandatos para os representantes eleitos eram de curta duração – variando de um a dois anos apenas –, o autor notou que esses representantes curvavam-se frequentemente ao império da opinião pública. Se o povo norte-americano podia se gabar de ser extremamente obediente à lei, por mais virtuosa que essa conduta parecesse aos olhos dos estrangeiros, dever-se-ia levar em conta também que a legislação era feita sob medida aos interesses da maioria – os legisladores evitavam aprovar leis que, mesmo necessárias, contrariavam a opinião pública.

Tocqueville cita o exemplo da ausência de uma legislação referente à falência fraudulenta nos Estados Unidos. A falta de leis que regulassem essa matéria não significava que este era um problema inexistente ou de menor monta no país – ao contrário, naquela terra de empreendedores que se lançavam com furor no mundo dos negócios, os casos de falência eram constantes. O temor que grassava entre muitos, porém, de algum dia ser punido por uma lei desse tipo fazia com que as falências fraudulentas continuassem toleradas e impunes. Não era de se estranhar, assim, que os parlamentares evitassem legislar sobre essa questão para não desagradar o eleitorado, apesar da urgência em fazê-lo, a fim de preservar a economia nacional.

Outro exemplo dessa sujeição do Legislativo aos caprichos da opinião pública que pode ser lido na *Democracia...* de 1835 diz respeito ao conteúdo de uma conversa que Tocqueville teve com um dos seus interlocutores norte-americanos, Washington Smith, como é possível ver em seu caderno de notas.[154] Informa-

---

[153] TOCQUEVILLE. DA1, in *Oeuvre II*, 1992, p. 290.
[154] Cf. SCHLEIFER, 1984, p. 217.

do por Smith que a maior parte dos crimes cometidos nos EUA decorria do consumo abusivo de bebidas alcoólicas, vendidas a baixo preço, ele indaga a seu interlocutor por que os legisladores ainda não haviam instituído uma taxa sobre a aguardente, com o propósito de reduzir o seu consumo e a incidência de delitos. A resposta é que a criação de uma taxa chegou a ser cogitada entre os parlamentares, mas eles desistiram, temerosos de provocar uma revolta entre os eleitores. Além do mais, tinha-se plena consciência de que os congressistas que aprovassem tal lei certamente nunca mais seriam reeleitos.

Para Tocqueville, um dos grandes problemas dos EUA era a instabilidade da sua legislação – com exceção da Constituição Federal. A azáfama dos representantes do povo, principalmente em nível estadual, em alterar a legislação existente ou promulgar novos dispositivos legais era devida, na sua compreensão, à submissão deles à maioria. No nível da administração pública, a excessiva influência da maioria também conduzia o Executivo a ceder à demagogia. O autor cita o exemplo da comoção que tomou conta do público norte-americano depois que alguns religiosos fizeram uma campanha pela melhoria das condições das prisões. Todo um esforço nacional foi realizado para a construção de novas cadeias públicas, que não fossem meros depósitos de condenados, mas um lugar que permitisse a sua recuperação. No entanto, ao lado dessas novas penitenciárias, permaneciam as antigas prisões, abarrotadas de gente, semelhantes às masmorras da Idade Média.

Poderosa o bastante para impedir que leis urgentes e necessárias ao bem comum fossem aprovadas porque iam de encontro a seus interesses mais egoístas e imediatos, a maioria, na América jacksoniana de 1830, também se sentia onipotente o suficiente para desobedecer àquelas que, embora aprovadas por seus representantes eleitos, confrontavam os seus preconceitos. Isso era particularmente gritante com relação aos direitos das minorias raciais. Tocqueville narra a conversa que teve com um morador da Pensilvânia, o qual lhe disse que os negros libertos, mesmo tendo direito de votar, não o faziam por medo de serem hostilizados pelos eleitores brancos, os quais, afinal, deve-se reiterar, eram quem formavam a opinião pública. "Aqui, às vezes falta força à lei, quando a maioria não a apoia. Ora, a maioria está imbuída dos maiores preconceitos contra os negros, e os magistrados não se sentem fortes para garantir a estes os direitos que o legislador lhes conferiu", relatou-lhe o seu interlocutor, obtendo a seguinte reação de Tocqueville como resposta: "– Como! A maioria, que tem o privilégio de fazer a lei, quer ainda o de desobedecer-lhe?".[155]

Esses casos demonstram como a maioria podia ser opressora, pressionando políticos e servidores públicos a descumprir até mesmo a lei, em vista de preconceitos e interesses privados que, embora compartilhados pela maioria branca que constituía a opinião pública, permaneciam privados porque não refletiam uma preocupação com o bem público. Como notou Mill na resenha sobre a primeira *Democracia...*, o interesse da maioria não corresponde sempre ao interesse de todos, "a soberania da maioria cria uma tendência a abusar de seu poder sobre todas as outras minorias".[156]

Ainda com relação ao Legislativo, Tocqueville mostrou-se particularmente preocupado com os abusos por parte da maioria dos cidadãos nos EUA pelo fato de que, em várias constituições estaduais, abria-se a possibilidade de que os eleitores pudessem controlar o voto de seus representantes nas assembleias legislativas – na prática, essa brecha da legislação transformava a representação em simples delegação (um problema que Mill também apontou em sua resenha). O mandato legislativo tornava-se, dessa forma, um instrumento passivo da vontade da maioria do eleitorado.

Entretanto, apesar de Tocqueville afirmar que o que mais o repugnava nos EUA não era a liberdade extrema lá reinante, mas a pouca garantia que se tinha diante da "tirania" (entenda-se a tirania popular), há nuances na sua crítica ao sistema democrático norte-americano que devem ser destacadas. Em primeiro

---

[155] TOCQUEVILLE. DA1, in *Oeuvre II*, p. 290, nota de rodapé. Para o exemplo citado das prisões, ver ibidem, p. 287.
[156] MILL, 1994, p. 76.

lugar, por mais que seja tentador comparar o que ocorria, sobretudo nos legislativos estaduais – submetidos, em muitos casos sem nenhum anteparo, ao poder da opinião pública –, à experiência da França revolucionária, cujo parlamento, ao proclamar a república, se erigiu como a voz do povo, o autor faz uma distinção capital entre as duas situações.

Nos Estados Unidos – o primeiro e único país, até aquele momento, que era realmente uma grande república democrática –, havia um governo que de fato seguia a vontade real do povo. Na França dos jacobinos, o que se testemunhou foi um governo que comandava em nome do povo. Para Tocqueville, a república democrática instaurada durante a Revolução Francesa não passava de uma oligarquia disfarçada.

Um segundo aspecto que colabora para nuançar a crítica de Tocqueville à onipotência da maioria e da opinião pública em território norte-americano, no que se refere às instituições políticas locais, diz respeito ao próprio modo de funcionamento dessas instituições. É verdade que, em um país onde até os juízes de primeira instância eram eleitos pelo voto popular – e onde, no nível das comunas, os funcionários públicos eram escolhidos dentre os moradores para exercer o ofício por tempo determinado –, o povo tinha um imenso poder de controle sobre os negócios públicos. Todavia, o modelo federativo dos Estados Unidos, a descentralização administrativa e a maneira como as suas instituições políticas e sociais equilibravam os seus poderes eram meios que, como será discutido mais detalhadamente no capítulo 4, ajudavam a contrabalançar o poder da maioria no país, evitando que ela se tornasse de fato despótica.

Ao explicitar os perigos que envolvem a tirania da maioria, Tocqueville não se posiciona contrariamente ao princípio da soberania popular nem tampouco ao governo da maioria – o que o incomoda é a possibilidade de esse poder tornar-se ilimitado e, portanto, tirânico. Se a opinião pública é o poder dominante em uma democracia, tal posição não significa que sempre esteja certa. O autor qualifica como "linguagem de escravos" o argumento segundo o qual o povo, nas matérias que só interessam a ele

CAPÍTULO 2 – OPINIÃO, MASSIFICAÇÃO E PLURALIDADE

próprio, não poderia jamais sair dos limites da justiça e da razão e, por esse motivo, não haveria por que temer dar um poder ilimitado à maioria que o representa.

O que, então, é uma maioria tomada coletivamente senão um indivíduo que tem opiniões e, mais frequentemente, interesses contrários a outro indivíduo, que denominamos minoria? Ora, se vós admitis que um homem investido da onipotência pode abusar dela contra seus adversários, por que não admitis a mesma coisa para uma maioria? Os homens, ao seu reunirem, mudaram de caráter? Tornaram-se mais pacientes diante dos obstáculos tornando-se mais fortes? Quanto a mim, não poderia acreditar em tal coisa; e o poder de fazer tudo, que recuso a um só de meus semelhantes, nunca vou conceder a muitos.[157]

A partir de certo ponto, a onipotência da maioria cria uma situação comparável ao estado de natureza, em que os mais fracos estão à mercê dos mais fortes, conforme afirma Madison. "Se houvesse uma sociedade em que o partido mais poderoso fosse capaz de reunir facilmente suas forças e oprimir o mais fraco, poder-se-ia considerar que a anarquia reina em tal sociedade tanto quanto no estado natural."[158]

Por isso, Tocqueville enfatiza que o limite para a soberania popular deve ser a justiça. Daí a valorização, pelo autor, do Poder Judiciário e, sobretudo, da Constituição, como contrapesos à soberania popular.

***

Para além desse imenso poderio da opinião pública sobre as instituições políticas do país, Tocqueville também percebeu nos Estados Unidos – e esta talvez seja a característica mais pertur-

---

[157] TOCQUEVILLE. DA1, in *Oeuvre II*, 1992, p. 288.
[158] HAMILTON; JAY; MADISON, 2001, p. 271.

badora e original do que ele nomeou como "tirania da maioria" – uma influência muito mais penetrante e disseminada desse poder, que não atingia os corpos nem se impunha pelas vias legais, mas atuava no campo social e no imaginário, embora também tendo consequências políticas. Trata-se daquele segundo modo que a opinião pública exerce o seu domínio mencionado anteriormente, por meio da imposição de sua autoridade aos indivíduos em particular. Essa influência atua sobre o pensamento e a vontade das pessoas, uma pressão quase irresistível para que elas se dobrem às ideias, às opiniões e aos humores do poder dominante da opinião pública.

Contrapondo a democracia norte-americana às monarquias da Europa, Tocqueville aponta que nem os mais absolutos regimes monárquicos europeus poderiam impedir que certos pensamentos contrários à sua autoridade circulassem entre os súditos. No caso dos Estados Unidos, a maioria que formava a opinião pública era, nesse terreno, muito mais poderosa que o mais absoluto dos reis na Europa. Nenhum desses monarcas concentrava nas mãos todas as forças da sociedade, sendo capaz de vencer qualquer resistência que pudesse surgir, como uma maioria popular investida do direito de fazer as leis e executá-las.

Além do mais, o poder do rei é um poder material que incide sobre as ações, mas não atinge as vontades, ao passo que a força da opinião pública em um país democrático, no qual reina a regra da maioria, age tanto sobre as ações quanto sobre a vontade. Acerca do conformismo reinante nos EUA, em virtude dessa ascendência da opinião pública sobre a independência intelectual dos indivíduos, Tocqueville profere uma sentença que se tornou antológica: "Não conheço país onde reine, em geral, menos independência de espírito e verdadeira liberdade de discussão que na América".[159]

Nas anotações de seus cadernos de viagem, ele deixou registrada uma conversa com um certo dr. Stewart, médico em Baltimore.

---

[159] TOCQUEVILLE. DA1, in *Oeuvre II*, 1992, p. 292.

CAPÍTULO 2 – OPINIÃO, MASSIFICAÇÃO E PLURALIDADE

Este chamou-lhe a atenção para as outras influências mais sutis que a opinião pública exerca, além das mais evidentes sobre o sistema político como um todo. Em um país profundamente influenciado pela religião como os Estados Unidos, herança dos primeiros colonos puritanos que lá aportaram, embora, no plano legal, houvesse a plena garantia da liberdade religiosa, alguém que ousasse publicamente manifestar o seu ateísmo corria o risco de se ver completamente alijado da vida social.

"A opinião pública faz conosco coisas que a Inquisição nunca teria feito", confidenciou-lhe o médico, dando como exemplo um caso ocorrido no país envolvendo alguns jovens impetuosos que ousaram proclamar abertamente a sua descrença na religião cristã. Essa atitude foi o suficiente para fazer com que alguns deles tivessem de abandonar o país, enquanto outros passaram a vagar miseravelmente de cidade em cidade, até que se viram obrigados a adotar uma aparência de conformidade e não externarem as suas convicções em matéria de fé religiosa. O médico ainda lhe contou que, em território norte-americano, a publicação de livros considerados "anticristãos" era raríssima, pelo temor de enfurecer a opinião pública. Na *Democracia...* de 1835, Tocqueville corrobora a opinião do dr. Stuart: nos EUA, poderiam até existir incrédulos, embora a incredulidade se visse impedida de buscar algum meio de expressão.

Essa variação do despotismo democrático, exercido pela opinião pública, encarnava, aos olhos do autor, uma nova forma de opressão que era fruto mesmo do processo civilizatório, o qual havia aperfeiçoado até o próprio despotismo. No lugar de grilhões e carrascos, instrumentos grosseiros que os regimes tirânicos haviam empregado até então, tratava-se aqui de aprisionar o espírito. "Na América, a maioria traça um círculo formidável em torno do pensamento. Dentro desses limites, o escritor é livre; mas ai dele, se ousar sair!"[160]

---

[160] Cf. TOCQUEVILLE. DA1, in *Oeuvre II*, 1992, p. 295. Sobre a conversa com o dr. Stuart, conferir SCHLEIFER, 1984, p. 218.

Quem fosse audacioso a ponto de insistir na sua liberdade intelectual não precisava temer um auto de fé, mas fatalmente acabaria por se tornar um pária social. Se tivesse pretensões políticas, poderia esquecê-las. Se gozasse de apoio na privacidade, assim que suas ideias se tornassem públicas, ver-se-ia subitamente isolado. Sem guarida em parte alguma, restaria a esse *outsider* enquadrar-se novamente e calar-se.

> Sob o governo absoluto de um só, o despotismo, para chegar à alma, atingia grosseiramente o corpo; e a alma, escapando desses golpes, elevava-se gloriosa acima dele. Mas, nas repúblicas democráticas, não é assim que a tirania procede; ela deixa o corpo e vai direto à alma. O mestre não diz mais: Vós pensareis como eu, ou morrereis. Ele diz: Vós sois livres de não pensar como eu; vossa vida, vossos bens, tudo vos resta; mas a partir deste dia vós sois um estrangeiro entre nós. Conservareis vossos privilégios na cidade, mas eles vos serão inúteis; porque, se vós lutardes para obter a escolha de vossos concidadãos, eles não vos darão, e se vós apenas pedirdes a estima deles, ainda assim simularão recusá-la. Vós permanecereis entre os homens, mas perdereis vossos direitos à humanidade. Quando vós aproximardes de vossos semelhantes, eles fugirão de vós como de um ser impuro; e os que acreditarem em vossa inocência, estes mesmos vos abandonarão, porque os outros fugiriam deles por seu turno. Ide em paz, deixo-vos a vida, mas vos deixo-a pior do que a morte.[161]

Essa intolerância da maioria para com a independência intelectual, caracterizada por Tocqueville como uma opressão contra "a alma", também podia, em momentos mais radicalizados, apelar para a violência física. A esse respeito, ele relata um caso ocorrido em Baltimore, em 1812. Um jornal local ousara se manifestar

---

[161] TOCQUEVILLE. DA1, in *Oeuvre II*, 1992, p. 294.

CAPÍTULO 2 – OPINIÃO, MASSIFICAÇÃO E PLURALIDADE

de forma divergente da opinião da maioria da população da região e publicou artigos vigorosos contra a guerra de 1812 – que durou até 1815, novamente entre os Estados Unidos e a Inglaterra, dessa vez envolvendo uma disputa pelo território do Canadá. Foi o bastante para que uma turba indignada invadisse a sede do jornal, quebrando os prelos, além de atacar a casa dos jornalistas. A milícia foi convocada para socorrer as vítimas, mas, composta também de gente do povo, não acorreu ao chamado. Para proteger os jornalistas, os magistrados locais resolveram trancá-los na prisão, porém, o esforço se revelou insuficiente. Os moradores arrombaram a cadeia e os lincharam. Levados a júri, os culpados por essas atrocidades foram absolvidos.

Pouco disposta a conviver com posições diferentes, a maioria que formava a opinião pública norte-americana também padecia de uma espécie de narcisismo – pois vivia mergulhada em uma perpétua autoadoração –, que a tornava raivosamente refratária a qualquer crítica. Nesse aspecto, nem mesmo os reis absolutistas se mostraram tão ciosos de sua autoridade quanto a opinião pública nos EUA.

"La Bruyère residia no palácio de Luís XIV quando compôs o seu capítulo sobre os grandes, e Molière criticava a corte em peças que encenava diante dos cortesãos", lembra Tocqueville. Mas, nos EUA, empreitadas literárias desse gênero, que ousassem fazer troça do soberano, no caso em questão o povo, seriam rechaçadas de imediato. "A mais ligeira censura o fere, a menor verdade picante o exaspera; e é necessário que se elogiem desde as formas de sua linguagem até suas mais sólidas virtudes."[162]

Essa impossibilidade de se contrapor à opinião pública acabava por afetar até a criação artística no país, tendo em vista que os escritores locais se viam na obrigação de apenas dirigir elogios aos compatriotas, temendo represálias caso se arriscassem a confrontá-los. Daí a razão, para Tocqueville, de a literatura norte-americana ser carente, pelo menos até aquela época, de grandes

---

[162] TOCQUEVILLE. DA1, in *Oeuvre II*, 1992, p. 294. Sobre o ocorrido em Baltimore, ver ibidem, p. 290, nota de rodapé.

nomes – a formidável geração de autores norte-americanos do século XIX, como Nathaniel Hawthorne, Walt Whitman e Herman Melville, só iria florescer a partir das décadas de 1840 e 1850.

A opressão da opinião pública sobre a independência intelectual dos indivíduos também acarretava, evidentemente, consequências na vida política do país. Tocqueville atribui ao poder extremo da maioria popular nos Estados Unidos a visível carência de políticos norte-americanos notáveis. A maior parte deles era formada por gente medíocre, dominada pelo "espírito cortesão", que agia demagogicamente com o intuito de agradar o eleitorado – e pode-se ver nessas observações, sem dúvida, uma crítica ao que hoje poderíamos chamar de populismo do presidente Jackson.

Como reitera Schleifer, o demagogo, o homem de poucos princípios e adulador das multidões, era o modelo da figura pública naquele momento nos EUA. Um contraste enorme, sublinha Tocqueville, com os grandes homens que estiveram à frente do movimento de independência do país, aos quais a opinião pública ainda não tiranizava. Nesse aspecto, o povo, em conjunto, mostrava-se muito superior e mais dedicado à pátria do que os homens eleitos para cuidar dos assuntos públicos do país. O que, tendo em vista a sujeição dos segundos ao primeiro, não era uma situação difícil de compreender. "[...] o despotismo deprava muito mais quem se submete a ele do que quem o impõe. Nas monarquias absolutas, o rei frequentemente tem grandes virtudes, mas os cortesãos são sempre vis."[163]

***

No ensaio *Sobre a liberdade*, fortemente influenciado pelas teses de Tocqueville, Stuart Mill alerta sobre os riscos da tirania da maioria, afirmando que a sociedade, tomada coletivamente, quando se torna opressora, "pratica uma tirania social muito mais terrível do que outros tipos de opressão política, já que, ape-

---

[163] TOCQUEVILLE. DA1, in *Oeuvre II*, 1992, p. 297; cf. SCHLEIFER, 1984, p. 229.

sar de não ser seguida de penalidades extremas, ela deixa menos vias de escape, penetrando profundamente nos detalhes da vida e escravizando a alma".[164] O filósofo inglês faz nesse libelo uma vigorosa defesa da liberdade individual diante do poder, por vezes, opressor do corpo social na democracia. Em conformidade com Tocqueville, Mill externa a preocupação com o risco do domínio do coletivo sobre o indivíduo, domínio que pode se revelar tão despótico quando o exercido pelo poder do Estado.

Em *A corrupção da opinião pública*, Juarez Guimarães e Ana Paola Amorim inserem a crítica de Tocqueville e Mill à tirania da maioria na tradição liberal que vê na opinião pública apenas algo "inevitavelmente ameaçador". Essa tradição, segundo os autores, se mostra incapaz de enxergar a possibilidade de elaboração de um "pensamento público democrático" e evidencia somente a "dimensão passiva e homogeneizada" da opinião pública, desconsiderando as suas dimensões potencialmente ativas e pluralistas.[165] Contudo, no que diz respeito particularmente a Tocqueville, essa crítica não leva em conta elementos fundamentais do pensamento do autor, que o distanciam, em alguns aspectos, da tradição liberal.

Em primeiro lugar, é preciso destacar que, se o sistema democrático norte-americano caracterizado por Tocqueville era ameaçado por essa maioria tirânica, tal ocorria porque o próprio corpo político do país, naquele momento da sua história, era hegemônico do ponto de vista social, cultural e, em larga escala, econômico – já que era composto basicamente da parcela da população masculina branca, cristã, de origem anglo-americana e formada por trabalhadores e pequenos proprietários, seja do campo, seja da cidade. E, embora o autor, por outro lado, considerasse que essa hegemonia, com destaque para a influência da religião puritana, contribuía para o bom funcionamento do governo democrático nos EUA, são nos instrumentos da própria democracia apontados por ele que se podem, mais uma vez, encontrar os obstáculos ao

---

[164] MILL, 2011, p. 43.
[165] GUIMARÃES; AMORIM, 2013, p. 106.

domínio de uma opinião pública que seja apenas a expressão da maioria dominante.

É pelo movimento de aprofundamento da democracia – dando voz às minorias, permitindo o acesso à cidadania das camadas excluídas da população e tornando-as constitutivas da opinião pública – que é possível permitir o convívio da diferença e a pluralidade. Essa discussão será retomada ao final deste capítulo e no capítulo 4.

Em segundo lugar, essa crítica a Tocqueville também perde de vista que, apesar de ser um grande defensor das liberdades individuais, da independência e da autonomia das pessoas, o autor foi pioneiro – destoando do coro entusiasmado dos liberais aos encantos da vida privada e ao valor supremo do indivíduo – ao alertar para uma patologia típica da sociedade moderna de massas: o individualismo.

Cada vez mais intrigado com a debilitação da autonomia individual diante da maioria, que ele havia apontado na primeira *Democracia...*, Tocqueville vai revelar, na continuação da obra, outro *insight* original acerca dessa condição contraditória dos cidadãos no mundo moderno. Dessa vez, vai chamar a atenção para o isolamento das pessoas, cuja dissolução dos laços com a coletividade não as leva a cultivar a sua autonomia e a sua singularidade, mas a dissolver essa singularidade na massa. Novamente, lida-se aqui com os perigos de uma mentalidade homogênea; porém se, na *Democracia...* de 1835, o risco era a onipotência da opinião pública vista como expressão de uma maioria ativa e tirânica, aqui o perigo reside na apatia e no conformismo da massa e em uma opinião pública que se deixa tutelar e manipular a ponto de ser descaracterizada como tal.

É este o tema que será tratado na seção seguinte.

1.3 A APATIA DA MASSA E O ESTADO TUTELAR

Cinco anos após a publicação do primeiro volume da *Democracia na América*, o segundo tomo do clássico de Tocqueville re-

CAPÍTULO 2 – OPINIÃO, MASSIFICAÇÃO E PLURALIDADE

toma e aprofunda a discussão em torno das ameaças à liberdade nas sociedades democráticas. Mas agora, já bem distanciado dos Estados Unidos que visitara no início da década de 1830 e cada vez mais confrontado com os dilemas de seu próprio país – tanto no plano intelectual quanto no político, uma vez que abraçara a carreira parlamentar –, o autor pensa a democracia de forma mais geral e abstrata. O esforço nesse novo trabalho é refletir sobre as implicações, sociais e políticas, de uma cultura democrática (leia--se, sobretudo, igualitária).

Portanto, a França, embora os EUA continuem sendo uma referência fundamental, torna-se um paradigma, pois a sociedade francesa via-se sob a influência crescente dessa cultura democrática. Sempre tendo como centro da análise esse novo personagem dos tempos modernos – o *homo democraticus* –, Tocqueville prefigura a ascensão de um outro tipo que, embora não o nomeie diretamente, é uma espécie de versão corrompida do primeiro: o indivíduo atomizado das massas modernas, em outras palavras, o homem da massa.

Anunciando essa abordagem mais abstrata da democracia mencionada anteriormente, Tocqueville inicia o livro discorrendo, no primeiro capítulo, sobre "o método filosófico dos americanos" – na verdade, tal "método filosófico", como admite mais adiante, não é particularmente norte-americano, é democrático. Ainda que não tenha ideia de quem tenha sido Descartes, o espécime comum do *homo democraticus* é um cartesiano por excelência. Essa característica é tributária da igualdade: em uma sociedade de iguais, como não há uma ascendência hierárquica de um indivíduo sobre o outro, nem de uma classe social sobre a outra, e as posições na sociedade não são fixas, mas cambiantes, a tendência das pessoas é procurar por si mesmas e em si mesmas as razões das coisas.

Esse método filosófico nasceu no século XVI, com Lutero, o qual submeteu à razão alguns dos dogmas da fé católica; ganhou força no século XVII, com Bacon e Descartes, ambos responsáveis pela implosão da autoridade do mestre e das fórmulas estabelecidas, e generalizou-se com os *philosophes* do século XVIII, que submeteram à razão individual toda e qualquer crença. Tal método só pôde prosperar em razão do avanço do estado social democrático e dos hábitos mentais decorrentes das transformações que tal movimento acarretou.

A disposição para julgar por si mesmo, tão característica do *homo democraticus*, esbarra, contudo, em uma limitação do próprio ser humano: assim como não há sociedade, como Tocqueville já observara na *Democracia...* de 1835, que possa prosperar sem o apoio de uma base comum de crenças e opiniões, os indivíduos em particular também necessitam se apoiar em algumas crenças dogmáticas, caso contrário a sua própria existência estaria ameaçada. "Se o homem fosse forçado a provar a ele mesmo todas as verdades de que se serve a cada dia, não acabaria nunca; ele se esgotaria em demonstrações preliminares sem avançar", ressalta.[166] Por causa dessa incapacidade, a tendência natural é adotar como certo um sem-número de fatos e opiniões já estabelecidos.

Porém, como reluta em reconhecer autoridade moral e intelectual em alguém que julga ser semelhante a si (e esta é a condição dos homens em uma sociedade democrática), o *homo democraticus* é levado a se curvar ao que dita a opinião pública.

Mais uma vez, Tocqueville se vale da oposição aristocracia *versus* democracia para sustentar o seu raciocínio. Em uma sociedade aristocrática, marcada pela desigualdade, sempre há, de um lado, uns poucos indivíduos esclarecidos e, de outro, uma multidão ignorante. Tal situação impele as pessoas a se submeterem, sem questionar, à ascendência intelectual de determinados indivíduos reconhecidos pelo seu poder e seu saber e a desprezar a opinião do vulgo. Em uma sociedade democrática, na qual preva-

---

[166] TOCQUEVILLE. DA2, in *Oeuvre II*, 1992, p. 516. Compare-se com o que diz Arendt na introdução da primeira parte de *A vida do espírito*, na qual discorre sobre a atividade do pensamento: "Clichês, frases feitas, adesão a códigos de expressão e conduta convencionais e padronizados têm a função socialmente reconhecida de nos proteger da realidade, ou seja, da exigência de atenção do pensamento feita por todos os fatos e acontecimentos em virtude de sua mera existência. Se respondêssemos todo o tempo a esta exigência, logo estaríamos exaustos [...]" (in *A vida do espírito*, 2002, p. 6).

lece a cultura igualitária, ocorre justamente um movimento contrário. A mesma similitude que conduz os homens a recusarem qualquer autoridade de uns sobre os outros os induz a depositarem uma confiança quase ilimitada no juízo do público.

> À medida que os cidadãos se tornam mais iguais e mais semelhantes, a propensão de cada um a crer cegamente em certo homem ou em certa classe diminui. A disposição a crer na massa aumenta, e é cada vez mais a opinião [entenda-se aqui a opinião pública] que conduz o mundo.[167]

Essa percepção de Tocqueville desvela outra faceta do indivíduo nas sociedades igualitárias, que ajuda a explicar a aparente contradição entre o esforço de julgar por si mesmo e a fé no juízo da massa que o caracterizam. Ao mesmo tempo em que se orgulha de viver em uma sociedade de iguais, na qual ninguém é inferior a ninguém, ao encarar o conjunto de seus semelhantes, ele é obrigado a reconhecer a própria fraqueza e a própria insignificância. A sua inclinação, então, é ceder à força do maior número.

Como havia observado na primeira *Democracia*..., nas sociedades democráticas o público adquire um poder singular, impondo as suas crenças e exercendo uma pressão quase irresistível à inteligência de cada um. Por conta dessa ascendência do público sobre os indivíduos, estes simplesmente acatam as opiniões prontas impostas pela maioria, não se dando ao trabalho de refletir e formular as próprias opiniões.

Dessa maneira, a independência individual que os homens alcançam nas sociedades igualitárias, uma vez libertos da cadeia hierarquizada das sociedades aristocráticas, pode se revelar algo ilusório. Na *Democracia*... de 1840, Tocqueville apresenta aquela que é uma das ideias mais originais da obra: a que relaciona o individualismo a um vício público, defendendo que essa postura individualista, tão característica das eras igualitárias, ao isolar os

---

[167] TOCQUEVILLE. DA2, in *Oeuvre II*, 1992, p. 521.

homens uns dos outros, ao invés de reforçar a sua independência e a sua autonomia, acaba, paradoxalmente, por conformá-los à mentalidade homogênea da massa.

Cabe esclarecer que não é exatamente o *homo democraticus* na versão norte-americana, entendido como o cidadão dotado de direitos e responsabilidades e vivendo sob um regime no qual de fato impera a soberania popular, que Tocqueville tem em mente quando faz a crítica do individualismo como vício público. O alvo dele continua a ser o *homo democraticus* visto como produto da sociedade igualitária, mas não necessariamente composta de cidadãos politicamente emancipados. Antes de traçar o perfil desse indivíduo, é preciso conceituar a noção tocquevilliana de individualismo.

***

Tocqueville foi um dos primeiros autores a empregar o termo "individualismo".[168] Mas a preocupação com as consequências deletérias desse fenômeno daqueles tempos modernos estava disseminada entre a geração do autor, tanto entre os conservadores quanto entre os progressistas. Por outro lado, o individualismo tinha os seus defensores – principalmente entre as fileiras dos liberais. Benjamin Constant, no célebre discurso que proferiu em 1819 no Ateneu francês, faz uma apologia do indivíduo moderno, centrado na vida privada. Para ele, a liberdade individual era a verdadeira liberdade. Em conformidade com Constant,

---

[168] Conforme Lamberti, o termo é incorporado na edição de 1835 do *Dictionnaire de l'Académie Française*, como "a subordinação do interesse geral ao interesse do indivíduo". Publicado poucos anos depois, o *Dictionnaire de la langue française*, de Littré, enuncia no verbete "individualismo": "Termo de filosofia. Sistema de isolamento dentro da existência. O individualismo é oposto ao espírito de associação. Teoria que faz prevalecer os direitos do indivíduo sobre os da sociedade" (apud LAMBERTI, 1970, p. 9). Conferir também ROLLET, 1985, p. 75-90. Sobre o que se diz a seguir sobre os críticos e os defensores do individualismo na França, a principal referência é BOESCHE, 1987, p. 43-50.

Madame de Stäel considera que a liberdade significava o triunfo do individualismo.

Da filosofia e da teoria políticas para a literatura romântica, o indivíduo – em geral em luta contra a sociedade – é o novo herói. É o que se constata, por exemplo, nos romances de Stendhal, como *O vermelho e o negro* e o seu protagonista, Julien Sorel. O próprio Stendhal, aliás, codinome de Henri-Marie Beyle, costumava justificar o uso deste e de outros pseudônimos alegando a necessidade de vestir uma máscara que protegesse a sua individualidade da hostilidade mundana. Como precursor desse movimento literário, está o próprio Rousseau – em *As confissões* e em *Devaneios do caminhante solitário*, figurando como narrador e personagem, ele refugia-se no seu mundo interior para escapar da hipocrisia reinante da sociedade da corte.

Já as queixas contra o individualismo dos tempos modernos disseminavam-se por todo o espectro político na França contemporânea de Tocqueville. À esquerda, posicionavam-se luminares como Fourier, Saint-Simon, Lamenais – e mesmo Comte –, que lamentavam o desaparecimento dos laços comunitários em detrimento de uma nova ordem que privilegiava os interesses individuais. À direita, legitimistas mais radicais, como Bonald e De Maistre, lastimavam o rompimento dos vínculos tradicionais entre as pessoas. Mas enquanto os primeiros idealizavam uma solução socialista para o combate ao isolamento dos cidadãos no mundo moderno e os segundos pregavam pura e simplesmente o retorno ao Antigo Regime, Tocqueville trilhava uma via alternativa.

Fiel às suas convicções liberais, o autor sempre prezou a liberdade e a autonomia individuais. Contudo, sem se render a qualquer nostalgia de uma época aristocrática que não mais retornaria, aponta os riscos inerentes a uma conduta individualista que descuide das responsabilidades para com a coletividade.

Comparando o individualismo com o egoísmo, Tocqueville destaca inicialmente que o primeiro é um sentimento comum da era de igualdade, enquanto as épocas anteriores conheceram apenas o segundo, caracterizado por ele como uma paixão exacerbada por si mesmo, que faz com que o indivíduo se coloque como centro de tudo. Já o individualismo é caracterizado como um sentimento refletido e tranquilo, que predispõe as pessoas a se isolar na vida privada, preocupando-se apenas com a família e os amigos mais próximos e distanciando-se das questões da esfera pública.

O individualismo só pôde surgir com o advento do estado social democrático porque, nas sociedades aristocráticas, as pessoas, mesmo aquelas que ocupavam posições superiores, só concebiam a si próprias dentro de uma cadeia de relações de mando e subordinação – cada qual sempre percebia acima de si alguém de quem demandava a proteção e abaixo de si outro que precisava ser protegido. Ainda que a noção geral de semelhante fosse obscura entre os membros de uma aristocracia, as instituições aristocráticas acabavam por criar fortes vínculos entre eles.

Analisando as famílias aristocráticas, Tocqueville salienta que elas eram estacionárias, como se todas as gerações fossem contemporâneas – cada qual conhecia praticamente todos os seus ancestrais e os respeitava, preocupando-se com os descendentes. Já nas sociedades democráticas, nas quais a noção de semelhante está bem presente entre homens que se encaram como iguais, o vínculo das afeições humanas pode até se espraiar quando se leva em conta a ideia de humanidade – uma vez que todos se percebem como pertencendo à mesma "família" humana –, mas também se torna mais frouxo e, no âmbito das relações familiares propriamente ditas, mais restrito.

> Nos povos democráticos, novas famílias saem sem cessar do nada, outras para ele voltam sem cessar, e todas as que permanecem mudam de fisionomia; a trama dos tempos se rompe a todo momento, e o vestígio das gerações se apaga. Esquecemos facilmente daqueles que nos precederam, e não temos a menor ideia dos que nos sucederão. Apenas os mais próximos interessam.[169]

---

[169] TOCQUEVILLE. DA2, in *Oeuvre II*, 1992, p. 613.

CAPÍTULO 2 – OPINIÃO, MASSIFICAÇÃO E PLURALIDADE

Tocqueville não quer dizer, com isso, que o modelo da família aristocrática seja superior ao da democrática. Quando trata da influência da democracia sobre a família, ressalta como, em uma sociedade democrática, os vínculos naturais mais próximos são reforçados, unindo mais estreitamente pais e filhos – os primeiros desfrutam do respeito dos segundos não porque exercem uma posição de mando incontestável como nas sociedades aristocráticas, mas porque desenvolvem laços de afeto e confiança. Nas famílias aristocráticas, nas quais o pai goza da autoridade de um magistrado e há mesmo uma hierarquia entre os irmãos, em virtude dos privilégios concedidos ao primogênito, o cenário é diverso: apesar das relações rígidas e difíceis de serem rompidas que conectam os vários membros de uma família, esses vínculos nem sempre são sinônimo de afetividade e cumplicidade.

A sua insistência em comparar os dois modos de relações familiares justifica-se, sobretudo, para enfatizar o estatuto sociopolítico da família aristocrática – como ela se estrutura na propriedade fundiária, sendo este o patrimônio que dá acesso ao poder público, não existe uma separação rigorosa entre a vida privada e a vida pública. O pai, em uma família aristocrática, é uma espécie de magistrado, exercendo um direito político de comandar os subordinados. Portanto, não há que se falar em individualismo, tendo em vista que os interesses privados estão inextricavelmente confundidos com os públicos – aliás, não há nem mesmo que se falar em indivíduo, da forma como ele é concebido na modernidade. As pessoas não se percebem a si mesmas isoladamente, fora da cadeia de relações que estrutura a sociedade aristocrática.

Na aristocracia, a família é, em suma, um primeiro organismo sociopolítico que, ao lado de outros, como as corporações e as classes, formam os elos da corrente que unem do mais simples camponês ao rei. A democracia, de seu lado, quebra essa corrente e coloca cada elo que a compõe à parte. Os indivíduos das eras igualitárias consideram que, por não dependerem de ninguém, contam apenas com eles próprios – alimentam a ilusão de que seu destino está inteiramente em suas mãos.

Assim, o individualismo é originário muito mais de um juízo errôneo – porque sustentado na quimera da autossuficiência do indivíduo – do que de um sentimento depravado. E ataca principalmente as virtudes públicas, as virtudes do cidadão. No entanto, nesse movimento incessante de voltar-se para si mesmos, os indivíduos correm o risco de se verem completamente encerrados em seu próprio íntimo. É quando o individualismo é absorvido pelo egoísmo, o qual corrói a fonte de todas as virtudes. Não é mais o homem como cidadão que se vê corrompido por esse vício, mas o ser humano na sua integralidade, como sujeito ético e político.

O fenômeno do individualismo adquire em Tocqueville, assim, duas dimensões: uma sociopolítica e outra ético-moral. Enquanto o egoísmo é um vício inerente à natureza humana, presente em todas as épocas, o individualismo – um fenômeno que pode ser datado historicamente, porquanto nasce com a democracia moderna – é de natureza sociopolítica e corrompe o homem na qualidade de cidadão.

O individualismo passa a ter implicações também no campo ético-moral quando se transforma, segundo o que acentua Lamberti, em "uma filosofia social que justifica e mascara ao mesmo tempo o egoísmo". "Após o enfraquecimento das virtudes públicas, chega-se assim à abdicação de toda virtude pública e a ordem da cidade não é mais capaz de moralizar o homem."[170] Tocqueville, nesse ponto, se aproximaria de uma tradição republicana que vai de Rousseau aos Antigos, segundo a qual as virtudes públicas têm como efeito não só a preservação do bem comum, mas o desenvolvimento integral do ser humano, como indivíduo e como cidadão.

***

---

[170] LAMBERTI, 1970, p. 12-13. Sobre o tema do individualismo em Tocqueville, ver DA2, in *Oeuvre II*, 1922, p. 612-620.

CAPÍTULO 2 – OPINIÃO, MASSIFICAÇÃO E PLURALIDADE

Na pele do individualista, Tocqueville identifica, na realidade, o burguês. Ou, mais precisamente, a massa de indivíduos que, na França governada pela Monarquia de Julho, comungavam, sem questioná-la, da ideologia da classe dominante, para utilizar o vocabulário marxista: a burguesia, com a sua extrema valorização do ganho, da busca do bem-estar e da vida privada.

Essa mentalidade também era predominante nos EUA – lá, a cupidez, como observa o autor no seu estudo sobre a democracia norte-americana, era um traço distintivo do caráter dos indivíduos. Porém, o povo norte-americano, por meio de seus costumes e de suas instituições sociais e políticas, dispunha de instrumentos para equilibrar esse individualismo característico das classes médias, que privilegia os negócios privados e a procura do bem-estar, com as responsabilidades da cidadania.

Lançando novamente mão do par comparativo aristocracia *versus* democracia, Tocqueville mostra por que é na classe média que se encontra o tipo ideal do individualista do mundo moderno. Na sociedade aristocrática, as classes superiores não temem mudar de condição – aliás, elas sequer imaginam essa possibilidade. Sendo assim, a riqueza e o bem-estar não se tornam para elas o objetivo de suas vidas; constituem apenas uma maneira de viver, não são um valor fundamental. Na base da rígida pirâmide social desse universo, os pobres têm uma visão de mundo similar: a mudança de estado social também é algo inconcebível e, portanto, o desejo de acumulação de riquezas é estranho a eles. Sem outra perspectiva de vida e conformados com a sua condição, contentam-se com o mínimo para sobreviver.

Com o processo de igualização das condições que marca as sociedades democráticas, os níveis sociais passam a se confundir, e os privilégios fixos são destruídos. Há um movimento de desconcentração da renda e do patrimônio, aliado a um maior acesso ao conhecimento, que desperta o anseio nos mais pobres de melhorar a sua situação e um temor nos mais ricos de perder o que têm. Ao mesmo tempo, um sem-número de "fortunas medíocres", para usar a expressão de Tocqueville, se estabelece. São justamente os proprietários dessas pequenas fortunas, que compõem a maior parcela da população (ou pelo menos a mentalidade dominante) das sociedades democráticas, que formam as chamadas classes médias. Sempre preocupadas em preservar o seu pequeno patrimônio e em aumentar os seus ganhos, elas elegem como principal valor de referência o bem-estar material.

> Busco uma paixão que seja natural a homens que a obscuridade de sua origem ou a mediocridade de sua fortuna excita e limita, e não encontro uma mais apropriada do que o gosto pelo bem-estar. A paixão pelo bem-estar material é essencialmente uma paixão de classe média; cresce e se estende com essa classe; torna-se preponderante com ela. É a partir dessa classe que ela alcança os níveis superiores da sociedade e desce até o seio do povo.[171]

Sobre essa questão, torna-se pertinente retornar a um tema discutido no primeiro capítulo: a aposta de Tocqueville de que as revoluções serão raras nas democracias. Essa característica "antirrevolucionária" da democracia não deixa de ser ambígua: de um lado, pode representar a maturidade de um corpo político que conta com instituições livres e igualitárias e, de outro, ser indicativa do entorpecimento de uma multidão de indivíduos atomizados muito ocupados com o próprio bem-estar e que compartilham uma situação mais ou menos avançada de igualdade de condições, mas sem exercer uma cidadania ativa. Ora, é em especial esse segundo cenário que Tocqueville tem como alvo quando indica as armadilhas à liberdade, individual e política, escondidas detrás da fachada aparentemente libertária de uma cultura individualista.

Iludido pela fantasia (o "juízo errôneo") da autossuficiência e confinado ao círculo estreito de familiares e amigos mais próximos, sem laços com a coletividade na qual está inserido e dominado pela obsessão em auferir ganhos materiais, o individualista

---

[171] TOCQUEVILLE. DA2, in *Oeuvre II*, 1992, p. 643.

que vive voltado para a própria vida privada é, no final das contas, um sujeito fraco e indefeso em face da sociedade e do Estado.

O seu isolamento faz dele apenas mais um número a formar a massa uniforme de outros indivíduos atomizados, a qual, paradoxalmente, é produto de uma cultura individualista. Encerrado na esfera estritamente privada do lar e dos negócios, esse indivíduo comunga com os outros componentes dessa massa o mesmo credo: o ganho material como valor supremo. Assim, como expressa Marcelo Jasmin, cria-se um círculo vicioso no qual, à medida que o individualismo vai disseminando-se pelo tecido social, mais é percebido como um dado natural, em uma dinâmica que impede que o imaginário coletivo possa conceber outras formas de convivência social.[172]

Daí o conformismo ideológico que pode se espraiar em um estado social democrático, o qual representa uma séria ameaça à liberdade de pensamento e à autonomia individual, e também à vida coletiva no espaço público, porque confina as pessoas nos limites estreitos do modo de vida pequeno-burguês, negando espaço a outras experiências e formas de expressão que confrontem esse modelo baseado no indivíduo autocentrado e na celebração da vida privada. Em sintonia com o pensamento de Hannah Arendt, conforme será destacado mais à frente, a uniformidade de pensamento, para Tocquevillle, é fruto do isolamento dos indivíduos – a pluralidade característica da condição humana só surge no convívio entre cidadãos livres e iguais.

Diversamente do que pensavam os seus contemporâneos, para Tocqueville, o maior temor com relação à perpetuação dessa cultura individualista não é a possibilidade de ver a sociedade mergulhada em uma espiral permanente de anarquia e revoluções. Ao contrário, a ameaça reside na paralisia do corpo social, congelado em um estado de torpor. Em outras palavras, o maior perigo representado pelo individualismo é resultar na apatia da massa.

---

[172] JASMIN, 1997, p. 59.

> Se os cidadãos continuarem a se encerrar cada vez mais estreitamente no círculo dos pequenos interesses domésticos e a nele se agitar sem repouso, eles acabarão se tornando como que inacessíveis a essas grandes e poderosas emoções públicas que perturbam os povos, mas os desenvolvem e renovam. Quando vejo a propriedade tornar-se tão móvel, e o amor à propriedade tão inquieto e tão ardente, não posso me impedir de temer que os homens cheguem ao ponto de encarar toda teoria nova como um perigo, toda inovação como um distúrbio indesejado, todo progresso social como um primeiro passo em direção a uma revolução, e se recusem inteiramente a se mover, com medo de serem arrastados. Estremeço, eu o confesso, que eles se deixem enfim possuir tão bem por um covarde amor aos prazeres presentes que o interesse de seu próprio futuro e do de seus descendentes desapareça, e que eles prefiram seguir languidamente o curso de seu destino a fazer, se necessário, um súbito e enérgico esforço para corrigi-lo.[173]

Nesse ambiente composto pela massa de indivíduos atomizados, conformados a uma mentalidade homogênea que eleva o modelo de vida burguês – focado no lucro e nos negócios privados – como o único modo de realização da existência humana, Tocqueville vislumbra ainda a ameaça de surgimento de outra forma de despotismo democrático. Esta, diferente da tirania da maioria, não é fruto dos excessos da soberania popular, embora conserve alguns traços desse fenômeno da onipotência popular. Porque aqui não se trata mais de uma opinião pública ativa – entendida na sua acepção de ator político que pode confrontar as instâncias dirigentes – e, por vezes, opressora, por expressar a uniformidade de uma maioria que sufoca as divergências. Mas de uma massa apática, conformista, porém não menos repressora da liberdade individual, cujos componentes se retiraram do espaço

---

[173] TOCQUEVILLE. DA2, in *Oeuvre II*, 1992, p. 781-782.

CAPÍTULO 2 – OPINIÃO, MASSIFICAÇÃO E PLURALIDADE

público e abdicaram das responsabilidades como cidadãos. Aliás, não é o caso sequer de falar em opinião pública, como Tocqueville ressaltou no discurso de ingresso na Academia Francesa, ao abordar as consequências do individualismo.

> A nova filosofia, submetendo unicamente ao tribunal da razão individual todas as crenças, tornou as inteligências mais independentes, mais orgulhosas, mais ativas, mas ela as isolou. Os cidadãos iriam logo perceber que doravante era necessário muito engenho e esforço para reunir ideias comuns e que era de se temer que o poder viesse finalmente dominar todos, não porque ele tinha a seu lado a opinião pública, mas porque a opinião pública não existia mais.[174]

O rebanho humano formado por essa multidão de pessoas isoladas umas das outras reclama por um pastor. Eis quando aparece o Estado tutelar, cujo cidadão ideal – talvez súdito seja uma denominação mais apropriada – é o homem da massa.

***

Embora o tema da centralização administrativa figure entre as preocupações de Tocqueville desde a redação do primeiro volume da *Democracia...* e também apareça, com amplo destaque, no *Antigo Regime e a Revolução*, é principalmente na quarta e última parte da segunda *Democracia...* que Tocqueville desenvolve esta que é outra de suas ideias inovadoras: a possibilidade de brotar, do solo de um estado social democrático, esse novo tipo de despotismo que pode ser nomeado de Estado tutelar.

Tocqueville não tem dúvidas de que essa nova espécie de opressão que ameaça as democracias é um fenômeno sem precedentes na história do mundo ocidental. "Procuro em vão em mim mesmo uma expressão que reproduza exatamente a ideia que

---

[174] TOCQUEVILLE. Discours de M. de Tocqueville prononcé dans la séance public du 21 avril, [1842], p. 12.

formo dela e a encerra; as velhas palavras despotismo e tirania não convêm. A coisa é nova, é preciso, pois, procurar defini-la, já que não posso nomeá-la", reconhece.

Como o autor define essa nova forma de tirania, representada pelo Estado tutelar? Primeiramente, ele imagina o tipo ideal que corresponde a esse modelo de regime político – e ele é justamente o que poderíamos denominar o retrato do indivíduo das modernas sociedades de massa: "[...] vejo uma multidão incontável de homens semelhantes e iguais que giram sem repouso em torno de si mesmos para conseguir pequenos e vulgares prazeres com que preenchem suas almas".[175]

Cada um desses indivíduos isola-se à parte e mantém-se alheio aos outros. Não se identificam com nenhuma classe social, uma vez que apenas se enxergam como fazendo parte da massa; não se organizam em nenhum tipo de associação civil ou política; os assuntos públicos – exceto os que afetam os seus interesses particulares – lhes são indiferentes. Para esses indivíduos, é como se os familiares mais próximos e alguns amigos formassem a humanidade; quanto ao resto dos concidadãos, eles os ignoram. Cada um existe somente em si mesmo e para si mesmo.

Acima dessa multidão laboriosa e passiva, Tocqueville vislumbra um poder imenso e tutelar. Esse poder é caracterizado por ele como absoluto, detalhado, regular, previdente e – surpreendentemente – "doce".

Por que o autor usa esse adjetivo? Porque essa "doçura" repousa na fachada com que esse poder se mostra para aqueles a quem domina, como uma espécie de "paizão" que cuida com desvelo dos interesses dos filhos. Porém, essa aparência é enganadora: um pai prepara a sua prole para alcançar a idade adulta e, consequentemente, a independência; já o poder tutelar se esforça para fixar os tutelados em uma infância permanente. Age assim assumindo paulatinamente a direção de todas as esferas da vida – política, social, econômica – de seus subordinados.

---

[175] TOCQUEVILLE. DA2, in *Oeuvre II*, 1992, p. 836.

Essa opressão – "que não quebra as vontades, mas as amolece, as dobra e as dirige; raramente força a agir, mas impede sem cessar que se aja; não destrói, mas impede que nasça; não tiraniza, mas incomoda, comprime, enfraquece, apaga, entorpece" – é tão mais terrível porque aqueles submetidos a ela parecem não se dar conta da sua própria servidão. Tanto é que essa forma de despotismo pode ser combinada com um arremedo de soberania popular, em que os indivíduos irrompem de seus casulos de tempos em tempos para assumir momentaneamente o papel de cidadãos e eleger aqueles que vão dirigi-los. No entanto, nesse sistema, eles apenas "saem um momento da dependência para indicar seu senhor e voltam a entrar nela"[176] – para citar outra sentença de Tocqueville funestamente premonitória, no caso em questão, em relação à situação política francesa uma década depois, quando Luís Bonaparte foi eleito presidente e depois assenhorou-se despoticamente do poder.

No primeiro capítulo, viu-se que, segundo Tocqueville, o processo de centralização do poder estatal na França não era decorrente da Revolução Francesa, mas provinha do Antigo Regime e foi aperfeiçoado e intensificado pelo movimento revolucionário pós-1789. Solo propício ao aparecimento do despotismo democrático na forma de Estado tutelar, o fenômeno do individualismo – que muitos contemporâneos do autor também debitavam na conta da revolução –, apesar de ser produto das "eras democráticas", teve de igual maneira os seus antecedentes no período pré-revolução. O individualismo moderno já se prefigurava no "individualismo coletivo", identificado, no *Antigo Regime e a Revolução*, como um traço da sociedade pré-revolucionária, na qual os membros das três ordens que a compunham isolavam-se em pequenos grupos indiferentes à sorte uns dos outros e ocupados apenas com os interesses privados.

---

[176] TOCQUEVILLE. DA2, in *Oeuvre II*, 1992, p. 837-838.

É importante retomar esses tópicos para entender a razão pela qual Tocqueville considera que a centralização do poder – e o risco de esse processo degenerar em um Estado tutelar despótico – é uma tendência das sociedades democráticas, sobretudo as que são fruto da experiência revolucionária, como a francesa.

O individualismo, na sua análise, é mais acentuado após uma revolução do que em qualquer outra situação. A fim de fundamentar essa tese, ele apresenta um perfil dos indivíduos nessas condições. Nas sociedades que acabaram de passar pela experiência revolucionária, não há apenas um grande número de indivíduos independentes, como também surgem aqueles que, recém-libertos do jugo da antiga servidão, ficam como que embriagados com o seu novo status. Estes últimos confiam somente em suas próprias forças e não hesitam em mostrar que pensam apenas por si mesmos.

De outra parte, aqueles que ocupavam o topo da hierarquia da ordem recém-derrubada, além de não nutrirem a menor simpatia pelos que agora se posicionam como seus iguais, tampouco conseguem manter os laços que tinham com os antigos pares. A tendência deles, portanto, é a de se isolar – mesma reação também observada entre os seus ex-servos que, diante dos que foram os patrões, preferem se manter afastados. Para completar o quadro, e aqui deve-se levar em conta o exemplo específico da Revolução Francesa – o paradigma de uma revolução social e política para Tocqueville –, a sociedade pós-revolucionária vê-se destituída daqueles corpos intermediários que, na aristocracia, ainda faziam a mediação entre a população e o poder central.

A situação de isolamento em que os indivíduos encontram-se nessa situação pós-revolucionária faz com que lhes pareça natural que, em contraponto ao ínfimo poder que cada um dispõe, se sobreponha um poder central, único e regular. No caso particular da Revolução Francesa, como os poderes intermediários, já bastante enfraquecidos nas vésperas do levante, praticamente desapareceram depois de 1789 – e a massa confusa que restou não estava organizada nem preparada para reivindicar o lugar que pertenceu outrora àquelas parcelas da aristocracia, e mesmo da burguesia, que cuidavam dos negócios locais –, a única instância que se percebeu capaz de encarregar-se de todos os detalhes da vida pública foi o Estado.

Conforme Tocqueville, mesmo que evitasse concentrar todo o poder em suas mãos, Napoleão Bonaparte fatalmente acabaria sendo conduzido nessa direção, por conta das condições da França à época. Em terreno norte-americano, a ausência de uma revolução democrática – no sentido tocquevilliano – livrou a população das garras de um Estado tutor. Como já dispunham de uma ampla tradição de liberdade política em nível local e tampouco precisaram derrubar uma ordem aristocrática, os norte-americanos estavam organizados de forma a evitar que a ação centralizadora da máquina estatal burocrática assumisse o controle de toda iniciativa de caráter público.

Como bem salienta François Furet, o dilema da Europa – especialmente o da França – era o de que os seus povos haviam alcançado um estado social democrático, mas sem ter as instituições políticas correspondentes. "Eis por que a sua história se caracteriza pelo silêncio de povos passivos e desorganizados em face de governos fortes e organizados", comenta. "Quanto a mim, quando considero o estado a que já chegaram diversas nações europeias e aquele para o qual todas as outras tendem, sinto-me levado a crer que logo entre elas não haverá lugar senão para a liberdade democrática ou para a tirania dos Césares", sublinha Tocqueville.[177]

Oscilando entre o ceticismo e a esperança, essa frase de Tocqueville condensa o seu prognóstico sobre o futuro das sociedades que cada vez mais aprofundam o processo da igualdade de condições: a democracia, como estado social, só consegue escapar à tirania se também se consolidar como estado político. Para isso é preciso escapar das armadilhas do individualismo, que enfraquece a cidadania, e conciliar a igualdade com a liberdade, no seu sentido amplo, a qual envolve a liberdade individual e também a participativa – o que será discutido nos capítulos 3 e 4.

---

[177] FURET, 1998, p. XXI; TOCQUEVILLE. DA1, in *Oeuvre II*, 1992, p. 365.

Na seção seguinte, será a ocasião de analisar as reflexões de Arendt sobre os perigos do domínio absoluto da opinião pública, entendida como a expressão da "vontade geral", e do isolamento dos indivíduos que formam as massas modernas, temas que, como se pode perceber, encontram vários pontos de correspondência com o pensamento de Tocqueville. Contudo, antes de discorrer sobre essas questões, é fundamental destacar a compreensão política que Arendt apresenta da opinião, analisando a interpretação que a autora faz do conceito da *doxa* entre os gregos.

2. ARENDT: A DIGNIDADE DA *DOXA*

2.1. OPINIÃO E FILOSOFIA

Em entrevista concedida ao jornalista Günter Gaus em 1964, exibida por um canal de TV alemão, Hannah Arendt fez questão de enfatizar que não se via como pertencente ao "círculo dos filósofos" e que a sua área de investigação era a teoria política.[178] Ela também costumava delinear uma distinção entre aqueles que classificava de "filósofos políticos" (Platão à frente) e os "escritores políticos", dentre os quais incluía Maquiavel, Montesquieu e Tocqueville – estes últimos eram assim chamados porque construíram a sua obra a partir da experiência política que vivenciaram ou testemunharam, como a própria autora, ao passo que os primeiros teriam uma certa tendência a menosprezar a realidade do âmbito propriamente político, das interações entre os indivíduos no espaço público.

A insistência de Arendt em dizer que não se considerava uma filósofa tem a ver com a sua constatação de que a tradição filosófica que derivava de Platão fora incapaz de fornecer respostas que permitissem compreender os acontecimentos políticos que marcaram a primeira metade do século XX, em especial o fenô-

---

[178] ARENDT. *A dignidade da política*, 2002, p. 123.

meno do totalitarismo. Por isso, no seu intento de – à semelhança de Tocqueville – buscar uma nova ciência política que fosse capaz de dar conta de tamanho desafio, era urgente empreender uma crítica da conturbada relação entre filosofia e política.

Essa tarefa à qual Arendt se lança passa por uma reavaliação da opinião, em sua dimensão política, já que a política é o espaço por excelência do discurso e da palavra, portanto, da livre expressão das opiniões dos cidadãos. Para tanto, Arendt recupera o significado da *doxa* (opinião) na *pólis* grega, no seu esforço de apresentar as razões do conflito que surge, no âmbito da filosofia platônica, entre opinião e verdade e, por conseguinte, entre política e filosofia.

Em um texto inspirador publicado na década de 1950, intitulado justamente "Filosofia e política", Arendt observa que uma das pedras angulares da filosofia política de Platão é a oposição que ele estabelece entre opinião e verdade. A parábola da caverna, inserida no capítulo VII de *A república*, seria o exemplo mais loquaz do antagonismo que o filósofo visualiza entre ambas. O interior da caverna, habitado por seres humanos acorrentados de forma tal que a única coisa que podem ver são as imagens projetadas na parede pelo fogo que fica às suas costas, simboliza o terreno da *doxa*, ou seja, da opinião. É, portanto, o campo da ilusão, porque os seres ali aprisionados tomam aquelas imagens pela realidade. Já a verdade só é alcançada quando um desses prisioneiros – identificado como o filósofo – liberta-se das correntes que o prendem e consegue escapar. Lá fora, livre da escuridão e do engano provocado por seus próprios sentidos, enxerga o Sol das Ideias e, consequentemente, a verdade.

Fica patente nessa oposição a desconfiança platônica em relação à *pólis* grega. O mundo interno da caverna representaria o modo de vida do cidadão, cujas opiniões estão sujeitas a um fluxo constante, mudando de acordo com a sucessão dos acontecimentos e ao sabor das conveniências de cada um. Por outro lado, o espaço da verdade, ao qual só o filósofo pode ter acesso, situa-se junto às Ideias sempiternas, às essências eternas das coisas que são imunes às oscilações da seara humana.

Na interpretação arendtiana, a radical condenação da *doxa* que Platão faz em toda a sua obra política tem raiz em uma experiência concreta e dolorosa vivida pelo filósofo: ela deriva da decepção dele com a *pólis* grega após o julgamento de Sócrates por seus concidadãos, que o sentenciaram injustamente à morte. "O espetáculo de Sócrates submetendo a sua própria *doxa* às opiniões irresponsáveis dos atenienses e sendo derrotado por maioria de votos levou Platão a desdenhar das opiniões e a desejar parâmetros absolutos."[179] Esses parâmetros absolutos, pelos quais se poderiam julgar os feitos humanos e que conferiam certo grau de confiabilidade ao pensamento, tornaram-se o cerne da filosofia política platônica. Com base neles, Platão concebeu a sua "tirania da verdade": não é aquilo que é temporalmente bom, ou de que os homens podem ser persuadidos, que deve governar a cidade, mas a verdade eterna, que se impõe aos homens e dispensa qualquer esforço no sentido de convencê-los.

Se o alvo de Platão, ao condenar a opinião, é a *pólis*, e se a *pólis* grega é marcada pela experiência democrática, então, é à democracia tal como vivenciada em Atenas que ele visa com a sua crítica. A prática democrática da *pólis* grega implica a presença de um corpo político formado por cidadãos livres e iguais que tenham direito à palavra no espaço público, podendo expor as suas opiniões, debatê-las e deliberar sobre temas do interesse da comunidade, sem que tenham de exibir um título reconhecido ou um conhecimento específico para participar dessas discussões.

Por conseguinte, criticar a opinião, enxergá-la com desconfiança, encará-la como território do erro e da ilusão – como o faz Platão – é atingir, por assim dizer, o próprio coração da *pólis* democrática.

A crítica platônica da opinião – na qual o filósofo traça uma linha de demarcação entre a *doxa* (a opinião) e a *episteme* (o conhecimento) – apresenta uma implicação existencial e outra política. Em *Górgias*, está bem exposta essa implicação existencial,

---

[179] ARENDT. *A dignidade...*, 2002, p. 92.

CAPÍTULO 2 – OPINIÃO, MASSIFICAÇÃO E PLURALIDADE

quando Sócrates apresenta a Cálicles o seguinte dilema: ou bem ele deve amar o demo e se fazer amado por ele (e se tornar, portanto, um demagogo) ou bem deve amar a verdade e a filosofia, ou seja, o conhecimento, e desprezar as opiniões do povo. Em outros diálogos, como *A república*, aparece com frequência a implicação política: governar supõe uma ciência, articulada à ciência mais alta (aquela do Bem), que requer o domínio de um saber, o qual se sobrepõe às opiniões do vulgo. A conclusão é a de que as opiniões em geral, e não apenas aquelas relacionadas à política, devem ser avaliadas do ponto de vista do conhecimento verdadeiro.

Em resumo, a opinião nos textos platônicos é identificada a um conhecimento menor, incerto, não fixado, cambiante. Mesmo no *Mênon*, em que Platão alude às "opiniões verdadeiras", as quais "são uma bela coisa e produzem todos os bens", estas depois são consideradas como tendo menor valor em relação ao conhecimento científico. Também no *Teeteto*, aparece uma distinção entre opinião falsa e opinião verdadeira. No entanto, esta última é assim classificada não porque pode se equiparar a algum tipo de conhecimento – pela boca do personagem Sócrates, Platão diz expressamente que "a opinião verdadeira não é conhecimento" –, mas em virtude de ser a que melhor se ajusta a um objeto em um campo do conhecimento específico.[180]

***

Voltando às reflexões de Arendt sobre a opinião, apesar de a condenação platônica da *doxa*, e em consequência da prática política da *pólis*, encontrar suas explicações na injustiça sofrida por Sócrates da parte de seus concidadãos, para a autora, a oposição entre verdade e opinião estabelecida por Platão foi uma das conclusões mais antissocráticas que ele retirou do julgamento de seu mestre. Sócrates nunca teria chegado perto de propor tal

---

[180] Cf. PLATÃO, 2002, p. 179-180; 2005, p. 65; 2013, p. 67-68; BOURDIN, 2010, p. 4.

distinção, até porque ela contrariaria frontalmente a sua própria maneira de pensar e agir.[181]

É bem verdade que a hostilidade da filosofia para com a política, surgida na obra platônica, fora precedida pela hostilidade da política para com a filosofia, explícita no já antigo e enraizado preconceito da *pólis* contra os chamados sábios, os *sophoi*. Esse preconceito aparece na velha anedota – narrada por Platão no *Teeteto* – da serva trácia que zomba do filósofo Tales de Mileto, quando este, com o olhar fixo nos céus a fim de estudar o movimento dos astros e sem prestar atenção no chão onde pisa, acaba caindo em um poço. Dessa anedota pode-se extrair uma conclusão que era largamente aceita entre os cidadãos da *pólis* grega: se eram incapazes de cuidar de si, como bem o demonstrara o Tales da historieta, ao arrancar risos da jovem trácia por seu alheamento para com a realidade concreta à sua volta, os sábios jamais poderiam, caso fossem alçados à condição de líderes políticos, estar à frente de uma comunidade política.

---

[181] Como deixa claro no ensaio "Pensamentos e considerações morais" (in *A dignidade da política*, 2002), texto que foi em parte incorporado ao seu livro inacabado *A vida do espírito* (2000), Arendt não ignora, evidentemente, o intenso debate em torno da figura histórica de Sócrates e o que, nos diálogos de Platão, pode ser demarcado como autenticamente socrático em contraste com a filosofia platônica propriamente dita. O Sócrates que ela toma como exemplo – principalmente nas suas reflexões sobre a atividade de pensar – pode ser descrito como um "tipo ideal" (lembrando-se aqui também dos tipos ideais, mas condensando ideias mais genéricas, do homem democrático e do homem aristocrático de Tocqueville, citados na primeira parte deste capítulo): esse tipo ideal socrático traçado por Arendt configura o modelo de um pensador não profissional que movimentava-se com a mesma desenvoltura nas esferas do pensamento e da ação. Ou seja, nele não havia a cisão entre o sábio e o cidadão e, portanto, a premência de opor a filosofia à política. Para justificar essa transformação de Sócrates em um tipo ideal, Arendt lança mão do exemplo do personagem de Tomás de Aquino, tal como ele surge na *Divina comédia*, de Dante. Apoiando-se na explicação de Etienne Gilson, a autora diz que o São Tomás de Dante conserva "tanto sua realidade histórica quanto a função representativa que Dante lhe atribui". O Sócrates arendtiano seria, assim, não uma alegoria ou uma abstração personificada – "tão caras aos maus poetas e alguns eruditos" –, mas uma figura histórica que carrega um significado representativo, no caso, essa combinação de pensamento e ação (in *A vida do espírito*, 2000, p. 126-127).

CAPÍTULO 2 – OPINIÃO, MASSIFICAÇÃO E PLURALIDADE

O próprio Aristóteles, na *Ética a Nicômaco*, partilha dessa visão comum entre os seus concidadãos. Ele distingue a *phronésis*, aquela sabedoria prática característica de homens como Péricles, que percebem o que é bom para si mesmos e para os homens em geral – tendo a habilidade de bem deliberar a respeito das coisas humanas –, da sabedoria filosófica, de figuras como Anaxágoras e Tales, que, embora conheçam "coisas notáveis, admiráveis, difíceis e divinas", ignoram o que lhes é vantajoso, pois "não são os bens humanos que eles procuram".[182]

No entanto, na interpretação arendtiana, foi exatamente por não se considerar um sábio que Sócrates se esforçou em permanecer no âmbito político, recusando o papel do filósofo que se mantém à parte do mundo humano para se dedicar exclusivamente às suas especulações. Tampouco ele vislumbrava o filósofo como alguém que se coloca acima dos homens, a fim de ditar-lhes leis, como intentava Platão. Inserido na esfera da política, a sua preocupação era buscar um diálogo autêntico com os seus concidadãos, pelo qual poder-se-ia compreender a verdade que se manifesta na opinião do outro, sem procurar impor uma verdade própria.

É em torno dessa concepção do seu papel como filósofo que se deve entender a noção socrática da *doxa*, da opinião. Segundo esse entendimento, a opinião é a formulação em discurso "daquilo que me parece" (*dokei moi*), do mundo "tal como ele se revela" a mim. Dessa forma, a opinião não pode ser considerada, por um lado, como fantasia subjetiva ou mera arbitrariedade, mas, por outro, tampouco apresenta-se como algo absoluto e válido para todos. A opinião não pode ser encarada como algo absoluto porque o mundo se revela de maneira diferente aos seres humanos, conforme a posição que cada um ocupa nele. Porém, o que a impede de ser uma manifestação inteiramente subjetiva, incapaz de ser comunicada a outrem, é o fato de que todos habitamos o mesmo mundo, é o mesmo mundo que se revela a cada um de

---

[182] ARISTÓTELES, 1987, p. 104-106.

nós, embora de perspectivas diferentes – essa característica é o que Arendt chama de "mesmice" do mundo, o seu caráter comum ou "objetividade".

O significado da palavra grega *doxa* não é somente opinião, mas também esplendor e fama. A *doxa* está relacionada, dessa maneira, à esfera política, pois é no espaço público que os homens têm a chance de aparecer e mostrar quem são. Eis a razão por que os gregos valorizavam tanto a esfera pública e menosprezavam quem vivia inteiramente imerso na vida privada – nesta última não era possível ser visto e ouvido pelos seus pares, como na *pólis*. Por isso mesmo, mulheres, escravos e filhos menores não eram reconhecidos como plenamente "humanos" pelo fato de ser vedada a eles a participação no espaço público, em última instância, o direito à cidadania.

Sócrates, de sua parte, nunca se limitou à vida privada. É certo que sempre rejeitou qualquer tipo de cargo político ou honraria pública, mas nunca abriu mão de circular pela *pólis*, de trafegar em meio às inúmeras *doxai*, às diversas opiniões que se manifestavam em praça pública. É nesse ambiente que colocava em prática a sua "arte do parto", a maiêutica – ou seja, era em praça pública que se dispunha a auxiliar os seus concidadãos a dar à luz os próprios pensamentos, a manifestar suas opiniões e assim identificar o que de realmente consistente[183] residia nelas.

---

[183] Usou-se aqui a palavra "consistente" porque, sempre de acordo com a interpretação arendtiana, para Sócrates, o critério essencial para auferir a autenticidade da *doxa* de alguém é verificar se essa pessoa, ao se expressar, mostra-se de acordo consigo mesma – isto é, ela não deve cair em contradição. Arendt comenta que o medo da contradição decorre do fato de que cada um de nós, "sendo um", passa por uma experiência de dualidade ao exercitar a atividade do pensamento: nessa situação, não somos apenas um, mas dois-em-um, porque o pensar nada mais é do que uma conversa consigo mesmo. Pode-se escapar da contradição quando, nesses diálogos em que se desenvolve a atividade do pensamento, as duas partes em que o eu se divide conseguem chegar a um acordo, a uma harmonia. Estar em harmonia consigo mesmo é estar de acordo consigo mesmo, mas tal condição só é alcançada quando a pluralidade que é inerente ao mundo humano também é experimentada pelo eu, ao dividir-se em dois e conversar consigo mesmo no diálogo do pensamento, assim como conversa com outros nas suas interações mundanas. O eu que não se divide, que permanece fechado a si mesmo, nunca

CAPÍTULO 2 – OPINIÃO, MASSIFICAÇÃO E PLURALIDADE

O método da maiêutica era fundado em uma dupla convicção. Primeiramente, a de que todo o homem tem a sua *doxa*, a sua própria abertura para o mundo. Daí o esforço de Sócrates de colocar em prática o seu método por meio de perguntas, pois não tinha como saber de antemão que tipo de *dokei-moi* o seu interlocutor carregava, ou seja, de que forma o mundo se revelava àquele a quem interrogava. O segundo ponto era que, assim como ninguém conhece previamente qual é a *doxa* do outro, tampouco sabe por si mesmo, sem que isso venha à tona por meio do diálogo, qual é a verdade inerente à sua própria *doxa*. Como diz Arendt, Sócrates queria trazer à luz a verdade que toda pessoa potencialmente carrega. Nas palavras da autora,

> Sócrates queria tornar a cidade mais verdadeira fazendo com que cada cidadão desse à luz suas verdades. O método para fazê-lo era a *dialegesthai*, discutir até o fim; essa dialética, entretanto, extrai a verdade não pela destruição da *doxa*, ou opinião, mas, ao contrário, revela a *doxa* em sua própria verdade. O papel do filósofo não é, então, governar a cidade, mas ser o seu "moscardo"; não é dizer verdades filosóficas, mas tornar seus cidadãos mais verdadeiros. A diferença para Platão é decisiva: Sócrates não queria educar os cidadãos; estava mais interessado em aperfeiçoar-lhes as *doxai*, que constituíam a vida política em que ele tomava parte.[184]

---

alcança essa harmonia, porque, como diz Arendt em *A vida do espírito*, "no mínimo são necessários dois tons para alcançar um som harmonioso" (2002, p. 137). Portanto, quanto mais uma pessoa tiver o hábito de refletir, de lançar-se à atividade do pensamento, de manter esse diálogo silencioso consigo mesmo, maior será a chance de seus pensamentos alcançarem mais profundidade (o pensar é definido por ela como um processo de deitar raízes, de alcançar a profundidade) e consistência; por consequência, a sua *doxa* também apresentar-se-á mais consistente. A concepção arendtiana do pensamento foi discutida por nós em *A capacidade de julgar: um diálogo com Hannah Arendt* (CHAVES, 2009).
[184] ARENDT. *A dignidade da política*, 2002, p. 97-98. No ensaio já citado "Pensamentos e considerações morais", Arendt analisa o papel de Sócrates como um "moscardo", no sentido de que ele sabia como "ferroar" os cidadãos, para retirá-los

O esforço, então, é tornar verdadeira a *doxa*, fazer a verdade surgir a partir da opinião, de tal maneira que a verdade da opinião de cada um se revele tanto ao seu portador quanto aos outros. Neste ponto, cabe fazer duas observações. Em primeiro lugar, com relação à modalidade discursiva empregada por Sócrates, a *dialegesthai* (a dialética), que era compreendida como a forma do discurso filosófico e que visava discutir algo com alguém até o fim. Diferentemente de Platão, que opunha a *dialegesthai* à persuasão (a arte do discurso político e cujo campo é o das opiniões), Sócrates não estabelecia essa oposição. O objetivo da *dialegesthai* socrática não era impor uma verdade ao denunciar as fragilidades das opiniões alheias, mas tornar essas opiniões mais consistentes, trazendo à tona a validade entranhada em cada uma delas. Daí a razão de Sócrates empregar o seu método com base em perguntas, porque não existe um conhecimento *a priori* do que seja a *doxa* de cada um e também porque não há uma relação de superioridade entre o filósofo que questiona e o seu interlocutor que responde – aliás, ambos se veem como cidadãos, como pares no espaço público.

---

do entorpecimento e despertá-los para a atividade de pensar. No mesmo texto, também são analisados os atributos de Sócrates como uma parteira (a maiêutica é justamente, lembre-se, a "arte do parto"), que ajuda as pessoas a darem à luz os seus pensamentos, e como uma arraia-elétrica, que paralisa as pessoas, transmitindo a elas as suas próprias perplexidades (in ibidem, p. 156-157). Nesse ensaio, Arendt afirma que Sócrates, ao agir assim, livrava as pessoas dos seus falsos fetos, ou seja, das suas "opiniões" (as aspas são da autora), equiparadas aqui por ela aos preconceitos não submetidos a exame. Danna Villa (1999) apontou haver uma contradição sobre a noção de opinião em Arendt, levando-se em conta o que ela escreve sobre a *doxa* em "Filosofia e política" e a visão negativa da opinião que surge nessa passagem de "Pensamentos e considerações morais". No entanto, consideramos que Bethânia Assy está certa ao afirmar que não há propriamente uma contradição – Arendt apenas usa o termo "opinião" em um sentido mais corrente, como um prejulgamento não submetido a exame. Tanto que, como foi citado, no texto "Filosofia e política", no qual faz um elogio da *doxa*, ela vai falar das "opiniões irresponsáveis" dos atenienses ao condenar Sócrates à morte (cf. ASSY, 2015, p. 66, nota 34). Essa mesma oscilação ocorre quanto ao emprego do termo "opinião pública". Se, como será visto, a opinião pública é duramente criticada por ela em *Sobre a revolução*, em vários outros escritos essa expressão é usada sem ser problematizada pela autora.

CAPÍTULO 2 – OPINIÃO, MASSIFICAÇÃO E PLURALIDADE

Em segundo lugar, é preciso levar em conta o conceito de verdade com o qual Arendt lida nessa interpretação da *doxa*. Como bem aponta Bethânia Assy, Arendt – certamente sob influência de Heidegger – demonstra uma compreensão não essencialista da verdade. Esta é tomada no sentido grego, como *aletheia*, como algo que se revela, que se manifesta no mundo das aparências, deslocando-se do campo numênico ao campo fenomênico. A verdade como *aletheia* não é contrária à opinião. "[...] esta última não é senão a formulação discursiva de como o mundo aparece para cada um de nós, ou seja, uma experiência singular emergida de um mundo comum".[185]

Retomando o método dialógico baseado em perguntas utilizado por Sócrates, o famoso "sei que nada sei" socrático significaria o seguinte: o filósofo tinha consciência que não detinha uma verdade que se impussesse a todos e, para saber qual era a "verdade" do outro, teria de perguntar-lhe, a fim de que este pudesse revelar a sua *doxa*. Portanto, a verdade absoluta, que é a mesma para todos os homens, independentemente da existência de cada um, não pode existir para os mortais, porque só temos condições de saber aquilo que é relativo à nossa existência concreta.

Na interpretação de Arendt, o Oráculo de Delfos destacou Sócrates como o homem mais sábio de seu tempo porque ele havia aceitado as limitações da verdade para os mortais – e é por essa razão também que os diálogos socráticos sempre terminavam de maneira inconclusiva, sem chegar a uma verdade definitiva. O que importava era ter trazido o tema ao debate, permitindo aos cidadãos que manifestassem a sua *doxa* a respeito do que estava sendo discutido.

> Para Sócrates, a maiêutica era uma atividade política, um dar e receber baseado fundamentalmente na estrita igualdade, algo cujos frutos não podiam ser medidos pelo resultado obtido ao se chegar a esta ou àquela verdade

---

[185] ASSY, 2015, p. 73.

geral. Portanto, o fato de que os diálogos iniciais de Platão sejam frequentemente concluídos de forma inconcludente, sem um resultado, ainda os insere na tradição socrática. Ter discutido uma coisa até o fim, ter falado sobre alguma coisa, sobre a *doxa* de algum cidadão, isso já parecia um resultado suficiente.[186]

Segundo Arendt, se o núcleo dos ensinamentos dos sofistas centrava-se na defesa da possibilidade de abordar um mesmo assunto de duas maneiras diversas – o *dyo logoi* –, Sócrates poderia ser considerado o maior dos sofistas, porque foi ainda mais longe com essa concepção: ele considerava que cada qual tinha o seu próprio *logoi,* e esses *logoi* reunidos formavam o mundo humano. Como foi dito, o que impede que essas diferentes opiniões, esses diferentes pontos de vista sejam inteiramente subjetivos e incomunicáveis é o fato de haver um mundo comum entre os indivíduos, porque todos somos, afinal de contas, humanos e nos comunicamos pelo modo da fala.

Nesse aspecto, a maneira de pensar socrática era muito próxima à de seus concidadãos. Pois, como Arendt enfatiza no ensaio "O conceito de História – antigo e moderno", na incessante conversa que os gregos mantinham em praça pública, eles descobriram que o mundo que temos em comum é usualmente considerado sob um número ilimitado de ângulos, aos quais correspondem os mais diversos pontos de vista. Encarando o mundo dessa forma, os gregos aprenderam a compreender – não um ao outro individualmente, mas a olhar o mundo do ponto de vista alheio, a ver o mesmo em aspectos bem diferentes e, às vezes, até opostos.

A obra de Homero seria o exemplo mais expressivo desse modo grego de ver o mundo – lembremos de que, na *Ilíada,* ele se dispõe a narrar tanto os feitos dos aqueus, os gregos, como os dos troianos. Faz o elogio da coragem de Aquiles, mas não deixa de enaltecer a valentia de Heitor. Também é esse o caminho seguido

---

[186] ARENDT. *A dignidade...*, 2002, p. 98.

CAPÍTULO 2 – OPINIÃO, MASSIFICAÇÃO E PLURALIDADE

pelo historiador Heródoto, quando, ao descrever a Guerra do Peloponeso, confere o mesmo peso aos feitos dos gregos e bárbaros no campo de batalha.

Para Arendt, o que pode colocar a opinião e a verdade em terrenos antagônicos é o entendimento de que a verdade é coercitiva, pois ela não admite discussão. Já a opinião jamais é autoevidente. No processo de formação da opinião, para usar as palavras da filósofa, conforme ela escreve no ensaio "Verdade e política",

> nosso pensamento é verdadeiramente discursivo, correndo, por assim dizer, de um lugar para outro, de uma parte do mundo para outra, através de todas as espécies de concepções conflitantes, até finalmente ascender dessas particularidades a alguma generalidade imparcial.[187]

É claro que uma pessoa pode deixar de lado todo esse cuidado e formar a sua opinião com base apenas nos próprios interesses ou do grupo a que pertence. Porém, a autêntica qualidade da opinião vai depender do grau de imparcialidade que ela atinge, e essa imparcialidade só é alcançada caso se levem as opiniões alheias em conta, o que não significa, necessariamente, que tenha-se de concordar com elas.

Arendt lembra que, afinal de contas, é a opinião, e não a verdade, um dos pré-requisitos indispensáveis a todo poder. Por mais ditatorial que um governante seja, ele precisa dispor de algum tipo de apoio daqueles que pensam de forma semelhante. Além do mais, toda pretensão a uma verdade absoluta, dentro da esfera política, que trata das relações dos homens entre si, é tirânica. Caso consiga se sobrepor à pluralidade de opiniões do público, acaba por solapar o campo político, que é o terreno do debate, da troca de opiniões, da busca da solução de conflitos.

Essa recuperação arendtiana da *doxa* grega faz parte do empenho da autora em realçar a dimensão política da opinião que,

---

[187] ARENDT. *Entre o passado e o futuro*, 2002, p. 300. Sobre o exemplo de Homero e Heródoto, ver ibidem, p. 81-82.

para ela, vai muito além da mera manifestação subjetiva dos indivíduos. E tampouco é, como foi descrito, aquele território do erro, da ilusão e da incerteza, em oposição à verdade e à ciência, circunscrito por Platão, uma visão que influenciou gerações de pensadores pelo menos até Hobbes. A verdade filosófica, tal como surge na filosofia platônica, é por excelência antipolítica. Para impor aquilo que aponta como a verdade ao vulgo, o filósofo precisa lançar mão da coerção (a "tirania da verdade"), o que acaba acarretando o emprego de alguma forma de violência – e a violência, como foi visto no primeiro capítulo, termina por ser antipolítica porque prescinde da fala e do discurso.

Todavia, se, em contrapartida, o filósofo obtém o apoio espontâneo da multidão, é porque usou da persuasão para convencê-la. Aqui, retornarmos ao terreno da política, que é o terreno da opinião, do discurso, da palavra expressa e debatida em público – e, nele, o que o filósofo acreditava ser a sua verdade, pairando acima das demais opiniões, metamorfoseou-se em mais uma opinião, à qual a multidão pode deixar de aderir a qualquer momento, substituindo-a por outra que julgar mais convincente.

O deslocamento da verdade filosófica para a opinião representa também um deslocamento do indivíduo no singular para a pluralidade de homens e mulheres. Baseando-se nas afirmações de Madison no *Federalista* (nº 49), Arendt reitera que a passagem da verdade filosófica para a opinião implica abandonar um domínio em que conta apenas o raciocínio sólido de uma mente isolada para uma esfera na qual a força da opinião é medida pela confiança do indivíduo "no número dos que eles supõem que nutram as mesmas opiniões".[188] Trata-se, indubitavelmente, do terreno da política.

Nesse sentido, é importante retomar o exemplo sobre a proposição de Jefferson, devidamente revisada por Benjamin Franklin, acerca da igualdade dos homens, conforme aparece na Declaração da Independência dos EUA. Ao enunciar, no preâmbulo da

---

[188] Apud ARENDT. *Entre o passado...*, 2002, p. 292; cf. HAMILTON; JAY; MADISON, 2001, p. 260-264.

CAPÍTULO 2 – OPINIÃO, MASSIFICAÇÃO E PLURALIDADE

Declaração, que "Consideramos que essas verdades são evidentes por si mesmas...", Jefferson – mesmo sem ter talvez ampla consciência dessa atitude, ressalta Arendt – deixava expresso que a proclamada igualdade entre os homens não era, na realidade, uma verdade autoevidente, que se impunha por si mesma – aliás, algo impossível de ser demonstrado e comprovado. Porém, o fruto do consenso básico do corpo político fundador dos EUA que pactuava em torno daquele documento – o verbo "Consideramos" realça expressamente que o que vem em seguida na declaração é resultado de um acordo entre os signatários do pacto. Ora, evidentemente, lida-se, nesse exemplo, com a opinião, não com a verdade.

Em Arendt, a *doxa* também se relaciona à faculdade do julgamento, para ela a mais política das faculdades do espírito, porque sempre demanda a presença dos outros, mesmo que essa pluralidade seja apenas potencial, resultado do exercício de "mentalidade alargada" proposto por Kant, em que, em um esforço de imaginação, confrontamos nossas opiniões com as opiniões alheias.[189] Tanto como o julgamento, em Arendt, a opinião é uma faculdade baseada na pluralidade. A pluralidade, portanto, é uma palavra-chave para entender o sentido da *doxa* na obra da filósofa.

É por exaltar a manifestação da pluralidade no exercício das *doxai* que Arendt externa a sua rejeição à ideia de opinião pública como sinônimo da mentalidade homogênea da maioria.

---

[189] Assim como a atividade de pensar, a faculdade do julgamento foi um tema de especial interesse para Arendt a partir de meados da década de 1950 até a sua morte. A autora refletiu sobre ele em ensaios como o já citado "Pensamento e considerações morais", "A crise na cultura" e "Algumas questões de filosofia moral" e pretendia concluir a terceira parte de seu inacabado *A vida do espírito* com uma seção dedicada ao juízo, mas morreu antes de dar início à sua redação. No entanto, os escritos que Arendt deixou sobre o que ela chama de a filosofia política de Kant, reunidos depois por Ronaldo Beiner no tomo *Lições sobre a filosofia política de Kant* (1994), exploram largamente o tema do juízo e fornecem uma indicação importante do enfoque que a pensadora daria à questão em sua obra inacabada. A interpretação arendtiana da faculdade do julgamento, assim como da faculdade do querer, que será abordada adiante, é discutida por nós no já citado *A capacidade de julgar...* (2009).

A crítica que dirige à opinião pública em *Sobre a revolução*, tomando como ponto de partida a sua interpretação do conceito de "vontade geral" em Rousseau, é o tema que será discutido a seguir.

2.2. OPINIÃO PÚBLICA E VONTADE GERAL

Em *Sobre a Revolução*, Hannah Arendt observa que, no plano histórico, a pertinência da opinião na esfera política em geral e o seu papel no governo em particular – em outras palavras, a dimensão política da opinião – foram descobertos (talvez seria melhor dizer "redescobertos", tendo em vista o que foi exposto sobre a *doxa*) durante o curso das revoluções modernas. De acordo com o seu entendimento, essa "descoberta" da relevância política da opinião não tem nada de surpreendente: poderia haver prova mais cabal de que toda autoridade se assenta na opinião do que a atitude de um povo que se recusa a obedecer aos governantes até então instituídos, não mais reconhecendo a autoridade e a legitimidade destes últimos? E essa recusa generalizada não formou o solo propício no qual eclodiram as revoluções setecentistas?

Para a autora, conforme se destacou, toda forma de poder se sustenta em uma base de apoio. Não há governo que subsista se os governados passarem a manifestar uma opinião predominante contrária à sua permanência, negando-lhe apoio e pegando inclusive em armas para fazer valer essa opinião – exatamente o cenário das revoluções.

Outro tópico já explorado é a compreensão arendtiana de que as revoluções modernas visam, acima de tudo, à liberdade – não apenas no sentido da liberação da opressão, mas, e principalmente, com o significado de um novo início, a fundação de um novo corpo político que garanta a liberdade de ação e de discurso. Ou seja, esse corpo político deve ser composto de cidadãos livres e iguais, que gozam do direito de expressar as suas opiniões no espaço público, podendo debater os assuntos em comum.

Não restam dúvidas acerca da relevância da opinião no conjunto das reflexões de Arendt sobre as revoluções modernas.

CAPÍTULO 2 – OPINIÃO, MASSIFICAÇÃO E PLURALIDADE

Porém, embora Arendt realce a importância das *doxai* no espaço público, ela enxerga com enorme desconfiança o fenômeno da opinião pública, demonstrando claramente as suas reservas a ele em *Sobre a revolução*. Mas antes de explorar os argumentos nos quais Arendt fundamenta as suas críticas, é preciso retomar alguns pontos discutidos na introdução deste capítulo.

Levando-se em conta principalmente o contexto da Revolução Francesa, o projeto de república democrática que surge em 1789 opunha ao reinado da monarquia absolutista – fundada sobre o segredo, a dominação e a vontade particular e arbitrária do rei – o império da opinião pública. Esta passa a ser considerada como a fonte legítima da nação, à qual os seus representantes na Assembleia Nacional devem se dobrar.

Ela é chamada pelos revolucionários de "rainha do mundo". Malesherbes, o bisavô de Tocqueville, faz referência à opinião pública como um "tribunal" que deve julgar os homens – mostrando aqui, sem dúvidas, afinidades com as ideias de Rousseau, na sua concepção da opinião pública como garantia de controle e transparência dos negócios públicos. Segundo Nascimento, a opinião pública é pensada como a voz da verdade, a voz do povo que se faz ouvir e reclama participação ativa e direta no poder. "Se as opiniões particulares doravante possuem um valor, é porque podem formar uma só voz, a da opinião pública. Eis o tribunal da verdade, o terror dos governantes."[190]

No entanto, se a emergência da opinião pública no século XVIII marcou a ascensão de uma voz pública em oposição ao absolutismo, por outro lado, ela também representou a produção forçada de um consenso, fabricando uma unanimidade por exclusão. É principalmente sobre este último aspecto que se situa a crítica de Arendt à opinião pública, no contexto da Revolução Francesa, crítica que se estende à concepção de "vontade geral" de Rousseau.

---

[190] NASCIMENTO, 1989, p. 73.

Aos olhos dos líderes da Revolução Americana, o domínio da opinião pública configurava uma forma de tirania – por esse motivo, a opção deles era pela república e não pela democracia, já que nesta última predominaria a opinião da maioria. "A democracia é pois compreendida pelos americanos como o reino de uma opinião pública sob a regra da unanimidade, claramente oposta ao espírito público e à cidadania, os quais supõem a diversidade das opiniões e o direito à pluralidade dessa diversidade."[191]

Percebe-se mais uma vez uma estreita afinidade de Arendt com Tocqueville, no que diz respeito à crítica que ele faz, tendo sob mira o exemplo norte-americano, ao perigo da tirania exercida pela opinião pública quando esta é limitada à expressão uniforme da maioria. E deve-se recordar que o autor escreveu sobre o tema com base na conjuntura da democracia jacksoniana – da qual ele deplorava a demagogia dos seus líderes políticos, sempre dispostos a se curvarem aos caprichos da opinião pública –, contrapondo-a ao projeto de república federalista idealizado pelos Pais Fundadores.

Tanto Arendt quanto Tocqueville condenam, dessa forma, um poder que se apresenta dotado de soberania absoluta, pairando acima de todos os outros e, por essa razão, revelando-se tirânico. Na visão de Tocqueville, a onipotência, no campo dos assuntos humanos, é sempre temerária – apenas uma vontade divina pode se apresentar como onipotente. Arendt, contudo, vai ainda mais longe na recusa a essa pretensão de soberania absoluta, ainda que proveniente de um poder que se manifesta como a voz do povo. Para ela, o próprio conceito de soberania deve ser refutado.

Justamente por enxergar Rousseau como o principal teórico da soberania, Arendt expõe uma desaprovação tão extremada a seu pensamento – em particular, a seu conceito de vontade geral.

---

[191] AMIEL, 2003, p. 81. Hannah Arendt contrapõe a influência das ideias de Montesquieu sobre os revolucionários norte-americanos, e sua valorização da república, das leis e da divisão dos poderes, à exercida por Rousseau na França, com ênfase na vontade geral da nação.

Nessa crítica, insere-se a sua oposição à ideia de opinião pública vista como manifestação da vontade geral.

Algumas considerações, todavia, são necessárias para esclarecer a perspectiva da qual Arendt parte para fundamentar os argumentos contra Rousseau. Em primeiro lugar, é preciso deixar claro que Arendt, em *Sobre a revolução*, faz uma interpretação da "vontade geral" rousseauísta dentro do quadro da Revolução Francesa e como tal conceito foi apropriado pelos seus líderes e ideólogos, em particular Robespierre e Sieyès. Esse modo de proceder de Arendt tem uma justificativa: o que a interessa, afinal, é muito mais avaliar as consequências da apropriação das ideias de Rousseau sobre as experiências políticas da modernidade do que apresentar uma avaliação erudita e detalhada do pensamento do filósofo, como salienta com propriedade Julia Smola.

Étienne Tassin observa que, se Arendt escreve um "Contra-Rousseau", é para estabelecer a sua própria concepção de política. "Assim ao recorrer à leitura que Arendt faz de certas ideias de Rousseau, encontramos menos uma imagem do Rousseau de Arendt do que a sua própria concepção política e uma teoria 'em espelho' do exercício político da liberdade de um povo como não soberano", reitera Julia Smola.[192]

Já Newton Bignotto censura Arendt pela forma como ela associa Rousseau e Robespierre, como se houvesse uma perfeita identidade entre ambos e o segundo fosse o mais fiel discípulo das doutrinas do primeiro. Tal associação, de acordo com ele, não é assim tão cristalina. "Robespierre produziu por meio de suas ações, mas também em seus discursos, uma interpretação das ideias do Genebrino que não foi certamente a única nem mesmo a mais influente", salienta Bignotto, acrescentando que, mesmo depois de terminada a Revolução Francesa, os franceses continuaram a reverenciar o pensamento de Rousseau e a relacioná-lo à liberdade e não ao Terror revolucionário.

---

[192] TASSIN, 2007, p. 5; SMOLA, 2010, p. 2.

Bignotto reconhece, contudo, que as ideias rousseauístas dão margem para a leitura mais radical que os jacobinos fizeram dela,[193] precisamente o que Arendt ressalta na sua análise que será exposta a seguir – ao final deste capítulo, serão discutidos alguns pontos problemáticos da leitura arendtiana da obra de Rousseau.

***

Para Rousseau, a liberdade é um direito inalienável do homem e a renúncia a ela implica a renúncia da própria condição de ser humano. "O homem nasce livre, e por toda a parte encontra-se a ferros" – a famosa frase que surge logo no início do *Contrato social* já indica a defesa veemente que Rousseau faz da liberdade, contra a tirania. Como um pensador que sempre foi associado ao ideal de liberdade, esse crítico feroz das ideias de Hobbes e Grotius por eles terem justificado o sacrifício da liberdade individual em nome da preservação do Estado, pode ser acusado de haver, mesmo que inadvertidamente, avalizado algum tipo de opressão, como pretende Arendt? Pois não é a "vontade geral", segundo a definição de Rousseau, a garantia da prevalência do bem comum, de forma a evitar o domínio de uns sobre os outros e fazer valer o interesse da coletividade? E a preocupação de Rousseau com a preservação das liberdades individuais já não está suficientemente expressa na formulação que ele faz do pacto social, quando diz se tratar de uma forma de associação na qual "cada um, unindo-se a todos, só obedece contudo a si mesmo, permanecendo assim tão livre quanto antes"?[194]

---

[193] BIGNOTTO, 2011, p. 36-37.
[194] ROUSSEAU, 1987, p. 22; 32. Não é propriamente uma novidade acusar a teoria de Rousseau de servir como justificativa para regimes opressores. No início do século XIX, Benjamin Constant, em "Da liberdade dos antigos comparada à dos modernos" (2016), já apontava os perigos que a soberania do corpo social pode representar para os indivíduos. Isaiah Berlin, em *Freedom and its betrayal*, dedica um capítulo a Rousseau, no qual acusa a soberania absoluta da vontade geral rousseauísta de acabar conduzindo à servidão (2014, p. 28-52). Esses dois pensadores da tradição liberal, no entanto, centram as suas críticas em Rousseau tendo em vista as liberdades individuais, o que será discutido no capítulo 3.

CAPÍTULO 2 – OPINIÃO, MASSIFICAÇÃO E PLURALIDADE

Em um trabalho anterior a *Sobre a revolução*, o ensaio "Que é liberdade?", incluído no livro *Entre o passado e o futuro*, Arendt dedica os dois parágrafos finais da terceira seção do texto para expor uma crítica virulenta à noção de soberania em Rousseau. Ao chamar a associação que Rousseau faz entre liberdade e soberania de "perniciosa", Arendt sustenta que, em qualquer situação em que os seres humanos têm a pretensão de se proclamar como soberanos, eles acabam submetendo-se à opressão da vontade – não importa se essa vontade seja individual ou seja a "vontade geral" de um grupo organizado. Para ser livre, é preciso renunciar ao desejo de soberania.

Arendt relaciona a ideia de "soberania" com "opressão da vontade" – e aí reside a chave para entender a sua oposição tão radical a Rousseau. O erro do filósofo genebrino teria sido o de conceber o poder político à imagem estrita da força de vontade individual. Esse conceito de poder traz de volta para o campo da política a noção de dominação, acarretando sérias consequências antipolíticas.

Hannah Arendt se esforça em pensar o poder político como não dominação por considerar que o poder concebido como domínio introduz um elemento antipolítico na política: a violência. Ora, uma das causas que induz a associar o poder político ao uso de meios coercitivos para exercer o domínio é acreditar que a fonte desse poder deriva da vontade. Para situar mais precisamente as objeções de Arendt a essa concepção de poder – e, de quebra, ao pensamento rousseauísta –, um primeiro passo é entender o conceito de "vontade", em contraposição ao de "liberdade", formulado pela autora.

Ainda no ensaio "Que é liberdade?", Arendt salienta que a liberdade – concebida no campo da política – não representa um fenômeno da vontade. Para Arendt, conforme será visto mais

---

Hannah Arendt, embora também aponte esses mesmos problemas na obra de Rousseau, coloca mais ênfase na ameaça que a ideia de um povo soberano e dotado de uma única vontade significa para a liberdade política dos cidadãos, como será visto a seguir.

detalhadamente no capítulo 3, a noção de liberdade está umbilicalmente relacionada à ação conjunta dos cidadãos no espaço público. "Os homens *são* livres – diferentemente de possuírem o dom da liberdade – enquanto agem, nem antes, nem depois; pois *ser* livre e agir são uma mesma coisa."[195]

A tradição filosófica teria distorcido a ideia da liberdade ao transpô-la do âmbito da política, que compreende a interação dos cidadãos uns com os outros no espaço público, para um domínio interno do ser humano, o da vontade. Esse espaço da liberdade "interior", tão exaltado pela filosofia, que encontra refúgio na interioridade humana e na qual supostamente se pode escapar da coerção externa e se sentir "livre", é o exato oposto da liberdade pensada como ação conjunta. No entanto, tal conceito não político de liberdade acabou por se impor e obscurecer a experiência política original de liberdade oriunda da democracia ateniense.

Na genealogia que apresenta dessa liberdade interior, a autora situa a sua origem na tradição filosófica herdada dos estoicos. A ideia de liberdade interior teria surgido na Antiguidade, sob o domínio do Império Romano, como reação a um sentimento de estranhamento em relação ao mundo, resultado da impotência política daqueles destituídos de um espaço mundano e da cidadania.

A própria noção de interioridade, como um refúgio onde o eu se encontra protegido das ameaças do exterior (a cidadela interior, no dizer de Marco Aurélio), é, de acordo com Arendt, contemporânea dessa época. Ela passa a ser vista, assim, como o espaço onde se podia alimentar a ilusão de que se é verdadeiramente livre – não à toa, um dos principais formuladores dessa concepção de liberdade experimentada na interioridade do eu é Epiteto, que viveu a maior parte de sua vida como escravo.

Para Epiteto, um homem só é livre caso se limite ao que está em seu poder. Como nenhum poder pode ser tão absoluto como o domínio sobre o próprio eu – desde que se consiga controlar os

---

[195] ARENDT. *Entre o passado e o futuro*, 2002, p. 199, grifos no original. Para as críticas da autora à ideia de soberania ver ibidem, p. 212-213.

próprios desejos e almejar somente aquilo que se pode alcançar, conforme pregava o autor estoico –, este é então reduzido à autodeterminação e circunscrito à interioridade. Nesses termos, Epiteto pôde então conceber a noção de uma vontade onipotente. Esta, entretanto, só proporciona aos seres humanos uma sensação de liberdade às custas de uma radical alienação do mundo real.

Para Arendt, soa estranho associar a liberdade à vontade quando se constata que a atividade essencial da faculdade do querer consiste em impor e mandar. Essa característica "autoritária" da vontade está presente nas reflexões de Epiteto sobre a liberdade interior – afinal, para obter o autocontrole que ele julga essencial para ser livre, é necessária uma força de vontade que domine as paixões e os desejos. O autodomínio requerido para ser "livre" é conquistado graças à submissão do próprio eu.

Esses temas presentes em Epiteto serão desenvolvidos em São Paulo e Santo Agostinho que, menos entusiastas com relação à capacidade de autodomínio dos seres humanos, vão apontar, por seu turno, o caráter paradoxal da faculdade da vontade.

Para compreender melhor a interpretação arendtiana do tema da vontade nesses dois autores, é imprescindível destacar antes a comparação que ela realiza entre as faculdades do pensamento e da vontade. Ambas carregam em si uma dualidade. A dualidade do pensamento se dá na forma do diálogo, o dois-em-um no qual o eu se desdobra quando se dedica a pensar, em uma conversa consigo mesmo. Essa atividade pressupõe uma harmonia, a amizade entre os "parceiros" do diálogo do pensamento.

Já a natureza da vontade é conflituosa. Essa atividade espiritual não se desenvolve em harmonia, como ocorre no pensamento, mas na luta entre o querer e o não querer, entre uma vontade e uma contravontade, entre um comando e uma resistência. O que caracteriza o pensamento é a serenidade; a vontade é marcada pela tensão. O ego pensante se compraz com a própria atividade, ao passo que a vontade anseia pelo seu fim, quando o querer finalmente ter-se-á convertido em "fazer algo".

Arendt enxerga alguns *insights* acerca dessa dualidade conflituosa da vontade primeiramente em São Paulo. Na *Epístola aos*

Romanos, ele lamenta sobre o fato de agir de forma errada, embora veja e deseja aquilo que é certo. "Não faço o bem que quero, mas o mal que não quero, esse eu faço", aflige-se o apóstolo. A vontade que era onipotente em Epiteto aparece cindida em São Paulo: ela quer o bem, por isso demanda uma submissão voluntária do eu ao seu comando, mas ao mesmo tempo manifesta resistência. Nos escritos de São Paulo, esse conflito entre o querer e o não querer da vontade ainda aparece na forma de um confronto entre a carne e o espírito. É Santo Agostinho quem vai situar esse combate no interior da própria vontade.

Na visão de Santo Agostinho – que, segundo Arendt, foi o primeiro filósofo da vontade na história das ideias –, a disputa entre querer e não querer, entre *velle* e *nolle*, não se desenvolve como um embate entre razão e vontade, ou entre carne e espírito, como a vislumbrava São Paulo, ou entre um princípio bom e um mau no homem, conforme a concepção maniqueísta. Para Agostinho, tal divisão é inerente à própria vontade, que pode querer e não querer simultaneamente.

A vontade sempre comanda, mas também resiste ao comando. "[...] se a vontade fosse plena, não ordenaria que fosse vontade, porque já o era. Portanto, não é prodígio nenhum em parte querer e em parte não querer, mas doença da alma. [...] São, pois, duas vontades. Porque uma delas não é completa, encerra o que falta à outra", diz Santo Agostinho nas *Confissões*. Esse embate entre o eu-quero e o eu-não-quero acaba por ter um efeito paralisante sobre a vontade, que se revela ainda mais surpreendente pelo fato de sua própria essência consistir em mandar e ser obedecida.[196]

---

[196] SANTO AGOSTINHO, 1999, p. 217. Como, então, solucionar esse conflito da vontade? Se esse embate entre querer e não querer no qual a vontade se dilacera acaba levando-a a uma paralisia, não teriam razão os filósofos que negaram a sua existência como uma faculdade independente do espírito, considerando-a um conceito artificial? Esse conflito, explica Arendt, se resolve no campo da ação, quando o "eu quero" se converte no "eu posso". Mas, embora a "vontade" seja a faculdade que impele à ação, imprimindo nos seres humanos a autoconfiança necessária para agir, "querer" – e o ditado popular já diz isso – não significa necessariamente "poder". Aqui mais uma vez é preciso se deter sobre o conceito de liberdade na obra da autora, tema que será contemplado no capítulo 3.

CAPÍTULO 2 – OPINIÃO, MASSIFICAÇÃO E PLURALIDADE

A partir dessas reflexões de Arendt acerca da vontade, é possível situar as implicações que ela retira da associação entre liberdade e vontade e entre poder e soberania – o poder sendo visto como emanação da vontade soberana. Para Arendt, a identificação da liberdade com a vontade leva à associação do poder com a opressão ou, pelo menos, com a dominação de um, ou de uns, sobre os outros – a ideia do domínio já surge em Epiteto, para quem só é livre aquele que, por meio da força de vontade, ou seja, da coerção exercida pela vontade sobre o eu, consegue se autodominar.

Mas a relação entre vontade e opressão fica ainda mais manifesta quando se leva em conta a divisão interna da vontade, o seu próprio dilaceramento.

Arendt chama a atenção para o fato de que foi pela experiência da impotência da vontade (e não de sua onipotência, como idealizava Epiteto) que se descobriu, com o auxílio das reflexões de São Paulo e Agostinho, essa dualidade conflituosa que a caracteriza. Ora, a sensação de impotência não raro leva a um desejo de opressão. Neste ponto, vale a pena citar uma passagem mais extensa do ensaio "Que é liberdade?":

> Devido à incompetência da vontade, sua incapacidade para gerar um poder genuíno, sua constante derrota na luta com o eu, na qual o poder do eu-posso se exauria, a vontade de poder transformou-se de imediato em uma vontade de opressão. Só posso aludir aqui às fatais consequências, para a teoria política, desse equacionamento de liberdade com a capacidade humana da vontade; foi ele uma das causas pelas quais ainda hoje equacionamos quase automaticamente poder com opressão ou, no mínimo, como governo sobre outros. Seja como for, o que comumente entendemos por vontade desse conflito entre um eu executante e um eu que quer, da experiência de quero-e-não posso, o que significa que o quero, não importa o que seja desejado, permanece sujeito ao eu, ricocheteia sobre ele, aguilhoa-o, incita-o mais, ou é por ele arruinado. Por mais longe que a vontade

de poder possa alcançar, e mesmo que alguém possuído por ela comece a conquistar o mundo inteiro, o quero não pode jamais desvencilhar-se do eu; permanece sempre a ele ligado, e na verdade sob seu jugo. Essa submissão ao eu distingue o quero do penso, que também se dá de mim para mim, mas em cujo diálogo o eu não é o objeto da atividade do pensamento. O fato de o quero ter se tornado tão ávido de poder, de a vontade e a vontade de poder se terem tornado praticamente idênticas, deve-se ao fato de terem sido vivenciados, a princípio, em impotência. A tirania, de qualquer modo, a única forma de governo que brota diretamente do quero, deve sua insaciável crueldade a um egoísmo absolutamente ausente das utópicas tiranias da razão com que os filósofos acalentavam coagir os homens, e que eles concebiam com base no modelo do penso.[197]

No campo da política, a consequência do deslocamento da liberdade vivenciada no agir para a liberdade centrada na faculdade da vontade foi que o ideal de liberdade deixou de ser o agir virtuoso, inspirado por princípios, para tornar-se soberania. Ao conceber a ação livre como manifestação da espontaneidade, como se verá no próximo capítulo, Arendt a desvincula de qualquer subordinação a uma vontade soberana.

***

Retomando as críticas de Arendt a Rousseau, um primeiro ponto a destacar é a diferença que surge na obra do genebrino entre a vontade de todos e a vontade geral. Quando discorre, no *Contrato social*, sobre o papel da "vontade geral" na constituição do corpo político, Rousseau deixa claro que essa vontade não se

---

[197] ARENDT. *Entre o passado e o futuro*, 2002, p. 210-211. Sobre a genealogia que Arendt faz da vontade, conferir, além do citado ensaio "Que é liberdade", a seção "O querer", do livro *A vida do espírito* (2002).

confunde com a "vontade de todos" nem com a vontade de uma maioria que se impõe a uma minoria.

Para Arendt, a noção de "vontade de todos" pode ser interpretada como vinculada à tradição política da Antiguidade, baseada no consentimento popular como pré-requisito para o governo legítimo – e levando-se em conta a conotação da palavra "consentimento" no sentido de escolha deliberada e ponderação de opiniões. Já o conceito de vontade geral, que subsume as vontades particulares, excluiria o processo de troca de opiniões e um posterior acordo entre elas. A chave para entender essa problemática em Rousseau apontada por Arendt está na substituição, na obra rousseauísta, da opinião pela vontade. A vontade proscreve a opinião, assim como a uniformidade proscreve a pluralidade: para poder operar de forma integral, a vontade precisa ser una e indivisível. Assim, não é possível existir uma mediação entre vontades conflitantes, da maneira como ocorre quando se trata de opiniões.

Na tradição rousseauísta, a liberdade consiste em estar de acordo com a vontade geral. Na perspectiva arendtiana, o problema com essa forma de compreender a política reside no fato de ela acabar se revelando antipolítica, justamente por não levar em conta a pluralidade humana. O mesmo ocorre com a noção de soberania. "A ideia de soberania está fora de lugar porque implica um único dominador onipotente e é incompatível com a pluralidade do poder político real, assim como a ideia da autodeterminação por uma vontade geral desvia-se da realidade da pluralidade política", salienta Canovan. O povo se estabelece como uma vontade geral a partir da submissão das suas particularidades a esta última. "Dessa maneira, longe de ser uma pluralidade que se constitui no momento do seu encontro, o povo só pode aparecer sob a figura da unidade que se forma, não como uma aliança (*societas*) de diferentes", que se unem apesar de suas diferenças, como observa Julia Smola.[198]

---

[198] CANOVAN, 1992, p. 212; SMOLA, 2010, p. 3.

A soberania popular, derivada da vontade geral, não comporta divisões. E nem poderia ser diferente, dada a natureza da vontade: uma vontade dividida seria impotente.

Ademais, enquanto a ideia de vontade de todos – que, reitere-se, Arendt interpreta como sendo, na obra de Rousseau, sinônimo da ideia de consentimento popular herdada da tradição política da Antiguidade – pressupõe um corpo político instaurado, dentro do qual essas diferentes vontades (ou melhor, opiniões) são confrontadas, a noção de vontade geral representaria o próprio ato da constituição do corpo político. Para Arendt, esta é certamente uma das razões por que o conceito de vontade geral foi adotado de forma tão entusiástica pelos revolucionários franceses, pois "a vontade de todos, ou consentimento, não só não era dinâmica ou revolucionária o suficiente para a constituição de um novo corpo político, ou o estabelecimento de governo, [mas] obviamente pressupunha a própria existência do governo".[199]

A consequência da identificação entre vontade geral e formação do corpo político foi que a preocupação dos revolucionários franceses deixou de ser a instituição da república para se centrar na defesa dos interesses do povo. Por essa perspectiva, a durabilidade do corpo político, ao invés de se apoiar nas instituições políticas do país, encontrava guarida na vontade popular.

Novamente, é preciso evocar as condições históricas para que essa visão prevalecesse na França revolucionária. Nos Estados Unidos, no momento da eclosão da Revolução Americana, o povo já se encontrava organizado politicamente e gozava de uma am-

---

[199] ARENDT. *On revolution*, 1990, p. 76. Em *Qu'est-ce que le tiers*-état?, o abade Sieyès faz algumas considerações sobre a nação e sua vontade – numa clara apropriação das ideias de Rousseau – que parecem próximas dessa interpretação de Arendt. Afirmando ao longo do texto reiteradamente que a nação jamais sai do seu estado de natureza, Sieyès faz afirmações como a que se segue: "Devemos conceber as nações sobre a terra como indivíduos fora do laço social ou, como se diz, no estado de natureza. O exercício da sua vontade é livre e independente de todas as formas civis. Existindo unicamente dentro da ordem natural, sua vontade, para surtir efeito, só precisa apresentar as características naturais de uma vontade" (1998, p. 132). Aqui a vontade da nação surge realmente como uma força pré-política, fora do corpo político e antecedendo qualquer tipo de pacto.

CAPÍTULO 2 – OPINIÃO, MASSIFICAÇÃO E PLURALIDADE

pla tradição de participação política, no nível das comunas, condição que lhe facilitou o caminho para proclamar uma república enraizada sobre instituições políticas sólidas. Na França, onde há muito todas as instâncias de participação política haviam sido sufocadas pelo regime absolutista – e diante da terrível miséria da maioria da população –, os acontecimentos se desenrolaram de forma bem diversa. No lugar da compreensão, corrente entre os revolucionários norte-americanos, da ideia de povo como o conjunto dos cidadãos do país – uma pluralidade de indivíduos emancipados politicamente –, o que preponderou foi a associação entre *le peuple* e a massa de miseráveis, *les malheureux*, como os chamavam os revolucionários franceses.

A forma como Arendt avalia a questão social na Revolução Francesa é um dos pontos mais controversos de *Sobre a revolução*. A discussão sobre esse tópico será aprofundada no capítulo 3. Por ora, é importante destacar o significado dessa identificação do povo, pelos revolucionários franceses, com a multidão de miseráveis que, à época do levante de 1789, formavam a parcela majoritária da população do país.

Os *malheureux* tão exaltados pelos líderes da revolução e reunidos nessa figura quase mítica denominada *"le peuple"* compunham uma multidão apenas no sentido numérico. Diferente da multiplicidade inerente ao povo na concepção norte-americana, cuja grandeza repousava na pluralidade de indivíduos unidos por um pacto político, a multidão que caracterizava *"le peuple"* podia ser concebida à imagem de um só corpo e uma só vontade, tendo em vista que o fator de ligação entre os seres que a integravam era a necessidade – e o grito da necessidade costuma ser uníssono.

> Na medida em que todos nós precisamos de pão, somos de fato todos iguais e podemos também nos unir em um só corpo. Não é de modo algum uma mera teoria equivocada que o conceito francês de *le peuple* tenha levado, desde o início, à conotação de um monstro de muitas cabeças, uma massa que se move como um só corpo e age como se possuída por

uma só vontade; e, se essa noção se espalhou pelos quatro cantos da Terra, não foi por causa de qualquer influência de ideias abstratas, mas em razão de sua plausibilidade óbvia sob condições de miséria abjeta. O problema político que a miséria do povo reserva é que a multiplicidade pode, de fato, assumir o disfarce de unidade [...].[200]

Essa unidade do povo que parece tão natural quando se levam em conta as suas carências mais básicas, relacionadas à própria sobrevivência, deve essa "naturalidade" justamente ao fato de estar restrita ao campo da necessidade. Todavia, na esfera pública, que é o âmbito da política – e, diga-se de passagem, essa esfera é artificial, no sentido de não ser algo dado naturalmente, mas construído pela ação humana, na interação de homens e mulheres uns com os outros –, tal unidade sustentada nas necessidades do organismo humano está completamente fora de lugar. O domínio da política é marcado pela pluralidade humana. O reconhecimento dessa pluralidade que caracteriza a política marca a diferença da noção de povo (*le peuple*) surgida na Revolução Francesa e a concebida pelos Pais Fundadores da Revolução Americana.

Enquanto os revolucionários franceses, também sob a influência do conceito de "vontade geral" de Rousseau, enxergavam o povo como uma massa que se move com um só corpo e é possuída por uma só vontade – Robespierre chegou a comparar a nação francesa a um "oceano" –, os Pais Fundadores prefeririam identificar o povo como uma "multiplicidade de vozes e de interesses" que, segundo Jefferson, poderiam se converter em uma nação para assuntos externos, mas manter-se-iam distintos nos assuntos internos. Por isso, eles chegaram ao ponto de defender o espírito de facção e partido – nesse aspecto, opondo-se à tradição republicana, que sempre deplorou a existência de associações parciais dentro do Estado.

---

[200] ARENDT. *On revolution*, 1990, p. 94.

CAPÍTULO 2 – OPINIÃO, MASSIFICAÇÃO E PLURALIDADE

Referindo-se a Madison, Arendt afirma que, na visão dele, "o partido e a facção no governo correspondem às diversas vozes e diferenças de opinião"[201] – uma defesa que Tocqueville também faz, ao destacar, de forma extremamente positiva, o papel das associações políticas e sociais, como será discutido com mais ênfase no capítulo 4.

A concepção de povo com base em suas necessidades de sobrevivência, conforme a visão dos revolucionários franceses, não só despersonaliza os indivíduos que o compõem, submergindo-os na massa, como também lhes retira a capacidade discursiva. Mais uma vez é na teoria de Rousseau que Arendt enxerga a fundamentação revolucionária para justificar essa imagem do povo, em passagens do *Contrato Social* como a que o autor, por temer o perigo que as facções e associações parciais possam representar ao corpo político, recomenda que, nas deliberações populares, "não tivessem os cidadãos qualquer comunicação entre si, do grande número de pequenas diferenças resultaria sempre a vontade geral e a deliberação seria sempre boa".[202]

Sob a égide da vontade geral revolucionária, os cidadãos veem-se despojados da sua singularidade e fundem-se na unidade totalizante de um povo que se ergue como soberano. Porém, o preço a ser pago por essa soberania é a destituição do poder de ação e de discurso de cada indivíduo em particular.

Entretanto, deve-se mais uma vez remontar às condições históricas da França para entender por que essa imagem do povo como "uno" e "mudo", para usar a expressão de Julia Smola, acabou por prevalecer no curso do processo revolucionário no país. Hannah Arendt lembra que a queda da monarquia francesa não alterou a relação entre governantes e governados, entre governo e nação. Assim como os seus predecessores, os governos que se sucederam no poder durante os anos da revolução não eram do povo nem pelo povo, mas "para" o povo – e a identificação do

---

[201] ARENDT. *On revolution*, 1990, p. 133. Ver ainda HAMILTON; JAY; MADISON, 2001, p. 43.
[202] ROUSSEAU, 1987, p. 46-47.

"peuple" com os *malheureux* é bem indicativa da distância que os líderes revolucionários colocavam entre eles e aqueles a quem diziam representar (é importante lembrar, a esse propósito, da referência de Tocqueville aos líderes jacobinos como uma "oligarquia" que proclamava governar em nome do povo).

Conforme Arendt, de fato, a libertação da tirania absolutista na França trouxe a liberdade (aqui pensada, é importante repetir, como liberdade política, a liberdade de ação e de discurso no espaço público) apenas para uma minoria, tendo em vista que a grande maioria da população continuou vergada sob o jugo da miséria da qual precisava ser libertada antes de alcançar a emancipação política. Nessa missão que se impuseram de libertar os *malheureux* da miséria, os líderes revolucionários não estavam mais ligados por laços objetivos em uma causa comum com o povo. A tarefa que se impunha com urgência – sobretudo depois que os girondinos falharam em criar uma Constituição e estabelecer um governo republicano – deixara de ser a celebração de um pacto político entre cidadãos livres e iguais para a constituição da república, baseada em instituições sólidas que assegurassem a liberdade e a participação políticas. A urgência era cuidar do bem-estar material do povo, o que demandava uma atitude especial dos revolucionários, à qual Robespierre denominou de "virtude".

Porém, a virtude de que se trata aqui não é a virtude cívica da tradição republicana, ligada à *res publica*, e sim o *zèle compatissant* (o zelo compassivo) tão enaltecido pelo líder jacobino: um esforço que, além de identificar a vontade própria com a vontade do povo, exigia ainda a disposição para partilhar dos sofrimentos dos *malheureux*. A compaixão (outra influência de Rousseau) tornava-se assim a mais alta virtude política (o tema da compaixão será discutido com mais profundidade, junto com a questão social na Revolução Francesa, no capítulo 3).

Para além da ameaça à pluralidade humana que a metáfora da *volonté générale*, tal como apropriada pelos revolucionários franceses, representa, ao associar a ideia de povo com a de um corpo movido por uma única vontade, a noção de uma vontade popular unificada também teve outros graves desdobramentos

CAPÍTULO 2 – OPINIÃO, MASSIFICAÇÃO E PLURALIDADE

no curso da Revolução Francesa. Foi visto que Arendt, com base nas suas leituras de São Paulo e Santo Agostinho, conceitua a faculdade da vontade como um embate entre o quero e o não quero. No seio da vontade geral, esse conflito se dá entre ela, vista como um bloco, e as vontades particulares que lhe são submetidas. Não é por acaso que, na construção desse "uno policéfalo", como Arendt nomeia a "vontade geral" rousseauniana, Rousseau pressupôs a existência de um inimigo comum, em oposição ao povo, convertido agora em nação una e indivisível.

Esse "inimigo comum" que ameaça a nação não vem de fora, mas é interno. Ele reside em cada cidadão, na sua própria vontade particular, nos seus interesses egoístas, contrapostos ao "bem comum" representado pela vontade geral (daí o afã dos revolucionários franceses em desmascarar os hipócritas, em nome da opinião pública).

Arendt retira essas inferências da passagem do *Contrato social* em que Rousseau afirma que o acordo de todos os interesses se forma por oposição ao de cada um. Ela chama a atenção para a equivalência, em Rousseau, entre vontade e interesse – a vontade geral aparece como a articulação do interesse geral e cuja existência condiciona-se ao fato de situar-se no polo oposto de cada interesse ou vontade particular. Em resumo, a "vontade geral" surge como o principal oponente das vontades particulares. "Somente se cada homem particular se erguer contra si mesmo em sua particularidade, ele poderá despertar em si seu próprio antagonista, a vontade geral, e assim se tornará um verdadeiro cidadão do corpo político nacional", observa Arendt.[203]

---

[203] ARENDT. *On revolution*, 1990, p. 78. A respeito do interesse comum em Rousseau, que serve de fundamento à sociedade civil e de base à vontade geral, Robert Derathé apresenta uma interpretação distinta da de Arendt. Segundo ele, o interesse geral não deve ser tomado como um interesse coletivo distinto do interesse individual. "Não se trata, para Rousseau, de exigir que o indivíduo prefira o interesse do corpo do qual faz parte ao seu próprio interesse. Isso seria, com efeito, querer que aja contrariamente à sua natureza, já 'que o amor a si mesmo é o único motivo que o faz agir'. Importa, ao contrário, que cada um vele pelo bem público 'por seu próprio interesse'" (DERATHÉ, 2009, p. 510).

O preço desse combate é sempre a derrota do indivíduo, caso contrário ele se verá excluído da coletividade. Dentro dessa concepção, acentua a autora, consolidou-se a tendência não só na Revolução Francesa, mas nas que se inspiraram em seu exemplo, como a Revolução Russa, de invariavelmente colocar o interesse do todo em uma relação de radical hostilidade aos interesses particulares.

Outra consequência perigosa da concepção de povo unificado pela vontade geral relaciona-se à instabilidade política que lhe é inerente. Conforme Arendt, em Rousseau, a unicidade da vontade geral é temerariamente instável. Ao equiparar a nação a um indivíduo, dotado de um só corpo e uma só vontade, o filósofo genebrino salienta que ela pode mudar de direção a qualquer momento, sem perder a identidade – no *Contrato social,* Rousseau afirma "ser absurdo submeter-se a vontade a grilhões futuros".[204]

Na visão de Arendt, o que seria "absurdo" é justamente o fato de não se comprometer com o futuro, pois, como ela expressa em "Que é liberdade?", todos os negócios políticos são transacionados dentro de um arcabouço de laços e obrigações – como leis e constituições, tratados e alianças –, que derivam da faculdade de prometer e de manter a promessa e que asseguram a estabilidade das comunidades políticas diante das incertezas do futuro. Uma comunidade efetivamente fundada sobre a vontade soberana de Rousseau estaria, assim, fincada em terreno movediço. A vontade geral mutante de Rousseau de certa forma anteciparia a instabilidade e a inconfiabilidade dos governos revolucionários, além de justificar a falácia de que, no âmbito do Estado nacional, os tratados somente obrigam enquanto servirem a um aparente interesse nacional, o que pode resultar muitas vezes em opressão e tirania.

***

---

[204] ROUSSEAU, 1987, p. 44

CAPÍTULO 2 – OPINIÃO, MASSIFICAÇÃO E PLURALIDADE

A partir das críticas de Arendt ao conceito de vontade geral e de soberania em Rousseau, é possível situar a sua rejeição à ideia de opinião pública, tal como surgida na Revolução Francesa. Na concepção da autora, o espaço público deve ser mediado pela incessante troca de opiniões. E estas requerem a presença dos outros, surgem e são discutidas entre pessoas – não são alimentadas na solidão, como a vontade, nem tampouco são a expressão de grupos e facções, como o interesse.[205] Portanto, também implicam a pluralidade, diferentemente da vontade geral "una e indivisível".

Quando se referia à opinião pública, Robespierre entendia por ela a unanimidade da vontade geral da nação. É a essa ideia de opinião pública que os Pais Fundadores se opunham frontalmente, por acreditar que a esfera pública era constituída pela troca de opiniões entre iguais. Se todos passassem a cultivar a mesma opinião, o debate tornar-se-ia supérfluo. A consequência seria o desaparecimento da esfera pública.

No *Federalista* (n.º 50), Madison escreve o seguinte: "Quando os homens exercem sua razão fria e livremente sobre uma variedade de questões distintas, [...] chegam a opiniões diferentes em algumas delas. Quando são governados por uma paixão comum, suas opiniões[...] serão as mesmas". Essa passagem mostra-se bastante reveladora sobre uma questão decisiva: a incompatibilidade entre o domínio de uma "opinião pública" unânime e a liberdade de opinião. Segundo Arendt, nem sequer é possível falar da possibilidade de formar alguma opinião onde todas as opiniões são iguais. "Desde que ninguém é capaz de formar sua própria opinião sem o benefício de uma multiplicidade de opiniões dos outros, o papel da opinião pública coloca em

---

[205] Em *Sobre a revolução*, Arendt distingue a opinião do interesse: "Interesse e opinião são fenômenos políticos inteiramente diferentes. Politicamente, interesses são relevantes somente como interesses de grupos, e para a purificação desses interesses de grupos parece ser suficiente que eles sejam representados de forma tal que seu caráter parcial seja salvaguardado sob todas as condições, mesmo que sob as condições de que o interesse de um único grupo seja o interesse da maioria. Opiniões, ao contrário, nunca pertencem a grupos, mas exclusivamente a indivíduos" (1990, p. 227).

risco mesmo a opinião daqueles poucos que possam ter a força de não compartilhá-la."[206]

Neste ponto, vale novamente lembrar um conceito caro na obra de Arendt, que ela toma emprestado de Kant: o de mentalidade alargada. No processo de formação da opinião, para usar mais uma vez as palavras da filósofa,

> nosso pensamento é verdadeiramente discursivo, correndo, por assim dizer, de um lugar para outro, de uma parte do mundo para outra, através de todas as espécies de concepções conflitantes, até finalmente ascender dessas particularidades a alguma generalidade imparcial.[207]

A ideia de opinião pública como a voz uníssona da massa popular, uma uniformidade que não comporta a discordância e a diferença, contraria a concepção arendtiana da *doxa*. As *doxai* manifestam-se entre as pessoas, no curso das suas interações humanas, e não no solipsismo de uma mente que se aparta dos demais – aliás, a própria atividade do pensamento ocorre na forma do diálogo com aquele "outro eu-mesmo" no qual o eu se divide quando conversa consigo mesmo, pois a pluralidade característica da condição humana está presente também na nossa subjetividade. No entanto, apesar de ser formada nesse processo que exige a participação dos outros, a *doxa* é sempre singular, porque diz respeito ao indivíduo, à maneira como o mundo se abre para ele, embora o mundo seja a base em comum que compartilhamos com os demais, assegurando a necessária objetividade a nossas opiniões.

Sobre essa singularidade da *doxa*, é importante destacar dois pontos essenciais, elencados por Arendt em *Sobre a revolução*. Em primeiro lugar, pelo fato de as opiniões pertencerem apenas a indivíduos, nenhum grupo e muito menos uma multidão

---

[206] ARENDT. *On revolution*, 1990, p. 225; HAMILTON; JAY; MADISON, 2001, p. 266.
[207] Idem. *Entre o passado e o futuro*, 2002, p. 300.

poderão formar uma opinião. Em segundo lugar, os indivíduos, na sua singularidade, só podem fazer com que as suas *doxai* sejam expostas, ouvidas e debatidas por seus pares no espaço público. A maneira como Arendt interpreta a *doxa*, ou seja, a opinião, sempre a insere, portanto, em um cenário de pluralidade e debate público. Mas como escapar de um caos de diferentes opiniões?

O caminho certamente, para a autora, não é por meio da fabricação de um consenso por meio da "opinião pública", já que para ela a própria expressão carregaria uma contradição, tendo em vista a sua conceituação da *doxa* como algo estritamente particular.[208] Por isso, ela prefere falar em "posições públicas", no plural, e, para que as opiniões dos cidadãos se convertam em posições públicas, elas precisam passar pela mediação de instituições estáveis, resultado dos pactos e das alianças celebrados pela comunidade política – o Senado norte-americano seria um exemplo dessas instituições.

Estes tópicos, no entanto, serão retomados mais adiante e na conclusão deste capítulo e, no que diz respeito ao Senado, no capítulo IV. A seguir, o tema da opinião pública no pensamento da autora será discutido tendo como base as suas reflexões sobre o isolamento dos indivíduos na sociedade moderna de massas, que ela desenvolve em obras como *Origens do totalitarismo* e *A condição humana*.

2.3 ISOLAMENTO E HUMOR DA MASSA

Segundo Dana Villa afirma em *Public freedom,* Hannah Arendt, como uma "boa liberal" (embora o "liberalismo" de Arendt seja bem questionável), repele a ideia de um modelo de política

---

[208] No seu diário filosófico, encontra-se a seguinte anotação da autora sobre a opinião e a opinião pública, datada de julho de 1955: "A opinião no espaço público: mais a opinião se direciona para o espaço público, menos ela pode se manifestar em meio à uniformidade. Na 'opinião pública', a opinião perde precisamente seu caráter de opinião" (*Journal de pensée (1950-1973)*, 2005, p. 741, v.2).

tutelar, no qual cidadãos "patrióticos" sejam formados em série, como se extraídos de um mesmo molde. Qualquer projeto que envolva a doutrinação em nome de uma virtude cívica – noção tão cara ao republicanismo clássico –, e que possa de alguma maneira estimular a uniformidade de pensamento, é completamente estranha ao pensamento da autora, acentua o intérprete de Arendt.[209]

De fato, na filosofia arendtiana, segundo a qual a política é o espaço da *doxa* e a opinião pública é concebida como uma forma de tirania, o que se destaca é a ênfase na singularidade e na autonomia de julgamento dos seres humanos. Então, Arendt faria – questiona Dana Villa – a defesa de algo como um individualismo dotado de espírito público? De acordo com ele, esse paradoxo é apenas aparente, já que uma oposição entre individualismo e cidadania em Arendt só poderia surgir se o primeiro termo fosse compreendido na forma como Tocqueville o define.

O modo pelo qual Arendt desenvolve o seu próprio, digamos, projeto republicano (assim como o republicanismo de Tocqueville) serão analisados nas "Considerações finais". Nesse momento, o que importa destacar é o entendimento de Tocqueville e Arendt no que diz respeito ao individualismo.

Ora, lembrando o que foi discutido na primeira parte deste capítulo, a defesa da singularidade do indivíduo, de sua autonomia, está tão presente em Tocqueville quanto em Arendt – o individualismo, para o pensador francês, aliás, configura-se como uma ameaça à individualidade e à singularidade de cada um. Além do mais, um diagnóstico aproximado e ainda mais sombrio desse mal da modernidade que Tocqueville chama de "individualismo" – o confinamento dos indivíduos no círculo mais estreito das suas vidas privadas, em busca tão somente do bem-estar e de ganhos materiais, abdicando da cidadania e da sua capacidade de ação e discurso na esfera pública – também aparece na obra de Arendt. Para compreender a visão dela sobre esse fenômeno,

---

[209] VILLA, 2008, p. 99.

é preciso retornar a seu livro de estreia, *Origens do totalitarismo,* e também à *Condição humana.*

Nas páginas finais de *Origens...,* no capítulo "Ideologia e terror", acrescentado à segunda edição da obra, em 1958, Hannah Arendt faz uma distinção entre isolamento e solidão. O isolamento é a condição daqueles que perderam a capacidade de ação política, na ausência de uma esfera pública onde possam interagir com os seus pares. Afinal, se o poder é concebido por Arendt como ação conjunta, a situação de isolamento só pode ser indicativa de impotência política. "O isolamento é aquele impasse ao qual os homens são levados quando a esfera política de suas vidas, onde agem em conjunto na realização de um interesse em comum, é destruída", define.[210]

Mas essa condição não é exclusiva do homem moderno – o isolamento, concebido como impotência política, é a característica desde sempre dos indivíduos sujeitos à tirania. O isolamento representa o rompimento dos laços políticos entre indivíduos, uma estratégia da qual tiranos de todos os tempos lançaram mão para evitar qualquer tipo de ameaça a seu poderio.

Entretanto, os indivíduos submetidos a um estado de isolamento, incapazes de agir em conjunto politicamente, ainda preservam de alguma forma as outras esferas da vida intactas, pois o isolamento se refere apenas ao terreno político. Em muitos casos, pode ser até voluntário e torna-se essencial aos seres humanos, na condição de *homo faber,* para dar vazão à sua criatividade. Em *A condição humana,* Arendt apresenta uma análise aprofundada das três atividades fundamentais da *vita activa* humana, a saber: a obra/fabricação (*poiesis,* o ato de fazer coisas), a ação e o trabalho, a primeira sendo relacionada à atividade do *homo faber,* o artista ou artesão que tem a necessidade de isolar-se do mundo público, do convívio com os seus pares, a fim de fabricar objetos que são acrescentados ao mundo humano.

---

[210] ARENDT. *The origins of totalitarianism,* 1973, p. 474.

Embora isolado dos demais, o *homo faber* ainda permanece em contato com o mundo como obra humana. Só quando até essa relação com o mundo é perdida, quando, além da ligação com os pares no espaço público, desaparece entre os homens a relação com o mundo como criação humana é que ocorre um fenômeno muito mais extremo e radical: a solidão (*loneliness*). Nessa situação, o trabalho – entendido como o único e exclusivo esforço de laborar pela própria sobrevivência – se ergue como o principal valor do homem, a única atividade à qual canaliza toda a sua energia.

Em *Origens do totalitarismo*, Arendt discorre sobre a solidão tendo em vista os governos totalitários, os quais não destroem apenas a esfera da vida pública dos indivíduos, como nas tiranias, mas atingem a vida humana como um todo. A solidão é mais do que a ausência de relações humanas – ela implica não só o afastamento entre as pessoas, mas o afastamento do mundo humano, o que acarreta a perda do senso da realidade e da capacidade de julgar a própria experiência.

Se um dos elementos que caracterizam o totalitarismo é o domínio total que exerce sobre a massa de indivíduos submetidos à experiência radical da solidão, a falência desse tipo de regime não significa necessariamente o fim da experiência de desamparo. A solidão é o estado do *animal laborans*, o qual exerce única e exclusivamente a atividade do trabalho, condição comum – e este é um fenômeno novo, surgido na modernidade – aos indivíduos da sociedade de massas.

Se comparado ao modo de vida do homem de ação, o *homo faber* pode até ser apolítico, mas não é antipolítico, porque ele ao menos mantém um vínculo com o mundo humano. Embora não constitua um domínio político propriamente dito, que é o que ocorre quando os homens se unem através da ação conjunta e do discurso, o *homo faber* tem no mercado de trocas uma espécie de domínio público, no qual pode exibir os produtos que fabricou e ser reconhecido por esse ofício. Mas esse domínio público é limitado, porque nele o relacionamento humano ocorre pela mediação das mercadorias e não diretamente entre as pessoas, como se dá na ação coletiva.

CAPÍTULO 2 – OPINIÃO, MASSIFICAÇÃO E PLURALIDADE

O *animal laborans*, em contrapartida, exerce uma atividade apartada do mundo público e que dispensa o convívio dialogado com os pares inerente à ação política. Sozinho com o seu corpo, ele permanece preso à satisfação de suas necessidades biológicas compulsivas que, embora sejam comuns à espécie humana, são incomunicáveis e incompartilháveis com os demais.

No capítulo final de *A condição humana*, ao enfatizar que o mundo moderno é marcado pela vitória do *animal laborans*, cuja atividade se sobrepõe às outras atividades (a obra e a ação) que caracterizam a condição humana, Arendt salienta que o último estágio da sociedade de trabalhadores predominante na época contemporânea – a sociedade de empregados – exige de seus membros um funcionamento puramente automático. Em tom sombrio, ela observa que é como se a vida individual realmente houvesse sido submersa no processo vital global da espécie "e a única decisão ativa requerida do indivíduo fosse [...] abandonar a sua individualidade e aquiescer a um tipo funcional, entorpecido e 'tranquilizado' de comportamento".[211]

Importa chamar a atenção aqui para a palavra "comportamento": diferente da ação, que só se concretiza em meio à pluralidade de indivíduos singulares e é sempre espontânea e imprevisível, o comportamento, como algo que pode ser medido e normalizado, pressupõe a uniformidade. O comportamento é exatamente o que caracteriza a sociedade, e o modo muito particular pelo qual Arendt faz o histórico do surgimento da sociedade é essencial para compreender a sua crítica à sociedade moderna de massas, cujos integrantes são espécimes do *animal laborans*.

***

Segundo Canovan, a noção de "sociedade" é geralmente usada como um rótulo sempre à disposição para tratar dos fenômenos sociais em geral. As implicações desse uso ordinário do termo

---

[211] ARENDT. *The human condition*, 1998, p. 322.

são que, em primeiro lugar, a sociedade existe desde que a própria humanidade surgiu e, em segundo, que qualquer atividade humana, como a política, deve ser incorporada a e, em certa medida, ser dependente *da* sociedade. Arendt, no entanto, emprega o termo em um sentido bem diverso. "Quando fala sobre 'sociedade', ela não se refere à soma total das relações humanas, mas antes a um modo particular de relações que tem aspectos específicos e é característico de lugares e tempos específicos", sublinha Canovan.[212] Assim como é consenso, entre os historiadores, que a palavra Estado não existiu sempre, mas data do início da Idade Moderna, para Arendt, o advento do social também tem seu nascimento datado nos primórdios do feudalismo, quando o abismo entre a privatividade do lar e o domínio da esfera pública que caracterizava a *pólis* grega foi progressivamente preenchido pela organização pública do processo vital.

Na Antiguidade, havia um enorme fosso separando a esfera pública da privada, as atividades do cidadão enquanto tais e as suas atividades como pessoa particular. Com a queda do Império Romano, o domínio público praticamente deixa de existir (com a exceção, ambivalente, da Igreja Católica) e o que predomina são os "conglomerados de famílias" – os domínios particulares de reis, nobres, mercadores e camponeses, todos imersos nos seus próprios negócios. O domínio secular, sob o feudalismo, era o que o domínio privado havia sido na Antiguidade. Não à toa o senhor feudal tinha o poder de administrar a justiça dentro do feudo – diferente do chefe de família da *pólis* grega e da *civitas* romana, para quem a lei e a justiça só existiam fora do espaço privado.

A marca distintiva do domínio secular era, portanto, a absorção de todas as atividades da esfera do lar e a ausência, consequentemente, de um domínio público. Arendt sublinha que o próprio conceito medieval de "bem comum", "longe de indicar a existência de um domínio político, reconhecia apenas que os indivíduos privados têm interesses em comum, materiais e espirituais"[213] – e

---

[212] CANOVAN, 1992, p. 117.
[213] ARENDT. *The human condition*, 1998, p. 35.

as organizações profissionais reunidas na forma de guildas, confrarias e companhias apareceram exatamente dentro desse espírito, nos moldes do lar doméstico, nas quais os seus integrantes são aqueles que partilham à mesa o pão e o vinho.

Quando a noção das relações em público entre os indivíduos ressurgiu novamente, no final da Idade Média, ela apareceu de forma diferente. O incremento crescente da economia de mercado conectou os diferentes domínios privados que se mantinham isolados, e estes começaram a demandar por uma nova autoridade pública, o Estado, que pudesse proteger e promover a sua rede de interesses particulares. Com esse impulso crescente da modernização econômica abrangendo cada vez mais as pessoas em um sistema interdependente, a tendência de colocar a ordem política a serviço dos propósitos econômicos só se intensificou. Segundo Arendt, as sucessivas ondas da política econômica – mercantilista, liberal e socialista – não são assim tão relevantes diante do fato mais concreto de que todas elas compartilham a mesma visão "social", segundo a qual o que cabe à política é preservar o bom funcionamento das atividades de produção e de consumo, em resumo, o processo vital.

A esfera do social se torna preponderante, então, quando os interesses materiais se transformam na principal preocupação coletiva de toda a nação e do Estado. "O conjunto de famílias economicamente organizadas como um fac-símile de uma única família sobre-humana é o que chamamos de sociedade, e sua forma política de organização é denominada 'nação'", observa Arendt em *A condição humana*.[214]

Nesse âmbito do social que começa sua ascensão no feudalismo, se os indivíduos se unem, é para realizar coletivamente a satisfação de suas necessidades e de seus desejos – eles não estão juntos em torno de um mundo comum que lhes permita aparecer pela ação e pelo discurso como sujeitos singulares e plurais. Portanto, a sociedade, na acepção empregada por Arendt, contrasta

---

[214] ARENDT. *The human condition*, 1998, p. 29.

frontalmente com um autêntico espaço público em que a pluralidade dos indivíduos é preservada e possa se manifestar, porque nela o que move as pessoas são fundamentalmente os negócios privados, relacionados à produção e ao consumo.

Como frisa Canovan, a sociedade é uma espécie de pseudoespaço público, uma distorção da autêntica vida pública – e o que caracteriza a sociedade é o conformismo.

"Conformismo" é, de fato, uma palavra-chave para compreender o funcionamento da sociedade. Sobre esse vocábulo, há vários aspectos cruciais a serem destacados. Em *A condição humana*, Hannah Arendt ressalta que uma característica marcante da sociedade é o fato de ela, em todos os seus níveis, excluir a possibilidade de ação. No lugar da ação, a sociedade exige de seus membros um determinado tipo de comportamento, condicionado por um sem-número de regras. Uniformidade, portanto, aparece como sendo a essência da sociedade.

Nesse sentido, é importante destacar duas diferentes implicações dessa "uniformidade" imposta pela sociedade. Em primeiro lugar, está a sobreposição da "administração nacional", no mundo moderno, à política. Na medida em que as necessidades da vida se tornam a principal, se não for a única, preocupação de ordem pública, a política assume o papel de simples administração, a gestão do processo coletivo vital, e desse ponto de vista os indivíduos passam a ser encarados não como pessoas singulares, mas como seres idênticos e intercambiáveis.

A esse respeito, Arendt salienta que o conformismo – o qual implica a suposição de que os homens se comportam ao invés de agir – está na base da moderna ciência da economia. E esta nasceu justamente em concomitância com o surgimento da sociedade, tornando-se, ao lado do seu principal instrumento técnico (a estatística), a ciência social por excelência.

Como as leis da estatística só são válidas diante de grandes números ou de grandes períodos de tempo, todo evento, ou ato, que for caracterizado por sua particularidade aparece, em face da economia, como um mero desvio ou uma mera flutuação. Ora, mas o que ilumina a política e a história são justamente as ocorrências

CAPÍTULO 2 — OPINIÃO, MASSIFICAÇÃO E PLURALIDADE

que se destacam em meio às situações cotidianas repetitivas do dia a dia, portanto, aplicar a ambas as leis da economia é como obliterá-las. "[...] é um empreendimento em vão buscar sentido na política ou significado na história quando tudo o que não é comportamento cotidiano ou tendência automática é descartado como irrelevante", contrapõe Arendt.[215] A consequência principal da substituição da política pela administração é a transformação do governo em burocracia, o "governo de ninguém".

A outra implicação decorrente da uniformidade inerente à vida em sociedade tem implicações culturais. Arendt também emprega o termo "sociedade" para se referir a um setor da vida moderna que se pode chamar de esfera da sociabilidade, a arena para consumo público, da moda, do sucesso social. E aqui novamente deve-se fazer um pequeno percurso histórico.

No ensaio "Crise na cultura", Arendt situa as origens dessa "esfera da sociabilidade" nas cortes aristocráticas das realezas europeias, em especial a de Versalhes, na França. Esses espaços, o berço do que se convencionou chamar depois de "alta sociedade", configuravam uma espécie de esfera pública, no sentido da alta visibilidade de seus integrantes no seu próprio meio e em relação às outras camadas sociais e do seu modo de vida, baseado na capacidade de representar um papel em público, como se fossem atores em um palco. Em *Origens do totalitarismo*, tratando dos salões aristocráticos do Faubourg Saint-Germain retratados no romance *Em busca do tempo perdido*, de Marcel Proust, Arendt aponta para o fato de que cada sociedade requer dos seus integrantes a habilidade de representar um papel.[216]

Entretanto, a sociedade das cortes e dos salões aristocráticos formava um espaço público inautêntico porque o que estava em jogo não era a pluralidade de indivíduos aos quais era dada a oportunidade de manifestar a sua *doxa* à luz do público, mas a

---

[215] ARENDT. *The human condition*, 1998, p. 43.
[216] Idem. *Entre o passado e o futuro*, 2002, p. 251; *The origins of totalitarianism*, 1973, p. 84. Sobre a ideia de conformismo em Arendt, ver CANOVAN, 1992, p. 118-119.

exigência de que os seus integrantes se conformassem aos papéis convencionados a eles pelo ambiente social no qual circulavam. Foi contra essa opressão exercida pela sociedade junto aos indivíduos que Rousseau se rebelou, descobrindo na esfera da intimidade uma proteção contra as exigências niveladoras do ambiente social.

Os salões do século XVIII e as suas rígidas convenções, que equacionavam os indivíduos à posição que ocupavam na estrutura social, ainda englobavam uma parcela pequena da população. Ao longo do século XIX, esse equacionamento do indivíduo com a posição social se espraiou pela burguesia, principalmente na obsessão por títulos e status, até se transformar na função ocupada pelo indivíduo na sociedade de massas.

O que é relevante salientar é o fato de, na sociedade de massas, embora esta já não seja regida mais pelos mesmos códigos sociais inflexíveis de outrora, o indivíduo continuar preso ao mesmo jugo de conformismo e submissão. Aliás, essa situação se agravou ainda mais, pois, se nos primeiros estágios da sociedade, ainda havia válvulas de escape a ela – na forma dos estratos da população, como os proletários, que ainda não haviam sido incorporados à sociedade –, com a absorção, na sociedade de massas, de todos os grupos sociais, essas brechas desapareceram.

"Boa parte do desespero dos indivíduos submetidos às condições da sociedade de massas se deve ao fato de hoje estarem estas vias de escape fechadas, já que a sociedade incorporou todos os estratos da população", destaca Arendt.[217] A única exceção seria o artista – por preservar de alguma forma a sua singularidade, em meio à multidão de *animais laborans*. No seu ofício *de homo faber*, o artista continua a criar objetos que são acrescentados ao mundo humano, marcados pela durabilidade e pela permanência, e não para servir apenas ao mero propósito do consumo.

---

[217] ARENDT. *Entre o passado...*, p. 252. Em "A crise na cultura", ela lembra que o conceito de *le peuple* também foi forjado em contraponto à corrupção e à hipocrisia da sociedade de salões (2002, p. 252).

CAPÍTULO 2 – OPINIÃO, MASSIFICAÇÃO E PLURALIDADE

O espraiamento da esfera do social, na qual se dissolvem tanto a dimensão pública quanto a privada da existência humana, tem como consequência a destruição do mundo comum, que se distingue da Terra ou da natureza por ser fruto do artefato humano. O mundo comum reúne-nos na companhia uns dos outros, mas ao mesmo tempo impede que colidamos uns com os outros; ele nos congrega e nos relaciona, mas ao mesmo tempo nos separa.

> Viver em conjunto no mundo significa essencialmente que um mundo de coisas está entre aqueles que o possuem em comum, como uma mesa está localizada entre os que se assentam ao seu redor; o mundo, como todo espaço-entre, relaciona e separa os homens ao mesmo tempo.[218]

Arendt volta a usar a imagem da mesa – dando o exemplo de um grupo de pessoas sentadas em torno desse móvel, durante uma sessão espírita, que de repente o vissem desaparecer – para falar da "estranheza" que significa a perda do mundo em comum. As pessoas do exemplo, a partir do momento em que não mais dispusessem da mesa para reuni-las e separá-las simultaneamente, já não teriam qualquer relação entre si baseada em algo tangível. É essa a situação dos indivíduos na sociedade de massas.

Segundo a conceituação de Hannah Arendt em *Origens do totalitarismo*, o termo "massa" pode ser empregado quando se trata de pessoas que, em razão simplesmente de seu quantitativo ou da sua postura indiferente em relação ao mundo – ou, ainda, à combinação dessas duas situações –, não conseguem se integrar em qualquer tipo de associação baseada no interesse comum, como os partidos políticos, sindicatos de trabalhadores ou entidades profissionais. Conforme aponta Duarte, o que distingue as massas modernas das multidões dos séculos anteriores é que elas são massas no sentido estrito da palavra, uma vez que não têm mais interesses comuns a relacioná-las ou qualquer forma de

---

[218] ARENDT. *The human condition*, 1998, p. 52.

"consentimento", que, segundo Cícero, constitui o *inter-est*, aquilo que está entre os homens. Margareth Canovan, por sua vez, observa que as massas, segundo a compreensão arendtiana, não devem ser associadas às classes mais baixas, porque as primeiras só emergem quando já não há mais uma sensação de pertencimento a qualquer grupo social que seja.[219]

Os indivíduos da massa formam um agregado de seres humanos atomizados, isolados uns dos outros e destituídos de relações sociais. Também são desenraizados (*rootlessness*), no sentido de não terem mais referências em comum com os demais. Esse retrato que Arendt faz do homem de massa aproxima-se, como se pode constatar, ao apresentado por Tocqueville no final do segundo volume da *Democracia na América*. Todavia, a caracterização desse indivíduo feita por Arendt, em face da realidade da Europa do entreguerras, ganha contornos ainda mais dramáticos. Na descrição do seu perfil psicológico em *Origens do totalitarismo*, Hannah Arendt observa que o desinteresse do indivíduo das massas modernas pelo mundo em comum estende-se a si próprio, alimentando a sensação da sua própria superfluidade.

Em circunstâncias ordinárias, essas pessoas que compõem a massa permanecem politicamente apáticas – e podem mesmo ser ignoradas por uma estrutura partidária que ainda reflita o sistema de classes. Mas em situação de guerras, revoluções, desemprego estrutural e inflação, de privação da cidadania e da perda de seus bens materiais, situação compartilhada por milhares de pessoas após a Primeira Guerra Mundial, um vasto e crescente número de indivíduos que passaram a experimentar essa condição de atomização em decorrência da fragmentação da sociedade tornou-se extremamente suscetível à mobilização dos movimentos totalitários. Também contribuiu para que isso ocorresse o que se pode chamar a "mentalidade" desenvolvida pelos homens da massa, em decorrência do seu isolamento, tornando-os tendentes a ignorar as noções mais elementares do senso comum e, em

---

[219] DUARTE, 2000, p. 51; CANOVAN, 1992, p. 53.

CAPÍTULO 2 – OPINIÃO, MASSIFICAÇÃO E PLURALIDADE

consequência, dispostos a aderir a quaisquer certezas ideológicas que se apresentassem como substitutas da realidade.

Foi dito anteriormente que, para Arendt, a derrota dos regimes totalitários não representou necessariamente o fim da experiência de desamparo das massas humanas que lhes deram apoio, e a solidão acabou por se converter em uma experiência rotineira das multidões no mundo contemporâneo. A predominância do modo de vida do *animal laborans* na atualidade, em que o econômico se sobrepõe ao político e em que tudo gira para a manutenção do processo vital, da produção da abundância para o uso e o consumo imediatos, teve como consequência a perda do mundo comum que antes relacionava os homens, condenando os indivíduos a essa situação de desamparo, inerente àqueles que são apenas um número a mais na massa humana.

Pois o que caracteriza o *animal laborans* é o fato de ele ser "sem mundo", diferente do *homo faber*, que, com a sua capacidade reificadora, constrói um mundo artificial e, por isso mesmo, humano, ainda que não alcance a plenitude de suas potencialidades humanas – algo que ocorre apenas quando convive com os seus pares no modo da ação e do discurso.

***

Com a primazia de uma mentalidade em que se valorizam, sobretudo, a abundância, a vida confortável e a saciedade – o ideal de felicidade sendo reduzido, no mundo moderno, à aquisição e ao gozo de bens materiais –, o espaço da política se retrai. A ascendência da esfera do social, por seu turno, impõe a homens e mulheres que "ajam como se fossem membros de uma enorme família que tenha apenas uma opinião e um único interesse".[220] Para Arendt, é justamente esse caráter monolítico da sociedade que permitiu o que ela chama de "vitória da igualdade" no mundo moderno.

---

[220] ARENDT. *The human condition*, 1998, p. 39.

Entretanto, essa igualdade é a igualdade niveladora do comportamento uniforme e automático do *animal laborans*. Ela é diversa da igualdade que predomina no domínio público, no qual cidadãos livres e iguais – iguais pelo fato de terem igualmente acesso a essa esfera – se destacam como indivíduos singulares.

O caráter monolítico da sociedade, que impõe a todos a mesma opinião e o mesmo interesse, representa, portanto, um obstáculo para que as diferentes *doxai* dos indivíduos possam se manifestar. A *doxa,* relembre-se, é o que aparece a cada indivíduo de acordo com a posição que ocupa no mundo em comum, segundo a sua perspectiva própria. Sendo a expressão da maneira como cada qual apreende a realidade, do modo como o mundo aparece a cada um, a *doxa* é sempre particular, mas depende da interação com os outros no domínio público para que possa se manifestar.

A opinião, na sua dimensão política, é de natureza relacional. A *doxa* não é nem objetiva, nem subjetiva, mas intersubjetiva e demanda um ponto em comum como referência: este é o mundo em comum, que providencia a necessária objetividade para a interação entre os sujeitos.

Se a unanimidade de opinião exigida pela sociedade representa o sufocamento das opiniões dos indivíduos, a conformidade de interesses que ela demanda de seus integrantes tampouco pode ser interpretada como estando relacionada ao mundo que temos em comum. A opinião não se confunde com o interesse – os dois fenômenos são distintos. Os interesses particulares não são ditados ou brotam automaticamente das opiniões particulares e nem o contrário ocorre. Até porque os primeiros podem pertencer a grupos específicos ou comportar parcelas majoritárias da população, ao passo que a opinião é sempre individual.

O ponto a destacar aqui é que, mesmo partilhando o mesmo interesse com determinadas pessoas, as nossas opiniões acerca desses interesses não são idênticas porque partimos de perspectivas diversas para considerá-los.

O domínio público tampouco tem a ver com a confluência entre interesses privados, da qual resultaria um suposto "interesse comum". Segundo Arendt, o comum – o que compartilhamos com os demais no domínio público – não é o denominador comum entre interesses conflitantes, mas o mundo. O mundo que herdamos e no qual vivemos tem interesses de longo termo, enquanto os interesses privados dos indivíduos são necessariamente de curto prazo e apresentam toda a urgência do processo vital.

Sendo assim, se pode existir algo como um "interesse público" (ou *inter-est*), este é sempre relacionado ao mundo e jamais aos interesses privados. Os interesses públicos são os relacionados ao espaço público. Os cidadãos compartilham esses interesses à medida que compartilham o espaço público, mas eles não pertencem especificamente às pessoas nem correspondem à soma dos interesses particulares.

É também o mundo que temos em comum, cujo traço mais marcante é a sua durabilidade, onde é possível nos relacionarmos, estabelecendo um domínio público, e onde temos a chance de manifestar as nossas opiniões acerca dos interesses em confronto, debater sobre eles e estabelecer pactos com base naquilo que foi referendado pela concordância pública. O mundo em comum, portanto, não é o espaço da uniformidade de opiniões e interesses, como na sociedade, mas precisamente o oposto: é onde o desacordo e o dissenso podem se manifestar e onde é possível firmar acordos entre esses diferentes pontos de vista, por meio do pacto e da promessa.

A política não consiste simplesmente em interesses ou em concepções compartilhados sobre o bem comum; ela é, antes de tudo, a maneira pela qual decidimos o que fazer em face dos conflitos em torno desses interesses e dessas concepções. "A política, nesse sentido, não é constituída nem pelo consenso nem por uma comunhão, mas por práticas por meio das quais os cidadãos discutem acerca de interesses e objetivos – em outras palavras, [a política é constituída] pela comunicação", salienta Bickford.[221] São essas práticas comunicativas no espaço público que permitem tornar manifesta a identidade de cada cidadão, por meio da

---

[221] Apud BORREN, 2010, p. 117.

expressão de suas *doxai* a respeito desses interesses e objetivos e do esforço de chegar a um acordo em torno deles.

***

Na descrição arendtiana, os traços característicos da moderna sociedade de massas são a filtragem dos interesses políticos pelos interesses econômicos, a apatia política e o conformismo – este último substitui a capacidade humana para agir espontaneamente pelo "comportamento" previsível e normatizado pelas regras sociais –, além do predomínio da opinião pública, concebida como uniformidade de opinião. Nesse cenário, os seres humanos, voltados unicamente para as atividades relacionadas à sobrevivência e ao consumo, alijados do espaço público, tornam-se inteiramente privados – no sentido grego, isto é, privados de ver e ouvir os outros.

Se as opiniões se formam em um processo de discussão aberta e debate público, no qual os cidadãos possam se comunicar livremente e expressar o que pensam, onde não houver esse espaço, o que se manifesta, na verdade, são "humores" (*"moods"*) – "humores das massas, humores dos indivíduos", conforme Arendt escreve já nas páginas finais de *Sobre a revolução*. Na compreensão de Arendt, a multidão jamais é capaz de formar uma opinião, porque esta é concernente ao indivíduo, ao modo como ele encara o mundo. O que a massa consegue manifestar são apenas humores, que não representam propriamente opiniões. Estas, apesar da contingência que as caracteriza e do processo agônico do livre debate a que são submetidas, estão na base dos pactos celebrados pelos cidadãos, os quais demandam a concordância pública em torno das questões de interesse público e conferem a necessária estabilidade ao corpo político.

Já o humor, por sua própria natureza, é sempre volúvel e oscilante. Esse fenômeno pôde ser observado no curso da Revolução Francesa, na "vontade geral" sempre mutante da massa dos *malheureux*, da qual os líderes revolucionários, como Robespierre, se erigiram como os seus porta-vozes. E esse fenômeno é uma

CAPÍTULO 2 – OPINIÃO, MASSIFICAÇÃO E PLURALIDADE

tendência que se observa na moderna sociedade de massas, marcada pelo isolamento dos indivíduos e pela perda do mundo comum, cuja estabilidade se vê sacrificada pela compulsão do *animal laborans* em transformar o mundo em uma reserva ilusoriamente inesgotável para satisfazer os seus incansáveis desejos de consumo, conforme observa Arendt em seu ensaio "A crise na cultura" (em *Origens do totalitarismo*, Arendt alude ainda à inconstância, à volubilidade e ao esquecimento das massas, o que as torna perigosamente suscetíveis às ideologias totalitárias).

Por todas essas implicações, Arendt considera a unanimidade de opiniões um fenômeno ameaçador, o qual representa um perigo não apenas para a vida pública, mas atinge também o indivíduo na sua singularidade, tendo em vista que cada um de nós é diferente não só por natureza, mas também por convicção. "Ter opiniões diferentes e estar consciente de que outras pessoas pensam de forma diferente a respeito do mesmo assunto nos defende da certeza divina que interrompe toda discussão e reduz as relações sociais àquelas de um formigueiro", salienta a pensadora no artigo "Para pensar a pátria judaica", no qual critica o movimento sionista justamente pela falta de disposição de suas lideranças de estarem abertas a opiniões que destoassem da sua cartilha. Muito antes da tremenda polêmica em torno do livro *Eichmann em Jerusalém*, Arendt foi alvo da pressão ideológica dos sionistas por conta das suas opiniões independentes.[222]

Em suma, a unanimidade de opinião jamais pode ser resultado da concordância que advém do livre debate entre cidadãos. Antes, é produto do fanatismo e da histeria das massas de indivíduos atomizados e de seus humores cambiantes.

Como se pôde perceber pelo que foi discutido na primeira e na segunda partes deste capítulo, Tocqueville e Arendt apresentam muitos pontos em comum – apesar das diferentes situações históricas em que viveram e que motivaram as suas reflexões – acerca das questões referentes à opinião pública e ao isolamento dos

---

[222] ARENDT. *Escritos judaicos*, 2016, p. 658; ver também BERNSTEIN, 1996.

indivíduos no mundo moderno. Essas confluências e também algumas considerações críticas a respeito desses temas na obra de ambos os autores serão o objeto da análise a seguir.

3. TOCQUEVILLE E ARENDT: AS AMEAÇAS À DEMOCRACIA

No primeiro volume da *Democracia na América*, Tocqueville – tendo em vista a organização sociopolítica dos Estados Unidos, cujo território percorrera no início da década de 1830 – adverte para um perigo que pode emergir da própria democracia. Esse perigo é o da "tirania da maioria", um poder imenso e quase irresistível da maioria dos cidadãos atuando por meio das instituições políticas e constrangendo qualquer manifestação divergente. Como expressão dessa maioria, a opinião pública surge como uma força onipotente, colocando-se acima dos outros poderes e impondo-se sobre as minorias e também sobre os indivíduos em particular.

O que torna esse domínio da opinião pública ainda mais difícil de ser combatido é o fato de ele ser um poder internalizado – conforme observou Tocqueville, a sua coação não é exercida diretamente sobre os corpos, mas sobre a alma. É por isso que o autor chega a dizer que nos EUA, a despeito das garantias individuais asseguradas pela Constituição Federal, não havia verdadeira liberdade de discussão.

Se a teoria da "tirania da maioria" é uma das ideias mais célebres de Tocqueville, ela está longe de ser um ponto pacífico – ao contrário, foi alvo de muitas controvérsias. Dentre as fortes objeções a ela, acentua Schleifer, está a de que o conceito da maioria formulado pelo autor é muito abstrato e rígido, encontrando poucas correspondências na realidade concreta dos Estados Unidos, cujo sistema político baseava-se em pactos, coalizões temporárias e poderes contrabalançados.

Em sua biografia sobre Tocqueville, Hugh Brogan também destila comentários ácidos à noção tocquevilliana de tirania da maioria. Para ele, Tocqueville, ainda sob a forte impressão do exemplo da república jacobina durante a Revolução Francesa, exagerou nas tintas ao vislumbrar a possibilidade de o Legislativo norte-americano tornar-se o instrumento de uma tirania da maioria. "Mas a maioria em uma assembleia não é a mesma coisa que uma maioria de eleitores em uma eleição, sem falar em uma maioria permanente do corpo de eleitores", contesta Brogan. Segundo o biográfo, as passagens da *Democracia na América* denunciando a tirania da maioria e "fantasmas semelhantes" têm como mira, na verdade, a França, estando muito mais a serviço da "retórica política" do que da "ciência política", "à medida que tenta[m] manipular as visões daqueles que ele [Tocqueville] esperava serem seus leitores mais importantes".[223]

Nestor Capdevila, por sua vez, censura Tocqueville por não ter levado em conta, na sua discussão sobre a tirania da maioria, a possibilidade de que a maioria também possa ser fluida e em constante mutação. "Não é possível tornar-se minoritário ou ser, às vezes, minoritário e majoritário sobre diferentes pontos? O perigo de que fala Tocqueville concerne, então, a uma minoria estável, solidificada, como a maioria, sob a forma de um indivíduo", contrapõe. Por fim, para citar uma derradeira objeção feita por vários comentadores da obra do autor, Tocqueville, ao desenvolver a sua ideia de despotismo da maioria, teria deixado de prever a possibilidade de opressão por uma minoria nos sistemas democráticos. A concentração intensa em um só conceito, de acordo com essa crítica, teria feito com que ele desconsiderasse o risco de dominação, sobre a maioria, de grupos detentores de algum privilégio social, intelectual ou econômico. "Nos Estados Unidos do século XX, pelo menos, as maquinações de uns poucos têm sido frequentemente uma ameaça maior para a liberdade democrática que quaisquer abusos por parte da maioria", constata Schleifer.[224]

Tal como o próprio conceito de democracia, a construção teórica de Tocqueville acerca da tirania da maioria é complexa e

---

[223] BROGAN, 2012, p. 258-9.
[224] CAPDEVILA, 2007, p. 33; SCHLEIFER, 1984, p. 246.

multifacetada e abre, com efeito, possibilidades para várias interpretações. Em relação às críticas expostas, contudo, alguns pontos devem ser refutados. É certo que as considerações de Tocqueville acerca da tirania da maioria nos Estados Unidos – e, por consequência, da opinião pública, que é entendida por ele como a expressão da maioria – possam parecer por vezes muito genéricas e em contradição com os elogios que prodigaliza ao sistema democrático norte-americano ao longo da primeira *Democracia*.... No entanto, quando caracteriza essa forma de despotismo democrático que nomeia de "tirania da maioria", ele aponta para um perigo de fato concreto – materializado nos diversos exemplos de que lança mão para sustentar a sua argumentação –, mas que não chega a ser uma realidade incontornável nos Estados Unidos.

É nas próprias instituições políticas norte-americanas e na forma como elas equilibravam os seus poderes e também na cultura democrática disseminada no país, a qual incentivava o associativismo político e social e o pluralismo na imprensa, além dos costumes locais, que Tocqueville enxerga um obstáculo à possibilidade do domínio da maioria e da opinião pública. Estes temas serão desenvolvidos no capítulo 4. O que importa destacar aqui é que as suas advertências a respeito de uma tirania popular visam, sobretudo, chamar a atenção para o risco que representa para a democracia um poder que se eleva como onipotente – mesmo que ele se apresente com a aura da legitimidade de ser a voz do povo.

A onipotência, ainda que travestida de soberania popular, é sempre uma ameaça à liberdade humana. Nesse ponto, Brogan está evidentemente com razão ao dizer que Tocqueville teria em mente também a França quando destacou esse risco da onipotência popular – aliás, foram a inquietação com os rumos da política no seu país e a lembrança sempre presente dos descaminhos da Revolução Francesa que o motivaram no seu projeto de conhecer o sistema democrático norte-americano.

O seu discurso, porém, não é, certamente, apenas retórico, como acusa Brogan. Mas reflete a autêntica preocupação de um teórico da política com uma questão central relacionada à democracia: como conciliar a noção de soberania popular com o respeito às liberdades individuais e à expressão das minorias.

Como bem observa Livia Franco, para Tocqueville, o princípio do governo da maioria não pode ser reduzido a uma simples questão de aritmética, segundo a qual só o número determina a lei e o direito – portanto, a questão não é tanto discutir se a maioria de que fala Tocqueville, como quer Capdevila, é monolítica ou fluida, mas se o critério da maioria é o único a ser levado em conta em uma democracia. "Caso contrário, abre-se a possibilidade de a vontade da maioria ser exercida em nome da lei e, no entanto, ser contrária à justiça", contrapõe Franco.[225]

Com respeito ao problema levantado por Schleifer concernente ao fato de Tocqueville não ter cogitado a possibilidade de uma minoria opressora no lugar da maioria onipotente nas democracias modernas, ele próprio lembra que o autor de *A democracia na América* previu sim essa possibilidade, quando abordou o risco de as classes patronais industriais converterem-se em uma nova aristocracia, assunto que será discutido no próximo capítulo. Além do mais, o tema de uma minoria tirânica governando uma maioria apática, formada por indivíduos isolados entre si e preocupados apenas com o bem-estar privado, é explorado por Tocqueville na discussão sobre o individualismo e o Estado tutelar.

Até aqui tratou-se do conceito de tirania da maioria de Tocqueville no sentido da opressão exercida por ela e por seu instrumento de opressão, a opinião pública, pelas vias institucionais. No entanto, foi mostrado que o autor também vislumbrou outra forma de dominação da opinião pública muito mais sutil, que atua diretamente sobre os indivíduos, inibindo o pensamento independente e atuando como instrumento de coação social das subjetividades. Esse movimento da opinião pública que opera como um forte fator de homogeneização das mentalidades está presente nas duas formas de despotismo democrático pensadas por Tocqueville: a tirania da maioria, em que se tem uma maioria

---

[225] FRANCO, 2012, p. 53.

ativa e opressora, e o Estado tutelar, no qual a massa apática dos indivíduos governados abdica da cidadania para cuidar dos seus interesses privados.

Em ambos as situações, está-se diante de modelos monolíticos de organização sociopolítica, pouco afeitos à divergência e à pluralidade que caracterizam a esfera pública – e que também estão sob a influência do conformismo inerente às modernas sociedades de massas. Mas se a democracia guarda em seu interior as armadilhas que podem transformá-la em um regime tirânico, é mais uma vez dentro dela própria, com o aperfeiçoamento de seus instrumentos, a inclusão das minorias e a disseminação de uma *práxis* republicano-democrática, conforme será explorado mais adiante, que Tocqueville vislumbra os mecanismos para imunizá-la contra tais ameaças.

O tema da tirania da maioria, na forma de uma crítica ao conceito de soberania popular, e as questões concernentes à apatia e ao conformismo das massas modernas também estão presentes no pensamento de Arendt, que demonstra estreita afinidade com as teses tocquevillianas, de acordo com o que foi exposto até agora neste capítulo. Com relação ao primeiro tópico, a autora, ao mesmo tempo em que exalta a livre manifestação das *doxai* (opiniões) no espaço público, manifesta profundas reservas à ideia de opinião pública como veículo do pensamento uniformizado.

As críticas de Arendt à opinião pública surgem no âmbito da sua discussão sobre o conceito de vontade geral de Rousseau e da associação, feita por Robespierre e por outros líderes revolucionários na França, entre opinião pública e unanimidade da vontade geral. Todavia, a exemplo das considerações de Tocqueville acerca da tirania da maioria, a interpretação de Arendt do conceito rousseauísta de vontade geral também está muito distante de ser uma matéria incontroversa no conjunto da obra da autora.

Newton Bignotto apresenta uma série de objeções às críticas de Arendt a Rousseau. O pesquisador admite que a oposição que Arendt estabelece, no pensamento de Rousseau, entre a noção de consentimento e a de vontade geral – esta última implicando o sacrifício dos interesses privados e a submersão dos indivíduos em um corpo único – ajuda a compreender a ideia, tão cara à autora, do mundo público como lugar da pluralidade e da preservação da liberdade. No entanto, a leitura arendtiana do conceito de vontade geral demonstra, segundo Bignotto, uma compreensão ambígua do *Contrato social*.

Conforme o seu entendimento, Rousseau coloca de fato o interesse comum no centro e faz com que ele prevaleça em conflito com as vontades particulares, mas estas não são extintas ou consideradas negativas em todas as ocasiões. "Somente no que toca ao que é comum, e que deve ser reconhecido como tal no momento mesmo do pacto, o soberano prevalece. No restante, os indivíduos continuam a expressar seus desejos e a defender seus interesses." Para ilustrar esse argumento, ele cita um trecho do *Contrato social*, no qual Rousseau diz que "[...] o poder soberano, por mais absoluto, sagrado e inviolável que seja, não passa nem pode passar dos limites das convenções gerais, e [...] todo o homem pode dispor plenamente do que lhe for deixado por essas convenções, de seus bens e de sua liberdade".[226]

Além do mais, a filosofia de Rousseau seria marcada pela tensão entre o indivíduo e a comunidade e pelo tom afetivo que pretendeu conferir às comunidades humanas, desde a família até o Estado. "Não há lugar, portanto, para supor uma concordância da parte de Rousseau com a constituição de um aparato institucional que significasse o fim das liberdades individuais em toda sua extensão", defende. Sobre a associação que Arendt faz entre Rousseau e Robespierre, para voltar às críticas de Bignotto já citadas na segunda parte deste capítulo, este reconhece que, da influência exercida pela linguagem da vontade geral criada pelo genebrino, nasceu o recurso "ao povo" como fundamento do poder. Mas esse recurso – lembrando o que foi exposto na introdução deste capítulo – esteve longe de ser o apanágio dos jacobinos. "Ao contrário, ele foi moeda corrente durante a Revolução

---

[226] BIGNOTTO, 2011, p. 49; ROUSSEAU, 1987, p. 50. Essa interpretação de Bignotto coincide, aliás, com as observações de Derathé a respeito dessa questão em específico em Rousseau, citadas na nota 203.

e talvez seja por isso que o incorruptível pôde lançar mão dele no momento de consolidar seu poder e conduzir a luta contra o que considerava os inimigos do processo revolucionário", acentua Bignotto.[227]

Por essas razões, Bignotto considera pouco razoável sugerir, como o faz Arendt, uma relação direta entre a filosofia política de Rousseau e o regime de Terror comandado por Robespierre como a melhor maneira para se compreender a Revolução Francesa e os seus limites.

Com efeito, para retomar outro ponto já exposto, parece haver um certo consenso entre os intérpretes de Arendt que as suas críticas à vontade geral rousseauísta, dentro do contexto da Revolução Francesa, levam muito mais em conta a maneira como esse conceito foi apropriado pelos revolucionários – os jacobinos, em particular –, não demonstrando uma preocupação em fazer uma exegese mais aprofundada da filosofia de Rousseau. "É verdade que Arendt está menos interessada em Rousseau enquanto tal do que o Rousseau lido durante a Revolução Francesa e singularmente através de Robespierre e Sieyès", comenta Tassin. E é também verdade que a autora, por vezes, para reforçar os argumentos contra Rousseau, seleciona trechos da obra do pensador que confirmam o caráter monolítico da vontade geral, mas omite outras passagens, como a citada por Bignotto, que poderiam relativizar essa interpretação. E ainda há o fato de que, na sua crítica à opinião pública como a expressão da unanimidade da vontade geral, conforme a apropriação feita por Robespierre das ideias de Rousseau, Arendt desconsidera a passagem do *Contrato social*, citada na primeira parte deste capítulo, em que Rousseau relaciona a opinião pública aos costumes e às tradições do povo. Como afirma Bourdin, neste sentido, a opinião pública traduz o "espírito vivo" do povo, do qual a política e a legislação retiram a sua substância.[228]

---

[227] BIGNOTTO, 2011, p. 30; 50.
[228] Cf. BOURDIN, 2010, p. 16; TASSIN, 2007, p. 7.

CAPÍTULO 2 – OPINIÃO, MASSIFICAÇÃO E PLURALIDADE

No entanto, como pode se deduzir da leitura de outros textos de Arendt como o ensaio "Que é liberdade?", essa oposição tão radical às teses rousseauístas centra-se em dois pontos cruciais na filosofia política de Rousseau: a noção de vontade como legitimadora do corpo político e a ideia de soberania popular. Arendt busca uma concepção de poder político que escape da fórmula do mando e da obediência, que não esteja baseada na divisão entre governantes e governados, mas que seja pensada como a ação conjunta de cidadãos livres e iguais. Ora, pelo que se pôde constatar na reconstituição genealógica que a autora faz da faculdade da vontade, esta se manifesta justamente por um impulso de domínio, o qual pressupõe a obediência. Portanto, a ideia de poder como emanado de uma vontade soberana – ainda que seja uma vontade coletiva – não escapa da lógica do poder pensado como forma de dominação.[229]

Margareth Canovan salienta que a diferença básica entre Rousseau e Arendt, no que tange à forma como ambos avaliam a política, é que, na visão da segunda, os cidadãos devem se manter unidos não por uma mesma vontade, mas por um mundo comum, compartilhando um conjunto de instituições mundanas.

---

[229] Em nota ao ensaio *Sobre a violência*, no capítulo em que discute sobre a sua concepção de poder como ação conjunta, Arendt reconhece que Rousseau tentou escapar da tradição do poder pensado como domínio, ao anunciar a fórmula do pacto social, no Livro I, cap. VI, do *Contrato social*, como uma "associação que defenda e proteja a pessoa e os bens de cada associado com toda a força comum, e pela qual cada um, unindo-se a todos, só obedece contudo a si mesmo, permanecendo assim tão livre quanto antes" (ROUSSEAU, 1987, p. 32). O problema, para Arendt, é que Rousseau continuou a enfatizar a obediência e, por consequência, a ideia de poder como domínio (in *Crisis of the republic*, 1972, p. 136, nota 57). Para a autora, a palavra "obediência" deveria ser eliminada do vocabulário político, por constituir uma falácia, pois não há que se falar em obediência quando se trata de questões políticas e morais. "[...] 'todos os governos', nas palavras de Madison, mesmo os mais autocráticos, mesmo as tiranias, 'baseiam-se em *consentimento*', e a falácia reside em igualar o consentimento à obediência. Um adulto consente onde uma criança obedece; se dizemos que um adulto obedece, ele de fato *apoia* a organização, a autoridade ou a lei que reivindica 'obediência'", salienta no ensaio "Responsabilidade pessoal sob a ditadura" (in *Responsabilidade e julgamento*, 2004, p. 109, grifos no original).

O que une os cidadãos de uma república é o fato de eles ocuparem o mesmo espaço público, partilharem preocupações em comum, reconhecerem e respeitarem as regras que regulam a convivência conjunta e se comprometerem com a permanência desse espaço.

Essa visão tem implicações muito significativas por deixar um espaço pessoal e intelectual muito maior entre os indivíduos do que no Estado ideal de Rousseau ou nas muitas utopias radicais que as ideias do filósofo genebrino inspiraram. "Arendt insiste que não há nenhuma necessidade de as pessoas serem iguais ou pensarem da mesma forma para viverem juntas em termos de liberdade e igualdade", enfatiza Canovan[230] – daí a sua rejeição à ideia de opinião pública como expressão do pensamento uniforme da maioria. Os cidadãos unidos no espaço público, da maneira como concebe Arendt, podem usar a regra da maioria como um dispositivo para, em uma votação, por exemplo, acertar diferenças de opinião. Porém, sem confundir a decisão da maioria como uma espécie de oráculo de uma vontade geral encarnada no povo pensado como um corpo monolítico que não comporta a pluralidade e muito menos a divergência.

***

Na sua descrição da tirania da maioria, já estavam implícitas as críticas de Tocqueville ao conformismo dos indivíduos nas modernas sociedades democráticas, submetidos ao império de uma opinião pública que deixava pouco espaço para a liberdade de pensamento. Dessa compreensão da sociedade democrática e da cultura individualista que a caracteriza, Tocqueville vislumbrou a possibilidade de surgir um novo tipo de despotismo democrático, o Estado tutelar.

Apesar de o autor qualificar de "doce" a ação desse Estado que, aproveitando-se da apatia e do isolamento dos indivíduos que governa, penetra paulatinamente em todas as esferas da vida das

---

[230] CANOVAN, 1992, p. 226-227.

CAPÍTULO 2 – OPINIÃO, MASSIFICAÇÃO E PLURALIDADE

pessoas, retirando-lhes a autonomia para a ação e o pensamento, comentadores da obra tocquevilliana, como J.P. Mayer, identificaram nesse novo modelo de despotismo uma antecipação dos regimes fascistas do século XX. "A grandeza do seu dom profético está impressa no fato de que, após a passagem de cem anos, suas palavras demonstraram uma descrição exata da realidade atual de nossos dias", escreve Mayer em um estudo sobre o autor – não à toa intitulado *Prophet of the mass age – A study of Alexis de Tocqueville* – publicado no final da década de 1930.[231]

Nas notas que deixou de um curso sobre Tocqueville que ministrou na Universidade da Califórnia em 1955, Hannah Arendt cita diversas passagens desse livro de Mayer sobre Tocqueville, conforme relata Margaret Canovan. Em 1958, ela publicaria *A condição humana*, obra na qual desenvolve a tese – já anunciada nas páginas finais de *Origens do totalitarismo* – da vitória do modo de vida do *animal laborans* nas modernas sociedades de massa, que elege o trabalho, visando única e exclusivamente às necessidades da sobrevivência e do consumo, como a principal atividade humana. Segundo Canovan e Hannah Pitkin, Arendt sem dúvida inspirou-se nas ideias de Tocqueville acerca da sociedade democrática moderna para explorar os temas do conformismo e do isolamento que caracterizam os indivíduos, reduzidos à condição de *animal laborans*, uma das questões centrais de *A condição humana*.

Ao aportar nos Estados Unidos, Arendt ficou espantada, assim como ocorrera com Tocqueville, com o misto de conformismo social e liberdade política que lá reinava. Em carta a Jaspers, menciona a "sujeição social" que imediatamente percebeu na conduta dos norte-americanos, em contraste com a cultura de liberdade política do país. Fazendo um balanço dos anos do macarthismo, disse ter temido pela emergência de outro tipo de totalitarismo no país nesse período, que não seria uma replicação do nazismo, mas que emergeria da própria sociedade de massa

---

[231] MAYER, 1939, p. 52.

– um perigo que fora abortado, naquele momento, pela tradições políticas locais.²³²

Para Arendt, a sociedade representa uma visão deformada da vida política, caracterizada antes pelo conformismo do que pela pluralidade, só admitindo um único interesse e uma única opinião – o primeiro vinculado à visão da política reduzida à administração da economia e a segunda, à "opinião pública", que na verdade reflete muito mais os humores da massa de indivíduos isolados entre si do que as *doxai* dos cidadãos atuantes no espaço público.

O combate a essa ameaça de uniformização do pensamento nas sociedades modernas exige, na visão de Tocqueville e Arendt, o fortalecimento da liberdade política. O conceito de liberdade de ambos – e o desafio de seu equacionamento com a igualdade, ainda mais quanto esta é reduzida, como ocorre na modernidade, à simples noção de uniformidade – será discutido no próximo capítulo, ao lado dos temas da fraternidade social e da felicidade pública.

---

²³² Cf. CANOVAN, 1992, p. 67; PITKIN, 1998, p. 102.

CAPÍTULO 3
IGUALDADE, LIBERDADE, FRATERNIDADE
– E FELICIDADE

INTRODUÇÃO – OS LEMAS REVOLUCIONÁRIOS

Na história das ideias, as noções associadas de liberdade, igualdade e fraternidade já aparecem nos escritos de Fénelon, Mably e Voltaire. Entretanto, a divisa propriamente dita da Revolução Francesa deve seu nascimento ao famoso discurso de Robespierre, apresentado no Clube dos Jacobinos na noite de 5 de dezembro de 1790, quando ele, ao requerer a formação de uma guarda nacional que incluísse todos os cidadãos e não somente os ativos – ou seja, os que pagavam um determinado montante de impostos –, propôs um projeto de decreto, não aprovado, que ordenava a inscrição nos uniformes e nas bandeiras dos guardas nacionais das palavras "O povo francês", encimadas pelo lema *"Liberté, Egalité, Fraternité"*.

Segundo o historiador Hervé Leuwers, a fórmula já havia sido utilizada, entre os revolucionários franceses, pelo jornalista Camille Desmoulins, mas foi Robespierre quem de fato a empregou primeiro como um emblema, o qual se tornou mais corrente entre os anos de 1793 e 1794. Caída em desuso com o advento do Primeiro Império, a divisa foi retomada como princípio da república francesa na Revolução de 1848, sendo adotada definitivamente como tal a partir da Terceira República, instaurada em 1870.[233]

---

[233] Cf. LEUWERS, 2016, p. 149. Ver ainda o o texto "Liberté, Egalité, Fraternité" (2015), do site Élysée.fr, da Presidência da República Francesa. Disponível em:

Neste capítulo, toma-se de empréstimo essa divisa revolucionária, invertendo-lhe um pouco a ordem, acrescentando-lhe o termo "felicidade" – também adotado como lema entre os revolucionários setecentistas franceses e norte-americanos – e utilizando-se a palavra "fraternidade" de forma ligeiramente distinta do seu sentido revolucionário original,[234] para discutir como as ideias de igualdade, liberdade, fraternidade e felicidade articulam-se no pensamento de Tocqueville e Arendt. E, o que é mais importante, ressaltar o quanto elas encontram-se estreitamente vinculadas na obra dos dois autores, a ponto de uma não poder prescindir da outra. Porque se, para Tocqueville e Arendt, a liberdade, pensada, sobretudo, como liberdade política, é sinônimo da ação política no espaço público de cidadãos que partilham o mesmo status de igualdade, o acesso a essa esfera passa pelo gozo de condições dignas de existência, o que traz à tona a discussão em torno da questão social. Também da noção de liberdade concebida como liberdade política, ambos os autores extraem uma concepção de felicidade que não se limita ao mero usufruto do bem-estar, mas relaciona-se à experiência da ação política no espaço público.

As afinidades entre Arendt e Tocqueville com relação a esses quatro lemas revolucionários são visíveis, mas claro está que a forma como os abordam partem de pressupostos diversos. Com relação à igualdade, Tocqueville dedica-se a demonstrar o potencial transformador da igualdade de condições – a ponto de criar um novo ser humano, com todas as implicações políticas, econômicas, sociais e culturais decorrentes desse novo status – e também concebe a igualdade como um construto imaginário.

Arendt, por sua vez, interessa-se principalmente em examinar a igualdade identificada como isonomia, a igualdade política que

---

http://www.elysee.fr/la-presidence/liberte-egalite-fraternite/. Acesso em: 21 mar. 2018.

[234] Aqui compreendida como mais relacionada à questão social do que na acepção original revolucionária de uma irmandade universal entre os seres humanos, embora a associação entre fraternidade e preocupação social também esteja presente no discurso revolucionário. Isso será discutido com mais detalhes na terceira parte deste capítulo.

CAPÍTULO 3 – IGUALDADE, LIBERDADE, FRATERNIDADE – E FELICIDADE

só o espaço da *pólis* pode proporcionar. Conjugadas a esse conceito de isonomia, são exploradas também outras duas noções fundamentais em Arendt para pensar a igualdade: a pluralidade, pois a igualdade, para a autora, é a igualdade de seres distintos e singulares, e a visibilidade, vinculada a outro conceito arendtiano essencial – o de aparência.

Como já antecipado no capítulo anterior, o diagnóstico dos dois autores para os desvirtuamentos do ideal de igualdade nas sociedades democráticas modernas, os quais representam uma ameaça para a liberdade política, assemelham-se: em Tocqueville, a igualdade degenerada em paixão igualitária, sinônimo de homogeneidade e conformismo, e em Arendt, o que ela chama de "igualdade moderna", compreendida como o comportamento uniforme da sociedade.

Na parte dedicada à liberdade, aprofunda-se o confronto, iniciado na seção sobre a igualdade em Tocqueville, do pensamento tocquevilliano e do pensamento arendtiano com a tradição do liberalismo, para realçar a concepção, comum a ambos, de liberdade como liberdade política. No caso de Tocqueville, a despeito das menções a Guizot e a Madame de Staël, a principal referência é Constant, que identifica liberdade com independência individual. A essa visão limitada de liberdade, o autor propõe uma noção mais ampliada, que a considera em três dimensões: a liberdade como independência, a liberdade como participação política e a liberdade associada à igualdade.

Com relação a Arendt, parte-se da sua crítica ao liberalismo, o qual, segundo ela, contribuiu para eliminar a noção de liberdade do âmbito da política, para discutir o seu ideal de liberdade como ação política, relacionado ainda à capacidade de proporcionar novos inícios. O contraponto que se elege à concepção arendtiana de liberdade como liberdade política são as ideias do filósofo liberal Isaiah Berlin, que retoma a distinção realizada no século anterior por Constant entre liberdade moderna e liberdade antiga.

Na parte sobre a fraternidade, o foco sobre Tocqueville concentra-se em suas propostas, tanto como teórico quanto como *homme politique*, em torno do que contemporaneamente se poderiam chamar de políticas públicas para o combate à desigualdade social. E também sobre os ataques que ele faz à classe de proprietários da indústria, os quais, na sua visão, poderiam se tornar uma nova aristocracia, dado o abismo social que os separava dos proletários.

Em Arendt, o destaque é sobre a crítica que ela dirige à "política do coração" empreendida pelos revolucionários franceses com base nos sentimentos da piedade e da compaixão, aos quais aponta como alternativa o princípio político da solidariedade. Discute-se também o controvertido argumento da autora sobre a questão social em *Sobre a revolução*, contraposto à sua severa condenação da expropriação das massas levada a cabo pela acumulação capitalista, outro aspecto em que as suas ideias e as de Tocqueville demonstram uma notável confluência.

Por fim, na parte dedicada ao tema da felicidade, notar-se-á uma alternância na apresentação e na análise das concepções dos dois autores. Optou-se por explorar primeiramente esse tema em Arendt, por conta da sua discussão mais conceitual em torno da noção de felicidade pública, a partir dos exemplos históricos das Revoluções Americana e Francesa. Já em Tocqueville, o que se procurou realçar, a partir da ideia de felicidade pública analisada por Arendt, foi a sua própria práxis como parlamentar, ele que, embora não chegue a empregar o termo "felicidade pública" como os líderes revolucionários citados por Arendt, também definiu a experiência da liberdade política como fonte de "prazeres sublimes".

1. IGUALDADE

1.1 TOCQUEVILLE E O POTENCIAL TRANSFORMADOR DA IGUALDADE

Na "Advertência" aos leitores que abre o segundo volume da *Democracia na América*, Tocqueville observa que o estado social democrático nos Estados Unidos impulsionou o surgimento de uma miríade de sentimentos e opiniões inteiramente estranhos

CAPÍTULO 3 – IGUALDADE, LIBERDADE, FRATERNIDADE – E FELICIDADE

às antigas e tradicionais sociedades aristocráticas europeias. "Ele [o estado social democrático] destruiu ou modificou as relações que existiam outrora, e estabeleceu novas. Tanto o aspecto da sociedade civil quanto a fisionomia do mundo político mudaram", comenta.[235] A tarefa que o autor se propõe, então, na continuação do seu livro de 1835, é analisar o potencial transformador dessa estrutura social já estabelecida nos Estados Unidos, mas que também se enraizava cada vez mais na França e cuja característica essencial era a igualdade de condições.

No cerne dessa análise, a ideia fundamental é a de que a mudança proporcionada pela igualdade vai além da instauração de novas relações humanas. Essas novas relações humanas propiciam o advento de um novo tipo humano.[236]

---

[235] TOCQUEVILLE. DA2, in *Oeuvre II*, 1992, p. 509.
[236] Tocqueville demonstra clara influência de Montesquieu ao explorar a ideia de que a cada forma de governo corresponde um tipo humano específico. Assim, a aristocracia e a democracia não determinam, cada qual, apenas o modo de participação no governo e a quem cabe o direito à cidadania, mas exercem influência sobre os indivíduos em todos os aspectos da vida humana – social, político, moral, religioso, econômico, intelectual etc. A diferença é que, em Tocqueville, a democracia não é apenas um regime político, ela também é um estado social, cujo princípio basilar é a igualdade de condições – e, por isso, ele pôde conceber esse novo tipo de regime, que denomina de "despotismo democrático" (embora, como já mencionado, ao final da sua vida, fosse manifestar repúdio a qualquer associação entre democracia e um governo sem liberdade política). Porém, o que merece ser aqui destacado é que ele permanece fiel ao pensamento de Montesquieu, ao considerar que os homens, ainda que desfrutem de uma condição de igualdade "democrática", degradam-se quando submetidos a um regime despótico. A forma de organização política, portanto, continua essencial para definir o tipo humano a ela associado. Há ainda outra ideia, também cara a Montesquieu, e que será detalhada mais à frente: a humanização do homem reside na sua liberdade. Por último, mas não menos importante, deve-se enfatizar que esse esforço de Tocqueville em classificar os tipos humanos de acordo com a ordenação sociopolítica em que estão inseridos, inspirada em Montesquieu, remete também à relação entre as disposições da alma e as formas de governo que Platão estabelece na *República*. Como salienta Pierre Manent, Tocqueville redescobriu a mais fundamental intuição de Platão a Aristóteles, "nomeadamente, que existe uma estreita correspondência entre a ordem da cidade e a ordem da alma" (2006, p. 115).

Mas qual é o sentido da "igualdade de condições" na obra de Tocqueville? Na concepção tocquevilliana, a igualdade é o princípio geral da democracia moderna. É o fundamento no qual se sustentam os hábitos, a cultura e as instituições. Tal definição fica clara logo nas primeiras linhas da introdução da *Democracia...* de 1835, nas quais Tocqueville afirma, com base nas suas observações sobre o funcionamento da democracia norte-americana, que a igualdade de condições exerce uma influência que extrapola o campo dos costumes políticos e das leis para atingir com o mesmo impacto a sociedade civil – ela cria opiniões, desperta sentimentos, incita novos tipos de comportamento e modifica "tudo aquilo que não produz". "Assim, então, à medida que eu estudava a sociedade americana, via cada vez mais, na igualdade de condições, o fato gerador do qual cada fato particular decorria", escreve o autor.[237]

Como princípio geral da democracia moderna, a igualdade alcança em Tocqueville uma dimensão bem mais ampla do que a preconizada pelo liberalismo clássico, que se contenta com a garantia de igualdade de direitos – a qual, na França da Monarquia de Julho, se restringia à igualdade civil e não se estendia ao campo político, pois o sistema de voto censitário privava da cidadania a grande massa da população.

Principal ideólogo desse sistema restritivo que vigorava em solo francês, Guizot o justificava com base em sua peculiar concepção de igualdade de oportunidades. Esta era entendida como a abertura proporcionada por uma sociedade marcada pela mobilidade social (como Guizot compreendia a França da época, que havia suprimido, pelo menos do aparato legal, toda a ordem estamental), por meio da qual poderiam emergir os talentos superiores que, empregando os próprios méritos e as próprias forças, teriam a chance de desenvolver as suas habilidades e acumular riqueza o suficiente para tornar-se cidadãos e ter acesso ao poder político. Como esclarece André Jardin, sob o ponto de vista de

---

[237] TOCQUEVILLE. DA1, in *Oeuvre II*, 1992, p. 3).

Guizot, a burguesia era uma classe aberta à qual se tinha acesso por meio da capacidade individual de ter sucesso econômico, e essa capacidade definia se as pessoas estavam ou não aptas a participar da vida política do país.[238]

A cidadania, nessa perspectiva, era reduzida a uma questão de competência pessoal – um privilégio daqueles que conseguiam se destacar em meio à massa, fazer fortuna e por meio dela alcançar honra, dignidades e poder. Em *Des moyens de gouvernement et d'opposition*, Guizot enaltece as "superioridades naturais" e deixa claro que os indivíduos "devem ser entregues aos seus próprios méritos" e não devem receber das instituições nenhum tipo de socorro, caso não tenham sucesso. Também afirma que o poder pertence, por natureza, "aos mais capazes, aos mais hábeis, aos mais corajosos". Como bem salienta Claude Lefort, ele reclamava como direito aquilo que já era um fato: o poder dominante da burguesia.[239]

Tocqueville combatia fortemente essa concepção limitada de igualdade de oportunidades de Guizot – ou "desigualdade de mérito", como bem assinala Lefort. Em carta a Stuart Mill, fazendo alusão a Guizot, tece críticas ácidas ao que define como o "democrata francês": "[...] é, em geral, um homem que quer colocar a direção exclusiva da Sociedade não mais em meio a todo o povo, mas dentro de uma certa porção do povo e, para chegar a esse resultado, visa apenas ao emprego da força material".[240] O autor defendia o sufrágio universal, apesar de, como parlamentar, a sua atuação ter oscilado a esse aspecto, postulando a ampliação paulatina do corpo político da nação durante a Monarquia de Julho para depois apoiar abertamente a concessão geral de direitos políticos após a Revolução de 1848.

Ele também era pouco simpático à ideia de Mill de uma liderança esclarecida que desfrutaria de prerrogativas exclusivas com relação à massa de eleitores para melhor conduzi-los. A sua

---

[238] JARDIN, 1984, p. 721, nota 1.
[239] GUIZOT, 1987, p. 152-156; LEFORT, 1987, p. 25.
[240] TOCQUEVILLE. *Oeuvres complètes VI*, 1954, p. 294.

ideia de igualdade política aproxima-se da preconizada por Montesquieu que, em *O espírito das leis*, sustenta que o verdadeiro espírito de igualdade, em uma "democracia regrada", não é fazer com que todos comandem, ou que ninguém seja comandado, "e sim em obedecer e comandar seus iguais".[241] Há ainda outro elemento da igualdade no campo político que é fundamental para entender a sua ideia de liberdade política e que será discutido mais adiante: a igualdade na tomada de decisões, pelo menos nas esferas locais de poder.

No campo econômico, Tocqueville também era partidário de uma concepção mais generosa da igualdade de oportunidades defendida por Guizot, apesar de não chegar a postular a igualdade material de fato, opondo-se com veemência ao igualitarismo dos socialistas. Ele tinha consciência de que profundas desigualdades econômicas representavam forte obstáculo à consolidação da democracia. Chega a alertar que uma nova aristocracia poderia surgir entre os ricos proprietários da indústria, em relação ao proletariado submetido a condições degradantes de trabalho, tema que, ao lado de suas críticas às teses socialistas, será abordado na terceira parte deste capítulo.

Todavia, o aspecto mais inovador da ideia de igualdade de condições em Tocqueville é tributário daquilo que mais lhe saltou aos olhos durante as suas andanças pelos Estados Unidos – ele que vinha de um país onde a igualdade diante das leis civis convivia ainda com uma profunda desigualdade nas relações sociais. Era o que Lamberti classifica como "igualdade de respeito"[242]: em solo norte-americano, Tocqueville verificou que o sentimento de igualdade entre os homens prevalecia apesar das desigualdades reais – sociais, econômicas e culturais. A igualdade surgia, então, como um construto ideológico, imaginário.

Sendo assim, a realidade igualitária que permite a emergência desse novo tipo humano da era democrática funda-se muito mais em um construto imaginário do que em uma mudança material

---

[241] MONTESQUIEU, 2005, p. 123.
[242] LAMBERTI, 1983, p. 62.

concreta, embora esta também não possa ser desprezada, pois uma desigualdade abissal nesse campo, a ponto de impedir qualquer perspectiva de mobilidade social, seria um obstáculo à formação desse imaginário. Esta é a chave, na visão de Tocqueville, para compreender a modernidade democrática.

Portanto, a igualdade não deve ser interpretada à luz somente de comparações econômicas ou da distribuição igualitária do poder político entre os cidadãos. Mas, antes de tudo, deve-se levar em conta a emergência dessa cultura igualitária, capaz de conferir às relações humanas um novo significado e transformar os seres humanos, ao modificar cada aspecto da vida humana – desde o convívio entre as pessoas até as esferas mais íntimas da existência.

No capítulo anterior, foram descritas algumas características do *homo democraticus*, em contraponto ao homem dos tempos aristocráticos. O primeiro, por estar liberto dos vínculos hierárquicos que condicionam o segundo a um ordenamento social e político rígido e inflexível, é um tipo maleável, aberto, potencialmente apto a sempre se reinventar – atributos que lhe permitem usufruir de um status de autonomia e independência, embora não sejam suficientes para impedir que esse mesmo sujeito corra o risco de se ver aprisionado em uma situação de isolamento e impotência.

Neste ponto da discussão, para uma melhor compreensão da análise de Tocqueville sobre a ação da igualdade nas sociedades democráticas, é importante explorar um pouco mais as suas reflexões acerca de como a igualdade provoca profundas alterações no modo como os seres humanos compreendem o mundo e a si mesmos. Sendo assim, torna-se fundamental retomar a distinção que ele empreende entre o homem aristocrático e o homem democrático.

***

Pode parecer uma contradição falar em "autonomia" e "independência" dos homens nos tempos democráticos e ao mesmo tempo dizer que a ação deles e a sua visão de mundo são circunscritos pela condição de igualdade que é a base mesma da democracia. No entanto, é preciso ter em mente, como adverte Robert Legros em um texto no qual faz uma análise da obra tocquevilliana sob uma perspectiva fenomenológica, que o sujeito, para Tocqueville, não pode ser pensado como um ser soberano que decide sobre o sentido da própria existência ou dos dados objetivos referentes a ela de forma completamente independente do mundo a que pertence – conforme foi dito, platonicamente, a ordem da cidade e a ordem da alma estão relacionadas na visão do autor.

"Ele é, certamente, sujeito, fonte de sentido, mas ele só é fonte de sentido na medida em que pertence a um mundo já dado e dotado de sentido", sustenta Legros. Tudo que é relacionado ao sujeito – os seus pensamentos, as suas atividades, os seus projetos, as suas iniciativas, as suas criações – traz a marca de um modelo de ordenação sociopolítica. "Em resumo, a existência humana, segundo Tocqueville, se caracteriza essencialmente por aquilo que Heidegger chamará o abandono, o 'fato de ser lançado' (*Geworfenheit*): ela é sempre 'lançada' no seio de um modo de coexistência."[243]

Também não é uma contradição afirmar que o homem democrático é caracterizado por uma abertura, por uma maleabilidade e, ao mesmo tempo, ressaltar que o seu modo de agir e pensar é condicionado pela estrutura igualitária do meio social em que está inserido, pois a própria igualdade de condições, da maneira como a concebe Tocqueville, é um vir-a-ser contínuo, um processo sempre em movimento de igualização das condições. Como ressalta Pierre Manent, o que é imutável nesse processo é a mudança, e o que é permanente é a direção (ou seja, a igualdade) para a qual as coisas, sempre em mutação, se movem.[244]

Lembrando a caminhada "providencial" e histórica do processo de igualização das condições descrita por Tocqueville no

---

[243] LEGROS, 2008, p. 33.
[244] MANENT, 2006, p. 112.

primeiro volume da *Democracia...*, deve-se ressaltar que os homens começaram a se tornar iguais, autônomos e independentes uns dos outros antes de se descobrirem iguais em direito e autônomos e independentes em princípio, o que demonstra que a ação humana constitui e configura o mundo. Porém, ao mesmo tempo em que o mundo é constituído pela obra humana – reforçando-se o que foi dito anteriormente –, os homens também são constituídos por esse mesmo mundo. Por isso, pela razão de estar aberto "a um mundo que se democratiza, o qual já é regido pelo princípio da igualdade, que o homem democrático deseja a igualização das condições, aspira à autonomia e a sua independência".[245]

É pelo fato de a pertença a um ordenamento social e político em particular condicionar o modo de existência do humano que Tocqueville, ao se referir ao homem democrático e ao homem aristocrático, pode falar que eles integram duas humanidades distintas. O homem aristocrático e o homem democrático apresentam percepções diferentes do mundo porque não compartilham a mesma experiência de realidade nem têm a mesma compreensão da própria humanidade.

O universo aristocrático tem raízes na hierarquia e em uma visão divinizada do mundo, e a primeira não sobrevive sem o auxílio da segunda. Como nota Legros, o princípio hierárquico só se mantém às custas da negação de uma origem humana – caso contrário, se as sociedades aristocráticas admitissem essa origem, estariam negando a si próprias porque seriam obrigadas a reconhecer que, antes da decisão humana que as instaurou, os seres humanos partilhavam uma condição de igualdade.[246]

---

[245] LEGROS, 2008, p. 36.
[246] Ibidem. Não por acaso Joseph de Maistre, um dos mais influentes pensadores contrarrevolucionários, faz a defesa da legitimidade da monarquia hereditária alegando a sua origem divina. Em *De la souveraineté du peuple – Un anti-contrat social*, De Maistre afirma que é um erro considerar que o estado social é fruto da escolha soberana dos homens. Segundo ele, todos os corpos políticos devem o seu nascimento a uma intervenção divina, a qual determinou aqueles que deveriam ser os governantes e liderar os homens (1992, p. 110).

Já o universo democrático, erigido com base na refutação de hierarquias naturais e imutáveis, é dessacralizado, dominado pela técnica e no qual o homem, para onde quer que se dirija, só enxerga a si mesmo. Na primeira parte da segunda *Democracia...* dedicada ao impacto da igualdade no campo das artes, da ciência, da filosofia e da religião, Tocqueville torna mais explícito o fosso que separa esses dois mundos.

No campo artístico, a compreensão da obra de arte na sociedade aristocrática cristã não a dissocia do sagrado. Os objetos de arte são concebidos para evocar a presença divina. Comparando as telas do pintor neoclássico David com as do renascentista Rafael, Tocqueville comenta que, por mais que o virtuosismo do primeiro tenha resultado em uma representação exata da anatomia humana, somente o segundo conseguia deixar entrever a divindade em suas obras.

Não mais ligada a um culto, a obra de arte, vista doravante como suporte para expressar uma realidade tangível e temporal mais do que uma visão do ideal e do eterno, converte-se em objeto estético. "Ora, perceber a obra como um objeto estético é adotar a atitude de um sujeito que entende julgar a obra por si mesmo, é se compreender como sujeito, se referir a si mesmo como um sujeito chamado a julgar de forma independente", ressalta Legros.[247] A maneira como o homem compreende a obra de arte já revela o modo como se compreende a si próprio.

Dessacralizada, transfigurada em objeto estético, a obra de arte, na sociedade marcada pelo processo crescente de igualdade de condições, converte-se também em objeto de consumo, tornando-se acessível a um maior contingente de pessoas. Não sem trair certo desdém aristocrático (e um tanto quanto conservador, como nos seus gostos literários) pelo modo, na sua visão pouco elevado, que a sociedade burguesa se relacionava com as obras de arte, Tocqueville descreve como estas, no mundo democrático, não visam mais ao grande, mas ao "elegante" e ao "bonito" (*"joli"*),

---

[247] LEGROS, 2008, p. 40.

CAPÍTULO 3 – IGUALDADE, LIBERDADE, FRATERNIDADE – E FELICIDADE

ambições mais modestas materializadas nas pequenas dimensões e nos materiais menos nobres dos objetos artísticos que passam a servir de ornamento das casas burguesas.

Esse movimento de dessacralização do mundo e de redução dele à medida humana, levado a cabo pelo processo de igualização das condições, é também percebido por Tocqueville na poesia. Como o universo da aristocracia é "encantado", povoado por seres sobrenaturais (simbolizados pela profusão de santos, anjos e demônios que formavam como que uma estrutura hierárquica do Inferno ao Céu, a ponto de o autor dizer que a religiosidade aristocrática era quase pagã), a imaginação poética se volta para explorar esse cenário repleto de deuses e dos heróis míticos das lendas medievais. Todavia, à medida que a dúvida cartesiana "despovoou o céu" e o progresso da igualdade aproximou os homens, mas também os tornou, em certa medida, "menores", confinando-os a proporções mais realistas, os poetas abandonaram os deuses e os heróis para concentrar-se em objetos mais concretos.

Em um primeiro momento, dedicaram-se à natureza inanimada, o que proporcionou o surgimento da poesia descritiva no século XVIII. Tocqueville, no entanto, observa que esta foi uma fase de transição. Na sua visão, a poesia própria aos tempos democráticos é aquela que se fixa nos homens.

A constatação de que o mundo democrático despiu-se do sagrado não significa, contudo, que nele não há mais lugar para a religião. Entretanto, a maneira de se relacionar com a divindade muda. A aristocracia cristã reproduz a sua estrutura hierárquica na religião, interpondo anjos, santos e beatos, além da própria hierarquia da Igreja Católica, como agentes intermediários entre Deus e homens. Porém, do momento em que as diferenças entre os seres humanos se atenuam, cresce no espírito de cada qual a ideia de um único Criador que estabelece as mesmas regras a todos e dispensa o concurso de intercessores, de origem divina ou mundana, para se dirigir a Ele – e a América protestante percorrida pelo autor no início de 1830, com a sua infinidade de seitas religiosas (a esmagadora maioria de fundamento cristão) e o hábito disseminado entre os seus habitantes de ler as Escrituras sem necessariamente ter de contar com a ascendência de um guia religioso, fornecia a Tocqueville um exemplo concreto dessa maneira "democrática" de lidar com o divino.

A ideia da unicidade da divindade, desvinculada de intermediários, também é mais uma comprovação da tese tocquevilliana da propensão dos homens das eras igualitárias pelas ideias gerais. Porque só encontra em torno dele seres semelhantes, o indivíduo de uma sociedade igualitária é levado a acreditar que todas as verdades aplicadas a ele também valem para aqueles que o cercam. É desse modo que a necessidade de descobrir em todas as coisas as mesmas regras, "de conter um grande número de objetos sob uma mesma forma, e de explicar um conjunto de fatos por uma só causa, torna-se uma paixão ardente e frequentemente cega do espírito humano".[248]

Dessa obsessão (em muitos aspectos, mais francesa do que americana, pois os norte-americanos eram poupados dos excessos dessa tendência generalizante pela experiência particular das suas instituições políticas e dos seus costumes) que decorrem as críticas de Tocqueville aos descomedimentos que enxerga na filosofia francesa iluminista, com as suas pretensões universalizantes e descoladas da realidade concreta, as quais influenciaram os revolucionários de 1789. E também à historiografia chamada por ele de "democrática", com a sua inclinação em procurar apenas as causas gerais dos fatos históricos, em prejuízo dos seus atores, obliterando com isso a liberdade e a responsabilidade humana por suas ações. Um "pecado", aliás, que se poderia imputar ao próprio Tocqueville, quando trata da igualdade, e do qual ele procura se eximir na "Advertência" à *Democracia...* de 1840.[249]

---

[248] TOCQUEVILLE. DA2, in *Oeuvre II*, 1992, p. 525-526.
[249] Contra as possíveis acusações de que estaria elevando a igualdade como a causa única de todas as transformações do mundo moderno, Tocqueville escreve o seguinte na Advertência: "Vendo-me atribuir tantos efeitos diversos à igualdade, poder-se-ia concluir que eu considero a igualdade como a causa única de tudo que acontece em nossos dias. Seria supor-me dono de uma visão bem estreita. [...] Há, em nosso tempo, uma variedade de opiniões, de sentimentos, de instintos, que devem seu nascimento a fatos estranhos ou mesmo contrários

CAPÍTULO 3 – IGUALDADE, LIBERDADE, FRATERNIDADE – E FELICIDADE

O modo como o indivíduo da sociedade democrática maneja a técnica, como faz emprego dos objetos de uso e como concebe a ciência também é indicativo dessa nova mentalidade que emerge com o processo de igualização das condições. No mundo aristocrático, os objetos de uso devem exibir uma perfeição e uma durabilidade que evocam o tempo imutável de um tipo de sociedade estagnada em uma estrutura refratária a qualquer mudança. Há, além disso, uma hierarquia na maneira como são confeccionados – as corporações dos artesãos, por exemplo, também se organizavam hierarquicamente, com seus mestres e aprendizes – e para quem são destinados.

No mundo democrático, em que o acesso às profissões se liberta do circuito fechado das corporações de ofício e o número de consumidores cresce exponencialmente, os objetos de uso transformam-se no emblema de um tempo em constante mutação: o tempo do progresso tecnológico contínuo da grande indústria. Os produtos em série tornam-se acessíveis para uma maior quantidade de pessoas, mas não são feitos para durar.

Tocqueville anota ainda que o desejo que a igualdade desperta em cada indivíduo a julgar por si próprio transporta essa mesma disposição de independência para o campo científico. Assim, o indivíduo democrático costuma desconfiar dos sistemas e da autoridade dos mestres para procurar por si mesmo às verdades científicas. No entanto, ele alerta que, nas sociedades democráticas, haverá cada vez menos interesse pelo conteúdo puramente teórico das ciências.

O autor reconhece que a igualdade multiplica as atividades do espírito, ao abrir a oportunidade de se dedicar a elas para um maior número de pessoas e não apenas a uma casta que disponha de recursos e tempo ocioso suficientes para tal. Mas as necessidades do grande público e a ânsia pelos resultados rápidos colocam em

---

à igualdade. [...] Eu reconheço a existência de todas essas diferentes causas e o seu poder, mas meu tema não é falar delas. Eu não procurei mostrar a razão de todas nossas inclinações e de todas nossas ideias; eu somente quis demonstrar em qual proporção a igualdade as modificou" (op. cit., p. 509-510).

risco o trabalho mais vagaroso e especulativo do intelecto – daí que os esforços se voltarão mais para as ciências práticas e aplicadas, assim como, nas artes em geral, predominará a produção em série de obras (um movimento que ele já percebia com relação à literatura, com a publicação dos romances em formato de folhetim nos jornais), a fim de atender a uma demanda crescente por produtos culturais massificados.

Como observa Lamberti, na visão de Tocqueville, nada garantia que o processo de igualização das condições conduzisse a um progresso das luzes, como o professavam os discípulos de Condorcet. No que diz respeito às atividades intelectuais, em qualquer área do conhecimento humano, a predisposição para se manter na superfície em detrimento de uma vocação para a meditação e para o trabalho de lenta maturação que uma obra-prima exige era um traço da sociedade democrática que podia ou levá-la de volta à barbárie ou, ao menos, reduzi-la a um estágio estacionário.[250]

Mas há duas ressalvas que Tocqueville faz para contrabalançar esse pessimismo. A primeira é a constatação de que o processo de igualização das condições sugere aos homens a ideia da constante perfectibilidade humana. Tal noção não era estranha à sociedade aristocrática, mas esta a concebia no sentido de uma melhoria, nunca de uma transformação da condição humana, de sua capacidade ilimitada de se aperfeiçoar, como é o credo corrente das sociedades democráticas.

A segunda é que, por mais que tente domesticar o mundo e transformá-lo em seu próprio espelho, o homem permanece para

---

[250] LAMBERTI, in TOCQUEVILLE, *Oeuvre II*, 1992, p. 1056. Poder-se-ia objetar que Tocqueville descreve, na verdade, o modo de funcionamento da sociedade capitalista. Como bem salienta Françoise Mélonio, Tocqueville não nega que a modernidade se caracteriza pelo progresso da máquina, pelo desenvolvimento da indústria, pela difusão do bem-estar. Contudo, no seu sistema de pensamento, a economia não passa de uma estrutura regional em relação à ordem determinante das representações, uma vez que a mola da mudança, na perspectiva do autor, é sempre a representação da igualdade. "O que detém Tocqueville é menos a igualdade como fator que a igualdade como norma da existência social", salienta Mélonio (1993, p. 104-105). Sobre esse tema, ver ainda LEGROS, 2008, p. 38-39.

si mesmo como um enigma a decifrar – e por isso, para Tocqueville, apesar do processo de massificação da cultura no mundo artístico, a arte (e aqui ele evoca em especial a poesia) sempre guardará o seu potencial de iluminar, como diz Legros, as partes obscuras do coração humano, despertando-nos para a nossa própria humanidade e fazendo-nos sentir o insondável.

Esse novo homem da democracia é, conforme foi dito, produto das transformações das relações humanas. No âmbito da família, a rígida estrutura aristocrática do clã familiar faz do pai um misto de chefe político e magistrado, que personifica o símbolo máximo da tradição, o árbitro dos costumes e comportamentos. Em torno dele gravitam os demais membros da família, que ocupam posições estabelecidas de antemão e não intercambiáveis – entre irmãos, a idade e o sexo conferem a cada um prerrogativas distintas, cabendo ao primogênito masculino o papel de sucessor do patriarca.

Na família democrática, a condição de igualdade entre irmãos e entre estes, quando alcançam a idade adulta, e os pais muda radicalmente esse cenário. O pai perde a posição de líder absoluto e incontestado e são rompidas as amarras que atam cada membro do núcleo familiar, tornando as relações entre eles mais incertas e fluidas. No entanto, os vínculos de afeto ganham mais força e são esses, em última instância, que impedirão ou não a desintegração da família.

As relações entre homens e mulheres também se transformam significativamente, embora Tocqueville, diferentemente do seu amigo Mill, estivesse longe de ser um ardoroso entusiasta da emancipação feminina. Apesar das diferentes funções sociais que homens e mulheres ocupavam nas famílias de classe média da sociedade democrática norte-americana da década de 1830 (cabendo a elas estritamente os cuidados com o lar), Tocqueville destaca que as mulheres eram reconhecidas como sujeitos de direito. Não eram vistas, diversamente do que ocorria nas sociedades aristocráticas europeias, como seres "sedutores e incompletos", e sim com o status de pessoas dotadas da capacidade de pensar e julgar por si mesmas, equiparando-se nesse aspecto aos homens. Em um capítulo dedicado à educação das moças norte-americanas, o autor louva a independência de que elas desfrutavam na América, tendo a faculdade de escolher livremente os seus cônjuges, algo que ainda era considerado tabu nos círculos aristocráticos da Europa.[251]

Outro efeito da igualização das condições é um abrandamento dos costumes, que se tornam mais "doces" – pelo fato de os indivíduos da sociedade democrática se perceberem como iguais, eles tendem a ser mais compassivos e prestativos uns com os outros e demonstram ainda uma atitude mais franca e informal nas relações interpessoais, sem estar presos ao rígido código de comportamento social que regia as sociedades aristocráticas.[252]

Um das seções mais eloquentes da segunda *Democracia...* sobre o efeito da igualdade no trato entre os homens é o capítulo dedicado a examinar a relação entre patrões e empregados domésticos nas sociedades democráticas. Pierre Manent afirma bem a propósito que, se há uma relação desigual por definição,

---

[251] TOCQUEVILLE. DA2, in *Oeuvre II*, 1992, p. 712-714. O próprio Tocqueville sofreu na pele os preconceitos do seu círculo aristocrático, ao repudiar a tradição dos casamentos arranjados entre as famílias nobres e se unir em matrimônio com Mary Mottley, uma inglesa de origem burguesa. A união desagradou a sua família e até alguns amigos mais próximos, como seu primo Louis de Kergolay (JARDIN, 1984, p. 50-51). No seu caderno de viagem, quando tece comentários sobre a igualdade nos Estados Unidos, ele destaca que a melhor maneira de verificar se uma sociedade é mais ou menos igualitária é avaliar como os casamentos são realizados. Quando se quer julgar a igualdade entre as diferentes classes e pessoas, anota, sempre chega-se "à questão sobre como os casamentos serão feitos. Esta é raiz do problema" (in *Journey to America*, 1959, p. 261).

[252] Não é de espantar que este foi um aspecto da sociedade norte-americana particularmente sensível ao aristocrata Tocqueville. Nas notas de viagem (*Journey to America*, 1959, p. 217), ele registra a sua admiração em ver pessoas de todas as classes sociais apertarem-se as mãos ao se encontrar, independente da posição social – algo impensável no meio em que vivia na Europa. Conta ainda que chegou a testemunhar um promotor de justiça e um prisioneiro cumprimentando-se dessa forma (e o simbolismo desse gesto revela mais do que um trato informal nas relações; o fato de ter cometido um crime não torna o preso inferior ao promotor que representa a Justiça, ambos continuam iguais dentro do ordenamento sociopolítico em que estão inseridos. Mas como o preso infringiu uma regra, deve ser submetido à penalidade prevista pela lei, que é igual para todos).

esta reside na existente entre senhor e servo. "Fora da escravidão propriamente dita, não se pode imaginar dominação mais completa de um indivíduo sobre outro", atesta.[253]

No mundo aristocrático, a sujeição do serviçal ao senhor é tão completa que o primeiro sequer consegue conceber a sua existência separada do segundo. Confinado a uma posição de obscuridade e de subserviência da qual não tem a mais ínfima chance de escapar, termina por se desinteressar de si próprio. Assim, o serviçal cria para si mesmo uma personalidade imaginária que se reveste da grandeza emprestada daqueles que o comandam, regozijando-se com a riqueza e o poderio dos seus senhores, glorificando-se da glória deles e deleitando-se com uma nobreza que nunca será sua, a ponto de dar mais valor às posses e honrarias dos mestres do que estes últimos.

Por outro lado, a forma de organização do serviço doméstico nesse tipo de sociedade reproduz uma estrutura hierárquica idêntica à dos demais estratos. Entre os serviçais, as posições são fixas e se distribuem por níveis de importância, transmitidas por uma cadeia rígida de sucessão a outras gerações, frequentemente pertencentes à mesma família. Na camada mais baixa dessa pirâmide, encontram-se os lacaios – e a palavra "lacaio", por designar aqueles reduzidos a uma condição extrema de inferioridade, não por acaso era sinônimo, na monarquia francesa, de baixeza humana.

No entanto, apesar da imensa distância em que se posicionam senhores e serviçais, há entre eles um forte vínculo. Os senhores, por considerarem aqueles que estão ao seu serviço como uma extensão inferior e secundária deles próprios, manifestam interesse e cuidado para com esses membros das classes subalternas.

Já nas sociedades democráticas, o estatuto do trabalho doméstico se altera radicalmente. Se um serve ao outro é em virtude da única forma de obediência legítima que a democracia reconhece, aquela estipulada por contrato. Dentro do horizonte igualitário

---

[253] MANENT, 2012, p. 51. Ver TOCQUEVILLE. DA2, in *Oeuvre II*, 1992, p. 690-699.

da consciência social, as posições de riqueza e pobreza, de superioridade e de inferioridade não passam de acidentes e podem ser modificadas a qualquer tempo.

Todavia, apesar das posições mais igualitárias que ocupam, as relações entre patrão e empregados domésticos na democracia, diferente do que ocorre na aristocracia, tendem a ser mais distantes – cada um é levado a considerar, pelo fato de sua situação lhe parecer sempre provisória, que não há como estabelecer ligações duráveis desse tipo, uma vez que elas podem ser rompidas a qualquer momento. Patrões e serviçais tornam-se como que estranhos entre si.

Assim como retira o estigma de inferioridade que ao longo dos tempos recaiu sobre o trabalho doméstico, a igualdade democrática faz com que todo tipo de profissão seja valorizado. Como não há riquezas hereditárias que possam permanecer nas mesmas famílias por gerações, a ideia do trabalho como condição necessária para a sobrevivência – mesmo entre aqueles que estão no topo da hierarquia social – naturaliza-se na consciência social. As profissões são mais ou menos penosas, mais ou menos lucrativas, mas não são encaradas do ponto de vista da sua "superioridade" ou da sua "inferioridade". Como todos trabalham em troca de um salário, o sentimento geral é de que toda profissão, desde que seja honesta, é honrada e digna.

Dentro do próprio território norte-americano, contudo, Tocqueville percebeu os contrastes gritantes entre, de um lado, uma cultura igualitária e, de outro, uma desigualitária. Nos estados escravocratas do Sul, em que todo o trabalho era feito por escravos, este era visto como algo degradante e desonrado – uma percepção profundamente diferente da dos habitantes do Norte do país, onde a escravidão não havia se disseminado. No capítulo X da primeira *Democracia...*, em que faz uma análise da escravidão nos EUA, Tocqueville atribui a esse preconceito com relação ao trabalho uma das causas do atraso do Sul em relação ao Norte industrializado.

Dois exemplos retirados das suas notas de viagem são expressivos no tocante a essa diferença de mentalidade. No primeiro,

CAPÍTULO 3 – IGUALDADE, LIBERDADE, FRATERNIDADE – E FELICIDADE

Tocqueville demonstra espanto no que diz respeito ao comportamento de um homem que ele e Beaumont contrataram no Norte, para lhes servir de mordomo no período em que lá estivessem. O sujeito sentava-se ao lado deles à mesa de refeições nas estalagens – algo inconcebível na sociedade estratificada da França – e não demonstrava nenhum sentimento de inferioridade em relação aos patrões, preferindo dizer que estava prestando-lhes "uma ajuda".

O segundo exemplo é o registro de uma conversa com o ex-presidente John Quincy Adams, quando este lhe narrou a indignação de um congressista do Sul ao ver brancos servindo à mesa em um jantar em Washington. "Sinto que é degradante para a raça humana ter brancos como servos. Quando um deles vem trocar meus pratos, experimento toda vez a tentação de oferecer meu prato a ele", protestou o parlamentar.[254]

Tocqueville não desconhece que, na sociedade igualitária, as desigualdades reais permanecem. O que lhe interessa é a percepção geral de igualdade que permeia o imaginário, influenciado por uma estrutura social em que as posições não são mais fixas e que por isso alimenta a crença de que as chances estão igualmente abertas para todos – *a priori*, nada é recusado a ninguém. É porque abre uma infinidade de possibilidades que a igualdade se reveste com os atrativos da liberdade e pode também despertar nos homens um vício que Tocqueville chama de "paixão igualitária".

***

O homem democrático tal como delineado por Tocqueville padece de um mal-estar que é bem típico dele – a sua própria maleabilidade torna-o vulnerável a se deixar seduzir pela *hybris*, a se tornar presa dos impulsos e ceder à desmedida, dominado por apetites insaciáveis que encontram um obstáculo na própria

---

[254] TOCQUEVILLE. *Journey to America*, 1959, p. 61-62; 217-218.

finitude humana. Porque desfruta dessa abertura que lhe é franqueada pela condição social de igualdade e que lhe descortina um amplo horizonte de modos de existência, o homem democrático vê surgir um abismo entre o seu campo de desejos, sempre infindáveis, e as limitações de sua natureza mortal e da posição que ele ocupa na estrutura democrática, compartilhada com outros semelhantes que também são concorrentes potenciais na satisfação desses desejos infinitos em um mundo finito.

A situação do homem democrático revela-se, desse modo, paradoxal: de um lado, ele só enxerga diante dele seres semelhantes, com os quais se identifica por todos desfrutarem de uma condição, ainda que imaginária, de igualdade; de outro, cada um desses congêneres surge, de sua parte, como um obstáculo na satisfação dos seus desejos, na medida em que eles possam ser mais ricos, mais empreendedores, mais talentosos, enfim, na medida em que exibam algum tipo de superioridade que coloque em xeque a suposta igualdade entre eles.

Daí essa angústia que marca os seres humanos na modernidade democrática: movidos por essa ideia abstrata da igualdade, eles procuram a todo custo se superar uns aos outros, tendo em vista o fim último que é se igualar àqueles que, no seu horizonte, ocupam uma posição que lhes parece superior, para depois ultrapassá-los, em um processo interminável.

Além do mais, levando-se em conta que a estrutura social democrática significa a extinção dos privilégios devidos ao nascimento ou a alguma outra norma hierárquica, caracterizando-se pela ausência de liames perenes entre as pessoas, os homens democráticos inclinam-se a eleger os bens materiais como a única referência a qual possam se aferrar e o único meio que pode, ao mesmo tempo, distingui-los e nivelá-los. Dessa situação decorre o ardor desmesurado pelo bem-estar material que Tocqueville destaca como um dos principais traços da sociedade democrática moderna.

A ordem, portanto, é acumular o máximo possível. Como testemunha da fúria com que os norte-americanos se lançavam aos negócios, Tocqueville não deixou de notar que essa inquietação acabava por retirar o deleite que eles poderiam desfrutar do conforto material proporcionado por esse empenho constante. Em meio "à condição mais feliz que já existiu no mundo", os norte-americanos exibiam uma certa melancolia em seu comportamento, uma ausência de alegria estampada "numa espécie de nuvem que cobria habitualmente seus traços", sempre graves e "quase tristes até em seus prazeres". Comparando essa atitude angustiada dos norte-americanos com a disposição bem-humorada das populações pobres que viviam nos países aristocráticos da Europa, o autor encontra a razão para essa diferença de conduta no fato de que essas últimas não pensavam nas dificuldades que enfrentavam cotidianamente, ao passo que aqueles se tornavam reféns da obsessão pelos bens que ainda não possuíam.[255]

Essa *malaise* do homem democrático – esse dilaceramento entre a diferenciação e a identificação com seus semelhantes – é consequência também daquela deformidade que Tocqueville julgava própria dos tempos democráticos: o individualismo, que leva os seres humanos a se fecharem em si mesmos e a se isolarem.

Por conta dessa característica, o individualista do mundo democrático é incapaz de viver a alteridade; como enxerga o mundo como um prolongamento de si próprio, a sua relação com o outro só tem por base a si mesmo – até o sentimento de piedade que a visão do sofrimento alheio pode despertar nele é devido a uma projeção do seu próprio eu no corpo sofredor que contempla. Esse amor excessivo por si próprio acaba desnaturando a relação com os demais e transformando a aspiração por uma condição em que todos sejam iguais em dignidade em um gosto "depravado" pela igualdade, que Tocqueville chama de "paixão igualitária".

A "paixão igualitária" conduz os homens a confundirem igualdade com uniformidade. Segundo Tocqueville, o desejo por uniformidade tende a aumentar à medida que a sociedade se torna mais igualitária. Nessa situação, a menor desigualdade

---

[255] TOCQUEVILLE. DA2, in *Oeuvre II*, 1992, p. 648.

costuma ser logo percebida – as pequenas diferenças trazem grandes incômodos. A própria noção de concorrência pode tornar a ideia de desigualdade insuportável, uma vez que a vida social se organiza como uma competição entre os indivíduos, na qual o menor signo de superioridade passa a ser visto como uma espécie de privilégio.

> Não há desigualdade grande o bastante que possa ferir os olhares quando todas as condições são desiguais; ao passo que a menor dessemelhança parece chocante no seio da uniformidade geral; vê-la se torna mais insuportável à medida que a uniformidade é mais completa.[256]

O autor descreve a paixão igualitária como um sentimento desprezível, que sufoca nos indivíduos o que poderia ser as suas mais altas qualidades, insuflando, em compensação, alguns vícios, particularmente o da inveja, que, ao lado do ressentimento, torna-se o afeto dominante.[257] O gosto "depravado" pela igualdade desperta nos homens não o desejo pela excelência, mas uma ânsia pelo nivelamento de todos a um mesmo patamar de mediocridade. *Tout court*, a paixão igualitária degrada as pessoas.

No entanto, essa atração pervertida por uma ideia de igualdade degenerada em uniformidade não parece negar o que foi dito anteriormente, que o homem democrático é movido por um desejo infindável de superar a si próprio e aos demais? É importante ter em vista os alvos de Tocqueville com a sua crítica à paixão igualitária. O primeiro é, sem sombra de dúvida, o ardor pela

---

[256] TOCQUEVILLE. DA2, in *Oeuvre II*, 1992, p. 813.
[257] Hannah Arendt expressa compreensão semelhante sobre a inveja como o afeto dominante nas sociedades igualitárias em carta à escritora Mary McCarthy, de 23 de junho de 1964: "O principal vício de toda sociedade igualitária é a Inveja – o grande vício da sociedade grega livre. E a grande virtude de todas as aristocracias parece-me ser que as pessoas sempre sabem quem são e portanto não se comparam com as outras" (*Entre amigas...*, 1995, p. 170). Sobre os afetos nas sociedades igualitárias em Tocqueville, ver também AGNÈS (2003) e MANENT (2012).

igualdade despertado durante a Revolução Francesa. Para os revolucionários franceses, não bastava a instituição de uma nova ordem política baseada na igualdade de condições sociais e no livre exercício dos direitos políticos. Era preciso acabar com qualquer tipo de desigualdade ou hierarquia.

Porém, Tocqueville mais uma vez tem em mente também – e é este ponto que interessa destacar – a mentalidade pequeno-burguesa da classe média. Como esta concentra todos os esforços na acumulação de bens materiais, perde de vista qualquer ideia de grandeza que escape desse campo restrito. Os desejos da classe média são insaciáveis, mas os seus horizontes são curtos e as suas ambições, modestas. Os seus integrantes dedicam a existência a cobiçar os pequenos objetos que estão ao alcance e a empregar as forças na realização de projetos medíocres.

Não se trata, como na aristocracia, de erigir grandes palácios, mas de "adicionar algumas braças a seus campos, plantar um pomar, aumentar uma residência, tornar a cada instante a vida mais fácil e mais cômoda". Sempre tendo como ponto de referência o vizinho que porventura tenha uma propriedade maior ou o concorrente que é mais bem-sucedido nos negócios, os quais despertam inveja e ressentimento. Mesmo os cidadãos opulentos das sociedades democráticas se conformam a essa regra, dispensando a sua fortuna antes na satisfação das mais ínfimas necessidades do que no gozo de prazeres extraordinários, e seus hábitos denotam a prudência e as limitações de quem acumulou riqueza depois de um longo trabalho. "Não se alarga gradualmente a alma como se faz com uma casa", observa ironicamente Tocqueville.[258]

Um modo de vida tão tacanho e mesquinho não deixa de apequenar o indivíduo. A cupidez dele pode até ser insaciável, mas o seu espírito é limitado e conformista, curvando-se ao juízo nivelador e uniformizante da massa.

A postura individualista decorrente de uma organização social que fomenta a competição extrema e incessante entre os seus

---

[258] TOCQUEVILLE. DA2, in *Oeuvre II*, 1992, p. 635 e 761.

integrantes, ao mesmo tempo em que desencoraja qualquer comportamento ou visão de mundo que destoe do modelo que alça o bem-estar material como o ideal máximo a ser alcançado, reduz o potencial transformador da igualdade a uma busca por similitude que acaba por rebaixar a todos ao mesmo nível de mediocridade. Da aspiração a uma condição em que os indivíduos sejam iguais em direitos e em dignidade, a igualdade e a sua potência criadora se veem degradadas a uma paixão exacerbada pelos sentimentos da inveja e do ressentimento.

E justamente por ser experimentada como uma paixão, um afeto que se sobrepõe aos outros, a paixão igualitária, quando se apodera dos indivíduos, ameaça deixá-los insensíveis para os riscos que representa à liberdade. Voltados exclusivamente para as suas vidas privadas, engajados em uma corrida frenética e incessante pela acumulação de riquezas, os sujeitos individualistas do mundo democrático moderno tendem a abdicar das suas responsabilidades de cidadão, abrindo mão da liberdade política. Na seção seguinte, será analisada a noção de igualdade na obra de Hannah Arendt.

1.2 ARENDT: ISONOMIA, PLURALIDADE E VISIBILIDADE

Ao final do ensaio "A tradição do pensamento político", Hannah Arendt comenta que o ser humano, como tal, não existe, mas apenas homens e mulheres "que em sua absoluta distinção são iguais, ou seja, humanos". "[...] essa indiferenciação humana comum é a *igualdade* que, por sua vez, só se manifesta na diferença absoluta de um igual em relação ao outro". Na conclusão do texto, a autora argumenta que, como a ação e o discurso são as duas atividades políticas por excelência, "diferença e igualdade são os dois elementos constitutivos dos corpos políticos".[259]

---

[259] ARENDT. *A promessa da política*, 2008, p. 109, grifo no original.

CAPÍTULO 3 – IGUALDADE, LIBERDADE, FRATERNIDADE – E FELICIDADE

Nessas poucas linhas, condensa-se a ideia de igualdade no pensamento arendtiano. Tomando como base a experiência da *pólis* grega, Arendt concebe a igualdade como estando relacionada ao espaço público – é na esfera política que homens e mulheres, sem abrir mão da singularidade que caracteriza cada um, se reconhecem como iguais, como cidadãos.

Dessa noção primeira de igualdade em Arendt, desdobram-se várias outras. Em primeiro lugar, a igualdade não está associada à justiça social, a uma distribuição mais ou menos equitativa de bens materiais – sob esse aspecto, como será visto mais adiante, ela é pré-política, porque oferece as condições para o ingresso na esfera pública. Em segundo, a igualdade não é algo dado, um atributo natural dos seres humanos, mas um artifício humano, que pressupõe a diferença e a distinção, portanto, a pluralidade, conceito essencial na filosofia arendtiana. E, em terceiro, a ideia de igualdade articula-se com a de visibilidade, que remete, por sua vez, a outro conceito fundamental na obra da autora: o conceito de aparência.

Arendt compreende a igualdade tendo como referência a *pólis* grega. Por isso, torna-se fundamental, para entender essa noção no pensamento da autora, deter-se sobre o conceito de isonomia. Como afirma Jean-Pierre Vernant em *As origens do pensamento grego*, isonomia significa, para os gregos antigos, a igual participação de todos os indivíduos no poder. Por mais que se diferenciem em termos de classe, função ou origem social, os cidadãos que compõem a *pólis* se veem como semelhantes, e é essa semelhança que propicia a unidade da *pólis*, pois só aqueles que se assemelham podem unir-se de forma mútua pela *philia*, associar-se em uma mesma comunidade.

Na *Ética a Nicômaco*, quando aborda o tipo de amizade (*philia*) correspondente a cada forma de governo, Aristóteles aponta que a amizade fraterna, que se aproxima da camaradagem e é um vínculo que une os seres humanos como se fossem irmãos da mesma faixa etária, é a que melhor identifica o relacionamento existente entre os cidadãos da timocracia (o regime da "constituição da república"), tendo em vista que estes pretendem que haja uma equidade entre si de tal maneira que o "poder possa ser alternado e alcançado a partir de uma base de igualdade". Em *A condição humana*, Hannah Arendt qualifica a *philia* aristotélica como a amizade sem intimidade ou proximidade que ela chama de "respeito", uma consideração que se devota aos pares no âmbito do mundo público, independente das qualidades e das realizações de cada um.[260]

Os elos que conectam esses cidadãos são de reciprocidade e não de domínio e hierarquia. "Todos os que participam do Estado vão definir-se como *Hómoioi*, semelhantes, depois, de maneira mais abstrata, como os *Isoi*, iguais", define Vernant.[261]

No entanto, como bem aponta Arendt em *Sobre a revolução*, é importante ter em mente que a isonomia assegurava a igualdade entre os gregos não pelo fato de que eles acreditassem que os homens fossem iguais por natureza, mas precisamente porque, sabendo-se desiguais, entendiam que era necessário haver uma instituição artificial – no caso, a *pólis* – que os igualasse. A igualdade restringia-se à esfera da política, na qual os homens se relacionavam na qualidade de cidadãos e não como pessoas privadas – em outras palavras, a igualdade era derivada da cidadania, não do nascimento. Assim como o poder e a liberdade, nessa concepção, a igualdade não é atributo natural dos indivíduos, mas é convencional e artificial, e só surge em meio aos cidadãos no espaço político que se forma entre eles sempre que se unem pelo discurso e pela ação.

Essa compreensão da igualdade, portanto, contrasta frontalmente com a noção revolucionária moderna – também presente na filosofia de Rousseau –, segundo a qual os homens são iguais por natureza e a desigualdade é decorrente das instituições sociais e políticas. Arendt é crítica da noção de igualdade natural

---

[260] Em Tocqueville, para lembrar o que foi discutido na seção anterior, há a ideia de "igualdade de respeito", que também pode ser entendida como uma consideração que se tem para aqueles reconhecidos como iguais, independente da situação material ou social de cada um. Sobre a *philia* aristotélica, ver ARISTÓTELES, 2012, p. 214.
[261] VERNANT, 2002, p. 65.

CAPÍTULO 3 – IGUALDADE, LIBERDADE, FRATERNIDADE – E FELICIDADE

entre os seres humanos – na sua perspectiva, como deixa claro em *Origens do totalitarismo*, os homens se diferem de acordo com a "sua origem natural, suas diferentes organizações e seu destino histórico". A igualdade, para ela, é uma igualdade de direitos, de "objetivo humano".[262]

Assim como se difere da ideia de igualdade natural, a concepção grega de igualdade também não pode ser equiparada à igualdade de condições. Esta, na verdade, era um pré-requisito para a isonomia, na medida em que a esfera pública na *pólis* só era franqueada àqueles que dispusessem de condições materiais que os libertassem do esforço da labuta pela própria sobrevivência, dispondo, assim, de tempo livre para se dedicarem aos assuntos da política.

Esses cidadãos formavam um grupo de pares, integrando uma comunidade cuja forma de relacionamento era a *philia*, uma relação horizontal, na qual as posições de superioridade e inferioridade, de domínio e obediência não existiam. Todavia, a isonomia desfrutada por esses cidadãos no âmbito da cidade-Estado grega só podia existir porque era sustentada por uma enorme massa de desiguais, entre escravos, mulheres e estrangeiros, que formavam, de fato, a maior parte da população da *pólis*.

Enquanto a esfera pública representada pelo espaço da *pólis* era o *lócus* dessa igualdade compreendida como isonomia, em contrapartida, o domínio do privado, da domesticidade do lar, configurava-se pela mais profunda desigualdade. Como descreve Aristóteles na *Política*, o governo doméstico é uma espécie de monarquia, ao passo que o governo civil pertence a todos que são livres e iguais.

---

[262] ARENDT. *Origins of totalitarianism*, 1973, p. 234. Tocqueville, como se verá na parte sobre a fraternidade, apresenta uma ideia de desigualdade que se aproxima de Rousseau, como fruto do processo histórico. No entanto, a igualdade em Tocqueville jamais é pensada como uma condição natural do homem – apesar de falar em uma marcha "providencialista" no sentido do aprofundamento da igualdade de condições, esse processo está ligado às transformações históricas e sociais dos povos.

No âmbito privado, o chefe do lar tinha amplo poder sobre a família e os escravos e, de fato, gerenciava esse domínio que lhe pertencia como um déspota. Pela descrição de Fustel de Coulanges em *A cidade antiga*, pode-se depreender que essa desigualdade no plano privado familiar era justificada pela razão de que a família ficava de fora do alcance das leis da cidade, pois estas só eram válidas para o domínio público. Daí que o chefe de família gozava de plenos poderes sobre os subordinados, incluindo o de vida e o de morte. "Esse direito de jurisdição que o chefe de família exercia em sua casa era total e sem apelação. Podia condenar à morte, como o magistrado o fazia na cidade; nenhuma autoridade tinha o direito de modificar a sua sentença."[263]

A intocabilidade do lar pela cidade-Estado antiga não representava, todavia, um respeito pela propriedade privada nos termos da modernidade liberal, dentro da visão lockiana, segundo a qual a função do Estado é salvaguardar a propriedade. Se, na Grécia e na Roma antigas, os limites que cercavam a propriedade eram considerados sagrados, tal ocorria porque era impossível para quem não possuísse uma casa onde habitar, um pedaço de terra que fosse de sua propriedade, participar dos assuntos públicos. "Originalmente, propriedade significava nada mais nada menos do que possuir um lugar em determinada parte do mundo e, portanto, pertencer ao corpo político, isto é, ser o chefe de uma das famílias que constituíam em conjunto o domínio público", observa Arendt em *A condição humana*.[264]

É fundamental levar esse aspecto em consideração para compreender melhor a posição de Arendt, segundo a qual a igualdade de condições é uma condição pré-política para a cidadania. Não cabe falar de uma indiferença por parte da autora com relação ao problema agudo da desigualdade material ou que ela se contenta

---

[263] FUSTEL DE COULANGES, 1975, p. 74.
[264] ARENDT. *The human condition*, 1998, p. 61. Sobre a noção de propriedade em Locke, deve-se ressalvar que ela engloba a vida, a liberdade e os bens do indivíduo, como ele esclarece no § 123 do cap. IX ("Dos fins da sociedade política e do governo") do *Segundo tratado do governo* (LOCKE, 2007).

CAPÍTULO 3 – IGUALDADE, LIBERDADE, FRATERNIDADE – E FELICIDADE

com a ideia formalista da igualdade, embora a sua insistência em separar a questão social da política quando discute os descaminhos da Revolução Francesa seja realmente problemática.

No pensamento arendtiano, ter um lugar no mundo é condição essencial para a cidadania, e uma das razões da perda do mundo público na modernidade – e por essa "perda" entenda-se o predomínio da introspecção que se alimenta na intimidade sobre o espaço da aparência que constitui a esfera pública – é justamente o movimento de expropriação das massas levado a cabo pela acumulação capitalista. Estes tópicos, no entanto, serão retomados com mais profundidade na terceira parte deste capítulo.

Em resumo, para Arendt, a igualdade, entendida como isonomia, a igualdade de pares no espaço público, está estreitamente relacionada à liberdade, e não à justiça social, como compreendida modernamente, embora o ideal arendtiano de igualdade também possa ser associado ao princípio da justiça, quando este é entendido como a garantia de direitos iguais a todos. Por essa concepção, desfrutar de uma condição de igualdade significa poder viver e mover-se livremente entre pares no domínio público, relacionando-se com eles pelo discurso e pela ação.

Essa noção de igualdade também pressupõe outra, cara ao pensamento de Arendt, e que se contrapõe à tendência moderna de equiparar igualdade com uniformidade, já tratada no segundo capítulo: os sujeitos iguais que se movem no espaço público não formam uma massa amorfa e indistinta, mas se caracterizam pela singularidade de cada um. É nisso que consiste a ideia da pluralidade humana em Arendt, uma pluralidade de seres singulares, profundamente distintos uns dos outros.

A pluralidade humana é caracterizada por Arendt em *A condição humana* pelo duplo aspecto da igualdade e da distinção. Se os homens não fossem iguais, seria impossível que se compreendessem uns aos outros, nem tampouco que cuidassem das gerações vindouras, fazendo planos para o futuro. Mas se não fossem diferentes entre si, também não seriam necessários o discurso e a ação para que pudessem se relacionar uns com os outros. Bastaria utilizar sinais e sons para que as necessidades e carências absolutamente iguais entre estes seres indistintos pudessem ser transmitidas entre cada qual de forma praticamente automática.

Arendt estabelece uma diferença entre a "distinção humana" e a "alteridade". Esta última é comum a todos os seres, sendo uma característica importante da pluralidade, pois, ao definir uma coisa, é preciso distingui-las das outras existentes. Entretanto, apenas os seres humanos são capazes de, ao mesmo tempo, exprimir essa distinção e distinguir-se a eles próprios, não se limitando, como os outros seres viventes, a comunicar algo, como sede, fome, afeto, hostilidade, entre outros. "No homem, a alteridade, que ele partilha com tudo o que existe, e a distinção, que ele partilha com tudo o que vive, tornam-se unicidade."[265]

Essa unicidade, pela qual cada ser humano torna-se um ser singular, único e diferente de qualquer outro ser humano no presente, no passado e no futuro, está na base dessa "paradoxal pluralidade" que caracteriza a condição humana, uma pluralidade de seres únicos e singulares. E são a ação e o discurso os meios pelos quais essa qualidade associada a cada ser humano pode ser revelada aos demais. Pela ação e pelo discurso, os seres humanos relacionam-se entre si, efetivando a condição humana da pluralidade, que é a de viver como um ser único entre iguais.

No domínio público da *pólis* que se formava em oposição ao do *oikos* – o espaço da produção doméstica em que predominavam a divisão do trabalho e a relação entre dominantes e dominados[266] –, e no qual os homens se reconheciam como iguais, eles podiam se destacar pelos seus feitos e seus discursos, assegurando que as suas ações e as suas palavras não fossem apenas testemunhadas

---

[265] ARENDT. *The human condition*, 1998, p. 176.
[266] O *oikos* é um conceito lato que "[...] abrangia pai, mãe, filhos, animais, escravos, terras, implementos, habitações e tudo aquilo que correspondia modernamente em essência ao que chamamos de meios de produção [...]. Longe de serem simplesmente um conjunto de células constitutivas da cidade subordinado ao Estado, o conjunto das [...] *oikoi* [...] sob o poder absoluto dos déspotas controlava todas as questões da administração dos negócios [*oikonomia*]", conforme define Edson Bini em nota explicativa ao Livro X da edição de *As Leis*, publicada pela Edipro (in PLATÃO, 2010, p. 434-435, nota 1).

CAPÍTULO 3 – IGUALDADE, LIBERDADE, FRATERNIDADE – E FELICIDADE

pelos pares no presente, mas que tivessem a chance de ser preservadas pela memória pública. No domínio público, no qual os homens têm a oportunidade de se mostrar aos demais, pela ação e pelo discurso, em sua identidade única e intercambiável, eles revelam *quem* são.

Esse *quem*, por sua vez, só pode ser desvelado aos olhos dos demais, nunca pelo próprio agente a si mesmo na solidão da vida privada, e é definido pelo que o agente faz e diz em público. O *quem* de cada qual, portanto, só se manifesta no domínio público e distingue-se de *o que* cada indivíduo é – este *o que* está relacionado às qualidades e aos defeitos, aos talentos e aos dons particulares, os quais não dependem necessariamente do mundo público para se expressar.

O mundo público, em Arendt, é, dessa forma, o espaço da aparência. Esta, por seu turno, é o que constitui a realidade comum a todos nós. A presença dos outros que veem o que vemos e ouvem o que ouvimos assegura a realidade do mundo que compartilhamos e a de nós mesmos.

Essas observações sobre o domínio público e a aparência na concepção de Arendt são importantes para reforçar o argumento de que se articula, no pensamento arendtiano, um estreito vínculo entre visibilidade e igualdade. É pela visibilidade adquirida quando adentram no espaço público que os homens podem se reconhecer como iguais – a realidade mesma dessa igualdade depende da visibilidade que cada um alcança aos olhos dos outros.[267] Por sua vez, a desigualdade e a invisibilidade estão intimamente ligadas uma à outra.

---

[267] Em *A condição humana*, Arendt observa que um exemplo eloquente quanto a esse papel da aparência, e portanto da visibilidade, no espaço público é o fato de os *sans-culottes* terem adotado, durante a Revolução Francesa, um traje próprio para aparecer em público e do qual derivaram seu nome. "Por esse traje, eles ganharam uma distinção própria, e esta distinção foi dirigida contra todos os outros" (1998, p. 218). Sobra a conexão entre igualdade e visibilidade em Arendt, ver os esclarecedores comentários de Claude Lefort em "Hannah Arendt et la question du politique" (1986, p. 72).

***

A Revolução Francesa deu visibilidade à massa dos pobres e oprimidos que, até aquele momento, estava condenada "à vergonha e à obscuridade", para usar as palavras de Arendt em *Sobre a revolução*. No que se refere à relação entre igualdade e visibilidade, é crucial atentar para o uso que ela faz do termo "obscuridade" (*darkness*).

Um dos grandes problemas que envolvem a pobreza, afora a questão mais vital da sobrevivência, é o fato de as pessoas sujeitas a essa condição, cuja existência se restringe à labuta para suprir as necessidades do corpo, estarem excluídas da luminosidade da vida pública, a única esfera na qual, nunca é demais repetir, podem destacar a sua singularidade em meio aos iguais. O grande mal da pobreza, no entender de Arendt, mais profundo ainda que a escassez, é essa escuridão.

Quem padece dela torna-se invisível aos olhos dos demais – uma ideia que também está presente em Tocqueville, quando ele argumenta que, em uma sociedade profundamente desigual, como a aristocrática, quem está no topo da hierarquia social concebe a si próprio e a quem considera igual como fazendo parte de uma humanidade à parte, não enxergando nos integrantes das camadas sociais inferiores uma dignidade humana equivalente à sua e à daqueles que vê como semelhantes.

Arendt cita um trecho de um discurso de John Adams para reforçar o argumento de que a maldição do pobre é permanecer nas sombras – sua vida não exerce nenhuma influência social e ele tampouco tem acesso à vida pública –, o qual merece ser reproduzido por sua clareza reveladora:

> O homem pobre tem a consciência limpa; ainda assim ele se sente envergonhado [...]. Ele se sente fora da vista dos outros, tateando no escuro. A humanidade não toma conhecimento dele. Ele vagueia e perambula ignorado. No meio de uma multidão, na igreja, no mercado [...] está na obscuridade como se estivesse num sótão ou num porão. Ele não é

CAPÍTULO 3 – IGUALDADE, LIBERDADE, FRATERNIDADE – E FELICIDADE

desaprovado, censurado ou repreendido; *ele simplesmente não é visto* [...]. Passar totalmente despercebido e saber disso, é intolerável. Se Crusoé, em sua ilha, tivesse a biblioteca de Alexandria, e a certeza de que jamais voltaria a rever um rosto humano, iria abrir algum volume?[268]

O exemplo mais expressivo dessa obscuridade da miséria reside na condição mais desigual a que possa ser reduzida uma determinada categoria de seres humanos, a ponto de ser-lhes negado o próprio status de humano. Na rápida, mas eloquente passagem que Arendt dedica ao problema da escravidão nos Estados Unidos em *Sobre a revolução*, ela comenta que todo o discurso sobre a "encantadora igualdade" norte-americana, tanto da parte dos norte-americanos quanto dos europeus no século XVIII, e encampado pelos líderes revolucionários dos dois lados do Atlântico, praticamente ignorava uma realidade que, todavia, estava à vista de todos: a presença de cerca de 400 mil escravos negros em meio a uma população de quase 2 milhões de brancos nos EUA, formando um contingente de seres humanos reduzidos a uma situação de miséria absoluta, sem dúvida muito maior do que em qualquer país da Europa, mesmo na França, onde a questão social mobilizou as massas populares durante a revolução.

Para Arendt, essa indiferença com relação ao estado de absoluta penúria dos escravos não era devida a alguma perversão dos sentimentos ou por interesses particulares, mas porque a instituição escravocrata implicava uma obscuridade ainda mais profunda que a pobreza – sendo assim, o escravo negro tornava-se ainda mais "invisível" que as pessoas pobres.

Outra situação de radical invisibilidade ocorre com aqueles reduzidos à condição de apátridas, conforme a explanação de Arendt em *Origens do totalitarismo*, referindo-se às milhares de pessoas destituídas de cidadania no período entreguerras e durante a Segunda Guerra Mundial. Para esses indivíduos coloca-

---

[268] Apud ARENDT. *On revolution*, 1990, p. 69.

dos completamente à margem da lei, como se não existissem, a única forma de ganhar alguma "visibilidade", de ser visto como igual pelos demais, dava-se pela via da transgressão, ao praticarem um crime – paradoxalmente, apenas como um infrator da lei, o apátrida poderia ser reconhecido e protegido, de alguma forma, pelo ordenamento jurídico, recebendo um tratamento equitativo aos demais cidadãos em situação semelhante.

No polêmico ensaio "Reflexões sobre Little Rock", publicado em 1959, no qual questionava a campanha pelo fim da segregação racial no ensino público dos estados sulistas norte-americanos, Hannah Arendt alerta que a condição de desigualdade sofrida pela população negra no país colocava em risco o próprio regime republicano, tal como instituído pela Revolução Americana, tendo em vista o fato de que o princípio da igualdade de direitos – que modernamente se tornou o princípio inalienável dos governos constitucionais – é fundamental em uma república.

De acordo com Arendt, por conta dessa capacidade da igualdade republicana de igualar, no plano político, o que por natureza é diferente, é que a república norte-americana havia, até então, conseguido preservar a identidade, apesar dos milhares de imigrantes que lá aportaram ao longo da sua existência. Por outro lado, como a igualdade implica visibilidade, a admissão dos negros na esfera pública, alcançando o status de cidadãos iguais em direito, era particularmente sensível e problemática.

O princípio da igualdade republicana não é onipotente. Por ser um construto artificial e não derivar de um atributo natural dos indivíduos, ele é limitado em vários aspectos: só é válido para a esfera pública; só se aplica aos indivíduos na qualidade de cidadãos, e só vigora entre comunidades políticas organizadas em torno desse princípio, não se estendendo como uma lei geral para toda a humanidade. Há também outra restrição desse princípio apontada por Arendt: ele é incapaz de igualar as características naturais que distinguem um indivíduo do outro.

Nessa limitação da esfera pública, Arendt enxerga o esforço das antigas cidades-Estado e dos modernos Estados-nação em insistir na homogeneidade étnica de seus cidadãos, com o intuito

CAPÍTULO 3 – IGUALDADE, LIBERDADE, FRATERNIDADE – E FELICIDADE

de eliminar aquelas diferenças naturais que poderiam despertar reações de ressentimento, ódio e discriminação. Nas páginas impactantes que escreveu em *Origens do totalitarismo* sobre o brutal processo de colonização do continente africano pelos europeus, em especial pelos bôeres na África do Sul, Arendt demonstra como o ideal de uma igualdade natural humana ruiu diante da recusa do homem branco em aceitar como semelhantes os povos africanos.

No que tange ao problema dos negros nos EUA, a questão, para ela, é que, uma vez eliminadas as barreiras das condições econômicas e sociais que dividiam brancos e negros, a visibilidade desses últimos, não como cidadãos, mas como indivíduos cuja pele é negra, poderia tornar ainda mais grave o problema da discriminação racial. Nesse ponto, a autora remete ao que disse Tocqueville, segundo quem, no seio da igualdade geral, a menor desigualdade costuma causar grandes desconfortos.

No contexto da luta do movimento pelos direitos civis dos negros nos Estados Unidos, na visão de Arendt, mais importante que impor o fim da segregação racial nas escolas públicas do país – uma campanha que começara em uma escola pública da pequena cidade de Little Rock, no ano de 1957, e se estendera para outras escolas e universidades segregacionistas do Sul –, era abolir a discriminação racial formalmente legalizada nos estados sulistas norte-americanos, cuja legislação impunha limitações ao direito de voto aos indivíduos de cor negra e proibia os casamentos inter-raciais. Para tanto, ela defendia o argumento polêmico de que não eram a discriminação e a segregação sociais que constituíam a perpetuação do "crime original", a escravidão, na história do país – pois a esfera social é onde predominam a desigualdade e a diferença, como será discutido mais à frente –, mas a legislação racial.

"A questão da cor foi criada por um grande crime na história dos Estados Unidos e só tem solução dentro da estrutura política e histórica da República", salienta Arendt.[269] A afronta

---

[269] ARENDT. *Responsabilidade e julgamento*, 2004, p. 266.

ao arcabouço jurídico da república norte-americana não residia na existência do costume social da segregação, mas em sua imposição legal.

A lei mais abusiva em vigor nos estados segregacionistas do Sul dos Estados Unidos seria, então, a que impedia o casamento entre brancos e negros, considerando como crime as uniões mistas. Do ponto de vista de Arendt, a liberdade de se unir em casamento com quem se deseja é um direito elementar, incluído no rol daqueles direitos inalienáveis como o direito à vida, à liberdade e à busca da felicidade, proclamados pela Declaração da Independência dos Estados Unidos.[270]

Da mesma forma, criar obstáculos para o pleno exercício do direito de voto à população negra, como era a realidade em vários estados sulistas, implicava desrespeitar também um direito inalienável de uma categoria de cidadãos, dentro da conjuntura de uma estrutura política republicana assentada na igualdade do corpo político. Assim como o direito de votar, o direito de ser eleito para um cargo público também é inalienável em uma comunidade política cuja regra de coexistência seja a isonomia entre seus integrantes. No entanto, a igualdade, no que diz respeito à elegibilidade, sofre algumas restrições, porque, nesse aspecto, são levadas em conta a distinção e a diferença daqueles que disputam os votos e não mais a igualdade pura e simples.

As qualidades que os candidatos aos votos devem apresentar para se distinguir e se diferenciar dos demais, contudo, não são especialidades – a exemplo de algum tipo de *expertise* própria

---

[270] Remete-se aqui à nota 251 da seção anterior, sobre o comentário de Tocqueville de que uma das melhores maneiras de medir o grau de igualdade de uma sociedade é observar como os casamentos são realizados, ou seja, quanto menos barreiras existirem para a liberdade de união entre as pessoas, mais igualitária é a sociedade. O raciocínio de Arendt em torno da liberdade de casamento como um direito elementar, sem dúvida, vale tanto para pessoas de classes diferentes e de grupos étnicos diferentes quanto para o atualíssimo debate em torno do direito de casamento para pessoas do mesmo sexo. Negar esse direito elementar para determinadas categorias de indivíduos é submetê-las a um tratamento desigual que afronta um princípio fundamental republicano, a isonomia do corpo político, segundo a qual todos os cidadãos são reconhecidamente iguais em direito.

CAPÍTULO 3 – IGUALDADE, LIBERDADE, FRATERNIDADE – E FELICIDADE

para o campo político, como se a atividade política requeresse a escolha de "gestores" com competência e qualificação específicas para exercê-la. O que se demanda, nessa seara, é uma espécie de virtuosidade: a habilidade de se distinguir em meio a seus pares, no espaço público, pelo discurso e pela ação. Em termos estritos, ressalta Arendt, o direito de votar e o direito de ser votado são os únicos direitos políticos, constituindo a própria quintessência da democracia.

Enquanto a esfera política é o âmbito da igualdade, no domínio do social, prevalecem a discriminação e a diferença. Como foi abordado no capítulo anterior, na concepção arendtiana, a sociedade é uma esfera híbrida que se situa entre os domínios público e privado. Nesse âmbito, a distinção pessoal proporcionada pelo espaço público no convívio entre os pares não é o que conta, mas as diferenças e semelhanças que fazem com que as pessoas se vejam como pertencentes a determinados grupos – por razões econômicas, por afinidades intelectuais, por origem social, entre outros fatores. Por essa característica da esfera social, Arendt considera que, da mesma forma que qualquer discriminação social imposta pelas leis é um ato de arbítrio e de perseguição política, uma lei que pretenda abolir a discriminação social representa uma violação da liberdade da sociedade, já que o Estado só pode agir em nome da igualdade, um princípio inexistente na esfera social.[271]

---

[271] Sobre a questão que a levou a escrever o ensaio sobre Little Rock, para Arendt, de acordo com esse raciocínio, não caberia ao governo dos Estados Unidos impor um sistema de ensino inter-racial nas escolas públicas, forçando a integração entre crianças brancas e negras. O seu argumento é de que o ambiente escolar pertenceria a essa esfera do social onde impera o princípio da livre associação entre pessoas que se identificam por uma razão ou outra e onde a discriminação não constitui uma afronta à estrutura constitucional e republicana do país, pois os pais teriam o direito privado de escolher como educar os filhos e o direito social de definir onde educá-los. Margaret Canovan defende o ponto de vista da autora, afirmando que, para Arendt, da mesma forma que brancos e negros não poderiam ser impedidos de se unirem em casamento, mas tampouco poderiam ser forçados pela lei a fazê-lo, crianças de raças diferentes tinham o direito de estudar em escolas inter-raciais, porém não poderiam ser forçadas a essa integração. Além

Na sua perspectiva, a única força pública que reúne as condições para combater a discriminação social são as igrejas, sobretudo as cristãs, pois elas, com a sua preocupação voltada para a redenção das almas dos fiéis, constituem o único espaço público onde as aparências não são um fator essencial. Se, por acaso, algum tipo de discriminação penetrar nesses espaços é sinal de que eles falharam na missão religiosa e se tornaram apenas mais uma instituição social.

***

Ao mesmo tempo em que a esfera social é o *lócus* da discriminação e da desigualdade, em contraponto à esfera pública – o espaço da igualdade, que não comporta qualquer tipo de discriminação –, a primeira também se caracteriza, paradoxalmente, pelo conformismo e pela uniformidade exigida dos seus integrantes. O conformismo e a uniformidade são inerentes à esfera do social na medida em que são exigidos dos membros de cada grupo social uma conformidade às peculiaridades desse grupo – e são essa peculiaridades que o distinguem dos demais agrupamentos sociais – e um comportamento uniforme no seu interior.

---

do mais, Arendt se incomodava com o fato de a luta política contra o racismo nos EUA, ao eleger como um dos alvos principais o fim da segregação nas escolas, envolvia crianças em um conflito de pessoas adultas para o qual elas não estavam ainda preparadas. No entanto, um dos pontos mais problemáticos na argumentação arendtiana é que a autora, apesar de discutir alguns aspectos do ensino público norte-americano – como o ensino obrigatório, a competência dos estados para legislar sobre essa matéria e a subvenção federal destinada às escolas –, desconsidera um aspecto da questão que parece evidente: o ensino público jamais poderia comportar qualquer tipo de discriminação, porque seria como se o próprio Estado o admitisse legalmente (algo que Arendt desaprova), ao impedir que uma criança negra se matricule em uma escola pública por causa da cor da pele. Da mesma forma como, no mesmo texto, ela afirma que eram inaceitáveis as práticas discriminatórias nos ônibus e em ferrovias sulistas, os quais, embora não pertençam estritamente à esfera política, não podem ser dissociados do domínio público, onde todos são iguais – e uma escola pública, justamente por ser pública, não pode também ser dissociada desse domínio (ver *Responsabilidade e julgamento*, 2004, p. 261-281; CANOVAN, 1992, p. 243).

CAPÍTULO 3 – IGUALDADE, LIBERDADE, FRATERNIDADE – E FELICIDADE

A característica da sociedade é o comportamento – e este pode ser medido e normalizado, tendo como pressuposto a uniformidade. Diferente, portanto, da ação no espaço público, sempre imprevisível e espontânea, e cujo pressuposto é a pluralidade de cidadãos singulares e iguais.

Como salienta Arendt em *A condição humana*, a igualdade relativa aos pertencentes a um determinado grupo social não é a igualdade dos pares no espaço público – ela está mais próxima, antes, da igualdade dos membros da família diante do seu chefe, que comanda o clã familiar de acordo com a sua própria opinião e o seu próprio interesse. No âmbito maior da sociedade, e mais radicalmente da sociedade de massas (caracterizada por diluir os grupos e as classes sociais), o jugo da uniformidade de um mesmo interesse e uma mesma opinião,[272] cuja força é intensificada pelo número daqueles que os sustentam, tem a mesma pressão coercitiva exercida pelo chefe de família que, no seu exclusivo domínio doméstico e privado, personificava outrora o interesse e a opinião que deveriam ser adotados por aqueles que dominava.

Essa igualdade no âmbito da sociedade, sinônimo de conformismo e uniformidade, também implica a desigualdade e a discriminação. Uma vez que a característica maior da esfera social são a discriminação e a diferença, todos aqueles que não se conformarem às regras da sociedade, às suas normas de comportamento, à sua mentalidade uniforme, serão considerados como não iguais, ficando expostos, portanto, a toda sorte de atitude discriminatória. Dessa forma, serão colocados à margem do corpo da sociedade e relegados à condição de párias.

O diagnóstico de Arendt sobre a modernidade é que, nela, houve a "vitória da igualdade". Todavia, essa igualdade mencionada por Arendt não é a igualdade da isonomia, a igualdade do corpo político que preserva a singularidade humana, mas a igualdade niveladora e uniformizante da sociedade. A consequência

---

[272] Ou de um mesmo "humor", já que, como também foi discutido no capítulo anterior, na visão arendtiana, a massa não pode expressar opiniões – estas são sempre particulares e individualizadas –, mas apenas "humores" (*moods*).

dessa invasão do domínio público pela esfera do social que caracteriza a modernidade é o fato de a distinção e a diferença – implícitas no caráter singular dos pares que se reconhecem como iguais no espaço público – reduzirem-se à dimensão da vida privada do indivíduo.

A esfera do privado, por seu turno, não é determinada nem pela igualdade nem pela discriminação, mas pela exclusividade. O que conta aqui são as qualidades pessoais daqueles que compartilham o interior do lar e da família, o qual funciona como um anteparo ao mundo público, o espaço de sombra de que todos necessitam como um abrigo seguro contra a luminosidade intensa da esfera pública – se estivéssemos todo o tempo expostos a essa luz, à publicidade de sermos vistos e ouvidos, nossa existência tornar-se-ia superficial, porque a sua visibilidade não estaria mais ancorada na profundidade que só aquilo que permanece oculto pode assegurar. O fenômeno do desamparo, que diz respeito à condição de solidão dos indivíduos na moderna sociedade de massa, é devido ao fato de esta ter se imposto não somente sobre o domínio público, mas também sobre o privado.

Por um lado, perdeu-se a experiência da convivência entre iguais que só pode ocorrer no domínio público. Quando estamos entre aqueles que reconhecemos como iguais, não estamos sozinhos – a solidão significa exatamente não estar entre iguais. Nesse sentido, Arendt interpreta o "amor à igualdade" a que Montesquieu faz alusão no Livro V de *O espírito das leis,* amor este relacionado ao amor pela república que constitui a virtude republicana, como um sentimento de gratidão por ser humano, "a alegria de não estar só no mundo".[273] Por outro lado, com a expropriação e a proletarização em massa levadas a cabo pela Revolução Industrial, o lugar no mundo que era conferido pela propriedade foi substituído pelo posto de trabalho, em um processo crescente de desenraizamento de um enorme contingente de trabalhadores.

---

[273] ARENDT. *A promessa da política,* 2008, p. 115; MONTESQUIEU, 2005, p. 54.

CAPÍTULO 3 – IGUALDADE, LIBERDADE, FRATERNIDADE – E FELICIDADE

Nessas condições, sem o mundo comum, produto do artifício humano, que ao mesmo tempo une e separa os indivíduos, e sem o lar privado, que garantia a posse de um lugar no mundo, o indivíduo é reduzido a mais um número da massa, perdendo aqueles atributos que o distinguem como pessoa. Em uma anotação do seu diário, Arendt registra que a perda da propriedade conduz os homens à homogeneização, justamente porque perdem o seu lugar no mundo. "[...] é um erro acreditar que pode-se chegar à igualdade característica da homogeneidade graças à 'igualdade de condições' [...] portanto pela homogeneidade das relações de propriedade. Apenas a ausência total de propriedade [...] pode conduzir a essa homogeneidade".[274]

Não é apenas a homogeneidade dos seus integrantes que caracteriza as massas modernas, mas também a sua obscuridade – a "maldição" antes vinculada à pobreza e à escravidão converte-se na sina do indivíduo moderno, o *animal laborans*. A sociedade de consumidores em que se converteu a sociedade moderna, na qual os valores supremos são a produção, o consumo e o bem-estar – os valores do *animal laborans* –, restringiu o espaço do domínio público, o único que comporta a excelência, a esfera onde é possível aos indivíduos distinguir-se na sua singularidade diante de seus iguais.

Reduzidos à condição de *animal laborans,* os homens perdem de fato a sua unicidade – cuja visibilidade se revela pela ação e pelo discurso, e que está na base da pluralidade humana – para se tornar apenas mais um exemplar da espécie humana, na sua labuta por sobrevivência, que nivela a todos. A condição gregária que caracteriza o *animal laborans* jamais pode dar origem a um espaço público, em que se possa viver em conjunto de uma maneira politicamente organizada. É apenas a união compacta e massiva de seres reduzidos à sua insignificante multiplicidade.

Se, em Tocqueville, é a igualdade degenerada em paixão igualitária que coloca em risco a liberdade, em Arendt, é a "igualdade

---

[274] ARENDT. *Journal des pensées*, v. 2, 2005, p. 741.

moderna", não mais compreendida como a isonomia da esfera pública, mas como o comportamento uniforme da sociedade, que representa uma ameaça para a ação livre e conjunta dos indivíduos no espaço público. Em ambos, a tensão entre igualdade e liberdade, portanto, se dá quando a primeira é degradada em uniformidade e homogeneidade. A seguir, será discutido o ideal de liberdade nos dois autores.

2. LIBERDADE

2.1 TOCQUEVILLE: INDEPENDÊNCIA, CIDADANIA E JUSTIÇA

Em carta a Eugène Stoffels, datada de 24 de julho de 1836, Tocqueville procura definir o seu "liberalismo". Diz que nutre uma paixão viva e racional pela liberdade e não se confunde com aqueles "amantes da ordem" dispostos a sacrificá-la em troca de poder "dormir a salvo em suas camas". O seu gosto pela liberdade está enraizado em uma profunda convicção, e o seu maior desejo é vê-la disseminada pelas instituições políticas da França. No entanto, essa afeição é contrabalançada pelo respeito à justiça, à ordem e à lei e a um profundo apreço pela moralidade e pela crença religiosa.[275]

Todas essas ressalvas auxiliam a compreender a forma como Tocqueville compreendia a si próprio: "um liberal de uma nova espécie", como ele se autodeclara a Stoffels, e que preferia não ser identificado com os "democratas" de seu tempo.

Nessas poucas linhas, é possível ainda ver sintetizado o ideário liberal do autor: na tradição do liberalismo clássico, prezava pela independência e pela liberdade individuais, porém, não dissociava a liberdade do indivíduo da liberdade política, da livre participação dos cidadãos nos negócios públicos – daí o seu desprezo por aqueles que, na ilusão de estarem seguros no seu estreito espaço privado, abriam mão de uma cidadania ativa em

---

[275] Apud MAYER, 1939, p. 25-26.

CAPÍTULO 3 – IGUALDADE, LIBERDADE, FRATERNIDADE – E FELICIDADE

nome da ordem. A ênfase na justiça explica-se pelo fato de que, para Tocqueville, a liberdade não podia também ser pensada separadamente da igualdade. E se, ao mesmo tempo em que criticava os "amantes da ordem", destacava a sua estima por ela e também pela lei, pela moralidade e pela religião, é porque acreditava que uma liberdade sem peias, que não estivesse equilibrada nesses quatro sustentáculos, acabaria por conduzir ou à anarquia ou ao despotismo.

A referência a si mesmo como "um liberal de uma nova espécie" parece expressar já a consciência de Tocqueville da distância que o separava de outros pensadores da escola liberal francesa de seu tempo, a exemplo de Madame de Staël, Constant, Royer-Collard e Guizot. No que diz respeito a Madame de Staël, Tocqueville partilhava a convicção professada por ela de que a liberdade requer uma base moral e esta, por sua vez, apoia-se na religião. A sua crítica ao individualismo também se aproxima das reflexões da autora sobre o que ela chamava de "cálculos estreitos do egoísmo" da sociedade moderna.

Todavia, apesar de Madame de Staël, no seu livro *Considérations sur les principaux événements de la Révolution Française*, ter aberto um novo caminho para analisar o movimento revolucionário de 1789 – o qual não passava nem pela condenação total da revolução, como era o caso dos adeptos do reacionarismo ultramonarquista, nem pela defesa do republicanismo jacobino, feita pelos mais radicais à esquerda[276] –, ela não podia ser considerada, diferentemente de Tocqueville, uma simpatizante da democracia moderna, limitando-se a pleitear pelo legado liberal dos revolucionários de 1789. Permanecendo fiel à sua classe social, a autora – que era filha de Necker, o financista suíço que fora um dos ministros mais populares de Luís XVI – tinha como ideal de modelo político a monarquia constitucionalista inglesa.

---

[276] Ver STAËL, [1818]. Lembrando o que foi dito no capítulo 2, essa interpretação de Madame de Staël acerca da Revolução Francesa também guarda muitos pontos em comum com a visão que Tocqueville apresentará no seu *Antigo Regime e a Revolução*.

A Guizot, Tocqueville opunha-se não só do ponto de vista intelectual, mas também da sua militância política (a referência, na carta a Stoffels, aos "democratas de seu tempo", sem dúvida, inclui Guizot), em razão da visão estreita de liberalismo do principal líder político da Monarquia de Julho, que rechaçava a inclusão social e cujo ideal de meritocracia se resumia a uma reafirmação da hegemonia da burguesia como classe dominante na França. José Guilherme Merquior observa que Guizot, por ser um dos nomes mais influentes do chamado círculo doutrinário – o qual reunia os liberais franceses em torno de Royer-Collard, que, por sua vez, exerceu grande influência sobre Tocqueville no início de sua trajetória –, representou, com as suas posições conservadoras que insistiam em ignorar a dinâmica da igualdade e perpetuar um regime oligárquico, um retrocesso do pensamento liberal na França em relação àquele que fora o seu grande ideólogo nas três primeiras décadas do século XIX: Benjamin Constant.[277]

Não se pode afirmar com certeza que Tocqueville tenha sido um leitor da obra de Constant – embora, como se mencionou no primeiro capítulo, ele nem sempre revelasse as suas fontes e influências. Mas se é verdade que Tocqueville jamais se refere a Constant em seus escritos, as afinidades entre o pensamento de ambos são explícitas, principalmente pela forma como concebem a liberdade moderna e a preocupação de ambos em limitar a intervenção do Estado sobre a ação do indivíduo. Por outro lado, Tocqueville situava-se, certamente, muito mais próximo de Chateaubriand quando este criticava Constant por seu liberalismo burguês, cuja perspectiva hedonista concebia a liberdade como instrumento a serviço de uma concepção materialista de felicidade.[278]

No famoso discurso *De la liberté des anciens comparée à celle des modernes*, de 1819, Constant estabeleceu uma diferença entre a "liberdade moderna" e a "liberdade antiga" que se tornou uma espécie de paradigma do liberalismo. Sob o guarda-chuva

---

[277] MERQUIOR, 2014, p. 117.
[278] LAMBERTI, 1983, p. 27; 85.

CAPÍTULO 3 – IGUALDADE, LIBERDADE, FRATERNIDADE – E FELICIDADE

do que conceitua como "liberdade moderna", ele apresenta um inventário das liberdades individuais que certamente contaria com a chancela de Tocqueville: a liberdade reside no direito de se submeter somente às leis; de não ser preso e condenado arbitrariamente; de exercer o direito de opinião; de escolher livremente uma ocupação profissional; de dispor como se bem quiser de sua propriedade; de ir e vir sem precisar de permissão; de poder reunir-se com outros indivíduos, para tratar de assuntos de interesse comum, e de exercer influência sobre a administração governamental, seja por meio da nomeação de funcionários, seja por meio de representações, de petições, de requerimentos, os quais a autoridade governamental tem a obrigação de levar em consideração.

No entanto, Tocqueville se afasta de Constant quando este sintetiza a liberdade, nos tempos modernos, apenas como "o exercício pacífico da independência privada".

É exatamente a ênfase na independência pessoal e na vida privada a diferença crucial que Constant enxerga entre a visão de liberdade na época moderna e a dos tempos antigos. No modelo republicano de Roma e de Esparta, os cidadãos gozavam de ampla soberania no espaço público – deliberavam e decidiam coletivamente sobre a guerra e a paz, os tratados de aliança, as leis que os regiam, as contas públicas, a administração dos magistrados, entre outros assuntos de interesse geral. Todavia, apesar de ser soberano nas questões públicas, o indivíduo, por estar inteiramente submetido ao todo representado pela coletividade, não tinha praticamente nenhuma autonomia na vida privada. "Os antigos, como diz Condorcet, não tinham nenhuma noção dos direitos individuais. Os homens não eram, por assim dizer, mais que máquinas das quais a lei regulava as molas e dirigia as engrenagens", observa Constant.[279]

---

[279] CONSTANT, 2016, p. 12. Entre as repúblicas antigas, Constant faz uma exceção a Atenas. Segundo ele, a cidade-Estado grega é a que mais se aproxima dos tempos modernos, porque os seus cidadãos gozavam de mais liberdade individual, algo que ele creditava ao intenso comércio que movimentava Atenas,

Embora o homem moderno desfrute de ampla independência na vida privada, Constant reconhece que a sua soberania, no espaço público, é apenas aparente. Enquanto os cidadãos das repúblicas antigas estavam dispostos a fazer muitos sacrifícios pela conservação dos seus direitos políticos e de sua parte na administração do Estado – tendo em vista que a sua vontade exercia de fato influência real nos negócios públicos –, a mesma disposição não é percebida entre os modernos. Em meio à multidão que habita as grandes nações modernas, a vontade dos indivíduos pouco conta por si só, e o exercício dos direitos políticos está longe de proporcionar a mesma satisfação que os antigos experimentavam no seu papel de atores políticos.

Para Constant, no entanto, esse é o preço a pagar por um modelo de organização sociopolítica que privilegia a liberdade individual. "[...] pedir aos povos de hoje para sacrificar, como os de antigamente, a totalidade de sua liberdade individual à liberdade política é o meio mais seguro para afastá-los da primeira, com a consequência de que, feito isso, a segunda não tardará a lhe ser arrebatada". Não é o caso de prescindir da liberdade política, mas de entender que, na época moderna, ela deve ser vista como um meio de garantia da verdadeira liberdade: a liberdade individual.[280]

---

tornando-a menos rígida nos costumes e mais aberta aos estrangeiros. No entanto, a predominância do corpo social sobre o indivíduo também prevalecia em Atenas, ressalva Constant (2016, p. 26-27). Interessante confrontar essa interpretação da vida privada em Constant nas cidades-Estado antigas com a que foi discutida na seção anterior, quando se discorreu sobre a noção de igualdade em Arendt. De fato, a liberdade, para os antigos, estava vinculada ao espaço público da *pólis*, mas se a coletividade, como ressalta Constant, impunha-se aos cidadãos, estes, por sua vez, como chefes dos seus domínios particulares, podiam agir como verdadeiros déspotas sobre os subordinados. Mas essa posição de superioridade na vida privada não significava que quem a detinha era "livre", pois a liberdade só se experimentava entre iguais, nas relações com os pares no domínio público.
[280] CONSTANT, 2016, p. 40-41. É preciso lembrar que Constant, ao final do seu discurso, faz a ressalva de que não se deve renunciar às duas espécies de liberdade das quais havia falado – a individual e a política –, mas dirigir os esforços para combiná-las. "O perigo da liberdade moderna é que, absorvidos no gozo de nossa independência privada, e na busca de nossos interesses particulares,

CAPÍTULO 3 – IGUALDADE, LIBERDADE, FRATERNIDADE – E FELICIDADE

Benjamin Constant proferiu o seu célebre discurso no contexto da Restauração na França, sob o reinado de Luís XVIII, uma monarquia constitucionalista, cujo parlamento era eleito pelo voto censitário e que marcou o retorno dos Bourbon ao poder após a derrota de Napoleão em Waterloo, em 1815. Opositor de Napoleão e crítico do que considerava os excessos da Revolução Francesa, Constant argumentava que foi exatamente a tentativa de instituir a liberdade antiga em um contexto moderno o grande erro dos revolucionários de 1789.

Referindo-se respeitosamente a Rousseau ("evitarei, é claro, juntar-me aos detratores de um grande homem"), ele lastima que o filósofo genebrino e um de seus sucessores, o abade de Mably (este, "mil vezes mais exagerado"), cujas ideias exerceram enorme influência sobre os líderes da Revolução Francesa, tenham tomado a liberdade do corpo social pela liberdade. Para Constant,

---

nós renunciemos facilmente ao nosso direito de partilha do poder político", admite (p. 46). Para tanto, Constant afirma que as instituições políticas do país devem, sempre respeitando os direitos particulares dos cidadãos e tendo o cuidado de não atrapalhá-los em suas ocupações privadas, completar a sua educação moral, fazendo com que eles exerçam influência sobre os negócios públicos, seja por meio do voto, seja por meio de suas determinações, de modo a assegurar-lhes um direito de controle e vigilância através da manifestação de suas opiniões (p. 49). Em um debate radiofônico sobre a obra de Tocqueville realizado em julho de 2005 pela France Culture e reproduzido no volume n. 44 dos *Cahiers de Philosophie de l'Université de Caen*, Lucien Jaume destaca essa passagem do discurso de Constant para negar que exista uma oposição absoluta entre os dois tipos de liberdade em sua obra, diferente do que seria uma linha de interpretação de pensadores liberais como Isaiah Berlin. Segundo Jaume, não se deve esquecer que Constant foi também um leitor de Condorcet, daí a valorização por parte dele da ação política dos cidadãos (cf. FINKIELKRAUT; JAUME; LEGROS, 2008). Apesar dessas ressalvas de Jaume, claro está que a liberdade individual, entendida como a verdadeira liberdade moderna, ocupa um lugar preponderante no liberalismo de Constant. Para Constant, é a partir do indivíduo e relativamente a ele que deve-se conceber toda a organização da sociedade, o indivíduo é o valor supremo (CALLOT, 1987, p. 22). Para os comentários de Berlin sobre a obra de Constant, que serão retomados mais à frente, na seção sobre a liberdade em Arendt, ver, entre outros, o ensaio "Dois conceitos de liberdade" (1981), *A força das ideias*, em particular o texto "Liberdade" (2005, p. 160-164), e *Freedom and its betrayal*, em especial o texto "Liberty and sovereignty", incluído no apêndice à segunda edição da obra (2014, p. 230-236).

o poder social que os revolucionários tentaram impor comprometia, em todos os sentidos, a liberdade individual. Foi por essa incapacidade de seus líderes de compreender o valor dessa independência para os homens modernos que o esforço deles em manter o "edifício renovado dos antigos" malogrou. "A independência individual é a primeira das necessidades modernas. Consequentemente, não se deve nunca pedir seu sacrifício para estabelecer a liberdade política", alerta.[281]

Constant não chega a opor a liberdade individual à política, mas pensa a segunda em função da primeira, como uma forma de salvaguardá-la. Daí a sua defesa do sistema representativo de governo. Ele define esse sistema como uma procuração dada aos seus representantes pelo povo, para fazer a defesa política de seus interesses, uma vez que os cidadãos não dispõem de tempo para tanto. Tocqueville também é partidário do sistema representativo de governo, entretanto, não considera que os eleitores devam abrir mão inteiramente da ação política, delegando-a exclusivamente aos representantes eleitos.

Entre os dois polos demarcados por Constant – a liberdade republicana das antigas cidades-Estado, na qual o cidadão se sobrepõe ao indivíduo, e a liberdade do liberalismo constitucional moderno, cujo modelo ideal era a monarquia constitucional inglesa, em que o indivíduo prevalece sobre o cidadão –, Tocqueville propõe uma via alternativa. Esta é a liberdade democrática moderna, inspirada no modelo que testemunhara em pleno funcionamento nos Estados Unidos: no nível dos estados e da União, preponderava o regime de governo representativo, e nas comunas, nesse aspecto como nas antigas cidades-Estado, predominava a democracia direta, com ampla participação dos cidadãos na gestão dos assuntos públicos, uma experiência de ação coletiva que se veri-

---

[281] CONSTANT, 2016, p. 36. As distinções entre a liberdade antiga e a liberdade moderna são também discutidas ponto por ponto e de forma mais aprofundada por Constant em seu livro *Princípios de política aplicáveis a todos os governos*, em especial no Livro XVI, "Da autoridade política no mundo antigo" (cf. CONSTANT, 2007).

CAPÍTULO 3 – IGUALDADE, LIBERDADE, FRATERNIDADE – E FELICIDADE

ficava também na disseminada prática associativa ao longo do território norte-americano.

Voltando ao ideário liberal de Tocqueville, a liberdade, na concepção desse "liberal de uma nova espécie", pode ser compreendida em três dimensões: a) a ideia da liberdade como independência, equivalente ao sentimento que o indivíduo tem de seu próprio valor; b) a ideia da liberdade como participação política, que valoriza uma cidadania ativa, pela qual os indivíduos exercem efetiva participação nos negócios públicos, e c) a ideia de liberdade associada à igualdade, em que todos são compreendidos como iguais em direito e dignidade, pois Tocqueville reconhecia que, nas sociedades democráticas modernas, já não havia mais espaço para um ordenamento social desigual, característico da aristocracia.

Essas três dimensões formam uma síntese em que a liberdade é vista não só como um direito do indivíduo, mas também como um dever: dever para consigo mesmo, para com o próximo e para com a comunidade em geral. A liberdade não é encarada, dessa maneira, como uma simples faculdade do indivíduo – ela se converte tanto em um dever moral quanto cívico.[282]

***

Para Tocqueville, a igualdade democrática tornava os costumes mais brandos e "doces" – outro fator que o aparta de Constant e também de Montesquieu, os quais atribuíam a tendência de abrandamento dos costumes na modernidade ao incremento do comércio entre as nações. Ao mesmo tempo em que invoca a "doçura" das relações entre os indivíduos na democracia, o autor salienta que a igualdade inspira uma atitude de "indocilidade" nas pessoas, atitude, diga-se de passagem, tida por ele como louvável.

Não há, entretanto, como pode parecer, uma incoerência em Tocqueville quando ressalta esses dois aspectos das sociedades

---

[282] Neste sentido, conferir LAMBERTI, 1983.

democráticas. A indocilidade a que se refere se deve ao fato de a igualdade despertar nos homens o gosto pela independência, a primeira dimensão da liberdade, na visão do autor, e estreitamente ligada, por sua vez, à sua definição de liberdade aristocrática.

Em "État social et politique de la France", ao discorrer sobre a liberdade aristocrática, Tocqueville observa que a ideia de liberdade na Idade Média era compreendida como um privilégio daqueles que tinham um direito particular a permanecer independentes – uma noção de liberdade que convivia com uma extrema desigualdade social e a ausência de liberdade para a grande maioria das pessoas. Por ser uma prerrogativa dos favorecidos pelo nascimento e pela fortuna, essa liberdade era experimentada como uma paixão, que produzia em quem a usufruía "um sentimento exaltado do seu valor individual, um gosto apaixonado pela independência".[283]

Ainda que pudesse insuflar o egoísmo dos poucos privilegiados que a experimentavam, conduzindo-os a uma supervalorização de si próprios, essa sensação de liberdade revestia o egoísmo de uma energia e uma potência singulares, as quais levavam à realização de ações extraordinárias.

Na sociedade democrática norte-americana de 1830, Tocqueville pôde perceber vestígios dessa liberdade aristocrática em duas categorias diferentes de indivíduos que, à primeira vista, não guardavam a menor semelhança entre si: os proprietários de terra do Sul escravagista e a população indígena. Apesar de deplorar a indolência dos primeiros, um vício atribuído às distorções da estrutura social baseada na escravidão, na qual o trabalho, por ser uma obrigação exclusiva dos escravos, era visto como algo indigno, o autor não deixa de ressaltar o caráter singular e altivo dessa classe de homens brancos ociosos. Estes ainda não haviam sido contaminados pela mentalidade de classe média dos anglo-americanos do Norte, com o seu excessivo apego ao dinheiro,

---

[283] TOCQUEVILLE. État social et politique de la France, in *Oeuvre III*, 2004, p. 35. Sobre a conexão entre "indocilidade" e igualdade, ver DA2, in *Oeuvre II*, 1992, p. 807.

CAPÍTULO 3 – IGUALDADE, LIBERDADE, FRATERNIDADE – E FELICIDADE

devotando um desdém aristocrático por quem buscava desenfreadamente fazer fortuna.

Entretanto, aquela energia e aquela potência únicas que Tocqueville – às vezes, de forma nostálgica e idealista – imputava a seus antepassados não escapavam, entre os latifundiários sulistas, à corrupção de um sistema moralmente degradante. Moralmente degradante porque sustentado no trabalho escravo, cuja exploração configurava uma aberração em uma sociedade que se pretendia livre e democrática.[284]

À semelhança dos nobres de outrora, os escravocratas brancos do Sul também eram apaixonados pela caça e pela guerra, mas esse espírito aventureiro e guerreiro, deslocado na democracia dos EUA de 1830, na qual prevaleciam os valores da classe média, só podia encontrar satisfação nos exercícios mais violentos do corpo, perseguindo, acima de tudo, "a agitação e o prazer". Tocqueville lembra, em compensação, que os maiores líderes da Revolução Americana saíram justamente dessa classe de proprietários brancos e donos de escravos do Sul do país.[285]

Nas notas de viagem, ele revela que um dos seus maiores desejos, quando chegou aos EUA ao lado do companheiro de jornada Gustave de Beaumont, era percorrer os limites extremos da civilização europeia e visitar algumas das tribos indígenas que preferiram se enfurnar "nas solidões das mais selvagens a se vergar ao que os brancos chamam as delícias da vida social".[286] Essa curiosidade era inspirada pela visão romântica da figura do índio norte-americano, nutrida pelas leituras das novelas exóticas de Chateaubriand e dos romances de aventura de Fenimore Cooper.

---

[284] Aliás, a consciência de que o sistema escravocrata era incompatível com a liberdade de uma república democrática já aparece claramente entre os ativistas da Revolução Americana, como sintetiza o apelo de Samuel Cooke em 1774: "Nós, os patronos da liberdade, desonramos o nome de cristãos" (apud AMIEL, 2003, p. 41, nota 19).

[285] TOCQUEVILLE. DA1, in *Oeuvre II*, p. 51 e 403. A título de exemplo, George Washington, o primeiro presidente dos EUA, e Thomas Jefferson, o terceiro, eram provenientes de ricas famílias proprietárias de terras do estado sulista da Virgínia.

[286] Idem. *Quinze jours dans le désert*, 1991, p. 7.

Apesar de decepcionado com o que viu em Buffalo, onde se deparou com grupos indígenas reduzidos à mais extrema miséria, Tocqueville notou em outras tribos, com as quais teve contato, que os índios guardavam uma altivez que lhe lembrava a postura aristocrática de outrora, conscientes de que a sua dignidade repousava na condição de serem livres e independentes. Assim, muitos optavam por abandonar as suas terras e procurar outras paragens a ter de se submeter ao domínio do colonizador e a ser obrigados a se integrar ao seu modo de vida – o que, de todo modo, era praticamente impossível, dadas as diferenças culturais e a situação de inferioridade de recursos à qual se viam condenados.

Ao mesmo tempo em que admiravam o conhecimento e o poder dos brancos, os índios manifestavam desprezo pelos colonos que labutavam na terra ou cuidavam de rebanhos, uma ocupação que lhes parecia indigna. Tocqueville observa ironicamente que o índio norte-americano alimentava as mesmas ideias, as mesmas opiniões e os mesmos preconceitos que um nobre da Idade Média. Dignas de valor eram só a caça e a guerra, e uma vida dedicada à agricultura e ao pastoreio representaria o fim da existência errante, livre e independente tão prezada por esses povos.

Esse caráter indômito se manifestava na "majestade selvagem" que o autor, mais uma vez um tanto quanto romanticamente, enxergou em muitos indígenas, homens e mulheres. Uma majestade que era suavizada por expressões de bonomia e ingenuidade. Na sua perspectiva idealizada, o indígena combinava o orgulho e a nobreza feudal com a natureza do bom selvagem de Rousseau.[287]

---

[287] Cf. BENOÎT, 2013, p. 141; TOCQUEVILLE. DA1, in *Oeuvre II*, 1992, cap. X. Ainda no capítulo X de DA1, consagrado ao destino das três raças nos EUA, Tocqueville relata uma experiência emblemática vivida no Alabama, quando, em um bosque da região, deparou-se com um trio formado por duas mulheres, uma índia e outra negra, e uma criança branca. A primeira vestia trajes que ele adjetiva como de um "luxo bárbaro" e exibia um ar livre, altivo e "quase feroz". Já a segunda trajava roupas em andrajos e apresentava uma postura servil. Enquanto a índia procurava brincar com a criança branca como se fosse a sua própria mãe, a negra se comportava diante da menina de maneira subserviente. A garotinha, por seu turno, agia como se fosse superior às outras duas. Nessa

CAPÍTULO 3 – IGUALDADE, LIBERDADE, FRATERNIDADE – E FELICIDADE

Essa liberdade pensada como sinônimo de independência, equivalente ao "prazer de poder falar, agir, respirar sem peias, sob o governo unicamente de Deus e das leis", segundo a define em *O Antigo Regime e a Revolução*, é concebida ainda como sendo incompatível com um governo ilegítimo. Tendo como alvo o regime golpista de Napoleão, instaurado em 1851, Tocqueville escreve, no seu livro sobre a revolução, ser um erro acreditar que o Antigo Regime foi um tempo de servilismo e dependência, pois os homens dessa época, na qual a liberdade era vista como um privilégio, não se curvavam a um poder que considerassem ilegítimo. Se deviam obediência ao rei, é porque não contestavam o seu poder soberano. Essa forma degradante de servidão, que consistia em se sujeitar a um governo sem legitimidade – como era o caso do Segundo Império na França, quando a obediência ao líder que se projetava como soberano era fruto do temor e não do respeito –, era desconhecida por seus antepassados aristocráticos.

Para Tocqueville, a liberdade pode florescer em qualquer regime – monárquico, aristocrático, democrático –, desde que seja reconhecido como legítimo. "[...] tenho uma só paixão, o amor da liberdade e da dignidade humana. Todas as formas governamentais são, a meus olhos, meios mais ou menos perfeitos de satisfazer essa santa e legítima paixão dos homens", afirma a Henry Reeve, em carta de março de 1837.[288]

No entanto, a liberdade concebida como independência, na qual está em jogo o valor de cada indivíduo diante dele próprio,

---

cena prosaica, o autor descreve em poucas linhas como a condição de igualdade e liberdade é determinante nas relações humanas. A mulher indígena demonstra uma postura de maior independência e dignidade em relação à negra não porque lhe seja naturalmente superior, mas porque desfrutava ainda de uma situação de liberdade negada àquela. No comportamento da criança branca, apesar da pouca idade, torna-se patente a arrogância de uma raça que interditava às outras duas o mesmo status de igualdade e liberdade. Assim, conclui Tocqueville, embora fosse possível perceber laços de afeto que poderiam tornar mais próximos naquele instante oprimidos e opressores, tornava-se ainda mais notável "o imenso espaço que os preconceitos e as leis haviam colocado entre eles" (DA1, in *Oeuvre II*, 1992, p. 372).

[288] TOCQUEVILLE. *Oeuvres complètes VI*, 1954, p. 37.

uma obrigação que se tem para consigo mesmo, só alcança a justiça quando deixa de ser o apanágio de uma classe privilegiada, como na aristocracia, para ser o direito de todos. À dimensão da liberdade-independência vem se juntar, no pensamento tocquevilliano, a dimensão da liberdade associada à igualdade. A liberdade democrática, idealizada como o igual direito a todos de pensar, agir e julgar por si próprios, é "justa", como afirma expressamente o autor no seu ensaio "État social et politique de la France":

> Segundo a noção moderna, a noção democrática, e, ouso dizer, a noção *justa* da liberdade, cada homem, presumindo-se que tenha recebido da natureza as luzes necessárias para se conduzir, traz quando nasce um direito igual e imprescritível de viver independente de seus semelhantes, em tudo que diz respeito a ele próprio, e a determinar como bem entende o seu próprio destino.[289]

Quando diz que a liberdade democrática é "justa" em relação à aristocrática, Tocqueville não está afirmando que a democracia é necessariamente superior, do ponto de vista moral, à aristocracia. De acordo com o que escreve já nos parágrafos finais da *Democracia...* de 1840, não é recomendável proferir julgamentos morais acerca de um tipo de sociedade com parâmetros de outro tipo de sociedade que deixou de existir. "Seria injusto, porque essas sociedades, diferindo prodigiosamente entre elas, são incomparáveis" – aristocracia e democracia representam duas humanidades distintas, cada uma delas apresentando as suas vantagens e os seus inconvenientes próprios.

Todavia, retornando à ideia de que a igualdade de condições opera como uma "marcha providencial" ao longo da história, ele considera natural acreditar que o bem-estar de todos, e não apenas a prosperidade de alguns, é o que mais se coaduna com os desejos do Criador. Portanto, parece-lhe razoável concluir que se

---

[289] TOCQUEVILLE. État social et politique de la France, in *Oeuvre III*, 2004, p. 36, grifo nosso.

CAPÍTULO 3 – IGUALDADE, LIBERDADE, FRATERNIDADE – E FELICIDADE

a igualdade "é menos elevada talvez; porém ela é mais justa, e sua justiça faz sua grandeza e sua beleza".[290]

Ainda que a liberdade pensada como independência, ao ser associada à noção de igualdade, torne-se mais justa porque a faculdade de agir, falar e julgar por si mesmo converte-se em direito de todos, falta-lhe outra dimensão. Concebida exclusivamente como independência, mesmo que em um sentido igualitário e democrático, ela se torna vulnerável àqueles desvios da paixão igualitária e do individualismo, conforme foi destacado na primeira parte deste capítulo e no capítulo 2.

Diferentemente da ótica do liberalismo burguês de Constant e do liberalismo-utilitário do seu amigo Stuart Mill, Tocqueville condenava o individualismo porque considerava que este, na realidade, levava ao aniquilamento do indivíduo. Iludido pela fantasia da sua soberania e da sua independência, o indivíduo se via sujeito a novas modalidades de domínio nas sociedades igualitárias modernas: domínio de um modelo estreito de existência que limita as aspirações individuais à busca pelo bem-estar material; domínio da opinião pública, compreendida como a expressão majoritária da massa, e domínio da ação do Estado, cujo raio de influência, à medida que os indivíduos se recolhem em suas vidas privadas e abdicam da cidadania, ameaça penetrar em todos os aspectos dos cotidianos particulares.

Recusando-se à rigidez da dicotomia entre liberdade antiga e liberdade moderna, como a proposta por Constant – e a ideia implícita nela segundo a qual a ação política da coletividade entra necessariamente em conflito com as possibilidades de expressão da individualidade –, Tocqueville concebe uma ideia de liberdade republicano-democrática que alia a independência individual à participação política dos cidadãos, estes considerados como sujeitos iguais em direito e dignidade. Assim como em Arendt, na percepção de Tocqueville, o espaço da política abriga a pluralidade, a prática da política configura-se como uma abertura para o

---

[290] TOCQUEVILLE. DA2, in *Oeuvre II*, 1992, p. 852.

dissenso e o acordo entre múltiplas vozes e perspectivas – a pluralidade se manifesta no convívio entre pares no mundo comum. Confinado à sua vida privada, o indivíduo é apenas um número a mais na multidão – quanto mais os indivíduos se apartam uns dos outros, mais se aprofundam o seu isolamento e a sua atomização, o terreno ideal para o reinado da tirania da maioria e do conformismo da massa.

***

No entendimento de Tocqueville, os maiores perigos que ameaçam a democracia não provêm de fora, mas de seu próprio interior. O destino dos regimes democráticos não está traçado previamente – assim como os indivíduos que a integram, a democracia é um sistema caracterizado por uma abertura, uma maleabilidade, sempre sujeita a se reinventar. Entretanto, entregue a seus próprios instintos, ou seja, à sua paixão pela igualdade, a democracia pode deixar a liberdade em segundo plano, correndo o risco de se enveredar por uma trilha autoritária.

Tocqueville sustenta que os bens que a liberdade, pensada aqui na sua dimensão política, proporcionam só se revelam a longo prazo, e os prazeres advindos do seu exercício, ainda que "sublimes", só são sentidos por um número menor de pessoas – os que se dedicam à ação política. Já os bens e os pequenos prazeres prodigalizados pela igualdade são instantâneos e desfrutados pela multidão. Além do mais, se os excessos da liberdade política têm impacto imediato, porque normalmente atingem a tranquilidade, o patrimônio e a vida dos particulares, os males da paixão excessiva pela igualdade só se sentem gradualmente, pois se insinuam gradativamente no corpo social.

A igualdade se manifesta ainda das mais variadas formas – ela pode se estabelecer na sociedade civil, mas não no mundo político. "Pode-se ter o direito de se entregar aos mesmos prazeres, de ingressar nas mesmas profissões, de se encontrar nos mesmos lugares; em uma palavra, de viver da mesma maneira e de buscar

CAPÍTULO 3 – IGUALDADE, LIBERDADE, FRATERNIDADE – E FELICIDADE

a riqueza pelos mesmos meios, sem tomar todos a mesma parte no governo", salienta o autor.[291]

Pode-se até experimentar uma espécie de igualdade no mundo político caracterizada pela total ausência de liberdade, em uma situação em que todos são semelhantes, menos aquele que os comanda e os seus agentes – um cenário que se estabeleceria na França após a Revolução de 1848, quando o povo elegeu pelo voto direto Luís Napoleão para a presidência da República e se conformou ao domínio do governo de um só quando ele se autoproclamou imperador, em 1851.

A sociedade igualitário-democrática apresenta a tendência, na perspectiva de Tocqueville, de desembocar em uma forma de governo altamente centralizada, a qual, por sua vez, não hesitaria em sacrificar os direitos individuais em nome de um princípio alardeado como geral e de utilidade social. Nessas condições, o corpo político vê-se anestesiado, como se mergulhasse em uma espécie de letargia, restando-lhe como única paixão política a obsessão pela tranquilidade pública, que se torna mais ativa e poderosa na medida em que as outras paixões políticas – sobretudo pela liberdade – se debilitam.

Enquanto a centralização, a uniformidade e o conformismo são as consequências do movimento "natural" e interno das sociedades igualitárias, quando deixadas à mercê de suas próprias inclinações, a liberdade, para Tocqueville, é concebida como um produto "da arte", de um esforço. Mesmo que tenha definido a noção moderna de liberdade como a ideia de que todos os homens nascem iguais em direito de viver independentes uns dos outros, o autor não concebe a liberdade como algo inerente à natureza humana, como se fosse constitutiva da essência do ser humano.

Da mesma forma que pensaria Arendt um século depois, a liberdade – como a síntese da liberdade-independência, da liberdade associada à igualdade e da liberdade como ação política –

---

[291] TOCQUEVILLE. DA2, in *Oeuvre II*, 1992, p. 608.

é fruto da ação humana. E ela se realiza plenamente no domínio público, no convívio do ser humano com os seus semelhantes.

Para usar as palavras de Helena Esser dos Reis, a liberdade "não é um atributo do indivíduo isolado dos demais, mas necessariamente do homem que, integrado à sua comunidade, é capaz de ser independente para agir de acordo com a própria convicção, e de participar na realização de um projeto comum".[292] Ou seja, a condição do ser humano como indivíduo autônomo, que desfruta de um status de igualdade com os semelhantes, está associada à sua atuação como cidadão. Não há em Tocqueville, como ocorre por vezes em Constant, um confronto entre o indivíduo e o cidadão.

Apenas a interação entre cidadãos, no espaço público, pode resguardar a democracia dos riscos de despotismo. Se a democracia carrega no seu interior os males que podem arruiná-la, é também dentro dela própria que encontra os instrumentos para enfrentá-los. O incremento da prática da liberdade, o seu exercício contínuo pelos cidadãos, é o caminho mais seguro e eficaz para preservar a liberdade, tanto a liberdade individual quando a liberdade política, em uma sociedade igualitária e democrática. Por essa razão, em várias passagens de sua obra, Tocqueville não faz uma distinção entre liberdade individual e política, mas refere-se a esta última como "a liberdade". Segundo escreve o autor no prefácio do *Antigo Regime e a Revolução*:

> Só a liberdade [...] pode combater eficazmente nesses tipos de sociedade [as sociedades democráticas, aqui pensadas mais em um sentido igualitário] os vícios que lhes são naturais e detê-las no declive em que elas se precipitam. Só ela pode retirar os cidadãos do isolamento no qual a própria independência de sua condição os faz viver, para forçá-los a se aproximarem uns dos outros; só ela pode aquecê-los e reuni-los diariamente pela necessidade de se entenderem, se persuadirem e se comprazerem mutuamente na prática

---

[292] REIS, 2002, p. 42.

CAPÍTULO 3 – IGUALDADE, LIBERDADE, FRATERNIDADE – E FELICIDADE

de atividades em comum. Só ela é capaz de arrancá-los do culto ao dinheiro e das preocupações cotidianas em seus assuntos particulares para fazê-los perceber e sentir a todo momento a pátria acima e ao lado deles; só ela substitui de tempos em tempos o amor ao bem-estar por paixões mais enérgicas e mais elevadas, fornece à ambição objetivos maiores que a aquisição de riquezas e cria a luz que permite ver e julgar os vícios e as virtudes dos homens.[293]

Se o exercício da liberdade política cria laços mútuos de dependência entre os cidadãos, isso não significa um nivelamento de todos, apagando a diversidade que os caracteriza como indivíduos singulares. Pelo contrário, é a ação do governo centralizado, que degrada os cidadãos em súditos, rebaixando-os ao mesmo patamar de impotência e isolamento, que normalmente tem como resultado a uniformização.

Sendo fruto da ação humana, a liberdade também requer uma práxis reiterada, a fim de ser incorporada aos costumes e ser elevada como valor supremo. Para Tocqueville, não há nada mais árduo do que o aprendizado da liberdade.

O despotismo pode se apresentar como uma solução fácil, anunciando-se como o reparador de todos os males e o fundador da ordem e levando os indivíduos a abrirem mão, sem pestanejar, da liberdade em nome da tranquilidade e da prosperidade prometidas. Já o exercício da liberdade se constrói em meio a conflitos, a discórdias civis, a todo tipo de obstáculos e só se estabelece depois de um longo período.

Por esse motivo, a prática da liberdade no governo democrático pressupõe a existência de uma sociedade civilizada e culta, como o era a sociedade norte-americana – relembrando o que foi dito no primeiro capítulo, Tocqueville, opondo-se à visão corrente na Europa sobre os EUA à época, acreditava que o país não era uma versão das civilizações europeias dos seus primórdios,

---

[293] TOCQUEVILLE. L'Ancien Régime et la Revolution, in *Oeuvre II*, 2004, p. 49-50.

mas o retrato do que elas poderiam se tornar quando alcançassem a plena maturidade.

Confrontando a realidade norte-americana com a das nações monárquicas da Europa, embora o alvo na verdade fosse a França, ele considera que entre os norte-americanos a liberdade é antiga e a igualdade, "comparativamente nova", ao passo que, entre as segundas, foi o contrário que se verificou. Os norte-americanos herdaram do colonizador inglês as liberdades locais, a instituição do júri, a liberdade de expressão, entre outras instituições livres, que os tornaram aptos a usar essas mesmas instituições contra as usurpações da Coroa inglesa – embora se possa dizer que a igualdade também se fez presente desde o início no país, pois os EUA nunca chegaram a ter concretamente uma estrutura social hierárquica baseada na desigualdade, como a aristocrática.

Na Europa, por sua vez, a marcha providencial da igualdade de condições já era um fenômeno de séculos – além do mais, na França, a ação da monarquia absolutista foi decisiva para configurar um estado social e político (no sentido de um nivelamento de todas as classes sociais ao mesmo patamar de impotência política) cada vez mais marcado pela igualdade no país. Por essa razão, a igualdade já vinha há muito incorporando-se entre os costumes dos europeus antes que o desejo por liberdade se fizesse presente, o que os tornava mais suscetíveis à ação centralizadora do Estado.

Essa prática antiga da liberdade entre os norte-americanos não só fez com que dispusessem de mais instrumentos para resistir aos despotismos democráticos na forma do Estado tutelar ou da tirania da maioria, mas solidificou neles "um gosto maduro e refletido pela liberdade",[294] ilustrativo de outro aspecto muito importante da liberdade: a liberdade conjugada com a

---

[294] TOCQUEVILLE. DA1, in *Oeuvre I*, 1992, p. 78. Se o grau de liberdade política é indicativo da maturidade do corpo político, o despotismo denota a imaturidade daqueles que lhe são submetidos. "O abandono de si ao despotismo é como uma nostalgia da infância" (BESNIER, 1995, p. 34).

responsabilidade, configurando-se não só como um direito, mas como um dever dos cidadãos.

***

Longe de compreender a liberdade como sinônimo de fazer aquilo que se bem entende, Tocqueville não a dissocia da ordem e da legalidade.[295] Nos Estados Unidos, ser livre significava impor-se a si mesmo diversas obrigações como cidadão e, acima de tudo, respeitar as leis para as quais, diga-se de passagem, se colaborou na sua elaboração e na sua aprovação. Apresentando uma ideia que se aproxima da noção de poder em Hannah Arendt, Tocqueville assinala que, a despeito de a ação governamental nos EUA parecer muito reduzida e frágil diante do gigantesco aparato burocrático dos Estados absolutistas da Europa – sobretudo a França – , essa aparência era ilusória. O poder público nos Estados Unidos era forte justamente por ser pulverizado e disseminado entre os cidadãos e não concentrado nas mãos de poucos indivíduos.

Essa concepção da liberdade não apenas como um direito, mas como um dever, não só sinônimo de independência, mas também de responsabilidade, propiciou, nos EUA, o combate aos perigos do individualismo característico das sociedades igualitárias, usando como instrumento as instituições livres do país. Em direção contrária ao despotismo, que eleva a indiferença dos indivíduos diante de seus semelhantes como uma "virtude", o exercício da liberdade política na democracia, ao estimular os cidadãos a se ocuparem dos negócios públicos, retira-os do círculo estreito

---

[295] Neste ponto, o autor também apresenta clara influência de Montesquieu, como se depreende da definição de liberdade política em *O espírito das leis*: "Em um Estado, isto é, numa sociedade onde existem leis, a liberdade só pode consistir em poder fazer o que se deve querer e em não ser forçado a fazer o que não se tem o direito de querer. [...] A liberdade é o direito de fazer tudo o que as leis permitem; e se um cidadão pudesse fazer o que elas proíbem, ele já não teria liberdade, porque os outros também teriam este poder" (MONTESQUIEU, 2005, p. 166).

e limitado dos seus assuntos pessoais e da visão única e exclusiva de si mesmos.

No território norte-americano, era principalmente na experiência de participação política em nível local – nas comunas – que essa cidadania ativa se verificava. Distanciando-se de Constant, Tocqueville frisa que o sistema representativo não é suficiente para curar essa doença "tão natural do corpo social nos tempos democráticos" que é o individualismo – é necessário dar uma vida política a toda a nação, a fim de que os cidadãos, agindo em conjunto para decidir em torno das diversas questões em comum de suas comunidades, sintam cotidianamente que dependem uns dos outros.[296]

O entusiasmo de Tocqueville pela experiência democrática norte-americana, porém, não obliterava o seu realismo político. É evidente que ele nunca procurou ver nos norte-americanos de classe média, com o seu espírito empreendedor e comercial, uma reedição moderna do modelo de cidadão virtuoso das antigas repúblicas como Esparta e Roma, sempre dispostos a se sacrificar pela pátria. Um modelo que serviu de fundamento para que Montesquieu alçasse a virtude, equivalente ao amor à república, como o princípio que está na base dos regimes republicanos.

Em uma anotação encontrada no meio de seus manuscritos da *Democracia...*, o autor reconhece que os americanos não formavam um povo virtuoso, apesar de serem livres. Tal constatação, todavia, não o autorizava a declarar que a virtude, conforme a concepção de Montesquieu, fosse dispensável para a existência da república. "O que queria dizer esse grande homem [Montesquieu] é que as Repúblicas não podem subsistir sem a ação da sociedade sobre elas próprias. O que é entendido por virtude é o

---

[296] TOCQUEVILLE. DA2, in *Oeuvre II*, 1992, p. 616-620. Essa vida política, além do poder local, também inclui a liberdade de associação, a liberdade de imprensa, a instituição do júri, entre outras práticas que asseguravam o exercício da liberdade política nos Estados Unidos, as quais, conforme já se anunciou, serão tema de discussão no capítulo 4.

CAPÍTULO 3 – IGUALDADE, LIBERDADE, FRATERNIDADE – E FELICIDADE

poder moral que cada indivíduo exerce sobre si mesmo e que o impede de violar o direito dos outros", ressalta.[297]

Para Tocqueville, a ideia dos direitos corresponde à noção da virtude introduzida no mundo político. Essa concepção dos direitos não é exclusiva da democracia – um governo monárquico ou aristocrático é perfeitamente legítimo, desde que aqueles que lhe sejam subordinados reconheçam nos detentores do poder o direito de comandá-los. Já a obediência advinda da coação e da violência a um governo ilegítimo leva à degradação moral dos indivíduos, porque estes, ao não resistirem à opressão e deixar de lutar por seus direitos, descumprem com a obrigação que têm para consigo mesmos de preservar o seu próprio valor e a sua própria dignidade.

Mas o maior mérito da democracia em relação aos outros regimes é o fato de ela disseminar essa ideia de direitos para todos. "Na América, o homem do povo concebeu uma alta ideia dos direitos políticos porque ele tem direitos políticos; ele não ataca os direitos alheios para que não violem os seus."[298]

Se há, portanto, uma convergência entre a ideia de virtude republicana em Montesquieu e Tocqueville, é preciso enfatizar novamente a enorme distância entre a população das pequenas repúblicas antigas, com o seu modo de vida austero e guerreiro, descrita pelo primeiro, e a pacífica, industriosa e populosa sociedade formada por indivíduos de classe média que caracteriza a moderna democracia, tendo como protótipo os EUA da década de 1830, retratada pelo segundo. Em ambas, há a necessidade de uma disciplina moral para o bom ordenamento da comunidade política. Contudo, o rigor dessa disciplina nas repúblicas antigas é suavizado, nas democracias modernas, por um elemento que Tocqueville denomina de "interesse bem compreendido". Este, ao lado dos costumes e da religião, contribui para a estabilidade das instituições políticas e para evitar possíveis abusos no exercício da liberdade política.

---

[297] TOCQUEVILLE. Sur la Démocratie en Amérique (Fragments inédits), in *NRF*, 1959, p. 753
[298] Idem. DA1, in *Oeuvre II*, 1992, p. 273.

Na parte dedicada a Tocqueville em *As etapas do pensamento sociológico*, Raymond Aron observa que o interesse bem compreendido converte-se, na obra do autor, no princípio da democracia moderna, no lugar da virtude como princípio das repúblicas antigas, segundo a ótica de Montesquieu.[299] Pode-se contrapor ao argumento de Aron o que se disse anteriormente: que o direito, segundo Tocqueville, introduz a noção de virtude no mundo político e que o maior mérito da democracia é disseminar essa ideia entre todos – aqui a virtude parece ser retomada como princípio basilar da democracia, não exatamente no sentido de Montesquieu, como sinônimo de amor à república e os sacrifícios que esse sentimento requer, mas associada à noção de direito.

Ora, um regime democrático em que não mais prevaleça a convicção geral de que os direitos devem ser iguais para todos os cidadãos, e que estes devem respeitar os direitos uns dos outros (uma atitude que, no seu conjunto, desemboca naquela ação moral da sociedade sobre ela própria, destacada por Tocqueville), está corrompido no seu próprio cerne, no seu próprio fundamento. No entanto, Tocqueville realmente afirma que o interesse bem compreendido – definido por ele como o amor esclarecido de si próprio, que leva o indivíduo a sacrificar parte do seu tempo e de suas riquezas em prol do bem comum – forma uma multidão de cidadãos "regrados, temperantes, moderados, previdentes e senhores de si". E se não conduz à prática voluntária da virtude, "aproxima insensivelmente dela pelos hábitos".[300]

Afinada com a visão pragmática do norte-americano médio, essa ideia do interesse bem compreendido é a que melhor correspondia a uma mentalidade que aprovava uma conduta virtuosa por parte dos cidadãos não porque a associava a alguma ideia de beleza ou grandeza, mas porque a considerava útil – se todos agem de forma honesta e correta, não só o todo ganha, mas os particulares também, porque ninguém é prejudicado. Mesmo reconhecendo que a "doutrina" do interesse bem compreendido

---

[299] ARON, 2011, p. 339.
[300] TOCQUEVILLE. DA2, in *Oeuvre II*, 1992, p. 637.

CAPÍTULO 3 – IGUALDADE, LIBERDADE, FRATERNIDADE – E FELICIDADE

não é lá muito elevada – ainda mais para um espírito aristocrata e altivo como era o seu, volta e meia expressando um manifesto desdém em relação aos horizontes limitados e pequeno-burgueses da classe média –, Tocqueville não deixa de admitir que tal doutrina é a mais adequada para uma sociedade que, no fim das contas, acima do poder e da glória, preocupa-se antes de mais nada com a prosperidade e o bem-estar.

A esse autointeresse esclarecido dos norte-americanos, Tocqueville opõe "as devoções cegas" e as "virtudes instintivas", em uma clara referência às paixões turbulentas da França revolucionária. Uma questão que será tematizada por Arendt na sua discussão sobre a moral da compaixão e a caça aos "hipócritas" durante a Revolução Francesa, objeto de análise na terceira parte deste capítulo.

***

Sobre o interesse bem compreendido, é preciso ainda considerar mais um aspecto do pensamento tocquevilliano. As concessões ao autointeresse na ação política não significam que possa se esboçar nele uma separação entre a política e a moral, como em Maquiavel. Em carta a Royer-Collard, após a publicação da primeira *Democracia...*, em outubro de 1836, Tocqueville deixa explícitas as suas reservas com relação ao autor de *O príncipe*, deplorando a indiferença de Maquiavel para o que pode ser considerado justo ou injusto e sua adoração por aqueles que são bem-sucedidos, não importando quais os meios que empregaram para ter êxito em suas ações[301] – uma percepção, nesse aspecto, oposta à de Arendt, que realça o papel da *virtù* em Maquiavel.

No capítulo V, da primeira parte da *Democracia...* de 1840, em que discorre sobre o papel fundamental da religião para o bom funcionamento da democracia norte-americana – e atendo-

---

[301] TOCQUEVILLE. *Oeuvres complètes XI*, 1970, p. 19-20.

-se à função exclusivamente mundana da crença religiosa nas sociedades democráticas –, Tocqueville reforça que é impossível compatibilizar uma total liberdade política com uma completa independência religiosa. A despeito da crença pessoal do autor, é manifesta na sua obra a convicção sobre a importância da religião para a saúde do corpo político – e essa relevância política que atribui à religião caminha ao lado da defesa estrita, da parte dele, de um Estado inteiramente secular.

Na ótica de Tocqueville, a religião contribui para moderar os instintos despertados pela igualdade que conduzem ao individualismo e a sua combinação de, por um lado, um excessivo apego ao conforto e aos bens materiais e, de outro, do isolamento das pessoas em seus círculos privados. Por elevar os anseios dos indivíduos acima dos bens terrenos, a religião – e aqui deve-se compreender exclusivamente o cristianismo – ajuda a refrear o materialismo hedonista característico das sociedades democráticas. E ao impor deveres para com o próximo, a fé religiosa desvia os seres humanos da preocupação desmesurada consigo mesmos.

Na *Democracia...* de 1835, o autor já havia reservado duas seções inteiras do capítulo IX da segunda parte da obra para discorrer sobre a religião como uma instituição política nos Estados Unidos e o papel positivo que ela desempenhava – ao lado dos costumes norte-americanos que reforçavam o exercício da liberdade política e do autogoverno – para preservar a democracia no país. Embora não se pudesse dizer que exercesse uma influência direta sobre as leis, a religião, ao dirigir os costumes e a família, terminava por impor também regras ao Estado.

Nos EUA, a religião atuava para conter a impetuosidade natural do homem democrático norte-americano, na sua busca insaciável pela fortuna, impedindo-o de violar facilmente as leis mesmo quando estas representassem um obstáculo à satisfação dos seus desejos. Nesse aspecto, Tocqueville via uma confluência entre o espírito religioso norte-americano e a doutrina do interesse bem compreendido. Diferente dos padres católicos da Idade Média que só falavam das venturas do outro mundo, os pregadores

CAPÍTULO 3 – IGUALDADE, LIBERDADE, FRATERNIDADE – E FELICIDADE

norte-americanos – coerentes com a visão pragmática reinante no país – enfatizavam em seus cultos as vantagens terrenas de seguir os preceitos religiosos, os quais, se estritamente observados, favoreceriam a liberdade de todos e a ordem pública.

No entanto, um ponto problemático na análise tocquevilliana do papel político da religião é o fato de abordar apenas superficialmente o quanto essa força da religião em meio à sociedade norte-americana poderia contribuir para a opressão exercida pela tirania da maioria denunciada por ele. Por outro lado, é necessário ressaltar a função positiva que Tocqueville confere à religião no sentido de representar um obstáculo para que o corpo social se entregasse aos excessos que se verificou na França revolucionária, quando toda sorte de arbítrio foi justificada em nome de um suposto interesse geral.

Na ótica de Tocqueville, na mesma medida em que refreia os excessos da liberdade e da igualdade, a religião pode ser um importante instrumento para resguardar esses dois valores tão essenciais à democracia. No território norte-americano de maioria protestante que percorrera em 1830, ele enxergava no credo protestante uma das fontes que estimulavam a postura de independência que, desde cedo, marcou a mentalidade norte-americana, porquanto os colonos ingleses que lá aportaram recusavam a autoridade do papa e da Igreja e não se submetiam a nenhuma outra fonte terrena de autoridade religiosa que se pretendesse absoluta e suprema. O cristianismo lá praticado era qualificado por ele como democrático e republicano.

Ademais, a infinidade de seitas nos EUA, a grande maioria professando a fé cristã e que não tinha entre si nenhuma relação de hierarquia, apesar de poderem diferir nas minúcias do culto, concordavam entre si acerca dos deveres para com o próximo.

Tocqueville também atribuía a influência da religião nos Estados Unidos ao fato de estar inteiramente separada do Estado. Sem se apoiar nos braços dos poderes seculares e circunscrita à sua própria esfera de atuação, a religião escapava da agitação e da inconstância que naturalmente se relacionam ao campo da política. Caso contrário, se se deixasse arrastar pelos conflitos, pelas divergências de opiniões, pelas disputas entre partidos e facções característicos dos assuntos humanos na esfera pública, favorecendo uma ou outra posição que poderia prevalecer no presente para dar lugar a outra no futuro, ela correria o risco de perder a ascendência e a respeitabilidade sobre os fiéis, não mais fornecendo-lhes um ponto de apoio.

Por manter-se à parte do Estado, a religião, se abdicava, por um lado, do poder mais visível que poderia gozar caso estivesse atrelada às forças seculares governamentais, por outro, tornava a sua autoridade mais duradoura e incontestada. "Na América, a religião [...] se reduziu às suas próprias forças, que ninguém poderia tirar-lhe; ela age num círculo único, mas percorre-o por inteiro e domina-o sem esforços."[302]

Resta ainda um último aspecto relacionado à noção da liberdade democrática em Tocqueville, a noção "justa" da liberdade, que relaciona-se à igualdade e que é preciso explorar. Esse aspecto diz respeito à urgência da redução das desigualdades materiais e levanta a discussão em torno da questão social no pensamento do autor. Antes de passar a esse debate, que será tema da terceira parte deste capítulo, o momento agora é de discorrer sobre a noção de liberdade na obra de Hannah Arendt.

2.2 ARENDT: AÇÃO LIVRE E ESPONTÂNEA

No ensaio "Que é liberdade?", Arendt reconhece que a experiência totalitária do século XX contribuiu para reforçar um consenso segundo o qual a liberdade só se torna possível na medida em que se materialize como liberdade em relação à política. A ambição dos regimes totalitários de dominar todas as esferas da vida, incluindo até as dimensões mais íntimas da existência, alimentou o ceticismo quanto à possibilidade da compatibilidade entre liberdade e política, levando à crença de que a liberdade

---

[302] TOCQUEVILLE. DA1, in *Oeuvre II*, 1992, p. 345-346.

CAPÍTULO 3 – IGUALDADE, LIBERDADE, FRATERNIDADE – E FELICIDADE

só tem início onde a termina a política – somos livres na medida em que nos vemos liberados *da* política, na medida em que a comunidade política na qual estamos inseridos não oferece obstáculos a atividades consideradas não políticas, assegurando a livre iniciativa econômica, a liberdade de ensino, de religião, intelectual, cultural etc.

No que diz respeito à experiência totalitária, esse raciocínio é confrontado pela análise arendtiana do totalitarismo: não cabe falar que os regimes totalitários são o exemplo mais radical da incompatibilidade entre liberdade e política porque o totalitarismo revela uma natureza antipolítica – não é o caso de se referir aqui ao domínio total da política, mas ao fim da política. Os regimes totalitários atentam contra a condição humana da pluralidade, manifesta na convivência entre os homens, ao criarem entre si o espaço da política. Conforme anota Arendt em um fragmento sobre "o que é a política", de agosto de 1950, a "política surge no *entre-os-homens*".[303]

---

[303] ARENDT. *O que é política?*, 1999, p. 23; ver também *Entre o passado e futuro*, 2002, p. 202. No ensaio "A revisão da tradição em Montesquieu", Arendt comenta que a razão pela qual Montesquieu não procurou definir de qual aspecto da condição humana surge o medo, o princípio definidor das tiranias – diferente do que fizera com a virtude na república (que brota do amor pela igualdade, da convivência entre iguais, portanto, da condição humana da pluralidade) e a honra nas aristocracias e nas monarquias (que destacam a distinção, a condição de singularidade de todo ser humano) – é porque ele não considerava as tiranias como um autêntico corpo político. O medo, que destrói a união entre os homens, isolando-os uns dos outros, revela-se como um princípio antipolítico porque a experiência na qual se baseia é a do isolamento, a incapacidade de ação (cf. *A promessa da política*, 2008, p. 116-117). Ora, para Arendt, a essência – poderíamos dizer, a "natureza" – dos regimes totalitários é o terror, este não é um meio para algum fim, porque não visa apenas exterminar a oposição ou os adversários do regime, mas se converte em uma instituição permanente do governo. O princípio que move o totalitarismo, por sua vez, é a ideologia totalitária, com a sua pretensão de uma explicação total para o mundo baseada nas leis da natureza ou da história. Já a condição humana na qual o domínio totalitário se baseia é a solidão (*loneliness*, o "desamparo"), a radicalização do isolamento, porque atinge os indivíduos também na sua vida privada, lembrando o que se discutiu no capítulo anterior (cf. *The origins of totalitarianism*, 1973, p. 460-479; *Compreender: formação, exílio e totalitarismo*, 2008, p. 320-329). Por essas razões que o totalitarismo deve ser compreendido como uma nova forma de dominação,

De outro prisma, o argumento em torno da tensão entre liberdade e política ecoa o velho credo do liberalismo, já expresso no debate levantado por Benjamin Constant em seu discurso de 1819, sobre a liberdade moderna e a liberdade antiga – a primeira entendida como sinônimo das liberdades individuais e que, como tal, não se coadunaria com o ideal antigo de liberdade, pelo qual o cidadão desfruta de soberania na vida pública, como parte do corpo coletivo, mas na vida privada não tem reconhecida a sua individualidade e, portanto, a sua autonomia. Contemporâneo de Arendt, o filósofo liberal Isaiah Berlin reformulou essa tese em uma histórica conferência que pronunciou em 1958 em Oxford, intitulada "Dois conceitos de liberdade", distinguindo entre "liberdade negativa" e "liberdade positiva", a "liberdade negativa" correspondendo à área de não interferência na qual cada um pode agir sem sofrer coerção alheia – na medida em que essa área for maior, mais ampla será a liberdade pessoal.

A liberdade positiva é, por sua vez, equacionada por Berlin à soberania e ao autogoverno. Diferente da liberdade negativa, que é liberdade *de*, a liberdade positiva é liberdade *para* – a primeira significa independência de interferência, a segunda relaciona-se à incorporação do controle. Seguindo o percurso de Constant, para Berlin, o ideal de liberdade positiva, levado às últimas consequências, culminou na fase jacobina da Revolução Francesa, influenciada pelas teorias de Rousseau, de acordo com as quais a liberdade consistiria em conferir a cada um a posse de "uma cota do poder público" com a qual se poderia interferir "em todos os aspectos da vida de todos os cidadãos". Berlin adverte:

> Os liberais da primeira metade do século XIX anteviram corretamente que a liberdade nesse sentido "positivo" poderia facilmente destruir muitas das liberdades "negativas"

---

diferente da tirania. Nesse sentido, ver também o esclarecedor ensaio de Margareth Canovan, "Arendt's theory of totalitarianism: a reassessment" (2002, p. 25-43) e o artigo de Theresa Calvet de Magalhães, "A natureza do totalitarismo: o que é compreender o totalitarismo" (2001, p. 47-59).

CAPÍTULO 3 – IGUALDADE, LIBERDADE, FRATERNIDADE – E FELICIDADE

que consideravam sagradas. Enfatizavam que a soberania do povo poderia facilmente destruir a dos indivíduos.[304]

Em *Freedom and its betrayal*, Berlin chama Rousseau de um dos mais "sinistros e formidáveis inimigos da liberdade em toda a história do pensamento moderno" por ter imaginado que é possível forçar os indivíduos a serem livres, sob o argumento de que essa coação, na verdade, é apenas um meio de levar-lhes a seguir a razão. "Um homem é livre quando alcança o que deseja; o que ele verdadeiramente deseja é um fim racional. [...] se ele não deseja um fim racional, o que ele deseja não é a verdadeira liberdade, mas a falsa liberdade. Eu o forço [então] a fazer certas coisas que o tornarão feliz", resume dessa forma Berlin o ideal de liberdade em Rousseau, acrescentando que esse "monstruoso paradoxo" motivou todo o tipo de tirania sob o pretexto de que os homens não sabem o que querem e é preciso, assim, "querer" por eles ou dar-lhes o que eles, mesmo sem o saber, "realmente" desejam.[305]

Na sua argumentação sobre a noção de soberania e vontade geral na obra do filósofo genebrino, discutidas no segundo capítulo, é possível perceber algumas aproximações das análises de Arendt com as de Berlin sobre o tema, sobretudo quando a autora se refere ao conflito entre a vontade geral rousseauísta e as vontades particulares. Contudo, as críticas de Arendt a Rousseau centram-se principalmente na ameaça que o conceito de vontade geral representa para a liberdade concebida por ela como liberdade política em um sentido *positivo*, sinônimo de participação nos negócios públicos. E a liberdade política nessa acepção é igualmente sacrificada pela tradição liberal, com a sua tendência a considerar, de acordo com o que se expôs, a liberdade política também em um sentido *negativo*, como uma potencial liberdade *da* política.

Para Arendt, o liberalismo, apesar do nome que ostenta, contribuiu para eliminar a noção de liberdade no âmbito político.

---

[304] BERLIN, 1981, p. 163. Sobre os dois conceitos de liberdade em Berlin, ver também MERQUIOR, 2014.
[305] Ibidem, p. 50-52.

Aliás, o consenso de que a liberdade encontra-se fora da política perpassa a obra de vários pensadores da Idade Moderna, firmados na convicção de que o principal propósito da política, da organização do corpo político, é a garantia da segurança.

Essa ideia está presente desde Hobbes, com a sua concepção da República ou do Estado como o "grande Leviatã", homem artificial criado para a defesa e a proteção do homem natural, e a sua noção de liberdade, como "ausência de impedimentos externos";[306] passando por Locke e a sua teoria do contrato social com vistas a proteger a propriedade (embora compreendida em uma chave ampliada, englobando a vida, a liberdade e os bens materiais do indivíduo), e chegando mesmo até Montesquieu, que estabelece uma equivalência entre liberdade e segurança. Em todos eles, o entendimento onipresente é a de que a segurança oferece as condições para o gozo da liberdade, e esta, por sua vez, designa "a quintessência das atividades que ocorrem fora da política".[307]

---

[306] Conforme a introdução e o cap. XIV da Parte I do *Leviatã*, "Da primeira e da segunda leis naturais e dos contratos" (HOBBES, 2003, p. 11 e 112). Em *Origens do totalitarismo*, na seção sobre o imperialismo, Arendt dedica algumas páginas para analisar a filosofia hobbesiana e afirma que Hobbes "é, realmente, o único grande filósofo que a burguesia pode reivindicar, com razão e de maneira exclusiva, mesmo que seus princípios não tenham sido reconhecidos pela classe burguesa por um longo tempo" (1973, p. 139). A teoria política de Hobbes concebe o Estado em função dos interesses individuais, sua *raison d'être* é a necessidade de dar alguma segurança ao indivíduo. Para Arendt, o retrato que Hobbes faz do Homem na sua obra é, na verdade, do homem burguês, com a sua razão calculista e a sua inclinação para julgar a si próprio e aos demais apenas em termos de concorrência.

[307] ARENDT. *Entre o passado e o futuro*, 2002, p. 196. Sobre Locke, ver os §123 e §124 do capítulo IX do *Segundo tratado do governo* e, sobre Montesquieu, o capítulo 2, Livro XII, de *O espírito das leis*, em que Montesquieu escreve que a "liberdade política consiste na segurança, ou pelo menos na opinião que se tem de sua segurança". Arendt, no entanto, observa que, apesar dessa afirmação, Montesquieu tinha uma ideia muito superior da essência da política em comparação a outros pensadores como Hobbes ou Spinoza. Como será visto a seguir, ela se apoia em outra passagem de *O espírito das leis* – o já citado trecho em que Montesquieu define a liberdade como "poder fazer o que se deve querer" (cap. II, Livro XI) – para realçar a liberdade política em sua dimensão positiva, com o "posso" da ação.

CAPÍTULO 3 – IGUALDADE, LIBERDADE, FRATERNIDADE – E FELICIDADE

Portanto, ao restringir a ideia de liberdade ao usufruto das liberdades individuais e à livre-iniciativa na esfera privada, o liberalismo coloca em lados opostos a liberdade e a política, ou seja, quanto maior o espaço da política, menor o da liberdade e vice-versa – o que, na verdade, é apenas uma outra maneira de dizer, como pretende Berlin, que o grau de liberdade em uma determinada comunidade política é medido de acordo com o maior ou o menor espaço de não interferência externa deixado aos indivíduos na condução de suas vidas particulares.

Esse fosso foi ampliado ainda mais nos séculos XIX e XX, quando o governo, compreendido no início da era moderna como o domínio total do político, restringiu-se ao papel de garantidor do desenvolvimento uniforme do processo vital da sociedade. A política vê-se reduzida, então, a administrar as condições para assegurar o pleno desenvolvimento da economia privada. E como o processo vital não se acha ligado à liberdade, mas a uma necessidade que lhe é intrínseca, a liberdade perde até o seu status de "desígnio apolítico da política". Ela se transforma "em um fenômeno marginal, que constitui de certa forma os limites que o governo não deve transpor sob risco de pôr em jogo a própria vida e suas necessidades e interesses imediatos".[308]

A bem da verdade, a despolitização da liberdade é um fenômeno prévio à era moderna – para lembrar a discussão em torno da vontade do capítulo anterior, Arendt situa esse fenômeno ainda na Antiguidade, com o surgimento da noção de liberdade interior, vinculada à vontade, entre os estoicos, como uma espécie de compensação à ausência de liberdade concreta no espaço público, embora o anseio de liberdade em relação à política já esteja presente entre os filósofos desde a morte de Sócrates, para se dedicar à *vita contemplativa*. O cristianismo só reforçou essa

---

[308] ARENDT. *Entre o passado e o futuro*, 2002, p. 196. A redução da política à administração das necessidades é também a crítica que Arendt, em outro contexto, faz a Marx, quando este define o homem em termos do trabalho e o seu metabolismo com a natureza, relegando a liberdade humana a um segundo plano, liberdade que, para Arendt, só se realiza no espaço público, pela ação em conjunto.

concepção de liberdade interior, manifesta, desde os seus primórdios, na hostilidade e na desconfiança dos cristãos primitivos em relação à esfera da política e no seu desprezo pelas coisas mundanas, convictos de que a felicidade só poderia ser alcançada em um além-mundo.

Foi o advento das revoluções modernas que colocou novamente em cena a ideia da liberdade como fenômeno político, descortinando uma dimensão da liberdade particularmente cara à filosofia arendtiana: a liberdade associada à espontaneidade e à capacidade de dar início a algo novo.

***

Para compreender melhor a noção de liberdade em Arendt, é importante retomar a distinção que ela estabelece entre libertação (*liberation*) e liberdade, esta última pensada na sua conotação positiva (*freedom*) e negativa (*liberty*). A novidade representada pelas revoluções modernas no campo da política é a de que os seus agentes não se contentavam apenas com a ideia de *liberty*, tal como fora concebida por vários pensadores da era moderna. Ou seja, *liberty* entendida como a liberdade de movimento, a liberdade de não sofrer restrições a não ser pela lei, a liberdade de reunião. Enfim, todo o leque de liberdades civis que eram, na sua essência, liberdades negativas, correspondendo ao conjunto de atividades consideradas não políticas garantidas pelo corpo político aos seus integrantes.

O apelo pela liberdade como *liberty*, como liberdade negativa, seria satisfeito se as revoluções visassem apenas à libertação (*liberation*) da opressão de governos que violavam essas liberdades civis tidas como direitos sólidos e consagrados. Mas como o anseio dos movimentos revolucionários na França e nos EUA acabou revelando-se um desejo por *freedom*, por participação política, pela admissão popular na esfera pública – não mais se limitando a apenas exigir salvaguardas que protegessem a vida privada da intervenção governamental –, a tarefa requeria a redescoberta e a constituição de um novo tipo de governo –

a república –, dando concretude à faculdade da ação livre e conjunta dos homens em dar início a novos começos.

Apesar da distinção que faz entre libertação e liberdade, e desta última na sua dimensão positiva (*freedom*) e negativa (*liberty*), tal não significa dizer que Arendt minimize o esforço de libertação ou relativize a importância das liberdades individuais. Caso contrário, incorreria no erro exaustivamente apontado pela tradição liberal em sobrepor a liberdade negativa (ou moderna) à liberdade positiva (ou antiga), justificando a opressão dos indivíduos por parte de um poder coletivo soberano, algo que ela repudia veementemente ao criticar o conceito de vontade geral em Rousseau.

Para Arendt, a libertação – cujos frutos são justamente as *liberties*, as liberdades civis com tudo o que elas implicam referente à ausência de restrições (à área de não interferência externa tão exaltada por Isaiah Berlin) – é uma condição para a liberdade (*freedom*). Ademais, as liberdades negativas delimitam não apenas a área de atuação do governo, mas o próprio alcance do domínio público. Destaca Arendt:

> A liberdade política deve ser diferenciada dos direitos e liberdades civis que, em todos os países constitucionais, restringem o poder do governo e protegem o indivíduo em suas iniciativas privadas e sociais legítimas. Tais liberdades e direitos são garantidos pela estrutura política, mas a vida e as atividades que protegem não são estritamente políticas. Portanto, vistas sob a perspectiva do mundo político, são liberdades negativas, e especificam os limites, não só do governo, mas do âmbito público em si.[309]

O gozo das *liberties* não requer necessariamente o exercício da *freedom*, pois as primeiras podem ser usufruídas, por exemplo, em um governo monárquico limitado por leis, que restrinja

---

[309] ARENDT. *Ação e a busca da felicidade*, 2018, p. 199.

ao máximo a ação política dos súditos, ou mesmo em uma democracia representativa, na qual essa ação política limite-se ao voto. Por outro lado, quando toma o modelo das cidades-Estado da Antiguidade para discutir o seu ideal de liberdade política, Arendt, de fato, não problematiza aspectos cruciais desses corpos políticos – a exemplo dos apontados ainda por Constant no início do século XIX, como a instituição do ostracismo e da escravidão e a ausência de qualquer noção de direitos individuais, além da exclusão das mulheres e dos trabalhadores da vida pública.

No entanto, se a autora faz a crítica da modernidade e promove um retorno às origens das antigas cidades-Estado, não é por nutrir qualquer utopia no sentido da possibilidade de reeditar ou imitar o modelo político dos antigos. A visão de Arendt, permeada pela experiência dos regimes totalitários, era a de que as sementes do totalitarismo estavam profundamente plantadas no seio da modernidade – nesse sentido, desenvolvem-se as suas reflexões na *Condição humana* sobre a redução do homem, no mundo moderno, à condição de *animal laborans*, levando-o a um processo de isolamento, alienação e massificação. No seu entendimento, o liberalismo, que reconhece ser "a única ideologia que algum dia tentou expressar e interpretar os elementos genuinamente sólidos das sociedades livres", demonstrou total incapacidade de resistir ao totalitarismo, como ela escreve no ensaio "Os ovos se manifestam".[310]

Cética em relação às democracias liberais modernas, com a sua ênfase extremada no bem-estar individual e com o seu frágil ideal de cidadania, Arendt volta-se para a *pólis* grega e a tradição republicana para recuperar a noção de espírito público e as ideias de participação política, virtude cívica e cuidado para com o mundo em comum a elas associadas. Tradição na qual ela incluía autores que denominava escritores políticos – como Maquiavel, Montesquieu e Tocqueville –, em contraposição aos filósofos políticos,

---

[310] ARENDT. *Compreender – Formação, exílio e totalitarismo*, 2008, p. 306.

CAPÍTULO 3 – IGUALDADE, LIBERDADE, FRATERNIDADE – E FELICIDADE

que, desde Platão, haviam manifestado uma enorme desconfiança com relação às potencialidades da política.

A sua preocupação era também defender a autonomia da esfera da política, em contraste com o liberalismo e com toda a corrente filosófica desde Platão, com a sua instrumentalização da política tendo em vista outros fins. Como se afirmou no início desta seção, para Arendt, a razão de ser da política é a liberdade.

Segundo a autora, a liberdade, como fenômeno político, nasceu com as cidades-Estado gregas, nas quais os cidadãos conviviam em praça pública na condição de não domínio, ou seja, sem uma divisão entre governantes e governados. Essa noção de "não domínio" expressava-se pela palavra *isonomia*, cujo sentido, associado à igualdade, foi discutido na primeira parte deste capítulo – e assim como a igualdade, a liberdade é concebida por Arendt como não sendo inerente à natureza humana (e, sob esse prisma, a confluência com o pensamento tocquevilliano é explícita), mas surgida, como se disse, "entre os homens" e, portanto, fora do homem.

Liberdade e *pólis* estão, desse modo, profundamente imbricadas. A *raison d'être* das antigas cidades-Estado gregas era a de servir aos livres – aqui entendidos como aqueles que não eram escravos, submetidos ao domínio de um senhor, nem trabalhadores, os quais não podiam escapar do cerco da satisfação das necessidades de sobrevivência. Portanto, para serem livres no espaço público, os homens deviam ser libertados do jugo da necessidade – libertação que, conforme Arendt, consistia no real significado do termo *scholē* (em latim, *otium*).

Contrastando com a liberdade, a libertação demandava geralmente o emprego de meios violentos para ser conquistada, na forma da escravização de outros seres humanos, cujo trabalho liberava o seu senhor do esforço próprio para manter a si mesmo, deixando-o disponível para a vida pública. Sendo assim, o trabalho escravo da Antiguidade diferenciava-se profundamente da exploração capitalista do mundo moderno – enquanto esta visa primordialmente ao acúmulo da riqueza, o objetivo daquele era "libertar completamente [os] senhores do trabalho para que pudessem desfrutar a liberdade da arena política".[311]

Entretanto, se a liberdade política, na *pólis*, tinha como precondição a liberação, e esta, por sua vez, requeria algum tipo de dominação sobre outrem, tal não significava que a política, em si mesma, também se realizasse por meio do domínio. No espaço formado por aqueles que haviam se libertado da necessidade para se dedicar à vida pública, a ideia de comando e obediência só fazia sentido em tempos de guerra. Os homens, em sua liberdade, interagiam uns com os outros, dispensando qualquer forma de coação ou dominação, por meio do diálogo e da persuasão. A política, no sentido grego da palavra – centrada, portanto, na liberdade –, "é entendida negativamente como o estado de quem não é dominado nem dominador e positivamente como um espaço que só pode ser criado por homens e no qual cada homem circula entre seus pares". Espaço do diálogo e da persuasão, a *pólis* é, portanto, o *lócus* da livre expressão. O sistema da *pólis* é caracterizado pela preeminência da palavra sobre todos os outros instrumentos de poder, o discurso é o instrumento político por excelência.[312]

Neste ponto, é importante retomar o sentido do termo "isonomia". Essa palavra, entre os gregos, não significava que todos são iguais diante da lei, mas, antes, que todos têm o mesmo direito à atividade política na *pólis*, e essa atividade política consistia no igual direito de tomar da palavra e no igual direito de falar uns com os outros. Isonomia poderia ser, assim, traduzida como o igual direito de falar, da mesma forma que *isegoria*.[313] É por essa

---

[311] ARENDT. *A promessa da política*, 2008, p. 171. Ver ainda *Entre o passado e o futuro*, 2002, p. 201.

[312] Ibidem, p. 172; VERNANT, 2002, p. 53. Conforme Arendt, a evidência mais marcante desse estilo de vida baseado na persuasão, e não na violência, da *pólis* revela-se no costume grego de "persuadir" os condenados à morte a tomar o cálice de cicuta – como ocorreu com Sócrates –, "poupando assim o cidadão ateniense da indignidade da violação física sob quaisquer circunstâncias" (in *Ação e busca da felicidade*, 2018, p. 168).

[313] Em *O governo de si e dos outros*, Michel Foucault assim define a isegoria, na democracia grega antiga: "[...] a igualdade de palavra, isto é, a possibilidade para

razão que os escravos eram denominados *aneu logou* (destituídos de palavra), pois a eles era interditada a livre expressão no domínio público.

Da mesma forma, o tirano também não era "livre" – como ele se relacionava com os outros apenas na forma de comando, carecia da relação entre iguais que proporciona o livre falar e o espaço da liberdade.

A liberdade política tal como surgida nas cidades-Estado também pode ser concebida como um construto espacial, pois era experimentada somente dentro dos limites da *pólis*. Na *Condição humana*, Arendt observa que a lei na *pólis* ainda guardava, embora o transcendesse, o significado original de funcionar como uma linha divisória, uma espécie de "terra de ninguém, entre o privado e o público, abrigando e protegendo ambos os domínios e, ao mesmo tempo, separando-os um do outro". A lei não era sinônimo nem do conteúdo da ação política nem tampouco de um catálogo de interdições, a exemplo do Decálogo bíblico, mas era compreendida como uma "muralha", e só o que se localizasse no interior dela era propriamente político.[314]

Enquanto um homem só poderia se dizer livre dentro dos limites da *pólis*, claro está que aquele que por acaso a abandonasse, ou fosse dela banido, também perdia a sua liberdade e a companhia de seus pares, com os quais mantinha uma relação baseada

---

todo indivíduo – contanto, é claro, que faça parte do *demos*, que faça parte dos cidadãos – de ter acesso à palavra, devendo a palavra ser entendida em vários sentidos: pode ser tanto a palavra judiciária quando, seja para atacar, seja para se defender, pode falar nos tribunais; é também o direito de dar sua opinião, seja para uma decisão, seja também para escolha dos chefes por meio do voto; a isegoria é, enfim, o direito de tomar a palavra, de dar sua opinião durante uma discussão, um debate" ([Aula de 2 de fevereiro de 1982], 2011, p. 140).

[314] ARENDT. *The human condition*, 1998, p. 63-64. Arendt lembra ainda que a palavra grega *nomos* (lei) vem de *nemein*, a qual corresponde a distribuir, possuir (aquilo que foi objeto de distribuição) e habitar. E cita um fragmento de Heráclito ("o povo deve lutar pela lei como por uma muralha") para comprovar essa correlação entre lei e cerca na palavra *nomos*. Já o termo latino *lex* tem outra conotação, indicando uma relação formal entre as pessoas, um sentido que Montesquieu recupera no *Espírito das leis*, ao definir as leis como *rapports*.

no livre falar. Contudo, há que se reconhecer que essa condição de liberdade não era essencial no que diz respeito à satisfação das necessidades da vida – para os gregos, um tirano, que não tinha a conotação negativa que modernamente atribui-se à palavra, poderia realizar um excelente governo no sentido de assegurar o bem-estar da cidade e incentivar as artes e a cultura.

Ainda assim, o governo da tirania, mesmo que fosse benéfico para o desenvolvimento econômico e cultural da cidade e livrasse os cidadãos dos pesados encargos da cidadania, sempre cobrava um preço alto: o fim da liberdade. A ágora, onde ocorria a interação entre os cidadãos, via-se esvaziada, e as pessoas confinavam-se nos limites do espaço privado.

Enquanto o gesto de se submeter ao governo de um "bom" tirano poderia significar a liberação das responsabilidades cívicas, também não deixaria de parecer tentador, diante dos riscos inerentes à vida pública, contentar-se em permanecer no domínio da esfera do lar, onde se desfruta do conforto e da segurança do ambiente doméstico e onde as preocupações se resumem à satisfação das necessidades vitais. O exercício da liberdade política requeria, portanto, uma disposição de ânimo de quem está disposto a arriscar o bem-estar e, em casos mais extremos, até a própria existência.

Se é possível falar em uma ideia de virtude política no pensamento de Arendt, esta relaciona-se com a *coragem*, a qual, conforme a autora destaca, firmou-se, entre os gregos, como a virtude política por excelência. O excessivo amor à vida era visto, em contrapartida, na *pólis*, como servilismo e foi com base nessa perspectiva que Platão pôde dizer, na *República*, que os escravos tinham uma alma servil.[315]

---

[315] No livro III da *República*, Platão denomina o corajoso como aquele que, em combate, prefere a morte à derrota e à escravidão e fala de crianças e homens que, para serem livres, devem temer a servidão mais do que a morte (cf. PLATÃO, 2014, p. 101).

CAPÍTULO 3 — IGUALDADE, LIBERDADE, FRATERNIDADE — E FELICIDADE

Com o fim da separação das fronteiras entre o público e o privado nos primórdios do feudalismo, essa concepção da coragem como a principal virtude política ficou ofuscada. E só foi redescoberta muito depois por Maquiavel, que, no seu afinco em recuperar a dignidade da política, percebeu o quanto a coragem é uma atitude necessária para transpor o abismo entre a privatividade do lar e o mundo público, louvando a postura do *condottiere* de baixa condição que sai das sombras da privatividade para a glória do principado. É também da obra de Montesquieu que Arendt extrai outra ideia correlacionada à virtude da coragem, a *virtù*, que auxilia a compreender a sua própria noção de ação livre. Entretanto, antes de entrar nesta questão em particular, é necessário discorrer sobre o conceito de ação em Arendt.

***

A ação, consoante a definição que surge em *A condição humana*, diferente do trabalho e da obra, dispensa a mediação das coisas e da matéria para se realizar diretamente entre os homens. Por essa característica, ela é a única que corresponde à condição humana da pluralidade, pois tanto o labor quanto a obra podem ocorrer no mais completo isolamento.

Mais uma vez, deve-se ressaltar o papel fundamental da ideia de pluralidade no pensamento arendtiano: a pluralidade eleva-se, para a autora, como *a* condição de toda a vida política. Tanto é assim que, na linguagem dos romanos – que, acima dos gregos, Arendt classifica como "o povo mais político que conhecemos" –, as expressões "viver" e "estar entre os homens" (*inter homines esse*) e "morrer" e "deixar de estar entre os homens" (*inter homines esse desinere*) eram utilizadas como sinônimas.

Se a ação depende da pluralidade humana para se concretizar, isso também ocorre porque essa pluralidade é formada por indivíduos singulares, claramente distintos uns dos outros. Caso contrário, a ação não passaria de um luxo desnecessário, "uma interferência caprichosa nas leis gerais do comportamento, se os homens fossem repetições infinitamente reproduzíveis do mesmo modelo, cuja natureza ou essência fosse a mesma para todos".[316]

Por estar imbricamente relacionada à pluralidade humana, a ação jamais ocorre no isolamento, ou seja, estar isolado significa se ver destituído da capacidade de agir. A ação e o discurso são circundados pela teia de atos e palavras construída pelos homens, que Hannah Arendt chama de "teia das relações humanas", um espaço-entre (*in between*) indivíduos, subjetivo e não tangível – tendo em vista que o processo de agir e falar não se materializa em objetos tangíveis, não resultam em um "produto final" –, mas que é tão real quanto o espaço-entre físico e mundano, em outras palavras, o mundo em comum que compartilhamos.[317] E por conceber a liberdade não como um fenômeno da vontade, mas como um atributo da ação humana, Arendt realça a relação da liberdade com o "posso" da ação.

Para tanto, ela se refere à obra de Montesquieu, o qual estaria perfeitamente consciente da inadequação, no que concerne à política, do conceito corrente de liberdade tanto na filosofia quanto no cristinianismo, que o relacionam à vontade. No *Espírito das leis*, o autor define a liberdade filosófica como o mero exercício da vontade, enquanto a liberdade política é equiparada a "poder fazer o que se deve querer e em não ser forçado a fazer o que não se tem o direito de querer".[318] Aqui, realmente, a ênfase recai

---

[316] ARENDT. *The human condition*, 1998, p. 8.
[317] Arendt faz uma distinção, na *Condição humana*, entre a ação (*praxis*) e o discurso (*lexis*), as duas atividades humanas que, na visão de Aristóteles, constituíam a *bios politikos*. No entanto, como ela ressalva um pouco mais adiante na obra, a ênfase, na *pólis* grega, passou da ação para o discurso, esse compreendido, sobretudo, como meio de persuasão (1998, p. 24-26). Apesar dessas distinções, parece ser correta a interpretação de George Kateb, segundo a qual, na visão arendtiana, a ação política dá-se primordialmente pelo discurso, não necessariamente o discurso formal, como peça de oratória, mas a conversa, o intercâmbio de opiniões, na forma da persuasão e da dissuasão. "O discurso político é deliberação ou discussão como parte do processo de decisão sobre alguma questão pertencente ao bem comum" (KATEB, 2002, p. 133).
[318] MONTESQUIEU, 2005, Livro XII, cap. II, e Livro X, cap. III.

CAPÍTULO 3 – IGUALDADE, LIBERDADE, FRATERNIDADE – E FELICIDADE

sobre *poder* fazer algo, o que só reforça o que já parecia óbvio a Montesquieu, apoiado na tradição política antiga: um agente não pode ser chamado de livre se for privado da capacidade de *poder* fazer.

Evidentemente, esse "poder fazer" que Arendt destaca da obra de Montesquieu não é o fazer instrumental do *homo faber*, o qual se relaciona antes com o mundo das coisas do que com a esfera dos negócios humanos e que atua, preferencialmente, isolado dos demais. Tem, antes, o sentido de agir e, frisando novamente o caráter sempre plural da ação, Arendt recupera o significado original do verbo "agir" em grego e latim.

Em grego, há duas palavras que o designam – *árkhein* (que pode ser traduzida por "começar", "liderar" e "governar") e *prattein* (sinônimo de "atravessar", "realizar" e "acabar"). No latim, há uma correspondência com o grego: *agere* significa "pôr em movimento" e "liderar", e *gerere* pode ser convertido para "conduzir". Em ambos os casos, o que é notável é o fato de a ação ocorrer em duas etapas distintas: a primeira referindo-se ao começo, feito por uma única pessoa, e a segunda, à realização, momento em que outros se associam ao iniciador para levar a cabo o empreendimento.

No primeiro capítulo, discutiu-se a concepção arendtiana do poder como ação conjunta, concepção que já se mostra enraizada nessa acepção original do verbo "agir" em grego e latim. Enquanto os termos grego *prattein* e latino *gerere*, referentes à segunda etapa da ação, ou seja, à sua realização, passaram a designar a ação em geral, as palavras *archein* e *agere* tornaram-se sinônimas de "governar" e "liderar". Conforme a análise arendtiana, o *árkhon*, o líder, o iniciador da ação, passou a ser identificado como o governante – e como aquele que dá início à ação, é ele quem, em um primeiro momento, assume os riscos da empreitada.

Para tanto, é preciso adotar a atitude de coragem que Arendt, com base em Maquiavel, ressalta ser a virtude política *par excellence*. Todavia, a fim de levar a cabo a ação por ele iniciada, para a sua efetiva realização, o líder necessita do concurso dos demais. O líder é apenas um *primus inter pares*, o primeiro entre os pares

– um rei entre reis, como Agamêmnon na *Ilíada* – e jamais pode reivindicar o monopólio da ação.[319]

Relacionada à ideia de liberdade, a ação do iniciador, alguém que dá início a uma nova empresa, na expectativa de contar com a ajuda dos seus pares para concretizá-la, remete à outra noção que ocupa posição de relevo no pensamento arendtiano: a noção de espontaneidade. Mais do que a faculdade de escolher entre alternativas já dispostas de antemão – faculdade esta associada à concepção de livre-arbítrio –, a liberdade pensada como espontaneidade é a capacidade de trazer à existência novas possibilidades. Arendt chama a atenção para o caráter miraculoso da ação, inerente ao fato de que, como indivíduos capazes de agir, os seres humanos podem realmente realizar coisas totalmente inesperadas e improváveis.

Além do mais, do ponto de vista do movimento cíclico da natureza e dos processos automáticos que parecem determinar o curso da existência humana na Terra, a ação, com a sua potencialidade de dar início a novos começos, verdadeiramente irrompe como um milagre. Essa característica de ser a "única faculdade milagrosa" humana está enraizada em um fato elementar da condição humana, resumido por Arendt poeticamente da seguinte maneira: "[...] os homens, embora tenham de morrer, não nascem para morrer, mas para começar".[320]

A ação está estreitamente relacionada à condição humana da natalidade pela razão elementar que todo nascimento implica um novo começo, tendo em vista que todo recém-chegado ao mundo traz consigo potencialmente a capacidade de agir, de dar início a algo novo. Pelo fato de a ação ser a atividade política por excelência, Arendt destaca a natalidade como a categoria central do pensamento político, opondo-se, nesse sentido, à tradição do pensamento metafísico, com o seu foco principal sobre a finitude humana – e, portanto, sobre a mortalidade.

---

[319] ARENDT. *The human condition*, 1998, p. 189-190.
[320] Ibidem, p. 246.

CAPÍTULO 3 — IGUALDADE, LIBERDADE, FRATERNIDADE — E FELICIDADE

Paradoxalmente, ela se apoia na filosofia de um pensador cristão para sustentar essa conexão entre liberdade e ação, de um lado, e a capacidade humana de começar, de outro. Em sua obra política *A cidade de Deus*, Santo Agostinho concebe a liberdade não tanto como uma disposição interna dos homens, a liberdade interior dos filósofos, mas do ponto de vista da sua manifestação no mundo.

Procurando responder à questão de como um Deus eterno pôde dar vida a coisas novas, Santo Agostinho refuta o conceito de tempo cíclico da filosofia antiga, porque o surgimento de algo novo confronta-se com a concepção de um tempo circular, que sempre retorna ao mesmo ponto. A ideia de novidade, como começo de algo que jamais existira antes, aparece, então, atrelada à criação do Homem – para que o começo "pudesse ser, foi o homem criado sem que ninguém o fosse antes dele". O bispo de Hipona distingue entre a palavra *initium*, para se referir à criação do Homem, e o termo *principium*, que designa a criação do Céu e da Terra, destacando a especificidade da singularidade de cada ser humano – as demais criaturas foram criadas no plural, como começos de espécies, e só o Homem surgiu como ser singular, propagando-se a partir de indivíduos – e a sua característica de ser um recém-chegado a um mundo já existente.[321]

A cada novo nascimento de um ser humano, esse *initium* é reiterado, porque ocorre a chegada de um novo ser cuja existência continuará depois da morte daqueles que o precederam. Assim,

---

[321] ARENDT. *A vida do espírito*, 2002, p. 266. Toda essa discussão em torno da criação do mundo e do Homem, e o caráter temporal de ambos, por um Deus eterno, cuja vontade é imutável, é desenvolvida por Santo Agostinho no Livro XII de *A cidade de Deus*. Na edição brasileira por nós consultada, a distinção crucial apontada por Arendt entre *initium* e *principium* não aparece tão marcada, o termo "princípio" sendo usado indistintamente nas duas acepções. Por exemplo, na citação do trecho bíblico "No princípio fez Deus o céu e a terra" (p. 97) e, no trecho citado por Arendt em latim (*quod initium e o modo antea nunquam fuit. Horc ergo ut esset, creatus est homo, ante quem nullus fuit*), a tradução brasileira é a seguinte: "E tal princípio, como ele, antes jamais existiu. Para que existisse, foi criado o homem, antes de quem não existiu nenhum" (p. 109) (SANTO AGOSTINHO, 2012, p. 77-116, v. 2; cf. *A vida do espírito*, 2002, p. 266).

por ser um começo, um *initium*, o homem pode começar, e nessa capacidade reside a sua liberdade.

Em "O que é liberdade?", Arendt frisa que a capacidade humana que corresponde à potencialidade humana de começar não é a vontade, mas a fé, realçando as implicações políticas das palavras de Jesus Cristo, no Novo Testamento, quando enfatizam o poder da fé de "remover montanhas".[322] Retorna-se, neste ponto, à questão desenvolvida na *Condição humana* sobre o caráter miraculoso da ação e a possibilidade inerente a ela de interromper o que se apresenta como o curso automático da natureza e da história, trazendo algo inteiramente inesperado ao mundo. Já na seção sobre "O querer" em *A vida do espírito*, a autora explora outra perspectiva no tocante à faculdade da vontade, que a relaciona à liberdade: a vontade experimentada como espontaneidade.

***

Sob a ótica de Santo Agostinho, a singularidade humana expressa-se, sobretudo, na vontade. À pergunta de como distinguir gêmeos idênticos que apresentem temperamentos semelhantes, o filósofo responde que a única característica que permite diferenciá-los é a vontade de cada um – "se ambos são igualmente tentados e um cai na tentação enquanto o outro permanece impassível [...] o que mais pode causar isso senão suas próprias vontades, nos casos [...] em que o temperamento é idêntico?"[323]

O Homem representa um novo começo no mundo porque é o único ser consciente que teve um início e terá um fim. Por ser um começo em direção a um fim, foi dotado da capacidade de querer, uma capacidade dirigida para o futuro – para lembrar a célebre passagem escrita por Nietzsche na seção intitulada "Da redenção", de *Assim falou Zaratustra*, a vontade não pode querer aquilo que passou, ela é impotente diante do passado. "Para trás

---

[322] ARENDT. Entre o passado e o futuro, 2002, p. 216-217.
[323] Apud Idem. *A vida do espírito*, 2000, p. 266; cf. SANTO AGOSTINHO, 2012, v. 2, p. 85.

CAPÍTULO 3 – IGUALDADE, LIBERDADE, FRATERNIDADE – E FELICIDADE

não pode querer a vontade; não pode quebrar o tempo e a avidez do tempo – eis a mais solitária aflição da vontade."[324]

A visão da vontade em Santo Agostinho, relacionada à ideia de início, permite pensar essa faculdade humana de forma distinta do modelo do quero-e-não-quero, explorado no capítulo anterior, o qual acaba desnudando a impotência da vontade. Nessa outra perspectiva, a vontade é concebida como liberdade de espontaneidade, uma faculdade pré-política dos seres humanos que os predispõem a novos começos, como salienta Kant em um trecho da *Crítica da razão pura*, ao discorrer sobre a capacidade humana de espontaneamente desencadear uma nova ação.[325] Porém, tal liberdade de espontaneidade só se materializa na liberdade compreendida como *freedom* quando se tem a ação conjunta de muitos no espaço da política.

A liberdade compreendida como espontaneidade, como a faculdade de dar início a algo novo, que no campo da política demanda o engajamento de muitos, relaciona-se ainda à ideia de fundação da liberdade, que, para Arendt, é o traço característico das revoluções modernas, na sua tarefa de fundar novos corpos políticos. Na Roma antiga, a liberdade era percebida como um legado transmitido pelos seus fundadores ao povo romano, herança que cabia aos sucessores preservar e gerir – Arendt interpreta *a res gestae* da República romana como esse compromisso com a preservação e o gerenciamento das suas bases fundacionais. O elemento de liberdade republicana em Roma, portanto, estava indissociavelmente ligado à fundação de Roma, ao começo de uma *Novus ordo seclorum*.

---

[324] NIETZSCHE, 1987, p. 196.
[325] A passagem do texto kantiano é a seguinte: "Quando (por exemplo) me levanto da cadeira, completamente livre e sem a influência necessariamente determinante das causas naturais, nesta ocorrência, com todas as suas consequências naturais, até o infinito, inicia-se absolutamente uma nova série, embora quanto ao tempo seja apenas a continuação de uma série precedente" (KANT, 2013, p. 410).

Todavia, o entendimento da liberdade como espontaneidade, como a faculdade de dar início a novos começos, também conduz a algumas perplexidades. Quando se pensa na vontade como essa liberdade de espontaneidade, voltada para o futuro, não se pode deixar de considerar o elemento de contingência a ela relacionado. Com base nas reflexões de Duns Scotus sobre o ego volitivo que discute na *Vida do espírito*, Arendt observa que a vontade humana é indeterminada e aberta a contrários – porque experimentamos a espontaneidade da vontade como uma abertura ao futuro e a suas diversas possibilidades, sabemos que tudo que se quis e se realizou poderia ter sido desejado e feito de outra maneira.

Por outro lado, há o fato concreto de que aquilo que se fez não pode ser desfeito – a vontade é impotente diante do passado, evocando novamente Nietzsche – e que não dispomos de total controle das ações a que damos início. Tais constatações levam ao que Arendt chama de "abismo da liberdade", o elemento de arbitrariedade associado à faculdade humana de começar, o qual confronta a aspiração por estabilidade e durabilidade dos indivíduos em ação que se unem para fundar novos corpos políticos e estabelecer instituições que os preservem, legando-as às novas gerações.[326]

Esse elemento de arbitrariedade, que escapa ao controle de quem se lança à ação, está expresso em três características da ação humana que Arendt investiga na *Condição humana*: a sua ilimitabilidade, a sua imprevisibilidade e a sua irreversibilidade.

Toda ação estabelece um conjunto de relações e apresenta a tendência de romper limites e transpor fronteiras. "Como a ação atua sobre seres capazes de realizar suas próprias ações, a reação, além de ser uma resposta, é sempre uma nova ação que inicia seu próprio curso e afeta os outros", observa Arendt.[327] Assim, a cada ação, um novo processo é desencadeado, o qual, por sua vez, é causa de novos processos. A *ilimitabilidade* da ação é decorrente da ilimitabilidade do inter-relacionamento humano, diante da qual as leis e outras instituições políticas humanas são frágeis anteparos.

---

[326] ARENDT. *A vida do espírito*, 2002, p. 341.
[327] Idem. *The human condition*, 1998, p. 200.

CAPÍTULO 3 – IGUALDADE, LIBERDADE, FRATERNIDADE – E FELICIDADE

Por ter consciência desse caráter da ação, os gregos antigos valorizavam a virtude da moderação, de se manter dentro de limites, e condenavam a *hybris*, o desejo exacerbado pela excelência na arena pública que não conhecia nenhuma limitação. Ao lado dessa ilimitabilidade da ação, ressalta-se a sua qualidade de ser imprevisível, pois se manifesta em meio à teia de relações humanas marcada por uma pluralidade de vontades e intenções distintas e em geral conflitantes.

Não à toa, a incerteza sempre foi o principal traço dos assuntos humanos. Assim, vinculada à capacidade humana de agir, de dar início a novos começos, evidencia-se a incapacidade humana de controlar o resultado de suas ações – um controle que só é possível no processo de fabricação, no qual o *homo faber* pode manipular e dominar à vontade a matéria-prima de que dispõe para confeccionar os seus produtos.

Do mesmo modo que é impossível poder visualizar de antemão quais serão as consequências das ações humanas, igualmente vã é a tentativa de procurar desfazer os atos já realizados – ao ônus da *imprevisibilidade*, junta-se o ônus da *irreversibilidade* da ação. Arendt não deixa de realçar a dimensão trágica do potencial humano para agir – aquilo que dá sentido ao domínio político é também aquilo que o ameaça. Se é pela ação que o ser humano vivencia a liberdade, ele próprio se vê enredado pela teia de relações humanas na qual as suas ações se tornam possíveis.

> [Os homens] sempre souberam que aquele que age nunca sabe exatamente o que está fazendo; que ele sempre se torna "culpado" de consequências que nunca intencionou ou jamais previu; que, não importa quão desastrosas e imprevistas sejam as consequências do seu ato, ele jamais poderá desfazê-lo; que o processo por ele iniciado nunca é consumado de forma inequívoca por um único ato ou evento, e que seu verdadeiro significado jamais se revela para o ator, mas somente ao olhar retrospectivo do historiador, o qual não age. Tudo isso é motivo para afastar-se desesperadamente do domínio dos assuntos humanos e

desprezar a capacidade humana da liberdade, que, ao criar a teia das relações humanas, parece enredar o seu criador a tal ponto que este parece mais uma vítima ou um paciente que o autor ou agente do que fez. Em outras palavras, em nenhum lugar [...], o homem parece ser menos livre do que naquelas capacidades cuja própria essência é a liberdade, e naquele domínio que deve sua existência a ninguém e nada além do homem.[328]

Diante desses paroxismos que o potencial humano da ação desvela, não seria de todo descabido acreditar que a única saída seja a completa inação, a reação de retirar-se da esfera dos negócios humanos, a fim de preservar a integridade e a soberania próprias – que nada mais é do que a solução vislumbrada pelo estoicismo, cujo erro básico foi identificar a liberdade com a soberania da vontade.

Nenhum ser humano pode ser soberano porque ninguém vive apartado, com total domínio sobre os seus atos e sobre si mesmo, da teia de relações humanas que caracteriza o modo da existência humana. Para essas "vicissitudes" da ação – a irreversibilidade e a imprevisibilidade inerentes aos processos que ela desencadeia –, uma possível redenção reside dentro das próprias potencialidades que a ação humana oferece, por meio das faculdades humanas de perdoar e de prometer.

O perdão é a redenção possível para a irreversibilidade da ação – e Arendt atribui mais uma vez um significado político às palavras de Jesus de Nazaré no Novo Testamento, afirmando ser ele o descobridor do papel do perdão no mundo humano. "Se não fôssemos perdoados, liberados das consequências do que fizemos, nossa capacidade de agir ficaria, por assim dizer, confinada a um único ato do qual jamais poderíamos nos recuperar, permaneceríamos vítimas das suas consequências para sempre."[329] Para os propósitos deste livro, é importante se deter um pouco

---

[328] ARENDT. *The human condition*, 1998, p. 233-234.
[329] Ibidem, p. 237.

CAPÍTULO 3 – IGUALDADE, LIBERDADE, FRATERNIDADE – E FELICIDADE

mais sobre a outra faculdade humana que emerge como "redentora" das fragilidades da ação – a promessa –, por meio da qual é possível contornar as sempre incertas e imprevisíveis relações humanas.

A faculdade de prometer surge como uma forma de superar "a dupla obscuridade dos assuntos humanos", inerente à imprevisibilidade associada à ação humana: a obscuridade do coração, expressa no fato de que os homens são seres inconfiáveis que jamais podem garantir no presente o que serão no futuro – nem para si próprios –, e a impossibilidade de prever as consequências dos atos em uma comunidade em que todos têm a mesma capacidade de ação. Não sem razão, a promessa, que na sua versão política assume a forma dos pactos e das alianças, sempre teve o seu poder estabilizador reconhecido pela tradição política, a exemplo do *pacta sunt servanda* dos romanos. A grande variedade das teorias contratualistas surgidas depois, atesta Arendt, é apenas a confirmação da relevância do potencial da promessa recíproca no pensamento político.[330]

Se é factível vislumbrar alguma ideia de soberania do corpo político em Arendt, ela está associada à faculdade de prometer. Todavia, trata-se da soberania de uma comunidade de pessoas unidas por meio de acordos, pactos e tratados que as vinculem – por exemplo, a aliança política que marcou o momento inaugural da história norte-americana – e não a soberania

---

[330] ARENDT. *The human condition*, 1998, p. 243-244. No ensaio "Desobediência civil" (1972), Arendt retoma uma discussão já empreendida em *Sobre a revolução* e destaca três tipos de contrato social concebidos ao longo do século XVII. O primeiro é o pacto celebrado por um determinado povo com a divindade, obrigando-se a cumprir as leis divinas. O segundo é o modelo hobbesiano de pacto, que ela chama de contrato social vertical, em que o indivíduo renuncia à sua força isolada e a seu poder em troca da segurança oferecida pela autoridade soberana. O terceiro, por fim, denominado de versão horizontal, tem como modelo o contrato social de Locke, em que os membros formam uma aliança entre iguais, obrigando-se mutuamente uns com os outros. O modelo de contrato horizontal é o que teria prevalecido durante a Revolução dos EUA. Este ponto voltará a ser discutido no capítulo 4.

decorrente da vontade geral, como idealizava Rousseau e os revolucionários franceses.

Um grupo de pessoas unidas por meio de promessas recíprocas é capaz, realmente, de dispor do futuro e, nessa capacidade, revela-se um poder soberano, de domínio sobre o próprio destino. Tal soberania, entretanto, jamais é absoluta, porque o poder da promessa também não o é – o que ele faz é estabelecer algumas bases de confiabilidade e previsibilidade sempre sujeitas a serem solapadas.

Os limites da soberania, dessa maneira, são os limites da faculdade de fazer e cumprir promessas, a qual pode contornar, mais jamais eliminar, o caráter imprevisível da ação humana. Esse é o preço, entretanto, a ser pago pela liberdade e pela convivência humana, a "alegria de habitar junto com os outros um mundo cuja realidade é assegurada a cada um pela presença de todos".[331]

***

Resta destacar um último aspecto da ação humana discutido por Arendt. A fim de que seja realmente livre, a ação não deve ser subordinada a motivos e fins, o que não significa dizer que estes não tenham nenhum papel no desenrolar da ação, mas relaciona-se ao fato de que a ação se mostra capaz de transcendê-los. E ela o faz na medida em que é inspirada por princípios.

Os princípios não operam no interior do eu, como os motivos, mas inspiram as ações do exterior. Por outro lado, para que se manifestem no mundo, os princípios dependem da ação humana, eles só se revelam enquanto dura a ação. Esses princípios são noções gerais como a honra, a glória, o amor à igualdade, tal como destacado por Montesquieu, ou ainda a "excelência".

Associada a essa ideia de princípio, Arendt retoma o conceito de *virtù* maquiavélica, a excelência com que os agentes políticos respondem às oportunidades abertas a eles pela fortuna.

---

[331] ARENDT. *The human condition*, 1998, p. 244.

CAPÍTULO 3 – IGUALDADE, LIBERDADE, FRATERNIDADE – E FELICIDADE

Mais que virtude, a *virtù* é uma virtuosidade, na qual a excelência está no próprio desempenho da ação e não no produto final.

Assim, por oposição à arte da fabricação, que se preocupa com o produto final e é realizada em geral no isolamento, a virtuosidade da *virtù* correlaciona-se às artes performativas, que só se realizam em presença do público. Arendt compara a *pólis* a uma espécie de anfiteatro para a ação, onde a liberdade podia aparecer – realça-se aqui, mais uma vez, a centralidade do conceito de aparência no pensamento arendtiano. O espaço da aparência torna-se a condição da ação.

O destaque à *virtù* maquiavélica, essa virtuosidade no desempenho da ação que demanda a luz do público para se concretizar, aponta para outro ponto importante na análise arendtiana da ação: como o que interessa, na política, são as ações praticadas em público, Arendt, alinhada com Maquiavel, não concebe o espaço público como o espaço da mentira e da dissimulação. Pelo contrário, mostra os perigos de pensar a política com base em motivações ou intenções interiores que permanecem obscuras, mesmo para o agente, já que o nosso sentimento de realidade está estreitamente relacionado à presença dos outros. Toda a argumentação de Arendt, em *Sobre a revolução*, a respeito da ilusória persecução de Robespierre aos hipócritas, repousa nessa compreensão da ação política, conforme será discutido mais detalhadamente na terceira parte deste capítulo.

Como a ação nunca é sujeita a um processo de reificação, o seu fim só pode ser ela mesma. O que é realizado é o próprio agir, que se exterioriza no agente da ação na medida em que age. Por conseguinte, Arendt afirma que os "homens são livres – diferentemente de possuírem o dom da liberdade – enquanto agem, nem antes, nem depois; pois ser livre e agir são uma mesma coisa".[332]

Retomando a noção de "quem" na obra de Arendt, é por meio da ação que o agente revela aos demais *quem* ele é. Esse movimento revelador da ação tem o duplo efeito de igualizar e

---

[332] ARENDT. *Entre o passado e o futuro*, 2002, p. 199.

distinguir o agente ao mesmo tempo. Igualizar porque a ação o faz aparecer como um semelhante entre os seus semelhantes e distinguir porque o singulariza, o torna visível, em ato, junto a seus iguais.

Porém, se a ação não deve se subordinar a motivos e fins e ser movida, antes de tudo, por princípios, resta a difícil pergunta sobre o conteúdo da ação em Arendt. Como um fim em si mesmo, o seu conteúdo consistiria na deliberação e na disputa em torno do seu próprio campo, o da liberdade política. Assim, assuntos de natureza social e econômica, relacionados às necessidades da vida humana, seriam estranhos a ela.

Esses temas levam à polêmica questão social no pensamento arendtiano e serão abordados na próxima seção, dedicada à noção de fraternidade, no seu sentido de solidariedade social, na obra de Arendt e Tocqueville.

3. FRATERNIDADE

3.1 TOCQUEVILLE: PAUPERISMO E DIREITO À PROPRIEDADE

Em um artigo sobre a ideia de fraternidade na obra de Tocqueville, Cheryl Welch chama a atenção para o fato de o termo "fraternidade" ser evitado pelo autor da *Democracia na América*. Nos anos 1830 e 1840, na França, a palavra era muito empregada por socialistas e republicanos para evocar os laços universais da humanidade, emulando o espírito revolucionário de 1789, cujo lema de fraternidade tinha a conotação de irmandade mundial. Tocqueville via com bastante reserva as pretensões universalistas da Revolução Francesa, por considerar que elas tomavam como fundamento o ser humano em abstrato, apartado das leis, dos costumes e das tradições de um corpo político em particular, demonstrando nesse aspecto estreita afinidade com as críticas de Burke aos Direitos do Homem, as quais seriam retomadas posteriormente por Arendt. Por essa razão, no lugar de "fraternidade", a noção mais apropriada em Tocqueville seria, como em Arendt, a *philia* aristotélica, a amizade no seu sentido político entre cidadãos que partilham o espaço público.

Entretanto, se o termo "fraternidade" também for concebido como uma atitude de solidariedade para com o próximo,[333] aqui entendida não necessariamente no sentido estritamente cristão, mas denotando uma consciência social, sensível ao sofrimento alheio e às privações provocadas pelas carências materiais – um sentido também presente entre os revolucionários, como se verá na seção sobre o tema em Arendt –, é manifesta, no pensamento tocquevilliano, a preocupação com os efeitos deletérios de uma profunda desigualdade econômica. "Eu sou bem de vossa opinião que a repartição mais igual dos bens e dos direitos deste mundo é o maior objetivo que deve ser proposto por aqueles que conduzem os assuntos humanos", escreve Tocqueville em carta a Madame Swetchine.[334] Ele considerava ainda que uma estrutura econômica baseada em uma enorme concentração de renda, privilegiando apenas um pequeno estrato da população, representava um sério perigo à democracia.

Também com relação às suas ideias no campo socioeconômico, Tocqueville se revelava um "liberal de uma nova espécie", representando uma via alternativa entre o liberalismo econômico que, em nome da supremacia da livre-iniciativa, rechaçava qualquer ação estatal que visasse à redução das desigualdades sociais e o socialismo adepto de um Estado interventor que detivesse o monopólio da atividade econômica. Contemporaneamente falando, o autor, tanto em seus escritos teóricos quanto no papel de *homme politique*, demonstrava-se avesso à consolidação de um Estado mínimo – o qual se limitasse a assegurar a ordem e a segurança públicas, delegando toda a iniciativa social e econômica à mão invisível do mercado – e demandava a implementação

---

[333] No *Dicionário Houaiss da língua portuguesa* (2009), no verbete "fraternidade", lê-se: "**1** laço de parentesco entre irmãos; irmandade **2** união, afeto de irmão para irmão **3** o amor ao próximo; fraternização **4** a harmonia e união entre aqueles que vivem em proximidade ou que lutam pela mesma causa etc [...]". Sobre os comentários de Welch sobre a fraternidade em Tocqueville, ver WELCH, 2006.
[334] TOCQUEVILLE. *Oeuvres complètes VI*, 1983, p. 291.

de políticas públicas em auxílio aos mais pobres. Mas, por outro lado, no campo econômico, enxergava com desconfiança a atuação de um Estado produtor, preferindo a figura de um Estado regulamentador, que agisse de forma a preservar a coesão social, criando mecanismos para evitar desequilíbrios profundos na distribuição de renda.[335]

E se faz a defesa da propriedade privada, Tocqueville – em sintonia com Arendt, conforme será exposto na seção seguinte – externava a convicção de que a expropriação de amplas camadas da população, em consequência da expansão do modelo econômico alicerçado no grande capital, configurava uma ameaça à estabilidade da democracia. Daí a sua postura favorável à reforma agrária e a uma ação estatal que incentivasse a aquisição de propriedade pelas classes proletárias, além de vislumbrar a possibilidade que os próprios operários, por meio de um empreendimento coletivo, tivessem a chance de se tornarem proprietários dos meios de produção.

Em 1835, após a publicação do primeiro volume da *Democracia...*, Tocqueville traz a público o *Mémoire sur le paupérisme*, que integra os *Mémoires de la Société Academique de Cherbourg*. A motivação para a redação do ensaio deu-se por dois motivos: em primeiro lugar, em virtude da votação, pelo Parlamento inglês no ano anterior, de uma nova lei sobre a assistência pública aos pobres, que gerara acalorados debates no país, dos quais o próprio Tocqueville fora testemunha, quando de sua primeira viagem à Inglaterra, em 1833. Em segundo, pela preponderância que a questão social também desfrutava no debate público na França naquele momento, em virtude das revoltas populares ocorridas nos primeiros anos da Monarquia de Julho.

Várias obras que tratavam o problema do pauperismo haviam sido publicadas – entre elas, o *Traité d'économie chrétienne*, de Villeneuve-Bargemont, sem dúvida, lido por Tocqueville –, concordando, em geral, sobre dois aspectos em torno do fenômeno:

---

[335] Neste sentido, ver KESLASSY, 2000.

CAPÍTULO 3 – IGUALDADE, LIBERDADE, FRATERNIDADE – E FELICIDADE

o desenvolvimento industrial, criador de necessidades artificiais, aguçava o cenário de desigualdade social e as práticas filantrópicas das classes abastadas em prol dos miseráveis já não eram suficientes para contornar o problema.

No ensaio, Tocqueville observa que a condição de igualdade se encontra em dois estágios extremos do processo civilizatório: entre os bárbaros, que são iguais porque partilham uma condição comum de debilidade e ignorância, e entre as sociedades muito civilizadas, nas quais todos são iguais porque têm à disposição os mesmos meios de alcançar o bem-estar. Desse ponto de vista, a sociedade democrática norte-americana era o modelo à época do que havia de mais avançado em termos de civilização, por apresentar uma estrutura social, econômica e política mais igualitária. A desigualdade, em consequência, não era vista como um fenômeno natural, mas decorrente de um processo histórico, cuja origem o autor situa no surgimento da propriedade fundiária.

Demonstrando um débito para com o Rousseau do *Discurso sobre a origem e os fundamentos da desigualdade entre os homens,* tanto no conteúdo da argumentação quanto na forma narrativa, Tocqueville defende a ideia de que a aristocracia, que teria nascido das invasões bárbaras ao Império Romano no fim do século IV (ele adota a tese germanista, segundo a qual a aristocracia feudal surgiu da conquista),[336] nada mais é do que a instituciona-

---

[336] Ver a nota explicativa de André Jardin e Françoise Mélonio a *Mémoire sur le paupérisme* (in *Oeuvres I*, 1991, p. 1635 [p. 1159, n. 1]). A tese de que a nobreza francesa tinha origem germânica e que havia imposto pela conquista o seu poderio aos habitantes mais antigos do território francês, no caso, os gauleses, surgiu no século XVIII, por meio dos escritos do conde de Boulainvilliers, e exerceu influência por décadas na França. Ainda no século XIX, o conde de Gobineau, com base na teoria de Boulainvilliers, elabora a sua teoria racial, defendendo a superioridade natural da raça ariana e vendo no declínio da nobreza o sinal da derrocada da civilização. Gobineau foi muito próximo de Tocqueville, chegando a ser nomeado chefe de gabinete do Ministério das Relações Exteriores quando o autor da *Democracia...* assumiu a pasta no curto período em que serviu ao governo de Luís Napoleão. No entanto, Tocqueville jamais endossou a doutrina racial de Gobineau e demonstrou a sua profunda discordância com as ideias do *Essai sur l'inegalité des races humaines,* lançado por Gobineau em 1853, na correspondência que mantinha com o amigo (ver *Oeuvres complètes IX*, 1959,

lização da desigualdade decorrente do advento da propriedade, por meio da legalização da concentração de vastas extensões de terra por poucas famílias.

Contudo, diferente do Rousseau do *Segundo discurso*, Tocqueville não faz uma condenação moral desse momento histórico e hipotético em que os homens, depois de abandonarem a vida errante nas florestas para se fixar como agricultores, instituíram a propriedade privada. Na sociedade feudal da Idade Média, na qual a esmagadora maioria da população vivia do cultivo do solo, as necessidades mais prementes de sobrevivência eram satisfeitas, e mesmo os que viviam no topo da pirâmide social levavam uma rotina mais austera e menos confortável que as famílias pequeno-burguesas das cidades europeias do século XIX. "A terra era suficiente, por assim dizer, a todos, o conforto não existia em parte alguma; em todo lugar, a subsistência."[337]

É a sociedade manufatureira que deixa explícitos os efeitos perversos da desigualdade, pois o desenvolvimento da indústria vai de par com a criação de necessidades antes inexistentes, dando lugar a uma economia de luxo em substituição a uma de subsistência e aumentando a distância entre ricos e pobres. Nessas distorções decorrentes da industrialização, Tocqueville encontrava a explicação para o fato de a Inglaterra, apesar de mais rica e desenvolvida, apresentar na primeira metade do século XIX um número muito maior de indigentes do que os países que ainda permaneciam presos a um modelo econômico essencialmente agrário, como Portugal e Espanha.

---

p. 201-204). Sobre as teses de Boulainvilliers e Gobineau, Arendt apresenta uma excelente análise sobre elas no capítulo 2 da parte II ("Imperialismo"), intitulado "O pensamento racial antes do racismo", em *Origens do totalitarismo* (1998, p. 158-184).

[337] TOCQUEVILLE. Mémoire sur le pauperisme, in *Oeuvre I*, 1191, p. 1.160. Em nota ao texto, Françoise Mélonio e André Jardin observam que Tocqueville, nessa visão um tanto idílica que apresenta da sociedade feudal, passa ao largo das crises agrárias, dos anos de escassez, da fome e das epidemias que atingiram os camponeses franceses durante a Idade Média (in op. cit., p. 1635 [p. 1162, n. 1]).

CAPÍTULO 3 – IGUALDADE, LIBERDADE, FRATERNIDADE – E FELICIDADE

Mas a principal causa do agravamento do pauperismo nas sociedades industrializadas e modernas é que elas deram ensejo ao surgimento de uma nova classe de indivíduos – os proletários – que contavam apenas com a sua força de trabalho para sobreviver. No processo de expulsão e expropriação dos camponeses (um fenômeno particularmente acentuado na Inglaterra, onde a Revolução Industrial, por meio do processo de mecanização do campo e da transformação da propriedade rural em empresa capitalista privada, promoveu intensa concentração de terras), um contingente cada vez maior de indivíduos se viu obrigado a se deslocar para os centros urbanos com o intuito de trabalhar na indústria, ficando sujeitos às flutuações e às crises intermitentes do setor e mais expostos a se verem reduzidos a uma situação de indigência.[338]

Antes, contudo, de discutir as soluções que Tocqueville vislumbra para enfrentar o problema do pauperismo – e elas passam pelo esforço de tornar os proletários também proprietários, uma proposta que aprofunda na segunda parte do ensaio –, é importante se deter na análise que o autor faz da indústria, no segundo volume da *Democracia*....

Durante o périplo pelos EUA, Tocqueville e Beaumont não visitaram nenhuma fábrica, o que impediu o primeiro de alcançar a verdadeira dimensão do que representava o desenvolvimento da indústria capitalista em uma sociedade democrática. Mas logo após a redação da primeira parte do *Mémoire sur le paupérisme*, na qual se ocupa dessa questão, Tocqueville realizou a sua segun-

---

[338] Tocqueville observa que, dos 25 milhões de habitantes da Grã-Bretanha na década de 1830, somente 9 milhões se ocupavam com o cultivo do solo (Mémoire sur le pauperisme, in *Oeuvres I*, 1991, p. 1167). Em *A era das revoluções*, Eric J. Hobsbawn apresenta outro dado, baseado em um relatório do Parlamento inglês e correspondente a esse período, que mostra um quadro muito mais concentracionista: uma pequena parcela de 4 mil proprietários possuía cerca de quatro-sétimos das terras cultivadas na Grã-Bretanha, arrendando-as para 250 mil fazendeiros, os quais, por sua vez, empregavam em torno de 1,25 milhão de serviçais e trabalhadores assalariados, o que indica também uma forte proletarização do campo (HOBSBAWN, 2001, p. 168), fenômeno que Tocqueville discute na segunda parte do ensaio, como será visto mais adiante.

da viagem pela Inglaterra, onde visitou centros industriais como Birmingham e Manchester. A visão das condições miseráveis em que viviam os operários deixou-o fortemente impressionado, sobretudo na segunda cidade, onde predominavam as grandes indústrias, diferente da primeira, com os seus pequenos empreendimentos manufatureiros.[339]

Essa experiência influenciou fortemente a redação do capítulo XX da segunda parte do segundo volume da *Democracia...*, sob o título "Como a aristocracia poderia originar-se da indústria". Nele, Tocqueville adverte sobre o fato de que a organização do trabalho na indústria intensificava de tal maneira a situação de desigualdade entre patrões e empregados que poderia voltar a introduzir, no seio da sociedade democrática e igualitária, uma nova estrutura fundada na desigualdade permanente de condições, tal como nas aristocracias.

Essa ameaça era concreta porque a divisão do trabalho que caracterizava a atividade industrial constituía um obstáculo àquele que é um dos principais elementos da sociedade democrática: a mobilidade social. Na indústria, as posições de patrão e empregados não eram intercambiáveis, pois a coerção e as limitações do trabalho repetitivo executados pelos operários os brutalizavam e os desumanizavam de tal maneira que os impediam de mudar de condição.

Tocqueville lança mão do exemplo da manufatura de alfinetes, descrita por Adam Smith na *Riqueza das nações*,[340] para afirmar que um operário que se tornasse especialista na produção de cabeças de alfinete, e concentrasse todos os esforços na realização dessa tarefa, não pertencia mais a si próprio, mas a seu ofício – a sua existência consumava-se na execução de uma única atividade, em jornadas diárias extenuantes, sem dispor de tempo nem de oportunidades para desenvolver outras habilidades físicas e intelectuais.

---

[339] TOCQUEVILLE. Voyage en Angleterre et en Irlande de 1835, in *Oeuvres I*, 1991, p. 500-506.
[340] Cf. o cap. I, do Livro Primeiro, sobre a divisão do trabalho (SMITH, 1992).

CAPÍTULO 3 – IGUALDADE, LIBERDADE, FRATERNIDADE – E FELICIDADE

Assim, o proletário vivia a situação contraditória de pertencer a uma sociedade democrática, na qual, em princípio, há uma ampla oferta para a escolha de modos de existência, porém, por estar tão fortemente preso ao trabalho, não ter como abandonar a posição ocupada por ele. Mesmo os seus patrões podiam mudar de lugar e condição – por correrem o risco de ir à falência ou terem a possibilidade de investir em outra atividade econômica, por exemplo. Só o operário permanecia imóvel, em meio ao "movimento universal".

Em tal cenário, à medida que a divisão do trabalho fosse mais acentuada, respondendo às exigências do desenvolvimento e do aumento da produtividade por parte da indústria – segundo as observações de Adam Smith em *A riqueza das nações* –, o operário tornava-se mais limitado e dependente. No outro extremo, esse mesmo desenvolvimento progressivo da indústria demandava o aporte de grandes capitais, fazendo com que uma classe de indivíduos já muito ricos e esclarecidos passasse a investir nesse segmento da economia. Dessa forma, enquanto os proprietários da indústria ampliavam os horizontes em função da própria magnitude dos seus negócios, agindo como se administrassem um vasto império, os empregados, cerceados pela estreiteza do trabalho repetitivo, reduziam-se a "uma força física sem inteligência".

Instalava-se, em decorrência dessa nova organização econômica, uma situação em que os operários pareciam ter nascido para obedecer e os seus patrões, para comandar. Tocqueville, então, pergunta-se: "O que é isso, senão a aristocracia?".[341]

Comparada às antigas aristocracias, essa nova aristocracia surgida da indústria tinha, no entanto, as suas particularidades. Em primeiro lugar, apesar da condição de imobilidade social que caracterizava a base da sua estrutura hierárquica – a dos operários –, uma situação similar não se repetia no topo dessa pirâmide social. Os ricos proprietários da indústria podiam mudar de condição e, vivendo em uma sociedade que celebrava a independência

---

[341] TOCQUEVILLE. DA2, in *Oeuvre II*, 1992, p. 675.

individual, tampouco compartilhavam entre si as tradições e os objetivos em comum que ligavam estreitamente as famílias aristocráticas de outrora.

Também não existia um vínculo inquebrantável entre operários e patrões como havia antes entre servos e senhores. De um lado, se o operário via-se em uma situação de extrema dependência junto a quem o empregava, esse "senhor" do qual dependia – e que nem sempre tinha um rosto, já que podia ser um grupo de acionistas anônimo e desconhecido da multidão de proletários que explorava – mudava na medida em que o empregado trocava de local de trabalho. De outro lado, o patrão não se sentia atado aos subordinados por laços de obrigação e responsabilidade, no sentido de protegê-los e de socorrê-los em caso de necessidade. Na verdade, o que fazia a aristocracia manufatureira, depois de empobrecer e brutalizar a mão de obra barata da qual dispunha, era abandoná-la à caridade pública em tempos de crise ou em caso de doença ou de outro fator que impedisse os seus integrantes de continuarem a trabalhar.

Na indústria, conjugavam-se, então, os aspectos mais problemáticos da democracia e da aristocracia: ausência de solidariedade e impessoalidade da relação social, no que tange à primeira, e desigualdade e inexistência de mobilidade social, no que se refere à segunda. Por essa razão, Tocqueville classifica a aristocracia manufatureira – que na realidade assemelhava-se mais a uma oligarquia ou a uma plutocracia – como "um monstro", uma aberração dentro do conjunto do estado social democrático. Entretanto, sem procurar apresentar uma solução para conter essa anomalia, ele se restringe a dizer, nesse capítulo da *Democracia...* de 1840, que a aristocracia manufatureira tinha alcance restrito sobre o todo da sociedade democrática; em consequência, os malefícios que ela acarretava também seriam limitados.

***

Eric Keslassy observa que era um lugar-comum entre os economistas liberais contemporâneos de Tocqueville, como Bastiat

CAPÍTULO 3 – IGUALDADE, LIBERDADE, FRATERNIDADE – E FELICIDADE

e Dunoyer, a atitude de atribuir a miséria dos operários à "imoralidade" deles. "Os economistas liberais são proponentes de um individualismo que ensina que o sucesso na vida econômica, a riqueza ou a indigência depende da ação do indivíduo", ressalta Keslassy,[342] aludindo a uma concepção que, a bem da verdade, não era exclusiva dos economistas, mas constituía o credo corrente entre políticos liberais como Guizot.

Consoante com essa condenação moral da miséria, outra espécie de clichê entre os liberais era afirmar que o pauperismo cumpria uma função essencial dentro da sociedade: a condição de miséria de parte da população era útil para mostrar aos demais o que os aguardava caso a sua conduta não fosse virtuosa. Assim, o Estado nada tinha a contribuir para a sociedade combatendo a miséria, porque ela exercia um papel salutar dentro da estrutura social.

Além do mais, conforme essa visão, todos os esforços em ajudar os pobres eram encarados como inúteis porque as desigualdades eram consideradas irredutíveis e necessárias ao progresso social; este era realizado em função da dinâmica do interesse de cada um em melhorar a sua condição social e econômica, em um ambiente onde a concorrência extrema promotora do progresso socioeconômico premiava os melhores e punia os fracassados. Coroando todo esse ideário do liberalismo econômico, predominava a convicção em torno do caráter natural da desigualdade – esta não era injusta, porque fazia parte da ordem da criação.[343]

As divergências de Tocqueville com o diagnóstico do liberalismo clássico para a questão da miséria eram flagrantes. Para ele, a desigualdade social não é natural, mas fruto de um processo histórico que, aliás, na perspectiva providencialista do autor, caminhava em direção ao aprofundamento da igualdade de condições – o estágio mais avançado da civilização, como o demonstrava o exemplo dos Estados Unidos.

---

[342] KESLASSY, 2000, p. 254.
[343] Neste sentido, ver ibidem, p. 250-255.

E se Tocqueville lamenta a "intemperança" dos indivíduos reduzidos à condição de pauperismo, em particular os proletários, não há no pensamento do autor uma estigmatização e uma condenação moral da miséria em princípio, como se os miseráveis fossem os culpados e os únicos responsáveis por sua situação. A explicação para a conduta deles, considerada imoral e digna de reprovação, encontrava-se na sua situação de pessoas desenraizadas, destituídas de posses e, portanto, de um lugar no mundo. Por isso, não tinham nada a perder e tampouco alimentavam alguma perspectiva com relação a seu futuro e ao de seus familiares.

No campo e na cidade, o meio que Tocqueville indicava para combater os males do pauperismo era garantir aos camponeses e proletários os instrumentos para assegurar a própria sobrevivência por meio da aquisição de propriedade. Ou de, pelo menos, "o espírito e os hábitos da propriedade".[344]

Essas ideias são desenvolvidas principalmente no segundo ensaio, inacabado, sobre o pauperismo, sequência que ele havia prometido trazer a público no ano seguinte à edição do primeiro, mas que permaneceu inédita até ser descoberta por André Jardin na segunda metade do século passado em meio aos manuscritos do autor.[345] No primeiro texto, Tocqueville havia manifestado desaprovação à instituição da caridade pública como meio de socorro aos indigentes por conta das distorções que causava. Tomando como exemplo a Inglaterra, reprovava a ajuda pública aos miseráveis porque ela institucionalizava, de forma permanente, uma estrutura social em que uma classe "ociosa e preguiçosa" vivia na dependência de uma classe "industrial e trabalhadora".

O tom do discurso soa, à primeira vista, moralizante, no entanto, Tocqueville faz uma condenação do sistema que leva a essa situação, não de indivíduos ou classes em si mesmos. Tal como vigorava na Inglaterra, a lei dos pobres não oferecia meios para os que dependiam da caridade pública pudessem melhorar de condição; ao contrário, tornava-os eternos dependentes desses

---

[344] TOCQUEVILLE. Mémoire sur le pauperisme, in *Oeuvre I*, 1991, p. 1.183.
[345] Ver JARDIN, 1984, p. 233.

CAPÍTULO 3 – IGUALDADE, LIBERDADE, FRATERNIDADE – E FELICIDADE

recursos que lhes garantia o mínimo para sobreviver. Ademais, por prever que cada comuna cuidasse dos seus próprios "miseráveis", a legislação afrontava a liberdade deles, impedindo-os de se locomover dentro do território do país sob o risco de perder o auxílio público.

Sendo assim, um sistema regular, permanente e administrativo de ajuda pública, nos moldes como funcionava entre os ingleses, tinha como consequência, a longo prazo, imobilizar e tornar ociosa uma parcela considerável da população que potencialmente poderia ser economicamente ativa. O que ocasionaria sérios prejuízos para o desenvolvimento social e econômico como um todo, comprometendo a própria capacidade futura do Estado em continuar socorrendo os desvalidos.

Ainda no primeiro ensaio, Tocqueville faz a ressalva de que um sistema de caridade pública é essencial nos casos específicos de assistência aos idosos e às crianças e também em situações de doença e loucura. Com relação à infância, também aponta a necessidade de oferecer ensino público e gratuito às crianças provindas de famílias carentes. Outra circunstância em que o auxílio estatal seria obrigatório ocorreria em momentos de calamidade pública. Em todos os demais casos, mais do que atuar para socorrer as pessoas reduzidas a um estado de pauperismo, o poder público deveria concentrar-se na tarefa de evitar que elas chegassem a essa situação.

Na continuação do ensaio sobre o pauperismo, Tocqueville recomenda que, no campo, o instrumento mais eficaz para prevenir a miséria entre os trabalhadores rurais é a reforma agrária. Mesmo admitindo que a divisão da terra poderia, em um primeiro momento, tornar-se um obstáculo para o desenvolvimento da agricultura como empreendimento capitalista, que demanda investimento de vultosos volumes de capital em inovações tecnológicas – da forma como esse desenvolvimento ocorria, como já lembrado, na Inglaterra –, Tocqueville adverte para as consequências sociais muito mais graves provocadas por um sistema econômico baseado no latifúndio.

Mais uma vez ele tem em mente o exemplo inglês, no qual os camponeses, sem terem direito a nenhuma parcela do solo e explorados de forma brutal pelas classes proprietárias, estavam submetidos a uma situação de miserabilidade desconhecida no seu país natal, cujo processo de divisão da terra começara ainda no Antigo Regime e se acentuara durante a Revolução Francesa. Ainda que, na França, o agricultor que fosse proprietário de uma diminuta parcela do solo continuasse pobre, ele não era indigente, e essa condição influenciava diretamente a sua conduta – Tocqueville elogia nos trabalhadores rurais franceses a postura de ordem, disposição para o trabalho e economia, a qual contrastava frontalmente com o comportamento dos camponeses na Inglaterra, cuja ausência de perspectivas com relação ao futuro, em razão de viverem submetidos à vontade e aos caprichos dos patrões, levava-os a se conduzir de forma desordenada e intemperante.

"Assim, então, não é a pobreza que torna o agricultor imprevidente e desordenado. Porque, com um terreno muito pequeno, ele continua pobre. É a ausência completa de toda propriedade, é a dependência absoluta do acaso", salienta o autor.[346]

Com relação aos operários das fábricas, mais vulneráveis do que os camponeses aos riscos da indigência – em razão de o setor industrial estar mais sujeito a crises econômicas do que no campo, o que acarretava frequentemente rebaixamento de salários e desemprego –, o meio mais efetivo para evitar esse problema consistiria em criar mecanismos para que eles também tivessem alguma participação nos empreendimentos industriais: seja por meio da divisão proporcional dos lucros entre os empregados, seja por meio do investimento de pequenas somas por parte deles, que se tornariam associados dos patrões. Nesse último caso, Tocqueville levanta ainda a possibilidade de, pelo instrumento das associações, os próprios operários juntarem os seus capitais e tornaram-se sócios em um empreendimento industrial coletivo.

---

[346] TOCQUEVILLE. Deuxième article sur le pauperisme, in *Oeuvre I*, 1991, p. 1.183.

CAPÍTULO 3 – IGUALDADE, LIBERDADE, FRATERNIDADE – E FELICIDADE

Demonstrando o mesmo entusiasmo que revela em *A democracia na América* para com o potencial da ação coletiva por intermédio das associações nas sociedades democráticas, o autor prevê que esse modelo de empreendimento conjunto por parte dos trabalhadores da indústria prevaleceria no futuro. Todavia, embora considere a ideia das associações industriais de operários muito "fecunda", Tocqueville faz a ressalva de que ela não estava ainda amadurecida para aquele atual estágio de desenvolvimento social e econômico, sobretudo na França, indicando as várias tentativas realizadas nesse sentido no país e que não obtiveram êxito por conta da insuficiência de capital, da ausência de crédito, da inconstância dos associados, entre outros fatores.[347]

Por outro lado, mantendo-se refratário à ação interventora e direta do Estado nos negócios privados, Tocqueville mostra-se contrário à alternativa de impor obrigações aos empresários, no sentido de que eles abrissem os seus empreendimentos à participação dos empregados. O remédio mais imediato que vislumbra, então, para prevenir o pauperismo entre os proletários seria o incentivo à poupança.

O caminho para viabilizar essa medida dar-se-ia pela instituição de bancos de poupança populares, nos quais os trabalhadores – seja do campo, seja da cidade – pudessem depositar as suas pequenas economias e capitalizá-las, a fim de adquirir uma propriedade futura ou contar com uma reserva pecuniária em caso de necessidade. A administração desses bancos ficaria a cargo do poder público, mas de forma que o capital acumulado não fosse centralizado no Tesouro Nacional, servindo aos interesses do comércio ou dos "rentistas" de Paris.

Essa verba deveria ficar disponível nas localidades, sendo empregada principalmente como fonte de empréstimos, a juros

---

[347] Em outra nota ao texto, André Jardin e Françoise Mélonio apontam que, entre as causas do fracasso dessas associações operárias na França, Tocqueville omite a forte repressão judicial contra elas, lembrando, por exemplo, o que ocorreu em 1833 com um grupo de alfaiates condenados por associação ilícita, em um processo movido pelos patrões (in *Oeuvres I*, 1991, p. 1638 [p. 1187, n. 1]).

mais baixos, para os mais pobres. Assim, entre os operários, esse mecanismo de favorecimento à poupança a partir de pequenas parcelas de seus próprios salários despertaria neles os já mencionados "espírito e hábitos da propriedade que uma grande parcela da classe agrícola já tinha", com todas as consequências sociais e comportamentais positivas também já referidas, além de ser um instrumento por meio do qual "o pobre econômico ou momentaneamente favorecido pela fortuna [...] emprestaria a juros sua poupança ao pobre pródigo ou desafortunado".[348]

***

Tocqueville escreveu os dois ensaios sobre o pauperismo também em um contexto em que as ideias socialistas ganhavam cada vez mais força entre a classe trabalhadora, o que iria ficar patente na Revolução de 1848. No famoso discurso que proferiu em 27 de janeiro de 1848 na Assembleia Nacional, pouco antes do levante popular que terminou por instaurar a Segunda República na França, ele antevê o perigo de uma nova revolução e avisa que as motivações dessa rebelião que se avizinhava não seriam mais políticas, como as de 1789 e 1830, mas "sociais".

Em um projeto de manifesto político que havia esboçado em outubro de 1847, mas que não chegou a ser divulgado, o autor já tinha previsto que os próximos conflitos na França dar-se-iam entre "aqueles que possuem e os que não possuem". "O grande campo de batalha será a propriedade, e as principais questões da política serão sobre as modificações mais ou menos profundas no direito de propriedade."[349] Tocqueville temia uma revolta popular que alterasse os fundamentos da ordem social, os quais se baseavam, para ele, na propriedade, como ressalta no *Souvenirs*.[350]

---

[348] TOCQUEVILLE. Deuxième article sur le pauperisme, in *Oeuvre I*, 1991, p. 1.188; 1.195.
[349] Idem. *Egalité sociale et liberté politique. Textes choisis...*, 1977, p. 187. Sobre o discurso de Tocqueville, ver *Oeuvres complètes III*, 1985, p. 105-106.
[350] Na conclusão do capítulo do *Souvenirs* em que discorre sobre a tentativa dos socialistas de abolir a propriedade privada, Tocqueville admite, no entanto,

CAPÍTULO 3 – IGUALDADE, LIBERDADE, FRATERNIDADE – E FELICIDADE

Daí que a sua atuação como *homme politique* oscilasse entre o conservadorismo que o levava a se posicionar contra uma legislação de proteção ao trabalho e uma postura mais progressista, manifesta na defesa de um sistema fiscal que protegesse os mais pobres – para citar dois posicionamentos aparentemente conflitantes do autor, no papel de parlamentar, sobre questões sociais.

Em 1839, Louis Blanc publica *L'organization du travail*, defendendo a criação das oficinas nacionais de produção, os *ateliers nationaux*, que funcionariam como cooperativas de trabalhadores, com aporte financeiro do Estado. O poder público também seria responsável pela regulamentação dessas oficinas e por sua supervisão, e Blanc chega a cogitar a ideia de uma oficina central dirigida pelo Estado.

Esse projeto de Blanc, político socialista que seria colega de Tocqueville na Assembleia Nacional eleita após o levante de 1848, mais a defesa da aprovação de uma lei instituindo o direito ao trabalho foram duas bandeiras socialistas que ganharam a adesão imediata da classe operária, exercendo forte influência durante as jornadas revolucionárias de 1848, e causaram uma reação extremada das hostes mais conservadoras. Tocqueville opôs-se frontalmente a esses projetos porque representavam, a seu ver, a penetração do socialismo nas instituições públicas.

O seu argumento, conforme explicita em discurso na Assembleia Constituinte de 12 de setembro de 1848, era o de que, ao se obrigar o Estado a dar trabalho aos cidadãos – uma consequência de tornar o trabalho um direito –, este seria forçado a assumir a atividade industrial e se tornar proprietário dela, abolindo a propriedade privada. Como visto, a questão, para Tocqueville, não era suprimir a propriedade particular, mas evitar a sua concen-

---

que aquilo que se acostumou a chamar de "instituições necessárias", referindo-se à propriedade privada, são, na verdade, "instituições às quais nós estamos acostumados", o que significa dizer que elas podem mudar. "[...] em matéria de constituição social, o campo do possível é bem mais vasto do que imaginam os homens que vivem dentro de cada sociedade" (in *Oeuvres III*, 2004, p. 789). Ou seja, a ordem social de cada comunidade política não é "natural", mas sempre fruto do processo histórico.

tração, e por isso ele exalta, nesse mesmo discurso, a Revolução Francesa, que manteve o princípio da propriedade privada, distribuindo-a a mais pessoas.

A crítica à ação estatal direta na economia também encontra eco no seu temor da instituição do Estado tutelar, que paulatinamente assumisse o controle de todas as esferas de atuação dos indivíduos, uma ação que, na sua opinião, representava um risco à liberdade. Daí decorre também a sua grande crítica ao socialismo, cujos adeptos pregavam a necessidade de um aparelho estatal centralizador. Na visão de Tocqueville, a diferença entre a democracia e o socialismo residia no fato de que, enquanto a primeira estenderia a esfera da liberdade individual, o segundo a restringiria. "A democracia e o socialismo se ligam apenas por uma palavra, a igualdade. Mas vejam a diferença: a democracia quer a igualdade na liberdade, e o socialismo que a igualdade na dependência e na servidão", afirma, no mesmo discurso de setembro de 1848.[351]

Contudo, em que pesem as críticas aos partidários do socialismo, Tocqueville foi um leitor atento das teorias socialistas, como o demonstram as suas anotações com comentários acerca das teses de Saint-Simon, Owen, Fourier e Louis Blanc, além de ter frequentado os ambientes socialistas da Paris pré-Revolução de 1848 e se aproximado de ativistas de esquerda como o saint-simoniano Ismayl Urbain e Considerant, discípulo de Fourier. Em 1847, para se contrapor à agitação revolucionária que já se anunciava, ele redige três textos que constituem o esboço de um programa da Jeune Gauche – formada por cerca de 30 deputados da Assembleia Nacional, os quais procuravam manter uma posição de independência entre a maioria governista conservadora e a oposição republicana mais radical –, com propostas bem avançadas no campo social.

---

[351] TOCQUEVILLE. *Oeuvres complètes III*, 1985, p. 167-180.

CAPÍTULO 3 – IGUALDADE, LIBERDADE, FRATERNIDADE – E FELICIDADE

Esse programa, o mais situado à esquerda de toda a carreira parlamentar de Tocqueville, foi igualmente considerado o programa mais avançado de toda a esquerda reformista sob a Monarquia de Julho.

Nesses três escritos – intitulados "De la classe moyenne et du peuple", "Fragments pour une politique sociale" e "Question financière" –, Tocqueville propõe uma reforma fiscal em favor dos pobres, com a isenção de impostos para os mais necessitados; a não cobrança de tributos, ou pelo menos a redução para o mínimo possível, sobre produtos de primeira necessidade; a cobrança proporcional de imposto de acordo com a renda do contribuinte, entre outras providências que visassem aumentar a tributação direta e reduzir a indireta. Também recomenda, além dos bancos populares de poupança já propostos no ensaio sobre o pauperismo, a implementação de instituições de crédito, escolas gratuitas, leis restritivas da jornada de trabalho, salas de asilo, oficinas e bancos de seguro mútuo, em benefício das classes populares.[352]

Apesar da posição favorável à expansão colonialista da França, como o demonstra a sua atitude em relação à colonização da Argélia, que considerava estratégica para a manutenção do status do país como potência ocidental, Tocqueville também demonstrou uma posição progressista no que se refere à questão da escravatura nas colônias francesas. Em 1843, encarregado de examinar a proposta de M. de Tracy apresentada ao Parlamento que previa a liberação paulatina dos escravos, ele propôs, em compensação, a libertação total e imediata de todos, sem restrições, e ainda a adoção de medidas para assegurar-lhes trabalho e educação.[353]

No mesmo ano, em uma série de artigos publicados no jornal *Le Siècle* sobre a emancipação dos escravos nas colônias, reclama ainda a intervenção do Estado para estipular os salários que seriam recebidos pelos libertos, a fim de que não fossem

---

[352] BENOÎT, 2013, p. 461-466; KESLASSY, 2000, p. 218-219.
[353] TOCQUEVILLE. *Oeuvres complètes III*, 1985, p. 41-78. Sobre a posição de Tocqueville a respeito da Argélia, ver Travail sur l'Algérie, in *Oeuvres I*, 1991, p. 691-759.

explorados por seus ex-senhores. No entanto, Tocqueville recomenda a imposição de restrições temporárias à liberdade de ir e vir dos ex-escravos, sugerindo que fossem obrigados a residir nas colônias francesas por um determinado tempo e impedidos de permanecer ociosos, sob a alegação de evitar a ocorrência súbita de escassez de mão de obra provocada por uma provável debandada dos libertos para as colônias inglesas, mais atrativas economicamente.[354]

Ainda no esboço do programa da Jeune Gauche, demanda por um engajamento para que as classes inferiores, de maneira regular e pacífica, se interessassem pelos assuntos públicos. Tal esforço passava pela ampliação dos direitos políticos, a fim de integrar os trabalhadores à cidadania, visto que na França da Monarquia de Julho a burguesia monopolizava a vida política do país. "Nossas leis colocaram todo o governo da sociedade nos limites de uma classe bem pouco numerosa. Foram-lhe dadas todas as regalias, o direito de nomear os legisladores, de fazer as leis, de julgar. Todas as funções do governo foram-lhe acordadas", lamenta, em uma anotação de 1847.[355]

O alijamento do povo da vida pública do país era duplamente perigoso porque se provocava, de um lado, uma completa indiferença da grande maioria da população para com os assuntos coletivos, deixava-a, por outro, suscetível a um discurso revolucionário que pregasse a mudança radical da ordem social e política. Contudo, integrar o povo à cidadania ia além de assegurar-lhe a igualdade legal. Passava também pela premência de garantir-lhe o bem-estar compatível "com a existência do direito individual

---

[354] TOCQUEVILLE. *Oeuvres complètes III*, 1985, p. 79-103. No prefácio ao volume editado pela Actes Sud/Éditions Barzahh que reúne textos a respeito da escravidão escritos por Tocqueville, Seloua Luste Boulbina tece fortes críticas às propostas contidas na série de artigos do autor publicados no *Le Siècle*. Para Boulbina, as propostas transitórias de Tocqueville para a abolição da escravatura nas colônias francesas impunham o trabalho forçado aos ex-escravos e tentavam conciliar o inconciliável, ou seja, o interesse dos escravos e o dos colonos, a liberdade dos negros e a propriedade dos brancos (in *Sur l'esclavage*, 2008, p. 167-168).
[355] TOCQUEVILLE. Op. cit., p. 726.

de propriedade e a desigualdade de condições decorrente desse direito".[356] Tais objetivos exigiam a adoção de medidas sociais em benefício dos trabalhadores, impedindo-os de se verem reduzidos a uma situação de indigência, que os tornava alheios tanto ao próprio destino quanto à da comunidade política a que pertenciam.

O exercício ativo da cidadania, a experiência da participação política – experiências que proporcionam aquela alegria mencionada por Arendt de compartilhar o espaço público com os iguais, cuja manifestação coletiva Tocqueville, admirado, testemunhou nas comunas norte-americanas – também requerem que se goze de condições dignas de existência. Antes de passar ao tema da felicidade pública, será a vez de tratar, na seção seguinte, a questão social no pensamento de Arendt.

3.2 ARENDT: COMPAIXÃO, PIEDADE E SOLIDARIEDADE

Em *Sobre a revolução*, Hannah Arendt faz apenas uma breve referência, no capítulo final do livro, ao terceiro elemento da divisa "Liberté, Egalité, Fraternité" da Revolução Francesa – e para desqualificá-lo. Empregando os termos "social fraternity" e "brotherhood", ela salienta que, apesar de os líderes jacobinos apresentarem uma consciência, até "extremada", da fraternidade, esta não substituía a igualdade, a qual, por sua vez, acabou sendo abolida pelos mesmos revolucionários tão preocupados em serem fraternos com os *malheureux*.[357]

Claro está que a igualdade a que Arendt refere-se é a compreendida como isonomia, o igual direito à participação política. Para a autora, a fraternidade revolucionária, aqui entendida no sentido de um esforço para suprir as carências materiais dos pobres, confinava o *peuple* francês a uma condição de menoridade política, por tratá-lo como uma massa indistinta de necessitados

---

[356] Apud BESNIER, 1995, p. 463.
[357] ARENDT. *On revolution*, 1990, p. 248.

em vez de uma pluralidade de pessoas capazes de exercer ativamente a cidadania.

No cerne dessa análise, encontra-se o polêmico argumento segundo o qual a ruína da Revolução Francesa deveu-se à supremacia da questão social no movimento revolucionário francês, em detrimento da preocupação em assegurar a liberdade política por meio de instituições republicanas perenes. E contrapondo-o aos afetos da compaixão e da piedade que moveriam essa fraternidade social revolucionária, Arendt destaca o princípio político da solidariedade, a guiar as ações dos cidadãos ligados entre si pelos laços da *philia*, a amizade política tal como definida por Aristóteles.

Para situar a crítica de Arendt ao papel da questão social na revolução, é importante retomar outra vez a distinção feita por ela entre libertação (*liberation*) e liberdade (*freedom*). O desafio imposto aos líderes revolucionários franceses não era só a libertação da opressão, que conduziria por sua vez à fundação da liberdade, a exemplo do que ocorrera nos Estados Unidos. Urgia também libertar da pobreza a multidão de indivíduos que irrompeu pelas ruas em apoio à revolução. Equiparada à segunda, a primeira batalha por libertação assemelhava-se, nas palavras de Arendt, a "uma brincadeira de criança".

O esforço de libertação da pobreza era muito mais hercúleo porque o jugo imposto por ela é muito mais tirânico: a pobreza sujeita os seres humanos ao império absoluto dos seus corpos, da necessidade do processo vital.

Arendt adjetiva a pobreza de "abjeta" porque ela desumaniza, tornando os seres humanos incapazes de transcender a mera condição de animais, inteiramente sujeitos à coerção de uma necessidade vital à qual nunca conseguem satisfazer plenamente. O estigma da pobreza pesa duplamente: ele reside não apenas no "estado de carência constante e miséria aguda", de acordo com a definição de pobreza por Arendt em *Sobre a revolução*,[358]

---

[358] ARENDT. *On revolution*, 1990, p. 60.

mas submete os indivíduos reduzidos a esse estado àquela obscuridade da qual se tratou na seção sobre a igualdade na obra da autora, porque não têm acesso à luz do espaço público. A crítica de Arendt ao que ocorreu na Revolução Francesa, quando os pobres conseguiram sair dessa situação de invisibilidade para aparecer no palco da política, se deve ao fato de que eles continuaram confinados ao status de necessitados que precisavam ser socorridos em suas carências materiais.

Nesse aspecto, na interpretação arendtiana não havia uma identidade de propósitos entre *le peuple* – que se tornou sinônimo de *les malheureux* – e os líderes revolucionários em torno de uma causa comum, a fundação e a institucionalização da liberdade política. A prioridade, para estes últimos, principalmente quando a ala jacobina se assenhorou do poder, deixou de ser a atuação como representantes de um conjunto de cidadãos emancipados para enfatizar o papel de salvadores da massa de vítimas sofredoras. Com esse encargo de "salvadores" dos pobres, eles claramente se distinguiam do povo, afetando o equilíbrio da igualdade política.

Engajados na tarefa de assegurar o bem-estar do povo, os jacobinos, tendo à frente Robespierre, elegeram como a principal virtude política o sentimento da piedade. Desse ponto de partida, Arendt desenvolve uma das mais brilhantes teses de *Sobre a revolução*: os riscos que uma "política do coração" representam à liberdade política. Porém, também é onde se apoia para defender uma de suas ideias mais controvertidas: a de que a política não é a arena adequada para solucionar a questão social da miséria.

Novamente, são a filosofia de Rousseau e a influência exercida por ela sobre os revolucionários franceses que Arendt elege como alvo. Inspirados pela doutrina de Rousseau segundo a qual a comiseração é a reação mais natural dos seres humanos ao sofrimento alheio – sentimento que nomeia de "piedade natural" (*pitié naturelle*) –, Ropesbierre e as demais lideranças jacobinas partilhavam a convicção de que a compaixão pelos infelizes, a comiseração dos que não sofriam por aqueles que padeciam dos males da miséria, seria o único elo que poderia unir a nação francesa.[359]

Arendt, por sua vez, define a compaixão, baseada em sua etimologia, como um cossofrimento, quando se é atingido pela dor alheia por uma espécie de contágio. A *com-paixão* é um "sofrer-com", lembrando-se o sentido etimológico do termo "paixão" (do grego *pathos*), que indica passividade, um padecer que é despertado como reação à medida que se é provocado por um agente externo. Uma experiência genuína de compaixão representa ser tomado por uma sensibilidade para com a dor alheia de tal monta que é como se ela nos atingisse em nossa própria carne.

Por conta dessa característica, a compaixão só pode visar alguém em particular, jamais é estendida a uma pluralidade de pessoas. Portanto, tal afecção não se presta à sustentação de qualquer política. Toda tentativa nessa direção só tem como resultado fazer com que a compaixão se desfigure em "piedade", a qual, na acepção de Arendt, para usar a expressão certeira de Myriam Revault d'Allones, não passa de uma "compaixão pervertida".[360]

Arendt se vale da conhecida passagem "O Grande Inquisidor", de *Os irmãos Karamázovi*, de Dostoiévski, para analisar a paixão da compaixão. Nesse trecho do romance, o personagem Ivan Karamázovi narra a seu irmão caçula, Aliocha, um "poema" que havia sonhado sobre uma segunda vinda de Jesus à Terra, na Sevilha do século XVI dominada pela Inquisição. Caminhando em meio às ruas da cidade espanhola, Jesus é imediatamente reconhecido pela gente simples, que logo forma uma multidão à sua volta. Porém, mal tem tempo de realizar dois milagres – devolve a visão a um cego e ressuscita uma menina de sete anos, para o júbilo geral – quando sua prisão é imediatamente ordenada pelo cardeal que preside o Santo Ofício, um homem quase nonagenário. Jesus

---

[359] Na biografia que escreveu sobre Robespierre, Hervé Leuwers observa que, ao se apresentar publicamente como o advogado dos "infelizes" e depois como orador do "povo", Robespierre procurava provar a sua virtude pública. Porém, essa estratégia não era só discursiva – ela também dava prova de uma "sensibilidade", que lembrava a de Rousseau (LEUWERS, 2014, p. 211).
[360] REVAULT D'ALLONES, 2009, p. 75.

CAPÍTULO 3 – IGUALDADE, LIBERDADE, FRATERNIDADE – E FELICIDADE

é, então, conduzido pelos guardas sob o silêncio mortal do povo, temeroso, acima de tudo, do poder do Grande Inquisidor.

Na cela escura em que é trancafiado, Jesus recebe a visita do velho Inquisidor, e este inicia um longo monólogo no qual censura severamente o prisioneiro por ter concedido a liberdade de escolha aos homens, ao invés de simplesmente sujeitá-los a seu poderio, uma tarefa que teve de ser assumida pela Igreja, a cuja autoridade esse retorno do Cristo representava uma ameaça. Por essa razão, Jesus teria de ser entregue, como os hereges, à fogueira da Inquisição, e a mesma multidão que lhe beijara os pés na véspera ajudaria a alimentar as chamas que o consumiriam. Jesus escuta o prolongado discurso do cardeal sem dizer uma palavra. Quando o sacerdote finalmente se cala, apenas lhe beija os lábios em resposta. Perturbado, o Inquisidor abre a porta da cela e ordena que o prisioneiro saia, e este desaparece nas trevas.

Na interpretação de Arendt, o silêncio de Jesus diante da eloquência do prelado não se deve à falta de argumentos do primeiro diante do segundo, mas porque Jesus emprega a linguagem da compaixão, que se exprime muito mais por gestos do que por palavras. As respostas que oferece à oratória do Inquisidor são a sua escuta intensa, o olhar "penetrante e calmo", na descrição dostoiévskiana, e o beijo final que deixa o seu interlocutor mudo e atônito, manifestações da profunda compaixão de Jesus por aquela alma sofredora que se enreda em sua própria fluidez discursiva.

O sinal da divindade de Jesus no romance residiria, precisamente, na capacidade de ter compaixão por todos os homens no singular, sem dissolver as suas identidades em um todo genérico como uma "mesma humanidade sofredora".[361]

Com relação a Rousseau, na compreensão arendtiana, a compaixão na obra do genebrino ganha destaque muito mais por conta da indignação que ele manifesta em relação à alta sociedade

---

[361] ARENDT. *On revolution*, 1990, p. 85. O episódio descrito está no capítulo V, do Livro V, II Parte, de *Os irmãos Karamázovi* (DOSTOIÉVSKI, 1975, p. 695-710, v. IV).

de sua época, a qual vivia em um luxo excessivo e indiferente à miséria que a cercava, do que pelo fato de o próprio filósofo também compartilhar o sofrimento alheio, a exemplo de Jesus em Dostoiévski. "[...] embora os padecimentos dos outros lhe tocassem o coração, ele se envolveu mais com seu coração do que com os sofrimentos alheios, e ficou encantado com os caprichos e humores do seu coração conforme se revelavam no doce prazer da intimidade", comenta a autora, no habitual tom mordaz de que lança mão para se referir a Rousseau.[362]

Nessa esfera da intimidade, a qual Rousseau foi um dos primeiros a revelar na modernidade, a compaixão se descaracteriza como paixão, como um padecer conjunto, para ser vivida como uma emoção ou um sentimento, que se deleitam neles próprios. E o sentimento que corresponde ao *pathos* da compaixão, segundo Arendt, é a piedade.

Enquanto a compaixão é esse "sofrer-com", a piedade mantém a distância. Experimentar um impulso de piedade pode até representar uma comoção momentânea diante da vista do sofrimento alheio ou da ideia desse sofrimento, mas sem ser de fato atingido por ele. A compaixão requer cumplicidade, aproximação; a piedade conserva certo afastamento. Porque guarda esse distanciamento das vítimas sofredoras que contempla, a piedade pode generalizar o seu alvo, englobando não só a multidão, mas até a humanidade como um todo. Sem dúvida, poderia se apresentar como "piedoso" outro personagem de *Os irmãos Karamázovi*, o médico que se dizia disposto a servir a humanidade inteira, embora fosse incapaz de gostar de uma só pessoa em particular.[363]

Também porque dispensa o envolvimento mais íntimo da compaixão, a qual requer a proximidade do contato e por isso

---

[362] ARENDT. *On revolution*, 1990, p. 88. Como o fez na questão da vontade geral discutida no capítulo 2, Arendt por vezes pesa a mão nas censuras que dirige a Rousseau sobre o papel da compaixão e da piedade. A crítica dela desconsidera aspectos relevantes da filosofia rousseauísta sobre essa questão e mesmo alguns pontos de contato entre o seu pensamento e o de Rousseau, conforme será abordado mais adiante.

[363] Ver DOSTOIÉVSKI, 1975, v. IV, p. 538.

CAPÍTULO 3 – IGUALDADE, LIBERDADE, FRATERNIDADE – E FELICIDADE

emprega, sobretudo, a linguagem gestual, a piedade maneja com destreza a retórica, como dá prova o longo discurso do Inquisidor do romance de Dostoiévski, que diz falar em nome dos "fracos". Por ser falante, a piedade se presta a ingressar na praça pública e assim dirigir-se à multidão. No entanto, enquanto a compaixão se desfigura no espaço público porque só pode ter como alvo indivíduos e nunca uma pluralidade de pessoas – algo possível apenas para uma divindade como o Jesus de Dostoiévski –, a piedade, convertida em política, também a perverte, como o faz com a compaixão.

A piedade afronta a essência da política – a pluralidade humana, uma pluralidade de seres iguais e distintos entre si, com diferentes pontos de vista (*doxai*) –, ao diluir as singularidades em uma massa indiferenciada de sofredores. Outro fator que faz da piedade um elemento corruptor da política é que ela necessita dos sofredores para se autoabastecer. Os sujeitos de quem se nutre continuam sendo os invisíveis, condenados a permanecer na obscuridade da pobreza e sem acesso à luz do espaço público. Uma política da piedade, em suma, confronta a isonomia do espaço público, porque pressupõe a superioridade de quem a conduz em relação àqueles a quem se dirige, negando a estes últimos voz e participação nos assuntos públicos.

Por ser ainda incapaz de estabelecer relações com as pessoas em sua singularidade, uma política da piedade também se vê presa de sua própria desmedida, de sua *hybris*, e pode degenerar no contrário daquilo que apregoa, metamorfoseando-se em uma política da crueldade. Assim, o ardor compassivo por uma humanidade abstrata corre o risco de transfigurar-se em ira piedosa, insensível aos padecimentos reais daqueles que ela escolhe como objeto.

Todas essas distorções da piedade quando adentra no campo da política são apontadas por Arendt na atitude de Robespierre e de seus correligionários jacobinos. A glorificação da pobreza e o enaltecimento do sofrimento como fonte de virtude, tão presentes na oratória revolucionária, o ilimitado de um sentimento que não se concentra em um indivíduo ou em algo específico, mas se dirige a uma multidão sem rosto a qual se contempla de longe, desembocaram no paroxismo de uma política revolucionária que uma frase recolhida por Arendt na petição de uma das seções da Comuna de Paris à Convenção Nacional ilustra à perfeição: *"Par pitié, par amour pour l'humanité, soyez inhumains!"* [Por piedade, por amor à humanidade, sejam desumanos!].[364]

Essas palavras não devem ser lidas como um arroubo retórico, gratuito e exagerado. Elas configuram a autêntica linguagem da piedade, que também se revela com clareza na metáfora cirúrgica muito empregada pelos revolucionários franceses – o cirurgião precisa amputar, com o seu bisturi "cruel e benevolente", o membro gangrenado para salvar o corpo enfermo – a fim de justificar as violências do Terror.

Assim como a compaixão se corrompe em piedade quando penetra no espaço da política, com todas as consequências assinaladas, a bondade igualmente se desvirtua quando aparece nesse domínio. Na *Condição humana*, Arendt também evoca a figura de Jesus de Nazaré para analisar as implicações da bondade. As palavras de Jesus que ordenam que a mão esquerda não deve saber o que faz a direita denotam a qualidade intrínseca da bondade: como toda obra boa só pode ser assim considerada como tal se realizada por amor à própria bondade, assim que ela se torna pública perde essa característica, porque, nesse caso, pode ser atribuída a outros motivos além desse amor.

A bondade só existe enquanto não é percebida, nem mesmo pelo próprio autor dos atos bons. Quem se dedica à bondade escolhe uma vida completamente solitária e não desfruta sequer da companhia de si, no diálogo do dois-em-um do pensamento. Daí o seu caráter paradoxal, expresso também nos ensinamentos de Jesus, segundo os quais ninguém pode ser bom, a não ser Deus. E daí também que a bondade, quando é instrumentalizada como política no espaço público, deixa de ser boa e se corrompe.

---

[364] Apud ARENDT. *On revolution*, 1990, p. 89.

CAPÍTULO 3 – IGUALDADE, LIBERDADE, FRATERNIDADE – E FELICIDADE

É com base nessa característica da bondade que Arendt entende o conselho de Maquiavel aos líderes políticos, no *Príncipe*, alertando-os para que não procurem ser bons. Não se trata de uma exaltação da maldade ou do crime, mas da compreensão que os parâmetros para julgar a política são intrínsecos ao seu próprio campo. O critério para avaliar a ação política, para o florentino, é a glória da própria ação política, não as boas (ou más) intenções do agente que a realizou.[365]

No seu ensaio sobre as revoluções modernas, Hannah Arendt retoma o tema da bondade tendo como ponto de partida outra obra literária, a novela *Billy Budd*, de Herman Melville. Alguns críticos veem nesse texto publicado após a morte do escritor norte-americano uma parábola sobre o embate entre natureza e cultura, aquela representada pela inocência angelical do marujo Billy Budd e esta pela inteligência ardilosa e pervertida de seu antagonista, o mestre-d'armas Claggart. Valendo-se do curto prefácio que Melville escreveu para a novela, no qual indaga por que a revolução (referindo-se à Francesa) tornou-se mais opressiva que os reis,[366] Arendt considera, por seu turno, que a questão que norteia essa história está relacionada aos paroxismos inerentes à ideia de bondade natural, outro tema rousseauísta tão caro aos revolucionários franceses.

O problema apontado por Melville é que a bondade natural não é sinônimo de brandura ou de fraqueza, mas, ao contrário, pode agir com violência. Isso explica por que o anjo representado pelo belo marujo Billy Budd reage com fúria incontrolada ao ser acusado falsamente de um crime por Claggart e, com um único golpe, mata-o. No confronto entre Billy Budd e Claggart, o primeiro sai vencedor porque a bondade natural que encarna é mais forte do que a maldade personalizada pelo segundo, que não pas-

---

[365] ARENDT. *The human condition*, 1998, p. 74-78; MAQUIAVEL, 2002, p. 199-201.
[366] Esse prefácio de Melville foi suprimido na edição brasileira de *Billy Budd* lançada pela Cosac & Naify em 2003 e usada como referência neste livro. Sobre o embate entre natureza e cultura em Melville, ver o prefácio do escritor Bernardo Carvalho para essa mesma edição (in MELVILLE, 2003).

sa de uma depravação da natureza. Porém, ambas partilham em comum a violência elementar presente em toda força natural.

Como a compaixão, a bondade natural, tal qual incorporada pelo marujo de Melville, carece de capacidade discursiva. Uma vez que a inocência não se prova com palavras (o ônus da prova, por essa razão, sempre pertence a quem acusa), o único recurso que coube a Billy Budd – na incapacidade de refutar as acusações contra ele – foi aniquilar pela raiz o mal que o confrontava, exterminando o seu oponente.

Da mesma forma que a bondade, a compaixão, quando não degenera em piedade, também pode enveredar por caminhos violentos. Tendo em vista que o seu universo é estranho ao processo de persuasão, negociação e acordo que caracteriza a política, ela privilegiará, no esforço de atenuar o sofrimento alheio que também a atinge, uma atuação cujos efeitos sejam mais rápidos e diretos e que não hesitará em lançar mão dos instrumentos da violência para alcançar os seus objetivos.

***

As reflexões de Arendt em torno da compaixão, da piedade e da bondade reforçam o seu argumento de que, no âmbito da política, o "coração" traz uma série de distorções para a esfera pública que só podem resultar em corrupção e violência. Uma política do coração promove uma perigosa confusão entre o público e o privado, entre a moral e a política, entre o ser e o aparecer. O que provoca essa miscelânea arriscada é o fato de o coração ser um lugar de sombras, onde repousam as nossas motivações mais íntimas e os sentimentos e as paixões concernentes a elas. Expostas ao público, essas motivações, mesmo se sinceras e autênticas, sempre serão passíveis de suspeita.

Somente os atos e as palavras se prestam à aparência, os motivos por detrás deles, caso se manifestem publicamente, tornam-se nada mais do que outras aparências que podem esconder motivações menos louváveis, a exemplo da fraude e da hipocrisia. Para Arendt, foi exatamente a ênfase no coração como

CAPÍTULO 3 – IGUALDADE, LIBERDADE, FRATERNIDADE – E FELICIDADE

fonte de virtude política, durante a Revolução Francesa, que culminou na caça aos hipócritas que chegou ao ápice durante o Terror revolucionário.

De um lado, estava o povo que, na sua simplicidade, personificava o homem natural de Rousseau, ainda não corrompido pela sociedade. De outro, como o seu adversário, posicionavam-se a aristocracia e todos os suspeitos de serem inimigos da revolução, de quem era preciso arrancar a máscara e expor a verdadeira face decadente, corrupta e egoísta.[367] Essa guerra à hipocrisia degenerou em um ambiente de desconfiança generalizada que, como se sabe, não poupou ninguém, nem mesmo Robespierre, apesar da fama de ser o "Incorruptível".

O esforço insano de desmascarar os hipócritas terminou por deixar todos os *citoyens* destituídos da máscara da *persona*, um termo retirado da linguagem teatral (designava a máscara usada pelo ator em cena) para referir-se, na Roma antiga, à personalidade jurídica do cidadão portador de direitos e deveres. Um indivíduo privado de sua *persona* era apenas um *homo*, um ser humano reduzido ao estado de natureza, desprotegido pela lei e fora do corpo político. Assim, o "homem natural", cujos direitos (os Direitos do Homem) eram proclamados não em razão de pertencerem a um corpo político, mas pelo simples fato de seu nascimento, ganhou no curso da revolução uma estranha realidade, expressa na pele dos cidadãos franceses despojados da máscara protetora de suas personalidades jurídicas.

Os riscos da confusão entre o que é público e o que é privado representados por uma política que privilegie os impulsos do coração também são destacados por Arendt, tendo em vista a sua própria concepção das relações entre os seres humanos na esfera da política, que sempre requerem uma certa distância. As relações humanas no âmbito da política pressupõem o que Arendt

---

[367] O já citado biógrafo de Robespierre salienta que o líder jacobino, influenciado por Rousseau, imaginava o povo "puro e bom", como a natureza. Em vários de seus discursos, a essa imagem do povo, ele opunha o egoísmo e a corrupção das "castas afortunadas" (LEUWERS, 2014, p. 149).

chama de *inter-esse*, algo que é de interesse comum entre as pessoas, mas, exatamente por se situar *entre* elas, as mantêm simultaneamente conectadas e afastadas entre si.

Esse algo em comum é o mundo em comum, para cuja definição Arendt emprega a metáfora da mesa que se interpõe entre os que se assentam em torno dela, o espaço-entre, que, ao mesmo tempo em que os relaciona, conserva uma distância entre cada qual. Para tanto, é necessária a mediação das máscaras públicas que portamos como cidadãos, por meio das quais adquirimos uma personalidade jurídico-política.

Assim, à trágica indagação que surge da trama de *Billy Budd* – como julgar o homem que encarnava a bondade natural, mas que se tornou um criminoso ao assassinar o seu oponente? –, a resposta, do ponto de vista do mundo público, mediado por instituições jurídico-políticas, só pode ser dada pela virtude simbolizada por essas instituições: a justiça, que, na novela de Melville, é personificada pelo capitão Vere.

O personagem é quem, representando a lei, vai julgar o anjo travestido de marinheiro. Mesmo tendo consciência da natureza boa do réu, não terá outro recurso a não ser condená-lo à morte, a pena prevista pelo código legal para o crime de homicídio. "A tragédia é que a lei é feita para os homens, e não para anjos nem para demônios. Leis e todas 'instituições duradouras' desmoronam não só sob o assalto do mal elementar como também sob o impacto da inocência absoluta", salienta Arendt.[368]

Se a justiça é a resposta da esfera pública para a questão do bem e do mal, a alternativa, no âmbito da política, à compaixão – que, nessa esfera, se corrompe em piedade – é a solidariedade. A solidariedade é um princípio que pode inspirar a ação política e estabelecer uma comunidade entre oprimidos e explorados.

Como a piedade, a solidariedade também conserva uma distância do seu alvo e pode ser generalizada para uma comunidade política de pessoas e até abranger a humanidade. No entanto, como

---

[368] ARENDT. *On revolution*, 1990, p. 84.

CAPÍTULO 3 – IGUALDADE, LIBERDADE, FRATERNIDADE – E FELICIDADE

é um princípio e não um sentimento, diferente da piedade, a solidariedade mantém um compromisso, acima de tudo, com ideais e não com um alardeado amor pelos seres humanos, a exemplo de outros princípios que também movem a ação política, como a grandeza, a honra ou a dignidade. Também diversamente da piedade, a solidariedade independe da existência do sofrimento e se estende não somente aos fracos, mas a todos de forma ampla.

A solidariedade, por fim, não visa aos outros a partir de um patamar superior, como o faz a piedade em relação às vítimas sofredoras que elege como alvo. Pode-se dizer que ela opera pela via do reconhecimento, da consideração do outro como sujeito de direito – daí que, no caminho contrário ao da piedade, reforça o status de igualdade/isonomia dos cidadãos no espaço público, fortalecendo os vínculos da *philia*.

Apesar da pertinência do alerta de Arendt às ameaças que uma política baseada nas inclinações do coração representa para a esfera pública, as suas críticas a Rousseau, nesse ponto em específico, precisam ser contrabalançadas com algumas considerações. Na obra do genebrino, a piedade natural, ao lado do instinto de conservação, é apontada como um impulso primitivo do homem, que precede a racionalidade. Sobre esses dois princípios anteriores à razão, Rousseau escreve, no prefácio do *Discurso sobre a desigualdade,* que o primeiro (o instinto de conservação) "interessa profundamente ao nosso bem-estar e à nossa conservação" e o segundo (a piedade natural) nos inspira "uma repugnância natural por ver perecer ou sofrer qualquer ser sensível e principalmente nossos semelhantes".[369] De ambos os princípios decorrem as regras do direito natural na concepção rousseauísta.

Todavia, essa moral natural ancorada na piedade e na bondade naturais do homem, a partir do momento em que este abandona o estado de natureza para o estado civil, revela-se insuficiente para a vida em sociedade. É preciso, então, "substituí-la ou, ao menos, acrescentar-lhe uma moral racional, ou moral da lei".[370]

---

[369] ROUSSEAU, 1988, p. 34-35, v. II.
[370] DERATHÉ, 2009, p. 251.

Já Newton Bignotto adverte que em Rousseau deve-se distinguir a virtude moral, que relaciona o homem consigo mesmo, e a virtude cívica, vinculada às relações entre os homens e os corpos políticos dos quais são integrantes. Essa virtude cívica, por sua vez, não subsiste sem a incorporação dos princípios centrais da república às leis, tendo em vista a definição de Rousseau, no *Contrato social*, da República como todo Estado regido por leis. "A república é, em Rousseau, algo próximo do que chamamos de Estado de Direito", afiança Bignotto.[371]

É precisamente por conta dessa centralidade da lei na obra de Rousseau que, de acordo com Bignotto, Robespierre e os jacobinos abandonaram claramente a herança rousseauísta no momento em que boicotaram a Constituição em nome da revolução. Essas ponderações, assim, reforçam o argumento de que Arendt avalia as ideias de Rousseau a partir da leitura que faz da apropriação delas pelos líderes revolucionários franceses, em particular os radicais jacobinos.

Há ainda outra dimensão do sentimento da piedade na obra de Rousseau, na qual ele não aparece apenas como um impulso natural que precede a racionalidade e que, como aponta com propriedade Myriam Revault d'Allonnes, guarda certa aproximação com um tema caro ao pensamento arendtiano: a faculdade da imaginação. No *Emílio*, no Livro IV, ao discorrer sobre a piedade, definido como o primeiro sentimento que "toca o coração humano segundo a ordem da natureza", Rousseau afirma que experimentar essa sensação requer o uso da imaginação, quando nos transportamos para o lugar do outro que sofre. "Nós sofremos apenas na medida em que julgamos que ele [o outro] sofre; não é dentro de nós, é no outro que sofremos. Assim, alguém só se torna sensível quando sua imaginação se anima e começa a transportá-lo fora dele."[372]

---

[371] BIGNOTTO, 2013, p. 193.
[372] ROUSSEAU, 1996, p. 289; ver também REVAULT D'ALLONES, 2009, p. 95.

CAPÍTULO 3 – IGUALDADE, LIBERDADE, FRATERNIDADE – E FELICIDADE

O movimento de identificação com o outro que Rousseau nomeia de piedade é, em primeiro lugar, um exercício reflexivo – não é o contágio praticamente físico da compaixão nem se limita ao sentimentalismo da piedade que se deleita nele mesmo, conforme a definição de Arendt. Porém, exige uma distância da qual se faz um esforço de aproximação em relação ao outro pela imaginação. Ora, dentro das análises de Arendt sobre o juízo, a faculdade de imaginação ganha destaque principalmente a partir da polêmica em torno de Eichmann. Foi a falta de imaginação, a incapacidade de se imaginar no lugar do outro manifesta pelo criminoso nazista, que chamou a atenção da autora durante o julgamento dele e levou-a a refletir sobre a banalidade do mal.

***

Quando dirige as suas críticas à política do coração levada a cabo pelos revolucionários franceses, Arendt não deixa de ressaltar que esse caminho por onde a revolução seguiu na França e que a conduziu à ruína, diferente do que ocorrera nos Estados Unidos – onde a compaixão não exerceu influência em virtude da ausência de um cenário de extrema pobreza no país, apesar da condição vil dos trabalhadores escravos, os quais permaneceram na obscuridade –, foi condicionada pela situação histórica da França do século XVIII, quando era impossível desviar os olhos do problema premente da miséria da massa. "Comparada aos imensos sofrimentos da imensa maioria do povo, a imparcialidade da justiça e da lei, a aplicação das mesmas regras aos que dormiam em palácios e aos que dormiam sob as pontes de Paris, soava como uma zombaria", reconhece.[373]

No entanto, ela é categórica ao afirmar que nenhuma revolução foi capaz de solucionar a questão social e muito menos o problema da escassez de recursos para combater a desigualdade e a miséria, e que a política não é o terreno apropriado para

---

[373] ARENDT. *On revolution*, 1990, p. 90.

solucionar o problema da pobreza. Por esse raciocínio, o erro da Revolução Francesa teria sido o de tentar resolver com instrumentos políticos questões de ordem econômica e social que não pertencem ao domínio da política, mas da administração, e cuja resolução caberia a "especialistas" e não ao duplo, e por vezes longo, processo de persuasão e decisão característico da política.

É preciso resistir à tentação, contudo, de simplesmente enquadrar Arendt como adepta de um liberalismo inflexível no campo econômico e, portanto, como apologista da livre-iniciativa e do *laissez-faire*, por conta dessas restrições à política como o *lócus* para discutir questões econômicas e sociais – e relembrem-se, neste ponto, as suas reservas ao liberalismo político. Ainda no ensaio sobre as revoluções modernas, coerente com a sua postura crítica ao liberalismo, ela escreve que a liberdade sem limites da iniciativa privada, tal como celebrada pelo capitalismo, teve historicamente como consequência levar os povos à infelicidade e à pobreza generalizadas.

É na *Condição humana*, porém, que Arendt apresenta com mais amplitude as suas restrições ao capitalismo, ao fazer uma distinção entre riqueza e propriedade. Segundo ela, a acumulação de riqueza que caracteriza o capitalismo moderno teve início com o brutal processo de expropriação das classes camponesas, das quais surgiu o enorme contingente de proletários destituídos de posses e que só passaram a contar com a sua força de trabalho. A riqueza (ou seja, o capital, a riqueza cuja função é gerar mais capital) jamais manifestou grande apreço pela propriedade – "ao contrário, sacrificava-a sempre que ela entrava em conflito com o acúmulo de riqueza".[374]

Em uma entrevista concedida ao jornalista e escritor alemão Adelbert Reif em 1970, publicada depois no livro *Crises da república*, sob o título "Reflexões sobre política e revolução – um comentário", Hannah Arendt salienta que a ascensão do capitalismo se deveu ao processo de destruição do patrimônio, das

---

[374] ARENDT. *The human condition*, 1998, p. 66-67.

CAPÍTULO 3 – IGUALDADE, LIBERDADE, FRATERNIDADE – E FELICIDADE

corporações, das guildas e de toda a estrutura da sociedade feudal. Pelo fato de ter abolido os grupos coletivistas que representavam uma proteção ao indivíduo e à sua propriedade, o capitalismo pôde se estabelecer sustentado em uma estrutura na qual passaram a coexistir duas "classes": a dos exploradores e a dos explorados.

Por essa razão, o célebre dito de Proudhon – a propriedade é um roubo – traduz com precisão, na opinião de Arendt, a origem do moderno capitalismo, baseado na expropriação massiva da propriedade e na acumulação e na concentração do capital. De outro lado, a solução mais radical de uma proposta socialista de abolição da propriedade privada para atacar o problema da desigualdade social traria como consequência, no entendimento da autora, a submissão de todos à tirania.[375]

Na mesma entrevista mencionada anteriormente, Arendt cita o exemplo da então URSS, onde se praticava um socialismo de Estado que não se distinguiria de um capitalismo de Estado, por se basear na expropriação total. "A expropriação total ocorre quando todas as salvaguardas políticas e legais da propriedade privada desaparecem", observa.[376] Apresentando, então, uma confluência com o que já manifestara Tocqueville no ensaio sobre o pauperismo, Arendt aponta que o desafio que se impõe é a recuperação da propriedade por parte das massas expropriadas pela sociedade industrial, tanto capitalista quanto socialista.

A propriedade privada ganha importância no pensamento de Arendt porque representa um lugar tangível que temos no mundo. O processo de transformação da propriedade privada em riqueza levado a cabo pelo capitalismo acarretou o declínio da esfera privada, afetando o âmbito público. O equilíbrio entre as esferas pública e privada que se perdeu na modernidade – dando origem à esfera do social – implicava, no modelo político na Antiguidade, que o exercício da cidadania estava condicionado

---

[375] ARENDT. *Crisis of the republic*, 1972, p. 214-214; *The human condition*, 1998, p. 67.
[376] Ibidem, p. 212.

à posse de um lugar no mundo. No mundo antigo, ter uma propriedade, ser um proprietário, não era sinônimo de acúmulo de riqueza, mas significava dispor de um lugar próprio que garantisse o sustento de si e da família, libertando o seu dono da coerção da necessidade vital e liberando-o para o exercício da cidadania.

O domínio do privado também servia como anteparo ao mundo público, uma proteção à publicidade implacável dessa esfera, à qual nenhum indivíduo suporta estar exposto todo o tempo, sob o risco de tornar a sua existência inteiramente superficial, perdendo a profundidade que só pode ser cultivada nas sombras da privatividade. No mundo moderno, a propriedade, convertida em riqueza, foi destituída desse caráter mundano e passou a ser identificada com a força de trabalho de cada um. Daí a sensação de alienação, de não pertencimento ao mundo que caracteriza o homem moderno.

Apesar dessas críticas da autora ao capitalismo – e, de quebra, ao socialismo –, é verdade que as suas considerações acerca da questão social, no ensaio sobre a revolução, são muito controversas. O seu entendimento de que a questão da desigualdade social não é passível de discussão na esfera pública deriva da sua compreensão de que o domínio da política é o da liberdade, enquanto a necessidade inerente ao problema da pobreza, que envolve todos os aspectos de manutenção da vida, diz respeito ao campo da economia, requerendo instrumentos técnicos e administrativos, os quais Arendt dá a entender que são politicamente neutros.

Na já citada conferência "Revolução e liberdade", ela é mais explícita sobre essa suposta neutralidade da tecnologia, na administração das carências materiais.

> Ainda que as dificuldades no caminho da solução para o dilema da pobreza em massa sejam enormes, existe, hoje, a esperança bastante legítima de que os avanços das ciências naturais e de suas tecnologias abrirão, em um futuro não muito distante, possibilidades para lidar com esses problemas econômicos em termos técnicos e científicos, além de quaisquer considerações políticas. [...] Meios técnicos, na

CAPÍTULO 3 – IGUALDADE, LIBERDADE, FRATERNIDADE – E FELICIDADE

luta contra a pobreza, poderiam ser utilizados com completa neutralidade política; eles não interfeririam com os desenvolvimentos políticos, de uma forma ou de outra.[377]

Compreende-se que o empenho de Arendt em separar o político do social e do econômico faz parte da sua tentativa de preservar a dignidade e a autonomia da esfera pública. Tudo que concerne à necessidade reveste-se de um caráter pré-político, pois a condição para a participação política é precisamente a liberação da necessidade vital. Como bem lembra D'Entrèves, a destruição da fronteira entre o público e o privado promovida pela ascensão da esfera social, na percepção da pensadora, "reduziu a política a um assunto de economia doméstica nacional, isto é, a uma atividade não mais caracterizada por ação, liberdade, participação e deliberação, mas por trabalho, necessidade, governo e administração burocrática".[378]

Há que se levar em conta ainda a sua preocupação, externada com mais ênfase na palestra de 1961 sobre revolução e liberdade, de que a tentativa de solucionar a questão social por meio de instrumentos políticos pode conduzir ao terror, conforme a autora interpreta os acontecimentos da Revolução Francesa.

No entanto, é realmente difícil concordar com Arendt quando ela reduz o problema da existência ou não da miséria a uma questão de escassez ou abundância natural e ao emprego dos meios tecnológicos e gerenciais para combater a escassez ou explorar a abundância. Ao adotar essa perspectiva restrita do problema, ela omite pelo menos dois aspectos essenciais relacionados a ele: a decisão de como usar os instrumentos da tecnologia e da administração na área socioeconômica é política, e a própria permanência da desigualdade social pode ser um projeto político deliberado de quem detém o poder.

---

[377] ARENDT. *Ação e a busca da felicidade*, 2018, p. 203-204.
[378] Apud CORREIA, 2014, p. 144.

Não obstante o seu entusiasmo com a atividade das seções da Comuna e das sociedades populares revolucionárias (um tema a ser explorado no próximo capítulo), não se deve omitir ainda a forma por vezes depreciativa com que Arendt analisa o movimento do povo no curso da Revolução Francesa, desconsiderando o conteúdo explicitamente político de suas ações, em que demonstravam consciência política do que estava em jogo. Um dos exemplos mais flagrantes é quando faz uma citação de Lord Acton, sem questioná-la, sobre a histórica marcha das mulheres a Versalhes em 5 de outubro de 1789, na qual o historiador britânico diz que essa multidão de mulheres desempenhou "o papel genuíno de mães cujos filhos morriam de fome em lares esquálidos e, assim, deram a motivos que não compreendiam nem compartilhavam a ajuda de uma ponta adamantina a que nada poderia resistir".[379]

Os motivos que essa multidão de mulheres "não compreendia" eram, segundo Arendt, "aqueles dos deputados, do modo como originalmente chegaram e se reuniram em Paris para representar a 'nação' em vez do 'povo' [...] – era o governo, a reforma da monarquia ou, algum tempo depois, a fundação da república".[380]

Ora, ao longo do trajeto de Paris a Versalhes, as parisienses do povo não só clamavam por pão como obrigavam a todos que passavam pelo caminho a usar a insígnia com as cores da revolução (a lendária *cocarde tricolore*, que se tornaria o símbolo da república francesa). Um gesto explícito de apoio político ao movimento revolucionário que dificilmente seria realizado por quem não tivesse ideia do que estava ocorrendo, diferentemente do que afirma o autor inglês, com o endosso de Arendt.

É importante lembrar ainda que o resultado dessa mobilização das mães parisienses culminou na assinatura da Declaração dos Direitos do Homem e do Cidadão pelo rei Luís XVI, que vinha relutando em chancelá-la, e o retorno do monarca a Paris, escoltado pela população, abandonando definitivamente o palácio em

---

[379] Apud ARENDT. *On revolution*, 1990, p. 112.
[380] Idem. *Ação e a busca da felicidade*, 2018, p. 189.

CAPÍTULO 3 – IGUALDADE, LIBERDADE, FRATERNIDADE – E FELICIDADE

Versalhes no qual permanecia isolado do resto da nação. O próprio ato das mulheres de se reunir em praça pública e exigir uma solução das autoridades – no caso em questão, do rei – para o combate à fome também não pode ser visto apenas como o clamor de uma turba usada como massa de manobra, mas constitui claramente uma manifestação popular surgida de forma espontânea – algo tão louvado por Arendt – de inegável apelo político.[381]

As afirmações polêmicas de Arendt sobre a questão social em *Sobre a revolução* renderam a ela uma avalanche de críticas, acusando-a de ser insensível ao problema da desigualdade social, como bem inventaria Anne Amiel em estudo sobre o tema da revolução na obra arendtiana. Uma delas é Hanna Pitkin, que censura a pensadora por praticamente excluir os pobres e os trabalhadores da esfera pública, ao insistir que a ação política é incapaz de resolver problemas econômicos. Já Albrecht Wellmer a acusa de "ingenuidade" quando defende que as questões referentes à justiça social possam ser resolvidas de forma racional por meio de um aparato burocrático.[382]

O rigorismo de Arendt na separação entre o político e o social parece realmente levar a um esvaziamento da ação política, como a escritora Mary McCarthy expressou publicamente à própria filósofa a sua perplexidade em torno da questão, em um congresso sobre a obra dela realizado no Canadá em 1972: "Se todas as

---

[381] Jules Michelet sintetiza esse espisódio com as seguintes palavras: "A revolução de 6 de outubro, necessária, natural e legítima, [...], espontânea, imprevista, verdadeiramente popular, pertence sobretudo às mulheres, como aquela de 14 de julho aos homens. Os homens tomaram a Bastilha, as mulheres tomaram o Rei" (MICHELET, 2007, p. 279-280, tomo 1, v. 1). A respeito da atuação política das mulheres, tanto das classes populares quanto as da burguesia e da nobreza, durante a Revolução Francesa, ver o esclarecedor ensaio de Jacques Guilhaumou e Martine Lapied, intitulado "L'action politique des femmes pendant la Révolution française" (1997, p. 139-168). Seyla Benhabib também censura Arendt por muitas vezes dar a entender que o povo, no decorrer da revolução, era um mero objeto de manipulação. "[...] mesmo que eles tenham entrado na cena revolucionária para 'exigir pão', e obtiveram como promessa 'brioches' no seu lugar, nesse processo havia uma politização, a formação de organizações políticas e associações, uma 'esfera pública nascente'", observa (BENHABIB, 1996, p. 163).
[382] AMIEL, 2003, p. 53; WELLMER, 2002, p. 234.

questões de economia, bem-estar humano, ocupação, tudo que afeta a esfera social, devem ser excluídos da cena política, [...] [fiquei] com a guerra e os discursos, mas os discursos [...] têm de ser discursos de algo".[383]

No entanto, a defesa de Arendt do princípio da solidariedade, a ideia que apresenta ao final de *Sobre a revolução*, quando discorre sobre os conselhos populares, segundo a qual as potencialidades de ação desses conselhos são um campo aberto, o que indica, portanto, uma ampliação das possibilidades de ação política, e o seu reconhecimento, na entrevista citada anteriormente, que apenas as instituições legais e políticas independentes das forças econômicas podem controlar e equilibrar as ameaças inerentes ao processo de expropriação de massa realizado pelo capitalismo são manifestações, entre outras, que nuançam essa rígida postura com relação à questão social. Essas questões serão retomadas na conclusão deste capítulo.

Outro tópico relacionado à questão social discutido em *Sobre a revolução* diz respeito ao que Arendt chama de "os ideais da pobreza" – por estar submetida à necessidade vital, os ideais que a pobreza faz emergir estariam relacionados à abundância e ao consumo. Esse tema conduz à discussão sobre os rumos que a noção de felicidade pública tomou nas revoluções setecentistas – como sinônimo de bem-estar ou de participação política? –, objeto da análise a seguir.

4. FELICIDADE

4.1 ARENDT: A FELICIDADE PÚBLICA E O "VINHO DA AÇÃO"

Em dois trechos de *Sobre a revolução*, Hannah Arendt cita uma frase emblemática de John Adams, um dos Pais Fundadores da república norte-americana, retirada dos seus escritos:

---

[383] Apud BENHABIB, 1996, p. 155.

CAPÍTULO 3 – IGUALDADE, LIBERDADE, FRATERNIDADE – E FELICIDADE

"é a ação, não o descanso, que constitui nosso prazer".[384] A declaração de Adams reproduzida duplamente por Arendt expressa com rara franqueza algo que os líderes revolucionários setecentistas de ambos os lados do Atlântico certamente teriam dificuldade de admitir, não só publicamente, mas até para si mesmos: longe de ser um fardo, o mero cumprimento de um dever de que não se pode escapar, a ação política pode proporcionar uma experiência de êxtase singular, diante da qual os deleites privados e domésticos empalidecem.

Arendt denomina essa experiência de "felicidade pública" – ela nada mais é do que o prazer advindo da fruição da liberdade que só se alcança na esfera pública, como participante na condução dos assuntos públicos.

A relutância que provavelmente os demais revolucionários setecentistas, tanto dos EUA quanto da França, demonstrariam diante desse rasgo de sinceridade de Adams, ao reconhecer que a política pode ser prazerosa, não deve ser encarada, no entanto, apenas como uma atitude dissimulada ou, no mínimo, cautelosa em associar a seriedade e a gravidade dos assuntos concernentes à esfera pública à alegria inerente à noção de felicidade. A convicção de que a ação política era um ônus penoso para seus agentes e de que toda experiência de felicidade só poderia ser gozada na privatividade fazia parte da mentalidade europeia – e, por tabela, da norte-americana – do século XVIII.

Segundo a visão corrente que havia confinado o domínio público à esfera de atuação da máquina administrativa do governo, este era um mal necessário, instituído para conter os vícios dos homens e, assim, assegurar a segurança e o bem-estar privados da sociedade, conforme se pode ler nas reflexões de Madison no *Federalista* (nº 51): "Mas o que é o governo senão o maior de todos os reflexos da natureza humana? Se os homens fossem anjos, nenhum governo seria necessário". Ou, ainda, nas palavras de Thomas Paine, em *Common sense*: "O governo, como a

---

[384] Apud ARENDT. *On revolution*, 1990, p. 34; 195.

roupa, é o emblema da inocência perdida".[385] Nada soaria mais estranho do que relacionar felicidade e política, e a suposição de que alguém se sentia feliz no exercício da política poderia ser vista como indício de um caráter vicioso, tomado por uma ambição desmesurada pelo poder.

A despeito dessas convicções correntes da época, a experiência dos agentes revolucionários no curso desses movimentos históricos lhes proporcionou o gozo da felicidade pública, estreitamente vinculado à experiência da liberdade pública, embora a expressão "felicidade pública" nem sempre fizesse parte do vocabulário revolucionário, e a ideia de "felicidade" muitas vezes se manifestasse de maneira ambígua.

É nessa experiência que Arendt enxerga um dos motivos da profunda rejeição à monarquia que surgiu no decorrer das duas revoluções, culminando no repúdio do princípio da monarquia e da realeza nos Estados Unidos e na violenta oposição entre monarquistas e republicanos na França. A monarquia passou a ser identificada como tirania – algo inconcebível até então, pois a tirania sempre fora associada a um governo sem leis, no qual o tirano governa só de acordo com os seus caprichos, ao passo que a mais absolutista das monarquias europeias ainda dispunha de todo um aparato legal e jurídico. E foi assim considerada porque o rei monopolizava todo o direito de ação política, impedindo o acesso do povo à esfera pública. Ou seja, um regime monárquico interditava aos súditos a felicidade pública, que só a república poderia proporcionar.

A busca da felicidade, todavia, tomou caminhos diversos entre os revolucionários do Novo e do Velho Mundos, apesar de que, tanto na França quanto nos EUA, ela tenha ao final se restringido a uma mais modesta e conservadora exaltação do bem-estar privado. A bem da verdade, a experiência coletiva de felicidade pública era uma realidade em território norte-americano antes mesmo da revolução, em decorrência da ampla atividade política

---

[385] HAMILTON; JAY; MADISON, 2001, p. 269; PAINE, 1986, p. 65.

CAPÍTULO 3 – IGUALDADE, LIBERDADE, FRATERNIDADE – E FELICIDADE

que já se desenvolvia em nível comunal ainda no período colonial. Mais uma vez, Arendt se vale dos escritos de John Adams, nos quais ele discorre sobre a visível satisfação que testemunhava em seus compatriotas quando participavam das assembleias políticas locais, algo que faziam não só por obrigação ou para a defesa de seus interesses, mas porque apreciavam participar de todo o processo de discussão, deliberação e tomada de decisão em conjunto com os pares.

E esse prazer era decorrente de que, ao discutir, deliberar e tomar decisões na companhia de seus iguais, essas pessoas tinham a chance de se distinguir. "[...] vê-se que cada indivíduo é fortemente influenciado pelo desejo de ser visto, ouvido, comentado, aprovado e respeitado pelas pessoas ao redor", anota Adams.[386] Nesse comentário de Adams, percebe-se que o desejo por distinção que ele aponta encaixa-se perfeitamente na noção grega de *doxa*, concebida não apenas como opinião, mas também como esplendor e fama, por meio da qual os cidadãos da *pólis* podiam se distinguir no espaço público e mostrar *quem* eram.

A essa paixão pela distinção, Adams denominava "emulação", o "desejo de ser melhor do que o outro" – essa "emulação" destacada por ele remete a outro aspecto da ação política na *pólis* grega, que Arendt discute na *Condição humana*: o "espírito agonístico": "[...] o apaixonado impulso de alguém para exibir em seu si-mesmo ao medir-se com os outros que está na base do conceito de política prevalecente nas cidades-Estado".[387]

Já o vício que se opunha à emulação, na opinião de Adams, era o da ambição, o defeito moral de quem busca a distinção não

---

[386] Apud ARENDT. *On revolution*, 1990, p. 119. No primeiro volume da *Democracia na América* (in *Oeuvre II*, 1992, p. 278-289), Tocqueville também expressa admiração com a alegria demonstrada pelos habitantes das comunas norte-americanas quando participavam das assembleias de suas localidades, prova de que o faziam não só por obrigação, mas porque esses momentos de congregação de toda a comunidade eram fonte de grande satisfação para os presentes.
[387] Idem. *The human condition*, 1998, p. 194-195. É importante ressaltar, no entanto, que Arendt destaca o caráter individualista desse espírito agonístico entre os gregos, calcado na figura do herói.

pelo prazer de distinguir-se, mas como forma de obter poder. O que caracteriza o tirano é a ambição, a sede de poder despida de qualquer aspiração pela distinção. Ao tirano pouco importa se sobressair em meio aos seus semelhantes porque ele se coloca acima de todos, isolando-se. Por isso, a tirania sempre implica a destruição de toda a vida política, a qual pressupõe o convívio entre as pessoas. Em contrapartida, é a ânsia pela distinção "que faz os homens amarem o mundo, desfrutarem da companhia de seus pares, direcionando-os à esfera dos assuntos públicos".[388]

Granjear a distinção que só a esfera pública oferece também pode ser fonte de grande júbilo porque significa que se obteve a "estima do mundo", a qual Jefferson, outro dos Pais Fundadores, considerava um dos bens mais preciosos, a ponto de, em uma carta a Adams, falar de uma vida pós-morte que seria uma espécie de prolongamento da sua rotina ao lado dos antigos colegas congressistas, quando receberiam o "selo de aprovação" pelo trabalho realizado. Arendt chama a atenção para como essa visão da bem-aventurança eterna à imagem da felicidade pública e da ação política experimentadas no mundo terreno destoa radicalmente da tradição cristã, para a qual o ideal de suprema felicidade no paraíso celeste era a contemplação da divindade. Na tradição da filosofia, a autora encontra uma visão correspondente à de Jefferson em Sócrates, que, na *Apologia*, imagina uma existência no Hades tal qual tivera quando vivo, deleitando-se com as intermináveis conversas com os amigos e com personagens ilustres como Hesíodo e Homero, a quem finalmente teria a chance de conhecer.[389]

***

Na França, faltava aos *hommes de lettres* – os quais, como aponta Tocqueville, tornaram-se os principais atores políticos da luta revolucionária – a anterior experiência concreta da ação

---

[388] ARENDT. *On revolution*, 1990, p. 120.
[389] PLATÃO, 1987, p. 27.

CAPÍTULO 3 – IGUALDADE, LIBERDADE, FRATERNIDADE – E FELICIDADE

política que os seus correligionários norte-americanos já desfrutavam antes de deflagrarem o combate pela independência. Apartados do domínio público, como de resto a grande maioria da sociedade francesa, eles amargavam aquela mesma situação de obscuridade que Arendt já apontara como sendo o estigma da pobreza, impedidos de ter acesso ao espaço público.

Arendt poderia tornar suas as palavras de Tocqueville, quando ele se refere aos *philosophes*: "[...] a ausência completa de liberdade política fazia com que o mundo dos assuntos públicos lhes fosse não apenas pouco conhecido, mas invisível".[390] Assim, se viam impedidos de se distinguir e alcançar a "estima do mundo" tão apreciada por Jefferson.

Malgrado a carência de experiência política, os *hommes de lettres* já não se sentiam mais confortáveis com o confinamento ao ócio que, desde a Antiguidade, os filósofos reivindicavam para se dedicar a questões que julgavam superiores às da esfera pública, e tampouco se contentavam com a "consideração" oferecida pela sociedade, como uma compensação à invisibilidade pública da qual padeciam. Influenciados por suas leituras acerca das instituições políticas da Antiguidade, em especial as dos romanos, eles passaram a cultivar um ideal de liberdade que ia muito além da noção de livre-arbítrio ou de livre-pensar – a liberdade filosófica ou liberdade da vontade. Para eles, a liberdade só poderia se concretizar e tornar-se uma realidade tangível no espaço público criado pela ação em conjunto.

A própria expressão *"la chose publique"* (*a res publica*), que passou a ser amplamente empregada no discurso revolucionário, deixava explícita a impossibilidade de conciliar uma atividade política pública, aberta à participação de todos, e o domínio de um monarca. No entanto, dentro da linha de crítica corrosiva (por vezes, demasiado corrosiva) que direciona ao movimento revolucionário francês setecentista, Arendt faz a ressalva de que, quando a chance de se engajar em uma atividade pública tão

---

[390] TOCQUEVILLE. L'Ancien Régime et la Révolution, in *Oeuvre II*, 1992, p. 171.

ansiada por seus líderes se tornou concreta, nos primeiros meses da revolução, o que se manifestou entre eles foi, sobretudo, o inebriamento diante do aplauso da multidão.

Novamente, ela recorre ao exemplo algumas vezes um tanto patético de Robespierre para referendar o argumento de que o júbilo finalmente experimentado pelos revolucionários franceses na esfera pública era decorrente, principalmente, desse deslumbramento em face da aclamação popular. Citando um trecho da biografia do jacobino escrita pelo historiador inglês J. M. Thompson, a autora faz alusão ao arrebatamento que teria tomado conta de Robespierre no histórico episódio do Juramento da Sala do Jogo de Pela, quando ele "experimentara [...] uma revelação de rousseaunismo se manifestando na própria carne. Ele ouvira a [...] voz do povo, e pensou que era a voz de Deus. Deste momento, data sua missão".[391]

O êxtase de Robespierre foi documentado no famoso desenho de David (*Serment du Jeu de Paume*), apresentado no Salão de Artes de Paris de 1791, retratando a célebre sessão da Assembleia de 20 de junho de 1789, quando os deputados, confrontando a monarquia, juraram não se separar até que a Constituição fosse proclamada. O trabalho de David transparece toda a teatralidade que foi uma marca do seu estilo – o próprio artista fez questão de esclarecer que não tivera a intenção de reproduzir fielmente os personagens presentes. Mesmo assim, segundo outro biógrafo de Robespierre, o já citado Hervé Leuwers, David representa Robespierre como o "homem que ele conhecia, [...] o jovem deputado que [...], mais que os outros, se sentia revolucionário". No lado direito do desenho, destacando-se em meio aos outros deputados que erguiam o braço em aprovação à decisão, o jacobino aparece "com a cabeça ligeiramente jogada para trás, o olhar perdido em direção ao céu visto através das altas janelas, as mãos abertas sobre o peito. Parece fazer o juramento não somente de defender a Constituição, mas, se necessário, dar sua vida por ela".[392]

---

[391] ARENDT. *On revolution*, 1990, p. 120.
[392] LEUWERS, 2014, p. 130-131.

CAPÍTULO 3 – IGUALDADE, LIBERDADE, FRATERNIDADE – E FELICIDADE

Essa emotividade exacerbada de Robespierre precisa ser analisada dentro do contexto da época, uma vez que, conforme Leuwers, ela fazia parte do espírito do século XVIII, no qual se pode enxergar a influência de Rousseau e o seu apelo ao coração. Por outro lado, é fato que Robespierre sempre se apoiou na popularidade que gozava junto ao povo para sustentar as suas posições políticas e constranger os adversários, tornando-se um "campeão" do público que ocupava a tribuna popular da Assembleia quando ainda amargava uma posição de minoria no Parlamento e era antipatizado pela grande maioria dos colegas.

Entretanto, Arendt sem dúvida exagera ao usar o exemplo isolado de Robespierre para atribuir de forma generalizada aos demais atores da revolução uma postura que parecia mais sedenta do aplauso da massa do que empenhada em se distinguir no debate político em meio aos pares – em contraste com os líderes revolucionários norte-americanos. Principalmente quando se considera que os primeiros meses do movimento revolucionário foram aquele período tão exaltado por Tocqueville, marcado por intensas deliberações na Assembleia Nacional que culminaram na Declaração dos Direitos Humanos e na famosa Noite do 4 de Agosto, quando a ordem feudal foi abolida.

"Estranha situação de uma Assembleia que discute, calcula, pesa as sílabas no cume desse mundo em fogo", descreve Michelet, destacando o esforço hercúleo de debate e de deliberação nessa fase da revolução, marcada pelo Grande Medo – a revolta dos camponeses contra a nobreza rural – e pelos justiçamentos populares nas cidades. Por outro lado, Tocqueville, apesar do entusiasmo com a Assembleia de 1789, não deixa de criticá-la por se perder nos "desvios dessa metafísica política" que tornava os debates intermináveis e marcados por uma abstração fora do lugar na França mergulhada "na mais espantosa anarquia".[393]

Porém – diga-se a favor de Robespierre – se as vaias e as palmas das pessoas que lotavam as galerias da Assembleia Nacional

---

[393] MICHELET, 2007, p. 207; TOCQUEVILLE. Considérations sur la Révolution, in *Oeuvre III*, 2004, p. 597.

seguramente não se equiparavam a uma efetiva participação popular no debate que ali se travava – como Arendt salienta –, elas poderiam ser vistas, de outra perspectiva, como sinal de legitimidade e transparência de uma discussão que ocorria às vistas do público. E também como forma de reconhecimento ou de censura pública, expressando, ou negando-a, a "estima do mundo" de que Jefferson faz o elogio.

Como se salientou anteriormente, tanto entre os franceses quanto entre os norte-americanos, o ideal de felicidade pública perdeu força para uma concepção de felicidade que a reduzia ao desfrute do bem-estar privado. Na França, é ainda na conduta de Robespierre que Arendt se apoia para discorrer em torno das ambivalências relacionadas a uma concepção de felicidade vinculada à experiência de liberdade pública. A categórica separação que Robespierre estabelecia entre liberdade civil e liberdade pública apresentava uma aproximação muito grande com o emprego, pelos revolucionários norte-americanos, do termo, também ambíguo, de "felicidade".

E não seria a consciência da liberdade pública como sinônimo da ação política um dos motivos da defesa do jacobino de uma revolução permanente? Pois o temor de Robespierre seria o de que, findo o governo revolucionário, o governo constitucional que se instalaria representaria a supressão da liberdade pública, limitando a experiência de liberdade dos governados ao gozo dos direitos e das liberdades civis. Assim, "[...] o novo espaço público murcharia depois de ter desabrochado de súbito e inebriado a todos com o vinho da ação, que, de fato, é igual ao vinho da liberdade [...]".[394]

---

[394] ARENDT. *On revolution*, 1990, p. 652. Arendt cita um trecho de um discurso de Robespierre, na Convenção Nacional, no qual ele afirma que "o governo constitucional diz respeito, sobretudo, à liberdade civil, e o governo revolucionário à liberdade pública" (apud ibidem, p. 133). Leuwers chama a atenção para outro trecho deste mesmo discurso, de dezembro de 1793, em que Robespierre propõe um novo tipo de regime político, além dos três categorizados por Montesquieu (monarquia, república e tirania). Trata-se do "governo revolucionário", cujo objetivo era "fundar" a república, ao passo que o objetivo do governo constitucional

CAPÍTULO 3 – IGUALDADE, LIBERDADE, FRATERNIDADE – E FELICIDADE

Herwé Leuwers destaca que o ideal político-revolucionário de Robespierre poderia ser resumido em duas palavras, tomadas de empréstimo dos filósofos iluministas: felicidade e liberdade (*bonheur et liberté*). É sintomático que as ideias de felicidade e liberdade apareçam associadas, como se uma dependesse da outra e vice-versa; no entanto, a vinculação dessas noções à experiência da ação política na esfera pública aparece de maneira dúbia no discurso do líder jacobino.

Arendt volta a se referir ao já mencionado discurso à Convenção Nacional[395] para realçar as ambiguidades nas quais Robespierre se enreda a respeito da noção de liberdade. Contudo, é preciso apontar um equívoco de Arendt quando, ao criticar as formulações "bizarramente contraditórias" de Robespierre, faz alusão a um trecho desse discurso no qual ele teria dito que o objetivo principal do governo constitucional era "a preservação da liberdade pública", para depois voltar atrás e se corrigir, afirmando que, sob o governo constitucional, "é quase suficiente proteger os indivíduos contra os abusos do poder público".[396] Ora, além de contradizer outro trecho do discurso que ela mencionara antes, a primeira parte da citação – que atribui a Robespierre a afirmação de que o principal objetivo do governo constitucional é "a preservação da liberdade pública" – em momento algum aparece nessa específica peça de oratória do jacobino.[397]

---

era o de conservá-la (LEUWERS, 2014, p. 298). Atente-se para a ideia de fundação, destacada por Arendt como inerente à revolução moderna e a seu ideal de liberdade.

[395] Vide a nota 394.
[396] Apud ARENDT. *On revolution*, 1990, p. 137.
[397] Arendt cita como fonte as *Oeuvres* de Robespierre pela Ed. Laponneraye, v. 3, de 1840, cuja versão digital foi consultada para este livro no site da Gallica, embora faça a ressalva que se baseou na tradução em inglês desse discurso de Robespierre que aparece no livro *Twelve who ruled* (1958), de Robert P. Palmer. O trecho do discurso em que Robespierre procura traçar os "Princípios do governo revolucionário", e que optou-se por transcrever em francês para deixar mais explícita a ausência da passagem mencionada por Arendt, é o seguinte: "[...] *Le but du gouvernement constitutionnel est de conserver la République; celui du gouvernement révolutionnaire est de la fonder.* [...] La révolution est la

Apesar desse lapso da autora, sem dúvida Robespierre oscila, nesse pronunciamento, entre uma concepção de liberdade que a associa à esfera pública e uma que a limita à vida privada, defendendo, ao final, que os cidadãos só são mesmo livres na privatividade e que o poder público é sinônimo de poder do governo, o qual deve ser restringindo pelas leis, para evitar abusos contra os direitos individuais. "Liberdade e poder se separaram, e assim começou o fatídico equacionamento entre poder e violência, política e governo, e governo e mal necessário", observa Arendt.[398]

---

guerre de la liberté contre ses ennemis; la constitution est le régime de la liberté victorieuse et paisible.
Le Gouvernement révolutionnaire a besoin d'une activité extraordinaire, précisément parce qu'il est en guerre. Il est soumis à des règles moins uniformes et moins rigoureuses parce que les circonstances où il se trouve, sont orageuses et mobiles, et surtout parce qu'il est forcé à déployer sans cesse des ressources nouvelles et rapides, pour des dangers nouveaux et pressants.
Le gouvernement constitutionnel s'occupe principalement de la liberté civile; et le gouvernement révolutionnaire, de la liberté publique. Sous le régime constitutionnel, il suffit presque de protéger les individus contre l'abus de la puissance publique; sous le régime révolutionnaire, la puissance publique elle-même est obligée de se défendre contre toutes les factions qui l'attaquent. [...]" (in ROBESPIERRE, M.; ROBESPIERRE, C. *Oeuvres de Maximilien Robespierre* / avec une notice historique, des notes et des commentaires par Laponneraye; précédées de considérations générales par Armand Carrel. Paris: [s.n.], 1840. p. 511-513. Disponível em: http://gallica.bnf.fr/ark:/12148/bpt6k1411604f/f518.item. Acesso em: 19. fev. 2018, grifos nossos).
[398] ARENDT. *On revolution*, 1990, p. 137. Embora o discurso de Robespierre tenha sido impresso, por iniciativa do próprio, sob o título de "Rapport fait par Robespierre au nom du Comité du Salut Publique sur le Principe du Gouvernement Revolutionnaire", fica claro ao longo da leitura do texto que o interesse dele era muito mais defender os poderes arbitrários do governo revolucionário e do Tribunal Revolucionário do que propor alguma reflexão teórica sobre os princípios de tal governo. Por isso, é de se indagar também se a "liberdade pública" da qual ele trata de maneira não muito precisa no discurso, relacionando-a primeiramente à fundação da república, não seria também essa "atividade excepcional", como pode ser lido na nota anterior, que advoga para o governo revolucionário, tendo em vista que o poder público, em um regime revolucionário, deveria ser submetido a regras menos uniformes e rigorosas em razão das circunstâncias de guerra interna e externa que o ameaçavam e à própria república. Deve-se lembrar que a curiosa fórmula do "despotismo da liberdade" de Robespierre encontra explicação na guerra contra a tirania, na qual o uso do instrumento do terror é plenamente justificado. Leuwers comenta que, com essa fórmula, Robespierre

CAPÍTULO 3 – IGUALDADE, LIBERDADE, FRATERNIDADE – E FELICIDADE

Sobre a ideia de felicidade, Robespierre, por vezes, usa a expressão *"bonheur publique"*, como no seu segundo discurso à Convenção Nacional acerca do julgamento de Luís XVI, em 22 de dezembro de 1792. Em pronunciamento dirigido aos convencionais a 10 de maio de 1793, enfatiza que o "homem nasceu para a felicidade e para a liberdade", expressando a noção corrente do direito à felicidade manifesta nas Declarações dos Direitos do Homem e do Cidadão de 1789 e 1793. Em outro momento, a 1º de março de 1793, ocupa a tribuna para denunciar os emigrados rebeldes que se ligaram a uma "coalizão perigosa" para "nos roubar a felicidade e a liberdade que nós apresentamos ao mundo". Já em uma anotação em seu diário, datada de fevereiro de 1793, escreve sobre o que constitui a "felicidade" da vida humana: "a liberdade cimentada pelas leis humanas, a dignidade dos cidadãos, o gozo dos direitos sagrados da humanidade, o exercício de todas as virtudes sociais que a república desenvolve" e não apenas o pão que "os déspotas também dão a seus súditos".[399]

Vê-se nesses pronunciamentos uma associação entre liberdade e felicidade. No registro íntimo do jacobino, por sua vez, aparece uma concepção mais política e complexa de felicidade do que "a felicidade do povo" resumida por Arendt à satisfação das carências materiais dos *malheureux* – que teria assumido papel preponderante na Revolução Francesa e dado lugar à luta pela liberdade política. Embora Robespierre não inclua na sua definição de *"bonheur"* a ativa participação dos cidadãos na condução dos negócios públicos.

Apesar de ter apoiado inicialmente as sociedades populares e as assembleias seccionais urbanas organizadas espontaneamente pelo povo, é fato que Robespierre e os seus aliados passaram a persegui-las quando assumiram o controle da Convenção

---

tenta propor um novo tipo de despotismo, até então descrito como um regime sem lei nem justiça. O despotismo da liberdade concebido pelo jacobino apoia-se na virtude e no terror, em que o terror é equiparado a uma justiça rápida, severa e inflexível, uma emanação da virtude que recai não sobre os cidadãos, mas sobre os seus inimigos (cf. LEUWERS, 2014, p. 313-317).

[399] Apud LEUWERS, 2014, p. 265; ver também ROBESPIERRE, 1840, p. 150; 363.

Nacional, que centralizou todo o poder na França revolucionária. Como justificativa, a defesa de Saint-Just de que a liberdade do povo residia na vida privada, em comum acordo com o que Robespierre expressara no discurso de dezembro de 1793. Já a felicidade – que Saint-Just, em pronunciamento na Convenção a 3 de março de 1794, para propor um decreto a fim de doar os bens dos inimigos aos "patriotas indigentes", dizia ser "uma ideia nova na Europa" – passou a ser sinônimo do bem-estar do povo identificado como *les malheureux*.[400]

Entre os atores da Revolução Americana, a ideia de "felicidade pública" e a própria expressão "felicidade pública" aparecem com frequência no vocabulário político. Thomas Jefferson emprega a expressão em um documento encaminhado à Convenção da Virgínia em 1774, quando afirma que os primeiros colonos dos EUA colocaram em prática "um direito que a natureza deu a todos os homens, [...] de estabelecer novas sociedades, sob leis e regulamentações que lhes pareçam mais adequadas para promover a felicidade pública". Em *Direitos do Homem*, Thomas Paine menciona a "*political happiness*" quando faz referência à renovação que as Revoluções Americana e Francesa trouxeram à "ordem natural das coisas, um sistema de princípios tão universal quanto a verdade e a existência do ser humano, e que combina moral com [felicidade política] e prosperidade nacional".[401]

Uma das mais célebres definições de "felicidade pública" foi dada por Joseph Warren, no discurso de 1772 conhecido como "Boston Massacre Oration", por ocasião do segundo aniversário

---

[400] SOBOUL, 2014, p. 76-77; VOVELLE, 2012, p. 39; 89.
[401] Apud ARENDT. *On revolution*, 1990, p. 127; PAINE, 2005, p. 127. A expressão "felicidade política" foi colocada entre colchetes porque a tradução brasileira utilizada da obra de Paine traz, em seu lugar, "bem-estar político". Em nota, o tradutor Edson Bini adverte que a expressão *"political happinness"* é "conceitualmente problemática no âmbito da modernidade" e que provavelmente Thomas Paine pensava no bem-estar social quando a utilizou (in PAINE, 2005, p. 127, nota 45). Mas há fortes razões para crer que essa "felicidade política" é mesmo empregada como referência ao gozo da liberdade política, dentro do espírito da época, como defende Arendt, até porque na sequência Thomas Paine fala em prosperidade nacional, que aí sim pode ser compreendida como o bem-estar social de todos.

CAPÍTULO 3 — IGUALDADE, LIBERDADE, FRATERNIDADE — E FELICIDADE

do início do confronto entre as tropas britânicas e os colonos norte-americanos. Segundo ele, "a felicidade pública depende do virtuoso e inabalável apego a uma Constituição livre".[402]

***

No entanto, foi o próprio Jefferson quem embaralhou as noções de felicidade pública e bem-estar privado ao propor a fórmula "busca da felicidade" na Declaração da Independência dos Estados Unidos. Substituía, assim, a costumeira proposição "vida, liberdade e propriedade", para enunciar os direitos inalienáveis, por "vida, liberdade e busca da felicidade". A expressão "busca da felicidade" desde o início se mostrou ambígua, reproduzindo, talvez, a própria ambiguidade de Jefferson em relação à noção de felicidade, pois, apesar da referência à "liberdade pública" no documento supracitado, não raro ele expressava a convicção de que a felicidade residia apenas na privacidade do lar, de acordo com o senso comum de que a política era um fardo.[403]

Arendt faz a ressalva de que, pelo menos na fase inicial da república norte-americana, o termo "felicidade" ainda guardou o

---

[402] Cf. WARREN, [1772]. Disponível em: http://www.drjosephwarren.com/2014/02/1772-boston-massacre-oration-full-text-2/. Acesso em: 20 fev. 2018.
[403] Cf. ARENDT. *Ação e busca da felicidade*, 2018, p. 139. Heloisa Starling considera que a imprecisão entre felicidade pública e privada, expressa na Declaração da Independência, é deliberada. "Nesse caso, o direito enunciado por Jefferson na expressão 'busca da felicidade' acaba por exprimir o concentrado de pelo menos quatro significados substanciais, próprios da matriz do republicanismo norte-americano: a felicidade — como de resto qualquer direito — não é uma evidência natural, mas a ser deliberadamente perseguido como meta ao longo da vida; sua busca embutida no curso cotidiano da existência humana tem o sentido de garantir o bem-estar individual e proporcionar a cada pessoa o desenvolvimento de si mesma; o prolongamento dessa busca para além da satisfação do indivíduo deságua na noção de felicidade pública, isto é, no gosto em reivindicar participação na condução dos negócios públicos; o autointeresse individual, quando exercitado em uma prática comunitária justa, fornece substância capaz de contribuir para a formação da virtude cívica, já que facilita, ou mesmo assegura, a oportunidade de trânsito entre a tranquila felicidade da vida doméstica e o desejo meio turbulento de ser incluído no espaço das atividades e das práticas do mundo público" (STARLING, 2013, p. 268-269).

duplo sentido de liberdade política e prosperidade privada, mas o que prevaleceu posteriormente foi o segundo – os Estados Unidos sendo identificados, sobretudo, como a terra onde "flui leite e mel", para lembrar as palavras já evocadas de Thomas Paine. Firmava-se no imaginário o sonho americano da "terra prometida", reforçado pelas levas de imigrantes europeus que abandonaram a terra natal para escapar da miséria e aportaram no país do Novo Mundo movidos pelo desejo de acumular riquezas.

Segundo Arendt, o ideal da pobreza, assim como o da riqueza, não é a liberdade, mas a abundância e o consumo. "[...] riqueza e pobreza são apenas duas faces da mesma moeda; as algemas da necessidade não precisam ser de ferro; podem ser feitas de seda."[404] Em outras palavras, a prevalência do ideal da riqueza e da pobreza sobre o princípio da liberdade pública e da felicidade pública significa a prevalência do consumidor sobre o cidadão.

Com base na discussão que Arendt empreende na *Condição humana*, pode-se dizer que o que acabou por se impor foi o ideal de felicidade do *animal laborans*, o qual só pode ocorrer quando "os processos vitais de exaustão e de regeneração, de dor e de alijamento de dor, alcançam um perfeito equilíbrio". Porém, como esse "perfeito equilíbrio" é inatingível até porque a ânsia de consumo do *animal laborans* é insaciável, o que se tem é uma infelicidade geral, que a autora enxerga como uma das características da cultura de massas, com a sua tendência a transformar tudo em objeto de consumo, conforme tematiza no ensaio "A crise na cultura".[405]

Dessa forma, no lugar da experiência da felicidade pública associada à experiência de liberdade que só pode ter lugar no convívio público, onde é possível distinguir-se pela palavra e pela ação entre os pares, o máximo que se poder obter, nas sociedades modernas de massa, são momentos de "divertimento". Esses momentos são proporcionados quando os indivíduos usufruem do

---

[404] ARENDT. *On revolution*, 1990, p. 139.
[405] Idem. *The human condition*, 1998, p. 134; cf. *Entre o passado e o futuro*, 2002, p. 248-281.

seu tempo "livre", entendido aqui não como o tempo em que se é libertado dos cuidados do processo vital para se dedicar ao mundo público, mas os momentos que sobram após o tempo dedicado ao trabalho e ao repouso necessário para que o corpo recupere as suas energias.

Na seção a seguir, a ideia de felicidade pública será discutida em Tocqueville com base, mais uma vez, nas suas observações sobre o cotidiano democrático dos Estados Unidos que visitou na década de 1830 e também, com maior destaque, em suas próprias reflexões como ator político.

4.2 TOCQUEVILLE: O HOMEM DE AÇÃO

Nos livros que escreveu, nos discursos políticos e artigos publicados na imprensa, na copiosa correspondência que manteve com os mais diversos interlocutores, Tocqueville sempre deixou claro que a sua principal causa era a liberdade. "Querem fazer de mim um homem de partido e eu não o sou absolutamente; me atribuem paixões e eu tenho apenas opiniões, ou antes eu tenho uma só paixão, o amor da liberdade e da dignidade humana", assegura ao amigo inglês Henry Reeve, em carta datada de 22 de março de 1837. Empregando quase as mesmas palavras, ele reforça esse compromisso 13 anos depois, em missiva de 15 de dezembro de 1850 a seu primo Louis de Kergolay. "[...] não tenho tradições, não tenho nenhum partido, não tenho nenhuma causa que não seja a causa da liberdade e da dignidade humana".[406]

Liberdade que, para Tocqueville – concebida como o poder de "falar, agir, respirar sem peias, sob o governo unicamente de Deus e das leis" –, consistia em um fim em si mesmo. "Quem procura na liberdade outra coisa que não ela mesma é feito para servir" – a sentença do autor em *O Antigo Regime e a Revolução* é citada por Arendt em *Sobre a revolução* para ilustrar a própria concepção

---

[406] TOCQUEVILLE. *Oeuvres complètes VI*, 1954, p. 37; *Oeuvres complètes XIII*, 1977, v. I, p. 233.

de liberdade como o "posso" da ação, o poder de falar e agir destacado por Tocqueville que só encontra razão de ser no seu exercício, não devendo ser instrumentalizado para outros fins.[407]

Liberdade que, também, pode ser fonte de "prazeres sublimes", segundo afirma o autor no segundo volume da *Democracia*....[408]

Tocqueville não chega a usar a expressão "felicidade pública", associada à liberdade política, a exemplo do que fizeram alguns dos líderes revolucionários norte-americanos no século anterior. Porém, fica claro que, na sua concepção, a ação política não é vista por ele apenas como um fardo, um *munus* decorrente do exercício da cidadania que só traz aborrecimentos e fadigas, privando das alegrias do lar. Mas pode, ao contrário, ser fonte de grande satisfação, um prazer "sublime".

É dentro desse espírito que o autor exprime admiração pela intensa atividade política que testemunhou nos Estados Unidos, principalmente em nível comunal. Seja para discutir o projeto de construção de uma escola ou para reivindicar a melhoria das estradas, seja para escolher um representante ou simplesmente tornar pública a insatisfação com a administração, por toda parte ele pôde observar cidadãos norte-americanos deliberando e decidindo coletivamente sobre alguma questão de interesse público. E o mais importante para o tema desta seção: constatou a enorme alegria com que se lançavam a tal tarefa.

"Intrometer-se no governo da sociedade e discutir a esse respeito é o maior e, por assim dizer, o único prazer que um americano conhece", descreve,[409] dosando o próprio entusiasmo diante desse engajamento político dos norte-americanos com o tom não raro irônico com que discorre a respeito da vida cotidiana nos EUA. Na rotina pacata das pequenas comunas do país, as assembleias políticas, por vezes, constituíam a principal atração local, chamando a atenção mesmo das mulheres que, embora não gozassem do

---

[407] ARENDT. *On revolution*, 1990, p. 137; TOCQUEVILLE. L'Ancien Régime et la Revolution, in *Oeuvre III*, 2004, p. 195.
[408] TOCQUEVILLE. DA2, in *Oeuvre II*, 1992, p. 610.
[409] Idem. DA1, op. cit., p. 279.

CAPÍTULO 3 – IGUALDADE, LIBERDADE, FRATERNIDADE – E FELICIDADE

status pleno de cidadãs, porque não tinham direito a voto, ainda assim compareciam em peso a essas reuniões para ouvir os discursos, a fim de se distrair dos "aborrecimentos do lar".

O ardor pela participação política transparecia até no comportamento dos habitantes. "Um americano não sabe conversar, ele discute; não discorre, disserta. Ele sempre vos fala como se falasse a uma assembleia." Essa postura era resultado de uma educação política obtida não necessariamente nos bancos da escola, mas decorrente da práxis, pois "é participando da legislação que o americano aprende a conhecer as leis; é governando que se instrui sobre as formas de governo". Por essa razão, não era de se espantar que os americanos transportassem os hábitos da vida pública para a existência privada. "Entre eles, a ideia do júri é descoberta nas brincadeiras da escola."[410]

Fazendo comparação com "certos países" (a alusão é, sem dúvida, à França), onde os habitantes, encerrados em seu egoísmo estreito, comportavam-se como se tivessem o tempo desperdiçado quando se ocupavam dos interesses em comum, Tocqueville observa que um norte-americano sentiria como se metade da existência lhe fosse furtada caso fosse obrigado a só cuidar dos próprios interesses. "[...] ele sentiria como que um imenso vazio em seus dias e se tornaria incrivelmente infeliz". Em nota a esse trecho do livro, cita Montesquieu, segundo o qual, na Roma sob os primeiros Césares, "nada igualou o desespero de certos cidadãos romanos que, depois das agitações de uma existência política, voltaram de repente à calma da vida privada".[411]

Os hábitos da liberdade política estavam de tal forma arraigados entre o povo norte-americano que certamente constituiriam o principal obstáculo à instauração de um governo despótico no país. Uma tirania representaria o fim da experiência de participação política – e, pode-se acrescentar, de felicidade pública –, à qual os cidadãos locais demonstravam tanto apego.

---

[410] TOCQUEVILLE. DA1, in *Oeuvre II*, 1992, p. 279; 353.
[411] Ibidem, p. 279.

Mesmo a prosperidade econômica do país, na ótica de Tocqueville, era decorrente dessa movimentada vida política, sendo esta uma das principais vantagens da liberdade democrática. "[...] ela dissemina em todo o corpo social uma atividade inquieta, uma força superabundante, uma energia que não existiria jamais sem ela, e que [...], desde que as circunstâncias sejam favoráveis, podem gerar maravilhas".[412]

***

Tendo em vista o apreço que tinha pela liberdade, a qual não dissociava da ação política, é razoável supor que Tocqueville, da mesma maneira que os cidadãos norte-americanos, cujo engajamento político foi alvo do seu aplauso, também consideraria que parte relevante da própria existência lhe seria subtraída caso se visse impedido de ter voz ativa nos negócios públicos de seu país. Não à toa, seguindo o destino de muitos *hommes de lettres* na França que abraçaram uma carreira política – tradição que havia iniciado no século anterior, com todos os percalços apontados por ele próprio –, o autor, como Chateaubriand, Lamartine, Victor Hugo e Michelet, se lançou na vida pública.

Desde os últimos anos da Restauração, portanto, antes da viagem aos EUA, o jovem Tocqueville já era incapaz de conceber a sua trajetória pessoal sem a participação nos *affaires publiques*. Essa inclinação devia-se tanto ao peso das tradições familiares – para lembrar da atuação do seu pai como *préfet* e do exemplo maior de Malesherbes, cuja memória ele cultuava – como também às suas próprias paixões intelectuais.

Para o ingresso na carreira pública, ele contava que o sucesso da sua obra – mais especificamente o primeiro volume da *Democracia...* – poderia lhe servir de carta de apresentação, dando-lhe acesso ao Parlamento. Sobre essa questão, é importante dizer que é difícil dissociar em Tocqueville o teórico do homem político,

---

[412] TOCQUEVILLE. DA1, in *Oeuvre II*, 1992, p. 281.

CAPÍTULO 3 – IGUALDADE, LIBERDADE, FRATERNIDADE – E FELICIDADE

tendo em vista que muitos de seus escritos foram elaborados com a intenção de influir no debate político do país. Conforme Hereth, Tocqueville não deve ser visto nem como um político diletante que, enquanto escrevia livros, ocupava-se também da carreira parlamentar, nem tampouco como um carreirista que atuava em prol de seus interesses privados por meio da política. "[...] a política era de fato a atividade central de grande parte de sua vida e determinante do seu modo de pensar e agir", salienta.[413]

O pendor para a política manifestou-se cedo no autor, porém, na França da Restauração, as perspectivas de uma carreira parlamentar para o jovem Tocqueville, naquela segunda metade da década de 1820, estavam ainda muito distantes. Pelas regras hiper-restritivas da Constituição de 1814, a idade fixada para apresentar uma candidatura era a partir dos 40 anos, o que adiaria os seus projetos políticos para 1845. A Revolução de 1830, que instaurou a Monarquia de Julho, também operou, nesse aspecto, como uma reação a esses limites impostos pelos legitimistas. A Carta de 1830 baixou a idade de elegibilidade para 30 anos e, assim, Tocqueville, em 1835, o mesmo ano da publicação da primeira

---

[413] HERETH, 1986, p. 89. Essa constatação já é expressa por um interlocutor frequente de Tocqueville, Henry Reeve, que, em carta ao autor, reage de forma entusiasmada ao segundo volume da *Democracia...*, apontando o seu potencial para influir no debate público da época. "[...] vós fizestes o Livro do Povo, para a França: como Maquiavel fez o Livro do Príncipe para César Borgia" (in *Oeuvres complètes VI*, 1954, p. 55). Apesar da animação de Reeve, o impacto de DA2 junto ao público foi bem menor do que o primeiro volume da obra. Neste sentido, ver também JARDIN, 1984, p. 240-267. O mesmo intento de influir no debate público, aliás, pode ser dito de Arendt. Um exemplo do seu engajamento político já está expresso em *Origens do totalitarismo*, que ela lançou em 1951. "Numa atmosfera de confusa oposição a Stálin, mais do que ao totalitarismo em geral, ela considerou que seu livro era urgentemente necessário", afirma Young-Bruehl (1996, p. 221). No entanto, a sua experiência mais marcante, e também mais traumática, na arena pública foi com a publicação do livro sobre o caso Eichmann. Sobre a polêmica que teve de enfrentar por conta dessa obra, Jaspers escreveu a Arendt em 16 de novembro de 1963: "Você conhece agora o que jamais quis: 'os riscos da vida pública'. Você caiu dentro dela e tem de assumir" (in *"La philosophie n'est pas tout à fait innocente"*, 2006, p. 175).

Democracia..., já cumpria esse requisito básico para postular uma vaga na Câmara dos Deputados.

Contrariando os conselhos do mestre Royer-Collard, que tentou dissuadi-lo do projeto de uma carreira política para dedicar-se inteiramente ao ofício de escritor, Tocqueville apresentou-se às eleições legislativas de 1837, como candidato independente. Porém, foi derrotado. Dizendo-se "batido, mas não abatido",[414] inscreveu-se mais uma vez no pleito de 1839, quando conseguiu um mandato pela circunscrição de Valognes, no Departamento da Mancha, na Normandia, que engloba também o vilarejo de Tocqueville, sede do castelo da sua família.

No cômputo geral, pelo que se lê dos seus biógrafos e de seu próprio punho (em cartas e nos *Souvenirs*), os 12 anos de atividade política – incluindo o curto período em que serviu ao Executivo, como ministro das Relações Exteriores – e que foram encerrados com o golpe de 1851, proporcionaram a Tocqueville mais dissabores e desilusões do que os "prazeres sublimes" aos quais alude na *Democracia...* de 1840. Noviço nas artimanhas da política tradicional, ele chegou à Câmara com a expectativa algo ingênua de que a reputação que havia alcançado por conta da excelente acolhida do primeiro volume da *Democracia na América* lhe garantiria um lugar de destaque e ascendência sobre os demais componentes do Parlamento. Essas ambições, todavia, não foram realizadas, e o autor colecionou uma série de decepções.

Conforme a divisão política dos lugares no plenário da Câmara dos Deputados durante a Monarquia de Julho, ocupar a bancada da esquerda significava uma adesão à oposição dinástica (assim chamada porque não se opunha ao regime monárquico em si, mas à composição do seu ministério), cujos extremos (a extrema esquerda) eram preenchidos pelos "radicais", ou

---

[414] É o que afirma em carta de 14 de novembro de 1837 a Royer-Collard (in *Oeuvres complètes XI*, 1970, p. 50-53). Este, por sua vez, havia escrito a Tocqueville, em 17 de outubro de 1837, desaconselhando-o dos projetos políticos: "A grande reputação que vós estimais ser o mais precioso bem do mundo está mais assegurada hoje em livros tais como o vosso do que na tribuna" (Ibidem, p. 47-8).

CAPÍTULO 3 – IGUALDADE, LIBERDADE, FRATERNIDADE – E FELICIDADE

seja, os "republicanos". Para se livrar da pecha de "legitimista", por suas origens nobres, Tocqueville tentou se posicionar à esquerda, mas, no hemiciclo do plenário, havia mais postulantes do que lugares disponíveis nessa ala. O deputado estreante teve de se contentar por um tempo com um assento constrangedor na ala direita, bem mais vazia, e onde se concentravam justamente os legitimistas partidários da dinastia deposta pela Monarquia de Julho, dos quais queria distância, além de independentes como Lamartine (o qual se sentava bem no alto, para não se misturar com os legitimistas) e "outros negligentes de todas as cores que não reservaram seus assentos naturais antes", conforme afirma Jardin.[415]

Por fim, ele conseguiu se instalar, de forma definitiva, no assento 319 da centro-esquerda (uma oposição mais moderada; já a centro-direita era formada pelos situacionistas, partidários de Guizot). Todavia, a liderança de Thiers sobre a centro-esquerda incomodava profundamente Tocqueville, em que pesem algumas afinidades programáticas em comum.

Uma das razões desse incômodo era o desprezo que ele nutria por Thiers, tanto como intelectual – autor de uma extensa obra sobre a Revolução Francesa, Thiers era incluído naquela categoria de "historiadores democráticos" obcecados pelas ideias gerais que Tocqueville criticava duramente – quanto como líder político, por suas constantes intrigas e manobras, a mais notória delas o controverso apoio e incentivo, anos depois, ao golpe de Luís Napoleão. Outro motivo é que aderir ao partido comandado por Thiers significava ficar à sombra dele, uma situação que o altivo Tocqueville, de forma previsível, não poderia suportar.

Contudo, a tentativa de formar um grupo de "independentes" como ele próprio, sem ligações umbilicais com os partidos existentes, formando um bloco que teria grande impacto político, não teve êxito. Segundo afirmam os seus biógrafos, Tocqueville carecia do carisma necessário para se tornar uma grande liderança

---

[415] JARDIN, 1984, p. 285.

política. Era considerado distante e orgulhoso pelos colegas; os seus discursos na tribuna, embora muito bem escritos e fundamentados, não empolgavam, porque lhe faltavam as qualidades do bom orador; as suas ideias pareciam muito abstratas para o baixo-clero da Câmara, ocupado com as questões mais comezinhas da política das províncias.

O próprio Tocqueville demonstra, no *Souvenirs*, ter plena consciência dessas deficiências. Admitindo ter acreditado que alcançaria na tribuna o mesmo sucesso almejado com a estreia como escritor, confessa que logo descobriu que nada "se assemelha menos a um bom discurso do que um bom capítulo". Ao fracasso como orador, adiciona a falta de destreza para lidar com correligionários e adversários, além da pouca disposição para se relacionar com quem considerava medíocre, o que só dava munição para a sua fama de "orgulhoso". "Pergunto sem cessar o nome desses desconhecidos que vejo todos os dias e sem cessar o esqueço. Não os desprezo, mas frequento-os pouco, trato-os como os lugares-comuns. [...] me aborrecem profundamente." O tom duro consigo próprio também se estende, no *Souvenirs*, à rotina no Parlamento, onde passou anos ouvindo "tantas palavras eloquentes e vãs".[416]

Na introdução à edição brasileira do *Souvenirs*, Renato Janine Ribeiro comenta que Tocqueville se aproxima do Marx do *18 Brumário* quando faz a denúncia da política como um teatro. De fato, a respeito da Revolução de 1848, algumas impressões de Marx e Tocqueville sobre os seus atores são curiosamente coincidentes.

Marx escreve que "a Revolução de 1848 não soube fazer nada melhor do que parodiar ora 1789, ora a tradição revolucionária de 1793-1795" – a história se repetindo como farsa. Testemunha ocular, e em certos momentos também ator, dos acontecimentos, Tocqueville recorda-se do seu enfado ao assistir às reações dos envolvidos no conflito, os quais "imitavam seus gestos e suas poses [dos personagens da Revolução Francesa], sem poder imitar

---

[416] TOCQUEVILLE. Souvenirs, in *Oeuvre III*, 2004, p. 688; 795; 772.

CAPÍTULO 3 – IGUALDADE, LIBERDADE, FRATERNIDADE – E FELICIDADE

seu entusiasmo nem sentir seu furor", para mais à frente concluir que tudo lhe "parecia uma desprezível tragédia representada por histriões de província".[417] Janine Ribeiro observa que há tanto em Marx quanto em Tocqueville uma "aversão" pela retórica e os censura por desconsiderarem que "a retórica faz parte da democracia".[418]

Entretanto, no que tange a Tocqueville, principalmente em relação à sua experiência parlamentar antes da Revolução de 1848, deve-se levar em conta que as lamentações dele em torno da quantidade de "palavras eloquentes e vãs" que foi obrigado a ouvir nos tempos de deputado, mais do que uma condenação à retórica, precisam ser interpretadas em um contexto em que o autor percebia claramente o fosso que separava a Câmara da massa do povo. Em uma época em que a carreira política atraía tantos *hommes de lettres*, ele reconhece a alta qualidade intelectual de muitos de seus pares, a ponto de dizer que "jamais algum parlamento (sem excetuar a Assembleia Constituinte, digo a verdadeira, de 1789) conteve mais talentos variados e brilhantes como o nosso durante os últimos anos da Monarquia de Julho".[419]

Todavia, em um cenário em que, dos cerca de 36 milhões de habitantes da França, apenas 241 mil tinham direito a voto,[420] faltava a essa plêiade de notáveis, mais o baixo-clero que se juntava a ela, verdadeira representatividade popular.

---

[417] MARX, 1978, p. 329; TOCQUEVILLE. Souvenirs, in *Oeuvre III*, 2004, p. 769.
[418] In TOCQUEVILLE. *Lembranças de 1848* – As jornadas revolucionárias de Paris, 2011, p. 15.
[419] TOCQUEVILLE. Souvenirs, in *Oeuvre III*, 2004, p. 733.
[420] O dado sobre o número de eleitores aptos a votar pelo sistema de voto censitário na França no período foi extraído de *A era das revoluções*, de Eric J. Hobsbawn. De acordo com o historiador, durante a Monarquia de Julho, houve uma expansão do número de eleitores, de 176 mil em 1831 para 241 mil em 1846 (2001, p. 331). Mesmo assim, o sistema continuou tão restritivo que Jean-Jacques Ampère, um físico célebre à época e um dos amigos mais próximos de Tocqueville, não dispunha de recursos suficientes em 1840 para pagar os 200 francos anuais de imposto necessários para ser eleitor (ver *Oeuvres complètes XI*, 1970, p. 139, nota 3). Sobre a população da França no período, consultar *Histoire demographique de la France* (2018). Disponível em: https://fr.wikipedia.org/wiki/Histoire_d%C3%A9mographique_de_la_France. Acesso em: 15 mar. 2018.

Por esse motivo, Tocqueville constata que, no mundo político em que circulava, o que se destacava pela ausência era a vida política mesma. Tudo girava em torno dos interesses de uma só classe, a alta burguesia, tendo em vista que a antiga aristocracia havia sido derrotada na Revolução de 1830 e o povo via-se completamente excluído da esfera pública. Portanto, naquela casa legislativa, faltava um elemento essencial da política, que é o conflito entre diferentes pontos de vista, as diversas *doxai*.

> [...] não se podia encontrar um campo de batalha onde os grandes partidos pudessem guerrear. Essa singular homogeneidade de posição, de interesses e, por consequência, de pontos de vista, que reinava dentro do que Guizot tinha chamado de país legal, tirava dos debates parlamentares toda originalidade e toda realidade, portanto, toda paixão verdadeira.[421]

Essa sensação de irrealidade que, para Tocqueville, permeava os debates na Casa, também era derivada do fato de o Parlamento francês, naquele momento, estar completamente apartado da França real. Não à toa, todos aqueles discursos dos grandes oradores que compunham a Câmara dos Deputados soavam aos seus ouvidos como meros exercícios verbais; não sem razão, pouco impacto causavam. Conforme o autor, essa oratória oca e vazia só despertava aborrecimentos em quem a ouvia – tanto entre os próprios pares na Assembleia quando na nação.

Habituado à rotina dessa assembleia política que vivia de costas para o país, ele narra o impacto que sentiu quando, nas jornadas de fevereiro da Revolução de 1848, o povo invadiu as tribunas da casa. "Havia 50 anos que não se via um espetáculo desse gênero. Desde a Convenção, [...] as tribunas estavam mudas e o silêncio das tribunas havia entrado nos nossos costumes parlamentares."[422]

---

[421] TOCQUEVILLE. Souvenirs, in *Oeuvre III*, 2004, p. 732.
[422] Ibidem, p. 764.

CAPÍTULO 3 – IGUALDADE, LIBERDADE, FRATERNIDADE – E FELICIDADE

Todavia, a relação de Tocqueville com o povo que ele lamentava estar apartado das discussões públicas do país também era ambígua. O autor definia-se como um "aristocrata por instinto", vendo a multidão com "desprezo" e "temor". Nas mesmas notas em que revela as suas "paixões" e "opiniões", confessa ainda odiar "a demagogia, a ação desordenada das massas, sua intervenção violenta e mal esclarecida nos negócios públicos, as paixões invejosas das classes baixas [...]".[423]

Por isso, no *Souvenirs*, surge um Tocqueville dividido entre o democrata que gostaria que a população como um todo estivesse mais envolvida no debate político e o liberal conservador que enxerga com desconfiança a movimentação revolucionária dos operários, concentrados em Paris e em outras grandes cidades francesas, a exemplo de Lyon, sob forte influência dos socialistas. Ao proletariado urbano, Tocqueville opõe as posições mais moderadas dos camponeses e pequenos proprietários do interior das províncias. Ao povo de Paris que pegou em armas durante as jornadas revolucionárias de junho de 1848, destina palavras pouco lisonjeiras, acusando-os de "paixões cúpidas, cegas e grosseiras", porque via nessa ação popular uma ameaça ao que acreditava ser a ordem natural da sociedade, baseada na propriedade.[424]

Apesar das reservas com relação à mobilização popular que fez eclodir a Revolução de 1848 – revolução que, no seu entender, pela primeira vez na história da França, tinha sido inteiramente conduzida pelas classes trabalhadoras –, Tocqueville não hesitou em aderir à república que se instaurou em decorrência da luta revolucionária. Até porque o governo republicano tinha passado a representar para ele, assim como para a maioria dos seus contemporâneos, o único que se podia imaginar para

---

[423] TOCQUEVILLE. *Oeuvres complètes III*, 1985, p. 87.
[424] Como afirma Françoise Mélonio, os camponeses, em especial os da Normandia, região de Tocqueville, representam a figura inversa dos operários de Paris na visão do autor (ver a "Notice" aos Souvenirs, in *Oeuvres III*, 2004, p. 1194). Mas, com base no que a autora observa, pode-se interrogar também se, nesse retrato idealizado que o autor apresenta dos camponeses de sua terra, ele não trairia também certa nostalgia de uma comunidade unida em torno do seu nobre senhor.

a França, de tal forma a possibilidade de o país ser regido novamente por uma dinastia, não importando qual, parecia estar definitivamente enterrada.

Além de tê-lo levado a se converter ao republicanismo, a Revolução de 1848, no plano existencial, teve o significado para Tocqueville de uma "libertação", porque representou o fim daquele teatro parlamentar, que funcionava como uma bolha isolada da França real, do qual ele havia participado. "Parecia-me [...] que respirava mais livremente que antes da catástrofe [a Revolução]. Sempre me sentira contido e oprimido no seio do mundo parlamentar que acabava de ser destruído."[425]

***

A república que Tocqueville passa a defender com tanto ardor é uma "república moderada", que preserve as instituições políticas e a ordem da sociedade. Ou seja, que não atente contra as estruturas socioeconômicas fundadas na propriedade.

Com esse propósito, ele foi um dos integrantes da comissão que iria elaborar o projeto de uma nova Constituição, a ser aprovada pela Assembleia Constituinte eleita logo após os eventos revolucionários de fevereiro de 1848. O que poderia ser o triunfo da sua carreira legislativa – Tocqueville alcançara sua maior votação, 110.704 votos, em um pleito em que o sufrágio universal paradoxalmente conduziu à Câmara mais representantes conservadores do que partidários das forças políticas que levaram à revolução – revelou-se outra decepção.

Com o prestígio de ser um *expert* em constitucionalismo norte-americano, o autor não exerceu a influência que esperava na condução dos debates da Comissão de Constituição. Esta, por sua vez, composta na maioria de integrantes que considerava medianos, em nada se assemelhava aos constituintes norte-americanos, tão admirados por Tocqueville, que, sob a presidên-

---

[425] TOCQUEVILLE. Souvenirs, in *Oeuvre III*, 2004, p. 794.

cia de George Washington, redigiram a Constituição dos EUA no século anterior.

A esterilidade dos debates entre os integrantes da Comissão de Constituição, que se estenderam de maio a outubro de 1848, com uma breve interrupção em virtude dos novos levantes revolucionários populares de junho daquele ano, constituiu também um enorme desapontamento. "[...] declaro que jamais me senti tão miserável em nenhuma das comissões de que participei quanto nessa", recorda-se amargamente no *Souvenirs*.[426] O projeto de Constituição apresentado pela comissão de que fez parte foi discutido e aprovado pela Assembleia Legislativa, mas teve vida curta, como as Constituições anteriores da França, sendo substituído por uma nova Carta após o golpe de Estado de Luís Napoleão em 1851.

Nessa tentativa frustrada de fazer uma refundação da República francesa, para usar os termos arendtianos, por meio de uma Constituição que estabelecesse as bases sólidas das instituições políticas do país, Tocqueville não se tornaria um "pai fundador", como os líderes norte-americanos que votaram a Constituição norte-americana haviam sido mais de seis décadas antes. Nesse papel, figurou, no máximo, como um daqueles "especialistas" em matéria constitucional que Arendt critica em *Sobre a revolução*, sem poder nem participação na condução dos acontecimentos.

Um dos últimos desafios políticos de Tocqueville foi a sua curta passagem no ministério de Luís Napoleão, que havia sido eleito presidente no final de 1848. Como titular da pasta de Relações Exteriores, ele compôs o gabinete ministerial chefiado por Odilon Barrot, de junho a outubro de 1849. A sua preocupação era assegurar um lugar de influência à França na geopolítica europeia, porém, o rápido e tumultuado período à frente do ministério – em função, também, das relações delicadas e difíceis do presidente com o gabinete ministerial, marcadas por profundas

---

[426] TOCQUEVILLE. Souvenirs, in *Oeuvre III*, 2004, p. 875.

desconfianças de um lado e do outro – não lhe permitiu avançar muito nesse terreno.[427]

Como ministro, Tocqueville apoiou as medidas de repressão do governo, depois das insurreições populares de junho de 1849, como o controle da imprensa, a suspensão dos clubes políticos e a implementação do estado de sítio – as razões de Estado se sobrepujando ao ideal liberal-democrata do autor, que fizera uma ardorosa defesa da liberdade de imprensa e de associação na *Democracia na América*.

O golpe de 1851 representou o fim da sua carreira política. O relato dessa experiência política no *Souvenirs* é marcado pelo tom melancólico do homem de ação que é devolvido bruscamente ao ócio forçado, ócio que é antes uma maldição do que uma dádiva, como também assim o consideravam os *hommes de lettres* do século XVIII que estiveram à frente da Revolução Francesa, para lembrar as observações de Arendt a esse respeito. Um olhar melancólico que não se estende apenas à condição de exilado político dentro do seu próprio país, mas também à sua frustrada carreira política.

Tocqueville deu reiteradas provas, na sua correspondência, de que a grande contribuição dele à história seria como escritor político e não como homem de ação. "Pensei cem vezes que, se devo deixar algumas marcas de mim mesmo neste mundo, será bem mais pelo que terei escrito do que pelo terei feito", admite a Beaumont, em carta de 26 de dezembro de 1850. "Parece-me que meu verdadeiro valor está, sobretudo, nesses trabalhos do espírito, que valho mais no pensamento do que na ação", confessa a Louis de Kergolay, em carta de 15 de dezembro de 1850.[428]

---

[427] Ver a parte do *Souvenirs* em que Tocqueville relata a sua experiência na pasta das Relações Exteriores, principalmente as suas investidas não muito bem-sucedidas no *affaire* de Roma, envolvendo a disputa entre a Igreja e os revolucionários republicanos, e a sua atuação na crise internacional decorrente da situação dos refugiados poloneses na Turquia (in *Oeuvre III*, 2004, p. 922-950).

[428] Apud MEYER, in TOCQUEVILLE. *O Antigo Regime e a Revolução*, 2009, p. XI; TOCQUEVILLE. *Oeuvres complètes XIII*, 1977, v. I, p. 233.

CAPÍTULO 3 – IGUALDADE, LIBERDADE, FRATERNIDADE – E FELICIDADE

Como *homme politique*, o autor não conseguiu ser o grande estadista que idealizara, merecedor da "estima do mundo" de que falava Jefferson. A "felicidade pública", para ele, permanecera mais como uma promessa.

5. TOCQUEVILLE E ARENDT: A VALORIZAÇÃO DO ESPAÇO PÚBLICO

Nos capítulos precedentes, salientou-se que as duras críticas que Tocqueville e Arendt dirigem à opinião pública não decorrem de uma atitude de desconfiança em relação ao público, visto como potencial ameaça à independência individual. Tocqueville e Arendt enxergam a opinião pública como uma força despótica quando esta, transfigurada na hegemonia da "tirania da maioria" ou do "humor da massa", opera como um elemento de corrosão da esfera pública, constituindo um obstáculo à emergência de um corpo político plural, o qual abrigue a diversidade de pontos de vista e perspectivas de cidadãos que usufruem do mesmo status de liberdade e igualdade.

Para Tocqueville e Arendt, o combate a essa ameaça representada pela opinião pública reduzida a uma mentalidade uniforme que impede o debate e sufoca a divergência requer o fortalecimento da liberdade política. Liberdade política compreendida no seu sentido positivo, sinônimo de participação política e ação coletiva, e não simplesmente como liberdade *da* política, que pensadores liberais como Constant e Berlin relacionam ao domínio de não interferência política em que se pode dar livre curso às liberdades individuais e à livre-iniciativa.

Tal concepção de liberdade não significa tampouco menosprezo ou indiferença pela liberdade e pela independência individuais. Em Tocqueville, a liberdade no seu sentido de independência pessoal, pensada como o sentimento que cada um tem do próprio valor, é devidamente valorizada, a tal ponto que ele a considera não apenas como um direito, mas um dever para consigo mesmo. Em Arendt, as *liberties* (as liberdades civis) são fruto da libertação da opressão e representam uma condição para o exercício da *freedom*, a liberdade concebida no sentido positivo. Além do mais, a relevância da singularidade humana transparece na sua concepção da pluralidade humana como uma pluralidade de seres únicos e singulares e na sua compreensão da liberdade como espontaneidade, a capacidade do ser humano de romper as cadeias da necessidade e dar início a novos começos.

Entretanto, quando se fala na defesa da autonomia do sujeito em Arendt e Tocqueville, é preciso levar em conta que este nunca é pensado por eles como uma mônada, apartado dos seus semelhantes. Tanto a independência individual destacada por Tocqueville quanto a espontaneidade enaltecida por Arendt definham no isolamento dos indivíduos em suas vidas privadas.

Para Tocqueville, a condição do ser humano como indivíduo independente e autônomo está intrinsecamente associada à sua atuação como cidadão. Para Arendt, a singularidade humana só é realçada na convivência entre homens e mulheres no espaço da política criado entre eles pela ação e pelo discurso, e o poder pré-político de começar que cada ser humano potencialmente carrega apenas se concretiza em *freedom*, na ação política no espaço público, com o concurso dos seus semelhantes. No entendimento de ambos, configura-se, também, uma compreensão da política como o campo do dissenso e do acordo entre múltiplas vozes e perspectivas, entre diferentes opiniões (*doxai*).

A ideia de liberdade em Tocqueville e Arendt está ainda indissociavelmente relacionada à noção de igualdade. Tocqueville enaltece a atitude de "indocilidade" que a condição de igualdade incentiva nas pessoas, despertando nelas o gosto pela independência, ao mesmo tempo em que reconhece que a liberdade democrática – a liberdade vivida na igualdade, como um direito de todos, diferente da liberdade aristocrática, experimentada como um privilégio – é a mais "justa". Arendt, por sua vez, compreende a igualdade acima de tudo como isonomia, vinculando-a ao espaço público, o espaço da liberdade concebida como *freedom* – é na esfera política que homens e mulheres, sem abrir mão da singularidade que os caracteriza, se reconhecem como iguais, como cidadãos.

CAPÍTULO 3 – IGUALDADE, LIBERDADE, FRATERNIDADE – E FELICIDADE

Apesar desses diferentes modos de pensar a igualdade em relação à liberdade, há que se destacar a afinidade entre eles no que se refere a uma concepção da igualdade que se pode chamar de "igualdade de respeito", para usar a expressão de Lamberti. Em Tocqueville, ela surge na forma de um construto do imaginário coletivo, materializada no sentimento de igualdade entre os cidadãos que prevalece apesar das desigualdades reais, tanto no campo socioeconômico quanto no cultural. Em Arendt, está associada à ideia da *philia* aristotélica, a consideração que se devota aos pares no âmbito do mundo público, independentemente das qualidades e das realizações de cada um. Em ambos os casos, o que sobressai é o reconhecimento do outro como sujeito igual em direito e dignidade, sem o qual é impossível constituir um ambiente de convivência verdadeiramente democrático.

Por fim, articuladas aos conceitos de igualdade e liberdade nos dois pensadores, emergem as noções de fraternidade e felicidade. No que tange à fraternidade, concebida aqui como solidariedade social, para Tocqueville, o acesso à cidadania requer o gozo de condições dignas de existência, daí a sua preocupação, tanto como teórico da política como *homme politique*, com o estabelecimento de medidas sociais em benefício dos trabalhadores que impedissem que eles se vissem reduzidos a uma situação de indigência, condição que os torna alheios tanto ao próprio destino quanto à da comunidade política a que pertencem.

Para Arendt, a satisfação das necessidades materiais é uma precondição para o acesso à esfera pública e, embora a autora exponha o ponto de vista polêmico – que será retomado mais adiante –, de que a política não é o campo adequado para tratar da questão social, deve-se ressaltar a ênfase que confere ao princípio político da solidariedade e o seu potencial para estabelecer uma comunidade de interesses entre oprimidos e explorados. Também há de se destacar que Tocqueville e Arendt convergem na crítica à ação predadora do capitalismo, defendendo um maior equilíbrio na distribuição da renda e da propriedade.

Assim, os ideais da liberdade, da igualdade e da fraternidade se complementam no pensamento de ambos. E completam-se ainda com uma visão da felicidade associada ao exercício da liberdade política, conforme a noção de "felicidade pública" em Arendt, baseada na experiência dos revolucionários setecentistas, e a compreensão da liberdade por Tocqueville como fonte de "prazeres sublimes" – ele que testemunhou a alegria dos cidadãos norte-americanos quando se reuniam para tratar dos assuntos públicos e que não poderia conceber a própria existência privada da participação política. Daí o seu empenho, mesmo que frustrante, em se dedicar à vida pública.

Os dois autores ainda apresentam afinidades no modo de pensar as maneiras pelas quais os ideais da igualdade, da liberdade, da fraternidade e da felicidade podem ser desvirtuados na modernidade. Em Tocqueville, é a igualdade degenerada em paixão igualitária, o anseio por uniformidade e nivelamento que nasce, paradoxalmente, em meio a uma sociedade marcada por um individualismo extremado e pela competição acirrada em busca de bens materiais; em Arendt, é a igualdade reduzida ao comportamento uniforme dos membros da sociedade, em contraste com a espontaneidade, que marca a ação dos cidadãos no espaço público. No que concerne à liberdade, eles confluem na sua postura crítica com relação ao liberalismo, o qual restringe a liberdade ao gozo das liberdades individuais, contribuindo para eliminar, no dizer de Arendt, a própria noção de liberdade da política.

Com respeito à fraternidade, Arendt adverte para os perigos que uma "política do coração", apoiada nos sentimentos da compaixão e da piedade, pode representar para a esfera pública, resultando em violência e corrupção; já Tocqueville, preocupado com os efeitos deletérios de uma profunda desigualdade social, procura uma via alternativa entre a ausência generalizada da ideia de fraternidade social, personificada pelo que poder-se-ia chamar hoje o modelo do "Estado mínimo" dos economistas neoliberais, e a figura paternalista de um Estado tutelar que detenha o monopólio da atividade econômica. Por último, a redução do ideal de felicidade à busca do bem-estar e da prosperidade perde de vista, na perspectiva de ambos, o valor da estima pública, o prazer do reconhecimento público e da oportunidade de se

CAPÍTULO 3 – IGUALDADE, LIBERDADE, FRATERNIDADE – E FELICIDADE

distinguir pela ação e pelo discurso que só a participação política pode proporcionar.

***

Feitas estas observações mais gerais acerca das confluências entre Tocqueville e Arendt sobre as ideias de igualdade, liberdade, fraternidade e felicidade discutidas neste capítulo, resta retomar alguns pontos problemáticos – sem ter a pretensão de querer esgotá-los –, já apontados no pensamento dos dois autores acerca desses temas e explorar, mesmo que rapidamente, outras questões relevantes concernentes a eles. O primeiro deles é o papel que a religião ocupa no pensamento tocquevilliano para refrear os excessos da liberdade e da igualdade nas sociedades democráticas.

De acordo com o que foi demonstrado, o autor estava mais interessado no papel mundano da religião. Ou seja, na sua contribuição para combater o individualismo, preservar uma cultura pública de zelo e responsabilidade para com o bem comum e, no caso específico do protestantismo norte-americano, incentivar uma postura de independência que não se curva a nenhuma autoridade terrena que se pretenda absoluta. No entanto, o consenso religioso (cuja base é o cristianismo, com predominância para o protestantismo) que Tocqueville louva nos Estados Unidos como sendo a salvaguarda de sua democracia apresenta um retrato de um país coerente culturalmente que não deixa de ser opressor, porque acaba por representar um obstáculo à diversidade que caracteriza um corpo político plural e democrático.[429]

---

[429] Um país homogêneo não só por parte dos costumes e da religião, mas também pela cor da pele e pelo sexo. Hanna Pitkin e Mark Reinhardt lamentam o fato de o autor retratar um quadro democrático nos Estados que mascara as exclusões de raça (com relação aos índios e negros) e de gênero (REINHARDT, 1997, p. 72-62; PITKIN, 1998, p. 126-127). Com relação ao debate sobre a raça, Tocqueville, como se viu até aqui, sempre foi um feroz adversário da escravidão e tece duras críticas às condições do negro e do índio em DA1. No entanto, ele de fato demonstra ceticismo com relação às possibilidades de negros e índios poderem um dia se integrar à vida democrática norte-americana, apesar de, particularmente, ser um grande entusiasta da miscigenação entre as raças, um

Arendt, por sua vez, recusa-se a dotar a política com as garantias desse consenso religioso tocquevilliano para estabelecer os limites da ação – lembrando-se que esses limites, para a autora, encontram-se dentro da própria ação política, e não fora dela, por meio das faculdades humanas de perdoar e prometer. Na visão de Arendt, a imposição de uma identidade comum, baseada em um credo religioso comum, não é apenas desnecessária ao espaço público, mas seria um elemento de corrupção desse espaço, porque impediria a emergência das diferentes *doxai*.

Mark Reinhardt e Dana Villa concordam que a insistência de Tocqueville em colocar a religião como uma espécie de âncora para a democracia espelha a sua preocupação em buscar uma fonte de autoridade que dê sentido às comunidades humanas e suas atividades. Já Myrian Revault d'Allones observa que a perda ou a crise da autoridade reside na incompatibilidade fundamental entre a dissimetria inerente à relação de autoridade e a dinâmica irreversível da igualdade. Para remeter aos temas abordados no segundo capítulo, na percepção de Tocqueville, a igualdade, ao levar os indivíduos a se verem como semelhantes, ao mesmo tempo em que os estimula a recusar qualquer relação assimétrica entre si, torna-os suscetíveis a se curvarem ao despotismo da opinião pública e do Estado tutelar. "As dificuldades ligadas à fundação contratual são indissoluvelmente ligadas àquelas que engendram as condições da existência democrática", observa D'Allones.[430]

---

tema que não tratou na sua obra porque considerava que seu amigo Gustave de Beaumont tinha abordado suficientemente bem o assunto no seu romance *Marie*, também inspirado na viagem de ambos aos EUA (cf. JARDIN, 1984). Por outro lado, sempre fez questão de frisar que o mundo democrático que retratava era o anglo-americano, deixando claro que dele não faziam parte nem os escravos negros nem os indígenas. Quanto às críticas a Tocqueville com relação à sua não problematização da exclusão das mulheres da vida pública, já se observou que ele tinha de fato posições conservadoras com relação à emancipação política feminina.
[430] REVAULT D'ALLONES, 2006, p. 115; cf. REINHARDT, 1997; VILLA, 2008.

CAPÍTULO 3 – IGUALDADE, LIBERDADE, FRATERNIDADE – E FELICIDADE

Todavia, um dos traços característicos da Revolução Americana, conforme aponta Arendt, foi o fato de ela ter conseguido encontrar uma fonte de autoridade política que não precisava apelar a instâncias religiosas ou tradicionais, porque essa autoridade derivava do próprio pacto de fundação dos EUA, chancelado por sua Constituição. Dana Villa critica em Arendt o que ele chama de uma deferência "quase religiosa" da autora ao momento de fundação dos EUA, como se ela estivesse à procura de algo mais sólido do que a lei constitucional e as estruturas institucionais para funcionar como base de autoridade do corpo político. Entretanto, se Arendt menciona a "religião", é no sentido original e romano de "*religare*", em se ligar de volta a um início; e é a Constituição que cumpre esse papel, conservando e transmitindo a autoridade originária do pacto de fundação.

Em Tocqueville, é importante salientar que há outros caminhos, além da religião, que levam a sociedade democrática a agir sobre si mesma e conter os seus próprios excessos, contribuindo para a estabilidade das instituições políticas: estes são o interesse bem compreendido – o autointeresse esclarecido que conduz a agir em prol do bem comum – e a própria ideia de direitos para todos que a cultura democrática ajuda a disseminar e que, conforme o autor, constitui a virtude nas democracias.

Sobre a controvertida questão social em Arendt, a rígida distinção que estabelece entre o político e o social (no qual se inclui o econômico) faz parte do seu empenho em estabelecer a diferença entre "uma lógica política de participação horizontal, de ação e de discussão, e uma lógica administrativa na qual se destaca a *expertise* e a racionalidade mercantil custo-benefício", para empregar a definição de Laura Quintana.[431] Segundo essa separação, por exemplo, temas concernentes à economia deveriam ser administrados, enquanto os referentes a direitos, liberdades, estruturas de governo seriam objeto de discussão e de tomada de decisão política.

---

[431] QUINTANA, 2015, p. 144.

No mesmo congresso já mencionado sobre a sua obra em que Arendt foi questionada por Mary McCarthy a respeito da controversa divisão entre o social e o político, segundo relata Seyla Benhabib, a autora admitiu que questões como educação, transporte ou assistência à saúde têm "dupla face". Uma dessas faces estaria sujeita ao debate e a outra, não – a primeira face seria, então, política, e a segunda, exclusivamente administrativa, devendo ser deixada aos cuidados de especialistas.

O problema com essa divisão é que as fronteiras entre aquilo que é "administrável" e aquilo que é passível de discussão política não são assim tão estáticas. "[...] mesmo a decisão do que deve ser submetido ao debate e do que deve ser deixado aos *experts* e administradores é uma decisão política", contrapõe Benhabib. Além do mais, "formas de administração dependem de políticas públicas e modos de interpretação do 'real' que podem ser confrontados e desestabilizados politicamente", segundo analisa Quintana.[432]

Constitui outro problema em Arendt o papel que os pobres ocupam no seu sistema de pensamento. Seriam eles, então, incapazes de ação política porque ainda presos à necessidade da qual precisam se libertar para depois serem emancipados politicamente? Entretanto, aqueles a quem chamamos de "pobres" não são identidades fixas, mas "formas de subjetivação que podem reinterpretar e mobilizar as suas carências para se deslocar de sua marginalidade e convertê-la precisamente em argumento político",[433] tornando visíveis problemas que antes não eram reconhecidos pela ausência de visibilidade política – e o gesto mencionado das mulheres da Marcha de Versalhes exigindo pão é um exemplo esclarecedor a esse respeito.

Considerando outro lado, a insistência de Arendt em separar as esferas do político e do social deve ser entendida também dentro do seu esforço de rejeição do primado do *animal laborans* sobre os outros aspectos da vida humana, de compreender toda

---

[432] BENHABIB, 1996, p. 156; QUINTANA, 2015, p. 115.
[433] QUINTANA, 2015, p. 146.

CAPÍTULO 3 – IGUALDADE, LIBERDADE, FRATERNIDADE – E FELICIDADE

a atividade humana a partir do trabalho. Isso não significa um desprezo pelo trabalho como atividade, mas o entendimento de que o trabalho relaciona-se com a satisfação das necessidades vitais – para usar os termos de Jean-Claude Poizat, o trabalho nos remete à primeira condição da existência humana: a condição da vida (no senso biológico, ou fisiológico, de *zoē*). O domínio do trabalho permanece como a esfera pré-política do domínio propriamente político no qual os seres humanos, livres de toda coerção, relacionam-se como iguais.

Como exemplo de que jamais se pode aceder à visibilidade da política se se permanecer preso ao campo da necessidade vital representada pelo trabalho, Poizat cita o movimento do proletariado industrial no século XIX. Estes só puderam melhorar as suas condições de trabalho por conta da ação política, por meio da qual saíram da obscuridade da esfera do trabalho para ganhar a luz do espaço público[434] – e, nesta linha de raciocínio de Poizat, talvez se possa encontrar uma resposta para as dificuldades mencionadas anteriormente em Arendt, *malgré elle-même,* para a difícil questão em sua obra da visibilidade dos pobres e dos trabalhadores na esfera pública.

No que lhe diz respeito, Tocqueville, na análise da sociedade democrática moderna, demonstra a centralidade que o trabalho nela ocupa. Embora se refira sempre de forma positiva à valorização do trabalho nas sociedades democráticas, não deixa de advertir que uma vida marcada única e exclusivamente pelas exigências e pelo ritmo do trabalho transforma os seres humanos em mônadas que se ignoram completamente, ocupados em que estão em suprir as carências básicas e garantir o bem-estar. Em suma, o que Tocqueville e Arendt se esforçam em mostrar é a ausência de sentido de uma vida voltada apenas para o trabalho, porque neste domínio os indivíduos jamais serão livres, tornando-se vulneráveis aos mais variados tipos de opressão, seja na forma dos despotismos democráticos que Tocqueville vislumbrou no

---

[434] POIZAT, 2013, p. 113-114.

século XIX, seja na forma dos totalitarismos tão bem analisados por Arendt no século XX.

Já as críticas de Arendt à questão social na Revolução Francesa, apesar dos pontos problemáticos apontados, também devem ser lidas como uma advertência sobre o perigo em fazer da revolução uma força onipotente, capaz de liberar os indivíduos da esfera da necessidade. Segundo essa perspectiva, a política passa a ser pensada "como a implantação de uma ordem ideal [...], como uma adequação a uma natureza originalmente perfeita, onde a pobreza não pode ter lugar", conforme afirmam Wacher e Meucci,[435] e a violência acaba por ganhar um potencial criador e purificador, sob o pretexto de devolver ao homem a sua bondade original e natural, o que contribuiu para levar aos descaminhos da Revolução Francesa. Assim, perde-se de vista que a política – tanto para Tocqueville quanto para Arendt – não é sinônimo de uma ordem "harmônica" ou "natural", mas é antes o espaço criado entre os homens de onde emergem os conflitos e são buscados os acordos e celebrados os pactos.

No primeiro volume da *Democracia...*, Tocqueville afirma que "não há nada mais fecundo em maravilhas do que a arte de ser livre", porém, "não há nada mais árduo do que o aprendizado da liberdade".[436] Tal aprendizado não se adquire por meio de livros ou de um tutor, mas se realiza na prática, pelo exercício da liberdade. Portanto, a liberdade para ele – e daí mais um ponto de convergência com Arendt – é pensada antes de tudo como uma práxis. No próximo capítulo, será o momento de discorrer sobre as instituições apontadas pelos autores que podem contribuir para o estabelecimento de uma cultura democrático-republicana em que essa práxis da liberdade possa se realizar.

---

[435] WACHER; MEUCCI, 2015, p. 195.
[436] TOCQUEVILLE. DA1, in *Oeuvre II*, 1992, p. 275.

CAPÍTULO 4
INSTITUIÇÕES DA LIBERDADE

INTRODUÇÃO – A ARTE DE VIVER EM CONJUNTO

Terra de acolhida para Arendt, terra de peripécias para Tocqueville, os Estados Unidos da América representaram uma constante fonte de inspiração na reflexão de ambos sobre a política. Não que o país significasse, na visão deles, a materialização de uma espécie de ideal arquetípico de democracia ou de república. Mas as experiências concretas do cotidiano político norte-americano serviram como balizas para esses dois autores, cuja forma de pensar está sempre enraizada na realidade, para refletir sobre os desafios do convívio humano no espaço público, sobre o que possibilita e o que ameaça essa arte sempre frágil de viver em conjunto no mundo em comum. Arte que, para ter êxito, como bem salienta Bernard Kabore, depende de "um *savoir-faire* que lhe é sempre imanente e jamais transcendente".[437]

Nas páginas a seguir, serão explorados alguns caminhos institucionais apontados por Arendt e Tocqueville, boa parte deles tendo os Estados Unidos como referência, que podem permitir o desenvolvimento dessa arte de viver em conjunto no espaço público, onde os cidadãos tenham a chance de usufruir de fato a experiência da liberdade pública. Esses espaços são as comunas, os conselhos populares e as associações voluntárias (políticas e civis), além da imprensa, compreendida como uma plataforma fundamental para o debate público e a livre expressão das opiniões.

---
[437] KABORE, 2016, p. 99.

Para Tocqueville, o modelo das *townships* da Nova Inglaterra, com as suas práticas de democracia direta em nível local, constitui um exemplo paradigmático para pensar formas de participação política que possam mobilizar os cidadãos a atuarem na vida pública, configurando-se como uma salvaguarda aos perigos dos despotismos democráticos que ameaçam as sociedades igualitárias. Já Arendt inspira-se no projeto de *ward system* de Thomas Jefferson – cujo parâmetro são também as comunas norte-americanas – e nas várias experiências concretas dos conselhos populares durante as revoluções modernas para discorrer sobre uma forma alternativa de governo, o sistema de conselhos populares, que permita o exercício de uma cidadania ativa.

Foi também na impressionante cultura associativa norte-americana que observou em plena ação à época de sua visita ao país, tanto no campo político quanto na sociedade civil, que Tocqueville vislumbrou outra maneira de engajar os cidadãos na vida pública e desenvolver neles o gosto pela liberdade política. Arendt, por sua vez, enxergou nos movimentos de desobediência civil, na conturbada cena política dos EUA das décadas de 1960 e 1970, uma reedição do associativismo voluntário norte-americano tão enaltecido por Tocqueville e uma forma legítima de ação política.

No que diz respeito à imprensa, o cenário do jornalismo norte-americano da década de 1830, com a sua enorme quantidade de veículos espalhados por todo o país, teve grande peso nas considerações de Tocqueville sobre a importância da liberdade de imprensa para a preservação da liberdade pública e a necessidade de um modelo desconcentrado de comunicação para evitar os monopólios nesse setor, tão danosos ao necessário pluralismo de uma sociedade democrática. Motivada pelo enorme polêmica em que se viu envolvida por conta de seus textos jornalísticos sobre o caso Eichmann publicados na imprensa norte-americana e depois editados em livro, e também pelo escândalo dos Documentos do Pentágono denunciado pelos meios de comunicação dos EUA, Arendt aborda o embate entre a verdade factual e a política. E também aponta a necessidade de o jornalismo manter-se independente da pressão dos poderes econômicos e políticos para cumprir o dever de informar o público, pois, sem o direito à informação não manipulada, a liberdade de expressão torna-se uma quimera.

Por fim, ao final do capítulo, também argumentar-se-á, com base nas obras dos dois autores, que a liberdade de expressão e o próprio processo de formação das opiniões dos cidadãos sobre os assuntos públicos estão condicionados à participação política, ao exercício do direito de falar e ser ouvido em público e à existência de uma imprensa livre e plural.

1. O PODER LOCAL

1.1 TOCQUEVILLE E A DEFESA DA LIBERDADE COMUNAL

Uma das distinções cruciais que Tocqueville estabelece no primeiro volume da *Democracia...* é entre a centralização governamental e a centralização administrativa. Por centralização governamental, ele compreende o poder de cuidar dos assuntos de interesse geral, como as leis fundamentais do país, a legislação de abrangência nacional e as relações com os povos estrangeiros. Por centralização administrativa, entende a faculdade dada a um poder central de também gerir os interesses específicos de cada parte que compõe o corpo político nacional, como os empreendimentos comunais.

Para Tocqueville, um país não pode prosperar sem uma forte centralização governamental. Porém, ele considera que a centralização administrativa é perniciosa porque enfraquece o espírito de cidadania, ao retirar dos cidadãos a chance de participar do debate e das decisões que digam respeito à comunidade onde vivem.

Contudo, a defesa tocquevilliana da centralização governamental, conjugada com a descentralização administrativa, não deixa de ser problemática. As fronteiras entre ambas, ou melhor, entre os interesses gerais de um país e os interesses específicos de cada uma das partes que o integram nem sempre se impõem de forma muito concreta, podendo ser, em muitos aspectos, tênues e fluidas.

Se Tocqueville, no entanto, defende esse equilíbrio delicado, que julga essencial, entre uma descentralização administrativa que conceda às comunidades locais as competências necessárias para se autogovernarem e uma centralização governamental política e limitada que cuide dos grandes princípios políticos que dizem respeito ao conjunto geral do país, é porque ele queria evitar duas ameaças: "de um lado, o *perigo despótico* que deriva de um intervencionismo estatal ilimitado e, de outro, o perigo que as entidades locais caiam no *egoísmo individualista* e acabem confundindo o interesse geral com o seu [interesse] próprio e particular".[438]

Apesar de fazer algumas ressalvas ao modelo político norte-americano, foi nos Estados Unidos que Tocqueville verificou como esse equilíbrio entre centralização governamental e descentralização administrativa poderia se manter. A complexa trama da divisão do poder no território norte-americano criara um cenário em que conviviam dois tipos de governo completamente separados e quase independentes um do outro: "um habitual e indefinido, que responde às necessidades cotidianas da sociedade" – ou seja, correspondente aos governos do que Tocqueville chama de 24 "pequenas nações soberanas", referindo-se aos estados (embora essa soberania em nível estadual estivesse longe de ser absoluta) e cujo conjunto formava o grande corpo da União – e outro, "excepcional e circunscrito, que só se aplica a certos interesses gerais", o qual corresponde ao governo nacional.[439] Com as limitações próprias de cada um – no tocante aos estados, por estarem circunscritos a seus territórios –, em ambos os tipos de governo imperava o princípio da centralização governamental.

Nos estados, cada unidade contava com um único corpo legislativo, dividido em duas câmaras (o Senado e a Câmara dos Representantes), além do representante do Executivo (o governador),

---

[438] ROS, 2011, p. 215, grifos no original.
[439] TOCQUEVILLE. DA1, in *Oeuvre II*, 1992, p. 63.

CAPÍTULO 4 – INSTITUIÇÕES DA LIBERDADE

com mandatos eletivos. A existência de um só corpo legislativo que pudesse elaborar e votar as leis em cada estado evitava, segundo Tocqueville, a presença de um sem-número de assembleias de distritos e condados, as quais poderiam extrapolar as atribuições meramente administrativas deles;[440] de sua parte, o governador, dentro das limitações legais, concentrava em suas mãos a força material para comandar a máquina administrativa estadual.

Na União, também com mandatos eletivos, um único representante do Executivo (o presidente da República) e uma única legislatura (dividida igualmente em duas câmaras) eram encarregados de tratar dos interesses gerais do país e estabelecer relações com as nações estrangeiras, dispondo ainda de um poder bem restrito, definido por lei, de intervir nos estados. Essa intervenção somente poderia ocorrer em situações excepcionais, como a aprovação, pelas assembleias estaduais, de leis retroativas ou que instituíssem a criação de um corpo nobiliárquico.[441]

Essa disposição de poderes e competências formava um tipo de regime que Tocqueville nomeia de "confederação", caracterizando-se ainda por um modelo de descentralização administrativa que conferia amplo raio de ação aos corpos políticos onde, segundo o autor, está a força dos povos livres: as comunas.

Firmemente arraigado aos costumes políticos norte-americanos desde as primeiras emigrações dos colonos ingleses, o poder comunal é que dotava os Estados Unidos de uma vida política tão efervescente. Na descrição do funcionamento das comunas norte-americanas, Tocqueville elege como paradigma as *townships* da Nova Inglaterra, região situada no noroeste dos EUA, considerada o berço da colonização do país, e que compreende os estados

---

[440] No entanto, na complexa organização político-administrativa dos Estados Unidos, havia exceções a essa regra. Nos estados de Nova York, Ohio e Pensilvânia, realizavam-se eleições para escolher representantes das assembleias dos condados, as quais combinavam funções administrativas e legiferantes (ver TOCQUEVILLE. DA1, in *Oeuvre II*, 1992, p. 89).

[441] Na conformação confederativa da república norte-americana descrita por Tocqueville, cada estado contava ainda com uma milícia própria, enquanto a União dispunha de um efetivo militar exclusivo.

de Connecticut, Maine, Massachusetts, New Hampshire, Rhode Island e Vermont. À época da sua visita ao território norte-americano em 1830, somente o estado de Massachusetts, um dos mais populosos, abrigava 305 comunas, cada uma comportando em média de 2 mil a 3 mil habitantes.

Todavia, muitos dos detalhes do funcionamento interno dessas *townships* fornecidos na seção dedicada a elas no primeiro volume da *Democracia...* não se devem apenas ao olhar perscrutador e às pesquisas de Tocqueville. Ele se baseou bastante também no minucioso estudo que Jared Sparks, historiador norte-americano que conhecera durante a sua viagem, lhe encaminhou sobre as comunas, como resposta a um longo questionário que havia lhe enviado a respeito delas.[442]

Essas pequenas localidades gozavam de uma grande independência. No interior das *townships*, Tocqueville pôde constatar em plena ação uma prática de democracia direta levada a cabo coletivamente pelos cidadãos, os quais dispensavam, dentro dos limites da sua comunidade, qualquer tipo de representação política, a ponto de não contarem sequer com um conselho municipal. Todos os assuntos de interesse comum eram decididos em conjunto nas assembleias locais, e os moradores elegiam dentre eles quem iria assumir as magistraturas municipais, responsáveis por tarefas administrativas, a exemplo da gestão da segurança e da instrução públicas e do auxílio aos indigentes.

Os moradores também escolhiam pelo voto os *select men*, encarregados, em nível comunal, de executar as leis estaduais sobre, entre outros assuntos, a elaboração das listas eleitorais, a cobrança de impostos e a supervisão das estradas. A regra geral era a de que todo cidadão ficava obrigado a aceitar uma dessas funções caso fosse eleito pela comunidade para tal, sendo sujeito a multas em caso de recusa. Com mandatos que não excediam normalmente o período de um ano, os funcionários municipais eleitos também eram remunerados pelo ofício exercido, em um esforço

---

[442] JARDIN, 1961, p. 62.

CAPÍTULO 4 – INSTITUIÇÕES DA LIBERDADE

de não prejudicar principalmente os mais pobres que porventura fossem escolhidos para assumir uma dessas funções e que não poderiam se dar ao luxo de abandonar, nem que fosse em parte, as atividades econômicas que lhes garantiam a sobrevivência para se dedicar ao serviço público sem uma contrapartida financeira.

Por certo, uma das características da vida política norte-americana que mais impactaram Tocqueville foi a forma de funcionamento do serviço público, em que as funções abriam-se a todos os cidadãos, condicionadas apenas aos méritos e às disponibilidades de cada um. Já na França, a admissão aos cargos públicos era um privilégio das classes superiores, garantia de honras e regalias, o que contribuía para disseminar no país uma postura venal e servil. Para o autor, enquanto o europeu (mas, sem dúvida, ele tinha em mente o "francês") via no funcionário público a "força", por conta do poder que o emprego público lhe conferia, o americano enxergava no servidor público o "direito", porque este era apenas o braço executivo da lei aprovada por todos. "Pode-se dizer que o americano não obedece ao homem, mas à justiça e à lei."[443]

Como práxis coletiva, o exercício da liberdade política nas comunas se revestia daquela dimensão da liberdade-independência destacada por Tocqueville, porquanto, dentro das suas circunscrições e dos limites da lei, os cidadãos usufruíam de uma ampla autonomia sobre os assuntos de interesse comum; da liberdade associada à igualdade, tendo em vista que a participação política convertia-se em direito de todos os cidadãos, e também da liberdade atrelada à responsabilidade cívica, pois a prática da participação política requeria em contrapartida um múnus, o dever de assumir os encargos político-administrativos locais em caso de eleição pela coletividade para tal tarefa. Relembrando a discussão sobre a felicidade pública no capítulo anterior, também na comuna tornava-se acessível ao cidadão comum a possibilidade de desfrutar da estima pública.

---

[443] TOCQUEVILLE. DA1, in *Oeuvre II*, 1992, p. 105.

"É dentro da comuna, no centro das relações ordinárias da vida, que vêm se concentrar o desejo de estima, a necessidade dos interesses reais, o gosto do poder e do burburinho", comenta ele.[444] A chance de ser atuante na movimentada vida política da comuna tornava-se atraente mais por esse desejo de reconhecimento entre os pares do que pela satisfação de grandes ambições pessoais – estas últimas, nos EUA, encontravam nos negócios privados um campo muito maior para se saciarem.

Esse gosto pela vida pública também era despertado nos cidadãos das comunas porque sentiam que o poder político não era algo distante deles. Nesse ponto, repousava uma das principais virtudes do sistema comunal norte-americano: disseminar o poder, a fim de tornar as pessoas mais interessadas pela vida pública. Na compreensão do autor, o patriotismo norte-americano – o qual, no segundo volume da *Democracia...*, em tom de crítica mais ácido, ele iria qualificar de "incômodo" e "tagarela" – manifestava-se, assim, de uma forma que se poderia classificar de "pragmática": ao invés de surgir como um sentimento idealizado em relação ao local a que se pertence, ele se erigia como um culto ao qual os indivíduos aderiam pela prática, porque partilhavam do poder, com todos os direitos e todas as obrigações que tal partilha acarretava.

"O habitante da Nova Inglaterra se liga à sua comuna não tanto porque ele nasceu nela, mas porque vê nesta comuna uma corporação livre e forte da qual faz parte, e que merece o esforço de procurar dirigi-la." O amor pela pátria enraizava-se primeiramente na comunidade local, para depois expandir-se ao país. "Cada cidadão dos Estados Unidos transporta [...] o interesse que lhe inspira sua pequena república para o amor da pátria em comum. Defendendo a União, defende a prosperidade crescente do seu cantão, o direito de dirigir os assuntos a ele pertinentes."[445]

Esse patriotismo "democrático" de matriz norte-americana que Tocqueville enaltece era primordialmente "racional" – diferente

---

[444] TOCQUEVILLE. DA1, in *Oeuvre II*, 1992, p. 73-74.
[445] Ibidem, p. 73; 183.

CAPÍTULO 4 – INSTITUIÇÕES DA LIBERDADE

do amor à terra natal que constitui um afeto instintivo que se confunde com os gostos dos costumes antigos, o respeito aos antepassados e à memória do passado ou ainda do sentimento de orgulho que se mistura ao poderio do príncipe, expressões do patriotismo que a história da França lhe fornecia o exemplo. Nascido das luzes, esse "patriotismo refletido" desenvolvia-se por meio do exercício dos direitos e deveres derivados da cidadania e, associando-se ao interesse pessoal, não dissociava o êxito da vida pessoal da prosperidade e da pujança públicas – lembre-se aqui da doutrina do interesse bem-compreendido formulada pelo autor. Por essas razões, embora menos generoso e ardente que o patriotismo antigo, o patriotismo democrático acabava por revelar-se mais fecundo e durável.[446]

Sob outro aspecto, quando se fala de "luzes", Tocqueville reconhece que é mais fácil encontrar indivíduos mais esclarecidos e capazes nas grandes assembleias políticas eleitas pelo povo para representá-lo do que nas comunas. Por isso, admite que uma sociedade muito civilizada poder-se-ia mostrar hostil à liberdade comunal. Ademais, as instituições comunais, sem contarem com salvaguardas, ficam extremamente vulneráveis perante um Estado forte e atuante.

---

[446] Heloisa Starling observa que o patriotismo republicano norte-americano difere da ideia de *natio* (e, por extensão, do nacionalismo), vinculada ao lugar onde se nasce e daquilo que está ligado a esse lugar, como língua, etnia e território. A pátria reivindicada pelo patriotismo republicano norte-americano está, assim, "sujeita à existência de uma disposição que precisa ser adquirida por meio de processos voluntários de associação, e não simplesmente prescrita; apoia-se na prática dos direitos; desenvolve-se com a ajuda das leis e do modo de viver que delas deriva, e seus cidadãos interagem politicamente como iguais" (STARLING, 2013, p. 247). Neste sentido, remeta-se às observações de Arendt mencionadas no capítulo 1 sobre o fato de os EUA não terem se constituído como um Estado-nação. A ideia de *natio* não se fez presente na fundação do país, uma vez que a unificação dos EUA não se deu nem pela herança, nem pela memória, nem pelo solo ou pela linguagem. "Não há nativos aqui. Os nativos são os índios. Todo mundo é um cidadão e esses cidadãos são unidos por uma única coisa, e isso é muito: ou seja, você se torna um cidadão pelo simples consentimento à Constituição", enfatiza Arendt em entrevista a Roger Errera (*The last interview and other conversations*, 2013, p. 112).

Diante dessas constatações, o autor chega a duas conclusões: em primeiro lugar, apesar de a comuna surgir como a associação humana mais próxima da natureza, a liberdade comunal é algo raro e frágil, a mais exposta às investidas de outros poderes; em segundo, a liberdade comunal só pode subsistir por meio da ação continuada dos costumes e das leis. Se, no território norte-americano, a liberdade comunal mostrava-se tão intensa e disseminada era porque era anterior à própria constituição dos estados e da União. As comunas não tinham recebido os seus poderes dos estados a que pertenciam ou da União, mas, ao contrário, haviam privado a si mesmas de uma parte de sua independência em favor deles.

Não obstante a admissão dos percalços que envolvem a prática da liberdade comunal, Tocqueville insiste, como se disse anteriormente, que é nas comunas onde mora a força dos povos livres. O autor compara as comunas a escolas primárias, nas quais se aprende a desenvolver o espírito da liberdade, com a especificidade de que esse aprendizado ocorre na prática cotidiana.[447]

---

[447] Ao lado das comunas que Tocqueville compara a escolas gratuitas onde se aprende o exercício da liberdade política, outra instituição importante na estrutura política dos Estados Unidos que exerce esse caráter educativo para a vida pública é o júri popular. Tocqueville comenta que seria limitar em demasiado a instituição do júri se ela fosse classificada como unicamente jurídica, pois a sua influência sobre o corpo da sociedade é, sobretudo, política. Para o autor, o júri – que ele define como um grupo de cidadãos escolhidos aleatoriamente e investidos momentaneamente do direito de julgar – é uma instituição eminentemente republicana, pois coloca a direção real de assuntos que interessam à sociedade nas mãos dos governados, ao permitir-lhes o direito de executar as leis; é, assim, um modo direto de exercer a soberania popular. Quando a instituição do júri, como era o caso dos Estados Unidos, não se restringe apenas ao direito penal, mas envolve assuntos civis, tem um alcance ainda maior sobre a sociedade e torna mais familiares aos cidadãos as questões dos direitos e deveres, disseminando o respeito pela coisa julgada e pela ideia do direito. Dessa forma, para o autor, o instituto do júri também operava como uma escola, onde os cidadãos se instruíam sobre os seus direitos e sobre as suas responsabilidades cívicas (ver DA1, in *Oeuvre II*, 1992, p. 311-317). Hannah Arendt também tinha opinião semelhante à de Tocqueville sobre o júri. Em um seminário de que participou em 1974, na Columbia University, ao falar do declínio da república norte-americana, ela destacou que o único lugar onde um cidadão ainda atuava como tal nos EUA

CAPÍTULO 4 – INSTITUIÇÕES DA LIBERDADE

Assim, entre as vantagens cívico-sociais da autonomia local, ganha relevo o importante papel educativo e formador que a aquisição e o exercício do hábito democrático do autogoverno representam para os cidadãos.

Mesmo na hipótese de que os vilarejos dos Estados Unidos pudessem ser mais bem administrados por uma autoridade central do que por funcionários eleitos dentre os próprios habitantes, Tocqueville reforça que as vantagens políticas que os norte-americanos extraíam do seu sistema de descentralização de poder e de liberdade comunal eram muito superiores a qualquer benefício que se poderia obter com um poder único e centralizado. Embora defendesse com ardor o sistema representativo, ele tinha clara consciência de que a cidadania não se restringia ao direito de voto. Daí a sua ênfase no poder comunal para criar uma vida política no país. Sem a força e a independência políticas das comunas, na sua opinião, um povo governado por um poder central distante e inacessível é um povo de administrados, não de cidadãos.

***

Viu-se no primeiro capítulo que as críticas que Tocqueville desfere ao movimento de centralização do poder na França, que se iniciou ainda no Antigo Regime e só foi reforçado com a Revolução Francesa, devem-se à razão de que esse centralismo sufocou os poderes intermediários – representados por guildas, classes, vilarejos que contavam com concessões especiais e privilégios, certas regiões do país que dispunham de direitos formais em relação à Coroa, os clãs nobiliárquicos, as instituições provinciais, as corporações mercantis, as paróquias etc. Não se trata, volta-se a repetir, da nostalgia de uma ordem social hierárquica incompatível com os tempos democráticos, mas o que a Idade Média

---

era no instituto do júri. A própria autora havia passado pela experiência de ser jurada em Nova York e tinha ficado muito impressionada com a equidade e a imparcialidade dos seus colegas de júri (YOUNG-BRUEHL, 1982, p. 457).

oferecia era o exemplo de uma sociedade marcada por uma intricada rede de poderes pulverizados, capaz de oferecer resistência ao que ele nomearia de despotismo democrático.

Se, na primeira parte da *Democracia...*, a imagem dos cidadãos reunidos para discutir os interesses das comunas norte-americanas lhe evocava a praça pública da Atenas antiga, no *Antigo Regime e a Revolução*, Tocqueville compara a comuna medieval da Europa à *township* da Nova Inglaterra: ambas não contavam com uma representação permanente, na forma de um conselho municipal, e eram administradas por funcionários sob a direção da própria comunidade. Também realizavam assembleias gerais regulares, quando todos os habitantes escolhiam os seus magistrados, debatiam e tomavam decisões sobre os assuntos da comunidade.

André Jardin pondera que Tocqueville, na sua veemente defesa da independência comunal nos Estados Unidos, faz vistas grossas à intolerância dos puritanos que, por tão longo tempo, dominaram as comunas norte-americanas, exagerando a "sua importância na história americana em detrimento do livre espírito pioneiro do Oeste e também dos condados aristocráticos do Sul"[448] – uma censura que, diga-se de passagem, também poderia ser dirigida a Arendt, ela que não diz palavra a respeito da intransigência puritana quando aborda tão entusiasticamente a ação fundadora dos Peregrinos e a liberdade das comunas ainda na época da colônia em *Sobre a revolução*. Entretanto, Tocqueville não deixa de apontar o "sectarismo ardente" dos fundadores da Nova Inglaterra, manifesto em um código penal tão severo que punia de morte a blasfêmia e o adultério e praticamente não deixava nada daquilo que era considerado pecado pelo protestantismo puritano a salvo da punição da lei.

---

[448] JARDIN, 1961, p. 93.

CAPÍTULO 4 – INSTITUIÇÕES DA LIBERDADE

Contudo, embora lamente o estreito espírito de seita dos Peregrinos, o autor enfatiza que, no campo político, eles eram "inovadores exaltados", revelando-se livres de preconceitos políticos. Assim, puderem elaborar um modelo de organização política com um corpo de leis que, "traçados há 200 anos, parece ainda ultrapassar de longe o espírito de liberdade de nossa época".[449]

Pensando na França natal, importava a Tocqueville realçar esse modelo de liberdade comunal em contraponto ao cenário político da Monarquia de Julho, em que se destacavam a supremacia de Paris sobre a província e uma total dependência das municipalidades francesas diante do poder central. Essa realidade pouco se diferenciava da descrita por ele anos depois no *Antigo Regime e a Revolução*, quando, na monarquia absolutista do Antigo Regime, os intendentes e o Conselho de Estado, todos nomeados pelo rei, tinham o controle total da administração das localidades.

Tendo já em vista o ingresso no Parlamento francês, Tocqueville solicita, em 1836, ao amigo Stoffels que lhe auxilie na elaboração de um programa de reforma urgente, cujo primeiro ponto seria o sufrágio universal nas eleições municipais. Com essa medida, pretendia envolver as populações locais na vida política das comunidades, despertando o seu interesse para os assuntos públicos. Um intento que já deixara expresso no seu tratado sobre a democracia, ao afirmar que a única maneira de fazer os indivíduos se interessarem pelo destino de seu país era incentivá-los a participar do governo. "Hoje, o espírito de cidadania me parece inseparável do exercício dos direitos políticos; e penso que doravante veremos o número de cidadãos aumentar ou diminuir na Europa na mesma proporção da extensão dos seus direitos."[450]

Apesar do seu alinhamento à política colonialista francesa na Argélia, em um relatório apresentado ao Parlamento em 1847, Tocqueville demanda também pela desconcentração do poder na colônia, praticamente monopolizado pela metrópole, de maneira

---

[449] TOCQUEVILLE. DA1, in *Oeuvre II*, 1992, p. 43.
[450] Ibidem, p. 271; ver também JARDIN, 1961, p. 109.

que fossem concedidas mais liberdades locais tanto aos colonos quanto aos argelinos. Jardin informa que é possível que a criação de instituições municipais na Argélia, no fim de 1847, tenha sido influenciada pelo impacto desse relatório.[451] Essas reformas, muito tímidas, foram o único resultado da campanha pela descentralização administrativa empreendida por Tocqueville durante a Monarquia de Julho.

Mais pragmático, na carreira de deputado, ele direcionou o seu empenho para o fortalecimento dos conselhos gerais nos departamentos, não apresentando o mesmo engajamento pela emancipação política das comunas que havia demonstrando como teórico da política. Para a sua decepção, com o golpe de 1851, esses conselhos voltaram a ter um papel figurativo na política francesa. O próprio Tocqueville já havia se desligado do Conselho Geral da Mancha em 1852.

Em resumo, a defesa tão ardente que faz em sua obra do sistema comunal devia-se à convicção de que o poder local influi fortemente para disseminar e cultivar o espírito público entre os cidadãos. Nos EUA, o exercício rotineiro da ação política nas comunas contribuía para reforçar o princípio republicano, o qual se materializava na vida cotidiana do país, penetrando nas ideias, nas opiniões e nos hábitos dos norte-americanos, ao mesmo tempo em que se estabelecia nas leis. Por outro lado, o autor advertia para o fato de que a independência individual e as liberdades locais serão sempre um "produto da arte", pois a centralização é o governo natural das democracias.

A tendência do processo de igualização das condições é levar os indivíduos a se isolarem nas suas vidas privadas, abrindo mão da participação política em nome da ilusória situação de ordem e tranquilidade mantida por um poder central. Para refrear essa inclinação das sociedades democráticas, apenas o esforço reiterado e constante da ação política – a liberdade, reitere-se novamente,

---

[451] Nesse sentido, ver o "Rapport fait par M. de Tocqueville sur le projet de loi relatif aux crédits extraordinaires demandés pour l'Algérie" (in *Oeuvre III*, 1991, p. 797-873).

CAPÍTULO 4 – INSTITUIÇÕES DA LIBERDADE

para Tocqueville, é sempre uma práxis, cuja incorporação aos hábitos e à cultura ocorre pelo seu exercício continuado.

Além de servir de anteparo à ameaça da tirania representada pela centralização do poder, a liberdade comunal também surge como uma barreira à opressão representada por uma opinião pública que se impõe como a vontade dominante da maioria, escudada na onipotência da soberania popular. Nos EUA, eram os corpos municipais e as administrações dos condados que operavam como obstáculos que retardavam ou dividiam o fluxo da vontade popular. Essas barreiras também podiam conter o perigo do Estado tutelar, ou seja, de um sistema político marcado pela centralização do poder, no qual o governo central, apresentando-se como a encarnação da vontade nacional, ameaça submeter todos a um domínio absoluto e despótico.

Já em um modelo de pulverização de poder como o da confederação norte-americana – no qual as comunas, os condados e os estados dispunham, cada um dentro de suas atribuições, de uma larga esfera de independência política e administrativa –, o domínio de uma vontade popular nacional que se pretendesse absoluta, ou de um poder central que se elevasse como o seu porta-voz, tornar-se-ia mais difícil de se impor.

Discutiu-se ainda, no capítulo 2, que a uniformidade que Tocqueville tanto temia nas sociedades modernas democráticas decorria paradoxalmente do fenômeno do individualismo, pois as pessoas, ao isolarem-se umas das outras, apresentavam a inclinação de adotar a mentalidade e o comportamento conformistas da massa. Qual seria o caminho, então, para assegurar a diversidade em uma democracia? É aquele que faz com que os indivíduos possam deliberar e tomar decisões por meio da convivência democrática, convivência que, por meio da prática de liberdade política em nível comunal nos EUA, ganhava uma realidade concreta aos olhos do autor.

Sob essa perspectiva, a autêntica independência pessoal, a liberdade como independência, concebida como o poder de "falar, agir, respirar sem peias, sob o governo unicamente de Deus e das leis",[452] emerge da interação entre os cidadãos, do livre intercurso de suas opiniões. Como diz Boesche, remetendo-se à ideia da amizade aristotélica como ação política livre e cooperativa, na interação com os demais, cada um tem a chance de reconhecer o seu potencial, aumentar e diversificar os seus talentos pessoais e descobrir novas ideias. "As pessoas desenvolvem-se pela comunicação."[453]

Em outra perspectiva, é razoável objetar que, no interior das comunas, condados e mesmo dos estados, poder-se-iam constituir maiorias locais que coagissem as minorias, estabelecendo um domínio tirânico sobre elas – e a preponderância do "espírito de seita" do puritanismo protestante sobre a vida comunal norte-americana, citada linhas atrás, constitui um exemplo de como uma "tirania da maioria" também tem sólidas chances de se formar em nível local. Na história mais recente dos Estados Unidos, outro exemplo é a resistência dos estados sulistas em conceder direitos iguais aos negros, durante o grande movimento pelos direitos civis que se deflagrou pelo país a partir da década de 1950, requerendo uma ação federal para se sobrepor à independência dos estados e à sua legislação racista.

Por isso, ganham relevo também na obra do Tocqueville, como obstáculos à tirania da maioria e salvaguardas aos direitos das minorias, além do Poder Judiciário,[454] a liberdade de associação

---

[452] TOCQUEVILLE. L'Ancien Régime et la Révolution, in *Oeuvre III*, 2004, p. 195.
[453] BOESCHE, 1987, p. 54.
[454] Para o autor, o Poder Judiciário constituía uma espécie de contrapeso à democracia nos EUA. Pelo seu caráter conservador, avesso às novidades e apegado à legalidade, os juízes representariam um freio à permanente oscilação da opinião pública, com as suas flutuações conforme os acontecimentos. Munidos do direito de declarar as leis inconstitucionais, eles formariam um obstáculo à fúria legisladora dos representantes do povo nos parlamentos, obrigando-lhes a manterem-se fiéis às suas próprias leis. No entanto, havia uma tendência nos EUA, da parte do povo, de também controlar os juízes, escolhendo-os por meio de eleições. Tocqueville temia pelas consequências funestas desse tipo de prática, que poderia afetar a independência dos magistrados, ao retirar-lhes uma condição imprescindível para o exercício das suas funções: a inamovibilidade e a estabilidade (ver a seção "Do espírito legista nos Estados Unidos e como ele serve de contrapeso à democracia" em DA1, in *Oeuvre II*, 1992, p. 302-310).

e de imprensa, que serão objeto de discussão mais adiante. Na próxima seção, será a vez de tratar do sistema de conselhos populares idealizados por Arendt, em uma defesa da ideia do poder local e pulverizado que guarda afinidades com a forma como Tocqueville concebe o poder comunal e as suas potencialidades.

1.2 ARENDT E O SISTEMA DE CONSELHOS POPULARES

No *Federalista* (nº 10), Madison define a república como uma forma de governo na qual está presente "o esquema da representação", enquanto a "pura democracia" é "uma sociedade formada por um pequeno número de cidadãos, os quais se reúnem e administram o governo em pessoa". Na sequência do argumento, ele aponta que a república se difere, então, da democracia por duas características marcantes: em primeiro lugar, pelo fato de que um regime republicano implica a delegação do governo para um pequeno número de cidadãos eleitos e, em segundo, porque pode abrigar um maior número de cidadãos e também um espaço territorial maior.[455]

Dentro da tradição da filosofia política que associava as repúblicas aos Estados pequenos, nos quais a soberania popular era a mais ampla possível – como se vê, por exemplo, nos textos de Montesquieu e Rousseau –, a distinção realizada por Madison entre república e democracia soava, para usar os termos de Isaac Kramnick, bem "idiossincrática". Para Kramnick, a "brilhante façanha" de Madison foi se apropriar de uma palavra que, no século XVIII, tinha conotações políticas bem definidas para uma estrutura governamental que, apesar de baseada na aprovação popular, implicava uma acentuada redução da participação do povo.

Frise-se, no entanto, que o elogio de Tocqueville ao Judiciário está na sua função de guardião da Constituição.
[455] HAMILTON; JAY; MADISON, 2001, p. 41.

A reelaboração do conceito de república por Madison fazia parte da estratégia – dentro da disputa política que se travava entre os federalistas e os antifederalistas à época da elaboração da Constituição norte-americana – de defender o deslocamento do centro de gravidade do poder para a União, com um governo e um legislativo federais mais fortalecidos, em detrimento dos estados, os quais desfrutavam da extensa autonomia que lhes era assegurada pelos Artigos da Confederação. Já entre os antifederalistas, era muito acentuada a preferência por um modelo que privilegiasse o poder local, com grande participação da população. Os mais radicais chegavam a recusar qualquer tipo de representação e defendiam uma democracia rousseauísta, em que o povo se reuniria em assembleia e debateria e votaria as suas próprias leis.[456]

No embate entre federalistas e antifederalistas, saiu vencedor o Estado federal defendido por Madison, com o seu sistema de freios e contrapesos entre os poderes, além da inclusão da *Bill of Rights* na Constituição, uma estratégia dos antifederalistas para impor limites ao perigo representado por um forte governo nacional.

A crítica de Hannah Arendt à forma de organização política discutida, aprovada e implementada pela ação dos Pais Fundadores, e depois ratificada pelas várias assembleias estaduais, se dá exatamente porque estes falharam ao não incorporar a comuna e as assembleias comunais na Constituição Federal.[457] Assim, seria uma questão de tempo para que os governos estaduais e o federal, com o peso de suas várias atribuições constitucionais, acabassem por enfraquecer as municipalidades, criando-se uma

---

[456] KRAMNICK, 1993, p. 35-38.
[457] Como observa Starling, um dos principais argumentos dos antifederalistas ao "esquema de representação" de Madison que prevaleceu na Constituição Federal era o risco concreto de que o governo concentrar-se-ia na mera administração dos assuntos públicos e os cidadãos, por sua vez, se veriam privados do direito de participar na "vida da República em suas diferentes dimensões". "[...] e a preservação da liberdade republicana apoiava-se precisamente na admissão do cidadão na esfera dos negócios do governo" (STARLING, 2013, p. 301).

CAPÍTULO 4 – INSTITUIÇÕES DA LIBERDADE

situação paradoxal em que haveria "menos oportunidade para o exercício da liberdade pública e o gozo da felicidade pública na república dos Estados Unidos do que houvera antes nas colônias da América britânica".[458]

Ao modelo de organização política que acabou se estabelecendo nos EUA, Arendt contrapõe a ideia do sistema distrital (*ward system*) que Thomas Jefferson, já ao final da vida, passou a defender e que serviria de ponto de partida para ela discorrer sobre uma forma de governo estruturada em um sistema de conselhos. O projeto de Jefferson previa a divisão do país em centenas de "pequenas repúblicas", como escreve em carta a John Tyler, em 26 de maio de 1810. "Estas pequenas repúblicas seriam a força principal da grande [república]."[459]

Na interpretação de Arendt, o sistema distrital representava para Jefferson uma alternativa não violenta ao direito de rebelião e revolução defendido por ele anos antes e à sua ideia de que o espírito revolucionário só seria mantido se houvesse uma insurgência revolucionária a cada duas décadas. "Consequentemente, ele esperava que os distritos permitiriam aos cidadãos a continuar o que tinham sido capazes de fazer nos anos da revolução, nomeadamente, agir por conta própria e, assim, participar dos negócios públicos", afirma.[460]

Na mesma carta citada a John Tyler e ainda em uma missiva enviada a Samuel Kercheval a 12 de julho de 1816,[461] quando se lê a descrição do funcionamento desses distritos idealizados por Jefferson, na qual os compara a uma "corporação" que administraria os seus interesses – como as estradas, a escola local,

---

[458] ARENDT. *On revolution*, 1990, p. 298.
[459] JEFFERSON, 1992-2012 [1810], s. p. A íntegra da carta pode ser conferida no site American History – from revolution to reconstruction and beyond. 1994-2012. Disponível em: http://www.let.rug.nl/usa/presidents/thomas-jefferson/letters-of-thomas-jefferson/jefl205.php. Acesso em: 24 abr. 2018.
[460] ARENDT. Op. cit, p. 251.
[461] A carta a Samuel Kercheval também pode ser consultada no site American History... Disponível em: http://www.let.rug.nl/usa/presidents/thomas-jefferson/letters-of-thomas-jefferson/jefl246.php. Acesso em: 24 abr. 2018.

a segurança pública, o auxílio aos pobres etc. – e cujos funcionários encarregados dessa tarefa seriam eleitos dentre os próprios moradores, salta aos olhos as semelhanças com as comunas da Nova Inglaterra descritas tão minuciosamente por Tocqueville em *A democracia na América* e cuja agitada vida política continuava de forma muito vigorosa na década de 1830, à época da visita do autor francês aos EUA. O modelo no qual se inspira Jefferson é, como ele não deixa dúvidas, de fato a *township* da Nova Inglaterra, mas, nas duas cartas mencionadas, esse tipo de comunidade política local surge bem mais circunscrito a essa região e com um papel menos determinante no conjunto da organização política do país que emergira com a Constituição Federal do que Tocqueville por vezes leva a crer na sua obra.

Assim, da maneira como é detalhada na carta a Kercheval, a proposta de Jefferson – ele mesmo um crítico da Constituição norte-americana, por impor, na sua opinião, entraves a uma plena participação do povo nos assuntos públicos – inclui uma série de emendas constitucionais que implementariam, dentre outras medidas, uma representação mais igualitária nos legislativos; um executivo que fosse eleito diretamente pelo povo e não por um colégio eleitoral, diferentemente, portanto, do disposto no Art. II da Constituição dos EUA; a possibilidade de o texto constitucional receber emendas periódicas, e a divisão do país em distritos. "Eu não estou entre aqueles que temem o povo. Deles, e não dos ricos, depende nossa liberdade contínua.", escreve Jefferson na mesma missiva.[462]

Em outra correspondência, esta endereçada a Joseph C. Cabell em fevereiro de 1816, Jefferson salienta que a melhor maneira de preservar a república era dividir o poder entre os "muitos", distribuindo a cada um as funções de acordo com a sua competência. Dessa forma, "as repúblicas elementares dos distritos, as repúblicas dos condados, as repúblicas dos estados e a república da União" formariam entre si uma gradação de autoridades,

---

[462] JEFFERSON, 1992-2012 [1816a], s.p.

todas elas com base na lei e tendo a sua parcela delegada de poderes, as quais constituiriam um sistema de pesos e contrapesos para o governo.

Para Jefferson, uma república assim estabelecida impediria o que representa a maior ameaça à liberdade e aos direitos dos cidadãos: "A generalização e a concentração de todos os cuidados e poderes em um só corpo, não importa se dos autocratas da Rússia ou da França, ou dos aristocratas de um Senado veneziano". Na sua visão, um indivíduo que tivesse participação na direção de seu distrito, e sentisse que realmente poderia ser ouvido na condução dos assuntos públicos, jamais deixaria que esse poder, ainda que pequeno, lhe fosse tomado por "um César ou um Bonaparte".[463]

Ao se percorrer as páginas de *Sobre a revolução* em que aborda o projeto de sistema distrital de Jefferson, causa estranheza o fato de Arendt, em momento algum, se referir a Tocqueville – ela que o cita em tantas outras passagens da obra – no que diz respeito aos extensos comentários do autor sobre as comunas da Nova Inglaterra, o elogio que faz da liberdade comunal e a crítica à centralização administrativa, pontos fundamentais da *Democracia na América* que guardam, como se pode verificar nos trechos citados da correspondência de Jefferson, uma clara afinidade com a visão do estadista norte-americano sobre o tema.[464]

---

[463] JEFFERSON, 1992-2012 [1816b], s.p. Conferir a íntegra da carta em American History – from revolution to reconstruction and beyond. 1994-2012. Disponível em: http://www.let.rug.nl/usa/presidents/thomas-jefferson/letters-of-thomas-jefferson/jefl241.php. Acesso em: 24 abr. 2018

[464] Deve-se ressaltar também que o próprio Tocqueville não faz nenhuma menção ao sistema distrital de Thomas Jefferson na sua descrição sobre o poder comunal na *Democracia na América*. Como se disse no capítulo 1, o autor leu as memórias e alguns trechos da correspondência de Jefferson, em uma edição francesa publicada em 1833, mas não é certo que tenha tido conhecimento do projeto do *ward system* jeffersoniano, que o estadista norte-americano trata, sobretudo, em suas cartas. Além do mais, conforme também se afirmou no capítulo 1, Tocqueville sempre foi econômico na citação das suas fontes e ainda há o fato de que o seu interesse era discorrer, acima de tudo, sobre a realidade concreta da organização sociopolítica dos EUA.

Aqui só cabem especulações para tentar encontrar uma justificativa para essa omissão.

Seria por que as *townships* da América de 1830 descritas com tanto vigor por Tocqueville pareceriam, aos olhos de Arendt, mais como exemplos remanescentes de uma realidade que dizia respeito antes ao passado colonial do país do que à forma de organização política que acabaria prevalecendo na república, com a supremacia da União e dos estados sobre as municipalidades? Seria por que Tocqueville discorre sobre a liberdade comunal tendo como ponto de partida a realidade político-administrativa concreta dos Estados Unidos da época, ao passo que interessava a Arendt pensar em alternativas a esse modelo? Seria por que, na visão de uma pensadora do século XX, a comuna tocquevilliana implicaria uma homogeneidade cultural e uma ação política demasiado paroquial pouco factíveis no mundo contemporâneo? Ou, por fim, seria por que as pautas das assembleias comunais da maneira como relata Tocqueville, voltadas para solucionar problemas do cotidiano, como construir uma estrada ou uma nova escola, não seriam propriamente "políticas", mas administrativas, no entender de Arendt?[465]

Todas essas hipóteses levantadas encerram, em menor ou maior proporção, algum grau de razoabilidade. Com relação à primeira, por certo a crítica de Arendt à ausência das comunas e das assembleias comunais no texto da Constituição Federal norte-americana expõe a fragilidade da autonomia comunal e de sua prática de democracia direta, tal como ocorria nas *townships* da Nova Inglaterra fundadas ainda na colônia, diante da máquina burocrática dos estados e da União, cujo poder, do modo como fora implementado pela república, só aumentaria com o decorrer dos anos.

---

[465] Embora Jefferson, no seu projeto de *ward system* que Arendt toma como referência, também se refira a essa ação coletiva das comunas voltadas para questões do cotidiano administrativo local, as quais a autora poderia classificar como não propriamente políticas.

CAPÍTULO 4 – INSTITUIÇÕES DA LIBERDADE

No que tange à segunda, no entender de Arendt, Thomas Jefferson, embora inspirado no exemplo concreto das *townships*, terminou por esboçar, com o seu projeto de *ward system*, uma nova forma de governo, diferente do modelo de Madison de um regime republicano baseado na representação e com restrições à participação popular, que foi o adotado no país. O *ward system* jeffersoniano, associado à experiência das seções da Comuna de Paris e das sociedades populares que emergiram durante a Revolução Francesa – experiência esta que se repetiria depois na Comuna de 1871 e, no século XX, nos *räte* alemães, nos soviets da Revolução Russa e nos conselhos populares da Revolução da Hungria –, constitui o ponto de partida para a autora discorrer sobre um regime de governo estruturado em conselhos populares.

Esses conselhos – remetendo agora à terceira e à quarta perguntas feitas anteriormente –, por sua dinâmica e por sua configuração, escapariam de um certo enrijecimento "comunitarista", com todos os problemas relacionados à homogeneidade cultural e ideológica e a uma ação política eminentemente paroquial que a estrita defesa do autogoverno comunal à moda das *townships* da Nova Inglaterra colonial poderia acarretar.[466] E também funcionariam, na compreensão de Arendt (que não deixa de ser controversa), como órgãos, acima de tudo, políticos.

Porém, antes de discorrer sobre o sistema de conselhos arendtiano, é importante se deter um pouco sobre a análise que ela faz das organizações populares surgidas no calor da Revolução Francesa.

***

Segundo Arendt, o que representou para os norte-americanos uma experiência pré-revolucionária – a liberdade política

---

[466] Embora, volte-se a dizer a favor de Tocqueville, esse "comunitarismo" paroquial que poderia ser lamentado na obra do autor é contrabalançado por sua ampla defesa das associações e da liberdade de imprensa, como se verá na segunda e terceira partes e na conclusão deste capítulo.

desfrutada pelos cidadãos das comunas da América britânica colonial – tornou-se uma realidade, ainda que inesperada e momentânea, na França revolucionária, com o surgimento das 48 seções da Comuna de Paris e dos inúmeros clubes e sociedades populares que despontaram espontaneamente no curso da revolução.[467] Assim como as seções da Comuna não foram criadas para enviar delegados à Assembleia Nacional, mas para formar um conselho municipal revolucionário, os clubes e as sociedades populares também não tinham como objetivo eleger representantes à Assembleia, porém debater os assuntos de interesse público, difundindo, assim, o espírito público, como o próprio Robespierre admitia.

Antes que se alçasse ao poder e passasse a perseguir os clubes e as sociedades populares, Robespierre foi um ardoroso defensor deles e se opôs veementemente a um projeto de decreto apresentado por Chapelier, em setembro de 1791, à Assembleia Nacional, que proibia esse tipo de associação popular. O argumento de Chapelier e do grupo de deputados de que era o porta-voz nessa questão – para os quais, naquele momento, a revolução havia terminado – era o de que esses clubes e essas sociedades populares representavam uma ameaça à Constituição, embora tivessem exercido um grande papel no apoio à luta revolucionária.

"Só existem os poderes constituídos pela vontade do povo expressa por seus representantes; [...] só pode haver ação por parte dos seus mandatários revestidos da função pública", diz o parlamentar em um trecho do discurso no qual defende essa proposta. "É para conservar esse princípio na sua pureza que [...] a Constituição eliminou todas as corporações e só reconhece o corpo social e os indivíduos", alega Chapelier. "As sociedades patrióticas foram representadas como usurpadoras do poder

---

[467] Destaque-se que os clubes e as sociedades políticas, formando uma extensa rede de associativismo político, também foram uma característica do período colonial nos Estados Unidos, durante a luta pela independência, filiando-se a uma tradição associativa que datava do século XVII, desde a Revolução Inglesa (STARLING, 2013, p. 241). Esse cenário revolucionário norte-americano será retomado na seção conclusiva deste capítulo.

CAPÍTULO 4 – INSTITUIÇÕES DA LIBERDADE

público, mas jamais tiveram a [...] pretensão de atentar contra as autoridades [...]; seu único objetivo é instruir e esclarecer os concidadãos sobre os [...] princípios da Constituição", contrapõe, por sua vez, Robespierre.[468]

É verdade que muitas das demandas desses clubes e dessas sociedades populares visavam ao combate da miséria econômica e à distribuição mais igualitária dos bens, medidas que, na controversa concepção de Arendt, não caberiam ao campo da ação política por pertencerem à esfera socioeconômica, que seria pré-política. Por outro lado, nos regulamentos dessas agremiações, era possível verificar que o objetivo das reuniões regulares que mantinham era, para usar os termos arendtianos, rigorosamente político, discutindo temas como liberdade, igualdade e os princípios republicanos.

Ao mesmo tempo em que essas associações populares caracterizavam-se como grupos de pressão dos pobres, com reivindicações voltadas para a satisfação das necessidades de sobrevivência, nelas se encontravam os primeiros germes de um novo tipo de organização política que Arendt aproxima do *ward system* de Jefferson. E se elas se transformaram em alvo a ser combatido por uma ala de deputados da Assembleia, como o prova o discurso de Chapelier, e posteriormente até pelos defensores dela, a exemplo de Ropesbierre e Saint-Just, é porque se erguiam como obstáculos a um poder central que se dizia o único representante da soberania da nação.

Conforme a leitura de Arendt, a dubiedade da posição de Robespierre com relação aos clubes e às sociedades populares encontra suporte, mais uma vez, na doutrina rousseauísta. Por um lado, para um discípulo de Rousseau, que sempre se manifestou

---

[468] In Archives Parlementaires [29 septembre 1791], p. 617; 621. A íntegra do discurso de Chapelier e a réplica de Robespierre podem ser conferidas no site Archives Numériques de la Révolution Française. Disponível em: https://frda.stanford.edu/fr/catalog/gs562ck7014_00_0620. Acesso em: 26 abr. 2018. A investida de Chapelier contra as "facções" acabou resultando na Lei Chapelier que, em nome da liberdade individual assegurada pela Declaração dos Direitos do Homem e do Cidadão de 1789, considerou ilegais as associações de trabalhadores e de patrões.

contrário a qualquer forma de representação, seria perfeitamente coerente acusar os deputados da Assembleia Nacional de conspirarem contra o povo ao pretenderem interditar qualquer forma de associação popular. No ano seguinte à contenda com Chapelier na Assembleia em torno das organizações do povo, Robespierre publica no jornal *Le Défenseur de la Constitution*, fundado por ele, um texto em que admite o sistema representativo, mas desde que o povo resguarde o direito de total vigilância sobre os seus mandatários. A Assembleia Nacional se submeteria ao rígido controle do povo, que não cederia jamais em sua vontade.[469]

Por outro lado, a idealização da vontade popular, com base na apropriação jacobina das ideias de Rousseau, como uma união sagrada que eliminava as diferenças, incluindo as existentes entre o povo e o governo, permitia que o argumento da soberania popular fosse usado às avessas, de forma a combater o ativismo político disseminado pelas inúmeras associações populares que pululavam em Paris e nas províncias. "E quando Robespierre inverteu sua posição e voltou-se contra as sociedades, ele poderia ter apelado de novo a Rousseau e ter dito com Couthon que, enquanto houvesse sociedades, 'nenhuma opinião unificada poderia existir'", salienta Arendt.[470]

Para Arendt, as sociedades populares – formadas sob o princípio de um não partidarismo, diferindo-se, nesse aspecto dos clubes dos jacobinos[471] –, da maneira como se organizaram, representavam um novo tipo de federalismo, fortemente rejeitado por Robespierre e pelos demais líderes jacobinos. O historiador Albert Soboul cita um discurso do jacobino Collot d'Herbois à Convenção, em 15 de maio de 1794, em que ele acusa as seções da Comuna de querer se tornar "uma pequena República", salientando a incompatibilidade da "democracia *sans-cullote* e as neces-

---

[469] LEUWERS, 2016, p. 230.
[470] ARENDT. *On revolution*, 1990, p. 241.
[471] Albert Soboul observa, no entanto, que se os jacobinos se organizaram em clubes, não chegaram a formar um partido propriamente dito. "[...] acima de tudo, eles permaneceram subordinados a uma assembleia parlamentar que havia sido eleita aleatoriamente" (SOBOUL, 2014, p. 75).

CAPÍTULO 4 – INSTITUIÇÕES DA LIBERDADE

sidades do governo revolucionário". Segundo Soboul, desconfiados da espontaneidade revolucionária das massas, os jacobinos estavam convictos que a democracia deveria ser dirigida.[472]

Nessa disputa entre os jacobinos e as sociedades revolucionárias, o que estava em jogo era o monopólio do poder governamental que se via ameaçado pelo princípio federativo da separação e da divisão do poder. Em outras palavras, o que emergia era o combate entre o Estado-nação e "os primeiros inícios de uma verdadeira república".[473]

Arendt chama as sociedades revolucionárias e as seções comunais que se espalharam durante a Revolução Francesa – as quais representavam o germe de uma nova forma de governo "surpreendentemente" semelhante ao sistema distrital de Jefferson – de "o tesouro perdido" das revoluções por constituírem um fenômeno que se verificou em outras experiências revolucionárias pós-1789. Desse modo, ela enumera as principais datas em que esses órgãos populares, que traziam em si a semente de um novo tipo de organização política, apareceram nos séculos XIX e XX: em 1870, quando, sob o cerco do exército prussiano, a população de Paris se organizou em uma espécie de corpo federal, que iria formar o núcleo de governo da Comuna na primavera do ano seguinte; em 1905, quando os operários em greve na Rússia se organizaram em conselhos, os chamados sovietes; em 1917, quando esses mesmos sovietes, como organismos de autogestão, desempenharam um papel relevante durante a Revolução Russa; em 1918-1919, período em que surgiu a experiência dos *räte* na Alemanha, organizados por soldados e trabalhadores de Berlim que se rebelaram após a derrota do Exército alemão na Primeira Guerra Mundial e estabeleceram a efêmera república bávara em

---

[472] SOBOUL, 2014, p. 75 e 79.
[473] ARENDT. *On revolution*, 1990, p. 245. Ainda em 1792, Robespierre alimentava certa desconfiança com relação ao termo "república". "Até aquele momento, Robespierre desconfiava da palavra, porque ela podia, segundo ele, extrapolar e conduzir a um regime menos livre que uma monarquia: uma ditadura militar, uma república *dita federativa* – ele não gostava nada da Constituição americana", afirma Hervé Leuwers (2016, p. 229, grifos nossos).

1919. Finalmente, em 1956, ano em que floresceu um sistema de conselhos em Budapeste durante a Revolução Húngara, o qual se espalhou por todo o país.[474]

Em comum, o fato de todos esses órgãos populares terem surgido de maneira espontânea, da mobilização popular, independente da condução de partidos e de suas lideranças – os "revolucionários profissionais" retratados pela autora de uma forma um tanto quanto jocosa no seu ensaio sobre a revolução.[475]

---

[474] ARENDT. *On revolution*, 1990, p. 262. No texto "Imperialismo totalitário: notas sobre a Revolução Húngara", incorporado à edição de 1958 de *Origens do totalitarismo* e depois retirado das edições seguintes, Arendt inclui entre essas datas emblemáticas de surgimento de conselhos populares também as revoluções que agitaram a Europa em 1848 (in *Ação e busca da felicidade*, 2018, p. 77).

[475] Segundo Arendt, os "revolucionários profissionais" dos séculos XIX e XX, cujo protótipo surgiu na Revolução Francesa, são, junto com os artistas e os escritores, os verdadeiros herdeiros dos *hommes de lettres* dos séculos XVII e XVIII. Compartilhando o desprezo comum ao modo de vida burguês, essas três categorias de indivíduos criaram a Boêmia, a ilha de "abençoado ócio em meio ao ocupado e superagitado século da Revolução Industrial". O papel dos revolucionários profissionais em todas as revoluções modernas foi significativo, concede Arendt, mas não consistiu de modo algum em preparar as revoluções, até porque estas, quando eclodiam, sempre pegavam os partidos e as lideranças revolucionárias de surpresa, pois elas não ocorrem como consequência de conspirações, porém da desintegração do poder vigente. A grande atuação dos revolucionários profissionais dava-se quando, uma vez deflagradas as revoluções, estes saíam de onde estavam confinados – "da cadeia, do café ou da biblioteca" – para assumir a direção do novo governo revolucionário, nem tanto por causa das suas teorias ou do seu preparo intelectual, mas "pelo simples fato de serem os únicos nomes que o público conhece" (*On revolution*, 1990, p. 259-260). No *Souvenirs*, Tocqueville apresenta um diagnóstico semelhante sobre a forma como as revoluções eclodem e o papel dos agentes revolucionários nelas: "É uma perda de tempo procurar quais conspirações secretas provocaram eventos dessa espécie. As revoluções realizam-se pela emoção popular, são, ordinariamente, mais desejadas que premeditadas. Aquele que se pavoneia de ter conspirado em favor delas só faz tirar partido delas" (in *Oeuvre III*, 2004, p. 752-743). Um exemplo que se casa à perfeição com o retrato do "revolucionário profissional" de Arendt é o de Raoul Rigault, um dos líderes da Comuna de Paris. Ativista de esquerda, jornalista e boêmio que de tempos em tempos era preso durante o Segundo Império, Rigault estava foragido da polícia e só tomou conhecimento um dia depois da rebelião dos bairros populares de Paris contra o governo de Thiers, ocorrida a 17 de março de 1871. Imediatamente, dirigiu-se até a *préfecture de police*, começou a assinar ordens e a soltar prisioneiros e tornou-se o delegado

CAPÍTULO 4 – INSTITUIÇÕES DA LIBERDADE

O mais impressionante nesses conselhos era que, além de agregarem indivíduos pertencentes às mais diversas correntes partidárias, atuavam de forma autônoma em relação aos dirigentes dos partidos. Portanto, não é de se admirar que tenham entrado em confronto com os parlamentos e os partidos, como ocorreu no episódio da forte oposição às sociedades populares surgida na Assembleia Nacional em 1791. Para Robespierre, as sociedades populares afrontariam o princípio da *union sacrée* da nação. Durante a Revolução Russa, os soviets sofreriam o mesmo destino, sendo esmagados para preservar o monopólio do poder nas mãos dos dirigentes partidários.

Sobre o espírito de pluralismo político dos conselhos, Arendt cita as palavras do jornalista e ativista político Odysse Barrot, durante a Comuna de Paris, segundo quem a Comuna, embora se aproximasse de 1793 como "revolução social" – uma vez que partilhavam os mesmos princípios igualitários –, se opunha fortemente à república jacobina por ter eliminado as palavras "una e indivisível" de seu programa, as quais representavam uma "ideia autoritária" e "inteiramente monarquista", para "se unir à ideia federativa, que é por excelência a ideia liberal e republicana".[476]

As observações de Odysse Barrot reforçam a conexão entre o espírito da revolução e o princípio da federação. Uma conexão que, historicamente, se verificou, por exemplo, nos conselhos e nos soviets de trabalhadores, soldados, camponeses, entre outras categorias, na Rússia, e nos conselhos de moradores, escritores e artistas, estudantes, operários, servidores públicos etc., na Hungria. Criados de maneira espontânea e independente, esses órgãos populares rapidamente se integraram e se coordenaram para formar conselhos superiores regionais ou provinciais, dos quais saíam os delegados para uma assembleia que representasse todo o país. "O objetivo comum era a fundação de um novo corpo político, um novo tipo de governo republicano com base nas

---

civil da segurança geral, com amplos poderes, durante a rápida experiência do governo da Comuna (cf. MERRIMAN, 2015).
[476] Apud ARENDT. On *revolution*, 1990, p. 266.

'repúblicas elementares' cujo poder central não privaria os corpos constituintes do poder original de constituir", observa Arendt.[477]

A república federativa, tal como descrita por Arendt, a partir das experiências concretas das revoluções dos séculos XIX e XX, formar-se-ia a partir dessas "repúblicas elementares" criadas espontaneamente por meio da mobilização popular. Estas não estariam circunscritas a questões estritamente ligadas a um pequeno território, como nas *townships* da Nova Inglaterra, caracterizadas ainda pela hegemonia cultural das suas populações. Mas surgiriam da ação coletiva de diversas categorias de indivíduos – operários, estudantes, artistas, professores, moradores de um determinado setor etc. –, que poderiam habitar em uma metrópole, como nos exemplos citados dos sovietes russos e dos conselhos húngaros. Dessa forma, vê-se que há um maior dinamismo e uma maior diversidade e pluralidade nesses órgãos populares.

Uma república edificada sobre essa base popular plural e dinâmica implicaria, por sua vez, o fim de um dispositivo tido como o pilar das democracias ocidentais – o sufrágio universal –, requerendo ainda a formação de uma nova "elite". Ela implicaria o fim do sufrágio universal porque só poderiam ter participação nos conselhos que formariam a república federativa, com direito a voz nos debates públicos e podendo votar e serem votados para os conselhos superiores, aqueles que voluntariamente se dispusessem para realizar tal tarefa; os que optassem por não ter atuação alguma disporiam de ampla liberdade para fazê-lo, arcando com o ônus de se alijar por inteiro da vida pública. A privação da atividade política não seria, assim, algo imposto por um corpo externo ou uma forma de discriminação arbitrária, porém, a consequência de um ato consciente de autoexclusão, o qual proporcionaria, em contrapartida, o gozo de uma das mais "importantes liberdades negativas" a que se tem acesso desde o fim da Antiguidade: a liberdade em relação à política – "desconhecida em Roma

---

[477] ARENDT. *On revolution*, 1990, p. 267.

e em Atenas e que é politicamente talvez a mais importante da nossa herança cristã".[478]

Quanto à nova "elite" requerida por essa república federativa, não se trata da constituição de algum tipo de oligarquia, com o domínio de uma minoria sobre a maioria. Mas de uma elite formada em meio a um processo de mobilização popular em que os mais ativos e hábeis politicamente acabam se destacando como lideranças. Foi dessa maneira que, nas diversas ocasiões em que o sistema de conselhos surgiu durante as revoluções modernas, os indivíduos que tomavam a iniciativa para criar esses órgãos populares em conjunto com os seus pares constituíam uma espécie de elite que brotava do seio do próprio povo, sem pressões externas a esse movimento popular.

No interior de cada uma dessas repúblicas elementares, essas elites populares selecionavam em meio aos pares os delegados para o conselho superior, dando origem a uma organização política piramidal que Arendt reconhece ser o modelo de um governo por essência autoritário. Contudo, a diferença dessa autoridade republicano-federativa em relação ao autoritarismo tradicional é que a fonte de autoridade da primeira emana de cada camada da pirâmide, ao passo que, no segundo, ela vem de cima para baixo. Conforme a autora, esse espraiamento da autoridade em todo o corpo político poderia configurar uma solução para o difícil problema de reconciliar liberdade e autoridade, pois a legitimidade desta última não repousaria em algo externo ao corpo político, porém, seria gerada dentro dele, sendo reconhecida por seus integrantes.

Arendt define os conselhos populares como, acima de tudo, órgãos de ação política e ordem. Nesse particular, chama a atenção para a palavra "ordem" porque, diferente de certa tendência em acreditar que o povo sempre cai na anarquia quando não sofre a coerção do governo, os conselhos populares empenhavam-se em reorganizar a vida pública do país e em estabelecer uma nova

---

[478] ARENDT. *On revolution*, 1990, p. 279-280.

ordem.[479] De outro prisma, o maior erro dos conselhos, no seu entendimento, foi não saberem enxergar, em alguns momentos, a diferença entre participar nos assuntos públicos e administrar e gerenciar o que é considerado de interesse público – embora, no texto sobre a Revolução Húngara de 1958, ela faça a distinção entre os conselhos revolucionários, que constituíram uma resposta à tirania política, e os conselhos operários, os quais surgiram como uma reação aos sindicatos controlados pelo aparato burocrático do Partido Comunista, ressalvando-se ainda que a nova ordem estabelecida pelos conselhos também implicava ações que Arendt consideraria como administrativas.

Para a pensadora, as razões do fracasso das tentativas de gerência coletiva das fábricas por conselhos operários residem no fato de que as qualidades do político e do estadista, que é o que importa na ação política, são diversas das habilidades que se exigem do gestor ou do administrador e estas raramente são encontradas em um mesmo indivíduo. O estadista lida com pessoas, em uma esfera em que o princípio é a liberdade, ao passo que o gestor deve administrar recursos materiais e humanos em um âmbito cujo motor é a necessidade. Por isso, Arendt destaca que os conselhos populares foram, antes de mais nada, políticos, nos quais as reivindicações econômicas e sociais desempenharam

---

[479] Essa preocupação dos conselhos em reestabelecer a ordem aparece no trecho de um relatório das Nações Unidas citado por Arendt no texto de 1958 sobre a Revolução Húngara, em que a organização do sistema de conselhos populares é considerada "o primeiro passo pragmático para restaurar a ordem e para reorganizar a economia húngara sobre base socialista, mas sem o controle rígido do Partido ou do aparato de terror" (in *Ação e busca da felicidade*, 2018, p. 78). Sobre a Comuna de Paris, o historiador John Merriman escreve o seguinte sobre o esforço de manutenção da ordem pelos *communards*, a despeito das enormes dificuldades que enfrentavam: "A capacidade da Comuna de oferecer serviços públicos depois do prolongado cerco prussiano e da derrubada do governo também foi essencial para demonstrar sua legitimidade. A situação se complicou com a repentina partida de muitos dirigentes e funcionários. Mas a municipalidade da Comuna administrou suficientemente bem, fornecendo água, luz e serviço postal. As ruas eram limpas regularmente e o lixo descartado de maneira apropriada. Impostos eram recolhidos. [...] O serviço do cemitério continuou a funcionar como sempre – e teria cada vez mais o que fazer" (MERRIMAN, 2015, p. 108-109).

um papel bem menor – apesar de que se possa contra-argumentar novamente, para relembrar a discussão do capítulo 3, as dificuldades que a rigidez conceitual arendtiana entre o que seria político ou não costuma acarretar.

Em compensação, quando se inspira nas palavras de Jefferson para falar quais seriam as possibilidades de ação dos conselhos populares como órgãos políticos, a autora prefere deixar isso em aberto, indicando que a política, por ser o espaço da liberdade, também está sujeita a uma constante reinvenção: "Deem início a eles com apenas um único propósito; eles logo mostrarão para quais outros objetivos são os melhores instrumentos", afirma sobre as potencialidades dessas organizações criadas pela mobilização popular.[480] Com a admissão desse campo aberto para as possibilidades de ação dos conselhos, Arendt acaba indicando uma saída que torna possível a flexibilização da sua rígida conceituação do que seria propriamente "político". O que permite dizer que, dentro da teoria política arendtiana, é possível estender a ação política para campos que ela mesma definiria categoricamente como "não políticos".

Por serem primordialmente órgãos de ação, os conselhos diferem-se essencialmente dos partidos, os quais são basicamente órgãos de representação e que, como tais, apenas podem representar os interesses dos eleitores, mas jamais as suas opiniões. Arendt destaca que o sistema partidário tem a mesma origem comum que a dos conselhos populares: ambos são fruto das revoluções modernas e da mesma aspiração democrática de aumentar a participação popular no governo. No entanto, a sua crítica aos partidos é porque estes atuam sempre como facções, apresentam estruturas internas oligárquicas e autocráticas, permitem o surgimento do "político profissional" e substituem o pluralismo das opiniões pela ideologia.

Pelo sistema partidário, as opiniões do povo são "impossíveis de ser averiguadas pela simples razão de que elas não existem".[481]

---

[480] ARENDT. *On revolution*, 1990, p. 279.
[481] Ibidem, 1990, p. 268.

As opiniões se formam em um processo público de discussão; é pela ação comunicativa entre os cidadãos que suas *doxai* se manifestam. Em virtude disso, além de órgãos de ação, os conselhos populares também emergem como órgãos de formação de opinião, por proporcionarem um espaço de liberdade para o debate e o livre intercâmbio de ideias. Em sintonia com Tocqueville, para Arendt, a pluralidade de opiniões só se torna concreta na convivência democrática entre os cidadãos; no isolamento, os indivíduos veem-se sujeitos às oscilações dos humores da massa à qual conformam a sua mentalidade e o seu comportamento.

Mas a república federativa de conselhos tal como apresentada por Arendt seria factível, tendo em vista que as experiências históricas nesse sentido, nas quais ela se apoia, foram muito efêmeras? E os conselhos realmente escapariam ao modelo de representação? Estes pontos serão retomados na conclusão deste capítulo. A seguir, será o momento de discutir o tema das associações voluntárias em Tocqueville e Arendt, as quais também se configuram como espaços de liberdade e de formação de opinião.

2. O PODER DA ASSOCIAÇÃO

2.1 TOCQUEVILLE E O ASSOCIATIVISMO POLÍTICO E CIVIL

Tocqueville classifica o individualismo como uma doença cívica das sociedades modernas igualitárias, mas faz uma ressalva de que os norte-americanos souberam combater o mal da cultura individualista por meio de suas instituições livres. O exercício das liberdades locais nos Estados Unidos, que ele enfatizara no primeiro volume do seu estudo sobre a democracia quando discorre sobre o poder comunal, contribuía para aproximar os cidadãos uns dos outros e a se ajudarem mutuamente, a despeito dos instintos do egoísmo individualista que a sociedade democrático-igualitária costuma fomentar, deixando-a vulnerável à ação de um poder central e despótico.

Não há vício humano que seja mais conveniente ao despotismo do que o egoísmo advindo do individualismo. "[...] um déspota perdoa facilmente a seus governados por não o amarem, desde que estes não se amem uns aos outros", adverte.[482] Ao lado da prática cotidiana da ação política em nível local no país, no interior das comunas, outro fator essencial para manter o vigor da democracia norte-americana era o hábito disseminado da atividade associativa.

No primeiro volume da *Democracia...*, no qual detalha a estrutura político-pública dos Estados Unidos, Tocqueville dedica uma seção às associações políticas. Já no segundo volume da obra, voltado para os sentimentos, as ideias e os costumes que sustentam a cultura democrática de forma geral (embora a principal referência continue a ser os EUA), ele destaca as associações civis. Não se trata, entretanto, de uma estratégia para colocar em lados opostos o mundo público e a sociedade civil, como se a segunda configurasse um campo completamente autônomo em relação ao primeiro.

Mesmo admitindo que os governos centralizadores tendiam a favorecer e a enxergar com benevolência as associações civis, movidos pela crença de que elas poderiam servir como uma "distração" para os governados em relação aos assuntos públicos, Tocqueville se esforça em mostrar a interdependência que há entre as associações políticas e as organizadas com fins que poderiam ser chamados exclusivamente de civis. No final das contas, o seu interesse centra-se, principalmente, em realçar os efeitos políticos positivos que uma prática associativa representava para a vida democrática como um todo.

No que diz respeito às associações políticas, ao lado das associações políticas permanentes nos Estados Unidos que, para ele, são as comunas, as cidades e os condados, Tocqueville encaixa nessa categoria os grupos formados pela iniciativa conjunta de indivíduos com a finalidade de alcançar algum objetivo político.

---

[482] TOCQUEVILLE. DA2, in *Oeuvre II*, 1992, p. 616.

Sem praticamente nenhuma barreira que os impedisse de se associar a outros concidadãos com fins políticos, os norte-americanos exerciam esse direito nos três níveis, de acordo com a classificação tocquevilliana, para esse tipo de empreendimento coletivo:

a) a adesão pública de um grupo de indivíduos a uma determinada doutrina ou opinião política. Nesse caso, o elo entre os associados é puramente intelectual, e Tocqueville observa que o direito de se associar nesse primeiro nível é quase similar à liberdade de escrever, com a diferença de que a associação costuma ter mais força e causar mais impacto. Representada por uma associação, uma ideia torna-se mais clara e mais precisa e compromete publicamente os seus partidários com a causa que professa;
b) em um segundo nível, a associação dissemina pelo país espaços de ação, tornando a sua atividade mais intensa e estendendo a sua influência. Nesses espaços, os associados se encontram, discutem os meios de execução das ações e apresentam as suas opiniões, que "se desenvolvem com essa força e esse calor que o pensamento escrito jamais atinge";
c) por fim, no último e terceiro nível, os partidários de um mesmo programa político reúnem-se em colégios eleitorais para escolher os representantes para uma assembleia central. Nessa última categoria, entram os partidos políticos propriamente ditos.[483]

Como exemplo de um esforço de ação associativa nesses três níveis, Tocqueville cita a grande mobilização nacional que se formou em 1831 para combater a tarifa alfandegária que colocaria como antagonistas o Norte e o Sul por várias décadas e seria um dos combustíveis da Guerra de Secessão. Em 1831, uma campanha iniciada por um cidadão de Massachusetts por meio de artigos publicados na imprensa logo reuniu adeptos de vários

---

[483] TOCQUEVILLE. DA1, in *Oeuvre II*, 1992, p. 213-214.

estados, os quais passaram a realizar reuniões locais para enviar delegados a uma convenção nacional realizada no mesmo ano na Filadélfia. Depois de dez dias de reunião, os participantes do congresso redigiram um documento público dirigido à população em que faziam a defesa do livre-comércio.

Tocqueville admite que uma mobilização do porte da convenção nacional de 1831 contra as leis comerciais da União norte-americana não deixaria de implicar riscos para a estabilidade política – e, de fato, em 1832, a Carolina do Sul pegou efetivamente em armas contra a União, em rebelião contra a imposição do sistema tarifário nacional, o que é considerado o ato precursor da Guerra Civil que seria deflagrada 30 anos depois.[484] Todavia, a liberdade ilimitada de associação política oferecia ao menos a garantia de ser algo que se realizava às vistas do público. Nos corpos políticos em que as associações desse tipo eram livres, inexistiam sociedades secretas.

Para Tocqueville, a liberdade de associação política é tão essencial em uma sociedade democrática porque se converte em uma arma contra a opressão exercida pela tirania da maioria, seja ela institucionalizada por meio de um partido dominante que passa a controlar as forças organizadas de um país, seja pelo império moral da opinião pública que se impõe como expressão da maioria. Nos Estados Unidos, esse contraponto à maioria era exercido pela via da persuasão. "Na América, os cidadãos que formam a minoria se associam, primeiro, para constatar seu número e enfraquecer o império moral da maioria; o segundo objetivo [...] é descobrir os argumentos mais apropriados a impressionar a maioria", sublinha.[485]

Em direção contrária, na França, a inexistência de alternância de poder – como ocorria na Monarquia de Julho, em que a burguesia era a classe absolutamente dominante, com a exclusão

---

[484] Cf. MCNAMARA, Robert. Nullification Crisis of 1832: precursor to Civil War. *Thought Co.*, 9 set. 2017. Disponível em: https://www.thoughtco.com/definition-of-nullification-crisis-1773387. Acesso em: 3 maio 2018.
[485] TOCQUEVILLE. DA1, in *Oeuvre II*, 1992, p. 218.

das classes populares da vida política – acabava por fomentar a ideia de que a criação de uma associação política só podia visar à imposição dos seus objetivos por meio da violência. A falta de uma vivência de liberdade política entre os franceses alimentava a crença corrente entre eles de que as associações políticas só poderiam ter fins belicosos, almejando a derrubada violenta do governo, em contraste com os propósitos pacíficos e legais das suas congêneres norte-americanas.

A defesa veemente das associações políticas por Tocqueville no primeiro volume da *Democracia...*, que ele vai retomar na continuação da obra, enfatizando as associações civis, tinha certamente como alvo as leis francesas de 1834-1835 sobre o direito de associação, as quais impunham limites seveníssimos à prática associativa. Ainda sob o peso da lembrança da atuação dos clubes políticos durante a Revolução Francesa, o governo da Monarquia de Julho justificava essa dura repressão, sobretudo às associações políticas, para impedir novas insurreições. Ao discorrer sobre o caráter pacífico das associações políticas norte-americanas, o autor, desse modo, procurava esclarecer os leitores sobre os efeitos deletérios dessa política de repressão que, ao impedir que a oposição ao regime pudesse se organizar pelas vias legais, empurrava-a para o caminho da conspiração e da sedição.[486]

O fato de postular a favor das associações políticas não faz de Tocqueville, todavia, um entusiasta dos partidos políticos, considerando-os um mal inerente aos governos livres. O autor divide os partidos em duas categorias: os "grandes", não tanto por reunirem um número maior de adeptos, mas por terem um pro-

---

[486] Nesse sentido, ver os comentários de Lamberti e Schleifer, em nota à edição de DA2 pelas *Oeuvres* de Tocqueville da Pléiade (in *Oeuvre II*, 1992, p. 1120 [p. 634, nota 2]). Tocqueville admite, em nota ao capítulo de DA2 sobre as relações entre as associações civis e políticas, que possa haver alguma restrição à liberdade de associação, mas esses limites deveriam ser impostos pela lei e jamais pelo poder discricionário do governo, porque, nesse último caso, a incerteza que se teria nesse terreno comprometeria irremediavelmente o próprio espírito associativo, pois ninguém poderia saber de antemão que tipo de associação poderia criar, preferindo não tomar nenhuma iniciativa nesse campo por medo de represálias (in op. cit., p. 632, nota).

CAPÍTULO 4 – INSTITUIÇÕES DA LIBERDADE

grama de atuação que priorize questões sociopolíticas de ordem mais geral e que digam respeito aos princípios básicos da convivência democrática (por exemplo, a ordem constitucional); e os "pequenos", mais uma vez não em virtude da quantidade de associados, mas porque desprovidos de "fé política", ocupados que estão com os interesses de grupos e com as querelas das disputas políticas domésticas. Os partidos "grandes" normalmente surgem nos períodos revolucionários e transformam a sociedade; já os "pequenos" são fruto de épocas estagnadas, marcadas pelo conformismo e pelas pequenas intrigas, e só contribuem para agitar a sociedade e depravá-la.

Nos Estados Unidos de 1830, conforme a classificação de Tocqueville, prevaleciam os pequenos partidos, dado que o grande partido representado pelos federalistas – que ele admite jamais ter constituído uma verdadeira maioria nos EUA – havia sido derrotado pelos republicanos, mas tivera a oportunidade de deixar um grande legado ao país, a Constituição. Apesar da mediocridade de propósitos desses partidos pequenos que movimentavam a vida política norte-americana, o autor reconhece que eles não atacavam os grandes princípios políticos fundadores da república. No entanto, a radicalidade de algumas disputas envolvendo interesses econômicos – como o já citado embate entre o Norte e o Sul por conta do sistema tarifário nacional – consistia em uma séria ameaça à integridade nacional, fato provado com a Guerra de Secessão.

Já na França da Monarquia de Julho, o desgosto de Tocqueville para com a mesquinhez do restrito e pouco democrático sistema partidário, dominado pelas oligarquias encasteladas nas suas direções, está expresso, por exemplo, em carta enviada a Corcelles, em outubro de 1839, na qual admite preferir "cem mil vezes mais um estado de revolução", quando justamente surgem os "grandes partidos", do que "a miséria" da vida política francesa naquele momento. "Entrar em um partido por ambição de postos, por camaradagem, por irritação contra o vizinho, eu não saberia fazê-lo. Minha natureza se recusaria se minha vontade se inclinasse a isso", desabafa, justificando a opção em permanecer independente na Câmara.[487]

Nos Estados Unidos, como o objetivo das associações politicas era antes uma ação de argumentação e convencimento, elas se dedicavam a "falar e peticionar", e os seus integrantes, unidos em torno de uma causa em comum, não eram instados a se curvar cegamente aos ditames dos líderes dessas associações. Na França, ao contrário, como o objetivo era combater e não convencer, os membros das organizações políticas comportavam-se como soldados em batalha, professando o "dogma da obediência passiva". "Aquele que consente em obedecer servilmente em certos casos a alguns de seus semelhantes, que entrega a eles a sua vontade e lhes submete até seu pensamento, como poderá alegar que quer ser livre?", questiona Tocqueville.[488]

Ele também via nas associações a possibilidade de estabelecimento de uma esfera intermediária entre os cidadãos isolados e o governo, esfera que a Revolução de 1789, dando continuidade ao processo iniciado ainda no Antigo Regime, havia suprimido na França, com a proibição das corporações e facções em nome da soberania da vontade geral representada pelo poder centralizado do Estado. Nos Estados Unidos, pôde perceber que a prática associativa beneficiava-se dos costumes locais fortemente arraigados pelos quais os indivíduos tinham por hábito se unir e procurar solucionar de forma conjunta os problemas, ao invés de recorrer a uma autoridade superior. Dessa maneira, desde as crianças que, na escola, nas brincadeiras infantis, procuravam estabelecer as regras a serem observadas e as punições a serem aplicadas entre os participantes, até os moradores de um vilarejo que formavam uma assembleia para resolver a questão de uma via pública com uma passagem bloqueada, deliberando sobre as providências a serem tomadas e quem as colocaria em prática, a ação conjunta – resultante do esforço coletivo – sobrepunha-se ao monopólio da iniciativa estatal.

---

[487] TOCQUEVILLE. *Oeuvres complètes XV*, 1983, p. 138-139, v. I.
[488] Idem. DA1, in *Oeuvre II*, 1992, p. 220.

CAPÍTULO 4 – INSTITUIÇÕES DA LIBERDADE

Da vida política, esse costume associativo estendia-se para o cotidiano da sociedade civil. Tal prática ocorria não só por meio das associações comerciais e industriais, mas ainda sob a forma de organizações criadas com fins religiosos, festivos, educacionais, culturais, beneficentes, missionários etc.

Comparadas em quantidade à inúmera variedade de associações civis norte-americanas criadas com os mais diferentes propósitos, as associações políticas do país formavam apenas um detalhe em meio ao movimento associativo no país. O autor confessa ter se deparado com alguns tipos de associação que o deixaram surpreso. Porém, apesar dos objetivos à primeira vista "fúteis" ou bem limitados de algumas dessas confrarias, o que importava destacar é que elas assumiam os papéis que, nas sociedades aristocráticas, pertenceram aos grandes senhores feudais na realização de obras e projetos, os quais, deixados à iniciativa isolada dos cidadãos nas democracias, tornar-se-iam quase impossíveis de ser materializados.

Os ricos e poderosos nobres já personificavam uma espécie de "associação", por encabeçar uma cadeia hierárquica de indivíduos atados por laços indissolúveis a eles, engrenagem que poderia ser movida na realização de empreendimentos grandiosos, cujos louros cabiam exclusivamente aos seus patronos aristocratas. Os indivíduos das sociedades democráticas, por seu turno, são, isoladamente, fracos e impotentes, assim, apenas o esforço conjunto pode capacitá-los a promover ações semelhantes.

Entre os habitantes dos Estados Unidos, as associações civis representavam, dessa maneira, o poder de um grupo de pessoas cuja voz se fazia ouvir com mais impacto e cuja ação poderia exercer influência na vida do país, tal como outrora a iniciativa dos grandes senhores da nobreza havia alcançado ascendência semelhante sobre os seus domínios. Como exemplo da força da ação associativa no campo civil nos Estados Unidos, Tocqueville refere-se a uma campanha nacional contra o consumo de álcool que ganhara corpo com o pronunciamento público de milhares de indivíduos por todo o país que haviam se comprometido a não consumir bebidas alcoólicas. Os cidadãos engajados nessa campanha de combate ao alcoolismo agiam como um poderoso aristocrata que, movido pela crença de que os excessos do luxo são perniciosos, passasse a se vestir com simplicidade para dar o exemplo, inspirando nas pessoas comuns sob sua ascendência o mesmo comportamento.

Por outro lado, em um país no qual o poder central da máquina administrativa se encarregava dos mínimos detalhes da vida nacional, como na sua França natal, Tocqueville acreditava que a atitude mais esperada dos cidadãos incomodados com os altos índices de embriaguez da população seria reclamar individualmente ao governo para que este inspecionasse todas as tavernas do reino.

A propósito das análises de Tocqueville sobre as associações civis, Dana Villa tece algumas considerações relevantes, aproximando as suas ideias com as de Hegel. Conforme Dana Villa, Hegel também mostrou como as instituições da sociedade civil podem educar os cidadãos para níveis mais gerais de interesse, tentando com isso diminuir o abismo entre burgueses e cidadãos criado por Rousseau, embora Tocqueville não partilhasse o mesmo entusiasmo de Hegel pelo Estado napoleônico.

Entretanto, a análise tocquevilliana sobre a sociedade civil é mais rica e politicamente sugestiva que a de Hegel, na perspectiva de Dana Villa, por dois motivos. Em primeiro lugar, porque Tocqueville rejeita a concepção do aparelho burocrático estatal como o repositório do bem público. Em segundo, porque, para Hegel, conforme ele expressou em uma aula em Berlim em 1830, os EUA eram apenas a sociedade civil, uma vez que o país carecia, na sua opinião, de um Estado desenvolvido. Já Tocqueville, como se destacou, percebeu que a descentralização estatal norte-americana, longe de servir como obstáculo, ao contrário, encorajava uma ativa vida pública.[489]

É importante ter isso em mente para não cair no erro de acreditar que o elogio do associativismo civil pelo autor seja uma de-

---

[489] VILLA, 2006, p. 222-223.

fesa hiperliberal do voluntariado movido pelo espírito do "faça você mesmo", que reduz o governo, a política e as próprias associações políticas a um status secundário na vida dos cidadãos. Erro pelo qual certa leitura conservadora da obra de Tocqueville costuma enveredar-se, recusando-se a ver que o hábito da associação está estreitamente vinculado à política e à vida pública.

***

Na compreensão de Tocqueville, as associações são instrumentos importantíssimos para a democracia não apenas porque contribuem para descentralizar a administração estatal e o poder político, mas também por constituírem uma ferramenta que capacita os cidadãos ao pleno exercício da liberdade política. Além do mais, a ideia de uma sociedade civil robusta, separada e distinta do campo dos assuntos políticos é dificilmente um fim em si para o autor, ainda mais quando se leva em consideração a estreita relação que estabelece entre as associações civis e políticas.

O destino desses dois tipos de associação costuma estar umbilicalmente conectado, na medida em que, onde as associações políticas são proibidas, as associações civis também costumam ser escassas. Em compensação, é a liberdade de se associar politicamente que leva à prática mais intensa e reiterada do associativismo civil. Enquanto na vida civil cada indivíduo é levado a crer que é autossuficiente, no âmbito político esse isolamento é impraticável. Por conseguinte, quanto mais intensificada for a vida pública de um determinado povo, mais a ideia da associação tornar-se-á presente entre os seus membros.

Como havia escrito a respeito das comunas – que, para ele, também são uma forma de associação política permanente –, as associações políticas são como escolas gratuitas onde se aprende a "arte de se associar", depois cultivada na vida civil. Uma vez que, nas associações civis, não raro ocorre de ser exigido dos seus integrantes algum tipo de investimento material – como é o caso das associações com fins comerciais e industriais –, aqueles não versados nessa arte podem ter algum receio de se lançar a tal empreendimento coletivo, hesitação que é menor nas associações políticas, nas quais não é preciso, normalmente, arriscar o próprio dinheiro. Em compensação, no interior das associações políticas, aprende-se a coordenar a vontade de um grande conjunto de pessoas e fazê-las direcionar os esforços para o mesmo objetivo, aprendizado que depois poderá ser levado para um empreendimento civil coletivo.

Sobre esse tópico, pode-se afirmar que a própria pujança da economia norte-americana na primeira metade do século XIX, movida pelo espírito empreendedor dos seus habitantes, deve-se também, pela forma como Tocqueville discorre acerca da influência das associações na vida nacional, a essa cultura associativa norte-americana alimentada primeiramente no cotidiano político do país. Entretanto, é preciso fazer a ressalva de que a busca excessiva pelo acúmulo de dinheiro e de bens materiais, na perspectiva do autor, tinha como consequência o enfraquecimento da cidadania, por desviar a atenção dos cidadãos dos assuntos públicos.

Já os obstáculos à prática da associação política podem fragilizar a atividade do associativismo civil. Não é o caso de dizer que nos povos onde a associação política for vedada não haverá interesse algum pelas associações civis, pois "os homens não saberiam jamais viver em sociedade sem se lançar a algum tipo de empreendimento comum".[490] Contudo, essas agremiações civis seriam em pequena quantidade e dificilmente abraçariam grandes causas, carecendo de um bom planejamento e uma boa condução, porque faltaria a seus integrantes uma práxis associativa desenvolvida no seio das associações políticas, no sentido de unir forças com vistas a um objetivo comum.

É digno de nota que Tocqueville, ao mencionar as associações comerciais e industriais, não faça referência às associações de operários, apesar das censuras dirigidas à oligarquia que via surgir entre o patronato da indústria. No *Ensaio sobre o pauperismo*,

---

[490] TOCQUEVILLE. DA2, in *Oeuvre II*, 1992, p. 632.

coerente com a ampla defesa do associativismo, ele mostra-se favorável à organização dos proletários da indústria em associações, a fim de que possam gerenciar os seus próprios empreendimentos coletivos.

No entanto, em vários momentos da sua carreira política e em alguns de seus escritos, como no *Souvenirs*, Tocqueville expressa desconfiança e divergências radicais com relação ao movimento operário, opondo-se energicamente à iniciativa de socialistas como Louis Blanc de instalar cooperativas de trabalhadores, na forma dos *ateliers nationaux*. Apesar de que, nesse caso, as suas pesadas críticas a esse projeto ocorressem mais pelo fato de que os *ateliers* receberiam subvenções do governo, representando uma intervenção estatal na economia em proporção considerada por ele como temerária.

A posição oscilante de Tocqueville com relação ao nascente movimento operário traduz em certas ocasiões, como afirma Pierre Manent, "uma profunda hostilidade e mostra talvez que a insensibilidade de um aristocrata de velha família não é longe de se igualar nesse ponto à dos novos-ricos"[491] – os mesmos novos-ricos, vale lembrar, tão censurados pelo autor. Todavia, é certo que o desenvolvimento das associações operárias, berço dos sindicatos que surgiriam nas últimas décadas do século XIX, está em plena conformidade com a engrenagem da sociedade democrática tal como ele a apresenta, na qual as associações têm um papel fundamental.

Em suma, as associações, tanto civis quanto políticas, ocupam na teoria política tocquevilliana um papel de suprema importância. Além de funcionarem como antídoto contra o fenômeno do individualismo, por favorecerem a integração social e o desenvolvimento do sentimento comunitário, elas constituem uma barreira ao despotismo estatal, com a sua tendência a monopolizar a ação política e a forçar os indivíduos a permanecerem em uma situação de atomização. O autor também enaltece o papel

---

[491] MANENT, 2012, p. 259.

civilizatório da prática associativa, destacando-se, nesse aspecto, a sua dimensão "antropológico-humanista", para empregar os termos de Ros,[492] pois só a ação em comum dos indivíduos nas sociedades democráticas é capaz de impedir que eles caiam em um estado de barbárie a que uma condição de radical isolamento pode conduzi-los.

Por essa razão, Tocqueville denomina a ciência da associação como a "ciência-mãe" dos países democráticos, da qual depende o progresso de todas as outras. O próprio desenvolvimento da civilização está condicionado a que os indivíduos aprimorem e intensifiquem essa arte de associar-se.

Por fim, cabe reiterar o peso que o autor confere às associações na tarefa democrática de servir como contraponto à onipotência de uma opinião pública que se apresenta como expressão do pensamento majoritário, sufocando a livre ação e a expressão das minorias e dos indivíduos em particular. Como barreiras a esse domínio, as associações contribuem para proporcionar a emergência de uma esfera pública plural e aberta. Além do mais, apresentando nesse aspecto uma convergência com as ideias de Arendt sobre os conselhos como espaços de "formação de opinião", Tocqueville ressalta como as associações permitem que os indivíduos "renovem" as ideias, de forma que as suas opiniões "se desenvolv[a]m com essa força e esse calor que o pensamento escrito jamais atinge", para retomar o que ele escreve a respeito das associações políticas, mas que pode também ser aplicado às civis. "Os sentimentos e as ideias só se renovam, o coração só se engrandece e o espírito humano só se desenvolve com a ação recíproca dos homens uns sobre os outros", acentua.[493]

Para configurar essa esfera pública plural mencionada linhas atrás, a democracia, ao lado das associações políticas e civis, também necessita de outro instrumento de fundamental importância: a imprensa. Antes de explorar esse tema em Tocqueville,

---

[492] ROS, 2001, p. 244.
[493] TOCQUEVILLE. DA2, in *Oeuvre II*, 1992, p. 623.

na próxima seção discutir-se-á o lugar que as associações e o instituto da desobediência civil ocupam na obra de Arendt.

2.2 ARENDT: DESOBEDIÊNCIA CIVIL E ASSOCIATIVISMO VOLUNTÁRIO

A sociedade é caracterizada, por Hannah Arendt, como o âmbito do conformismo e da homogeneidade, diversamente da esfera pública, marcada pela ação conjunta dos cidadãos e pela pluralidade. Entretanto, a concepção arendtiana acerca da sociedade, como aponta Margaret Canovan, teria alguns pontos problemáticos.

Para Canovan, o que falta na concepção de Arendt sobre a sociedade "é claramente alguma apreciação acerca das observações feitas repetidas vezes por economistas políticos, de Smith a Hayek, sobre as oportunidades para a liberdade individual oferecidas pela ascensão de uma economia de mercado".[494] Ou em torno da sociedade civil como um espaço também de fomento à pluralidade e às interações entre as pessoas, de forma que estas consigam se expressar por meio de um discurso público.

Canovan lembra que a sociedade civil não pode ser pensada com referência apenas à economia, o domínio do *animal laborans*, mas como um espaço de livre associação, do qual podem surgir de sindicatos a grupos pelos direitos dos homossexuais – e neste ponto, embora não o mencione, o débito para com as ideias de Tocqueville é explícito. Segundo ela, tal apreciação acerca da flexibilidade e da pluralidade da sociedade é notavelmente ausente na teoria de Arendt.

De fato, Arendt manifestava certo ceticismo sobre o livre mercado tão enaltecido pelos economistas liberais, por julgar que uma economia de mercado completamente desregulada e deixada à própria mercê conduziria antes à miséria de massa do que à liberdade dos indivíduos, conforme ela expressa no ensaio *Sobre a revolução*. Mas com relação ao potencial de mobilização

---

[494] CANOVAN, 1992, p. 121.

pública da sociedade, por meio das associações entre indivíduos, a posição de Arendt é mais flexível do que a interpretação de Canovan, a princípio, leva a acreditar.

Em primeiro lugar, porque, como a própria Canovan admite, a ação política em Arendt não está forçosamente vinculada àquilo que normalmente se associa como "político", restrito ao campo de atuação do Estado ou do governo, ou dos partidos políticos. Da mesma forma que em Tocqueville, a esfera pública em Arendt, por conta da sua compreensão do poder político como ação coletiva, é muito mais aberta e descentralizada. Em segundo, porque a autora, embora em um texto menor, reconhece sim essa faceta da sociedade civil como um espaço em que podem emergir a livre associação entre os indivíduos, exercendo um papel decisivo na vida pública.

O texto em questão é "Desobediência civil", publicado primeiramente na revista *The New Yorker* em 1970 e posteriormente incluído no livro *Crises da república*. Nesse ensaio, Arendt se detém sobre o tema do associativismo voluntário, citando inclusive, embora de forma rápida, as passagens de Tocqueville na *Democracia na América* sobre essa questão. Como Tocqueville, ela enxerga nas associações voluntárias uma força legítima de organização e ação políticas, a despeito de não se deter na distinção, às vezes também um tanto fluida, que Tocqueville faz entre associações políticas e associações civis e tampouco admitir que os partidos políticos possam estar incluídos entre elas, diversamente do autor francês.[495]

De acordo com o argumento de Arendt, os contestadores civis que, naquele momento, se manifestavam nos Estados Unidos formavam entre si uma forma de associação voluntária e, dessa maneira, alinhavam-se a uma das mais antigas tradições do país,

---

[495] Curiosamente, na mesma obra em que tece as críticas, mencionadas anteriormente, sobre a ausência em Arendt de uma reflexão sobre as possibilidades de livre associação oferecidas pela sociedade civil, Margaret Canovan, páginas adiante, ao discorrer sobre esse ensaio acerca da desobediência civil em Arendt, não destaca a ênfase que a autora, baseando-se em Tocqueville, confere às associações voluntárias (ver CANOVAN, 1992, p. 182-185).

destacada por Tocqueville ao discorrer sobre o hábito da associação como uma das características da vida pública norte-americana que mais lhe havia chamado a atenção. "Os poucos capítulos que ele [Tocqueville] devota a elas [as associações voluntárias] ainda são de longe o melhor da escassa literatura sobre o tema."[496]

Arendt define os contestadores civis como minorias organizadas, que se unem em torno de uma opinião em comum, mais do que a interesses em comum, para fazer frente a alguma política governamental imposta como o desejo da maioria. Assim, o *modus operandi* dessas minorias ocorreria da maneira como havia descrito Tocqueville, no primeiro volume da *Democracia*...: "primeiro, para constatar seu número e enfraquecer o império moral da maioria; o segundo objetivo [...] é descobrir os argumentos mais apropriados a impressionar a maioria".[497]

Para defender o seu ponto de vista segundo o qual a desobediência civil é uma forma de associação voluntária e os contestadores civis formam minorias organizadas, Arendt se esforça inicialmente em estabelecer uma distinção entre os objetores de consciência, que agem individualmente, e os contestadores civis, que só atuam como grupo. Para tanto, ela lança mão dos exemplos de Sócrates e Thoreau, as personalidades históricas mais emblemáticas quando o tema é o cidadão em confronto aberto com a lei, a fim de refutar a ideia correntemente aceita de que a desobediência civil deve ser compreendida dentro da chave da objeção de consciência individual.

Na perspectiva de Arendt, embora os casos de Sócrates e Thoreau sejam evocados como paradigmas de contestação civil (sobretudo Thoreau, que, com o seu libelo *Desobediência civil*, contribuiu para popularizar o termo e introduzi-lo no vocabulário político), ambos não ultrapassaram os limites da objeção de consciência. E a consciência, por permanecer na esfera da subjetividade, é sempre apolítica.

---

[496] ARENDT. *Crisis of the republic*, 1972, p. 94.
[497] TOCQUEVILLE. DA1, in *Oeuvre II*, 1992, p. 218.

Sobre Sócrates, Arendt contesta primeiramente que ele tenha se oposto às leis. Na verdade, teria refutado a aplicação delas pelos juízes a seu caso em particular. De fato, no diálogo *Críton*, ao recusar o auxílio que o discípulo Críton lhe oferecia para evadir-se da prisão e assim escapar da sentença de morte, Sócrates justifica-se dizendo que seria uma contradição de sua parte, após ter passado uma existência inteira sob a proteção das leis de Atenas, violar os pactos e os acordos que, como cidadão, havia firmado "sem coação" com a cidade, pois a fuga do cárcere representaria um rompimento desses pactos e acordos.

Além do mais, ao afrontar as leis daquela maneira, ele estaria dando razão aos juízes do processo, "uma vez que um destruidor das leis pareceria facilmente que é também corruptor de jovens e de pessoas de pouco espírito". Para Sócrates, estava claro que havia sido vítima de injustiça não por parte das leis, mas dos homens. Por isso, não poderia confrontá-las, ao procurar fugir à sua aplicação, porque seria retribuir com injustiça a injustiça que sofrera, "o dano com o dano".

Já na *Apologia*, quando rejeita a possibilidade de desterro como uma alternativa à pena capital, resignando-se a viver "calado e quieto" longe de seus concidadãos, Sócrates alega que seria insuportável submeter-se a uma situação em que não pudesse discorrer em praça pública sobre a "virtude e outros temas", porquanto "uma vida sem exame não é uma vida digna de um ser humano". Por todas essas razões, a única alternativa que lhe restava, para não descumprir o compromisso que celebrara consigo mesmo e o compromisso que tinha com a cidade, era não aceitar a possibilidade do exílio nem tampouco, uma vez preso, ceder à pressão dos amigos para que fugisse, mas permanecer e se sujeitar à execução da sentença de morte.

A respeito de Thoreau, embora haja, do lado dele, uma postura de confronto direto com a legislação de seu país, o seu caso se afigura em alguns aspectos semelhante ao de Sócrates, apesar de ser muito menos dramático. Afinal, ele amargou apenas uma noite na prisão por ter se recusado a pagar os impostos devidos ao estado de Massachusetts, sob a alegação de não concordar com o

CAPÍTULO 4 – INSTITUIÇÕES DA LIBERDADE

regime escravista do país e com a Guerra do México (1846-1848), declarada após os Estados Unidos anexarem o Texas a seu território. Hannah Arendt comenta, não sem certa ironia, que Thoreau negou-se a pagar os tributos devidos, mas permitiu que uma tia os quitasse na manhã seguinte ao seu encarceramento, livrando--o da prisão.[498]

Segundo Arendt, apesar de, com o seu gesto, Thoreau ter manifestado um protesto contra leis que considerava injustas, ele não agiu no plano da relação moral do cidadão com a lei, mas no plano da consciência individual e do compromisso moral com a consciência. A autora menciona uma passagem do libelo de Thoreau em que ele salienta que não é obrigação do homem "devotar a si mesmo na erradicação de mal algum, nem sequer o maior dos males", podendo até lavar as mãos com relação a isso, embora seja o seu dever não se comprometer com o erro, dando-lhe apoio. Coerente com esse raciocínio, Thoreau pôde escrever, páginas adiante, que se "a injustiça é parte do necessário atrito da máquina do governo, que assim seja", mas "se a natureza dessa injustiça requerer que você se torne um agente dela, então, eu digo, infrinja a lei".[499]

A indignação de Thoreau, como expressa em seu manifesto, não ultrapassa os limites da consciência porque esta não está interessada propriamente no mundo em que o mal pode ter sido cometido ou nas consequências mundanas da prática do mal. "Eu não vim para este mundo com o objetivo de torná-lo um bom lugar para viver, mas para viver nele, seja bom ou mal", escreve o autor. O mal com o qual se convive só se torna um problema na

---

[498] ARENDT. *Crisis of the republic*, 1972, p. 59-60. Thoreau admite esse fato em *Desobediência civil*, mas não se refere à tia; informa apenas que a sua soltura ocorreu porque "alguém interferiu e pagou o imposto" (2012, p. 277). Com relação ao conflito dos EUA com o México, este causou uma imensa controvérsia desde o início, especialmente entre os grupos abolicionistas aos quais Thoreau se filiava, para quem essa guerra não passava de uma tática para a União expandir as áreas onde a escravidão era permitida (Ibidem, p. 286, nota 261). Para as citações referentes a Sócrates, ver PLATÃO, 1987.
[499] THOREAU, 2012, p. 267 e p. 267; 269.

medida em que, como se disse no parágrafo anterior, ele exige do indivíduo que transgrida a obrigação que tem para consigo mesmo, qual seja, de "fazer, a qualquer tempo, aquilo que ele pensa ser o correto". Esta é a forma como a consciência se manifesta, que pode ser radical a ponto de Thoreau afirmar que o povo norte-americano "deveria deixar de possuir escravos e fazer guerra ao México, ainda que isto custasse a sua existência como povo".[500]

Essa radicalidade e essa indiferença para com o mundo não se encontram em Sócrates – tendo em vista a sua preocupação em não afrontar as leis da cidade, para preservar o corpo político. No entanto, no plano estritamente individual, o filósofo ateniense se aproxima de Thoreau – e, nesse caso, de forma mais extrema –, ao se recusar a adotar uma conduta que representasse uma transgressão aos princípios que estabelecera para consigo mesmo e arcar com as consequências de tal atitude.

Em resumo, os princípios da consciência alertam para que se evite fazer coisas com as quais seja impossível conviver. É essencial salientar, contudo, que essas regras não são autoevidentes nem têm validade geral para todos. Elas não o são porque permanecem no terreno da subjetividade – aquilo com que um determinado indivíduo não poderia coexistir, liquidando toda a possibilidade de continuar a manter um diálogo consigo mesmo, não necessariamente incomodaria a consciência de outrem. Nesse caso, o que se teria é um embate entre consciências, sem consequências legais ou políticas.

Se Sócrates preferia, portanto, tornar-se alvo de uma injustiça a ter de cometê-la, e Thoreau se recusava a ser agente ou apoiador de algo considerado por ele injusto, assim procederam em nome das regras que estabeleceram para si próprios, de modo algum evidentes por si mesmas aos demais. A posição de ambos é a do "homem bom", que não se confunde com a do "bom cidadão". Este não se confina ao plano da subjetividade e do autointeresse;

---

[500] THOREAU, 2012, p. 263-269.

a sua ação reflete, acima de tudo, o interesse e o cuidado pelo mundo público.

Arendt compara a frase incendiária de Thoreau em *Desobediência civil*, clamando pelo fim da escravidão e da guerra contra o México mesmo se tais medidas implicassem a destruição dos norte-americanos como povo, a uma declaração de Lincoln, em meio aos embates pela libertação dos escravos nos EUA, em que proclama que o seu objetivo era "salvar a União" e "não salvar ou destruir a escravidão". A supremacia dada à preservação da integridade da União por Lincoln não significava que fosse indiferente à sorte dos escravos, mas que estava consciente de que, entre o dever oficial como líder político e os escrúpulos da consciência, o primeiro tinha primazia.

De forma semelhante, Maquiavel também havia proclamado três séculos antes que amava a terra natal mais do que a sua alma. De acordo com Arendt, não se trata de dizer que Lincoln ou Maquiavel fossem destituídos de moralidade. "A discrepância entre 'dever oficial' e 'desejo pessoal' no caso de Lincoln não indica carência de consciência moral, assim como a discrepância entre a cidade e a alma não indica [...] que Maquiavel era ateu e não acreditava na salvação nem na danação eternas."[501]

Ao salientar que o "homem bom" eleva a sua própria consciência em primeiro lugar, mesmo que em detrimento do mundo público, Arendt não está necessariamente dizendo que tal atitude não passa de egoísmo ou egocentrismo disfarçado de boas intenções. Afinal de contas, Thoreau sofreu a pena de prisão pelo não pagamento de impostos e escreveu o seu libelo em nome do sofrimento dos escravos, e Sócrates preferia se imolar a praticar atos injustos contra os demais. A questão que se impõe é que os clamores da consciência são apolíticos porque não escapam do campo da subjetividade nem tampouco impelem à ação, porquanto delimitam para o indivíduo apenas aquilo que ele *não* deve fazer.

---

[501] ARENDT. *Crisis of the republic*, 1972, p. 61.

Somente se esse apelo da consciência individual se juntar a outros semelhantes, formando um movimento de objetores de consciência que torna essa objeção pública, alcança-se uma dimensão política. Porém, nesse caso, não se trata mais de um fenômeno, como aponta Arendt, que pode ser derivado do *in foro conscientiae* de Sócrates ou Thoreau, mas da opinião expressa por uma minoria que transcende os limites da consciência privada para se tornar parte do debate público e da "opinião pública" (Arendt não problematiza o termo aqui, como o faz em *Sobre a revolução*).

A força de uma opinião se mede na esfera pública, depende da quantidade de pessoas que aderem a ela e pode levar à ação coletiva, com influência decisiva na vida pública como um todo. Novamente, pode-se evocar o exemplo de Thoreau, em uma passagem de *Desobediência civil* a que Arendt não faz referência:

> A minoria é impotente quando se conforma com a maioria; não chega, então, sequer a ser uma minoria; mas é irresistível quando interfere com todo o seu peso. Se a alternativa for entre colocar todos os homens justos na prisão, ou desistir da guerra e da escravidão, o Estado não hesitaria em sua escolha. Se mil homens não pagassem seus impostos este ano, tal não seria uma medida violenta e sanguinária, como seria pagá-los e permitir que o Estado cometa violência e derrame sangue inocente. Esta é, de fato, a definição de uma revolução pacífica, se isso for possível.[502]

Essa "revolução pacífica" aludida por Thoreau seria levada a cabo, ou pelos menos intentada, por indivíduos que não mais estariam envoltos somente com os embates subjetivos da consciência pessoal, mas atrelados ao comprometimento para com uma causa pública, como cidadãos responsáveis coletivamente pelos destinos da comunidade política que partilham com os demais.

---

[502] THOREAU, 2012, p. 271.

CAPÍTULO 4 – INSTITUIÇÕES DA LIBERDADE

É dessa forma que Arendt classifica o movimento de desobediência civil, que também tem o cuidado de dissociar da mera afronta às leis e às autoridades da parte de criminosos comuns.

Enquanto a desobediência civil pode ser compreendida como a perda da autoridade da lei, "a desobediência criminal não é nada mais do que a erosão desastrosa da competência e do poder policial". Além do mais, há uma distância considerável entre o criminoso que age às escondidas, e apenas em benefício próprio, e o contestador civil, que se manifesta em público e, apresentando-se como dissidente da maioria, age em nome e para o bem de um determinado grupo de pessoas. Este "desafia a lei e as autoridades estabelecidas no nível do dissenso básico, e não porque é um indivíduo que deseja abrir uma exceção para si próprio", pondera Arendt.[503]

Aliás, o termo "dissenso" é essencial para compreender o instituto da desobediência civil e o seu equacionamento com a tradição do associativismo voluntário, o qual está nas bases fundacionais da república norte-americana. A fundação da república norte-americana foi o resultado da celebração de um pacto firmado pelas 13 colônias, que, por sua vez, enraíza-se na longa tradição de pactos e acordos políticos estabelecidos ainda nos primórdios da época colonial desde o Pacto de Mayflower. Arendt classifica esse pacto original da história norte-americana como a materialização do contrato social horizontal imaginado por Locke,[504] em que o povo é mantido unido pela força das promessas mútuas e não em razão de uma memória histórica em comum ou por uma

---

[503] ARENDT. *Crisis of the republic*, 1972, p. 74 e 76.
[504] Helton Adverse destaca o tratamento diferente que Arendt dispensa a Locke no texto sobre a desobediência civil em relação a como ela havia situado o filósofo em *Sobre a revolução*. No ensaio sobre as revoluções modernas, Locke é colocado ao lado dos demais contratualistas que pensam o poder político como um contrato vertical, um pacto de submissão em que o povo transfere a sua soberania a uma autoridade superior. No artigo sobre a desobediência civil, o contrato que dá origem ao poder político é do tipo horizontal (um pacto associativo), no qual os contratantes "não delegam seu poder a uma autoridade soberana, mas o guardam entre si na formação da comunidade política firmada na 'mutualidade'" (ADVERSE, 2012, p. 426-427).

herança étnica partilhada, como no Estado-nação, nem pela coerção de um Estado-Leviatã, como em Hobbes.

Conforme Locke, a sociedade – concebida como uma *societas*, uma aliança – permanece ainda que o governo seja dissolvido ou se volte contra a sociedade, degenerando em tirania. Oferecendo, na leitura de Arendt, uma nova versão do antigo adágio *potestas in populo*, a formulação lockiana do contrato social não só estipula o direito de resistência do povo em caso de opressão, mas prevê que essa resistência ocorra para impedir que essa opressão se torne realidade.[505] Para Arendt, no momento em que os signatários da Declaração da Independência celebraram um acordo em que se empenhavam mutuamente pelo destino do país, eles levaram em conta não só as experiências genuinamente americanas dos pactos e acordos que datavam da colônia, mas também a generalização e a conceituação dessas experiências realizadas por Locke.

Ora, o consentimento em torno dos pactos e acordos firmados a partir de promessas mútuas, que está na base da experiência fundacional norte-americana, também pressupõe a dissensão. É certo que a obrigação que pesa sobre quem dá o seu assentimento a um pacto é a de manter as promessas mútuas que o sustentam. Entretanto, as promessas – o único modo de preservar algumas ilhas de estabilidade em meio às incertezas do futuro – também estão sujeitas a, pelo menos, duas limitações que podem levar ao dissenso que é a contraface do consenso.

A primeira é que estamos expostos a circunstâncias que podem nos levar a quebrar as promessas, sendo a mais evidente delas a de o mundo estar sempre vulnerável a transformações que tragam o risco de tornar insustentáveis as promessas realizadas. A segunda é quando as autoridades já não mais se mostram

---

[505] Conforme o trecho final do § 220 do *Segundo tratado do governo*: "Os homens nunca estarão a salvo da tirania, se só lhe puderem escapar a partir do momento em que se encontrarem completamente sob o seu jugo. É por isso que o povo não só tem o direito de escapar à tirania, como também tem o direito de a impedir" (LOCKE, 2007, p. 230).

CAPÍTULO 4 – INSTITUIÇÕES DA LIBERDADE

capazes de manter as condições originais em que o pacto em torno das promessas foi celebrado.

***

No contexto norte-americano em que Arendt escreve o ensaio sobre a desobediência civil, o governo dos EUA levava a ferro e fogo a guerra do Vietnã, o Poder Executivo exacerbava as suas atribuições constitucionais, as liberdades asseguradas pela Primeira Emenda (entre elas, a de expressão, de imprensa e de livre associação) se viam ameaçadas, enquanto as universidades sofriam ingerências políticas na sua autonomia, fatos que a autora elenca no texto. Por isso, ela via nos movimentos de desobediência civil integrados por estudantes, negros, ativistas contra a guerra etc. uma forma de resistência popular, dentro da formulação lockiana, à opressão representada pela ação de um governo que deliberada e unilateralmente punha em xeque as promessas que sustentavam a aliança do pacto original do país.

Na melhor tradição das associações voluntárias que Tocqueville havia descrito na *Democracia...*, e agindo dentro das regras inerentes ao pacto fundador dos EUA, esses grupos de contestadores civis eram integrados por indivíduos movidos pelo espírito público e pela responsabilidade cívica. Ao exercer o direito de dissidência, demonstravam abertamente o seu comprometimento com o mundo público, denunciando os descaminhos da república e confrontando autoridades que perdiam legitimidade na medida em que não mais agiam de forma legítima.

Com relação especificamente ao movimento dos direitos civis dos negros, pode-se dizer que os atos de contestação civil confrontavam o próprio pacto original de fundação do país – encaixando-se na primeira situação em que as promessas podem ser rompidas ou reformuladas, em resposta ao movimento de mudança a que o mundo está sujeito. Pois, como diz Arendt, ecoando as palavras de Tocqueville acerca dos obstáculos para a inserção de índios e negros na estrutura da democracia norte-americana, estes nunca haviam sido incluídos no *consensus universalis* da república. Assim, o movimento de desobediência civil levado a cabo pelas minorias negras do país demandava uma alteração nesse pacto original do país, visando à sua integração.

Helton Adverse observa que a desobediência civil, tal como a concebe Arendt, representa tanto um movimento renovador quanto conservador, uma vez que pode estar relacionada ao desejo de imprimir mudanças ou evitar alterações que comprometam os fundamentos do pacto político no qual essa sociedade se assenta. A especificidade da desobediência civil reside no fato de ser um fenômeno que "transcende a particularidade da lei porque tem em vista os princípios que a fundamentam". "[...] a ação de desobedecer tem imediatamente a lei por objeto, mas mediatamente concerne àquilo que a antecede e que está em sua origem: os princípios que animam o corpo político e o sistema de normas jurídicas que o organiza", frisa Adverse.[506]

Concordando com Tocqueville, para Arendt, as associações voluntárias operam como obstáculos a uma tirania da maioria que impeça a ação e a livre expressão de grupos minoritários. No caso dos grupos de contestadores civis que se organizavam nas décadas de 1960 e 1970 nos EUA, a pressão exercida por essas minorias organizadas, dentro do espírito do associativismo voluntário enraizado nas tradições republicano-democráticas dos EUA, não só representava um contrapeso à opinião pública dominante no país, mas havia conseguido provocar mudanças consideráveis no humor e na opinião dessas correntes majoritárias.

Também concordando com Tocqueville nesse aspecto, na perspectiva de Arendt, um dos maiores entraves à ação das novas formas de associação voluntária que surgiam no cenário norte-americano era a falta de democracia e de pluralismo internos desses movimentos, ao ceder ao apelo de ideologias. E essa crítica ela dirige especificamente ao movimento estudantil da época.

Dentro da estrutura da república norte-americana, as associações voluntárias, nas quais se inseria o instituto da desobediência

---

[506] ADVERSE, 2012, p. 424-425.

CAPÍTULO 4 – INSTITUIÇÕES DA LIBERDADE

civil e que constituíam um fenômeno especificamente norte-americano, surgiam como o remédio, desde o Pacto de Mayflower, para "o fracasso das instituições, a inconfiabilidade dos homens e as incertezas naturais em relação ao futuro" – as ameaças implícitas aos pactos e acordos celebrados entre os homens. Por isso, já na conclusão do texto, Arendt pleiteia o reconhecimento legal do instituto de desobediência civil e a equiparação dos grupos de contestadores civis aos de *lobby* que atuavam no Congresso, com a permissão de que os primeiros pudessem influenciar deputados e senadores por meio da persuasão e da opinião qualificada. Também sugere a redação de uma nova emenda constitucional que abordasse exclusivamente o direito de associação, pois a Primeira Emenda, na sua compreensão, tratava do tema de forma insuficiente.[507]

Na próxima parte deste capítulo, será a vez de abordar o papel que a imprensa ocupa no fomento ao livre debate e à expressão das opiniões em Tocqueville e Arendt.

3. O PODER DA IMPRENSA

3.1 TOCQUEVILLE: IMPRENSA LIVRE E NÃO MONOPOLISTA

Um dos motivos que levaram Tocqueville a fazer a defesa vigorosa do associativismo voluntário, tanto político quanto civil, foi a convicção de que as associações constituem um contraponto à onipotência da opinião pública reduzida à opinião majoritária, impondo-se como uma tirania da maioria que impede a livre ação e a manifestação das minorias e dos indivíduos em particular. Por outro lado, o autor demonstrava preocupação com a tutela da

---

[507] ARENDT. *Crisis of the republic*, 1972, p. 102. O texto da Primeira Emenda assim estabelece: "O Congresso não deverá fazer leis que digam respeito ao estabelecimento de religião, ou a proibição do seu livre exercício; ou que limite a liberdade de discurso ou de imprensa; ou o direito das pessoas de se associar pacificamente, e de peticionar ao governo para reparações ou queixas" (in CULLOP, 2009, p. 138).

opinião pública por um poder centralizado, que exerça o domínio sobre uma massa de pessoas atomizadas e movidas pelo espírito individualista. Nesse sentido, ao lado das associações, ele confere um papel primordial à imprensa no combate a essas duas ameaças de despotismo democrático que podem emergir das sociedades igualitárias.

Além de ser um instrumento essencial para a emergência da expressão plural dos cidadãos envolvidos no debate, na direção e no controle da vida pública, a imprensa também representa uma salvaguarda para o indivíduo diante da opressão exercida tanto pela mentalidade dominante da maioria quanto pelos abusos de uma minoria que se apodera do Estado e governa a massa. "Assim, a liberdade de imprensa é infinitamente mais preciosa nas nações democráticas que em todas as outras; só ela cura a maior parte dos males que a igualdade produz", afirma.[508]

A liberdade de imprensa é tão "preciosa" porque sem ela não há liberdade de opinião – para que as opiniões possam circular e alcançar um maior número de pessoas em uma sociedade igualitária, cujos membros tendem a se isolar uns dos outros, faz-se necessária a existência de uma imprensa livre de qualquer censura e aberta à pluralidade de pontos de vista. Tocqueville chega a comparar os jornais às associações porque eles têm a faculdade de reunir o seu público leitor em torno de ideias e projetos comuns para debatê-los publicamente por meio desses veículos.

Ademais, entre os indivíduos atomizados das sociedades democrático-igualitárias, segundo o autor, a imprensa surge como um meio para retirá-los do isolamento e aproximá-los dos seus concidadãos.

Toda essa argumentação de Tocqueville em favor da mais ampla liberdade de imprensa e do seu papel fundamental em uma sociedade democrática não desconsidera, por outro lado, que a imprensa também pode se converter em instrumento antidemocrático. Para atuar como uma tribuna na qual se manifeste a

---

[508] TOCQUEVILLE. DA2, in *Oeuvre II*, 1992, p. 843.

CAPÍTULO 4 – INSTITUIÇÕES DA LIBERDADE

pluralidade das opiniões dos cidadãos, a imprensa também precisa ser plural e democrática.

Desse modo, Tocqueville – coerente com a sua visão de que todo poder centralizado inclina-se ao despotismo – sustenta um modelo de imprensa o mais desconcentrado possível e independente da pressão do Estado e de grupos econômicos. A inspiração para esse modelo, mais uma vez, era o cenário dos EUA da década de 1830, com a sua multiplicidade de pequenos jornais espalhados pelo território do país.

Como todo poder, o exercido pela imprensa também precisa estar sujeito a limitações a fim de evitar abusos. Todavia, esses limites não são sinônimo de censura ou da imposição de qualquer entrave para a prática do jornalismo. Porém, devem decorrer da criação de condições que impeçam que o poder da imprensa fique concentrado nas mãos de uns poucos, pulverizando-o e disseminando-o por todo o tecido social, para que "se realize melhor a fórmula liberal de que o *poder freia o poder*", conforme salienta Ros.[509]

Assim como se mostrava consciente que uma imprensa convertida em monopólio de grupos políticos e econômicos privilegiados perdia legitimidade como porta-voz dos cidadãos e tornava-se um fator de corrupção da esfera democrática, Tocqueville também não alimentava ilusões quanto à própria "natureza" da atividade jornalística. Da mesma forma que costumava dizer que nutria pelas instituições democráticas apenas "um gosto racional" (*un goût de tête*), ele admite que não tinha pela liberdade de imprensa esse "amor completo e instantâneo" que as coisas boas por si mesmas despertam. O ardor com que advogava a causa da imprensa livre explicava-se mais pelos males que ela impedia do que pelos bens que pudesse proporcionar.

A esse aristocrata "por instinto" e por herança familiar, causavam desgosto o estilo de linguagem virulento, os ataques ferozes contra adversários e personalidades públicas, o conteúdo

---

[509] ROS, 2012, p. 252, grifos no original.

demagógico e sensacionalista que marcavam a linha editorial tanto de jornais norte-americanos quanto de franceses. O autor cita o trecho de um artigo publicado em um diário dos Estados Unidos no qual o então presidente Jackson era chamado, entre outros predicados nada lisonjeiros, de "déspota sem coração", que tinha "por vocação a intriga" e governava "por meio da corrupção".[510]

Ele também não tinha em alta conta a categoria dos jornalistas: conforme descreve na *Democracia...* de 1835, nos EUA, aqueles que se dedicavam à profissão eram em geral medíocres, sem grande destaque na sociedade, com formação educacional mediana que os colocava no mesmo nível da grande maioria dos seus leitores, e geralmente exprimiam as suas ideias de maneira vulgar e grosseira. Esse retrato, no entanto, é atenuado no segundo volume da obra, quando Tocqueville observa que, no país, naquele momento da primeira metade do século XIX, quando ainda estava por se construir uma literatura própria, os jornalistas eram os únicos autores, porque conseguiam expressar-se na "língua" local. Quanto aos jornalistas franceses, apesar de reconhecer que o estilo deles era mais "elevado" do que o dos seus colegas do Novo Mundo, deplorava também a eloquência raivosa que dava a tônica dos seus textos.

O autor escreve em um contexto em que a imprensa, especialmente na França, era caracterizada por um jornalismo mais opinativo, praticado em grande escala por literatos e lideranças políticas ligados a partidos e a grandes causas políticas. Esse cenário da imprensa francesa encontrava-se ainda distante do modelo informativo mais orientado para o relato factual, e marcado pela crescente demarcação entre notícias e artigos de opinião que iria prevalecer nas décadas seguintes, com a profissionalização do setor e a sua transformação em uma indústria de comunicação, que passa, então, a se apresentar como apartidária e tendo como objetivo o lucro.[511] Profissionalização que já ocorria nos Estados Unidos à época da visita do autor e que ele mesmo

---

[510] TOCQUEVILLE. DA1, in *Oeuvre II*, 1992, p. 204.
[511] Neste sentido ver TRAQUINA, 2012, cap. 2.

reconhece, ao apontar a diferença entre os jornais norte-americanos, que destinavam um espaço maior para anúncios e notícias, e os da França, nos quais ainda prevaleciam as discussões políticas e literárias – como também retrata Balzac no romance *Ilusões perdidas*.

O fato é que, apesar de suas reservas, Tocqueville estava plenamente ciente de que a imprensa representava uma nova e inelutável forma de poder na modernidade, típica das sociedades igualitário-democráticas. Tanto é verdade que salienta que a soberania popular, a marca dos governos democráticos, e a liberdade de imprensa são correlatas. Pois, uma vez que é facultado a cada indivíduo o direito de governar ou escolher livremente quem vai dirigir a sociedade, é necessário também que lhe seja reconhecido o direito "de escolher livremente entre as diferentes opiniões que agitam seus contemporâneos, e apreciar os diferentes fatos cujo conhecimento pode guiá-lo".[512]

Pela mesma razão, a censura e o voto universal são incompatíveis e não podem conviver simultaneamente nas instituições políticas de uma sociedade democrática, sob pena de causar prejuízos irreparáveis à democracia.

Tendo certamente como alvo as leis restritivas da liberdade de imprensa promulgadas pela Monarquia de Julho em 1835, Tocqueville também se esforça em mostrar como qualquer tentativa de censura oficial à circulação das ideias, em nome da contenção dos "abusos" da liberdade de imprensa, além de ser uma medida que, mais cedo ou mais tarde, revelar-se-á de alguma maneira inócua, só pode redundar em opressão. Não há meio-termo entre a independência completa do pensamento e o seu cerceamento total. Além de perigosa – porque ceder à tentação da censura, em nome do combate aos excessos da imprensa, representa um atentado não só à liberdade de escrever e publicar, mas também de falar e ainda de pensar, já que, como diria Kant, a própria faculdade de pensamento depende do uso público da razão –, uma

---

[512] TOCQUEVILLE. DA1, in *Oeuvre II*, 1992, p. 204.

tarefa dessa natureza, embora devastadora para a democracia, acaba sendo infrutífera, pois os corpos podem ser aprisionados, mas não as ideias.

Nesse aspecto, Tocqueville poderia tornar suas as palavras de Balzac. O romancista, apesar de ter traçado um panorama nada edificante das redações dos jornais parisienses durante a Restauração em *Ilusões perdidas*, ataca a censura à imprensa na França no prefácio da terceira parte do livro em 1843. "Vós podeis suprimir, a grandes penas, um jornal, vós não suprimireis jamais o escritor. [...] Vós perseguis as obras, elas renascem, o escritor transmite seu pensamento em outras mil publicações."[513]

Comentando as observações de Balzac acerca da pouca eficácia de uma política de censura à imprensa, o crítico literário Victor-Henry Debidour observa que o grande romancista francês percebeu bem – da mesma forma que Tocqueville – que era uma tarefa vã tentar conter com interdições "esse transbordamento permanente, essa inundação mercurial do pensamento impresso, que é um dos traços específicos da modernidade".[514] Pois foi exatamente essa "eletricidade social" que marca os tempos modernos de que fala Chateaubriand, da qual a imprensa funciona como uma espécie de condutor, que chamaria a atenção de Tocqueville em sua passagem pelos EUA na forma das centenas de jornais que se multiplicavam por todos os recantos do país.

A imprensa norte-americana da primeira metade do século XIX ainda era marcadamente local, com os jornais sendo produzidos por redatores que habitavam nas municipalidades a que estavam ligados e refletindo as suas opiniões e as dos seus conci-

---

[513] BALZAC, 1990, p. 57. Em carta a Stuart Mill, de 12 de julho de 1835, Tocqueville duvida da eficácia das leis restritivas à imprensa na França: "[...] Nossos Ministros acabam de fazer uma profunda ferida na imprensa. Mas podemos dizer da imprensa o que Cromwell dizia dos Reis? (Deve-se atacá-la na cabeça). Eles esqueceram ou antes eles não quiseram colocar em execução essa sábia máxima; e, graças a Deus, ainda resta à imprensa força suficiente para ser um perigoso adversário. Eu creio mesmo que as leis violentas e iníquas que foram promulgadas terão por resultado final aumentar e reanimar seu poder" (in *Oeuvres complètes VI*, 1954, p. 297).
[514] In BALZAC, op. cit., p. 24.

CAPÍTULO 4 – INSTITUIÇÕES DA LIBERDADE

dadãos. Ao longo do século XIX, essa imprensa de característica mais comunitária experimentou uma imensa expansão no país, certamente associada à agitada vida política das comunas que já datava do período colonial e continuou décadas depois de proclamada a independência: de 24 diários existentes em 1800, este número saltou para 2.226 no final do mesmo século.[515]

À época da visita de Tocqueville aos EUA em 1830, portanto, esse jornalismo de caráter comunal encontrava-se em plena ascensão. Como pôde constatar durante o seu périplo, quase todo vilarejo em território norte-americano contava com um jornal – ele relata a respeito de um periódico editado por uma comunidade de índios cherokees, os quais, confinados em um pequeno território ao Sul por conta do movimento expansionista da colonização anglo-americana, foram obrigados a abandonar a vida errante de caçadores e tornar-se agricultores, organizando-se em um corpo político no modelo das comunas rurais dos EUA, com um governo próprio e sua imprensa local.

Além de ter caracterizado os próprios jornais como uma forma de associação, Tocqueville vincula esse vigor da imprensa local nos Estados Unidos ao hábito do associativismo que lá imperava. Para ele, não há associação democrática que possa prescindir de um jornal para exprimir as suas opiniões – em consequência, à medida que cresce o número de associações, a quantidade de jornais também tende a aumentar.

A formidável proliferação de veículos de comunicação por todos os Estados Unidos ainda era reflexo do modelo de administração governamental que predominava no país. Submetidos ao regime do autogoverno democrático, os corpos políticos locais – que Tocqueville, vale lembrar, também inclui entre as associações políticas – não poderiam dispensar o concurso de um ou mais veículos de imprensa que tratassem dos assuntos da comunidade, servissem como tribuna para o debate público e operassem como instância crítica e de vigilância da sociedade em relação

---

[515] Neste sentido ver a nota de Jean-Claude Lamberti ao texto de DA2 inserido nas *Oeuvres* de Tocqueville pela Pléiade (in *Oeuvre II*, 1992, p. 1118, nota 1 [p. 627]).

ao poder público. "É o fracionamento extraordinário do poder administrativo, mais ainda que a grande liberdade política e a independência absoluta da imprensa, que multiplica tão singularmente o número de jornais na América", salienta o autor.[516]

É claro que esse fracionamento do poder administrativo, a fim de impulsionar o fortalecimento e a propagação de órgãos de imprensa, deve implicar a ampla participação dos cidadãos no governo de suas comunidades locais. Por isso, a imprensa só se desenvolve e consolida-se democraticamente em meio a um "povo democrático", de acordo com a necessidade, conforme Tocqueville, que os cidadãos têm de se comunicar entre si e de agir coletivamente. O que autoriza a dizer que as sociedades ditas democráticas em que essa necessidade de comunicação e de ação política entre os cidadãos é rarefeita – com a participação política dos cidadãos se restringindo a depositar o voto na urna em candidatos indicados pela burocracia dos partidos em processos pouco transparentes – dificilmente também contarão com um modelo de imprensa mais plural e democrático.

Ao mesmo tempo em que a descentralização administrativa e o incremento dos poderes locais favorecem a proliferação de veículos jornalísticos, esse perfil de uma imprensa descentralizada, e em consequência plural e diversificada, resultante desse modelo de organização político-administrativa, também serve de obstáculo à formação de monopólios nesse campo, os quais confrontam a democracia. Nesse aspecto, Tocqueville aponta o que constitui, simultaneamente, a força e a fraqueza da imprensa norte-americana daquela primeira metade do século XIX.

Por um lado, ela era a expressão visível da agitada vida pública dos Estados Unidos, marcada por uma ampla e inaudita, aos olhos de um europeu, liberdade política – configurando-se, portanto, em seu conjunto, como uma manifestação concreta do poder dos cidadãos em uma sociedade democrática. Por outro lado, a sua pulverização pelo corpo social na forma de pequenos

---

[516] TOCQUEVILLE. DA2, in *Oeuvre II*, 1992, p. 627.

CAPÍTULO 4 – INSTITUIÇÕES DA LIBERDADE

jornais independentes evitava uma concentração nesse domínio que poderia se revelar extremamente temerária.

Na França, a situação era completamente diferente. A obrigação do pagamento de patentes, selos e registros por gráficas e proprietários de jornais, além da exigência do depósito de cauções – imposições inexistentes nos EUA[517] –, mais as leis de censura que coibiam o ofício, tornava a atividade jornalística um empreendimento arriscado e de alto custo, no qual somente poderia investir quem detinha condições financeiras para tanto e prestígio político. Com tantas restrições, a imprensa francesa se reduzia a uns poucos jornais, que se concentravam, na sua maior parte, em Paris. Mas justamente por ter essa característica, essa imprensa monopolizada nas mãos de poucas pessoas com grande influência econômica e política gozava de um poder, nas palavras de Tocqueville, "quase sem limites", que ameaçava a própria estabilidade dos governos.

Já nos Estados Unidos, a ausência dos encargos exigidos na França e a completa liberdade de imprensa faziam com que a abertura de um jornal fosse um negócio descomplicado e de baixo investimento, podendo sobreviver com a receita proveniente de assinaturas dos leitores e de anúncios. Em compensação, com essas facilidades para abrir um jornal, a quantidade de pessoas que se lançavam a tal atividade era enorme, gerando uma ampla concorrência que tornava os lucros bem reduzidos e afastando aqueles que detinham grandes somas de capital para investir.

Assim, com relação ao poder público, essa imprensa composta de pequenos empreendimentos dificilmente formava "grandes correntes de opinião que erguem ou fazem transbordar os mais poderosos diques", constituindo-se em fator de instabilidade para o corpo político. Entretanto, Tocqueville reconhece

---

[517] Aliás, a tentativa malograda da Coroa britânica de restringir a liberdade de expressão na colônia com a chamada Lei do Selo, que taxava jornais e todo tipo de material impresso (incluindo até cartas de baralho), além de documentos, e que entrou em vigor em novembro de 1765 e foi revogada em março de 1766, contribuiu para atiçar a resistência contra a autoridade colonial no território norte-americano (STARLING, 2013, p. 235-236).

que, nos casos em que esses pequenos veículos de comunicação caminhassem na mesma direção, a sua influência tornar-se-ia quase irresistível.[518]

Evidentemente, o monopólio da imprensa entre uns poucos indivíduos e grupos com enorme peso econômico e político não só significa uma ameaça para a estabilidade dos governos, como também um instrumento de inegável eficácia para a manutenção dos poderes constituídos, quando estes se voltam primordialmente para atender aos interesses desses mesmos indivíduos e grupos que controlam a imprensa. Porém, toda a argumentação de Tocqueville realçando esse primeiro tipo de perigo representado por uma imprensa concentracionista também precisa ser lido em uma chave retórica, já que um dos seus objetivos era ainda convencer as autoridades da Monarquia de Julho a respeito dos riscos inerentes a uma política para o setor que privilegiava a concentração da atividade jornalística em poucos veículos. O próprio autor tentou furar o bloqueio desse monopólio, investindo, à frente de um grupo de lideranças políticas que se proclamavam independentes como ele, em um jornal próprio: o *Le Commerce*.

***

Tocqueville e os seus demais companheiros da chamada "esquerda dinástica" – a qual defendia a monarquia constitucionalista, mas não se alinhava nem aos governistas liderados por Guizot nem à oposição comandada por Thiers – assumiram o controle do *Le Commerce* por um período curto: do verão de 1844 à primavera de 1845.[519] Tocqueville já era colaborador assíduo da

---

[518] TOCQUEVILLE. DA2, in *Oeuvre II*, 1992, p. 208-209.
[519] Acerca do período de Tocqueville à frente do *Le Commerce*, além das biografias já citadas do autor de autoria de Benoît (2013) e Jardin (1984), um texto esclarecedor é o artigo "Tocqueville and Le Commerce: a newspaper expressing his unusual liberalism", de Roger Boesche (1983). Sobre o que se segue a respeito da experiência de Tocqueville no *Le Commerce*, o artigo de Boesche constitui uma das principais fontes.

CAPÍTULO 4 – INSTITUIÇÕES DA LIBERDADE

imprensa – a exemplo da série de artigos escritos por ele para o *Le Siècle* em 1843, sobre a emancipação dos escravos, e das contribuições para a revista de Stuart Mill em Londres. Porém, sentia a necessidade de contar com um veículo próprio para exprimir as suas ideias, até porque a imprensa de oposição, nas mãos de Thiers, não dava espaço aos chamados "independentes".[520]

Assim, entre a linha do conservadorismo corruptor do ministro Guizot e o oportunismo do líder da oposição Thiers, Tocqueville pretendia, com *Le Commerce*, articular e anunciar uma política alternativa progressista.

O autor não ocupou exatamente a função de editor-chefe no comando da redação, permanecendo no conselho de diretores do jornal. No entanto, nesse período de menos de um ano em que atuou no *Le Commerce*, é inegável que foi o grande líder intelectual do diário, no qual passa a publicar periodicamente artigos assinados ou não. No manifesto que redigiu em julho de 1844 para ser apresentado à nova equipe do *Le Commerce*, estabelece o que deveria ser a sua linha editorial: a defesa do comércio, da indústria e da agricultura nacionais contra a concorrência estrangeira, dos princípios das Constituições de 1789 e 1830 e da monarquia constitucionalista, além da independência do jornal diante de qualquer influência financeira. "Sua missão não será jamais servir aos interesses particulares, mas fazer triunfar as ideias", salienta.[521]

Em linhas gerais, *Le Commerce* apresenta um conteúdo editorial afinado com a tradição liberal, postulando princípios como a defesa do governo representativo, da liberdade de expressão, da liberdade de associação, do direito à propriedade, da igualdade diante da lei e de oportunidades etc. Entretanto, o jornal, tal como o seu principal mentor, mostra-se extremamente crítico ao

---

[520] Neste sentido, ver a carta que Tocqueville escreve a seu irmão Édouard, em 16 de setembro de 1845, informando-o de que a sua intenção com o *Le Commerce* era fazer frente à imprensa de oposição controlada por Thiers. "Se o novo jornal for bem-sucedido, eu terei um admirável órgão de publicidade e serei mais forte do nunca" (in *Oeuvres complètes XIV*, 1998, p. 244).
[521] TOCQUEVILLE. *Oeuvres complètes III*, 1985, p. 122-125.

capitalismo – quando, por exemplo, faz a denúncia da nova aristocracia manufatureira surgida da indústria e a condição de miséria do operariado – e da burguesia, uma plutocracia que "trata o governo como um negócio privado".

O jornal também demonstra um perfil pluralista, ao ceder espaço para a esquerda republicana, publicando artigos de Lamartine – em um dos seus textos, Lamartine escreve que o *laissez-faire* e o *laissez-passer,* lema do liberalismo econômico, invariavelmente significavam *"laissez-souffrir et laissez-mourir"* –, além de defender o programa de Lamartine de obras públicas. Opondo-se à censura, advoga a causa do jornal radical de esquerda *L'Atelier* contra a apreensão governamental, ao mesmo tempo em que clama pelo direito da Igreja Católica de estabelecer um sistema próprio de escolas secundárias.

Impressa nas páginas do jornal no período em que é dirigido por Tocqueville, está ainda a ideia tão cara ao autor de que o poder político na França deveria se disseminar por todas as classes sociais, não se concentrando apenas na burguesia, como era a realidade na Monarquia de Julho. Para tanto, argumentava que a tarefa era disseminar o poder político e a democracia participativa em nível local e regional, a fim de quebrar o monopólio das classes proprietárias sobre o poder político. Ecoando as ideias do *Ensaio sobre o pauperismo,* o periódico também propugna pela criação de associações de autoajuda de trabalhadores e corporações compostas exclusivamente de operários. O governo poderia ajudar no estabelecimento dessas associações, mas deixando as decisões a cargo dos trabalhadores.

Dispor de um veículo de comunicação para apresentar as próprias ideias não era só um meio de turbinar a carreira parlamentar, realizando o seu sonho de se tornar um ator político influente e respeitado. Mas também porque Tocqueville estava firmemente convencido de que a imprensa, com todos os seus vícios e defeitos, cumpre uma missão civilizatória. Nesse aspecto, ela se constitui não só como um órgão para a livre expressão do pensamento, mas ainda como um instrumento para a formação da opinião dos cidadãos (formação aqui pensada em um sentido educativo, de esclarecimento da opinião pública, e não como sinônimo de "criação", para não incorrer no erro de se confundir a opinião pública com a opinião publicada).

Retomando as reflexões sobre a imprensa nos dois volumes da sua obra sobre a democracia, o autor salienta que é a imprensa que faz circular a vida política no país, arrancando os indivíduos dos seus interesses privados para que eles voltem a atenção aos temas públicos. "Um jornal é um conselheiro que nós não temos a necessidade de procurar, mas que se apresenta por ele próprio e nos fala todos os dias e brevemente dos interesses em comum, sem nos atrapalhar em nossos negócios privados."[522]

A imprensa tem, assim, uma função de esclarecer o público, de despertar a sua preocupação para os assuntos públicos e de impulsioná-lo à ação comum. À medida que for mais difundida, mais democrática e mais pluralista, mais esclarecido, consciente dos seus deveres públicos e disposto à ação coletiva será, por sua vez, o público para o qual se dirige. Era justamente a grande difusão da imprensa pelo território norte-americano que reafirmava, aos olhos de Tocqueville, a sua tese de que a população anglo-americana, ainda que pertencesse a um país do Novo Mundo, já tinha nascido na "idade viril", sendo altamente civilizada.

Mesmo nas florestas dos EUA, o aventureiro anglo-americano, apesar de viver em habitações rústicas, não se via mergulhado na ignorância e se lançava à tarefa de colonização do território portando "a Bíblia, um machado e jornais". Auxiliada por um eficiente serviço de correio que atravessava o país, a imprensa conseguia chegar então aos cantões mais isolados, fazendo as informações e as ideias circularem rapidamente.

Portanto, ao mesmo tempo em que contribui para o aprofundamento e o aperfeiçoamento das instituições democráticas, a imprensa se beneficia desse processo – mas, para tanto, é necessário que ela permaneça sendo plural e democrática.

---

[522] TOCQUEVILLE. DA2, in *Oeuvre II*, 1992, p. 626.

Na próxima seção, será discutido o tema da imprensa em Hannah Arendt, tendo por base as reflexões da autora sobre a verdade factual.

3.2 ARENDT: VERDADE FACTUAL E DIREITO À INFORMAÇÃO

Em novembro de 1941, o jornalista Manfred George, editor do *Aufbau* – um semanário em língua alemã fundado em Nova York que funcionava como um fórum de debates entre intelectuais judeus emigrados e era lido avidamente por refugiados de guerra falantes do alemão de vários países –, não hesitou em contratar uma nova colunista fixa para o jornal, seduzido pelo poder de argumentação e pela verve polêmica da articulista que carregavam, segundo ele, em uma expressão que poderia ser censurada hoje como sexista, "a força e a dureza de um homem". Foi assim que, ainda ajeitando a nova vida de emigrada nos Estados Unidos, Hannah Arendt ganhou o emprego no *Aufbau*, ao cair nas graças do seu editor após a publicação de uma carta aberta na qual ela tratava com ironia um texto veiculado anteriormente, de autoria do escritor francês Jules Romains – em que ele, alegando que ajudara muitos refugiados judeus na França, justificava-se das críticas que recebera pelo fato de ter defendido anos antes uma negociação com Hitler a fim de evitar a guerra –, e de um outro artigo propugnando pela criação de um exército judeu internacional.

Por um ano, Arendt foi uma das vozes mais influentes do *Aufbau* como titular da coluna "This means you", escrevendo sobre temas que envolviam o chamado dos judeus à ação, como a defesa de uma força armada internacional judaica, a emigração de judeus para a Palestina, a condição de pária dos judeus, entre outros assuntos relacionados à condição do povo judeu naquele momento crítico da guerra. A posição de independência diante do sionismo – opondo-se, muitas vezes, abertamente aos caminhos tomados pelo movimento – acabou por lhe custar o posto

CAPÍTULO 4 – INSTITUIÇÕES DA LIBERDADE

no jornal, e a sua coluna foi substituída por outra não por acaso denominada "Zionistische tribune".[523]

A saída do *Aufbau*, no entanto, não interrompeu a colaboração de Arendt para a imprensa, que havia se iniciado ainda na Alemanha e continuara no seu período como refugiada na França, mesmo quando se tornou reconhecida mundialmente e ingressou na carreira acadêmica. Até a sua morte, ela publicou artigos, resenhas, ensaios e cartas (muitos deles incorporados depois a seus livros) em veículos como *Partisan Review, Review of Politics, The Nation, The New York Times, The New Yorker*, entre outros.

Apesar dessa reiterada atuação na imprensa, Arendt nunca chegou a tematizar com mais profundidade, diferentemente de Tocqueville, o chamado "Quarto Poder" em sua obra, limitando-se a algumas observações esparsas. Entretanto, foi o resultado da experiência como repórter, fazendo a cobertura, como correspondente internacional credenciada pela influente revista *The New Yorker*, do julgamento em Jerusalém do criminoso nazista Adolf Eichmann,[524] que a levou a pensar em uma questão, embora não tendo o jornalismo como alvo, que traz elementos fundamentais para refletir sobre o papel da imprensa na esfera pública e o direito à informação como pilar da cidadania.

O tema em foco é a verdade factual, e as suas implicações para a formação da opinião, que a autora discute no ensaio "Verdade e política". O texto foi escrito em resposta à gigantesca polêmica que se seguiu – fomentada, especialmente, pela imprensa – após a veiculação da sua série de reportagens sobre o processo

---

[523] Para mais detalhes da passagem de Arendt pelo *Aufbau*, conferir YOUNG-BRUEHL (1982, p. 169-181).
[524] Foi Arendt quem propôs ao editor da *New Yorker*, William Shawn, a se credenciar como repórter para cobrir o julgamento de Eichmann pela revista. Shawn acolheu a ideia com entusiasmo, segundo narra Elizabeth Young-Bruehl (1982, p. 336). Em carta a Mary McCarthy, de 20 de junho de 1960, Arendt expressa a intenção de fazer a cobertura jornalística do julgamento. "Estou meio que brincando com a ideia de conseguir que alguma revista me mande cobrir o julgamento de Eichmann. Muito tentada. Ele era um dos mais inteligentes do bando. Poderia ser interessante – além de horrível", confidencia à amiga (in *Entre amigas...*, 1995, p. 100).

Eichmann na *New Yorker* e o posterior lançamento do livro *Eichmann em Jerusalém*.

O ensaio articula-se em torno de uma reflexão que toma como ponto de partida o adágio latino *"Fiat iustitia, et pereat mundus"* ("Faça-se justiça, ainda que pereça o mundo"), o qual Arendt observa que soaria ainda mais plausível se fosse convertido para *"Fiat veritas, et pereat mundus"*, em uma substituição do princípio da justiça pelo princípio da verdade.[525] Ora, de certa forma, a própria autora poderia ser acusada de ter agido segundo o princípio de que a verdade deve prevalecer ainda que o mundo público seja colocado em risco, quando trouxe à tona, entre outros pontos polêmicos que abordou no ensaio-reportagem sobre o caso Eichmann, o controvertido tema da colaboração dos Conselhos Judeus com o regime de Hitler, na organização das listas com os nomes dos judeus que deveriam ser deportados para os campos de concentração e na entrega dos seus bens confiscados à administração do governo nazista. Arendt expunha, assim, um lado obscuro do papel exercido por lideranças judaicas europeias durante o regime nazista que muitos membros influentes da comunidade judaica internacional e o Estado de Israel preferiam deixar esquecido nas trevas de um passado incômodo, sobre o qual não seria politicamente conveniente jogar luz.

Os violentos ataques que ela enfrentou durante meses em consequência da disposição de dizer "o que não havia ainda sido dito", conforme afirma sua biógrafa Elizabeth Young-Bruehl, despertaram Arendt para o problema da fragilidade da verdade factual no mundo público e a delicada e complexa relação entre a verdade e a política.[526] Para a autora, toda pretensão a uma verda-

---

[525] ARENDT. *Entre o passado e o futuro*, 2002, p. 283-284. No ensaio sobre a desobediência civil, mencionado na parte sobre o associativismo voluntário deste capítulo, Arendt também emprega a expressão latina *"Fiat iustitia, et pereat mundus"* para comentar a posição de Thoreau, que colocava a sua consciência à frente da responsabilidade como cidadão (ver *Crises of the republic*, 1972, p. 62).
[526] YOUNG-BRUEHL, 1982, p. 347. Em carta a Mary McCarthy, de 20 de setembro de 1963, Arendt se queixa de que todos os ataques que estava sofrendo por conta do texto sobre o caso Eichmann eram decorrentes de sua atitude de narrar

de absoluta, dentro da esfera política, torna-se despótica porque compromete a pluralidade que caracteriza essa esfera, que é o terreno do debate, da troca de opiniões, da busca de pactos e acordos que configurem soluções, sempre sujeitas a novas renegociações, dos conflitos. Como reconhece logo nas primeiras linhas do ensaio "Verdade e política", ainda há o fato de que a sinceridade, historicamente, nunca foi incluída entre as virtudes políticas, enquanto as mentiras sempre foram consideradas como instrumentos justificáveis e necessários para o político, não só o demagogo, que lança mão delas para iludir o público, mas também para o estadista, como uma tática no conflituoso campo da política.

Sendo assim, é de se perguntar se a verdade tem algum lugar na esfera da política, se a sua sina é ser permanentemente impotente no domínio dos assuntos humanos e, nesse caso, que espécie de realidade ela poderia assegurar. Por outro lado, é igualmente problemático sustentar a dignidade da política quando se dá por assente que o desprezo pela verdade é um elemento essencial a ela, a política podendo ser qualificada, dessa maneira, como a arte do embuste.

Voltando à mudança do enunciado do adágio latino proposta por Arendt, com a substituição da justiça pela verdade (*Fiat veritas, et pereat mundus*), ela argumenta, inicialmente, que um princípio que se coloque acima da própria existência mundana, da forma como prega o ditado, pode conduzir a um absurdo, uma vez que o único local onde pode se manifestar é o próprio mundo. Além do mais, dentro de uma concepção que compreende a política em termos instrumentais, inserida na categoria de meios e fins, em que qualquer meio é aceitável para alcançar um fim que o justifique posteriormente, o emprego da mentira pode parecer bem razoável, esta sendo encarada como substituta de recursos mais violentos no arsenal da política.

---

a verdade factual. "A hostilidade contra mim é uma hostilidade contra alguém que diz a verdade em termos factuais, e não contra alguém que tem ideias que estão em conflito com as que costumam ser defendidas", explicita (in *Entre amigas...*, 1995, p. 154).

Entretanto, com relação à formulação original do provérbio latino (*Fiat iustitia, et pereat mundus*), o questionamento à recusa sumária do seu enunciado, sob a alegação de que seria insensato colocar a justiça acima da existência do mundo, poderia ser apresentado nos seguintes termos: em um mundo em que a justiça fosse sacrificada em nome da permanência do primeiro, este também não perderia o sentido? Na mesma linha de raciocínio, o sacrifício da verdade com igual propósito revelar-se-ia vão. Ele revelar-se-ia danoso não só para a verdade como também para a conservação do mundo porque, uma vez perdida a noção de verdade, o que se acha em jogo é a sobrevivência do mundo, cuja estabilidade depende da preservação da memória histórica, por homens "decididos a testemunhar aquilo que é e que lhes aparece porque é".[527]

No que diz respeito ao conflito entre verdade e opinião, como se disse no capítulo 2, essa oposição surgiu na filosofia platônica. De um lado, há a verdade relacionada às coisas sempiternas e imutáveis, das quais se podem derivar os princípios racionais que regulam os assuntos humanos, a que o filósofo é o único a ter acesso. De outro, há as opiniões sempre mutáveis e inconstantes dos cidadãos. O conflito entre ambas surge porque a pretensão à verdade a que se tem acesso exclusivamente pela razão choca-se com a pluralidade de opiniões inerente à política. Assim, tem-se como resultado a conversão da verdade filosófica em mais uma opinião quando ela penetra no mundo público, porque, para ser aceita pelos demais, o filósofo precisará usar dos instrumentos da persuasão e da retórica, que são aplicáveis somente no campo da *doxa*.

A natureza da verdade filosófica altera-se na praça pública da política e se transforma em opinião porque ocorre uma modificação que não é meramente de uma espécie de raciocínio para outra (ou seja, conforme a concepção platônica, do diálogo, o discurso

---

[527] ARENDT. *Entre o passado e o futuro*, 2002, p. 285.

CAPÍTULO 4 – INSTITUIÇÕES DA LIBERDADE

adequado à verdade filosófica, pelo qual ela se revela,[528] para a retórica). Mas de um modo de existência (o do filósofo, que em seu isolamento alcança a verdade única e absoluta) para outro (o dos cidadãos, que se relacionam por meio da manifestação da diversidade de suas *doxai*).

Saindo da esfera da verdade racional para o da verdade factual, o conflito entre verdade e opinião pode parecer ainda mais agudo. Afinal, ainda que pertença a um domínio aparentemente menos aberto à discussão do que a verdade racional – não das ideias, mas da matéria bruta dos fatos –, a verdade factual corre o risco de sucumbir na fronteira, nem sempre tão marcada, entre fatos e opiniões. Pois aquele que alega narrar a verdade dos acontecimentos pode ser desacreditado e não ter sequer o consolo, como o filósofo da caverna platônica, de que a sua verdade "não é desse mundo".

Diferente da verdade racional da filosofia, a verdade factual não pertence a um campo antagônico ao da opinião. Ela não se revela no isolamento do filósofo, mas se relaciona a outras pessoas e depende de testemunhas e comprovação – mesmo a sua existência está condicionada a que se fale sobre ela, senão o seu destino é desaparecer do mundo dos homens. Por essas razões, a verdade factual "é política por natureza".[529]

---

[528] Embora, lembrando a discussão do capítulo 2, o diálogo da forma como o conduzia Sócrates fazia emergir a *doxa* de cada um e a verdade inerente a ela.
[529] ARENDT. *Entre o passado e o futuro*, 2002, p. 295. Um conto de H.G. Wells, "Em terra de cego", pode ser lido como uma ilustração desse caráter relacional da verdade factual. Em uma aldeia isolada de índios andinos, na América Latina, por gerações todas as pessoas nascem cegas, vítimas de um mal hereditário. Até que um dia, um estranho surge no local e logo passa a achar que poderá se tornar um senhor dos nativos, acreditando na validade do ditado "Em terra de cego, quem tem um olho é rei". Mas porque os índios não podem compartilhar a mesma realidade que o aventureiro enxerga e tampouco testemunhar o que ele diz ocorrer, a comunicação torna-se impossível. O forasteiro é considerado um demente, a sua descrição da realidade não faz o menor sentido para as pessoas daquela comunidade, os seus olhos abertos e sãos, ao serem tocados pelos índios, parecem a estes uma deformação física. Para que possa ser integrado à comunidade, uma condição lhe é imposta: seus olhos também devem ser vazados. Apavorado com essa possibilidade, ele termina por fugir do local, abandonando toda

Ainda que se reconheça que verdade factual e opinião pertençam ao mesmo domínio, permanece uma separação entre ambas e, daí, surge outro questionamento: será correto afirmar que possa existir algo como um fato isolado, independente de opinião e interpretação? Arendt admite que a própria História seria impossível sem que se recorresse à interpretação, em um esforço de recolher os fatos em meio ao caos dos acontecimentos e ordená-los de maneira que possam ser narrados com base em uma determinada perspectiva, que varia de acordo com o narrador da história. Além do mais, a evidência factual estabelece-se por meio de fontes como testemunhas oculares – nem sempre muito fidedignas – e por registros, documentos, entre outros, todos passíveis de falsificação ou de certo viés interpretativo acerca do que relatam.

No entanto, tais perplexidades, inerentes ao ofício do historiador, não autorizam a atacar a existência mesma da matéria factual nem tampouco podem ser empregadas como pretexto para embaralhar as fronteiras que demarcam fato, opinião e interpretação. Ainda que cada geração tenha o direito de escrever a sua história, a matéria factual deve permanecer intacta, adverte Arendt. Nesse sentido, ela cita a resposta do ex-primeiro-ministro francês Georges Clemenceau, ao ser indagado sobre o que pensava que os historiadores diriam no futuro a respeito da questão de quem fora culpado pela eclosão da Primeira Guerra Mundial. "Isso não sei. Mas tenho certeza de que eles não dirão que a Bélgica invadiu a Alemanha", respondeu ele.[530] Ou seja, a matéria factual é formada por aqueles dados brutalmente elementares, sem os quais seria impossível conceber qualquer narrativa histórica minimamente verossímil.

---

a pretensão de se tornar um líder daquelas pessoas. O conto, que Wells escreveu como um libelo anticolonialista, também pode ser interpretado associando-se o aventureiro ao filósofo da caverna de Platão, o único que pretende ter acesso à verdade, à luz do conhecimento, em meio à multidão de cegos mergulhados nas trevas (cf. WELLS, 2004).

[530] ARENDT. *Entre o passado e o futuro*, 2002, p. 296.

CAPÍTULO 4 – INSTITUIÇÕES DA LIBERDADE

Dessa forma, no campo da política, o principal oponente da verdade factual não é, portanto, a opinião, mas a mentira deliberada. Esta, que pode ser empregada tanto no sentido mais explícito de negar um acontecimento passado quanto no esforço de criar factoides, é uma forma de ação política, assim como o mentiroso se revela um homem de ação, em oposição àquele que diz a verdade. O mentiroso tenta interferir na realidade e transformá-la, algo que só é possível porque o ser humano é um ser capaz de agir.

Assim, o ato de mentir constitui uma prova da liberdade humana, ainda que desvirtuando-a, conforme salienta Arendt:

> [...] a capacidade de mentirmos [...] é um dos poucos dados óbvios e demonstráveis que confirmam a liberdade humana. O simples fato de podermos mudar as circunstâncias sob as quais vivemos se deve ao fato de sermos relativamente livres delas, e dessa liberdade é que se abusa, pervertendo-a através da mendacidade.[531]

Enquanto o mentiroso se revela um homem de ação, aquele que anuncia a verdade factual não o é absolutamente. Se, por acaso, tentar encarnar esse papel e penetrar no campo da política, enfrentará dificuldades semelhantes ao filósofo que se arrisca a apresentar aquilo que diz ser a verdade nessa mesma esfera. O narrador da verdade factual terá de lançar mão também dos recursos da persuasão e, nas situações em que conseguir convencer os demais de que seu relato é verdadeiro, é porque, de certa forma, teve êxito em conciliar essa verdade com interesses e com o poder. Assim, sacrificará exatamente aquelas qualidades que são indissociáveis do narrador da verdade, na ausência das quais dificilmente escapará de ser encarado como uma figura suspeita: a imparcialidade, a integridade e a independência.

---

[531] ARENDT. *Entre o passado e o futuro*, 2002, p. 310.

O narrador da verdade factual tem ainda contra ele a opacidade dos acontecimentos, que não são autoevidentes (uma vez que dependem de testemunhas e de outros tipos de prova) e tampouco trazem neles mesmos alguma razão ou algum sentido, estando relacionados à inescapável contingência dos eventos na história humana, que sempre poderiam ter ocorrido de outra forma. Todo o sentido e toda a razão extraídos da história humana só são conferidos posteriormente, e acreditar que uma sequência de fatos só poderia ocorrer da forma como ocorreu não passa de ilusão.

Já o mentiroso, que se porta com relação ao mundo público como um homem de ação, no que diz respeito à mentira que inventa pode ser equiparado ao *homo faber*, tendo em vista que pode "fabricar" uma história conforme os seus interesses, adaptando os fatos a essa narrativa como uma matéria-prima que se molda livremente e sobre a qual, nesse processo de fabricação, se tem domínio absoluto. A mentira que é o seu "produto" terá, assim, a chance de se mostrar muito mais convincente para as plateias às quais se dirige, por se apresentar mais coerente do que a verdade factual, sempre presa à contingencialidade e à imprevisibilidade dos fatos que a compõem.

Todas essas complicações com relação ao estatuto da verdade no campo da política adquiriram enorme relevância com a manipulação dos fatos em escala inaudita pelos regimes totalitários do século XX, a ponto de soar ingênua a afirmação de Clemenceau sobre a impossibilidade de alterar a matéria factual. A mentira organizada, como instrumento empregado pelos totalitarismos não tanto para ludibriar os opositores, mas para iludir o público interno, converteu-se em uma das principais armas políticas no esforço desses regimes de reescreverem a história para adaptá-la "à 'linha política' do momento presente ou de eliminar dados que não se encaixassem em suas ideologias", como diz Arendt no ensaio "A mentira na política".[532]

---

[532] ARENDT. *Crisis of the republic*, 1972, p. 7.

CAPÍTULO 4 – INSTITUIÇÕES DA LIBERDADE

E de instrumento aparentemente inofensivo com relação aos outros recursos mais violentos que governos de todas as épocas lançaram mão, a mentira no mundo moderno, convertida em mentira organizada, passou a carregar um enorme potencial destrutivo. Esse poder de destruição foi plenamente demonstrado pelos governos totalitários que adotaram a mentira organizada como primeiro movimento na sua prática de assassinatos, a exemplo do que ocorrera com Trotsky, cuja sentença de morte foi anunciada assim que o regime stalinista começou a propagar a mentira de que ele não tivera nenhum papel na Revolução Russa.

A derrocada dos regimes totalitários, no entanto, não significou o fim do uso da mentira organizada para fins políticos. Hannah Arendt cita o caso de De Gaulle, na França, e de Adenauer, na Alemanha, no imediato pós-guerra, os quais erigiram seus governos com base em pseudofatos. De Gaulle, ao proclamar que a França incluía-se entre os vitoriosos da guerra, olvidando o passado colaboracionista do país com os nazistas e o período em que esteve ocupado pelas forças de Hitler. Adenauer, ao sustentar que apenas uma pequena parte da população alemã aderira ao nazismo, embora fosse de amplo conhecimento que este contou com maciça aprovação popular.

Ainda no ensaio "A mentira na política", que Arendt escreveu tendo como ponto de partida o escândalo da divulgação dos denominados Documentos do Pentágono, ela chama a atenção para o fato de que o governo norte-americano desprezou e omitiu, de forma deliberada, durante anos, os dados históricos, políticos e geográficos envolvendo a Guerra do Vietnã. Manteve, assim, o público e o Congresso em completa ignorância, por um longo período, acerca dos verdadeiros acontecimentos relacionados ao conflito, empregando uma política sistemática de divulgação de mentiras e de manipulação, apoiada nas técnicas do marketing e da propaganda.

Outra tendência que Arendt enxergava no mundo contemporâneo era a transformação das verdades factuais em opinião. Assim, verdades históricas como a larga adesão dos alemães a Hitler e o desmoronamento da França diante da invasão nazista em 1940 passavam a ser tratadas como meras questões opinativas, que poderiam ser negadas e simplesmente descartadas, dependendo do ponto de vista adotado. Uma tendência, aliás, que tomou proporções assustadoras nestas primeiras décadas do século XXI, com o fenômeno da pós-verdade, em que os fatos objetivos são desacreditados ao sabor dos humores e das crenças difundidos entre as massas, e das chamadas *fake news*, a disseminação organizada em larga escala de mentiras pelas redes sociais da internet.

Em uma situação em que a mentira organizada torna-se institucionalizada, dizer a verdade pode transformar-se em um ato de resistência, em um fator político de "primeira ordem". "Onde todos mentem [...] aquele que conta a verdade começou a agir; [...] ele se comprometeu com os negócios políticos, pois, na improvável eventualidade de que sobreviva, terá dado um primeiro passo para a transformação do mundo", sublinha Arendt.[533] No entanto, terá em seu desfavor todas as dificuldades apontadas anteriormente quando se ousa falar a verdade em público.

Em compensação, o mentiroso pode se ver vítima da própria *hybris*. Enquanto "fabrica" uma narrativa que se pretende verdadeira, o mentiroso permanece no controle das suas mentiras, mas, ao agir no mundo por meio de suas invencionices, já não tem mais domínio sobre elas, porque penetrou no terreno imprevisível da ação humana. Sendo assim, apesar do potencial infinitamente mais sedutor da mentira, por ser aparentemente muito mais plausível e conforme à razão do que a realidade que nos desconcerta cotidianamente com o inesperado e o imprevisível, chega um momento em que a falsidade passa a ser contraproducente. E esse ponto é alcançado quando a plateia a quem as mentiras são dirigidas já não se sente mais capaz de distinguir a linha demarcatória entre o falso e o verdadeiro. A reação é um cinismo generalizado, uma recusa a acreditar na verdade de qualquer coisa, por mais estabelecida que esteja.

---

[533] ARENDT. *Entre o passado e o futuro*, 2002, p. 311.

CAPÍTULO 4 – INSTITUIÇÕES DA LIBERDADE

Tem-se, então, um processo de destruição do sentido pelo qual nos orientamos no mundo. Conforme Arendt, apenas o futuro abre-se à ação, do momento em que o passado e o futuro passam a ser manipulados pela mentira, eles retornam a um estado de potencialidade, retirando a principal força estabilizadora do domínio político, que constitui o ponto de partida de onde pode se dar início a algo novo. Em suma, se a verdade é suprimida da vida pública, com ela também é sacrificado o principal fator de estabilidade nos cambiantes assuntos dos homens.

Conceitualmente, observa Arendt, podemos definir a verdade como aquilo que não podemos modificar. Metaforicamente, ela é o solo sobre o qual nos movimentamos. Desse modo, se a ação política desfere seguidos golpes contra a verdade, ela própria coloca-se em risco.

***

Na conclusão do ensaio sobre verdade e política, Arendt destaca duas instituições públicas fundamentais para a preservação da verdade, as quais devem permanecer exteriores às disputas pelo poder que caracterizam o âmbito da política. Essas instituições são o Poder Judiciário e a Universidade. Apesar de admitir que tais instituições sempre estão expostas às influências do poderio político e social, a autora alerta que "as probabilidades de que a verdade prevaleça em público são, naturalmente, aumentadas em grande escala pela mera existência de tais lugares e pela organização de estudiosos independentes, supostamente desinteressados, a eles associados".[534]

Ao lado dessas instituições, Arendt refere-se à imprensa, que, para ser convertida em "Quarto Poder", no sentido de funcionar como meio de vigilância da sociedade sobre os outros poderes e porta-voz dos cidadãos diante do poder público, "precisará ser protegida do poder governamental e da pressão social com

---

[534] ARENDT. *Entre o passado e o futuro*, 2002, p. 321-322.

zelo ainda maior que o poder judiciário".[535] Embora a tarefa de fornecer informações ao público tenha uma importante função política, em si mesma ela deve ser exercida de fora desse domínio, não devendo, portanto, envolver "nenhuma ação ou decisão" políticas.

No ensaio "A mentira na política", Arendt vai mais longe e afirma que "na medida em que a imprensa é livre e não está corrompida, ela tem um enorme papel a desempenhar e pode ser denominada o quarto poder do governo". Uma imprensa livre e não corrompida é essencial para preservar "a mais essencial liberdade política": a liberdade de opinião. Esta só se realiza se lhe é assegurado o direito à informação não manipulada dos fatos, caso contrário, não "passará de uma cruel mistificação".[536]

Tal é assim porque, como a autora havia observado em "Verdade e política", as opiniões são informadas pelos fatos e, por mais que divirjam em razão de diferentes interesses ou motivações, ainda continuam legítimas no que tange à verdade factual. Portanto, o exercício da liberdade de opinião depende do acesso à informação factual e de que os eventos sobre os quais a verdade factual se baseia não sejam distorcidos.

As afirmações de Arendt sobre a imprensa no ensaio "A mentira na política" foram escritas em um momento glorioso do jornalismo norte-americano. As revelações sobre o escândalo dos Documentos do Pentágono foram feitas por importantes veículos da imprensa como *The New York Times* e *Washington Post*, em 1971. Um ano depois, viria a público o caso Watergate, com a série de reportagens de Bob Woodward e Carl Bernstein, do *Washington Post,* sobre o envolvimento direto do governo de Richard Nixon nas ações de espionagem na sede do Partido Democrata – dois exemplos marcantes do papel primordial representado por uma imprensa livre e independente na vigilância e na fiscalização do poder público em uma democracia, em nítido contraste

---

[535] ARENDT. *Entre o passado e o futuro*, 2002, p. 322.
[536] Idem. *Crisis of the republic*, 1972, p. 45.

CAPÍTULO 4 – INSTITUIÇÕES DA LIBERDADE

com o jornalismo convertido em propaganda de governo pelos regimentos totalitários.

O próprio texto de Arendt sobre Eichmann, publicado anos antes e ao qual ela própria referia-se como uma reportagem, apesar do caráter híbrido entre o ensaio e o relato factual, inscreve-se como um bom exemplo desse jornalismo combativo e independente, que não se contenta em apenas transcrever declarações e reproduzir acriticamente o discurso oficial. Conforme relata Elizabeth Young-Bruehl, a intenção inicial da autora era escrever apenas um artigo para a *New Yorker*, mas a grande quantidade de documentos a que teve acesso sobre o caso e a sua insatisfação com o que saíra na imprensa norte-americana e israelense sobre o julgamento – "sequer um único artigo sério", reclamou – levaram-na a se decidir por um texto de maior fôlego.[537]

A série de cinco textos que publicou na *New Yorker* em 1963, editados com algumas modificações no livro lançado logo em seguida, apresenta um exercício jornalístico impressionante de apuração, pesquisa e análise, com as suas eruditas incursões pela História, pelo Direito, pela Filosofia, entre outros campos do conhecimento, e apoiado nos relatos do acusado e das testemunhas. O trabalho de Arendt ousou confrontar e questionar a versão oficial do Estado de Israel e da Promotoria sobre o julgamento e trouxe à tona fatos como a mencionada colaboração dos Conselhos Judeus com os nazistas. Ao desconstruir o estereótipo acerca do suposto caráter monstruoso e demoníaco do acusado que havia se disseminado junto à opinião pública, apresentou um perfil de Eichmann que desvendava, em uma leitura mais atenta, uma face muito mais perturbadora do mal totalitário.

Evidentemente, porque dizem respeito à verdade factual – a matéria-prima do jornalismo, construída por meio de testemunhas, depoimentos e outras fontes nem sempre muito fidedignas –, os relatos jornalísticos, na forma de notícias, reportagens, entre outros gêneros textuais jornalísticos, são sempre versões

---

[537] YOUNG-BRUEHL, 1982, p. 336.

dos eventos que narram, sujeitos a erros e imprecisões, nunca a descrição rigorosamente exata, com todos os detalhes, do que aconteceu. Além do mais, a propalada objetividade jornalística é muito mais uma objetividade de "método", exigindo do profissional do jornalismo certas técnicas e a adoção de critérios que asseguram algum rigor na apuração da notícia, pois os próprios fatos convertidos em notícias são subjetivos.[538]

Os acontecimentos são reconstruídos com base em vários pontos de vista – do repórter, das pessoas que entrevista, dos autores dos documentos consultados, do editor que elaborou a pauta para que o repórter a cumpra, dos profissionais encarregados de fazer a edição final do material apurado etc. Há ainda outros fatores que influenciam a forma como um relato jornalístico será tratado e divulgado por um determinado veículo de comunicação: a sua linha editorial, o tipo de público que pretende atingir, as condições materiais de produção da notícia, entre outros. Todas essas condicionantes não significam que as informações provenientes dos veículos de imprensa não sejam absolutamente confiáveis. O que elas oferecem é um recorte da realidade, cujo grau de veracidade vai depender do rigor com que os fatos foram apurados e do compromisso do veículo que os reporta com os princípios da objetividade jornalística, compromisso do qual depende a sua própria credibilidade junto ao público.

Pode-se deduzir, com base no que diz Arendt, que a qualidade da opinião dos cidadãos está diretamente relacionada à qualidade da informação a que se tem acesso por intermédio dos meios de comunicação. O problema é que o processo de formação da opinião pode se tornar antidemocrático e corrompido por conta das manipulações dos fatos pela imprensa. Isso ocorre quando se intervém na matéria bruta que forma a verdade factual, apagando a linha divisória entre verdade e mentira, entre fato e opinião.

Esse tipo de atentado à verdade pode ocorrer não só com a divulgação deliberada de informações falsas, quando o jornalismo

---

[538] Neste sentido ver PENA, 2005, p. 50-51.

CAPÍTULO 4 – INSTITUIÇÕES DA LIBERDADE

é convertido em máquina de propaganda, a exemplo do que ocorreu nos regimes totalitários, e como se verifica contemporaneamente com o fenômeno da pós-verdade e das *fake news*. Mas através de outras táticas de desvirtuamento da verdade factual como a descontextualização de acontecimentos e declarações, a abordagem tendenciosa e parcial de uma determinada questão, a editorialização do noticiário, quando opiniões aparecem travestidas como fatos indiscutíveis, a omissão intencional de fatos ou de aspectos fundamentais a eles relacionados, a manipulação de dados e estatísticas, o sensacionalismo, a não abertura para o contraditório etc.[539]

Na medida em que essas práticas de desvirtuamento da verdade factual se acentuam e retiram do público a capacidade de distinguir o verdadeiro do falso, o certo do errado, também aqui a reação do público pode desembocar em um cinismo generalizado, que não se dispõe a acreditar em nada porque não se tem como aferir a verdade do que quer que seja. Mas esse cinismo não é transformador. Ele conduz à alienação em relação ao mundo, um mundo que deixou de fazer sentido.

No contexto atual de oligopolização da indústria de comunicação, o compromisso com a verdade factual e a ideia de que o direito à informação não manipulada é imprescindível para a preservação da liberdade de expressão – dois elementos fundamentais

---

[539] A própria Arendt foi vítima dessas distorções da verdade factual na controvérsia em torno do seu texto sobre o caso Eichmann. Em carta a Karl Jaspers, de 20 de julho de 1963, ainda no auge da polêmica, ela se queixa da campanha de difamação da qual estava sendo vítima, fomentada principalmente pela imprensa. "A campanha contra mim prossegue violentamente no nível mais medíocre possível e à base de calúnias expressas que afirmam simplesmente o contrário do que eu escrevi", lamenta (in *"La philosophie..."*, 1995, p. 162). Três anos depois, a controvérsia continuava, e Mary McCarthy relata em carta a Arendt, de 21 de novembro de 1966, que uma edição da revista *Nouvel Observateur* sobre o livro de Arendt trazia na sua edição mais recente a seguinte manchete sobre a autora: "Est-Elle Nazie?". "Perguntei a alguém que conheço, que está em contato com o pessoal do *Observateur* [...], por que publicaram aquela manchete 'Est-Elle Nazie?' – pergunta que nem os próprios correspondentes furiosos da revista fizeram. E ele disse 'Pour vendre des exemplaires. C'est tout'" (in *Entre amigas...*, 1995, p. 197).

para a preservação da esfera pública – são cada vez mais colocados em xeque pela mercantilização das informações por grandes corporações. Estas passam a conduzir o noticiário de acordo com os interesses que representam, a monopolizar o debate público e a restringir o pluralismo de ideias e opiniões.

Nesse cenário, "pode-se falar [...] em um mecanismo de privatização e corrupção no processo de formação da opinião, que por sua vez perde sua dimensão pública e é corrompida pelos interesses empresariais ou políticos [...] em detrimento da formação do interesse público".[540] Os caminhos para um processo mais plural e democrático da formação e da expressão das opiniões na obra de Tocqueville e Arendt, que demandam a participação política dos cidadãos e a garantia de uma imprensa livre, plural e democrática, serão o tópico da parte final deste capítulo.

4. TOCQUEVILLE E ARENDT: OPINIÃO E LIBERDADE

Para Tocqueville, um povo que se vê destituído do direito de participação política, rebaixando-se a ser governado por um poder central distante e inacessível, é um "povo de administrados, não de cidadãos".[541] Na opinião do autor, com a qual Arendt apresenta nítida sintonia, a participação política está longe de se restringir ao voto, envolvendo a atuação efetiva nos assuntos públicos, na deliberação pública em torno de temas de interesse comum. Portanto, a participação política está vinculada estreitamente ao direito de falar e ser ouvido em público. O exercício de uma cidadania ativa compreende o exercício desse direito.

Como o direito a ter voz pública, de falar e ser ouvido em público, surge, então, como indissociável da cidadania para Tocqueville e Arendt, torna-se relevante voltar a discutir o estatuto da opinião no pensamento dos dois autores. No capítulo 2, foram expostas as críticas de ambos à onipotência da opinião pública,

---

[540] GUIMARÃES; AMORIM, 2013, p. 53.
[541] TOCQUEVILLE. DA1, in *Oeuvre II*, 1992, p. 73.

CAPÍTULO 4 – INSTITUIÇÕES DA LIBERDADE

compreendida como opinião dominante da maioria ou mentalidade uniforme da massa, nos dois casos operando como instrumento de opressão sobre os indivíduos em particular e sobre as minorias. O que se propõe neste momento é aprofundar uma questão já mencionada nas seções precedentes deste capítulo no que concerne ao tema da opinião: a expressão livre e plural das opiniões por parte dos cidadãos, de forma que não seja tolhida nem pela opressão da opinião pública concebida nos dois sentidos supramencionados,[542] nem pelo poder centralizador do Estado, está condicionada a que lhes seja facultado o exercício da liberdade política. Assim como a formação das opiniões acerca dos assuntos públicos, para a tomada de "posições públicas" (conforme a expressão de Arendt citada no capítulo 2), depende do processo de discussão pública.

Mas antes de passar a essa discussão, é pertinente, como exemplo ilustrativo que ajuda a jogar luz sobre esse debate, fazer uma

---

[542] Há bons argumentos para pensar a opinião pública como algo distinto da opinião majoritária ou da mentalidade uniforme da massa, ou ainda da "manifestação gregária ou somatório de preferências individuais" – segundo definem Juarez Guimarães e Ana Paola Amorim (2013, p. 123) a tendência liberal de enxergar a opinião pública a partir do plano privado, como mera soma de opiniões individuais concebidas atomisticamente. A opinião pública também pode ser concebida como a expressão livre, plural e democrática dos cidadãos, desde que o seu processo de formação e expressão se desenvolva em bases democráticas. Nesse sentido, os dois autores citados defendem a ideia de uma opinião pública democrática no livro *A corrupção da opinião pública*, cujas teses em muitos aspectos se aproximam do que será exposto nesta parte final deste capítulo a respeito do processo de formação e expressão das opiniões dos cidadãos em Tocqueville e Arendt, em que pesem as críticas de Guimarães e Amorim, já citadas no capítulo 2, a Tocqueville, por este ter, segundo eles, uma visão liberal e elitista da opinião pública (ver GUIMARÃES; AMORIM, 2013). No entanto, preferiu-se referir-se aqui simplesmente a um processo de formação plural e republicano das opiniões dos cidadãos e não da "opinião pública" por conta das reservas manifestadas por Arendt ao termo "opinião pública", mencionadas no capítulo 2, visto que para ela as opiniões são sempre particulares, embora o seu processo de formação e expressão ocorra em meio ao debate público com os demais. Além do mais, o conceito de "opinião pública" está longe de ser um ponto pacífico entre teóricos da política, da sociologia e da comunicação, e o emprego da expressão "opinião pública" neste ponto da discussão aqui empreendida demandaria uma longa exposição em torno desse conceito que escaparia aos propósitos deste livro.

breve recapitulação histórica da fase revolucionária dos EUA, a partir da vívida síntese que Heloísa Starling apresenta desse período no capítulo "A matriz norte-americana", do livro *Matrizes do republicanismo*.

Segundo Starling, o combustível para a Revolução Americana foi fornecido, sobretudo, por uma rede de ativismo e de resistência surgida em meio à intensa vida pública das comunas, das associações políticas criadas como organismos espontâneos em todo o território da colônia a partir de 1765 e por um esforço coletivo para pôr em circulação as ideias e as palavras de ordem revolucionárias por meio de jornais e, principalmente, de panfletos. Pessoas de todas as classes sociais e mesmo mulheres e escravos fugitivos participavam ativamente dessa resistência coordenada, formando "uma rede de solidariedade e ativismo político fortemente entrelaçada".[543]

Uma associação feminina denominada Filhas da Liberdade dava provas do envolvimento das mulheres na luta. Já a célebre Filhos de Netuno representou uma das mais ousadas e impetuosas experiências associativas do período, composta de marujos, estivadores, trabalhadores braçais e escravos fugitivos, liderando ações revolucionárias marcantes, como assaltos a fortalezas britânicas e a navios mercantes da Inglaterra, além do motim conhecido como o "Massacre de Boston", que envolveu um confronto entre soldados britânicos e insurgentes na zona portuária de Boston.

Boa parte dessas associações surgidas no contexto revolucionário contava com um Comitê de Correspondência encarregado de fazer com que as informações e as ideias circulassem, por meio de jornais – a mais famosa associação política desse período era a Filhos da Liberdade, criada por artesãos e comerciantes, cujas reuniões aconteciam em uma taverna, onde, no andar de cima, era impresso o *Boston Gazette*. Ou através de panfletos, cujos autores procuravam persuadir os leitores a aderirem à causa

---

[543] STARLING, 2013, p. 243.

CAPÍTULO 4 – INSTITUIÇÕES DA LIBERDADE

revolucionária. O mais célebre deles, *Senso comum*, de Thomas Paine, exerceu influência decisiva, galvanizando as forças a favor da revolução imediata.

Conforme salienta Starling, os panfletos proporcionavam "um vigoroso método de formação de opiniões, capaz de gerar um processo contínuo – livremente e, muitas vezes, apaixonadamente – de troca, confronto e ajuste de argumentos, concepções, diferenças e pontos de vista". De maneira semelhante, "a vida associativa não apenas materializava, mas principalmente levava em conta a capacidade de um indivíduo profundamente comum [...] atuar na cena política e formar sua própria opinião sobre a condução dos assuntos públicos".[544] Nestes dois trechos do ensaio de Starling, realça-se o vínculo que a historiadora estabelece entre ativismo político, imprensa livre e formação de opinião dos cidadãos, em um processo de debate público.

A experiência associativa por meio dos clubes e das sociedades populares e também a forte atuação dos jornais e panfletos políticos – a exemplo dos lendários *Ami du Peuple*, de Marat, certamente o mais radical deles, e *Le Vieux Cordelier*, de Camille Desmoulins, que denunciou as perseguições promovidas pelo governo revolucionário e defendeu a liberdade de imprensa na fase mais implacável do Terror – também foram elementos importantes da Revolução Francesa. No entanto, as intensas atividades participativas dos cidadãos nas comunas, o espírito associativo que impregnou a então colônia inglesa e a profusão de jornais e panfletos em circulação por essa rede associativa, conforme se demonstrou, colocaram em prática uma experiência muito ativa de vida pública, de difusão de ideias e de debate público que, para usar as palavras de Starling, configurou-se como o "traço singular do republicanismo norte-americano".

"No coração da matriz do republicanismo norte-americano, está o deliberado empenho no ato de fundação da liberdade e [...] o desafio da construção de uma ordem republicana que assegure

---

[544] STARLING, 2013, p. 244; 250.

um espaço público [...] reservado para o exercício da liberdade."[545] Ou seja, a república norte-americana, no momento da luta por sua efetivação, é concebida como sinônimo de participação política. E essa participação política é organizada em bases discursivas, por meio do debate público, tendo em vista o mútuo esclarecimento, a formação e a troca de opiniões e a tomada de decisões.

Nessa mesma perspectiva, tendo como referência exatamente a combinação de elementos apontada por Starling que formou essa rede de ativismo político tão característica do republicanismo norte-americano no seu nascedouro – e o vínculo entre ativismo político, imprensa livre e formação das opiniões dos cidadãos –, tanto para Tocqueville como para Arendt, os espaços de liberdade representados seja pelo poder comunal, seja pelos conselhos populares, seja pelas associações voluntárias, são também espaços de debate, de confronto de ideias e de esclarecimento mútuo e de formação de opinião. Por consequência, o processo de formação e expressão das opiniões dos cidadãos, a partir desses pilares republicanos, está condicionado à criação de espaços onde seja possível o exercício da liberdade política e à garantia da mais ampla liberdade de expressão, que não pode prescindir de uma imprensa livre.

O direito à voz pública, de falar e de ser ouvido em público, é condição essencial para o exercício da cidadania, para o acesso à visibilidade que só é proporcionada pelo espaço público. Já a opressão e a exclusão ocorrem pela via do silenciamento, que não deixa de ser uma estratégia de reduzir à invisibilidade a massa de indivíduos ou de minorias marginalizadas, valendo-se de obstáculos que impeçam que a pluralidade de opiniões venha à tona ou mesmo que essas opiniões sejam formadas e possam assim se manifestar. As opiniões não se formam no isolamento – a nossa apreensão da realidade, a nossa *doxa*, o modo como o mundo aparece a cada um de nós, não é um processo puramente subjetivo, como se os seres humanos fossem mônadas apartadas umas

---

[545] STARLING, 2013, p. 232.

CAPÍTULO 4 – INSTITUIÇÕES DA LIBERDADE

das outras. Mas é tributária da nossa pertença ao mundo público, o qual compartilhamos com os outros por meio das nossas ações e das nossas palavras.

Como diz Arendt nas *Lições sobre a filosofia política de Kant*, apoiando-se nas ideias kantianas, sem o exame livre e aberto, ou seja, sem o uso público da razão, "nenhum pensamento, nenhuma formação de opinião são possíveis. A razão não foi feita 'para isolar-se a si própria, mas para entrar em comunhão com os outros'".[546] Em outro texto, a autora ressalta que a liberdade de expressão, ao lado da liberdade de reunião, figura entre as principais liberdades políticas.

> Por liberdade de expressão entendo, aqui, não somente o direito de falar livremente em ambientes privados sem que o governo vigie o que digo [...] – direito que está entre as liberdades negativas de ser adequadamente protegido contra o poder público. A liberdade de expressão significa o direito de falar e ser ouvido em público, e na medida em que a razão humana não é infalível, tal liberdade permanecerá um pré-requisito para a liberdade de pensamento. Liberdade de pensamento sem liberdade de expressão é uma ilusão. Ademais, a liberdade de reunião é pré-requisito para a liberdade de ação, porque nenhum homem pode agir sozinho.[547]

Em afinidade com a ideia, expressa nestes trechos retirados da obra arendtiana, de que o espírito humano só se aprimora por meio da ação recíproca de uns sobre os outros, Tocqueville enaltece o esforço associativo que permite aos homens renovarem as suas ideias. De maneira que as suas opiniões "se desenvolv[a]m com essa força e esse calor que o pensamento escrito jamais atinge".[548]

---

[546] ARENDT. *Lições sobre a filosofia política de Kant*, 1994, p. 42.
[547] Idem. *Ação e busca da felicidade*, 2018, p. 200.
[548] TOCQUEVILLE. DA2, in *Oeuvre II*, 1992, p. 623.

***

A concepção de liberdade em Arendt e Tocqueville escapa à dicotomia liberal entre liberdade negativa *versus* liberdade positiva, colocando a liberdade como algo exterior à política. Mas vincula a liberdade individual à experiência de autogoverno – para Arendt, é no espaço público que os indivíduos se reconhecem como livres e iguais; para Tocqueville, a independência individual está estreitamente ligada à livre participação dos cidadãos nos negócios públicos.

No que diz respeito à opinião, sem o vínculo entre liberdade de expressão e participação política, o que se tem são os humores da multidão uniforme de indivíduos isolados, os quais se tornam suscetíveis à manipulação pelos detentores do poder político e econômico e pelos meios de comunicação de massa. Lembre-se das afirmações de Arendt citadas no capítulo 2: tanto os indivíduos, voltados exclusivamente para a vida privada, quanto a massa são capazes apenas de produzir "humores", pois as opiniões se formam em meio à discussão e ao debate públicos.

Se a formação e a expressão das opiniões dos cidadãos conectam-se à experiência do autogoverno, tal não significa dizer que os modelos de autogoverno discutidos neste capítulo – a experiência concreta das comunas nos EUA da década de 1830 e o sistema de conselhos populares exposto por Arendt – devam ser pura e simplesmente replicados para que esse ideal se concretize. Não se trata de propor ingenuamente um retorno ao tipo de democracia direta em vigor nas *townships* da Nova Inglaterra ao tempo da colônia e da Revolução Americana, ou das primeiras décadas da república dos Estados Unidos, ou ainda de imaginar que o sistema de conselhos arendtiano é um projeto pronto para ser aplicado à realidade.

Essas formas de autogoverno, tão enaltecidas por Tocqueville e Arendt, devem antes ser consideradas como marcos inspiradores para pensar alternativas políticas que abram brechas à participação popular e à expressão das opiniões dos cidadãos. E que confrontem os modelos contemporâneos das democracias

CAPÍTULO 4 – INSTITUIÇÕES DA LIBERDADE

representativas, em que a "voz do povo" só ganha algum relevo à época das eleições – mesmo assim em processos eletivos em geral pouco transparentes e controlados pela máquina burocrática dos partidos e pela milionária indústria do marketing eleitoral – para depois se calar, cedendo a palavra a seus representantes eleitos e aos *experts* da administração pública e das elites política, econômica e cultural com espaço cativo na mídia hegemônica.

Mark Reinhardt chama a atenção para o cuidado que se deve ter na leitura de Tocqueville e Arendt (em cuja companhia ele também situa Marx) em uma chave comunitarista. "Cada um desses pensadores está necessariamente preocupado com os problemas da comunidade política, mas nenhum deles simplesmente reduz os espaços da política aos da comunidade", alerta Reinhardt, lembrando que o espaço político na contemporaneidade não pode mais ser concebido "como singular ou unificado, permanente ou puro, nem tampouco como governado por simples e incontestáveis códigos de discurso e ação, admissão e exclusão".[549]

No que diz respeito a Tocqueville, apesar do destaque que confere ao papel do autogoverno municipal como "marco político adequado para tratar de um modo mais participativo que meramente representativo a construção de um interesse comum por parte da cidadania", segundo afirma Ros,[550] e a despeito das suas reservas aos partidos políticos, deve-se ressaltar que o autor jamais se demonstrou contrário ao modelo de representação política. Ele inclusive critica duramente a transformação, em algumas assembleias legislativas norte-americanas, da representação em mera delegação, como se apontou no capítulo 2. Essa postura do autor deve-se justamente ao fato de ele demonstrar plena ciência, quando descreve a democracia norte-americana da primeira metade do século XIX, de que as modernas democracias envolviam um cenário de complexidade muito maior que as experiências de democracia direta da Antiguidade poderiam oferecer como exemplo a seguir.

---

[549] REINHARDT, 1997, p. 7.
[550] ROS, 2001, p. 267.

Ademais, a sua ênfase nas associações voluntárias indica formas de organização política que não se restringem às instituições do Estado e não se prendem a um pequeno território como as comunas, podendo abarcar esses espaços políticos maleáveis contemporâneos de que fala Reinhardt. Hanna Pitkin pondera, por sua vez, que as associações em Tocqueville são os caminhos em que ele via a possibilidade de os cidadãos das democracias – isoladamente fracos e impotentes – poderem se unir em busca de grandes objetivos, os quais ultrapassem as fronteiras das pequenas localidades em que, na sua obra, a experiência da democracia direta poderia se concretizar.[551]

No caso de Arendt, a análise ganha alguns complicadores. O modelo de *ward system*, da maneira como o expõe em *Sobre a revolução*, pode dar a impressão de que se trata de uma proposta concreta de alternativa política ao sistema representativo tão criticado pela autora. Mas em outras ocasiões, ela se mostrou mais cautelosa ao abordar o sistema distrital como possibilidade prática de um novo modelo de governo.

Em entrevista a Adelbert Reif, em 1970, Arendt reconhece que não poderia afirmar categoricamente se o sistema de conselhos seria ou não uma utopia. Todavia, faz a ressalva de que, caso o fosse, seria uma "utopia do povo" e não de "teóricos ou ideólogos", acrescentando, já ao final da conversa, que as perspectivas de uma experiência concreta desse tipo de governo no futuro eram de fato muito reduzidas, ao não ser se porventura viessem a ocorrer "na esteira da próxima revolução".[552] Em outro momento da entrevista, ela explica que o sistema de conselhos constituía um princípio diferente de organização política que começava da base até chegar ao "parlamento", parecendo, então, admitir alguma forma de representação.

No texto de 1958 sobre a Revolução Húngara, Arendt já havia se referido aos conselhos como forma alternativa de "representação democrática eleitoral" ao sistema multipartidário continental.

---

[551] PITKIN, 1988, p. 122.
[552] ARENDT. *Last interview and other conversations*, 2013, p. 105.

CAPÍTULO 4 – INSTITUIÇÕES DA LIBERDADE

A diferença seria que, nas eleições para os conselhos, os eleitos não seriam escolhidos por uma plataforma ou ideologia, como ocorre no sistema partidário, mas por suas "qualidades pessoais".[553] Uma vez atuando dentro dos conselhos, os partidários de uma mesma opinião até poderiam formar facções, mas a sua eleição não estaria condicionada à adesão ou não a uma determinada facção.

Albrecht Wellmer prefere ver na concepção de Arendt sobre o sistema de conselhos uma espécie de metáfora para uma rede de instituições, associações e organizações autônomas ou parcialmente autônomas, nas quais algum tipo de autogoverno e de livre e igual participação entre seus membros podem ocorrer. Essas organizações, que emergiriam da sociedade civil, conviveriam com as instituições formais (do nível local ao nacional) de um sistema político federativo. Já Hanna Pitkin considera que o sistema de conselhos arendtiano não deve ser encarado como uma substituição utópica e pouco exequível ao sistema representativo de governo, mas como um revigorante complemento político às instituições representativas e federativas – e enfatize-se, nesse sentido, a relevância que Arendt confere ao Senado, dentro da estrutura federativa norte-americana, como uma instituição mediadora para a multiplicidade de opiniões dos cidadãos.[554]

Helton Adverse alerta, de sua parte, para o caráter espontâneo dos conselhos populares. "Se o sistema de conselhos é espontâneo, então não cabe afirmar que Arendt estaria nos propondo qualquer modelo de forma política", pondera, acrescentando que uma proposta de modelo político seria um procedimento contrário ao próprio espírito do pensamento arendtiano, por-

---

[553] Compreende-se que essas "qualidades pessoais" a que Arendt se refere aqui são as qualidades do "quem", ou seja, relacionadas à maneira como o indivíduo se revela em público por meio de sua ação e não propriamente por atributos como "honestidade" e "competência", que o discurso contemporâneo de negação da política costuma apregoar. Mais problemática parece ser a objeção de Arendt a uma plataforma política, no sentido de um programa político, uma vez que o debate central de uma eleição ocorre justamente em torno de propostas políticas. Sobre essa discussão, ver ARENDT. Ação e a busca da felicidade, 2018, p. 82-85.
[554] WELLMER, 2002, p. 224; PITKIN, 1998, p. 257.

que representaria a inversão de um dos seus pressupostos teóricos básicos: "a saber, aquele que afirma a primazia da ação sobre as ideias".[555]

Em realidade, o que parece orientar a preocupação de Arendt é procurar alternativas institucionais (e aqui incluem-se as associações voluntárias que ela destaca no ensaio "Desobediência civil") que permitam aos cidadãos agir em conjunto e formar e expressar as suas opiniões por meio do debate público, tendo em vista que o sistema eleitoral representativo das democracias modernas é claramente insuficiente para mobilizar uma cidadania ativa por parte dos indivíduos. Nesse sentido, é importante destacar um trecho mais extenso da entrevista de Arendt a Reif, em que ela aborda o papel dos conselhos como espaços públicos para a formação e a troca de opiniões.

> Os conselhos dizem: Nós queremos participar, nós queremos debater, nós queremos fazer com que nossas vozes sejam ouvidas em público, e nós queremos ter a possibilidade de determinar o curso político de nosso país. Desde que o país é grande demais para que todos nós nos reunamos e decidamos sobre nosso destino, nós precisamos de espaços públicos dentro dele. A cabine na qual depositamos nossos votos é inquestionavelmente muito pequena, porque essa cabine só tem lugar para um de cada vez. Os partidos são completamente inadequados; neles nós somos, na grande maioria, apenas um eleitorado manipulável. Mas se apenas dez de nós sentarmos em torno de uma mesa, cada um expressando a sua opinião, cada um ouvindo as opiniões dos outros, então uma formação racional de opinião tem lugar por meio da troca de opiniões. Lá, também, ficará claro qual de nós é o mais bem preparado para apresentar nossos pontos de vista diante do próximo conselho superior, onde, por seu turno, nossos pontos de vista serão esclarecidos

---

[555] ADVERSE, 2012, p. 420-421.

CAPÍTULO 4 – INSTITUIÇÕES DA LIBERDADE

por meio da influência de outros pontos de vista, revistos ou apontados como incorretos.[556]

Sobre esse processo racional de formação e troca de opinião, deve-se levar em conta que a *doxa* também é concebida por Arendt de forma estreitamente relacionada à faculdade do julgamento, para ela "a mais política" das faculdades do espírito, porque sempre demanda a presença dos outros. Com base no que ela escreve no ensaio "Crise na cultura", tomando de empréstimo conceitos de Kant desenvolvidos na *Crítica do juízo*, o juízo retira a sua validade específica de um processo que Kant denomina de "mentalidade alargada", em que o eu escapa das suas idiossincrasias para um diálogo com os outros, ainda que em potencial. O essencial aqui é que a formação do juízo (e, por extensão, da opinião) exige que se escape à particularidade subjetiva de uma perspectiva singular para considerar outras perspectivas.

Como aponta Seyla Benhabib, o espaço arendtiano da política que se forma na interação discursiva envolve a transformação das parciais e limitadas perspectivas de cada classe, grupo ou indivíduos em uma visão mais ampliada de mentalidade alargada. Assim, a constituição do espaço público implica a reivindicação pela generalização de demandas, necessidades e interesses pelas quais cada indivíduo, grupo ou classe luta.

Benhabib dá como exemplo as reinvindicações por uma jornada de trabalho reduzida, contra o trabalho infantil ou pelo acesso universal aos serviços de saúde que também podem ser vistas, de um ponto de vista mais geral, como uma luta por justiça, que diz respeito não apenas aos grupos, às classes ou aos indivíduos diretamente envolvidos, mas à comunidade política como um todo.[557] E, neste aspecto, remeta-se aos comentários da seção, neste capítulo, sobre os conselhos populares em Arendt, mais

---

[556] ARENDT. *Last interview and other conversations*, 2013, p. 104.
[557] Cf. BENHABIB, 1996, p. 145. Sobre a ideia de mentalidade alargada discutida no ensaio "A crise na cultura", ver ARENDT. *Entre o passado e o futuro*, 2002, p. 274.

particularmente sobre a flexibilidade da ideia de ação política na obra da autora, a despeito das suas distinções por vezes tão rígidas entre o político e o social.

Por último, resta destacar o papel da imprensa a partir do que foi discutido na obra de Tocqueville e Arendt. Sobre esse tema, o primeiro ponto a merecer ênfase é que não há como se falar em processo livre e plural de formação e expressão dos cidadãos se não se tem como garantia o direito básico à informação – e à informação não manipulada, conforme Arendt, evocando a discussão sobre o tema da verdade factual e a sua relação com as opiniões, no sentido de que "os fatos informam as opiniões".

Ora, o papel essencial da imprensa em colocar em circulação informações e ideias sem nenhum tipo de censura ou manipulações da verdade factual, servindo como plataforma para o debate público e para a expressão e a formação (no sentido civilizatório de esclarecimento) das opiniões dos cidadãos, se vê seriamente comprometido em um cenário de monopolização ou oligopolização da comunicação pública. Esse processo pode ocorrer seja pela via estatal, seja por meio das grandes corporações de mídia, com o seu poder de pautar o debate e a agenda públicos com base em seus próprios interesses e não no interesse público, além de restringir a pluralidade e a diversidade de pontos de vista, quando não simplesmente impedem a livre expressão de vozes contrárias ou questionadoras de seus interesses, pelo caminho do silenciamento, da invisibilização e da censura das vozes dissonantes.

Por essa razão, como se destacou em Tocqueville, além da mais ampla liberdade de imprensa, fundamental para fazer dela porta-voz da cidadania na sua missão de vigilância dos poderes (públicos e privados) e ser uma plataforma para o debate público plural e aberto, também se faz necessário um modelo de imprensa descentralizado, desconcentrado e pulverizado em uma diversidade maior de veículos de comunicação, os quais pratiquem um jornalismo independente de pressões políticas e econômicas (e aqui podem-se evocar as observações de Arendt acerca do "Quarto Poder"). Também com relação ao poder da imprensa, a posição de Arendt e Tocqueville com relação ao poder político é

CAPÍTULO 4 – INSTITUIÇÕES DA LIBERDADE

perfeitamente aplicável: ao invés de se impor restrições à liberdade de imprensa, a melhor maneira de evitar os abusos desse poder é desconcentrá-lo e disseminá-lo por todo o tecido social, impedindo a constituição de monopólios e oligopólios nesse setor que possam atuar de forma atentatória à liberdade de opinião e ao direito à informação, indissociável da primeira.

Ressalte-se ainda a conexão que Tocqueville faz entre uma imprensa livre e a participação mais ativa dos cidadãos nos assuntos públicos, pois, à medida que os indivíduos se engajam mais na vida pública, a exigência pelo acesso à informação será maior e também por um jornalismo compromissado com o bem comum e a cidadania. Já o isolamento dos indivíduos nas sociedades modernas, a sua alienação em relação ao mundo público e o seu descompromisso com as responsabilidades cívicas os tornam presas fáceis da indústria de comunicação de massa,[558] na qual o jornalismo, de serviço de interesse público, passa cada vez mais a se revestir de um caráter de espetáculo e entretenimento. O próprio público que consome os produtos dessa indústria vê-se degradado em mera audiência.

Mencionou-se, linhas atrás, uma observação da historiadora Heloisa Starling sobre o republicanismo norte-americano, quando do seu nascedouro durante a Revolução Americana, que o relaciona à fundação de um espaço público permanentemente reservado para o exercício da liberdade. Nas "Considerações finais" que serão apresentadas a seguir, a intenção é destacar um ideal republicano relacionado justamente ao exercício reiterado da liberdade política, como uma práxis continuamente renovada, que possa ser extraído da obra de Tocqueville e Arendt.

---

[558] E também do atualíssimo mecanismo de disseminação *de fake news*, como já se apontou neste capítulo.

CONSIDERAÇÕES FINAIS

VIVERE CIVILE E *VITA ACTIVA*: O REPUBLICANISMO DE TOCQUEVILLE E ARENDT

De acordo com a classificação do historiador britânico John Pocock, a república, tal como concebida pela tradição do humanismo cívico, é caracterizada por quatro elementos: a igualdade entre os cidadãos, a liberdade política reconhecida a cada um dentre eles, o sentimento comum em relação ao bem público (ou seja, o espírito público) e o pertencimento ativo à cidade, em outras palavras, a participação ativa dos cidadãos nos negócios públicos. Segundo Coutant, esses quatro elementos destacados por Pocock inscrevem-se em duas ideias tomadas de empréstimo à república romana: o *vivere civile*, que compreende as noções de liberdade e igualdade, e a *vita activa*, englobando as noções de virtude pública e participação política.

A república, como comunidade de valores, seria, dentro da tradição do humanismo cívico, tanto a construção como a colocação em prática desses dois aspectos – o *vivere civile* e a *vita activa*. E a sua força – e, por consequência, a sua fragilidade – dependeria do maior ou do menor grau de engajamento dos atores nela envolvidos.[559]

Tendo em vista essa estreita correlação entre a república e o nível de engajamento dos cidadãos, não é de se admirar que a literatura republicana derivada dessa tradição esteja permeada de exortações sobre a importância da virtude pública, traduzida

---

[559] Cf. COUTANT, 2010.

pelo espírito público e pelo comprometimento com a *res publica*. E Brutus, o cônsul romano que colocou os deveres como cidadão acima dos sentimentos e das obrigações que o uniam à família, ao condenar os próprios filhos à morte por traição em nome da preservação da república, não por acaso acabou se convertendo no arquétipo do herói republicano.

O clamor pela emulação do exemplo de Brutus, conclamando os cidadãos a amar mais a república do que as próprias almas, para lembrar o dito maquiaveliano, também se fazia necessário em um contexto em que a convicção usual dessa corrente do pensamento político era a de que o destino das repúblicas, mais cedo ou mais tarde, seria a decadência, degenerando em anarquia ou em tirania. Assim, a depender do compromisso dos cidadãos com a república, esta poderia ser mais ou menos longeva, embora a sua corrupção, vinda do interior ou trazida por um elemento externo, fosse inescapável. Como o próprio Rousseau indagou no *Contrato social*, se até Roma e Esparta pereceram, que comunidade política poderia ter a veleidade de achar que duraria para sempre?[560]

Margareth Canovan observa que esse acento heroico e trágico do republicanismo foi deixado de lado no século XIX em consequência de dois fenômenos, os quais levavam ao pressuposto liberal de que a liberdade política era inevitável e a sua conquista e a sua manutenção não requeriam os sacrifícios exigidos pela tradição clássica. O primeiro fenômeno dizia respeito aos Estados Unidos da América, cuja história demonstrava que a liberdade poderia ser usufruída em larga escala e em um extenso território, sem demandar o heroísmo patriótico que caracterizava as pequenas e guerreiras repúblicas antigas, sempre em alerta contra as ameaças de inimigos internos e externos. O segundo, também corroborado pelo exemplo norte-americano, era a crença no progresso, a qual condicionava o destino das comunidades políticas não mais às ações e às virtudes dos cidadãos, mas à

---

[560] ROUSSEAU, 1964, p. 424.

influência de forças históricas, econômicas e sociais. Esses dois fenômenos permitiram a disseminação da ideia de que, "já que a história estava do lado da liberdade, uma vez esta conquistada, ela seria permanente".[561]

Ora, a partir do que foi amplamente discutido ao longo dos quatro capítulos deste livro acerca do pensamento político de Alexis de Tocqueville e de Hannah Arendt, e suas estreitas confluências, pode-se dizer que ambos, com a sua valorização dos princípios republicanos citados do *vivere civile* e da *vita activa*, aproximam-se da tradição republicana. No entanto, para conceber algo como um republicanismo tocquevilliano e um republicanismo arendtiano, deve-se tomar o cuidado de não reduzi-los a uma simples tentativa de retorno às origens de um modelo político idealizado, que, no final das contas, redundaria em uma visão utópica da política, incompatível com as complexidades das modernas sociedades democráticas. Por outro lado, se é factível fazer essa associação de Tocqueville e Arendt com a corrente republicana, é justamente porque ambos se recusaram a se render ao otimismo liberal que coloca a liberdade a reboque do progresso histórico e material dos corpos políticos, como aponta Canovan, relegando a ação coletiva a um plano secundário.

A liberdade política, para os dois autores, está sempre condicionada ao esforço humano e por isso depende da ação engajada de homens e mulheres movidos pelo espírito público. Caso seja permitido mencionar um tipo de herói da "república" de Tocqueville e Arendt, o seu protótipo não seria exatamente o de Brutus, com o seu trágico destino – o homem disposto a imolar a si próprio e àqueles a quem mais ama em nome da pátria –, embora devam-se lembrar as observações de Arendt acerca da afirmação de Maquiavel de que ele amava mais a sua terra natal do que a própria alma.[562] Esse herói da república, para ambos os

---

[561] CANOVAN, 2002, p. 204.
[562] A respeito desta questão em Tocqueville, Jasmin observa que o autor deplorava o que considerava uma falha da moralidade cristã, quando comparada à moral antiga: esta última priorizava as virtudes públicas, os deveres dos cidadãos para

autores, adquiriria certamente as feições dos cidadãos comuns do povo, os quais formam essa pluralidade de singularidades, diferenças e pontos de vista conflitantes que delibera e age em concerto, na busca dos pactos e dos acordos sempre renegociáveis do campo político.

No que concerne a Tocqueville, a revolução democrática, no sentido de que as sociedades caminham para um tipo de organização sociopolítica igualitária, se afigurava como algo inevitável. A questão que se impunha era como conciliar a igualização das condições com a preservação da liberdade, que na sua concepção combina a independência individual com a participação ativa dos cidadãos nos negócios públicos.

Para o autor, as maiores ameaças à liberdade nas sociedades democrático-igualitárias modernas brotam do seu próprio seio: na forma da tirania da maioria, manifesta tanto pela via da completa sujeição dos corpos legislativos às oscilações da vontade soberana popular quanto pela opressão exercida pela opinião pública sobre as minorias e os indivíduos em particular, e na figura do Estado tutelar, encarnado em um poder central que se impõe sobre a massa dos indivíduos atomizados. Para evitar esses males democráticos, o autor se esforça em procurar, como diz Couchant, "remédios republicanos", que busquem incentivar o *vivere civile* e a *victa ativa*.

Essa busca pelos remédios republicanos passa inicialmente pela preocupação com as estruturas institucionais para a preservação da liberdade. Daí a ênfase de Tocqueville, inspirado nos Estados Unidos, ao modelo federativo, com a divisão dos poderes entre os entes que o compunham, ao sistema legislativo bicameral, ao Poder Judiciário e o seu grande papel como guardião da Constituição Federal. Esses remédios republicanos também compreendem múltiplas formas de ação coletiva não necessariamente vinculadas às instituições do Estado – nas comunas, em nível local; nas associações voluntárias políticas e civis, que podem

---

com a pátria, diferente da primeira, que se estabeleceu fora de todos os poderes políticos e de todas as nacionalidades (cf. JASMIN, 1997).

atingir desde uma escala mais localizada até alcançar uma mobilização nacional.

Em suma, o republicanismo tocquevilliano alimenta-se não só de instituições que permitam a participação popular na deliberação e na tomada de decisões sobre os negócios públicos. Mas requer uma sociedade civil ativa, engajada na vida pública.

Consciente de que, nas sociedades democráticas modernas, seria uma tarefa vã exigir dos cidadãos um comprometimento com a república, na esteira do republicanismo clássico, que chegasse às raias do autossacrifício, Tocqueville concebe uma ideia de virtude pública associada à noção de direito. Por essa noção de virtude pública, os indivíduos reconhecem-se não só como sujeitos de direito, mas entendem que é sua obrigação respeitar essas mesmas prerrogativas junto àqueles que compartilham com eles o espaço público.

Para despertar essa disposição nos cidadãos, o autor não apela a um patriotismo inflamado nem a um sentimento desinteressado e altruísta pouco compatíveis com a mentalidade das sociedades democráticas capitalistas, voltada para o acúmulo de ganhos e ao bem-estar material. Porém, ao "interesse bem compreendido", que leva a um patriotismo racional, o qual compreende que os interesses particulares nem sempre estão em rota de colisão com os interesses da comunidade e que, ao contrário, podem ser recompensados quando o corpo político como um todo é beneficiado.

Embora mais pragmática, a virtude cívica em Tocqueville é o esforço de se despreender desse autocentramento a que o fenômeno do individualismo conduz nas sociedades modernas, a fim de que o indivíduo possa se imbuir do espírito público ao se dedicar às suas responsabilidades cívicas. Esse esforço resulta em um círculo virtuoso no qual a liberdade individual terá mais chances de ser preservada, pois a participação democrática e popular nos negócios públicos é o único caminho para evitar os despotismos que ameaçam a democracia e, por tabela, a liberdade dos cidadãos, compreendida no sentido amplo, tanto na esfera pública quanto privada.

Margie Lhoyd, em um ensaio no qual aponta os débitos de Arendt para com Tocqueville, comenta que a autora, tal como o pensador francês se autoclassificara, também poderia ser chamada de "liberal de uma nova espécie", tendo em vista que ambos rejeitam os princípios liberais do materialismo individualista e do progresso inevitável, mas endossam o direito à propriedade, à liberdade de discurso e de associação, a uma política descentralizadora e à participação política por meio de associações.[563] Todavia, se tal epíteto pode ser aplicado a Arendt – ela que expressava fortes reservas ao liberalismo – é precisamente porque suas concordâncias com a corrente liberal no sentido de valorização das liberdades individuais, da preservação da propriedade privada e do associativismo são temperadas por um forte acento republicano, à semelhança de Tocqueville.

Se Arendt enaltece a privatividade, ao enfatizar a necessidade de assegurar um espaço privado no mundo como condição de acesso à esfera pública, a defesa que faz da propriedade como requisito para a garantia desse espaço privado a todos está a uma grande distância do liberalismo. Este equaciona o direito à propriedade com a ausência de obstáculo para o acúmulo de riqueza, cuja excessiva concentração tem por efeito destituir as massas de propriedade, conforme adverte Arendt.

Além do mais, em consonância com Tocqueville, para Arendt a privacidade corre imensos riscos em consequência da tendência moderna do indivíduo de se voltar para si mesmo, preocupado em resguardar exclusivamente a sua vida privada. A liberdade e a privacidade individuais, que em Arendt surgem como pré-requisitos para o exercício da liberdade pública, também estão condicionadas à criação e à preservação de um espaço público onde é possível a prática do *vivere civile* e da *vita activa*.

Margareth Canovan aponta que o movimento de rejeição ao liberalismo, por parte de intelectuais europeus desencantados após os horrores da Primeira Guerra Mundial, continha fortes ele-

---

[563] LHOYD, 1995, p. 37.

mentos extraídos da tradição clássica republicana que acabaram conduzindo ao fascismo, como o apelo ao heroísmo dos líderes políticos e a busca da glória, a idealização da camaradagem e da disposição ao autossacrifício à moda espartana e a glorificação do militarismo. Arendt estava consciente desses riscos, daí a sua ênfase à condição humana da pluralidade. Como resume Canovan, em uma passagem de seu livro *Hannah Arendt – A reinterpretation of her political thought*:

> Porque somos plurais, a ação política não concerne somente heróis solitários, mas a interação entre pares; porque somos plurais, até o mais carismático líder não faz mais do que liderar o que é essencialmente um empreendimento conjunto; porque somos plurais, os seres humanos são mais gloriosos não quando sua individualidade se dissolve na camaradagem espartana no campo de batalha, mas quando revelam suas identidades únicas no palco público.[564]

A prática do *vivere civile* e da *vita activa* em Arendt, levada a cabo pela pluralidade de homens e mulheres no espaço público, requer ainda que ela ocorra dentro de um quadro de instituições políticas estáveis e duradouras, salvaguardadas pela lei. Disso decorre a ênfase de Arendt, em comum com Tocqueville, do princípio federal, a grande inovação revolucionária norte-americana que permitiu a constituição de corpos políticos que se uniam em alianças duráveis, preservando o poder de cada um. Esse princípio implica poderes mútuos e separados (no sistema de *check and balances*) e múltiplas formas de representação e participação políticas que retiram os indivíduos do isolamento e da apatia para exercer uma cidadania ativa.

---

[564] CANOVAN, 2002, p. 205.

Todavia, essa preocupação arendtiana com a estabilidade e a durabilidade das instituições políticas não subordina exclusivamente a ação política ao campo de atuação do governo. Também nesse aspecto guardando uma afinidade muito grande com Tocqueville, em Arendt ganha realce uma esfera pública descentralizada em que a ação política possa surgir espontaneamente da livre associação entre os cidadãos.

O cultivo do espírito público, da vírtude cívica, em Arendt – assim como em Tocqueville –, surge da reiterada práxis política. Não se trata aqui de um esforço em direção a um projeto formativo de cidadãos patriotas por meio da imposição de um catálogo de virtudes cívicas, que levaria antes à homogeneidade e ao consenso que dispensam o debate do que à pluralidade e aos conflitos e pactos entre indivíduos com diferentes pontos de vista.

O republicanismo de Tocqueville e Arendt está enraizado no exercício cotidiano da cidadania, por meio de instituições e de outras formas de associação política nas quais o espírito público alimenta e incentiva uma prática republicana de valorização da vida pública, ao mesmo tempo em que é alimentado e renovado por essa prática, resultando em uma cultura republicano-democrática que se forma na práxis política. Como diz Dana Villa – em referência a Arendt, mas que também se aplica a Tocqueville –, por essa concepção, o espírito público "deve ser valorizado não porque ele preserva a *patria*, mas porque é essencial para tornar a liberdade pública palpável, e isso, por sua vez, torna possível a felicidade pública".[565]

A brutal experiência totalitária do século XX fez Arendt perceber claramente quão frágeis são as democracias liberais do Ocidente diante dos perigos sempre presentes das ideologias totalitárias e do seu grande potencial de atração sobre as massas atomizadas das modernas sociedades de consumo. Lembrando as palavras de Arendt nas páginas finais de *Origens do totalitarismo*, apesar do fim dos totalitarismos, os elementos totalitários

---

[565] VILLA, 2008, p. 101.

permaneceram nas sociedades modernas, como uma forte tentação para aliviar a penúria política, social e econômica das massas.

Evidentemente, dizer que o Estado tutelar descrito por Tocqueville antecipa a novidade radical dos totalitarismos do século XX seria despropositado, uma tentativa infrutífera de atribuir dons proféticos a um autor que pensa, primordialmente, com base nos dados da realidade de seu tempo. Porém, é certo que tanto Arendt quanto Tocqueville partilham o temor de que o individualismo, o desenraizamento e a apatia dos indivíduos que compõem as massas modernas os tornem presas fáceis para os despotismos que podem surgir das sociedades democráticas. Tocqueville atenta para os riscos das sociedades democráticas se verem imersas em uma apatia imobilizadora, que retiraria qualquer capacidade de ação dos cidadãos:

> Acredita-se que as novas sociedades vão mudar de fisionomia a cada dia; eu, de minha parte, tenho medo de que elas terminem por se fixar invariavelmente nas mesmas instituições, nos mesmos preconceitos, nos mesmos costumes; de tal sorte que o gênero humano se detenha e se bitole; que o espírito se volte e torne a se voltar eternamente para si mesmo, sem produzir novas ideias; que o homem se esgote em pequenos movimentos solitários e estéreis e que, movendo-se sem cessar, a humanidade não avance mais.[566]

É interessante comparar essa preocupação de Tocqueville com relação ao futuro das democracias com o que diz Hannah Arendt, no final de seu livro *A condição humana*, acerca do conformismo que caracteriza as modernas sociedades de consumo. "É perfeitamente concebível que a era moderna – que teve início com uma explosão tão promissora e sem precedentes de atividade humana – venha a terminar na passividade mais letal e estéril que a história jamais conheceu", escreve a autora.[567]

---

[566] TOCQUEVILLE. DA2, in *Oeuvre II*, 1992, p. 782.
[567] ARENDT. *The human condition*, 1998, p. 322.

Essa passividade característica da sociedade moderna torna as pessoas vulneráveis não só ao controle estatal, mas também, no mundo contemporâneo, no qual os próprios Estados nacionais encontram-se em crise, à ação das corporações globais. Estas vêm assumindo muitas das funções atribuídas ao Estado tutelar, "doce" e previdente imaginado por Tocqueville, invadindo todas as dimensões da vida humana e moldando os gostos, os desejos, as necessidades e até os pensamentos dos indivíduos.

Atuam, assim, para que os indivíduos se "regozijem, desde que eles só pensem em se regozijar", conforme diz Tocqueville, fixando-os "irremediavelmente na infância", livres do esforço de pensar por si próprios e da "pena de viver".[568] Um *modus operandi* que pode ser identificado, nos dias de hoje, na estratégia de uma das plataformas globais digitais, a qual nos inquire candidamente a todo o momento: "No que você está pensando?".

Apesar desse diagnóstico sombrio sobre as sociedades democráticas modernas, Tocqueville e Arendt não deixam de apostar nas potencialidades da ação humana. Para eles, somente a interação entre cidadãos, no espaço público, pode resguardar a democracia dos riscos de despotismo. Se a democracia carrega no seu interior os males que podem destruí-la, é também dentro dela própria que se encontram os instrumentos para combatê-los. O incremento da prática da liberdade, o seu exercício contínuo pelos cidadãos, é o caminho mais seguro e eficaz para preservar a liberdade, tanto a liberdade individual quando a política, em uma sociedade igualitária e democrática.

Em resumo, como sintetiza Tocqueville, em uma bela fórmula:

> É assim que, na imensa complicação das leis humanas, ocorre às vezes que a extrema liberdade corrige os abusos da liberdade, e que a extrema democracia previne os perigos da democracia.[569]

---

[568] TOCQUEVILLE. DA2, in *Oeuvre II*, 1992, p. 837; ver também RIVIALE, 1997, p. 223.
[569] Idem. DA1, in op. cit., p. 219.

REFERÊNCIAS

1. OBRAS DE ALEXIS DE TOCQUEVILLE

A democracia na América – Leis e costumes. Tradução de Eduardo Brandão. São Paulo: Martins Fontes, 1998. v. I.

A democracia na América – Sentimentos e opiniões. Tradução de Eduardo Brandão. São Paulo: Martins Fontes, 2000. v. II.

Considérations sur la Révolution. In: *Oeuvres III*. Paris: Éditions Gallimard, 2004. (Bibliothèque de la Pléiade).

Correspondance anglaise – Correspondance d'Alexis de Tocqueville avec Henry Reeve et John Stuart Mill. In: *Oeuvres complètes VI*. 6. ed. Paris: Gallimard, 1954.

Correspondance étrangère – Amerique, Europe continentale. In: *Oeuvres complètes VII*. Paris: Gallimard, 1986.

Correspondance d'Alexis de Tocqueville et d'Arthur de Gobineau. 4. ed. In: *Oeuvres complètes IX*. Paris: Gallimard, 1959.

Correspondance d'Alexis de Tocqueville avec P.P. Royer-Collard et avec J.J. Ampère. In: *Oeuvres complètes XI*. Paris: Gallimard, 1970.

Correspondance d'Alexis de Tocqueville et de Louis de Kergolay. In: *Oeuvres complètes XIII*. Paris: Gallimard, 1977. v. I.

Correspondance familiale. In: *Oeuvres complètes XIV*. Paris: Gallimard, 1998.

Correspondance de Alexis de Tocqueville et de Francisque de Corcelle. Correspondance de Alexis de Tocqueville et Mme de Swetchine. In: *Oeuvres complètes XV*. Paris: Gallimard, 1983.

De la démocratie en Amerique I (1835). In: *Oeuvres II*. Paris: Éditions Gallimard, 1992. (Bibliothèque de la Pléiade).

De la démocratie em Amerique II (1840). In: *Oeuvres II*. Paris: Éditions Gallimard, 1992. (Bibliothèque de la Pléiade).

Deuxième article sur le pauperisme. In: *Oeuvre I*. Paris: Éditions Gallimard, 1991. (Bibliothèque de la Pléiade).

Discours de M. de Tocqueville, prononcé dans la séance publique du 21 avril 1842, en vénant prendre séance à la place de M. le Comte de Cossac. In: INSTITUT ROYAL DE FRANCE. Académie Française. Paris: Typographie de Firmin Didot Frères, [1842].

Écrits et discours politiques. In: *Oeuvres complètes III*. Paris: Gallimard, 1985.

Egalité sociale et liberté politique. Textes choisis et presentés par Pierre Gilbert. Paris: Aubier Montagne, 1977.

État social et politique de la France avant et depuis 1789. In: *Oeuvres III*. Paris: Éditions Gallimard, 2004. (Bibliothèque de la Pléiade).

Journey to America. Edited by J. P. Mayer. London: Faber, 1959.

L'Ancien Régime et la Révolution (1856). In: *Oeuvres* III. Paris: Éditions Gallimard, 2004. (Bibliothèque de la Pléiade).

Lembranças de 1848 – As jornadas revolucionárias de Paris. Tradução de Modesto Florenzano. São Paulo: Penguin/Companhia das Letras, 2011.

Mémoire sur le pauperisme. In: *Oeuvre I*. Paris: Éditions Gallimard, 1991. (Bibliothèque de la Pléiade).

O Antigo Regime e a Revolução. Organização de J.-P. Mayer. Tradução de Rosemary Costhek Abílio. São Paulo: Martins Fontes, 2009.

Quinze jours dans le désert. Paris: Éditions Gallimard, 1991.

Sur la Démocratie en Amerique (Fragments inédits). *La Nouvelle Revue Française* (N.R.F.), p. 8, 1er avril 1959. (Extrait).

Souvenirs (1850-1851). In: *Oeuvre III*. Paris: Éditions Gallimard, 2004. (Bibliothèque de la Pléiade).

Sur l'esclavage. Algérie: Actes Sud/Éditions Barzahh, 2008.

Viagem aos Estados Unidos. Tradução de Plínio Augusto Coelho. São Paulo: Hedra, 2010.

Voyage en Angleterre et en Irlande de 1835. In: *Oeuvre I*. Paris: Éditions Gallimard, 1991. (Bibliothèque de la Pléiade).

2. OBRAS DE HANNAH ARENDT

Ação e busca da felicidade. Organização e notas de Heloisa Murgel Starling. Tradução de Virginia Starling. Rio de Janeiro: Bazar do Tempo, 2018.

A condição humana. Tradução de Roberto Raposo. Revisão técnica e apresentação de Adriano Correia. 11 ed. Rio de Janeiro: Forense, 2012.

REFERÊNCIAS

A dignidade da política – Ensaios e conferências. Organização, introdução e revisão técnica de Antônio Abranches. Tradução de Helena Martins et al. 3 ed. Rio de Janeiro: Relume Dumará, 2002.

A promessa da política. Organização e tradução de Jerome Kohn. Tradução de Pedro Jorgensen Jr. Rio de Janeiro: Difel, 2008.

A vida do espírito – o pensar, o querer, o julgar. Edição de Mary McCarthy. Tradução de Antônio Abranches, César Augusto R. de Almeida e Helena Martins. 5. ed. Rio de Janeiro: Relume Dumará, 2002.

Compreender – Formação, exílio e totalitarismo. Ensaios (1930-1954). Organização, tradução e notas de Jerome Kohn. Tradução de Denise Bottmann. São Paulo: Companhia das Letras; Belo Horizonte: Editora UFMG, 2008.

Correspondance – 1939-1968 [entre Hannah Arendt e Heinrich Blücher]. Introduite et anotté par Lotte Köhler. Paris: Calman-Lévy, 1996.

Correspondance [entre Hannah Arendt e Gershon Scholem]. Paris: Seuil, 2012.

Crises da república. Tradução de José Volkmann. São Paulo: Perspectiva, 1999.

Crisis of the republic. New York: Harcourt Brace & Company, 1972.

Eichmann em Jerusalém – Um relato sobre a banalidade do mal. Tradução de José Rubens Siqueira. São Paulo: Companhia das Letras, 1999.

Entre amigas – A correspondência de Hannah Arendt e Mary McCarthy (1949-1975). Organização e introdução de Carol Brightman. Tradução de Sieni Campos. Rio de Janeiro: Relume Dumará, 1995.

Entre o passado e o futuro. Tradução de Mauro W. Barbosa de Almeida. São Paulo: Perspectiva, 2002.

Escritos judaicos. Organização de Jerome Kohn e Ron H. Feldman. Tradução de Laura D. M. Mascaro, Luciana G. de Oliveira e Thiago D. da Silva. Barueri (SP): Editora Manole, 2016.

Homens em tempos sombrios. Tradução de Denise Bottmann. São Paulo: Companhia das Letras, 1998.

Journal de pensée (1950-1973). Edité par Ursula Ludz e Ingeborg Nordmann en collaboration avec le Hannah-Arendt-Institut (Dresde). Traduit de l'allemand et de l'anglais par Sylvie Courtine-Denamy. Paris: Éditions du Seuil, 2005. (2 v.).

"La philosophie n'est pas tout à fait innocente". Lettres [de Hannah Arendt e Karl Jaspers] choisies et présentées par Jean-Luc Fidel. Paris: Éditions Payot et Rivages, 2006.

Lições sobre a filosofia política de Kant. Organização de Ronald Beiner. Tradução de André Duarte e Paulo Rubens da Rocha Sampaio. 2. ed. Rio de Janeiro: Relume Dumará, 1994.

Origens do totalitarismo – Anti-semitismo, imperialismo, totalitarismo. Tradução de Roberto Raposo. São Paulo: Companhia das Letras, 2000.

On revolution. London: Peguin Books, 1990.

O que é política? Fragmentos das obras póstumas compilados por Ursula Ludz. Tradução de Reinaldo Guarany. 2 ed. Rio de Janeiro: Bertrand Brasil, 1999.

Rahel Varnhagen – A vida de uma judia alemã na época do Romantismo. Tradução de Antônio Trânsito e Gernot Kludash. Rio de Janeiro: Relume Dumará, 1994.

Responsabilidade e julgamento. Edição e introdução americana de Jerome Kohn. Edição e introdução brasileira de Bethânia Assy. Tradução de Rosaura Eichenberg. São Paulo: Companhia das Letras, 2004.

Revolution and freedom. Edited by Adriano Correia. *Cadernos de Filosofia Alemã*, v. 21, n. 3, p.165-186, 2016.

Sobre a revolução. Tradução de Denise Bottmann. São Paulo: Companhia das Letras, 2011.

Sobre a violência. Tradução e ensaio crítico de André Duarte. Rio de Janeiro: Relume Dumará, 1994.

The human condition. 2 ed. Chicago: The University of Chicago Press, 1998.

The last interview and other conversations. Translated by Joan Stambaugh et al. Nova York: Melville House Publishing, 2013.

The origins of totalitarianism. New York: Harcourt Brace & Company, 1973.

3. OBRAS DE OUTROS AUTORES

ADLER, Laure. *Nos passos de Hannah Arendt*. Tradução de Tatiana Salem Levy e Marcelo Jacques. Rio de Janeiro: Record, 2007.

ADVERSE, Helton. Uma república para os modernos. Arendt, a secularização e o republicanismo. *Filosofia Unisinos*, v. 13, n. 1, p. 39-56, jan./abr. 2012.

AGNÈS, Antoine. *L'impensé de la démocratie*. Tocqueville, la citoyenneté et la religion. Paris: Fayard, 2003.

AMIEL, Anne. *A não-filosofia de Hannah Arendt* – Revolução e julgamento. Lisboa: Instituto Piaget, 2003.

ARCHIVES NUMERIQUES DE LA REVOLUTION FRANÇAISE. Assemblée nationale/Archives Parlementaires [29 septembre 1791].

REFERÊNCIAS

Stanford, California: Stanford University; Paris: Bibliothèque Nationale de France, s.d. Disponível em: <https://frda.stanford.edu/fr/catalog/gs562ck7014_00_0620>. Acesso em: 26 abr. 2018.

ASSY, Bethania. *Ética, responsabilidade e juízo em Hannah Arendt.* São Paulo: Perspectiva, 2015.

ASSY, Bethania. Hannah Arendt's doxa glorifying judgment and exemplarity – a potentially public space. *Veritas,* Porto Alegre, v. 50, n. 1, mar. 2005, p. 5-21. Disponível em: <http://revistaseletronicas.pucrs.br/ojs/index.php /veritas/article/viewFile/1788/1318>. Acesso em: 15 nov. 2012.

ARISTÓTELES. *A política.* Tradução de Roberto Leal Ferreira. São Paulo: Martins Fontes, 2002.

ARISTÓTELES. Ética a Nicômaco. In: *Aristóteles.* Tradução de Eudoro de Souza. São Paulo: Nova Cultural, 1987. v. II. (Os pensadores).

ARISTÓTELES. *Ética a Nicómaco.* Tradução, prefácio e notas de António de Castro Caeiro. 4. ed. Lisboa: Quetzal Editores, 2012.

ARON, Raymond. *As etapas do pensamento sociológico.* Tradução de Sérgio Bath. São Paulo: Martins Fontes, 2011.

AUDIER, Serge. *Tocqueville retrouvé* – genèse et enjeux du renouveau tocquevillien français. Paris: Vrin/Ehess, 2004.

BALZAC, Honoré de. *Illusions perdues.* Paris: Flammarion, 1990.

BENHABIB, Seyla. *The reluctant modernism of Hannah Arendt.* New York: Rowman & Littlefield Publishers, 1996.

BESNIER, Jean-Michel. *Tocqueville et la démocratie.* Paris: Hatier, 1995.

BENOIT, Jean-Louis. *Tocqueville.* Paris: Éditions Perrin, 2013.

BERLIN, Isaiah. *Freedom and its betrayal.* 2. ed. New Jersey: Princeton University Press, 2014.

BERLIN, Isaiah. *A força das ideias.* Organização de Henry Hardy. Tradução de Rosaura Eichenberg. São Paulo: Companhia das Letras, 2005.

BERLIN, Isaiah. Dois conceitos de liberdade. In: *Quatro ensaios sobre a liberdade.* Tradução de Wamberto Hudson Ferreira. Brasília (DF): Editora da Universidade de Brasília, 1981.

BERNSTEIN, Richard J. *Hannah Arendt and the Jewish question.* Cambridge: The MIT Press, 1996.

BIGNOTTO, Newton. Hannah Arendt e a revolução. *O que nos faz pensar,* Rio de Janeiro, 2011, p. 59-75.

BIGNOTTO, Newton. A matriz francesa. In: BIGNOTTO, Newton. (Org.). *Matrizes do republicanismo.* Belo Horizonte: Editora da UFMG, 2013. p. 175-229.

BOESCHE, Roger. *The strange liberalism of Alexis de Tocqueville*. New York: Cornell University, 1987.
BOESCHE, Roger. Tocqueville and Le Commerce: a newspaper expressing his unusual liberalism. *Journal of the History of Ideas*, Philadelphia, Temple University, v. XLIV, n. 2, p. 277-292, abr./jun. 1983.
BORREN, Marieke. *Amor mundi:* Hannah Arendt's political phenomenology of world. 2010. Thesis (Ph.D.) – Instituut voor Cultuur en Geschiedenis, Amsterdã. Disponível em: <http://hdl.handle.net/11245/2.79499>. Acesso em: 30.jul.2016.
BOURDIN, Jean-Claude. Apologie pour l'opinion publique (Doxa et démocratie). *Raison publique*, fev. 2010. Disponível em: <http://raisonpublique.fr/article207.html>. Acesso em: 22 ago. 2016.
BRESCHER, Seymour. "Why great revolutions will become rare". Tocqueville's most neglected prognosis. *Journal of Modern History*, n. 64, p. 429-454, sep. 1992.
BROGAN, Hugh. *Alexis de Tocqueville* – O profeta da democracia.Tradução de Mauro Pinheiro. São Paulo: Record, 2012.
BURKE, Edmund. *Reflexões sobre a revolução na França*. Tradução de José Miguel Nanni Soares. São Paulo: Edipro, 2014.
CALLOT, Emile-François. *La pensée liberale au XIX siècle* – à travers trois moments de sa formation. Paris: L'Hermès, 1987.
CANOVAN, Margaret. *Hannah Arendt* – A reinterpretation of her political thought. New York: University of Cambridge, 1992.
CANOVAN, Margaret. *The people*. Cambridge: Polity Press, 2005.
CANOVAN, Margaret. Arendt's theory of totalitarianism: a reassessment. In: VILLA, Dana (Ed.). *The Cambridge companion to Hannah Arendt*. New York: Cambridge University Press, 2002.
CANCELLI, Elizabeth. Pensando a América de Thomas More a Hannah Arendt, em nome da virtude, da política e de Deus. In: DUARTE, André; LOPREATO, Christina; MAGALHÃES, Marion Brepohl. *A banalização da violência:* a atualidade do pensamento de Hannah Arendt. Rio de Janeiro: Relume Dumará, 2004.
CAPDEVILA, Nestor. *Tocqueville et les frontières de la démocratie*. Paris: PUF, 2007.
CAREY, George W.; McClellan, James. In: HAMILTON, Alexander; JAY, John; MADISON, James. *The federalist*. Indianapolis: Liberty Fund, 2001.
CHAVES, Rosângela. *A capacidade de julgar* – Um diálogo com Hannah Arendt. Goiânia: Editora da UCG/Cânone Editorial, 2009.
CORREIA, Adriano. *Hannah Arendt e a modernidade*. Rio de Janeiro: Forense Universitária, 2014.

REFERÊNCIAS

CORREIA, Adriano. Apresentação à nova edição brasileira. In: ARENDT, Hannah. *A condição humana*. 11. ed. rev. Rio de Janeiro: Forense Universitária, 2012.

CONSTANT, Benjamin. *Des effets de la terreur*. [1797]. Disponível em: <gallica.bnf.fr>. Acesso em: 25.6.2015. (Gallica – Biblioteca Nacional da França).

CONSTANT, Benjamin. *De la liberté des anciens comparée à celle des modernes*. [1819]. Paris: Berg International, 2016.

CONSTANT, Benjamin. *Princípios de política aplicáveis a todos os governos*. Tradução de Joubert de Oliveira Brízida. Rio de Janeiro: Topbooks, 2007.

CONSEIL CONSTITUTIONNEL. *Les Constitutions de la France*. [s.d.]. Disponível em: <http://www.conseil-constitutionnel.fr/conseil-constitutionnel/francais/la-constitution/les-constitutions-de-la-france/les-constitutions-de-la-france.5080.html>. Acesso em: 6 jul. 2015.

COUTANT, Arnaud. Tocqueville, un penseur republican. *Les cahiers de psychologie politique*, n. 17, jul. 2010. Disponível em: <http://lodel.irevues.inist.fr/cahierspsychologiepolitique/index.php?id=1673>. Acesso em: 15 jul. 2018.

CULLOP, Floyd G. *The Declaration of Independence/The Constitution of the United States*. Includes material from The Constitution of the United States: an introduction by Floyd G. Cullop. New York: Signet Classics, 2009.

DE MAISTRE, Joseph. *De la souveraineté du peuple* – Un anti-contrat social. Paris: Presses Universitaires de France, 1992.

DERATHÉ, Robert. *Rousseau e a ciência política de seu tempo*. Tradução de Natalia Maruyama. São Paulo: Discurso Editorial/Barcarolla, 2009.

DOSTOIÉVSKI, F. Os irmãos Karamázovi. In: *Obra completa*. Tradução de Oscar Mendes. Rio de Janeiro: José Aguilar, 1975. v. IV.

DROLET, Michael. *Tocqueville, democracy and social reform*. Hampshire: Palgrave Macmillian, 2003.

DRUCKER, Claudia. O destino da tradição revolucionária – Auto-incompreensão ou impossibilidade ontológica. In: MORAES, Eduardo Jardim de; BIGNOTTO, Newton. (Orgs.). *Hannah Arendt* – Diálogos, reflexões, memórias. Belo Horizonte: Editora UFMG, 2001.

DUARTE, André. *O pensamento à sombra da ruptura*. São Paulo: Paz e Terra, 2000.

DUARTE, André. Poder e violência no pensamento político de Hannah Arendt. In: ARENDT, Hannah. *Sobre a violência*. Rio de Janeiro: Relume Dumará, 1994.

FINKIELKRAUT, Alain; JAUME, Lucien; LEGROS, Robert. Tocqueville philosophe. *Cahiers de Philosophie de l'Université de Caen*, n. 44. Caen: Presses Universitaires de Caen, 2008.

FOUCAULT, Michel. Aula de 2 de fevereiro de 1982. In: *O governo de si e dos outros*. Curso no Collège de France (1982-1983). Edição estabelecida por Frédéric Gros. Tradução de Eduardo Brandão. São Paulo: Martins Fontes, 2011. p. 139-158.

FRANCO, Lívia. *Pensar a democracia com Tocqueville*. Cascais (Portugal): Princípia Editora, 2012.

FURET, François; MÉLONIO, Françoise. Introduction. In: TOCQUEVILLE, Alexis de. *Oeuvres* III. Paris: Éditions Gallimard, 2004. (Bibliothèque de la Pléiade).

FURET, François. *Pensando a Revolução Francesa*. Tradução de Luiz Marques e Martha Gambini. São Paulo: Paz e Terra, 1989.

FURET, François. Prefácio – O sistema conceptual da Democracia da América. In: TOCQUEVILLE, Alexis de. *A democracia na América – Leis e costumes*. São Paulo: Martins Fontes, 1998. v. I.

FUSTEL DE COULANGES. *A cidade antiga*. Tradução de Jonas Camargo Leite e Eduardo Fonseca. São Paulo: Hemus, 1975.

GROSSMANN, Roland. Tocqueville et la dynamique des opinions. [s.d.]. Disponível em: <http://classiques.uqac.ca/contemporains.benoit>. Acesso em: 15 mar. 2013.

GUELLEC, Lawrence. The writer engagé – Tocqueville and political rhetoric. In: WELCH, Cheryl B (Ed.) *The Cambridge companion to Tocqueville*. New York: Cambridge University Press, 2006.

GUILHAUMOU, Jacques; LAPIED, Martine. L'action politique des femmes pendant la Révolution française. In: FAURÉ, C. (Org.). *Encyclopédie politique et historique des femmes*. Paris: PUF, 1997.

GUIMARÃES, Juarez; AMORIM, Ana Paola. *A corrupção da opinião pública*. São Paulo: Boitempo Editorial, 2013.

GUIZOT, François. *Des moyens de gouvernement et d'opposition*. Paris: Belin, 1987.

HABERMAS, Jürgen. O conceito de poder de Hannah Arendt. In: FREITAG, Barbara; ROUANET, Sergio Paulo (Org.). *Habermas*. São Paulo: Editora Ática, 1980.

HAMILTON, Alexander; JAY, John; MADISON, James. *The federalist*. Indianapolis: Liberty Fund, 2001.

HERETH, Michael. *Alexis de Tocqueville* – Threats to freedom in democracy. Durham: Duke University Press, 1986.

REFERÊNCIAS

HOBBES, Thomas. *Leviatã*. Organizado por Richard Tuck. Tradução de João Paulo Monteiro e Maria Beatriz Nizza da Silva. São Paulo: Martins Fontes, 2003.

HOBSBAWN, Eric. J. *A era das revoluções* – 1789-1848. Tradução de Maria Luiza Lopes Teixeira e Marcos Penchel. 13 ed. São Paulo: Paz e Terra, 2001.

HOBSBAWN, Eric. *Revolucionários* – Ensaios contemporâneos. Tradução de João Carlos V. Garcia e Adelângela S. Garcia. 5. ed. São Paulo: Paz e Terra, 2015.

ISAACSON, Walter. *Benjamin Franklin* – Uma vida americana. Tradução de Pedro Maia Soares. São Paulo: Companhia das Letras, 2015.

KABORE, Bernard. *Tocqueville et Arendt* – Une filiation cachée. Paris: L'Harmattan, 2016.

KANT, Immanuel. *Crítica da razão pura*. Tradução de Manuela Pinto dos Santos e Alexandre Fradique Morujão. 8. ed. Lisboa: Fundação Calouste Gulbenkian, 2013.

KATEB, George. Political action: its nature and advantages. In: VILLA, Dana (Ed.). *The Cambridge companion to Hannah Arendt*. New York: Cambridge University Press, 2002.

KESLASSY, Eric. *Le libéralisme de Tocqueville à l'épreuve du paupérisme*. Paris: L'Harmattan, 2000.

KRAMNICK, Isaac. Apresentação. In: MADISON, James; HAMILTON, Alexander; JAY, John. *Os artigos federalistas* – 1787-1788. Rio de Janeiro: Editora Nova Fronteira, 1993.

KUMAR, Krishan. Revolution. In: *Encyclopedia.com*. Disponível em: <www.encyclopedia.com/utility/printdocument.aspx?id=1G2:34243 00697>. Acesso em: 17 nov. 2015.

JARDIN, André. *Alexis de Tocqueville* – 1805-1859. Paris: Hachette, 1984.

JARDIN, André. Tocqueville et la décentralization. In: VIÈME COLLOQUE D'HISTOIRE, 1er et 2 décembre 1961. *Annales...*, 1961. Faculté des Lettres et de Sciences Humaines d'Aix-en-Provence, 1961, p. 89-117.

JASMIN, Marcelo Gantus. *Alexis de Tocqueville* – A historiografia como ciência da política. Rio de Janeiro: Acess Editora, 1997.

JASMIN, Marcelo Gantus. História, política e modernidade – das relações entre Arendt e Tocqueville. In: MORAES, Eduardo Jardim de; BIGNOTTO, Newton. *Hannah Arendt* – Diálogos, reflexões, memórias. Belo Horizonte: Editora UFMG, 2001.

JASMIN, Marcelo Gantus. Interesse bem compreendido e virtude em *A democracia na América*. In: BIGNOTTO, Newton. *Pensar a república*. Belo Horizonte: Editora UFMG, 2002.

JAUME, Lucien. *Tocqueville* – The aristocratic sources of liberty. New Jersey: Princeton University Press, 2013.

JEFFERSON, Thomas. To John Tyler, Monticello, May 26, 1810 – The letters of Thomas Jefferson 1743-1826. In: *American History* – from revolution to reconstruction and beyond. 1994-2012. Disponível em: <http://www.let.rug.nl/usa/presidents/thomas-jefferson/letters-of-thomas-jefferson/jefl205.php>. Acesso em: 24 abr. 2018.

JEFFERSON, Thomas. To Samuel Kercheval, Monticello, July 12, 1816 – The letters of Thomas Jefferson 1743-1826. In: *American History* – from revolution to reconstruction and beyond. 1994-2012. Disponível em: <http://www.let.rug.nl/usa/presidents/thomas-jefferson/letters-of-thomas-jefferson/jefl246.php>. Acesso em: 24 abr. 2018.

JEFFERSON, Thomas. To Joseph C. Cabell, Monticello, February 2, 1816 – The letters of Thomas Jefferson 1743-1826. In: *American History* – from revolution to reconstruction and beyond. 1994-2012. Disponível em: <http://www.let.rug.nl/usa/presidents/thomas-jefferson/letters-of-thomas-jefferson/jefl241.php>. Acesso em: 24 abr. 2018.

LAFER, Celso. *A reconstrução dos direitos humanos* – Um diálogo com o pensamento de Hannah Arendt. São Paulo: Companhia das Letras, 2001.

LAFER, Celso. Isaiah Berlin e Hannah Arendt. In: *Hannah Arendt:* pensamento, persuasão e poder. 3 ed. Rio de Janeiro; São Paulo: 2018.

LAMBERTI, Jean-Claude. *Tocqueville et les deux démocraties*. Paris: PUF, 1983.

LAMBERTI, Jean-Claude. *La notion d'individualisme chez Tocqueville*. Paris: PUF, 1970.

LEBRUN, Gérard. O conceito de paixão. In: NOVAES, A. *Os sentidos da paixão*. São Paulo: Companhia das Letras, 2009.

LEFORT, Claude. *Essais sur le politique* – XIX-XX siècles. Paris: Éditions du Seuil, 1986.

LEFORT, Claude. Introdução. In: GUIZOT, François. *Des moyens de gouvernement et d'opposition*. Paris: Belin, 1987.

LEGROS, Robert. Tocqueville phénoménologue. *Cahiers de Philosophie de l'Université de Caen*, n. 44. Caen: Presses Universitaires de Caen, 2008.

LEUWERS, Hervé. *Robespierre*. Paris: Éditions Fayard, 2016.

LHOYD, Margie. Tocqueville's shadow: Hannah Arendt's liberal republicanism. *Review of politics*, Notre Dame, v. 57, n. 1, p. 31-58, 1995.

LOCKE, John. *Segundo tratado do governo*. Ensaio sobre a verdadeira origem, alcance e finalidade do governo civil. Lisboa: Fundação Calouste Gulbenkian, 2007.

REFERÊNCIAS

MAGALHÃES, Theresa Calvet de. A natureza do totalitarismo: o que é compreender o totalitarismo? In: AGUIAR, Odílio Alves et al. (Org.). *Origens do totalitarismo* – 50 anos depois. Rio de Janeiro: Relume Dumará, 2001.

MANENT, Pierre. Tocqueville, political philosopher. In: WELCH, Cheryl B (Ed.) *The Cambridge companion to Tocqueville*. New York: Cambridge University Press, 2006.

MANENT, Pierre. *Tocqueville et la nature de la démocratie*. Paris: Gallimard, 2012.

MARSON, Izabel Andrade. Hannah Arendt e a Revolução: ressonâncias da Revolução Americana no Império Brasileiro. In: DUARTE, André; LOPREATO, Christina; MAGALHÃES, Marion Brepohl. *A banalização da violência*: a atualidade do pensamento de Hannah Arendt. Rio de Janeiro: Relume Dumará, 2004.

MAQUIAVEL, Nicolau. *O príncipe*. Tradução de Bárbara Heliodora. São Paulo: Ediouro, 2002.

MARX, Karl. O 18 Brumário de Luís Bonaparte. In: *Marx*. Tradução de José Carlos Bruni et al. São Paulo: Abril Cultural, 1978. (Os pensadores).

MAYER, J.P. *Prophet of the mass age* – A study of Alexis de Tocqueville. London: J.M. Dent and Sons Ltd, 1939.

MCNAMARA, Robert. Nullification Crisis of 1832: precursor to Civil War. *Thought Co.*, 9 set. 2017. Disponível em: <https://www.thoughtco.com/definition-of-nullification-crisis-1773387>. Acesso em: 3 maio 2018.

MÉLONIO, Françoise. *Tocqueville et les Français*. Paris: Aubier, 1933.

MELVILLE, Herman. *Billy Budd*. Tradução de Alexandre Hubner. São Paulo: Cosac & Naify, 2003.

MERRIMAN, John. *A comuna de Paris* – 1871: origens e massacre. Tradução de Bruno Casotti. Rio de Janeiro: Anfiteatro, 2015.

MERQUIOR, José Guilherme. *O liberalismo* – antigo e moderno. Tradução de Henrique de Araújo Mesquita. 3. ed. São Paulo: É Realizações, 2014.

MICHELET, Jules. *Histoire de la Révolution française I*. Paris: Folio, 2007. v. I.

MICHELET, Jules. *Histoire de la Révolution française II*. Paris: Folio, 2007. v. I.

MILL, John Stuart. *Sobre a liberdade*. Organização e tradução de Ari R. Tank Brito. São Paulo: Hedra, 2011.

MILL, John Stuart. *Essais sur Tocqueville et la société américaine*. Paris: J. Vrin, 1994.

MONTESQUIEU. *O espírito das leis*. São Paulo: Martins Fontes, 2005.
MONTESQUIEU. *O espírito das leis*. Notas de Miguel Morgado. Lisboa: Edições 70, 2011.
MÜNCH, Phillippe. Révolution Française, opinion publique et transparence: les fondements de la démocratie moderne. *Appareil*, 7, 2011. Disponível em: <https://appareil.revues.org/1220>. Acesso em: 25 set. 2016.
NASCIMENTO, Milton Meira do. *Opinião pública e revolução*. São Paulo: Edusp, 1989.
NIETZSCHE, Friedrich. Assim falou Zaratustra. In: *Nietzsche*. Tradução e notas de Rubens Rodrigues Torres Filho. 4. ed. São Paulo: Nova Cultural, 1987. v.I (Os pensadores).
OLIVEIRA, Josemar Machado de. Continuidade e ruptura em O Antigo Regime e a Revolução: o problema da centralização administrativa. *História da Historiografia*, Ouro Preto (MG), p. 230-243, abr. 2013.
PAINE, Thomas. *Direitos do Homem*. Tradução de Edson Bini. São Paulo: Edipro, 2005.
PAINE, Thomas. *Common sense*. London: Penguin Books, 1986.
PENA, Felipe. *Teoria do jornalismo*. São Paulo: Contexto, 2005.
PITKIN, Hanna Fenichel. *The attack of the blob* – Hannah Arendt's conception of the social. Chicago: The University of Chicago Press, 1998.
PLATÃO. *A república*. Tradução de Maria Helena da Rocha Pereira. 14. ed. Lisboa: Fundação Calouste Gulbenkian, 2014.
PLATÃO. *As leis*. Tradução de Edson Bini. 2. ed. São Paulo: Edipro, 2010.
PLATÃO. Górgias. In: *Protágoras – Górgias – Fedão*. Tradução de Carlos Alberto Nunes. 2. ed. Belém: Editora Universitária UFPA, 2002.
PLATÃO. *Mênon*. Texto estabelecido e anotado por John Burnet. Tradução de Maura Iglésias. 3. ed. Rio de Janeiro: Editora PUC-Rio, 2005.
PLATÃO. Teeteto (ou do conhecimento). In: *Platão Diálogos I* – Teeteto (do conhecimento), Sofista (ou do ser), Protágoras (ou sofistas). Tradução de Edson Bini. São Paulo: Edipro, 2013.
PLATÃO. Defesa de Sócrates [Apologia]. In: *Sócrates*. Tradução de Jaime Bruna, Líbero R. de Andrade e Gilda M. R. Strazynski. 4. ed. São Paulo: Nova Cultural, 1987. (Os pensadores).
POIZAT, Jean-Claude. *Hannah Arendt* – Une introduction. Paris: Agora, 2013.
PRESIDÊNCIA DA REPÚBLICA FRANCESA. *Liberté, Egalité, Fraternité*. 2015. Disponível em: <http://www.elysee.fr/la-presidence/liberte-egalite-fraternite/>. Acesso em: 21 mar. 2018.
QUINTANA, Laura. Instituir o constituir la libertad? La doble apuesta. In: SAAVEDRA, Marco Estrada; MUÑOZ, María Teresa (Com.).

REFERÊNCIAS

Revolución y violencia en la filosofía de Hannah Arendt. México: El Colegio de México; Centro de Estudios Sociológicos, 2015.
REINHARDT, Mark. *The art of being free* – Taking liberties with Tocqueville, Marx and Arendt. New York: Cornell University Press, 1997.
REIS, Helena Esser dos. *A liberdade do cidadão*: Uma análise do pensamento ético-político de Alexis de Tocqueville. São Paulo, 2002. Tese (Doutorado em Filosofia) – Faculdade de Filosofia, Letras e Ciências Humanas da Universidade de São Paulo, 2002.
REVAULT D'ALLONNES, Myriam. *El hombre compasional*. Traducción de Irene Agoff. Buenos Aires: Amorrortu, 2009.
REVAULT D'ALLONNES, Myriam. *Le pouvoir des commencements* – Essai sur l'autorité. Paris: Éditions du Seuil, 2006.
RIVIALE, Philippe. *Tocqueville ou l'intranquillité*. Paris: L'Harmattan, 1997.
ROBESPIERRE, M.; ROBESPIERRE, C. *Oeuvres de Maximilien Robespierre* – avec une notice historique, des notes et des commentaires par Lapponneraye; précédées de considérations générales par Armand Carrel. Paris: [s.n.], 1840. Tome III. Disponível em: <http://gallica.bnf.fr/ark:/12148/bpt6k1411604f/f518.item>. Acesso em: 19. fev. 2018.
ROLLET, Jacques. De l'individualisme selon Tocqueville. *Projet*, n. 14, 1985.
ROS, Juan Manuel. *Los dilemas de la democracia liberal*. Barcelona: Editorial Critica, 2001.
ROUSSEAU, Jean-Jacques. Do contrato social. In: *Rousseau*. Tradução de Lourdes Santos Machado. São Paulo: Nova Cultural, 1987. v. 1. (Os pensadores).
ROUSSEAU, Jean-Jacques. Du contrat social. In: *Oeuvres complètes* – Du contrat social/Écrits politiques – III. Paris: Gallimard, 1964. v. III. (Bibliothèque de la Pléiade).
ROUSSEAU, Jean-Jacques. *Carta a D'Alembert*. Campinas: Editora da Unicamp, 1993.
ROUSSEAU, Jean-Jacques. Considérations sur le gouvernement de Pologne et sur sa réformation projetée. In: *Oeuvres complètes* – Du contrat social/Écrits politiques – III. Paris: Gallimard, 1964 (Bibliothèque de la Pléiade).
ROUSSEAU, Jean-Jacques. Discurso sobre a origem e os fundamentos da desigualdade entre os homens. In: *Rousseau*. Tradução de Lourdes Santos Machado. 4. ed. São Paulo: Nova Cultural, 1988. v. 2. (Os pensadores).

ROUSSEAU, Jean-Jacques. *Émile ou de l'éducation*. Paris: Garnier-Flammarion, 1996.

SANTO AGOSTINHO. Confissões. In: *Santo Agostinho*. Tradução de J. Oliveira Santos e Ambrósio de Pina. São Paulo: Nova Cultural, 1999. (Os pensadores).

SANTO AGOSTINHO. *A cidade de Deus (contra os pagãos)*. Tradução de Oscar Paes Lemes. Petrópolis, RJ: Vozes; São Paulo: Federação Agostiniana Brasileira; Bragança Paulista, SP: Editora Universitária São Francisco, 2012. v. 2.

SARTRE, Jean-Paul. Prefácio. In: FANON, Frantz. *Os condenados da terra*. Tradução de José Laurênio de Melo. Rio de Janeiro: Civilização Brasileira, 1968.

SCHELL, Jonathan. Apresentação. In: ARENDT, Hannah. *Sobre a revolução*. São Paulo: Companhia das Letras, 2009.

SCHLEIFER, James T. *Como nació "La democracia en America" de Tocqueville*. México: Fondo de Cultura Económica, 1984.

SHIMABUKURO, Ricardo Gibu. La defensa de la doxa en la obra de Hannah Arendt. *Veritas*, n. 25, set. 2011, p. 57-74. Disponível em: </scielo.conicyt.cl/scielo.php?script=sci_arttext&pid=S0718--92732011000200004&lng=es&nrm=isso>. Acesso em: 25 set. 2016.

SIEYES. *Qu'est-ce que le tiers-état?*. Paris: Flammarion, 1998.

SKINNER, Quentin. *The foundations of modern political thought*. New York: Cambridge University Press, 2012. v. 1. (The Renaissance).

SMITH, Adam. *A riqueza das nações* – Investigação sobre sua natureza e suas causas. Tradução de Luiz João Baraúna. São Paulo: Nova Cultural, 1992. v. I. (Os economistas).

SMOLA, Julia G. Hannah Arendt lectora de Rousseau. *Dois Pontos*, v. 7, n. 4, dez. 2010. Disponível em: <http://revistas.ufpr.br/doispontos/article/view/20169>. Acesso em: 22 set. 2016.

SOBOUL, Albert. *La Révolution française*. Paris: PUF, 2014.

STAËL, Madame de. *Considerátions sur les principaux événements de la Revolution Française*. [1818]. Disponível em: <gallica.bnf.fr>. Acesso em: 25 jun. 2015. (Gallica – Biblioteca Nacional da França).

STARLING, Heloisa Maria Murgel. A matriz norte-americana. In: BIGNOTTO, Newton (Org.). *Matrizes do republicanismo*. Belo Horizonte: Editora da UFMG, 2013. p. 231-314.

TASSIN, Étienne. The people do not want. *Hannaharendt.net* – Journal for political thinking. 2007. Disponível em: <http://www.hannaharendt.net/index.php/han/article/view/108/182>. Acesso em: 14 ago. 2016.

REFERÊNCIAS

TASSIN, Étienne. *Le trésor perdu*. Hannah Arendt, l'intelligence de l'action politique. Paris: Éditions Klincksieck, 2017.

THOREAU, Henry David. *Walden and Civil desobedience*. Nova York: Sterling Publishing, 2012.

TRAQUINA, N. *Teorias do jornalismo* – Porque as notícias são como são. 3 ed. rev. Florianópolis: Editora Insular, 2012. v. I.

VERNANT, Jean-Pierre. *As origens do pensamento grego*. Tradução de Ísis Borges B. da Fonseca. 12. ed. Rio de Janeiro: Difel, 2002.

VERNANT, Jean-Pierre. *L'individu, la mort, l'amour*. Paris: Éditions Gallimard, 1989.

VOVELLE, Michel. *A Revolução Francesa* – 1789-1799. Tradução de Mariana Echalar. São Paulo: Editora Unesp, 2012.

VILLA, Dana. *Public freedom*. New Jersey: Princeton University Press, 2008.

VILLA, Dana. Tocqueville and civil society. In: WELCH, Cheryl (Ed.). *The Cambridge companion to Tocqueville*. New York: Cambridge University Press, 2006.

WACHER, Carlos Kohn; MEUCCI, Miguel Ángel Martinez. La Constitutio Libertatis y "la questión social" en *Sobre la revolución*. In: SAAVEDRA, Marco Estrada; MUÑOZ, María Teresa (Com.). *Revolución y violencia en la filosofía de Hannah Arendt*. México: El Colegio de México; Centro de Estudios Sociológicos, 2015.

WARREN, Joseph. *Boston Massacre Oration* [1772]. Disponível em: <http://www.drjosephwarren.com/2014/02/1772-boston-massacre-oration-full-text-2/>. Acesso em: 20 fev. 2018.

WELCH, Cheryl. Tocqueville on fraternity and fratricide. In: *The Cambridge companion to Tocqueville*. New York: Cambridge University Press, 2006.

WELLMER, Albrecht. Arendt on revolution. In: VILLA, Dana (Ed.). *The Cambridge companion to Hannah Arendt*. New York: Cambridge University Press, 2002.

WELLS, Herbert G. Em terra de cego. In: CALVINO, Italo (Org.). *Contos fantásticos do século XIX* – O fantástico visionário e o fantástico cotidiano. São Paulo: Companhia das Letras, 2004.

WHITMAN, Walt. *Folhas das folhas da relva*. Seleção e tradução de Geir Campos. São Paulo: Brasiliense, 1983.

YOUNG-BRUEHL, Elisabeth. *Hannah Arendt* – For love of the world. New Haven and London: Yale University Press, 1982.